Annette Niedenführ. 1979

Aufgabenlösungen

zur „Einführung in die Titelaufnahme"

von Gerhard Rusch

1975

Verlag Dokumentation, Pullach bei München

Die Zahlen hinter den Aufgabennummern bezeichnen jeweils die Textstelle; die römische gibt den Band an, die arabische die Seite.

1 (I, 22)

1. Abgeschlossene Veröffentlichung: Einzelwerk zweier Verfasser.
2. Abgeschlossene Veröffentlichung: Vielverfasserschrift.
3. Laufende Veröffentlichung: Periodicum.
4. Abgeschlossene Veröffentlichung: Einzelwerk eines Verfassers.
5. Sammlung von Einzelschriften mit zusammenfassendem Titel.
6. Laufende Veröffentlichung: Periodicum.
7. Laufende Veröffentlichung: Serie, darin als 3. Stück: abgeschlossene Veröffentlichung: Einzelwerk eines Verfassers.
8. Begrenzte Veröffentlichung: Lieferungswerk = mehrbändige Vielverfasserschrift.
9. Laufende Veröffentlichung: Periodicum.
10. Laufende Veröffentlichung: Periodicum.
11. Begrenzte Veröffentlichung: Sammelwerk, darin Band 3, 2. Abt. als Stücktitel = abgeschlossene Veröffentlichung: Einzelwerk eines Verfassers.

2 (I, 27)

1 Personalangabe; 2 Verfasserangabe; 3 Sachtitel; 4 Untertitel; 5—7 Erscheinungsvermerk: 5 Erscheinungsjahr; 6 Verlag; 7 Verlagsort.

3 (I, 28)

1 Serientitel; 2 Bandbenennung; 3 Bandzählung; 4 Verfasserangabe; 5 Sachtitel; 6—8 Erscheinungsvermerk: 6 Erscheinungsjahr; 7 Verlag; 8 Verlagsort.

4 (I, 28)

1 Anlaß; 2 Serientitel; 3 Bandbenennung; 4 Bandzählung; 5 u. 6 Stücktitel: 5 Verfasserangabe; 6 Sachtitel; 7—9 Erscheinungsvermerk: 7 Verlag; 8 Verlagsort; 9 Erscheinungsjahr. – Laufende Veröffentlichung: Serie, darin als Heft 76 Stücktitel (abgeschlossene Veröffentlichung): Einzelwerk eines Verfassers.

5 (I, 29)

a) Links: Serientitel; rechts: Stücktitel.

b) Links: laufende Veröffentlichung; rechts: abgeschlossene Veröffentlichung.

c) Links: 1 Serientitel; 2 Verfasserangabe (Herausgeber); 3 Bandbenennung; 4 Bandzählung; 5—7 Stücktitel (verkürzt) auf dem Serientitelblatt: 5 Sachtitel; 6 Verfasserangabe; 7 Ausgabebezeichnung; 8 Beiwerk; 9—11 Erscheinungsvermerk: 9 Verlagsorte; 10 Verlag; 11 Erscheinungsjahr.

Rechts: 1 Sachtitel; 2 Personalangabe; 3 Verfasserangabe; 4 Personalangabe; 5 u. 6 Ausgabebezeichnung: 5 Auflagezählung; 6 charakterisierende Zusätze; 7 Beigabenvermerk; 8 Beiwerk; 9—11 Erscheinungsvermerk.

6 (I, 45)

1. Leipzig: Insel-Verl. 1949.
2. Weimar: Kiepenheuer 1951.
3. London: Smith, Elder & Co. 1916.
4. Stuttgart: Nationaler Verl. 1905. *oder* Stuttgart: Etzold 1905.
5. Princeton, N. J. [usw.]: van Nostrand 1961.
6. Bruxelles: Haumann, Cattoir & Ce 1838.
7. London: Paul, Trench, Trubner & Co. [usw.] 1938.
8. Bruxelles [usw.]: Meline, Cans & Cie; Leipzig: I. P. Meline 1849.
9. Berlin: Buchh. d. „Dt. Lehrerzeitung" 1890.
10. Berlin: Unger in Comm. 1801.
11. München: Franz in Komm. 1902.
12. Rostock: Leopold in Comm. 1848.
13. Osnabrugi 1678: Schwänder.
14. Brunsvigae 1617: Duncker.
15. Hanau 1814: Kittsteiner.
16. Rostock 1787: Adler.
17. Wolfenbüttel: Selbstverl.; Heckner in Komm. 1932.
18. Quedlinburgi 1710: Sievert.
19. Mannheim 1875: J. Schneider.
20. Dresden: Dreyssigsche Sing-Akad.; Ries [in Komm.] 1907.
21. Wien 1772: Schulz.
22. Leipzig: de Wit 1927.
23. Brunsvigae: L. Schroeder 1730.
24. Jenae: Sal. Schmid 1709.
25. Deßau 1837: Hofbuchdr.
26. Madrid 1845: Impr. nacional.
27. Mainz: von Zabern 1912.
28. Graz; Marburg a. D. 1912: Mostboek.
29. Sondershausen 1804: Fleck.
30. Regensburg [usw.]: Pustet 1912.
31. Kopenhagen: Busck; Wiesbaden: Breitkopf & Härtel 1955.
32. Petershagen: Verf.; Minden: Körber [in Komm.] 1793.
33. Bruxelles: Foppens 1711.

7 (I, 55)

1. Blumen (Titel in gewöhnl. Form: Regens = „Blumen" mit Attribut = „im Frühling").
2. Herr (Titel in gewöhnl. Form: mehrere koordinierte Substantiva, hiervon das erste).
3. Menschen (s. 2).

4. Main (s. 2).
5. Welt (Titel in gewöhnl. Form: Regens = „Welt“ mit Attribut = „ohne Krieg“).
6. Vom (Titel in Satzform: mehrere Substantive, die weder koordiniert noch voneinander abhängig sind, also nicht als Substantiva regentia angesehen werden können).
7. Friedensgrenze (Titel in gewöhnl. Form: Regens nur abhängig von der Präposition „jenseits“).
8. Mit (Titel in Satzform: s. 6).
9. Feind (Titel in gewöhnl Form: Das Attribut „aller Welt“ ist dem Regens „Feind“ nur vorangestellt).
10. Entschlossen (Titel in Satzform: Das Substantiv „Widerstand“ hängt ab von dem Partizip „entschlossen“).
11. Aufruhr (Titel in gewöhnl. Form: Regens = „Aufruhr“ mit Attribut = „des Gewissens“).
12. Mensch (Titel in Satzform: Der Artikel am Anfang wird übergangen).
13. Kräften (Titel in gewöhnl. Form: Regens mit adjektivischem Attribut „vereinten“ nur abhängig von der Präposition „mit“).
14. Nur (Titel in Satzform: Das Substantiv hängt vom Adverb „nur“ ab und ist daher kein Regens).
15. Morgenrot (Titel in gewöhnl. Form, s. 9).
16. History (Titel in gewöhnl. Form: Regens mit einem adjektivischen [= short] und einem substantivischen Attribut = literature).
17. Humanitätsidee (Titel in gewöhnl. Form: Regens mit Attributen).
18. Neueste (Titel in gewöhnl. Form: Regens mit Attributen).
19. Nackt (Titel in Satzform: Substantiv abhängig vom Adjektiv, daher nicht als Regens anzusehen).
20. Angst (Titel in gewöhnl. Form: Regens mit präpositionalem Attribut).
21. Anton (Titel in Satzform: Das erste Wort wird OW unter Übergehung des Artikels).
22. Wir (Titel in gewöhnl. Form: Regens „wir“ mit Attribut „von der Brigade“).
23. Damals (Titel in Satzform: „in Sachsenhausen“ hängt ab vom Adverb „damals“).
24. Offen (Titel in Satzform: kein Substantiv vorhanden).
25. Lebensspuren (Titel in gewöhnl. Form: Regens mit Attribut).
26. In (Titel in Satzform: s. 6).
27. Liebe (Titel in gewöhnl. Form: Regens mit Attributen).
28. Noch (Titel in Satzform: Das Substantiv „Schlaf“ hängt ab von „noch einmal“).
29. Das (Titel in Satzform: „das“ ist hier hinweisendes Fürwort und nicht etwa Artikel).
30. Leben (Titel in gewöhnl. Form: koordinierte, unabhängige Substantiva mit Attribut „werktätiger Menschen“).
31. Strande (Titel in gewöhnl. Form: Regens mit vorangestelltem Attribut, s. 9 u. 15).
32. Quer (Titel in Satzform: Substantiv abhängig vom Adverb „quer“).
33. Wege (Titel in gewöhnl. Form: Regens mit Attribut).
34. Jedem (Titel in Satzform, da verkürzter Satz).

35. Oper (Titel in gemischter Form).
36. Entwicklung (Titel in gewöhnl. Form: Regens mit Attributen).
37. Liebe (Titel in gewöhnl. Form: Regens mit Attribut).
38. Von (Titel in Satzform: s. 6 u. 8).
39. Jenseits (Titel in Satzform: Die Substantive „Gut“ und „Böse“ hängen ab vom Adverb „jenseits“ und sind somit keine Regentia).
40. Täglich (Titel in Satzform: s. 39).
41. Ausstellung (Titel in gemischter Form).
42. Anweisung (Titel in gewöhnl. Form: Regens mit Attributen).

8 (I, 59)

OW	Sign.
Grundlagen der Atomphysik. Eine Einf. in d. Studium d. Wellenmechanik u. Quantenstatistik. Von Hans Adolf Bauer. Mit 244 Textabb. 4., umgearb. u. bed. erw. Aufl. Wien: Springer 1951. XX, 631 S. 8^0	

9 (I, 61)

1. Wernicke, Walter
2. Schuenemann, Georg
3. Preiss, Kornelius
4. Sandermann, Wilhelm
5. Schroeder, Alfred Josef
6. Hauptmann, Gerhard
7. Becher, Johannes Robert
8. Gurlitt, Willibald
9. Meyer, Richard Moritz
10. Eisler, Hans

10 (I, 65)

1. Forschungen indogermanische
2. Annals surgery
3. Recht Kuenstler
4. Handbuch kurzes Brennstofftechnik
5. Methodik Biologie wissenschaftlichen
6. Revue nouvelle pédagogique

7. Blaetter Potsdam Schauspielhaus
8. Praxis Maschinenbau
9. Mitteilungen Wien Residenzstadt
10. Humboldt Alexander
11. Acta geochimica cosmochimica
12. Théâtre monde
13. Gedaechtnis Thaelmann Ernst
14. Fuehrer Museum Neuss
15. Tausend Hoerer antworten
16. Reisefuehrer Grieben
17. Max Schneider achtzig
18. Beitraege kritische Studien
19. Berichte Gesellschaft deutschen keramischen
20. Journal cytology biophysical
21. Zeitschrift Sprache franzoesische
22. Carmina aevi medii
23. Cahiers droits homme
24. Fuehrer amtlicher Hygieneausstellung
25. Aufstieg Napoleon Fall
26. Genius Mozart goettlichem
27. Von der Einzelwirtschaft
28. Biology applied
29. Greifswald Universitaetsstadt Umgebung
30. Ungarn neue wie
31. Achtzehnhundertdreizehn Lied
32. Contributions institute American engineers
33. Jahrhundert ein Eisenbahnen
34. Annales Pasteur institut
35. Monumenta Germaniae historica
36. Veroeffentlichungen Berlin Ortsgruppe
37. Ans dix république
38. Kunstzeitung Ziehrer C M
39. Regeln Katalogisierung Musikalien
40. Hinaus in die
41. Magazine Harper's
42. Kunst spielen Klavier
43. Festschrift Akademie deutsche
44. Geschichtsblaetter Magdeburg Stadt
45. Archivum latinitatis aevi
46. Berlin wie es
47. Notes Hispanic monographs
48. Musikfuehrer Oertel L
49. Verzeichnis kurzes Gemaeldegalerie

50. Proceedings association American geologists'
51. Notulae systematicae herbario
52. Bulletin section océanographie
53. Health California's
54. Kalender Fromme oesterreichischer
55. Beantwortung Abhandlung stehenden
56. Kritik unparteiische Konzerte

11 (I, 108)

1. Kletzka, Rudolf
Lateinamerika im Aufbruch. Zu Problemen d. nationalen Befreiungsbewegung Lateinamerikas.
Berlin: Dt. Militärverl. 1961. 149 S. 8⁰

2. Wentscher, Dora
Helden, Frauen und Knechte.
Weimar: Volksverl. 1956. 335 S. 8⁰

3. Asinger, Friedrich
Chemie und Technologie der Paraffin-Kohlenwasserstoffe. Mit 108 Abb. u. 192 Tab.
Berlin: Akad.-Verl. 1956. XXIII, 719 S. 8⁰

4. Eulenstein, Rolf
Lexikon des Ofensetzers. Mit 494 Stichworten, 137 Abb. u. 65 Tab.
Halle⟨Saale⟩: Marhold 1955. 280 S. 8⁰

5. Lindner, Helmut
Grundriß der Atom- und Kernphysik. Mit 245 Bildern. 3., verb. Aufl.
Leipzig: Fachbuchverl. 1960. 219 S. 8⁰

6. Nicholson, Margaret
A *Manual* of copyright practice for writers, publishers, and agents. 2. ed.
New York: Oxford Univ. Pr. 1956. X, 273 S. 8⁰

7. Miller, Reinhold
Inst. für Gesellschaftswiss. beim ZK d. SED. Lehrstuhl für Philosophie. Vom *Werden* des sozialistischen Menschen. Der Kampf d. Neuen gegen d. Alte auf d. Geb. d. Moral.
Berlin: Dietz 1960. 229 S. 8⁰

8. Kroeber, Walter
Walter Kröber. *Kunst* und Technik der geistigen Arbeit.
Heidelberg: Quelle & Meyer 1950. 185 S. 8⁰

9. Woersching, Josef
Joseph Wörsching. Die historischen *Saitenklaviere* und der moderne Clavichord- und Cembalo-Bau.
Mainz: Rheingold-Verl. (1946). 64 S. 8⁰

10. Descotes, Maurice
Les grands *Rôles* du théâtre de Molière.
Paris: Pr. univ. de France 1960. 267 S. 8⁰

11. Langhoff, Wolfgang
Die *Moorsoldaten*. Roman. (Neue Aufl.)
Berlin: Aufbau-Verl. 1956. 246 S. 8⁰

12. Reimann, Paul
Über realistische *Kunst-Auffassung*. (3. Aufl.)
Berlin: Dietz 1951. 324 S. 8⁰

13. Turek, Ludwig
Ein *Prolet* erzählt. Lebensschilderung e. dt. Arbeiters. (Autor. Nachdr. d. 1930 ersch. Ausg.)
Berlin: Neues Leben 1957. 349 S. 8⁰

14. Kaiser, Elisabeth
Tief im Süden Dixies. Eindrücke u. Begegnungen im anderen Amerika. Mit 22 Abb.
Bremen: Schünemann (1960). 208 S. 8⁰

15. Kurella, Alfred
Ich lebe in Moskau.
(Berlin:) Volk u. Welt (1947). 202 S. 8⁰

16. Epstein, Theodor
Geonomie ⟨mathematische Geographie⟩, gestützt auf Beobachtung und elementare Berechnung. Für Lehrer, Studierende u. zum Selbstunterr. bearb. von Th[eodor] Epstein. Mit 166 Holzschn. u. 18 Fig.Taf.
Wien: Gerold 1888. XIV, 576 S. 8⁰

17. Boeckh, Joachim Georg
Joachim G[eorg] Boeckh. *Literaturfibel.* Eine erste Anleitung zur Beschäftigung mit Theorie u. Praxis d. Dichtung. (2., durchges. Aufl.)
Berlin: Henschel 1953. 194 S. 8⁰

18. Parnitzke, Karl Herbert
Endokranielle *Verkalkungen* im Röntgenbild. Ihre Deutung u. Bedeutung im Dienste d. klin. Hirndiagnostik. K[arl] H(erbert) Parnitzke. Mit 281 Abb.
Leipzig: Thieme 1961. VIII, 378 S. 4⁰

19. Ullrich, Wolfgang
Wenn die Giraffen zur Tränke ziehn.
(Radebeul:) Neumann (1959). 119 S. 4⁰

20. Seely, Charles Sherlok
Modern *Materialism*. A philosophy of action. By Charles S[herlok] Seely.
New York: Philos. Libr. (1960). 83 S. 8⁰

21. Weiskopf, Franz Karl
F[ranz] C[arl] Weiskopf. *Verteidigung* der deutschen Sprache. Versuche.
Berlin: Aufbau-Verl. 1955. 135 S. 8⁰

22. Krause, Erich R
Erich R. Krause. Im *Schatten* der Bastille.
Halle ⟨Saale⟩: Mitteldt. Verl. 1960. 406 S. 8⁰

23. Funder, Friedrich
Vom Gestern ins Heute. Aus d. Kaiserreich in d. Republik. (2. Aufl.)
München: Wien, Herold (1953). 718 S. 8⁰

24. Woelfflin, Heinrich
Heinrich Wölfflin. Die klassische *Kunst.* Eine Einf. in d. ital. Renaissance. Mit 126 Abb. 8. Aufl.
Basel: Schwabe (1948). 299 S. 8⁰

25. Cartier, Raymond
Les *Secrets* de la guerre, dévoilés par Nuremberg. (2. éd.)
Paris: Fayard (1946). 318 S. 8⁰

26. Haussmann, Konrad
Entstehungsgeschichte, Zweck und Beschlußfähigkeit des Aufsichtsrats nach dem Aktiengesetz und dem Betriebsverfassungsgesetz. Von Conrad Haußmann.
(Düsseldorf: Rechtsverl. 1956.) 62 S. 8⁰

27. Brown, William Llewellyn
The Etruscan *Lion.* By W(illiam) Llewellyn Brown.
Oxford: Clarendon Pr. 1960. XXVI, 209 S., 64 Taf. 4⁰

28. Maekelt, Artur
Baustoffe. Von Arthur Mäkelt. Mit 238 Bildern. 3. Aufl.
Leipzig: Teubner 1956. XII, 343 S. 8⁰

29. Goléa, Antoine
Rencontres avec Olivier Messiaen.
Paris: Julliard (1961). 281 S. 8⁰

30. Schwank, Karl Heinz
Karl-Heinz Schwank. *Lord* Keyne's Theorie weder revolutionär noch wissenschaftlich. Zur Kritik d. apologet. Behauptung von d. Renaissance in d. modernen bürgerl. polit. Ökonomie.
Berlin: Dietz 1961. 234 S. 8⁰

31. Winkelmann, Walter
W(alter) Winkelmann. Die *Wirkstoffe* unserer Heilpflanzen. Darst. u. Anwendung. Neuzeitl. Kräuterheilkunde auf mikroskop. Grundlage. Über 150 mikrophotogr. Originalaufn. u. 100 farb. Pflanzen-Ill.
• Olten, Freiburg im Br.: Walter 1951. 353 S. 8⁰

12 (I, 118)

1. Pielenz, Frithjof
Die *Fischverarbeitung.* Lehr- u. Handbuch über d. prakt. Arbeit in fischverarb. Betrieben. Von Frithjof Pielenz u. Heinrich Krämer. Mit 105 Bildern.
Leipzig: Fachbuchverl. 1958. 245 S. 8⁰

Kraemer, Heinrich
Die *Fischverarbeitung*. 1958
s. *Pielenz*, Frithjof.

2. Stehli, Georg
Georg Stehli, Wilhelm J[ohannes] Fischer. *Pflanzensammeln* – aber richtig. Eine Anleitung zum Sammeln von höheren u. niederen Pflanzen sowie zum Anlegen von Herbarien u. anderen botan. Samml. (8.—9. Taus.)
Stuttgart: Franckh (1955). 95 S. 8⁰

Fischer, Wilhelm Johannes
Pflanzensammeln – aber richtig. 8.—9. Taus. 1955
s. *Stehli*, Georg.

3. Boehm, Karl
Karl Böhm, Rolf Dörge. Gigant *Atom*. (5., überarb. u. erw. Aufl.)
(Berlin:) Neues Leben 1960. 364 S. 8⁰

Doerge, Rolf
Gigant *Atom*. 5. Aufl. 1960
s. *Boehm*, Karl.

4. Seidl, Siegfried
Siegfried Seidl, Heidrun Gilsenbach. *Leitfaden* der Blutgruppenserologie.
Berlin: Volk u. Gesundheit 1960. 198 S. 8⁰

Gilsenbach, Heidrun
Leitfaden d. Blutgruppenserologie. 1960
s. *Seidl*, Siegfried.

5. Kroemke, Klaus
Claus Krömke, Lothar Rouscik. *Konzentration*, Spezialisierung, Kooperation, Kombination in der Industrie der DDR. 2., überarb. u. erw. Aufl.
Berlin: Die Wirtschaft (1961). 432 S., 4 gef. Taf. 8⁰

Rouscik, Lothar
Konzentration, Spezialisierung, Kooperation, Kombination in d. Industrie d. DDR. 2. Aufl. 1961
s. *Kroemke*, Klaus.

6. Luchsinger, Richard
Lehrbuch der Stimm- und Sprachheilkunde. Von R(ichard) Luchsinger u. G(ottfried) E[duard] Arnold. Mit 16 Tab. u. 163 Textabb.
Wien: Springer 1949. IX, 431 S. 8⁰

Arnold, Gottfried Eduard
Lehrbuch d. Stimm- u. Sprachheilkunde. 1949
s. *Luchsinger*, Richard.

7. Aust, Gerhard
Gerhard Aust, Otto Pyszczek. *Durch* Wettbewerb nach Maß zur besten Technologie.
Berlin: Tribüne 1962. 51 S. 8⁰

Pyszczek, Otto
Durch Wettbewerb nach Maß zur besten Technologie. 1962
s. *Aust*, Gerhard.

8. Goldhahn, Irmgard
Irmgard Goldhahn u. Wolf-Eberhard Goldhahn. Kleines medizinisches *Fremdwörterbuch*. Mit 210 Abb. u. 9 Taf. d. gebräuchl. Instr., Schienen u. Endoskope. 3., verb. u. erw. Aufl.
Leipzig: Thieme 1960. VIII, 109 S. 8⁰

Goldhahn, Wolf Eberhard
Kleines med. *Fremdwörterbuch*. 3. Aufl. 1960
s. *Goldhahn*, Irmgard.

9. Bock, Erich
[Erich] Bock, [Heinrich] Baumgärtner. *Fachbuch* für den Fleischer. Mit 168 Bildern.
Leipzig: Fachbuchverl. 1955. X, 196 S. 8⁰

Baumgaertner, Heinrich
Fachbuch für d. Fleischer. 1955
s. *Bock*, Erich.

10. Davis, Sidney A
Electromechanical *Components* for servomechanisms. Sidney A. Davis, Byron K. Ledgerwood.
New York [usw.]: Mc Graw-Hill 1961. X, 338 S. 8⁰

Ledgerwood, Byron K
Electromechanical *Components* for servomechanisms. 1961
s. *Davis*, Sidney A

11. Babel, Ernst
ABC der Anstrichstoffe und Anstrichtechnik. Von Ernst Babel, Günter Hofmann u. Helmut Müller. Mit 92 Bildern u. 16 Taf. 2., verb. u. erw. Aufl.
Leipzig: Fachbuchverl. 1958. 370 S. 8⁰

Hofmann, Guenter
ABC d. Anstrichstoffe u. Anstrichtechnik. 2. Aufl. 1958
s. *Babel*, Ernst.

Mueller, Helmut
ABC d. Anstrichstoffe u. Anstrichtechnik. 2. Aufl. 1958
s. *Babel*, Ernst.

12. Bahnert, Heinz
(Heinz) Bahnert, (Th.) Herzberg, (Herbert) Schramm. *Metallblasinstrumente*. Mit 220 Bildern u. 3 Taf.
Leipzig: Fachbuchverl. 1958. 254 S. 8⁰

Herzberg, Th
Metallblasinstrumente. 1958
s. *Bahnert*, Heinz.

Schramm, Herbert
Metallblasinstrumente. 1958
s. *Bahnert,* Heinz.

13. Gutzmann, Erwin
Erwin Gutzmann, Heinz Kallabis. Über *Wesen* und soziale Bedeutung der sozialistischen Gemeinschaftsarbeit.
Berlin: Dietz 1961. 247 S. 8⁰

Kallabis, Heinz
Über *Wesen* u. soziale Bedeutung d. sozialist. Gemeinschaftsarbeit. 1961
s. *Gutzmann,* Erwin.

13 (I, 128)

1. Winkler, Christian
Deutsche *Sprechkunde* und Sprecherziehung. Unter Mitarb. von Erika Essen.
Düsseldorf: Schwann (1954). 497 S. 8⁰

Essen, Erika
[Mitarb.]
s. *Winkler,* Christian: Deutsche Sprechkunde u. Sprecherziehung. 1954.

2. Grund, Georg
Die *Anamnese.* Bedeutung u. Methode d. Krankenbefragung. 5., neubearb. Aufl. von Harald Siems.
Leipzig: Barth 1961. X, 293 S. 8⁰

Siems, Harald
[Bearb.]
s. *Grund,* Georg: Die Anamnese. 5. Aufl. 1961.

3. Kolle, Wilhelm
Experimentelle *Bakteriologie* und Infektionskrankheiten. Mit bes. Berücks. d. Immunitätslehre. Begr. von W(ilhelm) Kolle u. H(einrich) Hetsch. Mit 133 Abb. u. 31 mehrfarb. Taf. 10. (–11.) Aufl. Vollst. neubearb. von Hans Schloßberger.
Berlin: Arbeitsgemeinsch. med. Verl. 1952. XI, 986 S. 8⁰

Hetsch, Heinrich
Experimentelle *Bakteriologie* u. Infektionskrankheiten. 10.—11. Aufl. 1952
s. *Kolle,* Wilhelm.

Schlossberger, Hans
[Bearb.]
s. *Kolle,* Wilhelm: Experimentelle Bakteriologie u. Infektionskrankheiten. 10.—11. Aufl. 1952.

4. Haeublein, Hans Guenter
(Hans Günther) Häublein, (Eduard) Kersten. Der *Arzt* im Betriebsgesundheitsschutz. Unter Mitw. von K. H. Bartels [u. a.]
Berlin: Volk u. Gesundheit 1959. XV, 634 S., 14 Bl. 8⁰

Kersten, Eduard
Der *Arzt* im Betriebsgesundheitsschutz. 1959
s. *Haeublein,* Hans Guenter.

5. Weiss, Karl Theodor
Handbuch der Wasserzeichenkunde. Bearb. u. hrsg. von Wisso Weiss. Mit 66 Bildern.
Leipzig: Fachbuchverl. 1962. X, 327 S. 8⁰

Weiss, Wisso
[Bearb.]
s. *Weiss,* Karl Theodor: Handbuch d. Wasserzeichenkunde. 1962.

6. Hubel, Friedrich
Friedrich Hubel, Fritz Heinzelmann. Der junge *Bäcker.* Das Grundwissen für d. Berufsausbildung d. Bäckers. Neu bearb. u. erw. von Heiner Peter. 120 Abb. u. 8 Übersichten. 4. Aufl.
[Jena:] Arbeitsgemeinsch. Thüring. Verl.; Nordhausen am Harz: Killinger (1950). XII, 169 S. 8⁰

Heinzelmann, Fritz
Der junge *Bäcker.* 4. Aufl. 1950
s. *Hubel,* Friedrich.

Peter, Heiner
[Bearb.]
s. *Hubel,* Friedrich: Der junge Bäcker. 4. Aufl. 1950.

14 (I, 146)

1. Frankenberg, Egbert von
Die *Massenvernichtungswaffen.* Einige militärpolit. u. völkerrechtl. Überlegungen.
Berlin: Min. für Nationale Verteidigung 1958. 373 S. 8⁰

2. Schnitzler, Karl Eduard von
Karl-Eduard von Schnitzler. *Deutschland* und die Welt. Komm. 1948—1955.
(Berlin:) Verl. d. Nation (1955). 265 S. 8⁰

3. Goethe, Johann Wolfgang von
Faust. Eine Tragoedie von [Johann Wolfgang von] Goethe.
(München: Droemer 1949.) 498 S. 8⁰

4. Balzac, Honoré de
Les *Contes* drolatiques colligez ez abbayes de Touraine et mis en lumière par le Sieur [Honoré] de Balzac pour les battements des pantagruélistes et non aultres. Ed. ill. de 425 dessins par Gustave Doré.
Paris: Garnier [um 1950]. XXXII, 614 S. 8⁰

Doré, Gustave

[Ill.]

s. *Balzac,* Honoré de: Les Contes drolatiques. Um 1950.

5. Weizsaecker, Karl Friedrich Frh. von
Zum *Weltbild* der Physik. Von Carl Friedrich Frh. von Weizsäcker. 4. erw. Aufl.
Stuttgart: Hirzel 1949. 183 S. 8⁰

6. Le Fort, Gertrud von
Aufzeichnungen und Erinnerungen. (Mit 11 unveröff. Bildern. 3. Aufl.)
Einsiedeln, Zürich, Köln: Benziger (1956). 160 S. 8⁰

7. La Fontaine, Jean de
(Jean de) La Fontaine. *Fables.* Nouv. éd., rev. avec soin et accomp. d'une vie de La Fontaine, d'un avant-propos et de notes explicatives par Edmond Pilon et Fernand Dauphin.
Paris: Garnier [1950]. LX, 466 S. 8⁰

Pilon, Edmond

[Hrsg.]

s. *La Fontaine,* Jean de: Fables. Nouv. éd. 1950.

Dauphin, Fernand

[Hrsg.]

s. *La Fontaine,* Jean de: Fables. Nouv. éd. 1950.

8. Boor, Hans Otto de
Zivilprozeßrecht. Neu bearb. von Günther Erkel. 2. Aufl.
Wiesbaden: Gabler (1961). 212 S. 8⁰

Erkel, Guenter

[Bearb.]

s. *Boor,* Hans Otto de: Zivilprozeßrecht. 2. Aufl. 1961.

9. Zur Linden, Wilhelm
Geburt und Kindheit. Aus d. Praxis e. Kinderarztes. (2. Aufl.)
Frankfurt am M.: Klostermann (1958). 288 S. 8⁰

10. Vanden Broeck, Jules
La *Diatomite* ⟨Kieselgur⟩. Les diatomées et leurs emplois dans l'industrie. Mikrophotos A. Querio. 3. éd.
(Paris 1960: Gotscho.) IX, 207 S. 8⁰

Querio, A

[Ill.]

s. *Vanden Broeck,* Jules: La Diatomite. 3. éd. 1960.

11. Ter Meulen, Jacob
Bibliographie des écrits imprimés de Hugo Grotius. Par Jacob ter Meulen et P[ieter] J[ohan] J[urriaen] Diermanse.
La Haye: Nijhoff 1950. XXIV, 708 S. 8⁰

Diermanse, Pieter Johan Jurriaen
Bibliographie des écrits imprimés de Hugo Grotius. 1950
s. *Ter Meulen*, Jacob.

12. Dell'Isola, Frank
Thomas *Merton*. A bibliogr.
New York: Farra, Straus & Cudany (1956). X, 116 S. 8⁰

13. Della Rocca, Fernando
America. Spirito e azione.
Milano: Sperling & Kupfer (1957). 228 S. 8⁰

14. Du Bos, Charles
Byron et le besoin de la fatalité.
(Paris:) Buchet & Chastel (1957). 284 S. 8⁰

15. Des Forêts, Louis René
Louis-René des Forêts. La *Chambre* des enfants. Récits.
Paris: Gallimard (1960). 283 S. 8⁰

16. Zur Megede, Werner
Fortleitung elektrischer Energie längs Leitungen in Starkstrom- und Fernmeldetechnik. Mit 87 Abb.
Berlin, Göttingen, Heidelberg: Springer 1950. VIII, 163 S. 8⁰

17. Del'Antonio, Eberhard
Eberhardt del'Antonio. *Titanus*. Zukunftsroman.
(Berlin:) Das Neue Berlin (1959). 352 S. 8⁰

18. Sainte-Soline, Claire
D'*Amour* et d'anarchie. Récit de la vie d'une femme de militant. Recueilli par Claire Sainte-Soline.
Paris: Grasset (1955). 205 S. 8⁰

19. Mac Callum, Thomas Watson
Englisch lernen – ein Vergnügen! T[homas] W[atson] Mac Callum. Mit vielen Randzeichn. von Tibor Gergely u. Otto Nückel u. mehreren engl. Liedern. (Neu bearb.)
Zürich: Rascher [1945]. 200 S. 8⁰

20. Mac Fee, William
William M[a]c Fee. The *Law* of the sea.
London: Faber & Faber (1951). 302 S. 8⁰

21. O'Brien, Kate
The *Flower* of May.
New York: Harper (1953). 342 S. 8⁰

22. Fitz Gerald, Brian
The *Geraldines*. An experiment in Irish government 1169—1601.
New York: Devin-Adair 1952. 322 S. 8⁰

15 (I, 155)

1. a) Bury, Henri Blaze **de**
   s. *Blaze* de Bury.

   b) Iselin, Wilhelm Christ-
   s. *Christ*-Iselin.

   c) Steiniger, Frederic Clark-
   s. *Clark*-Steiniger.

   d) Kalkhoff, Franz Diettrich-
   s. *Diettrich*-Kalkhoff.

   e) Blattau, Josef Maria Mueller-
   s. *Mueller*-Blattau.

   f) Schneider, Eta Harich-
   s. *Harich*-Schneider.

   g) Lohmann, Franziska Martienssen-
   s. *Martienssen*-Lohmann.

   h) Kulm, Walter Mueller **von**
   s. *Mueller* von Kulm.

   i) Fiedler, Kurt Nemetz-
   s. *Nemetz*-Fiedler.

   j) Goerg, Josef Schmidt-
   s. *Schmidt*-Goerg.

   k) Melasfeld, Marie Unschuld **von**
   s. *Unschuld* von Melasfeld.

   l) Zur Wenne, Maria Weichs
   s. *Weichs* zur Wenne.

   m) Des Portes, René Bittard
   s. *Bittard* des Portes.

   n) Bozas, Emmanuel du Bourg **de**
   s. *Du Bourg* de Bozas.

   o) Boehmersheim, August Boehm **Edler von**
   s. *Boehm* von Boehmersheim.

   p) Cancani, Gabriella des Ferres-
   s. *Des Ferres*-Cancani.

   q) Cardenas, Carolina Ponced y **de**
   s. *Ponced* y de Cardenas.

2. Karger-Decker, Bernt
Bernt Karger-Decker. Mit *Skalpell* und Augenspiegel. Großtaten d. Chirurgie. Mit 20 Taf. sowie Ill. im Text.
(Leipzig:) Prisma-Verl. (1957). 237 S. 8⁰

Decker, Bernt Karger-
s. *Karger*-Decker.

3. Seidel-Hoeppner, Waltraud
Inst. für Gesellschaftswiss. beim ZK d. SED. Lehrstuhl für Philosophie. Waldtraut Seidel-Höppner. Wilhelm *Weitling*, der erste deutsche Theoretiker und Agitator des Kommunismus.
Berlin: Dietz 1961. 206 S. 8⁰

Hoeppner, Waltraud Seidel-
s. *Seidel*-Hoeppner.

4. Ratschow, Max
Grundlagen der Therapie mit Sexualhormonen in der inneren Medizin. Von Max Ratschow u. H[ermann] zur Horst-Meyer. Mit 10 Abb.
Stuttgart: Enke 1952. VIII, 168 S. 8⁰

Zur Horst-Meyer, Hermann
Grundlagen d. Therapie mit Sexualhormonen in d. inneren Medizin. 1952
s. *Ratschow*, Max.

Meyer, Hermann zur Horst-
s. *Zur Horst*-Meyer.

5. Kaspers, Heinrich
Vom Sachsenspiegel zum Code Napoléon. Kl. Rechtsgesch. im Spiegel alter Rechtsbücher. Unter Mitarb. von Wilhelm Schmidt-Thomé u. Hans Gerig.
Köln: Wienand (1961). 211 S. 8⁰

Schmidt-Thomé, Wilhelm
[Mitarb.]
s. *Kaspers*, Heinrich: Vom Sachsenspiegel zum Code Napoléon. 1961.

Thomé, Wilhelm Schmidt-
s. *Schmidt*-Thomé.

Gerig, Hans
[Mitarb.]
s. *Kaspers*, Heinrich: Vom Sachsenspiegel zum Code Napoléon. 1961.

6. Nees von Esenbeck, Christian Gottfried
Die *Algen* des süßen Wassers nach ihren Entwicklungsstufen. Dargest. von C(hristian) G(ottfr[ied]) Nees von Esenbeck.
Bamberg: Kunz 1814. IV, 48 S. 8⁰

Esenbeck, Christian Gottfried Nees von
s. *Nees* von Esenbeck.

7. Hoffmann-Axthelm, Walter
Zahnärztliches *Lexikon*. Von Walter Hoffmann-Axthelm unter Mitarb. von Fritz Bayer [u. a.] Mit 334 Abb. 3., verb. Aufl.
Leipzig: Barth 1962. XII, 552 S. 8⁰

Axthelm, Walter Hoffmann-
s. *Hoffmann*-Axthelm.

Bayer, Fritz
[Mitarb.]
s. *Hoffmann*-Axthelm, Walter: Zahnärztl. Lexikon. 3. Aufl. 1962.

8. Woestemeyer van Noppen, Ina
The *South*. A documentary history. By Ina Woestemeyer van Noppen.
Princeton, N. J. [usw.]: van Nostrand (1958). XVI, 564 S. 8⁰

Noppen, Ina Woestemeyer van
s. *Woestemeyer* van Noppen.

9. Ponce de Léon, Guy
Guy Ponce de Léon. Le *Sang* acide. Roman.
Paris: Calman-Lévy (1959). 284 S. 8⁰

Léon, Guy Ponce de
s. *Ponce* de Léon.

10. Gay-Lussac, Bruno
Bruno Gay-Lussac. La *Peur*.
[Paris:] Gallimard (1961). 192 S. 8⁰

Lussac, Bruno Gay-
s. *Gay*-Lussac.

11. Buisson, Albert
Albert-Buisson. Le Cardinal de *Retz*. Portr.
Paris: Plon (1954). VII, 240 S. 8⁰

Albert-Buisson
s. *Buisson*, Albert.

12. Sailer-Jackson, Otto
Otto Sailer-Jackson. *Löwen* – meine besten Freunde. Die Lebensdarst. e. Tigerfängers u. Tierlehrers. (Vorw.: Heinrich Dathe.)
Leipzig: List (1962). 298 S. 8⁰

Jackson, Otto Sailer-
s. *Sailer*-Jackson.

Dathe, Heinrich
[Vorr.]
s. *Sailer*-Jackson, Otto: Löwen – meine besten Freunde. 1962.

13. Hartland-Swann, John
An *Analysis* of knowing. By John Hartland-Swann.
London: Allan & Unwin (1957). 141 S. 8⁰

Swann, John Hartland-
s. *Hartland*-Swann.

14. Soldan, Wilhelm Gottlieb
[Wilhelm Gottlieb] Soldan-[Heinrich] Heppe. *Geschichte* der Hexenprozesse. Mit 33 Abb. (Nach d. Orig.Ausg. neu bearb.)
Lübeck, Leipzig: Antäus-Verl. (1938). 317 S. 8⁰

Heppe, Heinrich
Geschichte d. Hexenprozesse. 1938
s. *Soldan*, Wilhelm Gottlieb.

Soldan-Heppe
s. *Soldan*, Wilhelm Gottlieb u. Heinrich Heppe.

15. Schneider-Anhalt, Rudolf
Lukas Cranachs *Meisterstück*. Eine Erzählung. (2. Aufl.)
Berlin: Evang. Verl. Anst. (1954). 60 S. 8⁰

16. Johansen, David Monrad
David Monrad Johansen. Edvard *Grieg*.
Oslo: Gyldendal 1934. 448 S. 8⁰

Monrad Johansen, David
s. *Johansen*.

16 (I, 163)

1. Gottfried von Neifen
Die *Lieder* Gottfrieds von Neifen. Hrsg. von Moriz Haupt.
Leipzig: Weidmann 1851. VI, 66 S. 8⁰

Haupt, Moritz
[Hrsg.]
s. *Gottfried* von Neifen: Lieder. 1851.

2. Widukindus Monachus Corbeiensis
Widukindi [Monachi Corbeiensis] *Res* gestae Saxonicae. Ex rec. Waitzii. In usum scholarum ex Monumentis Germaniae historicis recudi fecit Georgius Heinricus Pertz.
Hannoverae: Hahn 1839. XIV, 106 S. 8⁰

Pertz, Georg Heinrich
[Hrsg.]
s. *Widukindus* Monachus Corbeiensis: Res gestae Saxonicae. 1839.

3. Otto Episcopus Frisingensis
Ottonis Episcopi Frisingensis *Chronica* sive historia de duabus civitatibus. Ed. 2. Recogn. Adolfus Hofmeister.
Hannoverae, Lipsiae: Hahn 1912. CXIV, 577 S. 8⁰

Hofmeister, Adolf

[Hrsg.]

s. *Otto* Episcopus Frisingensis: Chronica sive historia de duabus civitatibus. Ed. 2. 1912.

4. Pius XI. Papa
Europa und der Friede. 4 Botschaften Papst Pius XI. zu Problemen unserer Zeit. (Vorw.: Karl Bringmann.)
München, Bonn: Kath. Nachrichten-Agentur (1954). 38 S. 8⁰

5. Marguerite Königin von Navarra
L'*Heptaméron* des nouvelles de très haute et très ill. Princesse Marguerite d' Angoulème [Königin von Navarra], Roine de Navarre. Nouv. éd., collationnée sur les ms. avec préf., notes, variantes et glossaire-ind. par Benjamin Pifteau.
Paris: Charpentier (1884). XVI, 507 S. 8⁰

Angoulème, Marguerite d'
s. *Marguerite* Königin von Navarra.

Pifteau, Benjamin

[Hrsg.]

s. *Marguerite* Königin von Navarra: L'Heptaméron. Nouv. éd. 1884.

6. Adolf Friedrich Herzog von Mecklenburg
Ins innerste *Afrika*. Bericht über d. Verlauf d. dt. wiss. Zentral-Afrika-Exped. 1907—1908. [Mit zahlr. Abb.]
Leipzig: Klinkhardt & Biermann 1909. XI, 476 S. 4⁰

7. Wolkenstein, Oswald von
Die *Gedichte* Oswalds von Wolkenstein. Hrsg. von J(osef) Schatz. 2. verb. Ausg.
Göttingen: Vandenhoeck & Ruprecht 1904. 312 S. 8⁰

Schatz, Josef

[Hrsg.]

s. *Wolkenstein*, Oswald von: Gedichte. 2. Ausg. 1904.

Oswald von Wolkenstein
s. *Wolkenstein*.

17 (I, 165)

Tacitus, Publius Cornelius
(Publius Cornelius) Tacitus' *Germania*. Erkl. von U[nico] Zernial. Mit e. Kt. von H. Kiepert.
Berlin: Weidmann 1890. IV, 101 S. 8⁰

Zernial, Unico

[Komm.]

s. *Tacitus*, Publius Cornelius: Germania. 1890.

Kiepert, H

[Mitarb.]

s. *Tacitus*, Publius Cornelius: Germania. 1890.

18 (I, 171)

1. Blaukopf, Kurt
Die *Endkrise* der bürgerlichen Musik und die Rolle Arnold Schönbergs. Von Hans E. Wind [d. i. Kurt Blaukopf].
Wien: Krystall-Verl. (1935). 71 S. 8⁰

Wind, Hans E. 1935
[Pseud.]
s. *Blaukopf*, Kurt.

2. Twain, Mark
The gilded *Age*. A tale of to-day. By Mark Twain ⟨[d. i.] Samuel L[anghorne] Clemens⟩ and Charles Dudley Warner. Fully ill. from new designs.
Hartford, Conn.: American Publ. Co. 1879. XVI, 574 S. 8⁰

Clemens, Samuel Langhorne
[wirkl. Name]
s. *Twain*, Mark [Pseud.]

Warner, Charles Dudley
The gilded *Age*. 1879
s. *Twain*, Mark.

3. Seghers, Anna
Anna Seghers [d. i. Netty Radvanyi]. *Aufstand* der Fischer von St. Barbara. (Mit 9 Holzschn. von Hans Mau. 26.—30. Taus.)
Weimar: Kiepenheuer 1951. 147 S. 8⁰

Radvanyi, Netty
[wirkl. Name]
s. *Seghers*, Anna [Pseud.]

4. Lenau, Nikolaus
Gedichte. Von Nikolaus Lenau ([d. i.] Nikolaus Niembsch Edler von Strehlenau).
Berlin: Schreiter [um 1890]. VIII, 292 S. 8⁰

Niembsch Edler von Strehlenau, Nikolaus
[wirkl. Name]
s. *Lenau*, Nikolaus [Pseud.]

Strehlenau, Nikolaus Niembsch Edler von
s. *Niembsch* von Strehlenau.

5. Loti, Pierre
Pierre Loti [d. i. Julien Viaud]. Le *Roman* d'un spahi.
Paris: Calman-Lévy [1903]. 360 S. 8⁰

Viaud, Julien
[wirkl. Name]
s. *Loti*, Pierre [Pseud.]

19 (I, 175)

1. Arbeit Bibliotheken wissenschaftlichen
   Aus der Arbeit der wissenschaftlichen Bibliotheken in der Deutschen Demokratischen Republik. Hrsg. von d. Bibliothekskommission für Ausbildungsfragen beim Staatssekretariat für Hochschulwesen. (Zusammen mit ... hrsg. von Horst Kunze.)
   Leipzig: Harrassowitz 1955. VIII, 253 S. 8⁰

   Kunze, Horst
   [Hrsg.]
   s. *Arbeit,* Aus der, d. wissenschaftlichen Bibliotheken in d. Deutschen Demokratischen Republik. 1955.

2. Biographien kurze Roemer
   Kurze Biographien der berühmtesten Römer zur Zeit der Monarchie und Republik als Vorbereitung zur Erlernung der römischen Geschichte für junge Leute. Mit 12 Kupfern. Neue unveränd. Aufl .
   Berlin: Königl. preuß. akad. Kunst- u. Buchh. 1797. VI, 263 S. 8⁰

3. Lexikon kurzgefasstes musikalisches
   Kurtzgefaßtes musicalisches Lexicon, worinnen e. nützl. Anleitung u. gründl. Begriff von d. Music enth., die Termini technici erkl., die Instrumente erl. u. d. vornehmsten Musici beschrieben sind. Nebst e. hist. Beschreibung. Alles zs. gesucht, in alph. Ordnung gebracht u. denen Liebhabern vorgestellet. Neue Aufl.
   Chemnitz: Stößel & Stößel 1749. 431 S. 8⁰

20 (I, 182)

1. Sozialismus Intelligenz
   Inst. für Gesellschaftswiss. beim ZK d. SED. Lehrstuhl für Philosophie. Sozialismus und Intelligenz. Erfahrungen aus d. Zsarb. zwischen Arbeitern u. Angehörigen d. Intelligenz.
   Berlin: Dietz 1960. 210 S. 8⁰

2. Beitraege Histopathologie Gehirn
   Beiträge zur Histopathologie des Gehirns. Hrsg. von Hans-Joachim Rauch.
   (Wilsbach,) Heidelberg: Scherer 1948. 128 S. 8⁰

   Rauch, Hans Joachim
   [Hrsg.]
   s. *Beitraege* zur Histopathologie d. Gehirns. 1948.

3. Ultraschalltherapie
   Die Ultraschalltherapie. Prakt. Anwendung d. Ultraschalls in d. Medizin. Hrsg. von Reimar Pohlman. Unter Mitarb. von ...
   Bern: Huber (1951). 392 S. 8⁰

   Pohlman, Reimar
   [Hrsg.]
   s. *Ultraschalltherapie,* Die. 1951.

4. Lehrbuch Sozialhygiene
   Lehrbuch der Sozialhygiene. Hrsg. von A[dolf] Beyer u. K(urt) Winter. Unter Mitarb. von . . . (2., überarb. Aufl.)
   Berlin: Volk u. Gesundheit 1959. XV, 569 S. 8⁰

   Beyer, Adolf
   [Hrsg.]
   s. *Lehrbuch* d. Sozialhygiene. 2. Aufl. 1959.

   Winter, Kurt
   [Hrsg.]
   s. *Lehrbuch* d. Sozialhygiene. 2. Aufl. 1959.

21 (I, 188)

1. Suhl Bezirk
2. Dresden Opernhaus
3. Ost Eisenhuettenkombinat
4. Wunderkinder wir
5. Staat Unternehmen
6. Boden Fussbreit
7. Schubert Liederkomponist
8. Goeschen Sammlung

22 (I, 189)

1. Weinert Klubhaus Erich
2. Pumpe Kombinat schwarze
3. Florin Walzwerk Albert
4. Mai Produktionsgenossenschaft erster
5. Schwan Gasthaus blauer
6. Livres collection noirs
7. Technik Plan neue
8. Rheinsberg Grossbaustelle Atomkraftwerk

23 (I, 190)

1. Kater Maerchen Tieck Ludwig gestiefelte
2. Fischzug Ausstellung Berliner Jahre hundert Stralauer
3. Delph Freundin Goethe Heidelberger Helene Dorothea

24 (I, 191)

1. Atom Gigant
2. Haushaltsplan Uslar Kreis

3. Einwohnerbuch Pyritz Stadt Kreis
4. Frauenbewegung Jahre fuenfzig
5. Ans dix république [*keine Apposition*]
6. Bulletin technique Veritas bureau
7. Jungen wir Zeit
8. Musikfreunde Orchesterverein Berliner
9. Veroeffentlichungen studia Institut humanitatis
10. Fuehrer Vorzeit Ausstellung lebendige
11. Beethoven Ereignis Ludwig
12. Ulbricht Jahre zehn Verwaltungsakademie Walter
13. Geschaeftsbericht Bundesbahnen Unternehmung oesterreichische
14. Nutzpflanzen Schriftenreihe wildwachsenden Deutschland
15. Katalog Brueghel Ausstellung juengeren Kreis ihr
16. Bulletin union société musicologique
17. Homme machine } [*keine Apposition*]
18. Wir draussen }
19. Marx Begruender Sozialismus wissenschaftlichen Engels
20. Katalog Autobuecher gezeigten Autobuecherschau Stand
21. Gymnasium Jahre vierhundert Kloster grauen
22. Fuehrer Goethe Sonderausstellung Spielplan Theater deutschen
23. Veroeffentlichungen Bauen Forschungsgemeinschaft Wohnen
24. Film F drei grossen Funk Fernsehen
25. Festschrift Zwickau Veranstaltung Jahre achthundert

25 (I, 192)

1. Partei Jahre fuenfunddreissig
   35 Jahre Kommunistische Partei Deutschlands. (2. Aufl.)
   Berlin: Dietz 1954. 112 S. 8°

2. Leipzig Garten zoologische
   Der Zoologische Garten Leipzig. Eine Stätte d. Wiss. Im Auftr. d. Zoolog. Gartens Leipzig hrsg. von Heinrich Dathe.
   Leipzig: Geest & Portig 1961. 174 S. 8°

   Dathe, Heinrich
   [Hrsg.]
   s. *Leipzig*, Der Zoologische Garten. 1961.

3. Ley, Hermann
   Dämon *Technik*?
   Berlin: Dt. Verl. d. Wiss. 1961. 428 S. 8°

4. Winzer, Otto
   Zwölf Jahre *Kampf* gegen Faschismus und Krieg. Ein Beitr. zur Gesch. d. KPD 1933—1945. (Mit 30 Faks.)
   Berlin: Dietz 1955. 276 S. 8°

5. Kaeber, Ernst
Berlin 1848. Zur 100-Jahrfeier d. Märzrevolution im Auftr. d. Magistr. von Groß-Berlin dargest.
Berlin: Aufbau-Verl. 1948. 206 S. 8⁰

6. Grau, Robert
Forty years *Observation* of music and the drama. Profusely ill. from photogr. and prints.
New York [usw.]: Broadway Publ. Co. 1909. IV, 370 S. 8⁰

26 (I, 196)

1. Mitteilungen Ministerium Landwirtschaft Forstwirtschaft
2. Lehrbuecher sozialdemokratische Lesebuecher (*vgl. auch § 201*)
3. Festschrift Siebenhundertjahrfeier Calau Stadt
4. Fortschritte Chemie organische Biochemie
5. Rundschau wirtschaftspolitische sozialpolitische *mit Vw. von:* Wirtschaftsrundschau Rundschau sozialpolitische
6. Veroeffentlichungen Staatsbibliothek Hamburger Universitaetsbibliothek (*vgl. auch § 201*)
7. Arbeiter Industrie chemischen Glasindustrie Papierindustrie
8. Kunstzeitung Ziehrer C M deutsche Musikzeitung (*vgl. auch § 201*)
9. Winterstein Buehnenklub Filmklub Eduard

27 (I, 197)

1. House-documents
2. Shakespeare-association-papers
3. Archives Roentgen-ray
4. Pennsylvania-state-college-bulletin
5. Catalogue copyright-entries
6. World mechanical metal-trades-journal
7. Oxford-studies history social legal
8. Bulletin Buffalo-society sciences natural
9. Contributions Princeton-university-observatory
10. Oil-manual petroleum-manual
11. Review archaeological history-review
12. Guide South-Africa East-Africa
13. Memoirs Boston-society history natural
14. Sea-fisheries inland-fisheries
15. Paint-dealer American oil-dealer (*vgl. auch § 201*)
16. Yearbook South-African East-African
17. Cambridge-university-press-bulletin
18. Gazette official United-States-patent-office

19. Journal laboratory-medicine medicine clinical
20. Trade-review review economic

28 (I, 198)

1. Railway-statistics comparative
2. Research-council national
3. Science-abstracts Australian
4. Oilseed-news Broomhall's
5. County-courts-practice annual
6. Proceedings dairy-congress world's
7. Bulletin earthquake-investigation-committee imperial

29 (I, 198)

1. Every-day-handbooks
2. Federal-council-bulletin
3. Educational-psychology-journal
4. University-of-Buffalo-studies
5. Yellow-fever-bureau-bulletin
6. Printer's-ink-monthly
7. Saint-Thomas'-hospital-review
8. Industrial-development-bulletin
9. Eastman-school-of-music-studies
10. Safety-in-mines-research-board

30 (I, 199)

1. Publications Oxford technical
2. Church-quarterly-publications (*quarterly = Subst.*)
3. Register New-South-Wales statistical
4. Record New-York genealogical biographical
5. Series Columbia-university Indo-iranian
6. Series university London historical
7. Transactions society Bristol Gloucestershire archaeological
8. Journal engineers' post-office electrical

31 (I, 199)

1. Fishing-gazette
2. Boy sleeping
3. Sleeping-sickness-commission
4. Association men's working

5. Welding-engineer
6. Water water-engineering
7. Guide selecting plays
8. Transactions illuminating-engineering-society

32 (I, 200)

1. Naturalist South-Australien
2. University-of-Cincinnati-record
3. Welding-engineer American
4. Monographs Illinois biological
5. State-university-studies-series
6. Tropical-diseases-bulletin
7. Pocket-yearbook Australia western
8. Librarian book-world
9. Saint-Louis-law-review
10. Memoirs society Manchester literary philosophical
11. Gazette United-States-patent-office
12. Bulletin club Torrey botanical
13. Motor-news American
14. Nuclear-science-abstracts
15. Book-index cumulative
16. Paper-maker paper-trade-journal British
17. Issue to-day
18. School-of-engineering-research-bulletin
19. Weather-report monthly
20. Journal locomotive-engineers'
21. Series Probsthain's oriental
22. Mining-world-index literature current
23. Newcastle-upon-Tyne-records-committee
24. Review far-eastern
25. Journal South-African geographical
26. Merchant-marine-statistics
27. Union-of-South-Africa-government-gazette
28. Film-daily-yearbook motion-pictures
29. National-electric-medical-association-quarterly
30. Cotton-grewing-association British
31. Laws Unitd-States navigation merchant-marine
32. Modern-treatment-monographs
33. Parfumery-record essential-oil-record
34. Nervous-and-mental-diseases-monograph-series
35. Museum-bulletin Staten-Island-association arts science

36. Memoirs survey geological New-South-Wales
37. Studies laboratory plant physiological Charles-university Prague
38. Museum United-States national
39. University-of-Chicago-oriental-institute-publications
40. Survey geological natural-history-survey Minnesota

33 (I, 202)

1. Consentius, Ernst
Alt-Berlin Anno 1740. Mit 40 Abb. u. 2 Planbl. 2., verm. Aufl.
Berlin: Paetel 1911. 287 S. 8⁰

2. Telle, Wolfgang
ABC der Laboratoriumsgeräte. Unter Mitarb. von Johannes Großer. Mit 390 Bildern.
Leipzig: Fachbuchverl. 1953. 134 S. 8⁰

Grosser, Johannes
[Mitarb.]
s. *Telle*, Wolfgang: ABC der Laboratoriumsgeräte. 1953.

3. Gendron, Val
The *Dragon Tree*. A life of Alexander, Baron von Humboldt.
New York [usw.]: Longmans, Green & Co. 1961. VII, 214 S. 8⁰

4. Coleman, Donald Cuthbert
The British *Paper Industry* 1495—1860. A study in industrial growth. By D[onald] C[uthbert] Coleman.
Oxford: Clarendon Pr. 1958. XVI, 367 S. 8⁰

5. Tocqueville, Alexis Cte de
Coup d'œil sur le règne de Louis XVI. depuis son avènement à la couronne jusqu'à la séance royale du 23. juin 1789 pour faire suite à l'histoire philosophique du règne de Louis XV. Par le Cte [Alexis] de Tocqueville. 2. éd.
Paris: Amyot [um 1850]. II, 403 S. 8⁰

6. Sapper, Karl
Allgemeine *Wirtschafts-* und Verkehrs*geographie*. Mit 66 kartogr. u. statist.-graph. Darst. 2. Aufl.
Leipzig, Berlin: Teubner 1930. VIII, 392 S. 8⁰

7. Handbook aviation-meteorology
Air Ministry. Meteorological Office. Handbook of aviation meteorology.
London: H. M. Stat. Off. 1960. XV, 404 S. 8⁰

8. Twentieth-century-music
Twentieth Century Music. Ed. by Rollo H[ugh] Myers.
London: Caldor (1960). X, 243 S. 8⁰

Myers, Rollo Hugh
[Hrsg.]
s. *Twentieth Century Music.* 1960.

34 (I, 206)

1. Nachrichten Familienstiftung von-der-Lochauische
2. Doctor-A-S-Bettelheim-memorial-foundation
3. Nachrichten Sankt-Jakobi Gemeinden Sankt-Marien Sankt-Nikolai
4. Gesetzbuch buergerliches
5. United-States America South-America

35 (I, 206)

1. Finanzsystem Republik deutschen
Das Finanzsystem der DDR. (Autoren: Heinrich Bader [u. a.])
Berlin: Die Wirtschaft (1962). 655 S. 8^0

Bader, Heinrich
[Mitarb.]
s. *Finanzsystem,* Das, der DDR. 1962.

2. L-P-G-Recht Sammelband internationaler
Internationaler Sammelband LPG-Recht. Erfahrungen d. sozialistischen Länder über neue Organisationsformen d. Kollektivwirtschaften. Hrsg. vom Protektorat für Forschung d. Dt. Akad. für Staats- u. Rechtswiss. „Walter Ulbricht". (Vorw.: Klaus Heuer.)
Berlin: Dt. Zentralverl. 1961. 232 S. 8^0

Heuer, Klaus
[Vorr.]
s. *LPG-Recht,* Internationaler Sammelband. 1961.

3. Wurmser, André
André Wurmser et Louise Mamiac. L'*U*[*nion* des] R[épubliques] S[ocialistiques] S[oviétiques] à coeur ouvert. ⟨Voyage commenté.⟩
Paris: Les Éd. français réunis (1962). 321 S. 8^0

Mamiac, Louise
L'*Union* des Républiques Socialistiques Soviétiques à coeur ouvert. 1962
s. *Wurmser,* André.

36 (II, 237)

1. Karpeles, Gustav
Geschichte der jüdischen Literatur. 2. Aufl. Bd 1.2.
Berlin: Poppelauer 1909. 8^0

2. Picht, Johannes
Vorlesungen über Atomphysik. Bd 1.2.
Berlin: Dt. Verl. d. Wiss. 1956—57. 8⁰
1. 1956. 2. 1957.

3. Staatsbibliothek deutsche
Deutsche Staatsbibliothek 1661—1961. 1.2.
Leipzig: Verl. für Buch- u. Bibliothekswesen (1961). 4⁰
1. Geschichte u. Gegenwart. (Red.: Horst Kunze, Werner Dube, Günter Fröschner.)
2. Bibliographie. (Zsgest. u. bearb. von Peter Kittel.)

Kunze, Horst
[Hrsg.]
s. *Staatsbibliothek*, Deutsche. 1. 1961.

Dube, Werner
[Hrsg.]
s. *Staatsbibliothek*, Deutsche. 1. 1961.

Kittel, Peter
[Bearb.]
s. *Staatsbibliothek*, Deutsche. 2. 1962.

4. Sweet, Henry
A new English *Grammar*, logical and historical. (Impr.) P. 1.2.
Oxford: Clarendon Pr. (1955). 8⁰
1. Introd., phonology, and accidance.
2. Syntax.

5. Baud, Paul
Traité de chimie industrielle. 4. éd. rev. et compl. T. 1—3.
Paris: Masson 1951. 8⁰
1. Grande industrie chimique. Problème de l'eau.
2. Métalloides et métaux.
3. Industries organiques.

6. Schneider, Georg
Die *Schlüssel-Literatur*. Bd 1—3.
Stuttgart: Hiersemann 1951—53. 8⁰
1. Das liter. Gesamtbild. 1951.
2. Entschlüsselung dt. Romane u. Dramen. 1952.
3. Entschlüsselung ausländ. Romane u. Dramen. 1953.

7. Brockhaus-A-B-C Landwirtschaft
Brockhaus-ABC der Landwirtschaft. In 2 Bden. (Vorw.: Hans Thomas.) Bd 1.2.
Leipzig: Brockhaus 1957—58. 1548 S. 8⁰
1. A—K. 1957. 2. L—Z. 1958.

Thomas, Hans
[Vorr.]
s. *Brockhaus-ABC* der Landwirtschaft. 1957—58.

Brockhaus, F. A., Verlag, Leipzig
s. *Brockhaus-ABC* der Landwirtschaft. 1957—58.

8. Eisler, Rudolf
Wörterbuch der philosophischen Begriffe. Hist.-quellenmäßig bearb. von Rudolf Eisler (2.3:... weitergeführt u. vollendet durch Karl Roretz). 4., völlig neubearb. Aufl. Hrsg. unter Mitw. d. Kantges. Bd 1—3.
Berlin: Mittler 1927—30. 4⁰

1. A—K. 1927. 2. L—Sch. 1929. 3. Sci—Z. 1930.

Roretz, Karl
Wörterbuch d. philosophischen Begriffe. 4. Aufl. Bd 2.3. 1929—30
s. *Eisler*, Rudolf.

9. Waescher, Hermann
Hermann Wäscher. Das deutsche illustrierte *Flugblatt*. (Bd 1.2.)
(Dresden:) Verl. d. Kunst 1955—56. 4⁰

(1.) Von d. Anfängen bis zu d. Befreiungskriegen. 1955.

(2.) Von d. Zeit d. Restauration bis zur Gegenwart. 1956.

10. Encyclopaedia chemistry
The Encyclopedia of chemistry. Ed.-in-chief: George L[indenberg] Clark. [Nebst] ⟨Suppl.⟩
New York: Reinhold [usw.] (1957—58). 4⁰
([Hauptwerk.] 1957.)
⟨(Suppl.⟩ 1958.)

Clark, George Lindenberg
[Hrsg.]
s. *Encyclopaedia*, The, of chemistry. 1957—58.

11. Cords, Werner
[Werner] Cords-Parchim. Das *Handbuch* des Landbaumeisters. [Versch. Aufl.] Bd 1.2.
Radebeul, Berlin: Neumann (1954—55). 8⁰

1. Das Gehöft. 4. Aufl. (1954.)

2. Das Dorf. 2. Aufl. (1955.)

Cords-Parchim
s. *Cords*, Werner.

12. Lexikon Buchwesen
Lexikon des Buchwesens. Hrsg. von Joachim Kirchner. Bd 1—4.
Stuttgart: Hiersemann 1952—56. 8⁰

1. A—K. 1952. 2. L—Z. 1953.

3.4. Kirchner: Bilderatlas zum Buchwesen. T. 1.2. 1955—56.

Kirchner, Joachim
[Hrsg.]
s. *Lexikon* d. Buchwesens. 1952–56.

Kirchner, Joachim
Bilderatlas zum Buchwesen. T. 1.2.
Stuttgart: Hiersemann 1955–56. 8⁰
(Lexikon d. Buchwesens. Bd 3.4.)
1. 412 Abb. auf 320 Taf. 1955.
2. 545 Abb. auf 324 Taf. 1956.

13. Int. Z.
Jordan, Manfred
Am Anfang war die Ewigkeit. Ein Giordano-Bruno-Roman. (Bd 1.)
Berlin: Neues Leben 1959. 8⁰
(1.) Das Buch d. Werdens. 1959.

14. Int. Z.
Hagemann, Karl
Carl Hagemann. Moderne *Bühnenkunst*. 5. Aufl. Bd 2.
Berlin, Leipzig: Schuster & Loeffler 1919. 8⁰
2. Hagemann: Der Mime. 1919.

Hagemann, Karl
Carl Hagemann. Der *Mime*. Die Kunst d. Schauspielers u. Opernsängers. 5. Aufl.
Berlin, Leipzig: Schuster & Loeffler 1919. 407 S. 8⁰
(Hagemann: Moderne Bühnenkunst. Bd 2.)

15. Gottfried von Strassburg
Gottfried von Straßburg. *Tristan* und Isold. Hrsg. von Friedrich Ranke. Text. [Mehr nicht ersch.]
Berlin: Weidmann 1930. 246 S. 8⁰

Ranke, Friedrich
[Hrsg.]
s. *Gottfried* von Strassburg: Tristan und Isold. 1930.

16. Schleicher, August
Sprachvergleichende (2: Linguistische) *Untersuchungen*. Von A[ugust] Schleicher. 1.2.
Bonn: König 1848–50. 8⁰
1. Schleicher: Zur vergl. Sprachgeschichte. 1848.
2. Schleicher: Die Sprachen Europas in syst. Übersicht. 1850.

Schleicher, August
Zur vergleichenden *Sprachgeschichte*. Von A[ugust] Schleicher.
Bonn: König 1848. VIII, 166 S. 8⁰
(Schleicher: Sprachvergl. Untersuchungen. 1.)

Schleicher, August
Die *Sprachen* Europas in systematischer Übersicht. Von A[ugust] Schleicher.
Bonn: König 1850. X, 270. S. 8⁰
(Schleicher: Sprachvergl. Untersuchungen. 2.)

17. Bolz, Lothar
(Lothar) Bolz. *Es* geht um Deutschland. Reden u. Aufsätze. Bd [1.] 2.
(Berlin:) Verl. d. Nation (1951–54). 8⁰
([1.] 1951.) 2, 1.2. (1954.)

37 (II, 250)

1. Schauer, Georg Kurt
Wege der Buchgestaltung. Erfahrungen u. Ratschläge.
Stuttgart: Poeschel 1953. 111, XXXI S. 8⁰
(Werkstatt d. Buches.)

2. Int. Z.
Abhandlungen wissenschaftliche Gesellschaft geographische
Geographische Gesellschaft d. Deutschen Demokratischen Republik. Wissenschaftliche Abhandlungen. Hrsg. im Auftr. d. Hauptvorstandes vom Vorsitzenden Johannes F[ürchtegott] Gellert. Bd 3.
(Berlin:) Dt. Verl. d. Wiss. (1962). 8⁰

3. Mohs, Gerhard: Die Industrie im Bez. Frankfurt ⟨Oder⟩. 1962.

Gellert, Johannes Fuerchtegott
[Hrsg.]
s. *Abhandlungen*. – Geographische Gesellschaft d. Deutschen Demokratischen Republik. Wissenschaftliche Abhandlungen. Bd 3. 1962.

Mohs, Gerhard
Die *Industrie* im Bezirk Frankfurt ⟨Oder⟩. Entwicklung u. Standortverteilung in Vergangenheit u. Gegenwart.
Berlin: Dt. Verl. d. Wiss. 1962. 118 S., 2 Bl., 1 gef. Kt. 8⁰
(Geographische Gesellschaft d. Deutschen Demokratischen Republik. Wissenschaftliche Abhandlungen. Bd 3.)

3. Int. Z.
Das geht auch
Das geht auch Dich an. Bd 1.
Berlin: Volk u. Gesundheit 1960. 8⁰
1. Schmidt, Ferdinand: Krebs. 1960.

Schmidt, Ferdinand, Dr. med.

Krebs. Entstehung, Wesen, Symptome, Verhütungs- u. Heilungsmöglichkeiten.
Berlin: Volk u. Gesundheit 1960. 110 S. 8⁰
(Das geht auch Dich an. Bd 1.)

4. Int. Z.

Schriften Zentrale Volksbuecherei
Schriften der Zentrale für Volksbücherei. St. 3.
Berlin: Weidmann 1923. 8⁰

3. Bernhardi, L[uise]: Lehr- u. Handbuch d. Titelaufnahme. 1923.

Bernhardi, Luise
Lehr- und Hand*buch* der Titelaufnahme. Von L[uise] Bernhardi.
Berlin: Weidmann 1923. VIII, 194 S., 1 gef. Bl. 8⁰
(Schriften d. Zentrale für Volksbücherei. St. 3.)

5. Int.Z.

Veroeffentlichungen Bibliothekskurse Stadtbibliothek
Veröffentlichungen der Bibliothekskurse in der Berliner Stadtbibliothek. Hrsg. von G[ottlieb] Fritz. H. 4. 4a.
Stettin: Bücherei u. Bildungspflege 1927—29. 8⁰

4. 4a. Vorstius, Joris: Übungsbeispiele zu d. Preuß. Katalogisierungsvorschriften. T.[1.] 2. 1927—29.

Fritz, Gottlieb
[Hrsg.]
s. *Veroeffentlichungen* d. Bibliothekskurse in d. Berliner Stadtbibliothek. H. 4. 1927.

Vorstius, Joris
Übungsbeispiele zu den Preußischen Katalogisierungsvorschriften. Für d. prakt. Gebr. ges. T.[1.] 2.
Stettin: Bücherei u. Bildungspflege 1927—29. 8⁰
(Veröffentlichungen d. Bibliothekskurse in d. Berliner Stadtbibliothek. H. 4. 4a.)
[1.] 1927. 2. Schlüssel. 1929.

6. Int. Z.

Dietz-Reihe rote
Rote Dietz-Reihe (Dietz). 12.
(Berlin: Dietz 1960.) 8⁰

12. Grünberg, Karl: Mit d. Zeitlupe durch d. Weimarer Republik. 1960.

Dietz, Verlag, Berlin
s. *Dietz-Reihe*, Rote. 12. 1960.

Gruenberg, Karl
Karl Grünberg. *Mit* der Zeitlupe durch die Weimarer Republik. Mit e. Nachw. von J. M. Lange.
Berlin: Dietz 1960. 236 S. 8⁰
(Rote Dietz-Reihe. 12.)

7. Baukunst deutsche Jahrhunderte
Deutsche Baukunst in zehn Jahrhunderten. (2. Aufl.)
Dresden: Sachsenverl. 1953. 211 S. 8⁰
(Schriften d. Inst. für Theorie u. Geschichte d. Baukunst d. Dt. Bauakad.)

8. Int. Z.

Gustav-Kiepenheuer-Buecherei
Gustav Kiepenheuer Bücherei. Bd 1.
(Weimar: Kiepenheuer 1962.) 8⁰

1. Wahl, Hans: Alles um Goethe. 1962.

Kiepenheuer, Gustav, Verlag, Weimar
s. *Gustav-Kiepenheuer-Buecherei*. Bd 1. 1962.

Wahl, Hans
Alles um Goethe. Hrsg. von Dora Wahl. (Mit 4 Taf.)
Weimar: Kiepenheuer 1962. 192 S. 8⁰
(Gustav Kiepenheuer Bücherei. Bd 1.)

9. Int. Z.

Beitraege neue Literaturwissenschaft
Neue Beiträge zur Literaturwissenschaft. Hrsg. von Werner Krauss u. Hans Mayer. Bd 6.
Berlin: Rütten & Loening (1957). 8⁰

6. Dietze, Walter: Junges Deutschland u. dt. Klassik. (1957.)

Krauss, Werner
[Hrsg.]
s. *Beitraege*, Neue, zur Literaturwissenschaft. Bd 6. 1957.

Mayer, Hans
[Hrsg.]
s. *Beitraege*, Neue, zur Literaturwissenschaft. Bd 6. 1957.

Dietze, Walter
Junges *Deutschland* und deutsche Klassik. Zur Ästhetik u. Literaturtheorie d. Vormärz.
Berlin: Rütten & Loening (1957). 391 S. 8⁰
(Neue Beiträge zur Literaturwissenschaft. Bd 6.)

10. Int. Z.

Universalbibliothek Reclam
Reclams Universal-Bibliothek. Nr 1660/1662.
(Leipzig: Reclam 1926.) 8⁰

1660/62. Musiker-Biographien. Bd 5. (1926.)

Reclam, Verlag, Leipzig
s. *Universal-Bibliothek*, Reclams. 1926.

Int. Z.

Musikerbiographien
Musiker-Biographien. Bd 5.
Leipzig: Reclam (1926). 8⁰
(Reclams Universal-Bibliothek. Nr 1660/1662.)

5. Golther, Wolfgang: Richard Wagner. (1926.)

Golther, Wolfgang
Richard *Wagner*. Leben u. Lebenswerk. Mit e. Bildn.
Leipzig: Reclam (1926). 247 S. 8⁰
(Musiker-Biographien. Bd 5.)
(Reclams Universal-Bibliothek. Nr 1660/1662.)

38 (II, 262)

1. Int. Z.

Erfindungswesen Vorschlagswesen
Erfindungs- und Vorschlagswesen. Zeitschr. d. Neuerer. Mit Beitr. zum Patent-, Muster- u. Zeichenwesen. Jg. 12,4.
Berlin: Staatsverl. d. DDR 1963. 4⁰

2. Int. Z.

Aerztekalender Republik deutschen
Ärztekalender der Deutschen Demokratischen Republik. (Zsgest. u. bearb. von G[ünther] Kunz.) 1962.
Berlin: Volk u. Gesundheit (1961). 8⁰
1962. ('61.)

Kunz, Guenter
[Hrsg.]
s. *Aerztekalender* d. Deutschen Demokratischen Republik. 1962. '61.

3. Int. Z.

Jahrbuch Akademie Wissenschaften Literatur
Akademie d. Wissenschaften u. d. Literatur. Jahrbuch. 1950.
Mainz: Akad.; Wiesbaden: Steiner in Komm. 1950. 8⁰
1950.

4. Int. Z.

Progress testing non-destructive
Progress in non-destructive testing. Ed. E[dwin] G[arnet] Stanford, J. H. Fearon. Vol. 1.
London: Heywood 1958. 8⁰
1. 1958.
2. 1960.
3. 1961.
4. 1962ff. u. d. T.: Progress in applied materials research.

Stanford, Edwin Garnet
[Hrsg.]
s. *Progress* in non-destructive testing. Vol. 1. 1958.

Fearon, J H
[Hrsg.]
s. *Progress* in non-destructive testing. Vol. 1. 1958.

Progress materials-research applied
Progress in applied materials research. Vol. 4. 1962ff.
s. *Progress* in non-destructive testing.

5. Int. Z.

Archiv Kinderheilkunde
Beihefte zum Archiv für Kinderheilkunde. Hrsg.: Erich Rominger. H. 29.
Stuttgart: Enke 1955. 4⁰

29. Koecher, Peter Heinz: Klinische Diagnostik für d. Kinderarzt. 1955.

Beihefte Archiv Kinderheilkunde
Beihefte zum Archiv für Kinderheilkunde
s. *Archiv* für Kinderheilkunde. Beih.

Rominger, Erich
[Hrsg.]
s. *Archiv* für Kinderheilkunde. Beih. 29. 1955.

Koecher, Peter Heinz
Klinische *Diagnostik* für den Kinderarzt. Heute gebräuchl. Funktionsprüfungen u. Labormethoden. Mit e. Beitr. von H. W. Kirchhoff u. e. Einf. von E. Rominger. Mit 11 Abb. u. 26 Tab.
Stuttgart: Enke 1955. VIII, 167 S. 4⁰
(Archiv für Kinderheilkunde. Beih. 29.)

Kirchhoff, H W
[Mitarb.]
s. *Koecher*, Peter Heinz: Klinische Diagnostik für d. Kinderarzt. 1955.

39 (II, 271)

1. Jahrbuch Musikwelt
Jahrbuch der Musikwelt. The Yearbook of the music world. Annuaire du monde musical. Hrsg. von Herbert Barth. Wiss. Red.: Richard Schaal. Jg. 1. 1949/50. [Ersch. eingest.]
Bayreuth: Steeger (1949). 8⁰

Text dt.

Yearbook music-world
The Yearbook of the music world. 1949
s. *Jahrbuch* d. Musikwelt.

Annuaire monde musical
Annuaire du monde musical. 1949
s. *Jahrbuch* d. Musikwelt.

Barth, Herbert
[Hrsg.]
s. *Jahrbuch* d. Musikwelt. 1949.

Schaal, Richard
[Red.]
s. *Jahrbuch* d. Musikwelt. 1949.

2. Schneider, Peter Josef
System einer medizinischen Musik. Ein unentbehrl. Handbuch für Medizin-Beflissene u. unmusikal. Lehrer versch. Disciplinen. Von Peter Joseph Schneider. Th. 1.2.
Bonn 1835: Georgi. 8^0
[Nebent.:] Schneider: Die Musik u. Poesie.

Schneider, Peter Josef
Die *Musik* u. Poesie. 1835
s. *Schneider:* System e. medizinischen Musik.

3. Recht Produktionsgenossenschaften landwirtschaftlichen
Das Recht der landwirtschaftlichen Produktionsgenossenschaften. (Hrsg. vom Min. für Land- u. Forstwirtschaft u. von d. Dt. Akad. für Staats- u. Rechtswiss. „Walter Ulbricht".)
Berlin: Dt. Zentralverl. 1959. 387 S. 8^0
[Umschlagt.:] LPG-Recht.

L-P-G-Recht
LPG-Recht. 1959
s. *Recht,* Das, d. landwirtschaftlichen Produktionsgenossenschaften.

4. Bischoff, Hans
Zur *Erinnerung* an Theodor Kullak. Rede bei d. Gedächtnissfeier am 1. März 1883.
Berlin 1883: Rosenthal. 15 S. 8^0 [Umschlagt.]

5. Festschrift Achthundertjahrfeier Rottweil
800-Jahrfeier d. ehemaligen Frei- u. Reichsstadt Rottweil. Festschrift.
Rottweil: Stadtverwaltung 1950. 68 S., 2 gef. Taf. 8^0
[Umschlagt.:] 800 Jahre Frei- und Reichsstadt Rottweil.

Rottweil Jahre achthundert
800 Jahre Frei- und Reichsstadt Rottweil. 1950
s. *Festschrift.* – 800-Jahrfeier d. ehemaligen Frei- u. Reichsstadt Rottweil. Festschrift.

40 (II, 277)

1. Vasilenok, Sergej Ivanovič
S(ergej) I(vanovič) Vasilenok. *Fol'klor* i literatura Belorussii. Ėpochi feodalizma. ⟨14.—18.⟩
(Moskva:) Univ. 1961. 279 S. 8^0 [Russ. Schr.]
[Die Folklore u. Literatur Belorußlands während d. Feudalismus im 14.—18. Jh.]

2. Kretov, Fedor Dmitrievič
F(edor) D(mitrievič) Kretov. Pervaja *programma* marksistsko-leninskoj partii.
Moskva: Inst. mežd. otnošenij 1961. 143 S. 8^0 [Russ. Schr.]
[Das erste Programm d. marxistisch-leninistischen Partei.]

3. Fiševskij, Jurij Konstantinovič
Ju(rij) K(onstantinovič) Fiševskij. Zapadnogermanskij monopolističeskij *kapital.*
Blagoveščensk: Amur. kn. Izd. 1961. 270 S. 8⁰ [Russ. Schr.]
[Das westdt. Monopolkapital.]

4. Štejn, Abram L'vovič
A(bram L'vovič) Štejn. Kritičeskij *realizm* i russkaja drama XIX veka.
Moskva: Gos. Izd. chudož. liter. 1962. 394 S. 8⁰ [Russ. Schr.]
[Der krit. Realismus u. d. russ. Drama d. 19. Jh.]

Štejn, A. 1962
s. *Štejn*, Abram L'vovič.

5. Strugi ugol'nye
P(avel) N(ikolaevič) Demidov [u. a.] Ugol'nye strugi.
Moskva: Gos. naučno-techn. Izd. liter. po gornomu delu 1962. 295 S. 8⁰ [Russ. Schr.]
[Kohlenhobel.]

Demidov, Pavel Nikolaevič
[Mitarb.]
s. *Strugi*, Ugol'nye. 1962.

6. Osnovy prava sovetskogo
Osnovy sovetskogo prava. Pod red. N[ikolaja] G[rigoŕeviča] Aleksandrova i A. G. Pervušina.
Moskva: Gos. Izd. jur. liter. 1962. 435 S. 8⁰ [Russ. Schr.]
[Grundlagen d. Sowjetrechts.]

Aleksandrov, Nikolaj Grigoŕevič
[Hrsg.]
s. *Osnovy* sovetskogo prava. 1962.

Pervušin, A G
[Hrsg.]
s. *Osnovy* sovetskogo prava. 1962.

41 (II, 291)

1. Milkau, Fritz
Centralkataloge [*Zentralkataloge*] und Titeldrucke. Geschichtl. Erörterungen u. prakt. Vorschläge im Hinblick auf d. Herstellung e. Gesamtkataloges d. preuß. wiss. Bibliotheken. Mit 35 Taf. u. 1 Tab.
Leipzig: Harrassowitz 1898. X, 151 S. 8⁰
(Centralblatt für Bibliothekswesen. Beih. 20.)

Int. Z.

Zentralblatt Bibliothekswesen
Beihefte zum Centralblatt für Bibliothekswesen. 20.
Leipzig: Harrassowitz 1898. 8⁰

20. Milkau, Fritz: Centralkataloge [Zentralkataloge] u. Titeldrucke. 1898.

Beihefte Zentralblatt Bibliothekswesen
Beihefte zum Centralblatt für Bibliothekswesen
s. *Zentralblatt* für Bibliothekswesen. Beih.

2. Amberg, Axel
7 [*Sieben*] Tage hat die Woche. [Roman.]
Schloß Bleckede a. d. Elbe, (Hamburg): Meißner (1947). 155 S. 8⁰
(Unter d. Leselampe.)

3. Thorez, Maurice
Maurice Thorez. Ein Sohn des Volkes (*Fils* du peuple [dt.]) (3., überarb. u. erg. Aufl.)
Berlin: Dietz 1961. 267 S. 8⁰

Thorez, Maurice
Ein *Sohn* des Volkes
s. *Thorez:* Fils du peuple [dt.]

4. Lambert, David
David Lambert. Das war sein Leben (He must so live [dt.]) (Aus d. Engl. übers. von Lore Krüger. 2. Aufl.)
Berlin: Tribüne 1960. 303 S. 8⁰

Lambert, David
Das war sein Leben
s. *Lambert:* He must so live [dt.]

5. Vacuro, Ė G
E. G. Wazuro (Ė. G. Vacuro). Die Lehre Pawlows von der höheren Nerventätigkeit (*Učenie* I. P. Pavlova o vysšej nervnoj dejatel'nosti [dt.]) Übers. aus d. Russ. (Übers.: Peter G. Klemm.)
Berlin: Volk u. Wissen 1956. 171 S. 8⁰

Vacuro, Ė G
Die *Lehre* Pawlows von d. höheren Nerventätigkeit
s. *Vacuro:* Učenie I. P. Pavlova o vysšej nervnoj dejatel'nosti [dt.]

Wazuro, E. G.
[dt. Namensform]
s. *Vacuro,* Ė G

6. Music British time
Streiflichter durch die zeitgenössische britische Musik (British Music of our time [dt.]) Hrsg. A[lfred] L[ouis] Bacharach. In dt. Übers. von Eva Heintz.
Berlin: Bote & Bock (1949). 158 S. 8⁰

Streiflichter Musik zeitgenoessische
Streiflichter durch die zeitgenössische britische Musik
s. *Music,* British, of our time [dt.]

Bacharach, Alfred Louis

[Hrsg.]

s. *Streiflichter* durch d. zeitgenössische britische Musik [British Music of our time, dt.] 1949.

Heintz, Eva

[Übers.]

s. *Streiflichter* durch d. zeitgenössische britische Musik [British Music of our time, dt.] 1949.

7. Kurs statistiki ėkonomičeskoj
Grundriß der Wirtschaftsstatistik (Kurs ėkonomičeskoj statistiki [dt.]) Gesamtred.: A. I. Petrow [Aleksandr Il'ič Petrov]. Übers. aus d. Russ.: (W. Fickenscher).
Berlin: Die Wirtschaft 1954. 704 S. 8⁰

Grundriss Wirtschaftsstatistik
Grundriß d. Wirtschaftsstatistik
s. *Kurs* ėkonomičeskoj statistiki [dt.]

Petrow, A. I.
[dt. Namensform]
s. *Petrov*, Aleksandr Il'ič.

Petrov, Aleksandr Il'ič

[Hrsg.]

s. *Grundriss* d. Wirtschaftsstatistik [Kurs ėkonomičeskoj statistiki, dt.] 1954.

8. Jespersen, Otto
Die Sprache, ihre Natur, Entwicklung und Entstehung (*Languages*, its nature, development and origin [dt.]) Von Otto Jespersen. Vom Verf. durchges. Übers. aus d. Engl. von Rudolf Hittmair u. Karl Waibel.
Heidelberg: Winter 1925. XIII, 440 S. 8⁰
(Indogermanische Bibliothek. Abt. 4, Bd 3.)

Jespersen, Otto
Die *Sprache*, ihre Natur, Entwicklung u. Entstehung
s. *Jespersen:* Languages, its nature, development and origin [dt.]

Int. Z.

Bibliothek indogermanische
Indogermanische Bibliothek. Hrsg. von H[ermann] Hirt u. W[ilhelm] Streitberg. Abt. 4, Bd 3.
Heidelberg: Winter 1925. 8⁰
Abt. 4. Sprachgeschichte.

3. Jespersen, Otto: Die Sprache, ihre Natur, Entwicklung u. Entstehung (Languages, its nature, development and origin [dt.]) 1925.

Hirt, Hermann

[Hrsg.]

s. *Bibliothek*, Indogermanische. Abt. 4, Bd 3. 1925.

Streitberg, Wilhelm
[Hrsg.]
s. *Bibliothek*, Indogermanische. Abt. 4, Bd 3. 1925.

9. Bronštejn, I N
Taschenbuch der Mathematik (*Spravočnik* po matematike [dt.]) Für Ingenieure u. Studenten d. Techn. Hochschulen. Von I. N. Bronstein (Bronštejn) u. K. A. Semendjajew (Semendjaev). 3. Aufl., mit 430 Abb.
Leipzig: Teubner 1960. XIII, 584 S. 8⁰

Bronštejn, I N
Taschenbuch d. Mathematik
s. *Bronštejn:* Spravočnik po matematike [dt.]

Semendjajew, K. A.
[dt. Namensform]
s. *Semendjaev,* K A

Semendjaev, K A
Taschenbuch d. Mathematik [*Spravočnik* po matematike, dt.] 3. Aufl. 1960
s. *Bronštejn,* I N

Semendjaev, K A
Taschenbuch d. Mathematik
s. *Semendjaev:* Spravočnik po matematike [dt.]

10. Vallas, Léon
Achille Claude *Debussy* [dt.] Übers.: Kurt Lamerdin.
Potsdam: Athenaion (1949). 178 S. 8⁰

11. Serenus Sammonicus, Quintus
Quintus Serenus ⟨Serenus Sammonicus⟩. *Liber* medicinalis [lat. u. franz.] Texte établi, trad. et com. par R[oger] Pépin.
Paris: Pr. universit. de France 1950. XLVII, 119 S. 8⁰

Pépin, Roger
[Hrsg. u. Übers.]
s. *Serenus* Sammonicus, Quintus: Liber medicinalis [lat. u. franz.] 1950.

12. Juvenalis, Decimus Junius
Satires (*Satirae* [lat. u. franz.]) de Juvénal (D[ecimus] Junius Juvenalis). Trad. en vers français, par L.-V. Raoul. 3. éd.
Tournay 1818: Casterman. XXXII, 406 S. 8⁰

Raoul, L V
[Übers.]
Juvenalis, Decimus Junius: Satires [Satirae, lat. u. franz.] 3. éd. 1818.

13. Kuroš, Aleksandr Gennadievič
The theory of groups [*Teorija* grupp, engl.] by A. G. Kurosh [Aleksandr Gennadievič Kuroš]. Transl. from the Russ. and ed. by K(urt) A. Hirsch. Vol. 1.2.
New York, N. Y.: Chelsea Publ. Co. (1955—56). 8⁰
1. (1955.) 2. (1956.)

Kuroš, Aleksandr Gennadievič
The *Theory* of groups
s. *Kuroš:* Teorija grupp [engl.]

Kurosh, A. G.
[engl. Namensform]
s. *Kuroš*, Aleksandr Gennadievič.

Hirsch, Kurt A
[Hrsg. u. Übers.]
s. *Kuroš*, Aleksandr Gennadievič: The theory of groups [Teorija grupp, engl.] 1955—56.

14. Spravočnik chimika
Handbuch des Chemikers (Spravočnik chimika [dt.]) (B. P. Nikolski [Nikol'skij] ⟨Gesamtred.⟩) Bd 1—3.
Berlin: Verl. Technik 1956—59. 8^0

1. Allg. Grundlagen, Elemente u. Aufbau d. Materie, Eigenschaften d. wichtigsten Stoffe, Tab. von Spektral- u. Röntgen-Spektrallinien. 1956.
2. Physikal. Eigenschaften anorg. u. org. Verb. 1957.
3. Chem. Gleichgewichte u. Kinetik, Lösungen, Elektrochemie, anal. u. techn. Chemie. 1959.

Handbuch Chemiker
Handbuch d. Chemikers
s. *Spravočnik* chimika [dt.]

Nikol'skij, B P
[Hrsg.]
s. *Handbuch* d. Chemikers [Spravočnik chimika, dt.] 1956—59.

15. Homerus
Homers Odyssee [*Odyssea,* dt.] Dt. von Rudolf Alexander Schröder.
(Berlin:) Suhrkamp 1948. 407 S. 8^0

Schroeder, Rudolf Alexander
[Übers.]
s. *Homerus:* Odyssee [Odyssea, dt.] 1948.

42 (II, 296)

1. Spies, Minna
Hermine *Spies.* Ein Gedenkbuch für ihre Freunde von ihrer Schwester (Minna Spies). Mit e. Vorw. von Heinrich Bulthaupt. 2. Aufl.
Stuttgart: Göschen 1894. VIII, 300 S. 8^0

Spies Hermine
Hermine Spies. Ein Gedenkbuch. 2. Aufl. 1894
s. *Spies,* Minna [Verf.]

Spies, Hermine
s. *Spies.* – Hermine Spies. Ein Gedenkbuch. [Verf.: Minna Spies.] 2. Aufl. 1894.

Bulthaupt, Heinrich
[Vorr.]
s. *Spies*. – Hermine Spies. Ein Gedenkbuch. [Verf.: Minna Spies.] 2. Aufl. 1894.

2. Marpurg, Friedrich Wilhelm
Die *Kunst*, das Clavier zu spielen. Durch den Verf. d. Critischen Musicus an der Spree [d. i. Friedrich Wilhelm Marpurg].
Berlin: Haude & Spener 1751. 27 S., 4 Taf. 8⁰

Kunst spielen Klavier
Die Kunst, das Clavier zu spielen. 1751
s. *Marpurg*, Friedrich Wilhelm [Verf.]

3. La Harpe, Jean François de
Le *Salut* public ou la vérité, dite à la Convention par un homme libre ([d. i. Jean François de] La Harpe).
Paris l'an III [1794/95]: Migneret. 58 S. 8⁰

Salut public
Le Salut public ou la vérité, dite à la Convention. 1794/95
s. *La Harpe*, Jean François de [Verf.]

4. Wolf von Wolfenau, Anton
Gründliche *Abhandlung* über die Unnütz- und Unschicklichkeit des H im musikalischen Alphabete, nebst e. Anm., die künstl. Töne betr. ([Verf.:] Anton Wolf von Wolfenau.) Hrsg. von J[osef] F[ranz] Schwanenberg. Mit 1 Kupfertaf.
Wien: Wappler; Hochenleitter; Leipzig: Breitkopf & Härtel 1797. XVI, 140 S. 8⁰

Abhandlung gruendliche Unnuetzlichkeit
Gründliche Abhandlung über die Unnütz- u. Unschicklichkeit des H im musikal. Alphabete. 1797
s. *Wolf* von Wolfenau, Anton [Verf.]

Wolfenau, Anton Wolf von
s. *Wolf* von Wolfenau.

Schwanenberg, Josef Franz
[Hrsg.]
s. *Abhandlung*, Gründliche, über die Unnütz- u. Unschicklichkeit des H im musikal. Alphabete. [Verf.: Anton Wolf von Wolfenau.] 1797.

5. Nicolai, Friedrich
Beschreibung der königlichen Residenzstädte Berlin und Potsdam, aller daselbst befindlichen Merkwürdigkeiten, und der umliegenden Gegend. ([Verf.:] Friedrich Nicolai.) 3. völlig umgearb. Aufl., mit Grundrissen d. Städte Berlin u. Potsdam, einem Grundrisse d. neuen Schlosses bey Sanssouci, u. einer neuen Kt. d. Gegend um Berlin. Bd 1—3.
Berlin: Nicolai 1786. 8⁰

Beschreibung Berlin Residenzstaedte
Beschreibung d. königlichen Residenzstädte Berlin u. Potsdam. 1786
s. *Nicolai*, Friedrich [Verf.]

43 (II, 308)

1. Stifter, Adalbert
Sämtliche Werke [Werke]. (Hrsg. von Hannsludwig Geiger.) Bd 1—3.
Berlin, Darmstadt, Wien: Dt. Buch-Gemeinschaft (1959). 8⁰
1. Studien.
2. Bunte Steine. Erzählungen. Nachsommer.
3. Witiko. Mappe Gelegenheitsschriften.

Geiger, Hansludwig
[Hrsg.]
s. *Stifter*, Adalbert: Sämtl. Werke [Werke]. 1959.

2. Brahm, Otto
Theater, Dramatiker, Schauspieler [Teils.] Veröff. d. Dt. Akad. d. Künste. Ausw. u. Nachw. von Hugo Fetting.
Berlin: Henschel 1961. 462 S. 8⁰

Fetting, Hugo
[Hrsg.]
s. *Brahm*, Otto: Theater, Dramatiker, Schauspieler [Teils.] 1961.

3. Euripides
Euripides [Werke, dt.] Dt. in d. Versmaßen d. Urschrift von J[ohann] J[acob] C[hristian] Donner. 2. verb. Aufl. Bd 1—3.
Leipzig, Heidelberg: Winter 1859. 8⁰
1. 1. Hippolytos. 2. Hekabe. 3. Helena. 4. Die Phönikerinnen. 5. Medeia. 6. Orestes.
2. 7. Alkestis. 8. Iphigenie in Aulis. 9. Iphigenie in Tauris. 10. Die Bacchantinnen. 11. Der Kyklop 12. Andromache.
3. 13. Die Troerinnen. 14. Ion. 15. Elektra. 16. Der rasende Herakles. 17. Die Schutzflehenden. 18. Die Herakliden.

Donner, Johann Jakob Christian
[Übers.]
s. *Euripides:* [Werke, dt.] 2. Aufl. 1859.

4. Goethe, Johann Wolfgang von
Baukunst und Handwerk in [Johann Wolfgang von] Goethes Dichtung [Werke, Ausz.] Ausgew. u. geordnet von Carl Blunck.
(Waiblingen/Wttbg: Krauskopf 1949.) 128 S. 8⁰

Blunck, Karl
[Hrsg.]
Goethe, Johann Wolfgang von: Baukunst und Handwerk in Goethes Dichtung [Werke, Ausz.] Waiblingen 1949.

5. Zweig, Stefan
Brennendes *Geheimnis* und andere Erzählungen.
(Berlin, Frankfurt am M.:) S. Fischer 1954. 344 S. 8⁰

6. Dreiser, Theodore
Erzählungen [Teils., dt.] (Aus d. Engl. übers. von Margarete Berg.)
Berlin: Aufbau-Verl. 1960. 389 S. 8⁰

7. Shakespeare, William
[William] Shakespeare. Worte über die Musik [Werke, Ausz., dt.] Aus seinen Werken hrsgelesen u. ges. von Kurt Sydow.
Wolfenbüttel: Möseler 1952. 31 S. 8⁰

Sydow, Kurt
[Hrsg.]
s. *Shakespeare*, William: Worte über die Musik [Werke, Ausz., dt.] 1952.

8. Int. Z.

Ruskin, John
Ausgewählte Werke in vollständiger Übersetzung [Teils., dt.] (2. Aufl.) Bd 2.
(Jena: Diederichs 1905.) 8⁰

2. Sesam und Lilien. Aus d. Engl. von Hedwig Jahn. 1905.

9. Weinert, Erich
Gedichte. Eine Ausw.
(Berlin, Leipzig: Volk u. Wissen 1950.) 528 S. 8⁰
(Bibliothek fortschrittl. dt. Schriftsteller.)

10. Mann, Thomas
Tomas [Thomas] Mann. Novelly [Teils., russ.] Perev. s nemeckogo (pod red. Natalii Man. Predisl. S. Turaeva.)
Moskva: Gos. Izd. chudož. liter. 1956. 341 S. 8⁰ [Russ. Schr.]

Man, Natalja
[Übers.]
s. *Mann*, Thomas: Novelly [Teils., russ.] 1956.

Turaev, S
[Vorr.]
s. *Mann*, Thomas: Novelly [Teils., russ.] 1956.

11. Goethe, Johann Wolfgang von
[Johann Wolfgang von] Goethe. Die *Leiden* des jungen Werther. Die Wahlverwandtschaften. Mit Erl. von Georg Witkowski. (Textrev.: Paul Beyer.)
Leipzig: Fikenscher [1927]. 381 S. 8⁰
(Hafis-Bücherei.)

Witkowski, Georg
[Komm.]
s. *Goethe*, Johann Wolfgang von: Die Leiden d. jungen Werther. 1927.

44 (II, 314)

1. Ulbricht, Walter
Der faschistische deutsche *Imperialismus* ⟨1933—1945⟩. ⟨Die Legende vom „deutschen Sozialismus".⟩
Berlin: Dietz 1956. 115 S. 8⁰
Bisher u. d. T.: Ulbricht: Die Legende vom deutschen Sozialismus.

Ulbricht, Walter
Die *Legende* vom deutschen Sozialismus. 1956
s. *Ulbricht:* Der faschistische deutsche Imperialismus.

2. Diepgen, Paul
Einführung in das Studium der Medizin. ⟨Die Heilkunde und der ärztliche Beruf, 4. Aufl.⟩ Von Paul Diepgen.
München, Berlin: Urban & Schwarzenberg 1951. VI, 304 S. 8⁰

Diepgen, Paul
Die *Heilkunde* u. d. ärztl. Beruf. 4. Aufl. 1951
s. *Diepgen:* Einführung in d. Studium d. Medizin.

3. Hediger, Heini
Beobachtungen zur Tierpsychologie im Zoo und im Zirkus. Von H[eini] Hediger. Mit 114 Fotos u. 13 Zeichn.
Basel: Reinhardt (1961). 430 S. 8⁰
Neue erw. Ausg. d. 1954 ersch. Buches: Hediger: Skizzen zu einer Tierpsychologie im Zoo und im Zirkus.

Hediger, Heini
Skizzen zu e. Tierpsychologie im Zoo u. im Zirkus. Neue erw. Ausg. 1961
s. *Hediger:* Beobachtungen zur Tierpsychologie im Zoo u. im Zirkus.

4. Keil, Karl
Geotechnik ⟨bisher Ingenieurgeologie und Geotechnik⟩. Festigkeitslehre d. natürl. Fels- u. Lockergesteine auf ingenieurgeol. u. bodenmechan. Grundlage. Von Karl F. G. Keil. Mit 1650 Abb., zahlr. Tab. u. mehreren 100 Beisp. 3. vollst. neugestalt. u. bed. erw. Aufl.
Halle ⟨Saale⟩: Knapp (1959). XL, 1456 S. 4⁰

Keil, Karl
Ingenieurgeologie u. Geotechnik. 3. Aufl. 1959
s. *Keil:* Geotechnik.

Keil, Karl F. G.
s. *Keil,* Karl.

45 (II, 323)

1. Pollatschek, Walter
Verse der Liebe. Eine Anthologie dt. Liebesgedichte. Hrsg. von Walther Pollatschek.
[Berlin:] Neues Leben 1954. 398 S. 8⁰

2. Kraus, Karl von
Des Minnesangs *Frühling.* Nach Karl Lachmann, Moritz Haupt u. Friedrich Vogt neu bearb. von Carl von Kraus. 31. Aufl.
Leipzig: Hirzel 1954. XVIII, 541 S. 8⁰
Aufl. vor 1944 s. Lachmann.

Lachmann, Karl
Des Minnesangs *Frühling*. 31. Aufl. 1954
s. *Kraus*, Karl von.

3. Korrodi, Eduard
Geisteserbe der Schweiz. Schriften von Albrecht von Haller bis Jacob Burckhardt.
Ausw. u. Nachw. von Eduard Korrodi.
Erlenbach-Zürich: Rentsch 1929. 548 S. 8^0

4. Lange, Johann Martin
Des Sieges *Gewißheit*. Ein Volksbuch vom Aufbau d. DDR. (Hrsg. von J[ohann] M[artin] Lange u. Joachim Schreck.)
Berlin: Aufbau-Verl. 1959. 834 S. 8^0

Schreck, Joachim
Des Sieges *Gewißheit*. 1959
s. *Lange*, Johann Martin.

Gewissheit Sieg
Des Sieges Gewißheit. 1959
s. *Lange*, Johann Martin [Verf.]

5. Grimm, Jakob
Kinder- und Haus*märchen*. Ges. durch d. Brüder (Jacob u. Wilhelm) Grimm. Orig.Ausg. mit Hermann Grimms Einl. nach d. Handex. u. mit 8 Bildern von Ludwig Grimm. Jubiläums-Aufl. 1812—1912, besorgt von Reinhold Steig.
Stuttgart, Berlin: Cotta 1912. XL, 589 S. 8^0

Grimm, Wilhelm
Kinder- u. Haus*märchen*. 1912
s. *Grimm*, Jakob.

Grimm, Hermann
[Vorr.]
s. *Grimm*, Jakob: Kinder- u. Hausmärchen. 1912.

Grimm, Ludwig
[Ill.]
s. *Grimm*, Jakob: Kinder- u. Hausmärchen. 1912.

Steig, Reinhold
[Hrsg.]
s. *Grimm*, Jakob: Kinder- u. Hausmärchen. 1912.

6. Sozialdemokratismus Staat
Sozialdemokratismus und Staat. Eine Samml. von Übers., ausgew. u. hrsg. vom Prorektorat für Forschung d. Dt. Akad. für Staats- u. Rechtswiss. „Walter Ulbricht" mit e. Einf. von Wolfgang Weichelt.
Berlin: Dt. Zentralverl. 1960. 123 S. 8^0

Weichelt, Wolfgang
[Vorr.]
s. *Sozialdemokratismus* u. Staat. 1960.

7. Busch, Ernst
Internationale *Arbeiterlieder*. Hrsg. von Ernst Busch.
Berlin: Lied d. Zeit (1949). 65 S. 8⁰

8. Bruenne, Klaus
Gesetzessammlung für den Chemiker. Eine Ausw. d. wichtigsten gesetzl. Bestimmungen einschl. Standards u. verbindl. DIN-Normen sowie von Verz. ausländ. u. internat. Standards. Zsgest. u. bearb. von Klaus Brünne.
Berlin: Dt. Zentralverl. 1961. XX, 1187 S. 8⁰

9. Franz, Guenter
Staatsverfassungen. Eine Samml. wichtiger Verfassungen d. Vergangenheit u. Gegenwart. In Urtext u. Übers. hrsg. von Günther Franz.
München: Oldenbourg 1950. 465 S. 8⁰

10. Fragmente Vorsokratiker
Die Vorsokratiker [Fragmente der Vorsokratiker, dt.] Die Fragmente u. Quellenschriften übers. u. mit e. Vorbemerk. vers. von Wilhelm Capelle.
Berlin: Akad.-Verl. 1958. 501 S., 1 gef. Taf. 8⁰

Vorsokratiker
Die Vorsokratiker. 1958
s. *Fragmente* d. Vorsokratiker [dt.]

Capelle, Wilhelm
[Übers.]
s. *Vorsokratiker*, Die [Fragmente der Vorsokratiker, dt.] 1958.

46 (II, 333)

1. Uhde-Bernays, Hermann
Künstlerbriefe über Kunst. Bekenntnisse von Malern, Architekten u. Bildhauern aus 5 Jh. Hrsg. von Hermann Uhde-Bernays. (2. veränd. u. erg. Aufl.)
Dresden: Jess (1956). 983 S. 8⁰

Bernays, Hermann Uhde-
s. *Uhde*-Bernays.

2. Liszt, Franz
Briefe hervorragender Zeitgenossen an Franz Liszt. Nach d. Hs. d. Weimarer Liszt-Museums hrsg. von La Mara [d. i. Marie Lipsius]. Bd 1—3.
Leipzig: Breitkopf & Härtel 1895—1904. 8⁰
1. 1824—1854. 1895.
2. 1855—1881. 1895.
3. 1836—18886. N. F. 1904.

La Mara
[Hrsg.]
s. *Liszt,* Franz: Briefe hervorragender Zeitgenossen an Franz Liszt. 1895–1904.

Lipsius, Marie
[wirkl. Name]
s. *La Mara* [Pseud.]

3. Schiller, Friedrich von
Briefwechsel [*Briefe*] zwischen (Friedrich von) Schiller und Lotte (Charlotte von Schiller geb. von Lengefeld). 1788–1805. Hrsg. u. erl. von Wilhelm Fielitz. (5. Aufl.) Bd 1–3.
Stuttgart, Berlin: Cotta (1905). 8⁰

Schiller, Charlotte von
Briefwechsel [*Briefe*] zwischen Schiller und Lotte. 5. Aufl. 1905
s. *Schiller,* Friedrich von.

Lengefeld, Charlotte von
[Mädchenname]
s. *Schiller,* Charlotte von.

Fielitz, Wilhelm
[Hrsg.]
s. *Schiller,* Friedrich von: Briefwechsel [Briefe] zwischen Schiller und Lotte. 5. Aufl. 1905.

4. Mozart, Wolfgang Amadeus
Vol'fgang Mocart [Wolfgang Amadeus Mozart]. Izbrannaja perepiska [*Briefe,* russ.] Period sozdanija opery „Idomenej" 1780–1781. (Perev. pisem, vstupit. stat'ja i komm. Elizavety Dattel' pod red. E. Černoj.)
Moskva: Gos. muz. Izd. 1958. 173 S. 8⁰ [Russ. Schr.]
[Ausgew. Briefwechsel aus d. J. 1780–81.]

Mocart, Vol'fgang
[russ. Namensform]
s. *Mozart,* Wolfgang Amadeus.

Dattel', Elizaveta
[Übers.]
s. *Mozart,* Wolfgang Amadeus: Izbrannaja perepiska [Briefe, russ.] 1958.

Mozart, Wolfgang Amadeus
Izbrannaja *perepiska*
s. *Mozart:* Briefe [russ.]

5. Lindblad, Adolf Fredrik
Bref [*Briefe*] till Adolf Fredrik Lindblad från (Felix) Mendelssohn (Bartholdy), Dohrn, Almqvist, Atterbom, Gejer, Frederika Bremer, C. W. Böttiger och andra.
Stockholm: Bonnier (1913). 212 S. 8⁰

Mendelssohn Bartholdy, Felix
Bref [*Briefe*] till Adolf Fredrik Lindblad från Mendelssohn, Dohrn, Almqvist . . . 1913
s. *Lindblad,* Adolf Fredrik.

Bartholdy, Felix Mendelssohn
s. *Mendelssohn* Bartholdy.

6. Gneisenau, August Graf Neidhardt von
Briefe des Generals [August Graf] Neidhardt von Gneisenau. 1809—1815. Ges. u. hrsg. von Julius v. Pflugk-Harttung. Mit e. Faks. e. Briefes.
Gotha: F. A. Perthes 1913. XI, 180 S. 8⁰

Neidhardt von Gneisenau, August Graf
s. *Gneisenau.*

Pflugk-Harttung, Julius von
[Hrsg.]
s. *Gneisenau,* August Neidhardt von: Briefe. 1913.

Harttung, Julius von Pflugk-
s. *Pflugk*-Harttung.

7. Rubens, Peter Paul
The letters [*Briefe*, engl.] of Peter Paul Rubens. Transl. and ed. by Ruth Saunders Magurn.
Cambridge, Mass.: Harvard Univ. Pr. 1955. XIV, 528 S. 4⁰

Rubens, Peter Paul
Letters
s. *Rubens:* Briefe [engl.]

Magurn, Ruth Saunders
[Übers.]
s. *Rubens,* Peter Paul: The letters [Briefe, engl.] 1955.

Saunders Magurn, Ruth
s. *Magurn.*

8. Thuerheim, Andreas Graf
Von den Sevennen bis zur Newa. ⟨1740—1805.⟩ Ein Beitr. zur Gesch. d. 18. Jh. Nach hs. Nachlässen von A[ndreas] Grafen Thürheim.
Wien: Braumüller 1879. IV, 481 S. 8⁰

47 (II, 342)

1. Stuck, Franz von
Franz von Stuck [Teils.] Eingel. von Eugen Diem.
München: Drei Eulen Verl. [1927]. 5 Bl., 19 Taf. 4⁰
(Drei Eulen Kunstbücher. Bd 3.)

Diem, Eugen
[Vorr.]
s. *Stuck,* Franz von: Teils. 1927.

Int. Z.

Drei-Eulen-Kunstbuecher
Drei Eulen Kunstbücher. Hrsg.: P[eter] Breuer. Bd 3.
München: Drei Eulen Verl. [1927]. 4⁰

3. Stuck, Franz von: [Teils.] [1927.]

Breuer, Peter
[Hrsg.]
s. *Drei Eulen Kunstbuecher*. Bd 3. 1927.

2. Stern, Ernst
Die *Ballette* des Deutschen Theaters. 12 Orig. Lithogr. von Ernst Stern. Text von Oscar Bie.
Berlin: Reiß 1918. 8 S., 16 Bl. Abb. quer-4⁰

Bie, Oskar
Die *Ballette* d. Deutschen Theaters. 1918
s. *Stern*, Ernst.

3. Pforr, Franz
Goethes *Götz* von Berlichingen in Zeichnungen von Franz Pforr. Hrsg. von Richard Benz.
Weimar: Goethe-Ges. 1941. 42 S., 24 Taf. im Text. 8⁰
(Schriften d. Goethe-Gesellschaft. Bd 52.)

Benz, Richard
[Hrsg.]
s. *Pforr*, Franz: Goethes Götz von Berlichingen in Zeichnungen. 1941.

Int. Z.

Schriften Goethe-Gesellschaft
Schriften der Goethe-Gesellschaft [Johann Wolfgang von Goethe]. Im Auftr. hrsg. von Anton Kippenberg u. Hans Wahl. Bd 52.
(Weimar: Goethe-Ges. 1941.) 8⁰

52. Pforr, Franz: Goethes Götz von Berlichingen in Zeichnungen. 1941.

Goethe, Johann Wolfgang von
s. *Schriften* d. Goethe-Gesellschaft. Bd 52. 1941.

Kippenberg, Anton
[Hrsg.]
s. *Schriften* d. Goethe-Gesellschaft. Bd 52. 1941.

Wahl, Hans
[Hrsg.]
s. *Schriften* d. Goethe-Gesellschaft. Bd 52. 1941.

4. Cornelius, Peter
Farbiges *Paris*. Mit e. einf. Text von Jacques Prévert u. 112 Farbenphotogr. von Peter Cornelius.
(Berlin, Darmstadt, Wien: Dt. Buchgemeinsch. 1961.) XIII, 99 S. 4⁰

Prévert, Jacques
[Text]
s. *Cornelius*, Peter: Farbiges Paris. 1961.

5. Exel, Ria
Graphik [Teils.] der holländischen Künstlerin Ria Exel. Einf. von Max Haller.
Dresden: Verl. d. Kunst (1962). 13, 38 S. 8⁰
(Zwinger-Bücher.)

Haller, Max
Graphik der holländischen Künstlerin Ria Exel. 1962
s. *Exel*, Ria: Teils.

6. Brueghel der Ältere, Pieter
(Pieter) Bruegel [Brueghel der Ältere]. The drawings [Werke]. Compl. ed. by Ludwig Münz.
London: Phaidon-Pr. (1961). 247 S., 85 Taf. im Text. 4⁰

Brueghel, Pieter
s. *Brueghel* der Ältere.
Ferner Vw. von: „Brueghel: Drawings“ auf „Brueghel: Werke.“

Muenz, Ludwig
[Hrsg.]
s. *Brueghel* der Ältere, Pieter: The drawings [Werke]. 1961.

7. Daumier, Honoré
Honoré Daumier als Gesellschaftskritiker [Teils.] 80 Nachbildungen s. Holzschn.
Ausgew. u. hrsg. von Richard Zürcher.
Zürich: Classen (1947). 92 S. 8⁰
(Vom Dauernden in d. Zeit. 30.)

Zuercher, Richard
Honoré *Daumier* als Gesellschaftskritiker. 1947
s. *Daumier:* Teils.

Int. Z.

Dauernden Zeit
Vom Dauernden in der Zeit. Eine Samml. von Kostbarkeiten alter u. neuer Dichtung. Hrsg. von Werner Classen. 30.
(Zürich: Classen 1947.) 8⁰

30. Daumier, Honoré: Honoré Daumier als Gesellschaftskritiker [Teils.] 1947.

Classen, Werner
[Hrsg.]
s. *Dauernden*, Vom, in der Zeit. 30. 1947.

8. Grundig, Lea
Im *Tal* des Todes. Zeichn. von Leah Grundig u. Text von Kurt Liebmann.
Dresden: Sachsenverl. (1947). 44 S. quer-8⁰
(Kleine „Zeit im Bild“ Bücherei. H. 1.)

Liebmann, Kurt
Im *Tal* des Todes. 1947
s. *Grundig*, Lea.

Int. Z.

Zeit-im-Bild-Buecherei kleine
Kleine „Zeit im Bild" Bücherei. H. 1.
(Dresden: Sachsenverl. 1947.) quer-8⁰
1. Grundig, Leah: Im Tal d. Todes. (1947.)

48 (II, 346)

1. Senff, Bartholf, Musikverl., Leipzig
Catalog [*Katalog*] des Musikalien-Verlages von Bartholf Senff in Leipzig. [Nebst] Nachtr.
(Leipzig) 1890—98. 8⁰
[Hauptwerk.] 1890. Nachtr. 1898.

2. Int. Z.
Huber, A. Hilmar, Antiquariat, Leipzig
Antiquariats-Katalog 51.
Leipzig [nach 1925]. 8⁰ [Umschlagt.]

51. Ill. Bücher, Pressen- u. Privatdr., einmal. Ausg. u. Vorzugsdr., seltene u. kostbare Einbände. [Nach 1925.]

3. Stallbaum, Gottfried
Bibliotheca Godofredi Stallbaumii. [Auktionskat., Leipzig, 26. 6. 1861.]
Lipsiae (1861): Melzer. 282 S. 8⁰

4. Whaites, J J R
Catalog [*Katalog*] der reichhaltigen Sammlung von Münzen, Medaillen und Nothmünzen, sowie der numismatischen Bibliothek des Herrn J. J. R. Whaites ... [Auktionskat., Frankfurt am M., 7. 8. 1871.]
Frankfurt a. M.: Baer 1871. XV, 118 S. 8⁰

5. Hofdruckerei kaiserlich-koenigliche Staatsdruckerei
Verlagskatalog der K[aiserlich-] K[öniglichen] Hof- und Staatsdruckerei in Wien I, Singerstraße 26.
Wien 1904. 214 S. 8⁰

6. Heberle, J. M., Auktionshaus, Köln
Katalog *Gemälde* älterer und neuzeitiger Meister aus verschiedenem Besitze. [Auktionskat., Köln, 17. u. 18. 2. 1908.]
Köln: DuMont Schauberg 1908. 27 S. 8⁰

49 (II, 356)

1. Gesetz Kinderarbeit Arbeitszeit
Gesetz über die Kinderarbeit und die Arbeitszeit der Jugendlichen (vom 30. April 1938) ⟨Jugendschutzgesetz⟩. Mit Ausführungsverordn., Erl., Ausz. aus wichtigen Erlassen u. dgl. Bearb. von Walther Thumser.
Rosenheim: Inngau-Verl. (1949). 119 S. 8⁰
(Taschenausgaben zum Arbeitsrecht. H. 4.)

Jugendschutzgesetz
Jugendschutzgesetz. 1949
s. *Gesetz* über d. Kinderarbeit u. d. Arbeitszeit d. Jugendlichen vom 30. April 1938.

Thumser, Walter
[Bearb.]
s. *Gesetz* über d. Kinderarbeit u. d. Arbeitszeit d. Jugendlichen vom 30. April 1938. 1949.

Int. Z.

Taschenausgaben Arbeitsrecht
Taschenausgaben zum Arbeitsrecht. Hrsg.: Richard Oechsle. H. 4.
Rosenheim: Inngau-Verl. (1949). 8⁰

4. Gesetz über d. Kinderarbeit u. d. Arbeitszeit d. Jugendlichen (vom 30. April 1938). (1949.)

Oechsle, Richard
[Hrsg.]
s. *Taschenausgaben* zum Arbeitsrecht. H. 4. 1949.

2. Gesetz Sortenschutz Saatgut
Saatgutgesetz (Gesetz über Sortenschutz und Saatgut von Kulturpflanzen vom 27. Juni 1953) mit Durchführungsvorschriften. Textausg. mit Sachreg. Stand vom 1. 3. 1955.
Köln, Berlin: Heymann 1955. 191 S. 8⁰

Saatgutgesetz
Saatgutgesetz. Textausg. 1955
s. *Gesetz* über Sortenschutz und Saatgut von Kulturpflanzen vom 27. Juni 1953.

3. Verordnung Betriebspraemienfonds Kulturfonds
Vierte Verordnung über den Betriebsprämienfonds sowie den Kultur- und Sozialfonds (in den volkseigenen und ihnen gleichgestellten Betrieben) vom 11. Februar 1960. Mit d. 1. Durchführungsbestimmung u. d. Sonderbestimmungen für d. staatl. Organe u. Einricht., Banken, Sparkassen, Versicherungen, VVB, VVEAB, Projektionsbetriebe, Forschungs- u. Entwicklungsstellen sowie Konstruktionsbüros. Textausg. mit Erl. u. Empfehlungen.
Berlin: Dt. Zentralverl. 1960. 118 S. 8⁰
[Umschlagt.:] Betriebsprämienfonds, Kultur- und Sozialfonds.

Betriebspraemienfonds Kulturfonds Sozialfonds
Betriebsprämienfonds, Kultur- und Sozialfonds. 1960
s. *Verordnung*, Vierte, über d. Betriebsprämienfonds sowie d. Kultur- u. Sozialfonds vom 11. Februar 1960.

4. Gesetz Befreiung Nationalsozialismus
Befreiungsgesetz (Gesetz zur Befreiung von Nationalsozialismus und Militarismus) vom 5. März 1946. Nebst Aus- u. Durchführungs-VO u. Schlagwortverz. [Hrsg.:] Karl Trill.
(Karlsruhe 1946: Malsch & Vogel.) 77 S. 8⁰

Trill, Karl
[Hrsg.]
s. *Befreiungsgesetz* [Gesetz zur Befreiung von Nationalsozialismus und Militarismus] vom 5. März 1946. 1946.

Befreiungsgesetz
Befreiungsgesetz vom 5. März 1946. 1946
s. *Gesetz* zur Befreiung von Nationalsozialismus und Militarismus.

5. Gesetz Schutz Jugend
Gesetz zum Schutze der Jugend in der Öffentlichkeit vom 4. Dezember 1951. Mit Vollzugsbestimm. u. Erl. d. BStM. d. Innern v. 3. 11. 1952 u. Anm. von Friedrich Harrer. Stand d. Gesetzgebung 1. 2. 1953.
München: Rehm (1953). 56 S. 8⁰

Harrer, Friedrich
[Komm.]
s. *Gesetz* zum Schutze d. Jugend in d. Öffentlichkeit vom 4. Dezember 1951. 1953.

6. Gesetz Verkehr Lebensmittel
Lebensmittelgesetz (Gesetz über den Verkehr mit Lebensmitteln und Bedarfsgegenständen. Vom 5. Juli 1927) und damit im Zusammenhang stehende weitere gesetzliche Bestimmungen nach dem Stande vom März 1959. Textausg. mit Erl. u. Anm. zsgest. u. bearb. von G[ünter] Farchmin. (5., überarb. Aufl.)
Berlin: Dt. Zentralverl. 1959. 136 S. 8⁰

Lebensmittelgesetz
Lebensmittelgesetz. Textausg. 5. Aufl. 1959
s. *Gesetz* über d. Verkehr mit Lebensmitteln u. Bedarfsgegenständen. Vom 5. Juli 1927.

Farchmin, Guenter
[Bearb.]
s. *Lebensmittelgesetz* [Gesetz über d. Verkehr mit Lebensmitteln u. Bedarfsgegenständen. Vom 5. Juli 1927]. 5. Aufl. 1959.

7. Vogel, Hermann
GmbH-Gesetz. Komm.
Berlin, Frankfurt a. M.: Verl. für Rechtswiss. 1950. XXVIII, 364 S. 8⁰

8. Strafprozessordnung
Strafprozeßordnung (vom 1. Februar 1877 in der neuen Fassung) und Gerichtsverfassungsgesetz in der Fassung des Gesetzes zur Wiederherstellung der Rechtseinheit auf dem Gebiete der Gerichtsverfassung, der bürgerlichen Rechtspflege, des Strafverfahrens und des Kostenrechts vom 12. 9. 1950 ⟨BGBl. S. 455⟩. Textausg. mit Einl. u. Nebengesetzen. Von Richard Lange.
Berlin: de Gruyter 1950. XI, 215 S. 8⁰
(Guttentagsche Samml. von Textausg.)

Lange, Richard
[Hrsg.]
s. *Strafprozessordnung* vom 1. Februar 1877 in der neuen Fassung. 1950.

9. Jaschik, Manfred
Das *Eherecht* der Deutschen Demokratischen Republik. Gesetzl. Bestimmungen u. Richtlinien d. Obersten Gerichts. Zsgest. von M[anfred] Jaschik, H[einz] Nagler, H[ans]-J[ürgen] Voigt.
Berlin: Dt. Zentralverl. 1958. 112 S. 8⁰

Nagler, Heinz
Das *Eherecht* der DDR. 1958
s. *Jaschik*, Manfred.

Voigt, Hans Juergen
Das *Eherecht* der DDR. 1958
s, *Jaschik*, Manfred.

10. Thieme, Paul
Grundbuchordnung. Komm. Unter Mitw. von Ernst Riggers. 4., neubearb. Aufl.
München, Berlin: Beck (1955). XVI, 515 S. 8⁰

Riggers, Ernst
[Mitarb.]
s. *Thieme*, Paul: Grundbuchordnung. 4. Aufl. 1955.

11. Handelsgesetzbuch
Handelsgesetzbuch (vom 10. Mai 1897) einschl. Seehandelsrecht, Gesellschaftsrecht, Wechsel- u. Scheckrecht, Gütertransportrecht, Wettbewerbsrecht. Textausg. mit Verweisungen u. Sachverz. 48., neugestaltete Aufl. Stand vom 10. 5. 1960.
München, Berlin: Beck 1960. XVIII, 1107 S. 8⁰

12. Verordnung Verhalten Strassenverkehr
Straßenverkehrs-Ordnung (Verordnung über das Verhalten im Straßenverkehr vom 4. Oktober 1956) ⟨StVO⟩. Autobahnordnung mit allen Anlagen zur Straßenverkehrs-Ordnung u. Autobahnordnung. Erl. Ausg. für d. Verkehrspraxis von Georg Schneider, Helmut Schubert, Ernst Witt.
Berlin: Dt. Zentralverl. 1959. 400 S. 8⁰

Schneider, Georg
[Komm.]
s. *Strassenverkehrs-Ordnung* [Verordnung über das Verhalten im Straßenverkehr vom 4. Oktober 1956]. 1959.

Schubert, Helmut
[Komm.]
s. *Strassenverkehrs-Ordnung* [Verordnung über das Verhalten im Straßenverkehr vom 4. Oktober 1956]. 1959.

Strassenverkehrsordnung
Straßenverkehrs-Ordnung. 1959
s. *Verordnung* über das Verhalten im Straßenverkehr vom 4. Oktober 1956.

St-V-O
StVO
s. *Strassenverkehrs-Ordnung*.

13. Schoenke, Adolf
Strafgesetzbuch. Komm. begr. von Adolf Schönke, fortgef. von Horst Schröder. 9., neubearb. Aufl.
München, Berlin: Beck 1959. XV, 1319 S. 8⁰

Schroeder, Horst
Strafgesetzbuch. 9. Aufl. 1959
s. *Schoenke,* Adolf.

14. Gesetz Aufbau Staedte
Gesetz über den Aufbau der Städte und Dörfer des Landes Hessen ⟨Aufbaugesetz⟩ vom 25. Oktober 1948. Komm. von Karl Maury.
Frankfurt a. M.: Druck- u. Verlagshaus (1949). 155 S. 8⁰

Aufbaugesetz
Aufbaugesetz. 1949
s. *Gesetz* über den Aufbau der Städte und Dörfer des Landes Hessen vom 25. Oktober 1948.

Maury, Karl
[Komm.]
s. *Gesetz* über den Aufbau der Städte und Dörfer des Landes Hessen vom 25. Oktober 1948. 1949.

15. Wiessner, Edmund
Kommentar zu Neidharts Liedern. Von Edmund Wießner.
Leipzig: Hirzel 1954. IX, 260 S. 8⁰

16. Wilhelm Abt von Hirschau
Die Musik (*Musica* [lat. u. dt.]) Wilhelms (Abt) von Hirschau (Wilhelmus Hirsaugiensis, Willehelmus). Wiederherstellung, Uebers. u. Erkl. seines musik-theoret. Werkes von Hans Müller.
Frankfurt a. M.; Leipzig: Teubner in Comm. 1883. XXIV, 85 S., 4 Taf. 4⁰

Wilhelmus Hirsaugiensis
s. *Wilhelm* von Hirschau.

Willehelmus um 1050
s. *Wilhelm* von Hirschau.

Mueller, Hans
Die *Musik* Wilhelms von Hirschau. 1883
s. *Wilhelm* von Hirschau: Musica [lat. u. dt.]

50 (II, 374)

1. Drahn, Fritz
Haustiergeburtskunde. Veterinärgeburtshilfl. Praktikum. Mit e. Beitr. „Die Schnittentbindung" von Heinz Kliemann. Mit 210 Abb. u. 5 Taf.
Jena: G. Fischer 1958, VIII, 226 S. 8⁰

Kliemann, Heinz
Die *Schnittentbindung*. Jena 1958
in: *Drahn*, Fritz: Haustiergeburtskunde.

2. Becherer, Gerhard
1. Über die *Bestimmung* der Fehler-Erkennbarkeit in der Röntgenmikroskopie. Von G[erhard] Becherer u. Helmut Hülle. 2. Änderung der Festigkeit von Metallen und Nichtmetallen durch eine benetzende Flüssigkeit ⟨Flüssigkeitseffekt⟩. Von Carl Benedicks.
Berlin: Verl. Technik 1952. 36 S. 8⁰
(Metallkundliche Berichte. Bd 38.)

Huelle, Helmut
Über die *Bestimmung* d. Fehler-Erkennbarkeit in d. Röntgenmikroskopie. 1952
s. *Becherer*, Gerhard.

Benedicks, Carl
Änderung der Festigkeit von Metallen und Nichtmetallen durch eine benetzende Flüssigkeit. Berlin 1952
in: *Becherer*, Gerhard: Über die Bestimmung d. Fehler-Erkennbarkeit in d. Röntgenmikroskopie.

Int. Z.

Berichte metallkundliche
Metallkundliche Berichte. Hrsg.: W[alter] Köhler. Bd 38.
Berlin: Verl. Technik 1952. 8⁰

38. Becherer, G[erhard]: Über d. Bestimmung d. Fehler-Erkennbarkeit in d. Röntgenmikroskopie . . . 1952.

Koehler, Walter
[Hrsg.]
s. *Berichte*, Metallkundliche. Bd 38. 1952.

Koehler, W. 1952
s. *Koehler*, Walter.

3. Bodmer, Johann Jakob
Johann Jacob Bodmer. Schweizerische *Schauspiele*.
o. O. 1775. 15, 14, 18 S. 8⁰
[Sondert.: 1.] Bodmer: Wilhelm Tell oder Der gefährliche Schuß. 1775.
[Sondert.: 2.] Bodmer: Geßlers Tod oder Das erlegte Raubtier. 1775.
[Sondert.: 3.] Bodmer: Der alte Heinrich von Melchthal im Land Unterwalden oder Die ausgetretenen Augen. 1775.

Bodmer, Johann Jakob
Wilhelm *Tell* oder Der gefährliche Schuß. o. O. 1775
in: *Bodmer:* Schweizerische Schauspiele.

Bodmer, Johann Jakob
Geßlers *Tod* oder Das erlegte Raubtier. o. O. 1775
in: *Bodmer:* Schweizerische Schauspiele.

Bodmer, Johann Jakob
Der alte Heinrich von *Melchthal* im Land Unterwalden oder Die ausgetretenen Augen. o. O. 1775
in: *Bodmer:* Schweizerische Schauspiele.

4. Klopstock, Friedrich Gottlieb
Von himmlischer und irdischer Liebe [Werke, Ausz.] Mit e. Ausw. aus d. Werk von (Friedrich Gottlieb) Klopstock u. (Christoph Martin) Wieland. Hrsg. von Ignaz Leonhard Konrad Flies.
Berlin: Safari-Verl. (1948). 490 S. 8⁰

Wieland, Christoph Martin
Von himmlischer und irdischer Liebe [Werke, Ausz.] Berlin 1948
in: *Klopstock*, Friedrich Gottlieb: Werke, Ausz.

Klopstock, Friedrich Gottlieb
Von himmlischer und irdischer *Liebe*. 1948
s. *Klopstock:* Werke, Ausz.

Wieland, Christoph Martin
Von himmlischer und irdischer *Liebe*. 1948
s. *Wieland:* Werke, Ausz.

Flies, Ignaz Leonhard Konrad
[Hrsg.]
s. *Klopstock*, Friedrich Gottlieb: Von himmlischer und irdischer Liebe [Werke, Ausz.] 1948.

5. Breuberg Burg Odenwald
Burg Breuberg im Odenwald. Hans H. Weber. Der Breuberg und seine Besitzer. Ein geschichtl. Überblick. Alexander Röder. Burg Breuberg. Ein baugeschichtl. Rundgang.
Neustadt/Odw.: Breuberg-Bund 1951. 110 S. 8⁰
[Sondert.: 1.] Weber: Der Breuberg und seine Besitzer. Neustadt/Odw. 1951.
[Sondert.: 2.] Röder: Burg Breuberg. Neustadt/Odw. 1951.

Weber, Hans H
Der *Breuberg* und seine Besitzer. Neustadt/Odw. 1951
in: *Breuberg*, Burg, im Odenwald.

Roeder, Alexander
Burg *Breuberg*. Neustadt/Odw. 1951
in: *Breuberg*, Burg, im Odenwald.

6. Symphonien Beethoven
(Ludwig van) Beethoven's Symphonien. Erl. mit Notenbeisp. von G(ustav) Erlanger [u. a.] nebst e. Einl.: Ludwig van Beethoven's Leben und Wirken mit bes. Berücks. s. Schaffens als Symphoniker. Von A(dolph) Pochhammer. 2. Aufl.
Stuttgart: J. Schmitt; ([Umschl.:] Leipzig: Seemann) [1900]. 222 S. 8⁰
(Musiker u. ihre Werke.)

Beethoven, Ludwig van
s. *Symphonien*, Beethoven's. 2. Aufl. 1900.

Erlanger, Gustav
[Mitarb.]
s. *Symphonien*, Beethoven's. 2. Aufl. 1900.

Pochhammer, Adolf
Ludwig van Beethoven's *Leben* und Wirken. Stuttgart 1900
in: *Symphonien*, Beethoven's. 2. Aufl.

7. Gabka, Hans Joachim
Hasenscharten und Wolfsrachen. 〈Entstehung u. Behandl.〉 Von (H[ans-])Joachim Gabka. Anh.: Gesetz über die Fürsorge für Körperbehinderte und von einer Körperbehinderung bedrohte Personen. Vom 27. Februar 1957. Mit 61 Abb. u. 25 Tab.
Berlin: de Gruyter 1962. 140 S. 8⁰

8. Meusel, Alfred
Thomas *Müntzer* und seine Zeit. Mit e. Ausw. d. Dokumente des großen deutschen Bauernkrieges hrsg. von Heinz Kamnitzer.
Berlin: Aufbau-Verl. 1952. 336 S. 8⁰
(Klassisches Erbe aus Philosophie u. Geschichte.)

Kamnitzer, Heinz
Dokumente des großen deutschen Bauernkrieges. Berlin 1952
in: *Meusel*, Alfred: Thomas Müntzer und seine Zeit.

9. Loewe, Karl
Carl Loewe's *Selbstbiographie*. Für d. Öffentl. bearb. von C[arl] H[ermann] Bitter. Mit d. Portr. Loewe's u. mehreren Musikbeil.
Berlin: W. Müller 1870. XXIII, 458, 31 S. 8⁰
[Beigedr.:] Espagne, Franz: Verzeichniß sämmtlicher Werke Dr. Carl Loewe's.

Espagne, Franz
Verzeichniß sämmtlicher Werke Dr. Carl Loewe's. Berlin 1870
in: *Loewe*, Karl: Selbstbiographie.

Bitter, Karl Hermann
[Bearb.]
s. *Loewe*, Karl: Selbstbiographie. 1870.

10. Werckmeister, Andreas
Harmonologia musica oder kurtze Anleitung zur musicalischen Composition ... aufgesetzet u. zum Dr. hrsg. durch Andream Werckmeistern.
Franckfurth, Leipzig; Quedlinburg: Calvisius 1702. 142 S. 8⁰ (4⁰)
Angeb.: Werckmeister: Cribrum musicum. Quedlinburg, Leipzig 1700.

Werckmeister, Andreas — an *Sign. d. 1. St.*
Andreae Werckmeisters ... *Cribrum* musicum oder musicalisches Sieb, darinnen einige Mängel eines halb gelehrten Componisten vorgestellet ... worden ... zum Dr. befördert durch Johann Georg Carln.
Quedlinburg, Leipzig: Calvisius 1700. 60 S. 8⁰ (4⁰)
an: Werckmeister: Harmonologia musica. Franckfurth, Leipzig; Quedlinburg 1702.

oder kürzer:

Werckmeister, Andreas an *Sign. d. 1. St.*
Andreae Werckmeisters ... *Cribrum* musicum oder musicalisches Sieb, darinnen einige Mängel eines halb gelehrten Componisten vorgestellet ... worden ... zum Dr. befördert durch Johann Georg Carln.
Quedlinburg, Leipzig: Calvisius 1700. 60 S. 8⁰ (4⁰)

Carl, Johann Georg
[Hrsg.]
s. *Werckmeister,* Andreas: Cribrum musicum. 1700.

51 (II, 383)

1. 4. Juni	5. 6. Mai	9. 5. April
2. 20. Januar	6. 8. Oktober	10. 4. August
3. 6. Juli	7. 26. November	11. 26. August
4. 27. Februar	8. 2. Januar	12. 6. November

52 (II, 393)

1. Schneider, Walter
Schneider, Walther: Staatsbürgerliche *Gesinnung* und Selbstverwaltung im Wirken des Freiherrn vom Stein.
Neuhaldensleben 1910: Eyraud. S. 2—16. 8⁰
Neuhaldensleben, G., Progr. 1910 (340).

2. Gerberding, Wilhelm
Ueber die orthographischen *Reformversuche* der ältesten französischen Grammatiker.
Berlin 1868: Schade. S. 2—41. 8⁰
Berlin, Luisenstädt. Gewerbeschule, Progr. 1868.

3. Goerlitz, Johannes
Dionis Chrysostomi De eloquentiae *studio* oratio. Em. ed. brevibusque notis instruxit. Joannes Goerlitz (Görlitz).
Vitebergae 1832: Ruebener. S. 2—11. 8⁰
Wittenberg, G., Progr. 1832.

Dio Chrysostomus
De eloquentiae *studio* oratio. Progr. Wittenberg, G. 1832
s. *Goerlitz,* Johannes.

4. Leichtentritt, Hugo
Reinhard *Keiser* in seinen Opern. Ein Beitr. zur Gesch. d. frühen dt. Oper.
Berlin 1901: Tessarotypie-A.G. 37 S. 8⁰
Berlin, Phil. Diss. vom 12. Aug. 1901.

5. Woldt, Alfred
De scriptorum historiae Augustae *copia* verborum et facultate dicendi.
Gryphiae 1914: Abel. 102 S. 8⁰
Greifswald, Phil. Diss. vom 25. Febr. 1914.

6. Poppelreuter, Josef
Poppelreuter, Joseph: De comoediae Atticae *primordiis* particulae duae.
Berolini 1893: Ullstein. 45 S. 8⁰
Berlin, Phil. Diss. vom 17. Mai 1893.

7. Beisel, Edmund
Ritter Peter Anton von *Verschaffelt* als Architekt.
Berlin: Der Zirkel 1920. 84 S. 4⁰
Dresden TeH, Diss. 1920.

8. Gmelin, Philipp Friedrich
De *febribus* malignis. [Resp.:] Ioannes Fridericus Consbruch.
Tubingae (1759): Erhard. 44 S. 8⁰ (4⁰)
Tübingen, Med. Diss. vom 20. Juni 1759.

Consbruch, Johann Friedrich
De *febribus* malignis. Med. Diss. Tübingen 1759
s. *Gmelin*, Philipp Friedrich [Praes.]

9. Hartmann, Peter Immanuel
De debili febrium acutarum *pulsu*. [Resp.:] Josephus Biehler.
Traiecti ad Viadrum (1774): Winter. 28 S. 8⁰ (4⁰)
Frankfurt a. O., Med. Diss. vom 7. Jan. 1774.

Biehler, Josef
De debili febrium acutarum *pulsu*. Med. Diss. Frankfurt a. O. 1774
s. *Hartmann*, Peter Immanuel [Praes.]

10. Muehlhaeusser, Anna
Mühlhäusser, Anna: Die *Landschaftsschilderung* in Briefen der italienischen Frührenaissance.
Berlin, Leipzig: Rothschild 1914. 80 S. 8⁰
Freiburg i. B., Phil. Diss. vom 23. Nov. 1912.

11. Panzer, Friedrich
Volkstum und Sprache.
Frankfurt a. M.: Diesterweg (1926). 22 S. 8⁰
Heidelberg, Rektoratsrede vom 22. Nov. 1926.

12. His, Wilhelm
Über *Entwicklungsverhältnisse* des academischen Unterrichts.
Leipzig (1882): Edelmann. S. 17–44. 4⁰
Leipzig, Rektoratsrede vom 31. Okt. 1882.

13. Schmeel, Heinrich
Ludwig *Erk*. Ein Lebensbild von H[einrich] Schmeel.
Gießen: Roth 1908. 116 S. 8⁰
Aus: Hessischer Lehrer-Kalender f. d. J. 1908.

14. Haertel, Emmi
Haertel, Emmy: Der *Volksgesang* der Großrussen. 8⁰
Aus: Jahresberichte für Kultur u. Geschichte d. Slaven. Jg. 1. 1924.

15. Engelhardt, Walter
Johann Sebastian Bachs geistliche *Sologesänge*. Ein Führer für d. prakt. Gebr. von Walther Engelhardt.
Kassel: Bärenreiter-Verl. (1930). 26 S. 8⁰
Erw. aus: Musik u. Kirche. Jg. 1. 1929, H. 5.6.

16. Baumgarten Festschrift Artur
Festschrift Arthur Baumgarten. (Aus Anl. s. 75. Geb. überr.)
Berlin: Dt. Zentralverl. 1960. 279 S. 8⁰

Baumgarten, Artur
s. *Baumgarten*, Festschrift Arthur. 1960.

17. Blick Zeit
Blick in die Zeit. Festschr. für Alfred Ehrentreich.
Frankfurt am M.: Hirschgraben-Verl. 1962. 83 S. 8⁰

Ehrentreich, Alfred
s. *Blick* in d. Zeit. Festschr. für Alfred Ehrentreich. 1962.

18. Schwaegrichen, Christian Friedrich
Ihrem Ehrenmitgliede . . . [*Glückwunschgedicht* d. Medizin. Gesellschaft in Leipzig auf Christian Friedrich Schwaegrichen, Prof. an d. Univ. Leipzig, zum 50jähr. Magisterjubiläum, 16. 9. 1848].
(Leipzig 1848: J. F. Fischer.) 2 Bl. 4⁰

19. Schmidt, Benno, Prof. d. Med.
Über die *Axendrehung* der Wirbelsäule bei habitueller Skoliose und deren Behandlung.
(Leipzig 1882: Hirschfeld.) 17 S., 1 Taf. 4⁰
Festschrift zur Erinnerung an d. von d. Medicinischen Gesellschaft zu Leipzig Justus Radius zum 60jähr. Doctorjubiläum dargebrachten Glückwünsche.

Festschrift Erinnerung Glueckwuensche dargebrachten
Festschrift zur Erinnerung an die von der Medicinischen Gesellschaft zu Leipzig Justus Radius zum 60jähr. Doctorjubiläum dargebrachten Glückwünsche. 1882
s. *Schmidt*, Benno: Über d. Axendrehung d. Wirbelsäule bei habitueller Skoliose u. deren Behandlung.

Radius, Justus
Festschrift zur Erinnerung an die von der Medicinischen Gesellschaft zu Leipzig Justus Radius zum 60jähr. Doctorjubiläum dargebr. Glückwünsche. 1882
s. *Schmidt*, Benno: Über d. Axendrehung d. Wirbelsäule bei habitueller Skoliose u. deren Behandlung.

20. Streubel, Karl Wilhelm
C[arl] W[ilhelm] Streubel, über den *Mechanismus* der Verrenkungen der Kniescheibe.
Leipzig 1866: (Wiegand). 36 S. 4⁰
Glückwünsche d. Medizin. Ges. in Leipzig für Georg Christian Gotthilf Voigt zum 50jähr. Doktorjubiläum.

Voigt, Georg Christian Gotthilf
Glückwünsche d. Medizin. Ges. in Leipzig für Georg Christian Gotthilf Voigt zum 50jähr. Doktorjubiläum. 1866
s. *Streubel*, Karl Wilhelm: Über d. Mechanismus d. Verrenkungen d. Kniescheibe.

10 Aufgaben für eine abschließende Selbstkontrolle (II, 398)

1. Lasker-Schueler, Else
Else Lasker-Schüler. Dichtungen und Dokumente [Teils.] Gedichte, Prosa, Schauspiele, Briefe. Zeugnis u. Erinnerung. (Ausgew. u. hrsg. von Ernst Ginsberg.)
München: Kösel (1951). 630 S. 8⁰

Lasker-Schueler, Else
Dichtungen u. Dokumente. 1951
s. *Lasker*-Schueler: Teils.

Ginsberg, Ernst
[Hrsg.]
s. *Lasker*-Schueler, Else: Dichtungen u. Dokumente [Teils.] 1951.

Schueler, Else Lasker-
s. *Lasker*-Schueler.

2. S-Bahn Berliner
Die Berliner S-Bahn. Autorenkollektiv: (Günter Götz [u. a.]).
Berlin: Transpress (1963). 312 S., 3 gef. Taf. 8⁰

Goetz, Guenter
[Mitarb.]
s. *S-Bahn*, Die Berliner. 1963.

3. Holy, Kamillo
Auf launischem Pegasus rund um die Erde! Lieder von e. Weltreise. Von C[amillo] H[oly].
Wien, Leipzig: Braumüller 1913. XIII, 154 S. 8⁰

Auf launischem Pegasus
Auf launischem Pegasus rund um die Erde! 1913
s. *Holy*, Kamillo [Verf.]

4. Krull, Vinzenz
Jesus meine Liebe oder das geistreiche Braut-Lied Wie schön leuchtet der Morgenstern. Erkl. u. 1657 in d. Filial-Kirche S. Gertruden vorgetragen, itzt aber herauß gegeben von Vincentio Krullen.
Hamburg: Nauman 1659: Pfeiffer. 672 S. 8⁰ (12⁰)

5. Barthel, Helmut
Hellmuth Barthel. *Braunkohlenbergbau* und Landschaftsdynamik. Ein Beitr. zum Problem d. Beeinflussung d. Kulturlandschaft in d. Braunkohlenrevieren, dargest. am Beisp. d. Zeitz-Weißenfelser Reviers. (Mit 22 Fig., 16 Abb. u. 17 Anl.)
Gotha: Haack (1962). 300 S. 8⁰
(Petermanns Geographische Mitteilungen. Erg. H. Nr 270.)

Int. Z.
Mitteilungen Petermann geographische
Ergänzungshefte zu Petermanns Geographischen Mitteilungen. Nr 270.
(Gotha: Haack 1962.) 8⁰

270. Barthel, Hellmuth: Braunkohlenbergbau u. Landschaftsdynamik. (1962.)

Ergaenzungshefte Mitteilungen Petermann
Ergänzungshefte zu Petermanns Geographischen Mitteilungen
s. *Mitteilungen*, Petermanns Geographische. Erg. H.

Petermann
s. *Mitteilungen*, Petermanns Geographische. 1962.

6. Int. Z.
Kryptogamenflora Anfaenger
Kryptogamenflora für Anfänger. Eine Einf. in d. Studium d. blütenlosen Gewächse für Studierende u. Liebhaber. Hrsg. von Gustav Lindau. Bd 6.
Berlin: Springer 1914. 8⁰

6. Lorch, Wilh.: Die Torf- u. Lebermoose. – Die Farnpflanzen. Von Guido Brause. 1914.

Lindau, Gustav
[Hrsg.]
s. *Kryptogamenflora* für Anfänger. Bd 6. 1914.

Lorch, Wilhelm
Die *Torf-* und Leber*moose*. Mit 296 Fig. Die Farnpflanzen 〈Pteridophyta〉. Von Guido Brause. Mit 73 Fig.
Berlin: Springer 1914. VIII, 184, 108 S. 8⁰
(Kryptogamenflora für Anfänger. Bd 6.)

Brause, Guido
Die *Farnpflanzen* 〈Pteridophyta〉. Berlin 1914
in: *Lorch*, Wilhelm: Die Torf- u. Lebermoose.

7. Guericke Jahre zehn
Zehn Jahre Technische Hochschule Otto von Guericke. Festschrift. Magdeburg 1953—1963. (Hrsg. vom Rektor u. Senat. Red. Ausschuß: Johannes Altenbach, Egon Becker [u. a.])
Magdeburg: (Techn. Hochschule 1963). 254 S. 4⁰

Guericke, Otto von
s. *Guericke*. – Zehn Jahre Technische Hochschule Otto von Guericke. 1963.

Altenbach, Johannes
[Hrsg.]
s. *Guericke*. – Zehn Jahre Technische Hochschule Otto von Guericke. 1963.

Becker, Egon
[Hrsg.]
s. *Guericke*. – Zehn Jahre Technische Hochschule Otto von Guericke. 1963.

8. Daudet, Alphonse
Al'fons Dode (Alphonse Daudet). Rasskazy [Werke, Ausz.] (Obrabot. E. Jokovlevnoj.)
Moskva: Izd. liter. na inostr. jazykach 1955. 84 S. 8⁰ [Russ. Schr.]
(Serija dlja načal'nogo čtenija.)
[Umschlagt.:] Daudet: Récits.
Text franz.

Dode, Alfons
[russ. Namensform]
s. *Daudet,* Alphonse.

Daudet, Alphonse
Rasskazy. 1955
s. *Daudet:* Werke, Ausz.

Daudet, Alphonse
Récits. 1955
s. *Daudet:* Werke, Ausz.

9. Neumann, Willi Otto
Neumann, Willy Otto: De *barbarismo* et metaplasmo quid Romani docuerint.
Halis Sax.; Berolini 1917: Feicht. 112 S. 8^0
Halle, Phil. Diss. vom 22. Mai 1917.

10. Int. Z.

Proceedings electrical-power-convention British
Proceedings of the . . . British Electrical Power Convention. 14. 4.—7. Juni, 1962.
Northampton 1962: Belmont. 8^0

14. 1962.

Inhaltsverzeichnis zu den Aufgaben

Notizen

Gerhard Rusch

Einführung in die Titelaufnahme

nach den „Regeln für die alphabetische Katalogisierung in wissenschaftlichen Bibliotheken"

Mit zahlreichen Beispielen und Aufgaben

Band I

6., unveränderte Ausgabe

VD 1975

Verlag Dokumentation, Pullach bei München

Lizenzausgabe für die Bundesrepublik Deutschland und Westberlin
Verlag Dokumentation Saur KG, Pullach bei München
Druck: Proff & Co KG, Bad Honnef
Gebunden bei Thomas-Buchbinderei GmbH, Augsburg
Printed in West Germany
ISBN 3-7940-4118-6

Gesamtinhaltsverzeichnis

Band I

Band II enthält:

Vorbemerkung des Verfassers

Die Kenntnis der Regeln für die Aufnahme und Ordnung von Titeln ist eine der grundlegenden Voraussetzungen, die man von jedem erwartet, der Büchersammlungen verwaltet, Bibliographien zusammenstellt oder sonstige Dokumentationsarbeiten leistet. Im Laufe der praktischen und theoretischen Ausbildung muß sich der angehende Bibliothekar mit der Katalogisierung, insbesondere mit der Verzeichnung von Titeln für den sogenannten Alphabetischen Katalog, vertraut machen.
Die Ausbildungsmöglichkeiten in diesem Fach waren bislang ohne eine allgemeine stoffliche und methodische Grundlage mehr oder weniger an zufällige regionale und personelle Gegebenheiten gebunden. Diesem Zustand soll die vorliegende „Einführung" ein Ende bereiten.
Daß das Lehrbuch dabei dem einzigen in Deutschland verbindlichen Regelwerk, den „Preußischen Instruktionen", folgt, bedarf wohl keiner näheren Begründung. Es könnte sich nur bei Kennern der Sachlage die Frage erheben, warum diese Einführung so spät und zu einem Zeitpunkt erscheint, wo das bisherige Ordnungsprinzip ersetzt werden soll durch andere Grundsätze, die den internationalen Gepflogenheiten besser angeglichen sind.

Es gibt dafür verschiedene Gründe:

1. ist es bekanntlich nie zu spät, um einen Zustand, der bislang als unbefriedigend und mangelhaft empfunden wurde, zu bessern;
2. wird noch geraume Zeit vergehen, ehe ein brauchbares Regelwerk neu geschaffen, erprobt und als verbindlich erklärt werden wird;
3. bleibt auch dann noch eine Anleitung für die alte Ordnung notwendig, um stillgelegte Kataloge weiter benutzen zu können;
4. soll die Kenntnis und Auslegung der Preußischen Instruktionen auch der Nachwelt erhalten und im Bedarfsfall zugänglich bleiben;
5. können die im ganzen wohldurchdachten Regeln alten Stils im einzelnen noch immer Ausgangspunkt und Maßstab für eine neue Ordnung sein.

Die „Einführung" hat also die durchaus wichtige Aufgabe, ein Vakuum auszufüllen, das sonst für die nächsten Jahre entstehen würde.
Dieses Lehrbuch soll bei der alphabetischen Katalogisierung allen denen eine Hilfe sein, die wenige oder nur oberflächliche Vorkenntnisse aufweisen. Vor allem möchte es aber den in der Ausbildung begriffenen Lehrlingen, Fachschülern und künftigen wissenschaftlichen Bibliothekaren für den Anfang eine feste Grundlage in der Titelaufnahme vermitteln.

Aus dieser Zielsetzung ergab sich die methodische Anlage. Ein erster Teil soll den Anfänger mit dem „Buch" als bibliographischer Erscheinung bekanntmachen, während ein zweiter das Anschauungsmaterial in Gestalt der Beispiele (Vorlage, Aufnahme, Erläuterungen) und den Übungsstoff in Form von Aufgaben darbietet.

Bei der Vielfalt und dem Umfang konnten nur die wichtigsten Komplexe der Titelaufnahme behandelt werden. Ausgeschlossen blieben alle Objekte, deren Behandlung besondere Kenntnisse erfordern: Orientalia, Musikalien, Landkarten, Drucke vor 1600.

Die Beispiele und Aufgaben entstammen überwiegend dem Schrifttum des 19. und 20. Jahrhunderts unter besonderer Berücksichtigung des deutschsprachigen. Vorausgesetzt wird eine gewisse Vertrautheit mit der englischen, französischen, lateinischen und russischen Sprache. Die Form der einzelnen Aufnahme ist so wiedergegeben, wie sie üblicherweise bei Prüfungen vorgeschrieben, d. h. wie sie nach Anlage I der „Regeln" für einen Zettelkatalog erforderlich ist, der hand- oder maschinenschriftlich angefertigt wird. Allerdings mußten aus technischen Gründen die Unterstreichungen der Ordnungswörter durch *Kursivdruck* ersetzt werden. Abweichungen, die durch den Druck für eine Band- oder Listenform bedingt sind, wie z. B. bei den Berliner Titeldrucken oder den Leipziger Zetteln, wurden nicht berücksichtigt, da sie keine verbindliche Form darstellen und den Anfänger nur verwirren. In der späteren Berufspraxis wird sich der Bibliothekar ohnehin an gewisse vom erlernten Regelfall abweichende Arbeitsformen der verschiedenen Bibliotheken gewöhnen müssen.

Für den ersten Teil ist der Verfasser den „Regeln für den Alphabetischen Katalog an wissenschaftlichen Bibliotheken. Entwurf des Berliner Instruktionsausschusses. § 1—56." sehr verpflichtet, deren Definitionen vielfach wörtlich ohne besondere Kennzeichnung übernommen sind.

Ferner wurden zu Rate gezogen die längst vergriffenen Werke „L. Bernhardi: Lehr- und Handbuch der Titelaufnahme. 1923." und „Dale Saß: Erläuterungen zu den Instruktionen für die alphabetischen Kataloge der preußischen Bibliotheken. 1927." Aus „J. Vorstius: Übungsbeispiele zu den Preußischen Katalogisierungsvorschriften. 1927—29." sind einige wenige Titel, die sonst schwer zu beschaffen gewesen wären, verwendet worden.

Den größten Dank für die Klärung strittiger Fragen schuldet der Verfasser jedoch dem „Kommentar zu den Instruktionen für die alphabetischen Kataloge der Preußischen Bibliotheken von Hermann Fuchs. 1955." Diese gründliche Arbeit — ein Ergebnis langjähriger Erfahrungen beim Aufbau des früheren Deutschen Gesamtkataloges — hat die vorliegende „Einführung" erheblich gefördert und gestützt. Um Mißverständnissen vorzubeugen, sei ausdrücklich betont, daß die

Ziele beider Veröffentlichungen auf verschiedenen Ebenen liegen: Ein Kommentar gibt dem schon erfahrenen Mitarbeiter jeweils in einzelnen bestimmten Fällen Rat und Auskunft, während eine Einführung dem Anfänger überhaupt erst die Aneignung des Stoffs möglich machen soll. Beide Publikationen dürften sich also ergänzen, denn der „Kommentar“ wird mit größerem Verständnis befragt werden, wenn die „Einführung“ durchgearbeitet ist.

Dem Staatssekretariat für das Hoch- und Fachschulwesen, der Generaldirektion der Deutschen Staatsbibliothek sowie Herrn Dr. Karl-Heinz Köhler, dem Direktor der dortigen Musikabteilung, sei zuerst gedankt, weil sie in großzügiger Weise eine längere Freistellung des Verfassers ermöglichten. Sehr gefördert wurde die Gesamtanlage der Arbeit durch manchen guten Ratschlag von Fräulein Silvia Osmann, Leiterin der Berliner Titeldruckstelle. Schließlich muß hier noch besonders erwähnt werden, daß Fräulein Ursula Rodloff stetig interessiert in unermüdlicher Arbeit nicht nur das maschinenschriftliche Manuskript für den Verlag vorbereitete, sondern den Autor auch bei der Gestaltung des Textes und bei der Überprüfung der Beispiele und Aufgaben wesentlich unterstützt hat.

Berlin, den 1. Oktober 1964 *Gerhard Rusch*

Übersicht der wichtigsten Abweichungen in der Form der vorliegenden Aufnahmen von den Vorschriften und Beispielen der „Regeln für die alphabetische Katalogisierung in wissenschaftlichen Bibliotheken“

Die aufgeführten Abweichungen werden schon seit Jahren in den Bibliotheken praktiziert, deshalb schien es geboten, alle wesentlichen Formabweichungen hier zusammenzustellen.

1. Der Verfassername ist im Text der Aufnahme nur dann aufgeführt, wenn die Vorlageform nicht völlig mit der Kopfform übereinstimmt oder der Name nicht ohne weiteres aus dem Text herausgelöst werden kann.
2. Die Bezeichnung „Sondertitel“ im Regelwerk entspricht dem Begriff „Stücktitel“ im vorliegenden Lehrbuch (im Gegensatz zu § 3,1).
3. Die Angabe der Schriftart ist mit der zusätzlichen Bezeichnung „Schr.“ an den *Schluß* der Aufnahme hinter die Formatangabe gesetzt (im Gegensatz zu § 4,2 u.Anl. I, 6. 7. 8. 9. 10. 13).
4. Die Zählung nach Tausenden ist anstelle einer fehlenden Ausgabebezeichnung übernommen (im Gegensatz zu § 7,7).
5. Für ungezählte Serien sind keine Zettel angelegt (im Gegensatz zu § 8,5).
6. Übergeordnete Gesamttitel auf Stücktitelaufnahmen mehrbändiger Werke sind *vor* die Aufführung der einzelnen Bände gesetzt (im Gegensatz zu Anl. I, 5. 58).
7. Beigaben, besonders Tafeln, die in der Vorlage nicht durch einen formulierten Beigabenvermerk erfaßt werden, sind bei einbändigen Werken hinter der Umfangsangabe aufgeführt (im Gegensatz zu § 11,6).
8. Ein nicht ermitteltes Erscheinungsjahr ist immer durch eine annähernde Zeitangabe *ohne* den Zusatz „o. J.“ angedeutet (im Gegensatz zu § 15,3).
9. Mit der Bezeichnung „Verweisung“ ist in § 21,5 eine Stücktitelaufnahme gemeint.
10. Alle Verweisungen sind in der Hauptaufnahme nur durch *einen* Strich gekennzeichnet (im Gegensatz zu § 22,3 u. Anl. I, 6. 20. 24. 39. 40. 41. 46. 47. 48. 57. 58. 59. 60. 73).
11. Mehrere Verlagsorte sind ohne Rücksicht auf die Vorlage hintereinander aufgeführt und durch Kommata getrennt (im Gegensatz zu Anl. I, 22. 62).
12. Bei Verweisungen hinter „s.“ und „in:“ ist das erste Ordnungswort (bei Verfassernamen: Zu- und Vornamen) in der Kopfform angesetzt (im Gegensatz zu Anl. I, 11. 53. 73. 76). Komposita sind – abgesehen von den Umschreibungen nach § 22,2 – in der Vorlageform aufgeführt, da durch die Unterstreichung der Sachverhalt genügend gekennzeichnet ist.

13. Präpositionen sind nach der Vorlage übernommen. „Von" in Adelsprädikaten ist im Kopf immer ausgeschrieben.
14. Die Schlußformel bei Dissertationen u. ä. wird mit einem *Punkt* abgeschlossen (im Gegensatz zu Anl. I, 63—71).
15. *Alle* Arten von Programmen sind in der Schlußformel als „Progr." gekennzeichnet (im Gegensatz zu Anl. I, 71).
16. Alle Briefsammlungen im Sinne von § 38 u. § 68 sind bei dem Korrespondentennamen unter das – erforderlichenfalls fingierte – Ordnungswort „[*Briefe*]" geordnet (im Gegensatz zu Anl. I, 73).

Im Text verwendete Abkürzungen

AK	=	Alphabetischer Katalog
Anl.	=	Anlage der „Regeln"
aVw.	=	allgemeine Verweisung
OW	=	Ordnungswort
Pr. I.	=	Preußische Instruktionen
„Regeln"	=	Regeln für die alphabetische Katalogisierung in wissenschaftlichen Bibliotheken
Vw.	=	Verweisung
ZfB	=	Zentralblatt für Bibliothekswesen
(102)	=	§ 102 der „Regeln" usw.
→	=	wird in der Aufnahme zu: / wird im Kopf zu:

1 Die Grundlagen der Titelaufnahme

1.1 Einleitung

Die wissenschaftlichen Bibliotheken haben als öffentliche Einrichtungen die Aufgabe, literarische Dokumente aller Art (Druckschriften, Handschriften, Mikrofilme, Schallplatten, Tonbänder, Nachlässe usw.) zu *sammeln*, zu *ordnen*, zu *bewahren* und der Benutzung, d. h. der „Auswertung zu bestimmten gesellschaftlichen Zwecken“[1] *zugänglich* zu machen. Es sei vorausgeschickt, daß sich unsere Ausführungen nur auf Druckschriften oder anderweitig auf *Papier* vervielfältigte Veröffentlichungen beziehen.

Zur Erschließung der Bibliotheksbestände dienen *Kataloge*. Unter den verschiedenen Ordnungsmöglichkeiten, nach denen Kataloge — je nach der Fragestellung des Benutzers — angelegt sein können, spielt die *alphabetische* Ordnung der Titel eine wichtige Rolle. Ein derartiger Katalog gibt Antwort auf zwei elementare Fragen:

a) Ist eine bestimmte — dem Titel nach bekannte — Veröffentlichung in der Bibliothek vorhanden, und wo ist sie dort zu finden?

b) Welche Schriften eines bestimmten Verfassers oder welche Ausgaben einer bestimmten Schrift sind in der Bibliothek vorhanden?

Diese alphabetische Ordnung ist grundsätzlich auf rein *formalen* Elementen des *Titels* aufgebaut. Der Katalog kann also, wie schon gesagt, nur benutzt werden, wenn diese Titelelemente bekannt sind.[2]

Die *äußere* Form des Alphabetischen Kataloges (AK) muß in sich beweglich sein, da bei wachsenden Beständen laufend neues Titelmaterial an allen möglichen Stellen einzuordnen ist. Deshalb besteht der Katalog aus einzelnen Karteikarten. Obwohl die Zeiten längst vorbei sind, in denen man wirkliche Zettel als Vorstufe eines Bandkataloges verwendete, werden diese Karteikarten noch jetzt allgemein als „Zettel“ bezeichnet. In der Bibliothek spricht man daher von einem „Zettelkatalog“ und nicht von einer „Kartei“.

Jeder Zettel enthält eine formale Beschreibung der betreffenden Veröffentlichung und ihre Standortbezeichnung (Signatur). Diese Beschreibung muß vom Original selbst her erfolgen, also durch persönliche Einsichtnahme (Autopsie), und nicht durch mittelbare Quellen (Abschreiben aus Bücherverzeichnissen [Bibliographien], anderen Katalogen u. dgl.).

Da die Beschreibung in der Regel nach einem Titelblatt erfolgt, werden nur Veröffentlichungen in den AK aufgenommen, die ein *eigenes* Titelblatt haben, die

---

[1] Vgl. Horst Kunze: Bibliotheksverwaltungslehre. Leipzig 1956, S. 10.

[2] Der Sachkatalog (auch Systematischer oder Realkatalog genannt) ordnet hingegen die Titel nicht nach formalen, sondern nach *inhaltlichen* Gesichtspunkten. Er wird also befragt, wenn kein konkreter Titel bekannt ist, sondern nur das Thema, zu dem Literatur gesucht wird.

also die Möglichkeit einer Beschreibung bieten, d. h. die *bibliographisch* selbständig sind.[1]

Die Beschreibung der Veröffentlichungen und die Ordnung der Zettel müssen nach *einheitlichen* und *verbindlichen* Richtlinien, einem *Regelwerk*, erfolgen.

Die Grundlage für das vorliegende Lehrbuch bilden die „Regeln für die alphabetische Katalogisierung in wissenschaftlichen Bibliotheken. Unveränderter Nachdruck der Instruktionen für die alphabetischen Kataloge der preußischen Bibliotheken. Leipzig 1952."

Nach diesem Regelwerk wird die kataloggemäße Beschreibung einer Veröffentlichung, die *Titelaufnahme*, angefertigt.

1.2 Bezeichnungen und Begriffsbestimmungen

1.2.1 *Arten der Veröffentlichungen*

Die zur Katalogisierung vorliegende Literatur besteht aus einer verwirrenden Fülle und Vielfalt von Veröffentlichungen und Titeln. Deshalb ist es notwendig, zunächst eine nach Gruppen geordnete Übersicht der Haupttypen zu geben, denn die Zugehörigkeit zu einer dieser Gruppen ist oft maßgebend für die alphabetische Einordnung. Man unterscheidet zwei Gruppen:

1. *Abgeschlossene (begrenzte) Veröffentlichungen*, d. h. Schriften, die nach der Absicht des Verfassers, Herausgebers oder Verlegers in einem oder in mehreren Bänden abgeschlossen sein sollen. Hierzu gehören:

a) Einzelwerk: Arbeit eines oder gemeinsame Arbeit von zwei oder drei Verfassern;

Beispiele

Grundzüge der Bibliotheksgeschichte. Von Prof. Dr. Joris Vorstius.

W. Breuers und H. Luttropp: Buna.

Leitfaden zur Untersuchung der tierischen Parasiten des Menschen und der Haustiere. Von Prof. Dr. E. Reichenow, Prof. Dr. H. Vogel, Prof. Dr. F. Weyer.

b) Vielverfasserschrift: gemeinsame Arbeit von mehr als drei Verfassern;

Beispiel

Vom Collegium Jenense zur Volksuniversität. Verfaßt von Angehörigen des Historischen Instituts der Friedrich-Schiller-Universität Jena.

c) Sammelwerk: abgeschlossene Veröffentlichung mit übergeordnetem Gesamttitel und besonderen Titeln für die einzelnen Bände, die von verschiedenen Verfassern stammen oder auch ihrerseits Vielverfasserschriften sein können;

[1] Bibliographisch unselbständig sind z. B. einzelne Aufsätze in Zeitschriften und Sammelpublikationen.

Beispiele

[linkes Titelblatt mit übergeordnetem Gesamttitel] [rechtes Titelblatt mit besonderem Titel]

Grundriß der germanischen Philologie 3	Geschichte der deutschen Sprache von Otto Behagel

[links: übergeordneter Gesamttitel, rechts: besonderer Titel]

Die Korrosion metallischer Werkstoffe Band I	Die Korrosion des Eisens und seiner Legierungen Unter Mitarbeit von — Herausgegeben von —

d) Sammlung von Einzelschriften: eine Schrift, die auf ihrem Titelblatt mindestens zwei Schriften verschiedener Verfasser mit oder ohne zusammenfassenden Titel nennt (vgl. Faksimile 1 u. 17);

Beispiele

Kamenzer Orgelbuch I Die älteren Orgelwerke der Hauptkirche St. Marien Von Paul Rubardt II Die Mende-Orgel der Klosterkirche Von Ernst Jentsch

Marlowe's Faustus Goethe's Faust —

Vgl. Faks. 1.

e) Lieferungswerk: abgeschlossene Veröffentlichung, die in bibliographisch unselbständigen, einzeln veröffentlichten Teilen (Lieferungen) erscheint, die nach Abschluß zu einem oder mehreren Bänden zusammengefügt werden;

Beispiel

[Titelblatt der 1. Lieferung mit S. 1—100]

Georg Baesecke
Vor- und Frühgeschichte
des deutschen Schrifttums
Zweiter Band
1. Lieferung
1950

[Titelblatt der 2. Lieferung mit S. 101—203]

Georg Baesecke
Vor- und Frühgeschichte
des deutschen Schrifttums
Zweiter Band
2. Lieferung
1953

2. *Laufende Veröffentlichungen,* d. h. Schriften, die nach der Absicht des Verfassers, Herausgebers oder Verlegers beliebig fortgesetzt werden sollen:

a) Serie: fortlaufende Veröffentlichung mit übergeordnetem Gesamttitel und besonderen Titeln für die einzelnen Bände oder Hefte mit oder ohne Zählung;

Beispiel

Hochschulbücher für Physik
Band 11
Einführung in die Kernphysik
von
R. L. Murray

b) Periodicum: in regelmäßigen Zeitabschnitten gewöhnlich unter demselben Titel erscheinende Veröffentlichung mit zusammenfassender Zählung der einzelnen Stücke (Hefte, Bände, Jahrgänge) und bibliographisch unselbständigen Beiträgen vieler Mitarbeiter.

Zeitschrift: fortlaufende Veröffentlichung mit mehr oder weniger begrenztem Stoffkreis;

Beispiele

Zentralblatt für Bibliothekswesen. Jahrgang 76, Heft 1, Januar 1962.
Die Weltbühne. Wochenschrift für Politik, Kunst, Wirtschaft. XVII. Jahrgang, 14. März 1962.

Zeitschriftenartige Reihe: fortlaufende Veröffentlichung ohne besonderen Titel für die einzelnen Bände, die weder als Zeitschrift noch als Zeitung angesehen werden kann, z. B. Almanache, Jahresberichte, Jahrbücher, Kalender, Adreß- und Telefonbücher u. ä., auch dann, wenn die einzelnen Bände nur einen Verfasser haben;

Beispiele

Jahrbuch der Deutschen Demokratischen Republik. 1960.
Kürschners Deutscher Literatur-Kalender. 1958. Dreiundfünfzigster Jahrgang.

Zeitung: in kurzfristigen Abständen (wöchentlich oder häufiger) erscheinende Veröffentlichung mit aktuellen Nachrichten ohne stoffliche Begrenzung;

Beispiel

Berliner Zeitung. Sonnabend, 24. März 1962, Nr. 83, 18. Jahrgang.

Nach der bibliographischen oder buchbinderischen Zusammengehörigkeit unterscheidet man:

1. Bibliographische Einheit: eine durch eigenes Titelblatt und häufig auch durch eigene Seitenzählung gekennzeichnete Bucheinheit;

a) einbändiges Werk: Veröffentlichung, die nur eine bibliographische Einheit enthält;

b) mehrbändiges Werk: Veröffentlichung, die aus mehreren bibliographischen Einheiten besteht;

2. Buchbinderband: eine durch einen Bucheinband äußerlich zusammengefaßte Zahl von Blättern oder Seiten; ein Buchbinderband hat für die Frage der Ein- oder Mehrbändigkeit im Sinne der „Regeln" keinerlei Bedeutung[1];

3. Bibliographisch unselbständige Veröffentlichung: eine sachlich selbständige Schrift, die einer bibliographischen Einheit eingefügt ist. Kennzeichen: Der Titel der unselbständigen Schrift erscheint entweder mit auf dem Titelblatt, oder es ist im Innern des Buches ein besonderes Titelblatt mindestens mit Erscheinungsjahr vorhanden.

Beispiel

Die Handschriften des Benediktinerklosters S. Petri zu Erfurt Einbibliotheksgeschichtlicher Rekonstruktionsversuch von Dr. Joseph Theele	Hauptschrift
Mit einem Beitrag Die Buchbinderei des Petersklosters von Dr. Paul Schwenke	Beigefügte Schrift

Vgl. Faks. 2.

---

[1] Meistens fallen bibliographische Einheit und Buchbinderband zusammen. Es kommt aber, z. B. bei Klassikerausgaben, vor, daß mehrere gezählte bibliographische Einheiten in einem Buchbinderband enthalten sind. Hier liegen also trotz *eines* Buchbinderbandes *mehrere* Bände im Sinne der „Regeln" vor.

Aufgabe 1

Bestimme die *Art* der Veröffentlichung (ob abgeschlossene oder laufende Veröffentlichung? Ob Einzelwerk, Vielverfasserschrift, Zeitschrift usw.?) bei folgenden Titeln:

1. Feuerfeste Baustoffe in der Glasindustrie. Von Rudolf Rasch und Gerhard Skornia. Dresden 1951.
2. Humanismus heute? Essays. Wilhelm Girnus. Leo Weismantel. Hermann Ley. Heinz Schellenmeier. Berlin 1961.
3. Leipziger Volkszeitung. 17. Jahrgang, Mittwoch, den 28. März 1962.
4. Horst Kunze: Wege zum wissenschaftlichen Buch. 2. Auflage. Berlin 1955.
5. Mozart, seine Welt und Wirkung
   Norbert Lieb: Augsburger Rokoko
   Friedrich Heer: Tod und Schönheit des 18. Jahrhunderts
   Albrecht Goes: Mozart, der Gast
   Trasybulos Georgiades: Mozart und das Theater
   Hermann Reutter: Die Spur Mozarts in der Musik der Gegenwart.
   Augsburg 1956. (Vgl. Faks. 17).
6. Almanach der Revolutions-Opfer für das Jahr 1794. Jahrgang 1.
7. Schriften der Zentrale für Volksbüchereien. Drittes Stück. Luise Bernhardi: Lehr- und Handbuch der Titelaufnahme. Berlin 1923.
8. Handbuch für die gesamte Holzindustrie. Band I, Lieferung 1: A-Bankhaken. Wiesbaden 1955.
9. Zentralblatt für Neurochirurgie. Band 22 (1962).
10. Kalender für Sternenfreunde. 1949.
11. [linkes Titelblatt Handbuch der klassischen Altertums-Wissenschaft in systematischer Darstellung. Herausgegeben von Dr. Iwan von Müller. Dritter Band. Zweite Abteilung. Zweite Hälfte. Topographie von Athen von Dr. Walther Judeich. München 1905.
    [rechtes Titelbl.] Topographie von Athen. Von Dr. Walther Judeich. München 1905.

1.2.2 *Arten der Titel*

Wie die Bezeichnung „Titelaufnahme“ besagt, sind bei der Beschreibung die Titel der Veröffentlichungen von grundlegender Bedeutung. Maßgeblich für die Aufnahme sind dabei selbstverständlich nur *die* Angaben, die der Publikation vom *Verlag*[1] beigegeben sind, also nicht etwa Titel, die ein zufälliger Besitzer dem Exemplar hat aufdrucken lassen. Um die Aufnahme schnell und sicher machen zu können, bedarf es einer genauen Kenntnis der verschiedenen Titelarten, die am und im Buch vorkommen.

Unter Titel versteht man Angaben zur Bezeichnung und Charakterisierung der Schrift, die sich meist auf der Vorderseite eines besonderen Blattes, des Titelblattes, befinden.

---

[1] Ein Verlag ist ein Unternehmen, das die materielle Herstellung einer Veröffentlichung und ihren Großvertrieb auf eigenes Risiko übernimmt.

Nach der äußeren Gestalt und der Stellung im Buch unterscheidet man:

1. Schutzumschlagtitel: Titel auf einem nicht fest mit dem Buch verbundenen Verlegerumschlag;

2. Umschlagtitel: Titel eines mit dem Buch fest verbundenen Umschlages (vgl. Faks. 3);

3. Rückentitel: Titel auf dem Rücken eines Einbandes (Längs- oder Quertitel);

4. Vortitel: ein auf besonderem Blatt dem Haupttitelblatt vorausgehender Titel ohne Erscheinungsort und -jahr (auch genannt: Schutztitel, Schmutztitel, Vorsatztitel, Bastardtitel, Halbtitel, Antiporta);

5. Neudrucktitel: Titel, der die genaue Wiedergabe des Titelwortlautes einer früheren Ausgabe derselben Schrift bringt, ohne die Typen und die äußere Aufmachung des alten Titels nachzuahmen;

6. Faksimiletitel: Titel, der die photographisch genaue Wiedergabe des Titelblattes einer früheren Ausgabe derselben Schrift darstellt;

7. Bildertitel: Titel, der einem Kupferstich, einem Holzschnitt oder einer sonstigen bildlichen Darstellung eingefügt ist (Kupfertitel, Holzschnittitel), (vgl. Faks. 4);

8. Zwischentitel: Titel ohne Erscheinungsort und -jahr auf einem besonderen Blatt im Innern des Buches (vgl. Faks. 5);

9. Kopftitel: Titel am Kopf der ersten Textseite (vgl. Faks. 6);

10. Kolumnentitel: Titel, der im Innern des Buches als Seitenüberschrift dient;

11. Norm: Titel auf der ersten Seite jedes Druckbogens[1] unterhalb des Satzspiegels neben der Bogenzählung (Bogensignatur). Die Norm ist eine Angabe für den Buchbinder zum Ordnen der losen Druckbogen, sie kann auch für die Titelaufnahme wichtig werden, wenn das Titelblatt verlorengegangen ist;

12. Schlußtitel: Titel am Ende der Schrift; an seiner Stelle erscheint gelegentlich, besonders in älterer Zeit, eine Schlußschrift, auch „Kolophon" genannt.

Nach der Bedeutung und dem Verhältnis zueinander unterscheidet man:

1. Haupttitel: derjenige Titel, der am Anfang der Schrift auf der Vorderseite eines besonderen Blattes steht und die umfassendste Beschreibung der Schrift enthält; mitunter wird auch die linke gegenüberliegende Seite in den Schriftspiegel des Titels mit einbezogen; in diesem Falle sind beide Seiten als Haupttitelblatt zu betrachten;

2. Nebentitel: ein Titel, der inhaltlich dem Haupttitel entspricht, aber im Wortlaut oder in der Sprache von ihm abweicht (vgl. Faks. 7 u. 14);

3. Gesamttitel: gemeinsamer Titel einer Veröffentlichung, die für inhaltlich selbständige Teile noch besondere Titel (Stücktitel) besitzt (vgl. Faks. 12);

4. Stücktitel: Titel für einen selbständigen Teil einer Veröffentlichung mit übergeordnetem Gesamttitel; der übergeordnete Gesamttitel einer Serie heißt Serientitel (vgl. Faks. 12);

---

[1] Zur Orientierung des Buchbinders gezählte oder mit laufenden Buchstaben markierte Einheiten innerhalb des Buchblocks, die — gefaltet (gebrochen) und dann aufgeschnitten — jeweils eine bestimmte Anzahl von Blättern bilden.

5. Sondertitel: Titel mindestens mit Erscheinungsjahr auf einem besonderen Blatt innerhalb eines Bandes für einen nur inhaltlich, aber nicht bibliographisch selbständigen Teil;

6. Präsentationstitel, auch Dedikations-, Widmungs- oder Zueignungstitel genannt: Titel, der nicht den Inhalt, sondern die Veranlassung der Veröffentlichung angibt (vgl. Faks. 8).

1.2.3 *Teile des Titelblattes*

Die wichtigsten bibliographischen Merkmale einer Veröffentlichung befinden sich in der Regel auf der Vorderseite des Haupttitelblattes. Hier können folgende Teile stehen:

1. Sachtitel: sachliche (den Inhalt angebende) Benennung der Schrift; Originaltitel ist der ursprünglich von zuständiger Stelle gegebene Sachtitel im Gegensatz zu einem übersetzten Titel, einem vom Bearbeiter einer Ausgabe geänderten Titel oder einem Kurztitel (Zitiertitel) bei Gesetzen und Verordnungen;

2. Zusätze zum Sachtitel, auch Untertitel benannt: Erläuterungen und Ergänzungen zum Sachtitel. Hierzu gehören auch mit „oder" eingeleitete Alternativtitel, mit „das ist" beginnende Zusätze sowie Angaben über die Anlage und Einteilung eines Werkes;

3. Verfasserangabe: Namen der Verfasser sowie der in zweiter Linie an der Abfassung der Schrift beteiligten Personen, wie Herausgeber[1], Bearbeiter[2], Mitarbeiter[3], Kommentatoren[4], Übersetzer, Vorredner, Verfasser von Nachworten, Illustratoren[5], Textdichter von musikalischen Kompositionen und Respondenten[6];

4. Personalangaben: Zusätze zur Verfasserangabe, die Stand, Beruf, Titulaturen, Wohnort, Heimat usw. benennen;

5. Anlaß: Angaben über Herkunft, Veranlassung und Zweck der Schrift, auch über die Behörde, das Institut, die Gesellschaft oder sonstige Personenvereinigung, welche die Schrift herausgegeben oder ihren Druck veranlaßt hat;

6. Beigabenvermerk: Angaben über Illustrationen, Tafeln, Karten, textliche Beigaben, Anhänge, Register u. dgl.;

---

[1] Als Herausgeber gilt, wer fremde Texte veröffentlicht.

[2] Als Bearbeiter gilt, wer fremde Texte ergänzt, berichtigt, umordnet oder verändert. Von echten Herausgebern und Bearbeitern fremder Texte sind wohl zu unterscheiden Verfasser, die sich auf dem Titelblatt — meist bei älterer Literatur — als Herausgeber oder Bearbeiter bezeichnen. Die Vorrede und das Inhaltsverzeichnis werden in der Regel über den wirklichen Sachverhalt Aufschluß geben.

[3] Als Mitarbeiter gilt, wer neben Verfassern auf dem Titelblatt mit Wendungen, wie „unter Mitwirkung von", „unter Mitarbeit von" u. ä. aufgeführt oder wer Mitglied eines Kollektivs von mehr als drei Verfassern ist.

[4] Als Kommentator gilt, wer fremde Texte veröffentlicht und mit Erklärungen versieht.

[5] Als Illustrator gilt, wer fremde Texte *zusätzlich* mit Zeichnungen, Fotos u. ä. versieht.

[6] Doktoranden bei Dissertationen vor 1800.

7. *Ausgabebezeichnung:* Angabe der Ausgabe[7], Auflage[8] oder Zahl der Tausende[9]. Hierzu gehören auch Angaben über die Art der Ausgabe, wie: Fotomechanische Wiedergabe, Manuldruck, Als Manuskript gedruckt, Reprinted, Privately printed.

Die Titelteile auf dem Titelblatt

ANATOMIE DES MENSCHEN	Sachtitel
EIN LEHRBUCH FÜR STUDIERENDE UND ÄRZTE	Untertitel (Zusatz)
ERSTER BAND	Bandzählung Bandbezeichnung
BEWEGUNGSAPPARATE	Inhaltsangabe
VON	
HERMANN BRAUS	Verfasserangabe
WEIL. O. Ö. PROFESSOR AN DER UNIVERSITÄT DIREKTOR DER ANATOMIE WÜRZBURG	Personalangaben
ZWEITE AUFLAGE	Ausgabebezeichnung
BEARBEITET VON	
CURT ELZE	Bearbeiter
O.Ö. PROFESSOR AN DER UNIVERSITÄT DIREKTOR DER ANATOMIE ROSTOCK	Personalangaben
MIT 38 ZUM GROSSEN TEIL FARBIGEN ABBILDUNGEN	Beigabenvermerk
[Vignette]	Beiwerk
BERLIN · VERLAG VON JULIUS SPRINGER · 1929	Erscheinungsvermerk: Ort Verlag Jahr

[7] Das Wort „Ausgabe“ ist im allgemeinen Sprachgebrauch vieldeutig. Im Sinne der Titelaufnahme kann es bezeichnen: 1. eine Auflage, 2. einen unterscheidenden qualitativen Begriff, z. B. Schulausgabe, Volksausgabe, Prachtausgabe, Faksimileausgabe Originalausgabe (ursprüngliche, vom Verfasser durchgesehene Ausgabe), Ausgabe letzter Hand (letzte, vor dem Tode des Verfassers noch von ihm redigierte Ausgabe), Lizenzausgabe (vom ursprünglichen Verlag genehmigte Ausgabe eines anderen Verlages, z. B. „Lizenzausgabe für die Deutsche Demokratische Republik“) u. ä. — „Ausgabe“ kann der Oberbegriff zu „Auflage“ sein; im Rahmen einer Ausgabe können mehrere Auflagen erscheinen.

[8] Unter „Auflage“ versteht man die Gesamtheit aller Exemplare, die der Verleger von einem Drucksatz auf einmal drucken läßt.

[9] Die Zählung nach Tausenden, die häufig an Stelle einer Auflagebezeichnung, mitunter auch neben ihr, auftritt, gibt nicht die Reihenfolge der Auflagen, sondern nur die Zahl der jeweils ausgedruckten Exemplare im Tausenderausschnitt an, z. B. „6.—10. Tausend“. Während bei der *wissenschaftlichen* Literatur die Angabe der *Auflage* üblich ist, ziehen die Verleger von *Schöner Literatur* (Belletristik) aus Reklamegründen eine *Tausenderbezeichnung* vor. Dabei handelt es sich meistens um unveränderte Nachdrucke.

8. Bandangabe: Bezeichnung und Zählung der bibliographisch selbständigen Teile mehrbändiger Werke. Hierzu gehören auch Bezeichnungen, wie Supplement, Ergänzungsheft, Atlas u. dgl.;

9. Erscheinungsvermerk: Angabe über Erscheinungsort (Veröffentlichungsort, Verlagsort oder Druckort), Erscheinungsjahr, Verleger und Drucker;

10. Beiwerk: Motti, Segensformeln, Empfehlungen, Privilegien, Druckerlaubnis, Preise, Drucker- und Verlegerzeichen (Signete), Vignetten (Verzierungen), Widmungen usw.

Titelteile auf dem Titelblatt s. S. 25

Titelblatt mit Anlaß

Institut für Gesellschaftswissenschaften beim ZK der SED	Anlaß
Hans Koch	Verfasser
Marxismus und Ästhetik	Sachtitel
Zur ästhetischen Theorie von Karl Marx, Friedrich Engels und Wladimir Iljitsch Lenin	Untertitel
Dietz Verlag Berlin 1961	Erscheinungs- vermerk

Titelblätter mit Haupt- und Nebentitel

[links: Haupttitel]	[rechts: Nebentitel]
DICTIONARY OF MATHEMATICAL SCIENCES VOLUME I GERMAN — ENGLISH BY LEO HERLAND, Ph. D. FREDERICK UNGAR PUBLISHING CO. NEW YORK	WÖRTERBUCH DER MATHEMATISCHEN WISSENSCHAFTEN BAND I DEUTSCH — ENGLISCH VON LEO HERLAND, Ph. D. FREDERICK UNGAR PUBLISHING CO. NEW YORK

Titelblatt mit Serientitel
Stücktitel: Präsentationstitel

INNSBRUCKER BEITRÄGE ZUR KULTURWISSENSCHAFT — **Serientitel**

Sonderheft 3 — **Band-bezeichnung u. Zählung**

FESTSCHRIFT
WILHELM FISCHER — **Stücktitel: Präsentations-titel**

zum 70. Geburtstag überreicht
im Mozartjahr 1956

INNSBRUCK 1956 — **Verlagsort Erscheinungs-jahr**

Im Selbstverlag des Sprachwissenschaftlichen Seminars
der Universität Innsbruck — **Verlag**

Aufgabe 2

Bestimme die *Teile* des Titelblattes in der Reihenfolge der angegebenen Numerierung!

[1]Prof. [2]ROBERT NAUMANN
[3]Theorie und Praxis
des Neoliberalismus

[4]Das Märchen
von der freien oder sozialen Marktwirtschaft

[5]1957
[6]VERLAG DIE WIRTSCHAFT [7]BERLIN

Aufgabe 3

Bestimme die *Teile* des Titelblattes in der Reihenfolge der angegebenen Numerierung!

> [1]LEHRBÜCHER FÜR DEN NACHWUCHS
> AN WISSENSCHAFTLICHEN BIBLIOTHEKEN
>
> [2]BAND [3]1
>
> [4]HORST KUNZE
>
> [5]BIBLIOTHEKS-
> VERWALTUNGSLEHRE
>
> [6]1956
>
> [7]VEB OTTO HARRASSOWITZ [8]LEIPZIG

Aufgabe 4

Bestimme die *Teile* des Titelblattes in der Reihenfolge der angegebenen Numerierung und gib die *Art* der Veröffentlichung an!

> [1]DEUTSCHE AKADEMIE DER WISSENSCHAFTEN ZU BERLIN
>
> [2]VORTRÄGE UND SCHRIFTEN
>
> [3]HEFT [4]76
>
> [5]HEINZ HEITZER
>
> [6]GESCHICHTLICHE VORAUSSETZUNGEN
> FÜR DIE ENTSTEHUNG
> DER SOZIALISTISCHEN EINHEITSPARTEI
> DEUTSCHLANDS
>
> [7]AKADEMIE-VERLAG [8]BERLIN
>
> [9]1962

Aufgabe 5

a) Gib an, in welchem bibliographischen Verhältnis die beiden gegenüberliegenden Titelblätter zueinander stehen!
b) Bestimme die Arten der vorliegenden Veröffentlichung!
c) Bestimme die Titelteile auf jedem Titelblatt in der Reihenfolge der angegebenen Numerierung!

[1]DIE GRUNDLAGEN DER
MATHEMATISCHEN
WISSENSCHAFTEN
IN EINZELDARSTELLUNGEN MIT BESONDERER
BERÜCKSICHTIGUNG DER ANWENDUNGSGEBIETE

HERAUSGEGEBEN VON

[2]W. BLASCHKE R. GRAMMEL E. HOPF F. K. SCHMIDT

B. L. VAN DER WAERDEN

[3]BAND [4]IV

[5]DIE MATHEMATISCHEN

HILFSMITTEL DES PHYSIKERS

VON

[6]E. MADELUNG

[7]VIERTE AUFLAGE
[8][Signet]

[9]BERLIN GÖTTINGEN HEIDELBERG
[10]SPRINGER-VERLAG
[11]1950

---

[1]DIE MATHEMATISCHEN

HILFSMITTEL DES

PHYSIKERS

VON

[2]DR. [3]ERWIN MADELUNG

[4]O. PROFESSOR DER THEORETISCHEN PHYSIK

AN DER UNIVERSITÄT FRANKFURT A.M.

[5]VIERTE

[6]VERMEHRTE UND VERBESSERTE AUFLAGE

[7]MIT 29 TEXTABBILDUNGEN

[8][Signet]

[9]BERLIN GÖTTINGEN HEIDELBERG
[10]SPRINGER-VERLAG
[11]1950

1.3 Der Katalogzettel

1.3.1 *Format und Aufteilung*

Da der einzelne Zettel, der die Titelaufnahme trägt, in einen größeren, alphabetisch geordneten Zusammenhang — den Katalog — eingefügt wird, müssen die in *erster* Linie maßgeblichen (primären) Ordnungselemente, Ordnungswörter (OW) genannt, besonders augenfällig gemacht werden.
Deshalb werden sie zuerst, und zwar isoliert von den anderen Teilen der Aufnahme, in einem oberen Feld der Zettelfläche, dem sogenannten *Kopf*, aufgeführt. Dieser Kopf wird am besten durch eine Linie oder einen erweiterten Zeilenabstand vom unteren, wesentlich größeren Teil des Zettels getrennt. In diesen Kopf kommen nur die für die Einordnung des betreffenden Zettels maßgeblichen OW und die Standnummer (Signatur) der Veröffentlichung.
Das Aufführen der OW im Kopf des Zettels nennt man „Auswerfen". Das untere Feld ist dem eigentlichen Text der Aufnahme (Titelbeschreibung) und bibliographischen und verwaltungstechnischen Angaben (Zugangsnummer u. dgl.) vorbehalten.
Der Zettel ist in bezug auf seine Größe in der Regel genormt (7,5 × 12,5 cm = Internationales Format) und darf nur auf der *Vorderseite* beschrieben werden.
Reicht *ein* Zettel für die Titelbeschreibung nicht aus, so wird sie auf weiteren Zetteln fortgesetzt. Die Zettel werden in diesem Fall fortlaufend numeriert und OW und Signatur auf den folgenden Zetteln im Kopf wiederholt.
Mehrere Exemplare, d. h. gleiche Stücke einer Ausgabe einer Schrift, werden als sog. zweite und folgende Exemplare auf demselben Zettel verzeichnet.

Muster

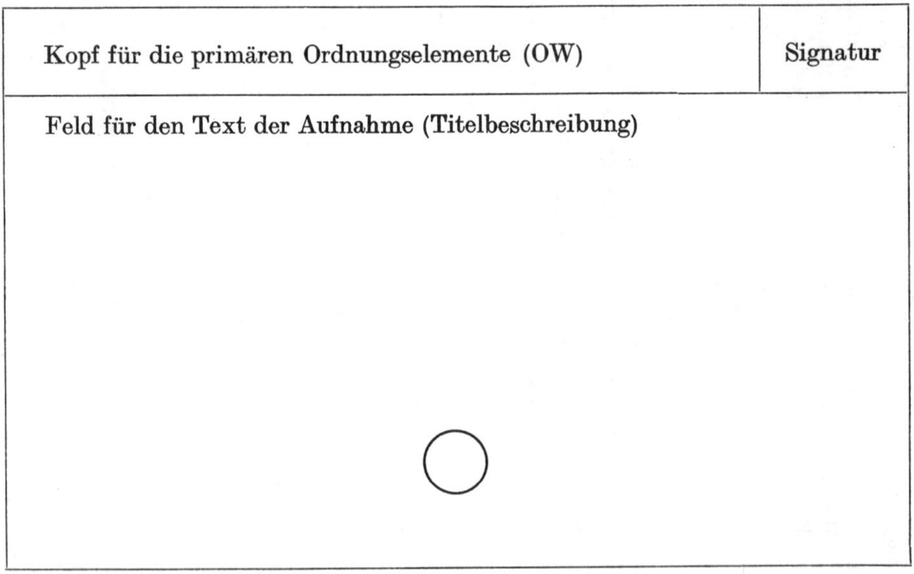

1.3.2 *Das Schriftbild der Vorlage und seine Wiedergabe*

Da der AK nach der Buchstabenfolge des *lateinischen* Alphabetes geordnet ist, kann auch die Titelaufnahme nur in lateinischer Schrift erfolgen (4,1).
Jede andere Schriftart der Vorlage als die lateinische (Antiqua) — die deutsche Druckschrift (Fraktur) als Abart rechnet man dazu — wird Buchstabe für Buchstabe in das lateinische Alphabet nach den verbindlichen Schemata der Anlage II der „Regeln" umgesetzt („transkribiert" oder genauer „transliteriert") (4,2).
Die originale Schriftvorlage wird in der Aufnahme in eckigen Klammern kurz vermerkt, z. B.: [Russ. Schr.], [Bulg. Schr.], [Serb. Schr.], [Griech. Schr.], [Dt. Kurzschr.], [Blindenschr.] u. ä. Bei diesen Angaben handelt es sich — wohlgemerkt — um die Bezeichnung der *Schrift*, in der das *Titelblatt* vorliegt, nicht etwa um die Sprache, in der der Text der Veröffentlichung abgefaßt ist.
Wechselt auf dem Titelblatt eine zu transliterierende Schriftart mit einer anderen, so werden die verschiedenen Schriftarten in der Reihenfolge der Vorlage angegeben, z. B.: [Russ. Schr. u. Ant.], [Russ. u. griech. Schr.], [Hebr. u. russ. Schr.].
Entsprechend werden auch vom Druck abweichende Vervielfältigungsverfahren bezeichnet, z. B.: [Maschinenschr.] für maschinenschriftliche Originale oder Durchschläge, [Maschinenschr. vervielf.] für drucktechnische Vervielfältigungen maschinenschriftlicher Originale.
Weicht die Vervielfältigungsart des *Textes* von der des Titelblattes ab, so wird dies in einer bibliographischen, d. h. nicht zum eigentlichen Text der Aufnahme gehörenden Notiz *ohne* Klammerung *unter* der Aufnahme vermerkt, z. B.: Text Maschinenschr. vervielf.
Das *typographische* Bild der Vorlage — die äußere Gestaltung des Druckbildes — wird in der üblichen Titelaufnahme *nicht* nachgeahmt. Der Text der Aufnahme wird fortlaufend geschrieben, ohne die Zeilenschlüsse kenntlich zu machen.
Die *Interpunktion* (Zeichensetzung) der Vorlage wird im Text beibehalten. Außerdem können Interpunktionszeichen zur Erleichterung des Verständnisses und zur sinnvollen Gliederung des Textes ohne besondere Kennzeichnung eingefügt werden (6). Im allgemeinen wird jede Angabe im Text der Aufnahme mit einem Punkt abgeschlossen. Bei Klammerungen kommt der Punkt *in* die Klammer, wenn nur der Inhalt der *Klammer* abgeschlossen werden soll, andernfalls *hinter* die Klammer, z. B.: (Berlin: Rütten & Loening 1957.), aber: Berlin: Rütten & Loening (1953).
Typographische Eigentümlichkeiten, wie die Verwendung von i für j, von u für v und umgekehrt, von uu für w, sz für ß, werden *nicht* übernommen, sondern durch die übliche Schreibung ersetzt (5,1a). Zur Wiedergabe von „SS" und „ss" bei *deutschen* Titeln im *Text* der Aufnahme:

a) Vorlage in Majuskeln: → ss / → ß } je nach Duden!

z. B.:	MASSE	→	Masse
	MASSE MASZE	→	Maße
	KONGRESS	→	Kongreß
	GRUNDRISS	→	Grundriß

b) Vorlage in Majuskeln *und* Minuskeln: nach der Vorlage!
   z. B.: Kongress → Kongress
   Grundriss → Grundriss

c) „SS“ und „ss“ in Personennamen werden, wenn nicht anders feststellbar, nach der Vorlage wiedergegeben.

Abbreviaturen (Abkürzungen) älterer Drucke, die den Brauch der Handschriften nachahmen, werden in der Titelaufnahme aufgelöst, z. B.: RostochI → Rostochii, Cōpēdiū → Compendium, un̄ → und, um̄ → umb.
Die *Orthographie* (Rechtschreibung) der Vorlage wird dagegen im *Text* der Aufnahme übernommen. Fehlende Akzente und diakritische Zeichen (Striche, Punkte, Häkchen u. a. über oder unter einem Buchstaben, die eine von der gewöhnlichen abweichende Aussprache andeuten) werden übernommen bzw. nach Möglichkeit ergänzt.
Bei Wörtern, die ganz oder teilweise in *Majuskeln* (Großbuchstaben) oder *Minuskeln* (Kleinbuchstaben) gedruckt sind, tritt die sonst in der betreffenden Sprache gebräuchliche Schreibung ein (5,1 c).
Außerhalb des Sachtitels werden ausgeschriebene *Zahlen*, römische Ziffern und Zeichen mit Zahlenbedeutung (Sternchen u. ä.) durch *arabische* Ziffern wiedergegeben (4,3 u. 5,1 e), sofern dem nicht ästhetische Gründe entgegenstehen, wie z. B. in einem Untertitel: „Briefe der ersten Liebe“. Ausnahmslos geschieht die Umwandlung in Ziffern bei buchtechnischen Angaben. *Römische* Ziffern bleiben nur erhalten:

1. im Sachtitel
2. in der Seitenzählung
3. bei Regentennamen, z. B.: Karl XII.
4. bei einer von der unsrigen abweichenden Zeitrechnung, z. B.: L'an IV (Ära der Französischen Revolution).

Ordnungszahlen werden in allen Sprachen durch arabische Ziffern mi Punkt wiedergegeben, z. B.: 1er → 1. oder 3rd → 3. usw.
Auf dem Titelblatt stehende *Klammern* jeder Art — außer in Formeln — werden durch Winkelklammern <···> wiedergegeben (5,1 f), z. B.: Halle (Saale) → Halle ⟨Saale⟩.
Außerhalb des Sachtitels können allgemeinverständliche Abkürzungen angewendet werden; insbesondere sind regelmäßig die geläufigen Ausdrücke des Buchwesens nach Anlage III der „Regeln“ zu kürzen, wenn die Vorlage nicht eine andere Abkürzung bringt (5,1 g).

1.4 Die Titelteile im Text der Aufnahme

Die Grundlage für die Titelaufnahme bildet in der Regel die Vorderseite des Haupttitelblattes der Veröffentlichung[1]. Dazu kommen noch: 1. die Angabe des Umfangs und 2. die Angabe der Größe (Format). Gegebenenfalls treten noch weitere Angaben hinzu.

[1] Siehe Fußnote auf S. 33.

Die Teile der Titelaufnahme sind eine nach den „Regeln“ festgelegte *Auswahl* der charakteristischen, d. h. bibliographisch wichtigen Merkmale der Veröffentlichung (§ 1,2: „Die Titel werden in allen *wesentlichen* Stücken bibliographisch *genau* wiedergegeben, in *nebensächlichen* Dingen aber nach Möglichkeit *gekürzt*“).

1.4.1 *Reihenfolge*

Sachtitel, Zusätze zum Sachtitel, Verfasserangabe, Personalangaben und Anlaß werden genau nach Ordnung und Wortfolge des Titelblattes wiedergegeben. Alle *übrigen* Angaben werden ohne Rücksicht auf ihre Stellung in der Vorlage in eine feststehende Ordnung gebracht (10,1). Diese Ordnung ist folgende:

1. Beigabenvermerk (bei mehrbändigen Werken nur, wenn er sich auf das *ganze* Werk bezieht);
2. Ausgabebezeichnung;
3. Zusammenfassung der Bandzählung bei mehrbändigen Werken;
4. Erscheinungsvermerk; (neue Zeile)
5. Seiten-, Blatt- oder sonstige Zählung (in der Regel nur bei einbändigen Werken);
6. Formatangabe;
7. Vervielfältigungsart des Titelblattes bei vom Druck abweichenden Vervielfältigungsverfahren;
8. Titelart (bei fehlendem Haupttitel)[1];
9. Schriftart des Titelblattes bei fremden Schriftzeichen;
10. übergeordneter Gesamttitel;
11. andere Titel;
12. Übersetzung des Sachtitels (bei weniger bekannten Sprachen);
13. bibliographische Notizen;
14. Aufführung der einzelnen Bände.

Die Punkte 1 bis 3 werden anschließend an das Vorhergehende und fortlaufend geschrieben. Punkt 4 wird auf *neuer* Zeile begonnen und der Text bis Punkt 9 fortlaufend geschrieben.
Ab Punkt 10 setzt man, soweit es der Platz erlaubt, jede Angabe am besten auf eine neue Zeile.

1.4.2 *Umfang und Art der Wiedergabe*

1. Sachtitel und Zusätze zum Sachtitel

Der Sachtitel wird in der Aufnahme *ohne* Abkürzungen und Weglassungen wiedergegeben. Nur weitschweifige Sachtitel können gekürzt werden; doch bleibt

[1] An die Stelle eines fehlenden Haupttitels tritt ein anderer Titel der Veröffentlichung (Umschlagtitel, Kopftitel, Faksimiletitel). In solchem Falle muß die Titelart nach Ziffer 8 der obigen Ordnung angegeben werden (3,2 u. Anl. I,2).

der Anfang und alles das erhalten, was für den Inhalt, die Identifizierung und Einordnung der Schrift wesentlich ist.
Zusätze zum Sachtitel werden nach Möglichkeit gekürzt. Wenn der Sachtitel die Schrift nur ganz ungenügend kennzeichnet, kann die Schrift durch einen Zusatz charakterisiert werden.

2. Verfasserangabe

Unvollständige oder fehlende Verfasserangaben werden nach Möglichkeit ergänzt. Falsche Verfasserangaben werden berichtigt (15,2).

3. Personalangaben

Personalangaben werden nur dann von der Vorlage übernommen, wenn sie zu vornamenlos erscheinenden Verfassern gehören oder es zur Unterscheidung gleichnamiger Verfasser, zur Charakterisierung der Schrift oder zur Vermeidung von sprachlichen Härten angezeigt ist (7,3).

4. Anlaß

Der Anlaß wird übernommen, jedoch nach Möglichkeit gekürzt, wenn ihm nicht zusätzlich OW entnommen werden (7,5 u. 186).

5. Beigabenvermerk

Beigabenvermerke werden gekürzt übernommen. Wenn es für die Auswertung der Schrift erwünscht ist, kann ein fehlender Beigabenvermerk in eckiger Klammer hinzugefügt werden (7,6).

Beispiele

[Ill.], [Mit 6 Kt.], [Mit 15 Abb.]

6. Ausgabebezeichnung

Die Ausgabebezeichnung wird im Wortlaut der Vorlage wiedergegeben. Hierbei sind charakterisierende Zusätze, wie unverändert, vermehrt, revised, corrigé, aucta u. dgl., abgekürzt beizubehalten (7,7).

Beispiele

3. verm. Aufl.; Anast. Neudr.; Manuldr.;

2. print.; Ed. 5.; Reprint.

In der Ausgabebezeichnung enthaltene Angaben über Herausgeber, Beigaben u. dgl. gelten als Teil der Ausgabebezeichnung.

Beispiele

2. Aufl., besorgt von Georg Brenner;

4., um e. Notenanh. verm. Ausg.

Die Zählung nach *Tausenden* wird übernommen, wenn keine andere ausreichende Ausgabebezeichnung vorhanden ist oder durch sie verschiedene Ausgaben auseinandergehalten werden sollen. Eine auf dem Titelblatt fehlende Ausgabebezeichnung wird ergänzt, soweit dies aus dem Buch selbst möglich ist.

7. Bandbezeichnung und Bandzählung

Eine Bandbezeichnung wird von der Vorlage in der nach Anlage III der „Regeln" vorgeschriebenen Abkürzung übernommen und der Zählung stets *vorangestellt*.

Beispiel

Erster Band → Bd 1.

Fehlende Bandbezeichnungen werden *nicht* ergänzt.

Beispiel

I → 1.

Jede Zählung wird durch einen Punkt abgeschlossen. Unterordnende (subordinierende) Zählungen werden von der übergeordneten durch ein Komma getrennt.

Beispiel

Zweiter Band
III. Abteilung → Bd 2, Abt. 3.

Gleichordnende (koordinierende) Zählungen werden durch Punkte gegeneinander abgegrenzt.

Beispiel

Volume I
Volume II → Vol. 1.2.

Bei Zusammenfassungen von drei und mehr Zählungen wird die erste und letzte Zahl durch einen Bindestrich verbunden.

Beispiel

Tome I
Tome II → T. 1—3.
Tome III

8. Beiwerk

Das Beiwerk bleibt in der Regel weg (§ 7,12. Vgl. jedoch § 28,1 u. Beisp. 62 in Anl.I der „Regeln").

9. Erscheinungsvermerk

Der Erscheinungsvermerk wird in einer festen, durch einen Punkt abgeschlossenen Formel — unabhängig von der Vorlage — wiedergegeben. Diese Formel lautet: *Verlagsort: Verlag Erscheinungsjahr.*

Beispiel

Aufbau-Verlag Berlin 1962 → Berlin: Aufbau-Verl. 1962.

oder, wenn kein Verlag genannt ist: *Druckort Jahr*: *Drucker.*

Beispiel

Klagenfurt 1862 Druck von J. Leon → Klagenfurt 1862: Leon.

Der *Erscheinungsort* wird in der Sprache, in der Schreibung und im Beugungsfall (Kasus) der Vorlage gebracht, hierbei werden davorstehende Präpositionen (Verhältniswörter), soweit sie die Endung des Ortsnamens verändern, in Kleinschreibung übernommen, z. B.: v Bratislave, aber: à Paris → Paris.

Unwesentliche Zusätze (Postbezirke u. ä.) bleiben weg, z. B.: Berlin W 8 → Berlin, Wien XV → Wien, Leipzig C 33 → Leipzig. Doch werden die Namen von Ortsteilen in der Regel übernommen, z. B.: Berlin-Pankow, und ebenso Zusätze, die Orte von anderen gleichlautenden unterscheiden, z. B.: Freiburg im Breisgau → Freiburg im B., Freiburg (Schweiz) → Freiburg ⟨Schweiz⟩, Halle (Saale) → Halle ⟨Saale⟩, Cambridge, Mass. usw. Hierbei werden Schrägstriche der Vorlage am besten übernommen, z. B. Halle/Saale, Frankfurt/Oder.

Abgekürzte Ortsnamen und fehlende unterscheidende Zusätze zu Ortsnamen werden ergänzt. Fehlt ein Erscheinungsort, so wird er — möglichst in der Heimatsprache — ebenfalls ergänzt oder, wenn er nicht zu ermitteln ist, durch die Formel „o.O." ersetzt.

Die *Verlags-* bzw. *Druckerangabe* erfolgt unter Weglassung der einleitenden und verbindenden Wendungen ausschließlich durch die Angabe der Firma. Besteht Unsicherheit, ob es sich um einen Verleger oder Drucker handelt — besonders für die ältere Zeit —, ist es ratsam, die Vorlage wiederzugeben.

Wendungen in der *Vorlage*, die *Verleger* bezeichnen:

Bei . . ., Verlegt bei . . ., Zu finden bey . . ., Verlegts . . ., In Verlegung . . ., Auf Kosten . . ., Chez . . ., Printed for . . ., A spese di . . ., E collegio . . ., Apud . . ., In aedibus . . ., Prostat apud . . ., Bibliopola . . ., In bibliopolio . . ., Expensis . . ., Impensis . . ., Ad instantiam . . ., Sum(p)tibus . . .

Wendungen, die *Drucker* bezeichnen:

Druck von . . ., Druckts . . ., Durch . . ., Offizin . . ., Mit . . . Schriften, Printed by . . ., Per . . ., Por . . ., Imprenta . . ., Empreza . . ., Praelo . . ., Typis . . ., Formis . . ., Litteris . . ., Excudebat . . ., Exscripsit . . ., Recudit . . ., Aere . . ., Arte et industria . . ., Dai torchi . . .

Druckereien treten mitunter auch als Verlage auf. Soweit dies aus der Firmenangabe hervorgeht, z. B.: Druck und Verlag von . . ., Buchdruckerei und Verlag . . .,

Imprimeur libraire, Tipografia e libraria u. ä., oder sofern es allgemein bekannt ist, wie z. B. bei: Clarendon Press, Oxford University Press u. ä., sind diese Pressen als Verleger aufzuführen.

Bei Firmen, die nur den Familiennamen als Firmenträger enthalten, wird lediglich der *Zuname* angegeben, und zwar im 1. Fall (Nominativ) der *substantivischen* Form der Heimatsprache, z. B.: Lauppsche Buchhandlung → Laupp, Litteris Keilianis → Keil. Neben der Firma genannte Vorläufer oder Firmeninhaber — auf dem Titelblatt häufig in Klammern — bleiben weg, z. B.:

Verlag
Keysersche Buchhandlung Erfurt
Inhaber Bruno Neumann
1927 → Erfurt: Keyser 1927.

Ebenfalls Zusätze, wie Gebrüder, & Co., & Sohn, GmbH, VEB u. ä. fallen weg

Die Anfangsbuchstaben der Vornamen werden nur mitaufgeführt, wenn es sich um sehr häufig vorkommende Zunamen handelt, z. B.:

1914
München bei Georg Müller → München: G. Müller 1914.

oder wenn es Firmen mit gleichlautendem Zunamen am gleichen Ort sind, wie z. B. F. A. Perthes und J. Perthes in Gotha oder Dietrich Reimer und Georg Reimer in Berlin. Präpositionen und Artikel, die zum Familiennamen gehören, werden übernommen, z. B.: Berlin: de Gruyter, München: von Weber.

Bei *mehrgliedrigen* Familiennamen wird aus sprachlichen Gründen das am Schluß stehende „& Co." u. ä. beibehalten, z. B.: Schmid, Francke & Cie. Das „*und*" zwischen den Familiennamen *einer* Firma wird immer durch das Zeichen „&" wiedergegeben, z. B.: Breitkopf und Härtel → Breitkopf & Härtel.

Firmen *ohne* Nennung eines Familiennamens werden in der vorliegenden Sprache und in gekürzter Form gebracht, z. B.: Verlag der Nation → Verl. d. Nation, Verlag des Neuen Deutschland → Neues Deutschland, Verlag der Akademie der Wissenschaften → Akad. d. Wiss., Verlag Die Wirtschaft → Die Wirtschaft, Government Printing Office → Gov. Print. Off. Erscheint eine Ortsbezeichnung im Namen einer Firma, so wird sie nur übernommen, wenn sie ein fester Bestandteil des Firmennamens ist, z. B.: Berliner Verlag → Berlin: Berl. Verl., aber: Oxford University Press → Oxford: Univ. Pr.

Fehlende Verleger oder Drucker werden, wenn möglich, aus dem Buch ergänzt, fehlende Verleger gegebenenfalls auch aus anderen Quellen. Ist kein Verleger oder an seiner Stelle auch kein Drucker zu ermitteln, werden nur Ort und Jahr angegeben, z. B. Berlin 1819.

Der *Drucker* wird im allgemeinen nur dann angegeben, wenn kein Verleger genannt ist. Jedoch wird bei älteren Werken (bis etwa Mitte des 18. Jahrhunderts) der Drucker *neben* dem Verleger aufgeführt, wenn *beide* auf dem Titelblatt stehen und entweder der Druckort vom Verlagsort abweicht oder der Drucker auf dem Titelblatt durch seine Stellung oder durch das Druckbild besonders hervorgehoben ist.

Da der *Drucker* immer *hinter* dem Jahr in der Formel des Erscheinungsvermerks steht, sieht das Schema bei *gleichem* Ort folgendermaßen aus: *Ort: Verleger Jahr: Drucker.*

Beispiel

Francofurti
Aere Nicolai Hoffmanni, impense
Jacobi Fischeri
MDCX

→ Francofurti: J. Fischer 1610: N. Hoffmann.

(Der Drucker steht an erster Stelle in der Vorlage!)

Sind *verschiedene* Orte angegeben, sieht das Schema so aus: *Ort: Verleger; Ort Jahr: Drucker.*

Beispiel

Wolfenbüttel
Verlegt von Gottfried Freytagen.
Helmstädt
gedruckt bei Salom. Schnorrn. 1719.

→ Wolfenbüttel: Freytag; Helmstädt 1719: Schnorr.

(Beachte die Beugungsendungen der Namen in Vorlage und Wiedergabe!)

Merke: Mehrere Firmen werden durch Semikolon getrennt!

Auf die Ermittlung eines Druckers aus dem Buch kann verzichtet werden, wenn eine Behörde, ein Verein oder eine sonstige Körperschaft als Veranlasser oder Herausgeber der Schrift genannt ist. Diese werden dann als Verlag angegeben, z.B.:

Herausgegeben
vom
Rat der Stadt Calau
1958

→ Calau: Rat d. Stadt 1958.

Ein *Selbstverlag* wird in kürzester Form nach der Vorlage wiedergegeben, z. B.:

Berlin: Verf. 1908.
München: Selbstverl. 1950.
Paris: Auteur 1886.

Ein *Kommissionsverlag*[1] (in der Vorlage: Kommissionsverlag von . . ., Zu beziehen durch . . ., in Vertrieb . . ., Für den Buchhandel . . ., Distributed for . . . u. ä.) wird in der Aufnahme durch die Formel „in Komm.“, „in Comm.“, „[in Komm.]“ — je nach Vorlage — berücksichtigt. Diese Formel steht immer *hinter* dem betreffenden Firmennamen, z. B.:

---

[1] Wenn ein Verlag als Kommissionsverlag auftritt, übernimmt er nur den Vertrieb bzw. die Herstellung und den Vertrieb der Veröffentlichung im Auftrage des Autors gegen ein Honorar, ohne am Gewinn oder Verlust beteiligt zu sein.

Bremen
Commissions-Verlag von A. Meinhardt
1891

→ Bremen: Meinhardt in Comm. 1891.

Der *neben* einem Selbstverlag genannte Kommissionsverlag wird immer angegeben:

Berthelsdorf
im Selbstverlag des Herausgebers
Löbau
in Commission bei Carl Dümmler
1857

→ Berthelsdorf: Selbstverl.; Löbau: Dümmler in Comm. 1857.

Berlin 1909
Eigentum der Sing-Akademie
Zu beziehen durch Horn & Raasch

→ Berlin: Singakademie; Horn & Raasch [in Komm.] 1909.

In *anderen* Fällen werden Kommissionsverlage nur berücksichtigt, wenn entweder gar kein Verlag angegeben ist oder es sich um einen *deutschen* Kommissionsverlag eines im *Ausland* verlegten Werkes handelt.
Sind auf dem Titelblatt *mehrere* Erscheinungsorte, die zu *einer* Firma gehören, oder *mehrere* Verleger genannt, so werden bei den im *deutschen* Sprachgebiet (also auch in Österreich und der Schweiz) erschienenen Werken in der Regel *alle* Orte und Verleger aufgenommen. Mehrere Orte, die zu einer Firma gehören, werden ohne Rücksicht auf die Vorlage nacheinander aufgeführt und durch Kommata getrennt.

Beispiel

1957	URANIA-VERLAG
Verlag für populärwissenschaftliche Literatur	
LEIPZIG	JENA

→ Leipzig, Jena: Urania-Verl. 1957.

Beispiel für mehrere Verleger im deutschsprachigen Gebiet:

1938
Verlegt bei Ferdinand Schöningh-Paderborn
Raimund Fürlinger — Wien
B. Götschmann — Zürich

→ Paderborn: Schöningh; Wien: Fürlinger; Zürich: Götschmann 1938.

Von mehreren Verlegern des *fremdsprachigen* Auslands wird nur der *erste* oder *wichtigste* aufgeführt. Ein *deutscher* Nebenverlag wird jedoch stets angegeben. Das Auslassen von Erscheinungsorten und Verlegern wird hierbei durch die Formel „[usw.]" angedeutet. Die Weglassung eines Kommissionsverlages wird *nicht* gekennzeichnet. Werden nur Orte weggelassen, tritt die Formel hinter den aufgeführten bzw. zuletzt aufgeführten Ort, werden Verleger weggelassen, tritt sie hinter den aufgeführten bzw. zuletzt aufgeführten Verlag.

Beispiel

Heinemann
London Melbourne Toronto
1948

→ London [usw.]: Heinemann 1948.

New York
The Macmillan Company
London
Gerald Duckworth & Co. Ltd
1954

→ New York: Macmillan [usw.] 1954.

Bei *Mischung* von deutschsprachigen und fremdsprachigen Verlegern werden die *deutschen* alle aufgeführt, *ein* fremdsprachiger dagegen nur, wenn er an *erster* Stelle auf dem Titelblatt steht. Orte, die zu *einer* Firma gehören, werden entsprechend behandelt.

Beispiel

Verlag von
Schuberth & Comp.
Leipzig, Hamburg u. New York
1853

→ Leipzig, Hamburg [usw.]: Schuberth 1853.

Berlin, S. Cronbach. — New York, Berlitz & Co. → Berlin: Cronbach [usw.]
Paris, Guillaumin et Cie. Arthur-Rousseau. G. Pedone. — Berlin, Puttkammer et Mühlbrecht. → Paris: Guillaumin [usw.]; Berlin: Puttkammer & Mühlbrecht. (Vgl. Beisp. 21 der Anl. I der „Regeln".)

Neben einem Druck- oder Verlagsort genannte *Veröffentlichungsorte* (z. B. Meßplätze, Universitätsorte bei Dissertationen) werden immer angegeben. In diesem Fall wird der in der Regel voranstehende Veröffentlichungsort vom Verlags- oder Druckort durch ein Semikolon abgegrenzt.

Beispiele

Francckfurt und Leipzig Zu finden bey Johann Conrad Wohlern Buchhändlern in Ulm 1714 gedruckt bei Johannes Gassenmayer	Berlin 1897 Druck von C.H. Schulze & Co. in Gräfenhainichen

→ Francckfurt, Leipzig; Ulm: Wohler 1714.
→ Berlin; Gräfenhainichen 1897: C. H. Schulze.

Ist ein Erscheinungsvermerk von zuständiger Stelle, d. h. vom Verleger durch *Überkleben* oder *Überstempeln* geändert, so werden die neuen Angaben dem ursprünglichen Erscheinungsvermerk hinzugefügt, z. B.: Dresden: Baumann 1902; [übergekl.:] Berlin: Ehlermann 1903. oder: Leipzig: Brockhaus 1940; [aufgest.:] Barth.
Als *Erscheinungsjahr* gilt das auf dem Titelblatt im Erscheinungsvermerk genannte Jahr. *Römische* Ziffern im Erscheinungsjahr werden bei *unserer* Zeitrechnung durch *arabische* ersetzt, z. B.: MCMLXII → 1962. Ein fehlendes Erscheinungsjahr ist aus dem Buch oder aus anderen Quellen unbedingt zu ergänzen. Weicht bei *Lieferungswerken* das Jahr von Anfangs- bzw. Schlußlieferungen von dem auf dem endgültigen Titelblatt stehenden ab, so wird es in runden Klammern eingefügt, z. B.: 19(00—)12.
Ein *neben* unserer Zeitrechnung genanntes Jahr einer *fremden* Ära bleibt unberücksichtigt. Ist das Jahr dagegen *nur* in einer fremden Ära[1] angegeben, so wird diese Angabe übernommen und das errechnete Jahr unserer Zeitrechnung in eckigen Klammern hinzugefügt. *Römische* Ziffern der fremden Ära bleiben in diesem Fall erhalten, z. B.: L'AN IV → L'an IV [1795/96], (15,5 u. Anl. I, Beisp. 51 der „Regeln").
Läßt sich bei *datierten* Einzeldrucken von Erlassen, Aufrufen u. dgl. das Erscheinungsjahr nicht ermitteln, so werden an die Stelle des Erscheinungsvermerks Ort und Zeit der Datierung, eingeleitet durch die Formel „Dat.", eingesetzt, allerdings nur, wenn die Zeit der Datierung der mutmaßlichen Erscheinungszeit entspricht (15,3), z. B.: Dat. Berlin, 20. Mai 1790.
Sind Erscheinungsjahre durch Großbuchstaben, die römischen Ziffern entsprechen, in gewissen Wendungen (Motti, Sprüche) auf dem Titelblatt verborgen, so bleibt der Wortlaut eines solchen *Chronogramms* erhalten, wobei die großgeschriebenen Buchstaben bewahrt werden; das aus dem Chronogramm errechnete Jahr wird in eckigen Klammern hinzugefügt (5,1 c u. 15,5; vgl. Beisp. 16 in Anl. I der „Regeln"). Das Jahr wird errechnet, indem für *jeden* Großbuchstaben, der zugleich die Bedeutung einer römischen Ziffer hat, der entsprechende Zahlenwert eingesetzt wird. Die Zahlen werden zusammengezählt, und die Summe ergibt das Jahr, z. B.: IVstVs = 1 + 5 + 5 = 11. Will man aus Gründen der Platzersparnis das Chronogramm nicht aufführen, so genügt die Angabe des errechneten Jahres unserer

[1] Ära der Französischen Revolution: Beginn am 22. 9. 1792; wenn der Monat nicht bekannt ist, müssen Doppeljahre angegeben werden!

Zeitrechnung mit einer bibliographischen Notiz „Ersch.-Jahr nach einem Chronogramm":

Beispiel

Gedruckt im Jahr
Dar Innen GoLD VnD SILber reIn
In KVpffer Ist Verkehrt. O PeIn.

Auflösung

Dar	D =	500	*Aufnahme*
Innen	I =	1	o. O. gedr. im Jahr, Dar Innen GoLD VnD
GoLD	L =	50	SILber reIn In KVPffer Ist Verkehrt. O
	D =	500	PeIn [1621].
VnD	V =	5	*oder vereinfacht*
	D =	500	o.O. [1621].
SILber	I =	1	Ersch.-Jahr nach einem Chronogramm.
	L =	50	
reIn	I =	1	
In	I =	1	
KVpffer	V =	5	
Ist	I =	1	
Verkehrt	V =	5	
O PeIn	I =	1	
Summe:		1621	

Beispiele für die Aufnahmeform von Erscheinungsvermerken

Vorlage	*Aufnahme*
Verlag von Wilhelm Knapp Halle (Saale) 1948	Halle ⟨Saale⟩: Knapp 1948.
Verlag Klasing & Co. GmbH. Berlin und Bielefeld 1905	Berlin, Bielefeld: Klasing 1905.
In der Dieterich'schen Verlagsbuchhandlung zu Leipzig 1832	Leipzig: Dieterich 1832.
Bremen 1779 verlegt bey Georg Ludewig Förster	Bremen: Förster 1779.
Berlin Ries und Erler 1907	Berlin: Ries & Erler 1907.

Vorlage	*Aufnahme*
1908 München Hans von Weber Verlag	München: von Weber 1908.
Wien Druck und Verlag von Carl Gerold's Sohn 1877	Wien: Gerold 1877.
·1915 Verlag von Carl Grüninger (Klett & Hartmann) Stuttgart	Stuttgart: Grüninger 1915.
Augner & Co., London New York, G. Schirmer 1940	London: Augner [usw.] 1940.
London Dulau and Co., Soho Square; Schott and Co., Regent Street MDCCCLXXV	London: Dulau [usw.] 1875.
McGraw-Hill Publishing Co., Inc. New York 1960 Chicago	New York [usw.]: McGraw-Hill 1960.
Berlin Verlag des Bibliographischen Bureaus Alexanderstr. 2 1900	Berlin: Bibliogr. Bureau 1900.
Frankfurt a. M. im December 1849	Frankfurt a. M. 1849.
Magdeburg. Druck: Faber'sche Buchdruckerei A. & R. Faber 1886.	Magdeburg 1886: Faber.
Gotha Gedruckt mit Reyherischen Schrifften. 1741	Gotha 1741: Reyher.
1940 Ed. Bote und G. Bock, Berlin W 8	Berlin: Bote & Bock 1940.
1954 WALTER DE GRUYTER & CO. vormals G. J. Göschen'sche Verlagshandlung J. Guttentag, Verlagsbuchhandlung. Georg Reimer. Karl J. Trübner. Veit & Comp. BERLIN W 35	Berlin: de Gruyter 1954.

Vorlage	*Aufnahme*
Akademische Verlagsgesellschaft ATHENAION Potsdam 1950	Potsdam: Athenaion 1950.
Pan-Verlag Zürich/Stuttgart 1953	Zürich, Stuttgart: Pan-Verl. 1953.
Francohusae, Litteris Keilianis MDCCLIIX	Francohusae 1758: Keil.
Pilsen 1910. Selbstverlag In Kommission bei Carl Maasch's Buchhandlung (A. H. Bayer) in Pilsen	Pilsen: Selbstverl.; Maasch in Komm. 1910.
Lipsiae Typis exscripserunt Metzger & Wittig 1869 Prostat apud J. C. Hinrichs bibliopolam	Lipsiae: Hinrichs 1869.
Zittau bey dem Verfasser und in Commission bey dem Buchhändler J. D. Schöps 1812	Zittau: Verf.; Schöps in Comm. 1812.
Berlin und Leipzig Verlag von J. Guttentag (D. Collin) 1882	Berlin, Leipzig: Guttentag 1882.
1934 Selbstverlag Berlin-Johannisthal Druck Rosenheimer Anzeiger	Berlin-Johannisthal: Selbstverl. 1934.
Jena Friedr. Mauke's Verlag (E. Schenk). 1878	Jena: Mauke 1878.
ANNO XII MILANO ISTITUTO EDITORIALE NAZIONALE	Milano: Ist. ed. naz. Anno XII [1934].
Gesellschaft der Bücherfreunde zu Hamburg 1963	Hamburg: Ges. d. Bücherfreunde 1963.

Aufgabe 6

Bringe folgende Erscheinungsvermerke in die Aufnahmeform:

1. Im Insel-Verlag Leipzig 1949

2. Gustav Kiepenheuer Verlag GmbH
Weimar 1951

3. London, Smith, Elder & Co. 1916

4. Stuttgart Nationaler Verlag
Curt Etzold 1905

5. D. van Nostrand Company, Inc.
Princeton, New Jersey
Toronto New York London
1961

6. Bruxelles
Société belge de librairie
HAUMANN CATTOIR ET Ce
1838

7. London
Kegan Paul, Trench, Trubner & Co.
New York
E. P. Dutton & Co.
1938

8. BRUXELLES
MELINE, CANS ET Cie, LIBR.-ÉDITEURS
LIVOURNE | LEIPZIG
MÊME MAISON | I. P. MELINE
1849

9. Berlin 1890
Verlag der Buchhandlung der „Deutschen Lehrerzeitung"
(Fr. Zillessen)

10. Berlin 1801
In Commission und gedruckt bei Johann Fr. Unger

11. München
Kommissionsverlag der G. Franz'schen Hofbuchhandlung
(Hermann Lukaschik)
1902

12. Rostock,
in Commission der Leopold'schen Universitäts-Buchhandlung
1848

13. Osnabrugi
Ex Officina Johanni Georgii Schwänderi
Anno MDCLXXVIII

14. Brunsvigae
Excudebat Andreas Dunckerus
Anno 1617

15. Hanau, 1814.
Gedruckt mit Kittsteinerschen Schriften

16. Rostock,
gedruckt in der Adlerschen Offizin
1787

17. Selbstverlag des Verfassers
Kommissionsverlag Heckners Verlag,
Wolfenbüttel
1932

18. Quedlinburgi
Prelo Joh. Georgi Sieverti
MDCCX

19. Mannheim
Buch- u. Steindruckerei von J. Schneider
1875

20. Herausgegeben von der Dreyssigschen Sing-Akademie
zu beziehen durch die Hofmusikalienhandlung von F. Ries
Dresden
1907

21. Wien
Gedruckt mit Schulzischen Schrifften
1772

22. 1927
VERLAG VON PAUL DE WIT, LEIPZIG

23. Brunsvigae
Apud L. Schroeder 1730

24. Jenae
Sumpt. Sal. Schmidii
MDCCIX

25. Deßau
Druck und Papier von der Hofbuchdruckerei
1837.

26. Madrid
En la Imprenta Nacional
Ano de 1845

27. Mainz 1912
Verlag Victor von Zabern, Mainz

28. Graz 1912
Druck von Josef Mostboek, Marburg a. D.

29. Sondershausen
Mit Fleckschen Schriften
1804

30. 1912
Regensburg, Rom, New York u. Cincinnati.
Druck und Verlag von Fr. Pustet

31. Nyt Nordisk Forlag Arnold Busck
Kopenhagen
Breitkopf & Härtel Wiesbaden
1955

32. Petershagen, bey dem Verfasser
Minden bey Justus Heinrich Körber
1793

33. À BRUXELLES,
Chez FRANÇOIS FOPPENS, Imprimeur
& Marchand Libraire, au S. Esprit.
M.DCCXI.

10. Umfangsangabe

Der Umfang wird bei *einbändigen* Werken durch die Zahl der *Seiten* (gegebenenfalls Spalten, Blätter, Tafeln, Karten, Doppelseiten u. ä.) angegeben, bei *mehrbändigen* nur dann, wenn die Seiten durch alle Bände ununterbrochen durchgezählt sind (11,1).
Die *Seitenzählung* (Paginierung, lat. *pagina* = Seite) besteht gewöhnlich in der Angabe der letzten im Buch erscheinenden Zahl *jeder* Zählung, zu der die Bezeichnung S., Sp., Bl., Taf. usw. tritt; *römische* Ziffern werden hierbei nicht durch arabische ersetzt. Eine neu beginnende Zählung für Reklameanzeigen am Schluß des Buches bleibt unberücksichtigt (11,2).

Beispiele

75 S.   VIII, 635 S.   III, 252 S., V Taf.   LV, 467, XXX S.

Wenn je zwei im Buch einander gegenüberstehende Seiten dieselbe Seitenzahl tragen, so wird in der Seitenzählung die Bezeichnung Doppels. verwendet, z. B. VI S., 57 Doppels.
Wird eine römische Seitenzählung durch eine arabische (oder umgekehrt) fortgesetzt, so geschieht die Angabe in folgender Form: „XXXVI S., S. 37—141.“ bzw. „70 S., S. LXXI—LXXXV.“
Bei Sonderabdrucken[1] und Stücktiteln ohne *eigene* Zählung wird von der ersten in dem Stück paginierten Seite an gezählt, z. B.: S. 215—243. Besteht daneben noch eine *eigene* Zählung, so wird nur diese berücksichtigt.

[1] Ein ursprünglich bibliographisch unselbständiger Beitrag in einem Sammelwerk, einer Vielverfasserschrift oder einem Periodicum, der durch gesonderten Abdruck mit Kopftitel oder eigenem Titelblatt bibliographisch selbständig wird.

Bei mehr als *drei* verschiedenen Zählungen wird die Umfangsangabe ersetzt durch die Formel „Getr. Pag.“ oder „Getr. Seitenzählung“ (11,3).
Bei Werken *ohne* jede Zählung wird die Zahl der bedruckten *Blätter* (Foliierung, lat. *folium* = Blatt) angegeben. Bei umfangreichen Bänden genügt die Angabe der Signaturen des ersten und letzten Druckbogens (11,5), z. B.: Bogensign. A—K.
Ist die Zählung nicht durch Ziffern, sondern durch Buchstaben ausgedrückt, so wird der erste und letzte Buchstabe vermerkt und die entsprechende Bezeichnung davorgesetzt, z. B.: S. a—f, Bl. A—R.
Enthält ein Werk neben gezählten Bestandteilen auch ungezählte Blätter, so werden diese nur angegeben, wenn sie einen nach Umfang oder Inhalt *wesentlichen* Teil des Buches ausmachen, z. B.: 136 S., 80 Bl.; 2 Bl., 15 Taf.
Bei Mischung von gezählten und ungezählten *Blättern* werden nur die gezählten angegeben mit der Bezeichnung „gez. Bl.“ (11,4).
Wenn außer dem Text noch Tafeln, Karten, Pläne oder Tabellen vorhanden sind, so können Angaben hierüber der Seitenzählung hinzugefügt werden. Dies erfolgt besonders dann, wenn die Tafeln usw. durchgezählt sind und als geschlossener Teil dem Text folgen oder wenn sie im Verhältnis zum Text einen umfangreichen Bestandteil der Schrift bilden. Auf die Nennung an dieser Stelle wird verzichtet, wenn die Beigaben bereits im Beigabenvermerk erwähnt sind.
Als Tafeln werden aus besonderem Papier bestehende Blätter bezeichnet, die Illustrationen bringen.
Die Angabe der Beigaben wird mit Komma an die Seitenzählung des Textes angeschlossen, z. B. VIII, 407 S., 10 Bl. Abb. Gefaltete Karten und Pläne werden als „gef. Kt.“ bzw. „gef. Pl.“ bezeichnet, gefaltete Muster als „gef. Bl.“. Ist ein Buch in Form eines Leporelloalbums[1] gefaltet, so wird dies durch Angaben wie „20 Taf. in Leporellofaltung“ ausgedrückt.

11. Format (12)

Das Format wird nach der Höhe des Einbanddeckels bestimmt als:

Oktav	= bis zu 25 cm	→ 8°
Quart	= über 25 bis 35 cm	→ 4°
Folio	= über 35 bis 45 cm	→ 2°
Gr. Folio	= über 45 cm	→ gr. 2°

Auch bei überwiegender Breite bleibt die Höhe maßgebend; das Format wird dann als quer-8°, quer-4° usw. bezeichnet.
Neben diesem *Meßformat*, das stets anzugeben ist, gibt es noch das *bibliographische* Format, das durch die Brechung (Faltung) des Druckbogens bestimmt wird. Ist

[1] Eine sehr alte, aus Asien stammende und dort noch heute übliche Art, eine seitlich zusammenhängende Reihe von Texten oder Abbildungen so zu falzen, daß sie sich zu einem langen Streifen auseinanderziehen läßt: 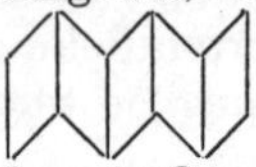
Leporello, Don Giovannis Gefährte, entfaltet in Mozarts Oper eine so gefalzte Liste der Geliebten seines Herrn. Daher der heute übliche Name (Neue Schau. 1959, H. 11 S. 447).

z. B. der Bogen so oft gebrochen, daß 8 Blätter — daher Oktavo — mit 16 Seiten innerhalb eines Bogens bis zur nächsten Bogensignatur zu zählen sind, so haben wir ein bibliographisches Oktavformat vor uns, bei 4 Blättern im Bogen (= 8 Seiten) ein entsprechendes Quartformat usf. Außerdem kann auch die Richtung der Wasserstreifen im Papier zur Ermittlung des bibliographischen Formats herangezogen werden (2°, 8°, 24°, 32° = senkrechte Streifung, 4°, 6°, 12°, 16° = waagerechte Streifung).

Das bibliographische Format bleibt in der Regel unberücksichtigt. Falls es jedoch vom Meßformat abweicht, wird es bei Literatur bis etwa 1850 in runden Klammern hinzugefügt, z. B.: Höhe des Buchrückens 21 cm, Bogensignaturen S. 9: B, S. 17: C usf. → 8° (4°). Bei ganz ungewöhnlichen Formaten werden Höhe und Breite in Zentimetern angegeben, und zwar die Höhe an erster Stelle, z. B.: 4 × 6 cm.

12. Sonstige Angaben

Abgesehen von den Angaben, die noch zum Text der Aufnahme gehören, wie Schriftart, Titelart usw., werden gegebenenfalls noch zusätzliche Anmerkungen über das Buch selbst oder seinen Zusammenhang mit anderen Veröffentlichungen gemacht. Diese *bibliographischen* Notizen werden *ohne* Klammerung unter den Text der eigentlichen Aufnahme gesetzt. Hierher gehören u. a.:

Herkunftsvermerk bei Sonderabdrucken: Aus: . . .;

die Schlußformel bei Hochschul- u. Schulschriften;

Quellenangaben u. Hinweise auf Bibliographien;

Angaben über die Vervielfältigungsart des *Textes*;

Angaben über die Sprache des Textes, wenn sie sich nicht mit Sicherheit aus der Aufnahme ergibt, z. B bei mehrsprachigem Titelblatt und einsprachigem Text;

Angaben über den Inhalt, z. B. bei Gesammelten Werken und mehrbändigen Teilsammlungen, Hinweise auf in einer Schrift enthaltene Bibliographien u. dgl.;

Angaben über andere Auflagen und Ausgaben, z. B.: Auch als Phil. Diss., München 1953; 1. Aufl. u. d. T.: . . .; Ersch. auch in: . . .; hierzu rechnen auch Angaben über anderssprachige Ausgaben, wenn es sich nicht um Original und Übersetzung, sondern um parallele Ausgaben handelt, z. B. Engl. Ausg. u. d. T.: . . . ;

Angaben über Vorläufer und Fortsetzungen bei laufenden Veröffentlichungen;

Vermerke wie „Stücktitel nicht gemacht“;

Angaben über unterscheidende Merkmale scheinbar identischer Drucke (vgl. Beispiel 62 in Anl. I der „Regeln“);

Angaben über Besonderheiten eines Exemplars, z. B.: Titelblatt fehlt, Reicht bis S. 468, Schluß fehlt u. ä.

Eine auf dem Titelblatt stehende DK-Zahl (= Bezeichnung für die Einordnung in die Dezimalklassifikation[1]).

1.4.3 *Weglassungen, Ergänzungen und Berichtigungen*

Weglassungen sind innerhalb des Sachtitels stets durch drei Punkte kenntlich zu machen (9), außerhalb des Sachtitels nur, wenn es für das Verständnis des gekürzten Titelteils notwendig erscheint.
Ist das Titelblatt in wesentlichen Angaben unvollständig, so werden *Ergänzungen* in den Text der Aufnahme eingefügt. Diese Zusätze werden in *runde* Klammern (. . .) eingeschlossen, wenn sie dem *Buche* selbst entnommen sind, in *eckige* [. . .], wenn sie *anderen* Quellen entstammen (15,1).

Es handelt sich bei diesen Ergänzungen in der Hauptsache um:

1. unvollständige oder fehlende Vornamen von Verfassern oder verfasserähnlichen Personen (Herausgeber, Mitarbeiter usw.);
2. für die Einordnung maßgebliche Elemente, die nicht auf dem Titelblatt stehen, z. B. den Originaltitel bei Übersetzungen;
3. Ausgabebezeichnungen (Auflage, Zählung nach Tausenden u. ä.);
4. den Erscheinungsvermerk oder um Teile desselben, insbesondere um Erscheinungsjahre.

Zunächst wird man versuchen, die fehlenden, aber notwendigen Angaben aus dem Buch selbst zu ermitteln. Dafür können folgende Stellen in Frage kommen: Schutzumschlag, Umschlagtitel, Vortitel, Rückseite des Haupttitelblattes (hier pflegt man am häufigsten die vermißten Angaben zu finden!), Vor- oder Nachwort, der Text selbst und endlich der Schluß.
Besonders wichtig für die Aufnahme sind Ermittlungen, die primäre Ordnungselemente (Verfassernamen, Sachtitel) betreffen, da sie von entscheidender Bedeutung für die Einordnung des Zettels sind. Gibt das Buch selbst keinen Aufschluß, müssen bibliographische Hilfsmittel zu Rate gezogen werden (Bibliographien, große gedruckte Bibliothekskataloge, biographische Lexika u. dgl.).
Die Ermittlung eines fehlenden *Erscheinungsjahres* gehört zu den unbedingt notwendigen Vorarbeiten in der Titelaufnahme. Hier handelt es sich stets um ein wichtiges Element der Buchbeschreibung. Für die Ermittlung genügt meist ein Blick auf die Rückseite des Titelblattes. Dort steht entweder die Jahreszahl selbst,

---

[1] Dezimalklassifikation (DK) ist eine Aufgliederung der Wissenschaften nach dem Zehnersystem. Jede Stelle in diesem System läßt sich durch eine Ziffernreihe kennzeichnen (vgl. Heinrich Roloff: Lehrbuch der Sachkatalogisierung. 2. Aufl. Leipzig 1954, S. 52 ff.). Die Verwendung der DK bei der Erschließung des Schrifttums hat dazu geführt, daß zahlreiche Publikationen auf dem Titelblatt oder auch an anderen Stellen eine entsprechende DK-Zahl für die Einordnung in einen DK-Katalog tragen. Für die Titelaufnahme hat es sich als zweckmäßig erwiesen, diese Angabe des Verlegers *unter* den Text zu setzen, da eine Anführung im Rahmen der eigentlichen Aufnahme vom Katalogbenutzer leicht mißverstanden werden kann.

zuweilen mit einer Ausgabebezeichnung gekoppelt, oder ein Copyright-Vermerk (Kennzeichnung des Urheberschutzes für das Gebiet der USA), der sich allerdings nur dann benutzen läßt, wenn er sich auf die vorliegende Auflage bezieht. Dieser Vermerk tritt neuerdings häufig in abgekürzter Form auf: „©1961". Ein datiertes Vor- oder Nachwort der betreffenden Auflage wird ebenfalls verwendet. Bisweilen findet sich das Erscheinungsjahr auch am Ende der Veröffentlichung.
Das in einer Lizenz-Nr[1] angedeutete Erscheinungsjahr kann herangezogen werden und wird am besten in runde Klammern geschlossen, z. B.: Liz. Nr 484 — 250/305/57 → (1957).
Bei Büchern französischer und italienischer Herkunft steht hinter dem Textabschluß häufig ein Vermerk, der das genaue Datum der Druckbeendigung (Achevé d'imprimer, Finita di stampare) angibt.
Findet sich weder im Buch noch sonstwo eine Angabe, kann man in den meisten Fällen doch eine *annähernde* Erscheinungszeit erschließen, z. B. aus der äußeren Gestaltung des Buches (Ornamente, Drucktypen). Auch Literaturangaben oder im Text zitierte Jahreszahlen bieten Anhaltspunkte dafür, daß die betreffende Publikation *nach* dem jüngsten angegebenen Jahr erschienen sein muß. An Stelle einer exakten Jahresangabe treten dann Formeln, wie [nach 1900], [um 1900], [1950?], [1. Hälfte d. 18. Jh.].
Läßt sich überhaupt kein Erscheinungsvermerk ermitteln, wird dies durch Angaben, wie „o.O. [um 1750]." ausgedrückt. Auf jeden Fall muß eine annähernde Zeitangabe gemacht werden.
Fehlt dem vorliegenden Exemplar einer Schrift das *Titelblatt* infolge einer Beschädigung, so wird es aus anderen Exemplaren durch Fotokopie oder aus einer Bibliographie durch Abschrift ergänzt (16). Einen Hinweis auf den einst vorhandenen Titel kann die Norm geben. Notfalls wird ein Titel in eckiger Klammer fingiert, und zwar möglichst in der Sprache des Textes. Ist das vorliegende Exemplar am Schluß unvollständig, so wird nach Möglichkeit die richtige Seitenzählung nach anderen Exemplaren oder einer zuverlässigen Bibliographie angegeben. In allen diesen Fällen ist der Defekt in einer bibliographischen Notiz zu vermerken, z. B.: „Titelblatt fehlt, durch Fotokopie ergänzt", „Titel fingiert, da Haupttitelblatt fehlt", „Titelblatt fehlt, ergänzt nach . . .", „Exemplar defekt, enthält nur S. 1—950".
Druckfehler (vgl. Faks. 9) oder *falsche* Schreibungen werden mit einem in eckige Klammern dahintergesetzten Ausrufungszeichen übernommen, z. B.: Tron [!], Lepzig [!], Lipsae [!] (5,2). Ist bei einem Druckfehler die richtige Form nicht ohne weiteres erkennbar, wird eine *Berichtigung* mit der einleitenden Formel [vielm. . . .] hinter die betreffende Angabe geschaltet, z. B.: 1050 [vielm. 1950], Hemburg [vielm. Hamburg], Robert [vielm. Rudolf] Ditzen.
Enthält die letzte Zahl der Seiten-, Blatt- oder Spaltenzählung einen Fehler, so wird die Angabe berichtigt, z. B.: 693 [vielm. 963] S.
Angaben, die von der herausgebenden Stelle *fingiert* sind, werden übernommen. Auch hier wird eine Richtigstellung in eckigen Klammern hinter der Textvorlage

[1] Jede Veröffentlichung, die in der DDR erscheint, wird unter einer Lizenz-Nr registriert. Die beiden letzten Ziffern dieser Nummer bezeichnen das Jahr, in dem die Publikation erschienen ist.

eingeschaltet, z. B.: Gedruckt im deutschen Vaterlande → Gedr. im deutschen Vaterlande [vielm. Karlsruhe 1816: Marx].

1.5 Die Formen des Sachtitels und ihre Bedeutung für die Ordnung

Der Sachtitel einer Schrift ist in der Regel von entscheidender Bedeutung für ihre Einordnung. Hat die Schrift keinen Verfasser im Sinne der „Regeln", so wird sie ohnehin unter den Sachtitel gestellt (30), ist ein Verfasser genannt oder ermittelt, wird sie zwar unter den Namen des Verfassers geordnet, für die *weitere* Ordnung innerhalb der einzelnen Schriften dieses Verfassers wird jedoch *wiederum* der Sachtitel herangezogen (178). In beiden Fällen liefert also dieser Titel das primäre (in erster Linie maßgebliche) bzw. sekundäre (in zweiter Linie maßgebliche) Ordnungselement.

1.5.1 *Die Wahl des ersten Ordnungswortes*

Es erhebt sich nun die Frage, *welches* Wort im Titel diese Ordnungsaufgabe übernehmen soll. Die Beantwortung hängt ab von der *Titelform* (nicht Titelart!). Man unterscheidet drei Formen des Sachtitels:

1. Titel in *gewöhnlicher* Form, das sind Titel, die den Inhalt der Schrift durch ein *Substantiv* (Hauptwort) mit oder ohne Attribut (Beifügung) ausdrücken (187).
2. Titel in *Satzform*, das sind Titel, die aus einem vollständigen oder verkürzten Satz bestehen (204).
3. Titel in *gemischter* Form, das sind Titel, bei denen ein Titel in gewöhnlicher Form in einen Titel in Satzform übergeht (206).

Erklärung

Zu 1.

Das charakteristische Kennzeichen dieser Titelform ist das *Substantiv* oder ein Wort, das substantivische Funktion ausübt. Dieses Substantiv kann einzeln auftreten, z. B.:

Die *Kunstausstellung*
Das schöne *Berlin*

Es kann aber auch kombiniert sein mit anderen Substantiven, die ihm koordiniert sind, z. B.:

Arbeiter und Bauern.
Weltall, Erde, Mensch.

Schließlich können andere Substantive als Attribute von ihm abhängen, z. B.:

Untiefen des Lebens.
Des Meeres und der Liebe *Wellen*.
Frühling in Prag.

Dieses Substantiv darf seinerseits nicht attributiv oder adverbiell abhängig von anderen Teilen des Titels sein. — Titel, die aus einem nur von einer Präposition abhängigen Substantiv mit oder ohne Attribut bestehen, sind Titel in gewöhnlicher Form, auch dann, wenn es sich um einen Ausruf oder eine Aufforderung handelt.

Beispiele

Zwischen den *Zeiten*.
Ohne *Geld*?
Für und wider die *Donauföderation*.
Keine *Angst* vor wilden Tieren.

Die grammatisch beherrschende Stellung stempelt dieses Hauptwort zum „Substantivum regens" (Regierendes Hauptwort). Es ist das *erste unabhängige* Substantiv im Titel. Die einzelnen Schriften eines Verfassers werden danach geordnet; deshalb ist es in der Aufnahme durch Unterstreichung bzw. durch andere Drucktypen zu kennzeichnen (22,3). Bei Sachtitelschriften ist es das erste OW im Kopf.

Zu 2.

Bei Titeln in *Satzform* wird das *erste* Wort OW (204). Ein Artikel am Anfang wird allerdings übergangen, da es sonst zu einer Anhäufung von vielen gleichlautenden OW, besonders bei Sachtitelschriften, im Katalog kommen würde. Hierbei ist zu beachten, daß ein hinweisendes Fürwort nicht mit dem bestimmten Artikel verwechselt wird.

Beispiel

Die im Dunkel sieht man nicht.
aber:
Die *von* uns Geliebten leben.

Ebenso ist das Zahlwort „ein", „eine" zu unterscheiden vom unbestimmten Artikel.

Beispiele

Eine Schwalbe macht noch keinen Sommer.
aber:
Ein *neues* Zeitalter steht vor der Tür.

Unter die Satztitel rechnet man:

1. Titel, die aus einem *vollständigen* Satz bestehen, d. h. mindestens Subjekt (Satzgegenstand) und Prädikat (Satzaussage) enthalten.

   Beispiele

   Ich bin so frei.
   Das *goldene* Doktorjubiläum des Herrn J. Radius feiert die Medizinische Gesellschaft zu Leipzig.

2. Titel, die aus einem *verkürzten* Satz bestehen, d. h. bei denen das Hilfszeitwort „ist" oder dgl. zu ergänzen ist.

Beispiel

Mathematik keine Hexerei.

3. Titel *ohne* Substantive

Beispiel

Unglaublich und doch wahr.

4. Titel, in denen zwar Substantive vorkommen, die aber *nicht* als Substantiva regentia anzusehen sind, weil sie

a) nähere Bestimmungen sind zu:

einem *Partizip* (Mittelwort)

Beispiel

Zur Freiheit berufen.

einem *Adjektiv* (Eigenschaftswort)

Beispiel

Getreu dem Gebot.

einem *Abverb* (Umstandswort)[1]

Beispiel

Fort mit der Aufrüstung.

b) weder *koordiniert* noch voneinander *abhängig* sind.

Beispiele

Vom Fels zum Meer.
Mit Goethe in Italien.

In *Zweifelsfällen* wird angenommen, daß es sich um einen Titel in Satzform handelt (204).
Infinitivsätze, die nähere Bestimmung zu einem Substantiv sind, werden als Bestandteile eines Titels in gewöhnlicher Form angesehen (vgl. das Beispiel zu § 199: Die *Kunst*, sich und Andern die Karte zu schlagen).

Zu 3.

Bei Titeln in *gemischter* Form wird das OW dem *ersten* Teil entnommen (206).

Beispiele

Das *Lustspiel:* Was ihr wollt.
Mais und wo er wächst.

---

[1] Adverbien, die nur die Präposition ergänzen und *hinter* dem Substantiv stehen, machen es *nicht* abhängig, z. B.:

Ins *Dunkel* hinab.
Aus der *Tiefe* empor.
Ins *Freie* hinaus, aber: *Hinaus* ins Freie.

Aufgabe 7

Bestimme in den folgenden Titeln das erste OW und begründe diese Entscheidung kurz:

1. Blumen im Frühling.
2. Herr und Hund.
3. Menschen, Tiere, Sensationen.
4. Zwischen Main und Rhein.
5. Welt ohne Krieg.
6. Vom Untertan zum Staatsbürger.
7. Jenseits der Friedensgrenze.
8. Mit wenig Geld um die Welt.
9. Aller Welt Feind.
10. Entschlossen zum Widerstand.
11. Aufruhr des Gewissens.
12. Ein Mensch kommt zur Welt.
13. Mit vereinten Kräften.
14. Nur eine Frau.
15. Der Freiheit Morgenrot.
16. A short history of English literature.
17. J. G. Herders Humanitätsidee als Ausdruck seines Weltbildes.
18. Das Neuste aus dem Reiche der Natur.
19. Nackt unter Wölfen.
20. Keine Angst vor Diät.
21. Anton Notenquetscher läßt Sie grüßen.
22. Wir von der Brigade.
23. Damals in Sachsenhausen.
24. Offen gesagt.
25. Auf Heinrich von Kleists Lebensspuren.
26. In hundert Minuten um die Erde.
27. Große Liebe zu kleinen Dingen.
28. Noch einmal Johannes Schlaf und ich.
29. Das war mein Teil.
30. Vom Leben und der Arbeit werktätiger Menschen.
31. An der Saale hellem Strande.
32. Quer durch die Sahara.
33. Auf dem Wege nach Damaskus.
34. Jedem das Seine.
35. Die Oper: Si j'étais roi.
36. Karl Marx' Entwicklung vom Demokraten zum Kommunisten.
37. Von der Liebe zum Tier.
38. Von der Spree zum Rhein.
39. Jenseits von Gut und Böse.

40. Täglich dreißig Minuten Sport.
41. Die Ausstellung Vom Kienspan zur Glühlampe.
42. Auf dreißigjährige Erfahrung und vielfache Versuche gegründete Anweisung, den Weinstock mit Nutzen zu behandeln.

1.5.2 *Die Wahl der weiteren Ordnungswörter*

Die Auswahl weiterer OW aus dem Sachtitel wird gewöhnlich nur dann notwendig, wenn sie für die *primäre* Ordnung, d. h. für den Kopf benötigt werden. Das ist in der Regel bei Sachtitelschriften der Fall, denn schon in einem mittelgroßen Katalog werden bereits mehrere Aufnahmen mit gleichlautendem ersten OW vorhanden sein, z. B.:

Handbuch der Altertumskunde.
Handbuch der Bibliothekswissenschaft.
Handbuch der Chirurgie.
Handbuch der Differentialrechnung.
usw.

Da wir dem neuen Zettel eine eindeutig festgelegte Stelle im AK zuweisen müssen, werden wir also weitere OW auswerfen. Die Anzahl der benötigten OW ergibt sich jeweils aus dem konkreten Katalogzusammenhang. Man wirft — soweit es der Sachtitel erlaubt (184) — bis zum *unterscheidenden* OW aus.

Für die Wahl der *weiteren* OW gelten folgende Hauptregeln:

Für Titel in gewöhnlicher Form

1. Nur die *wesentlichen** Wörter werden benutzt (198), z. B.:

Stadt und Land → Stadt Land

2. Diese wesentlichen Wörter werden in der Reihenfolge der *Vorlage* übernommen (198), z. B.:

^{2}Rheinisches *Museum* für ^{3}Philologie.
^{2}Neues ^{3}Berlinisches *Jahrbuch* für ^{4}Pharmacie.

3. Allerdings gelten grammatisch abhängige Wörter, die ihrem Regens vorangehen, erst *nach* diesem (199), z. B.:

Zeitschrift für ^{3}physikalische ^{2}Chemie.
Niederschrift über einen von der ^{4}Zentralstelle für ^{5}Tierzucht ^{3}durchgeführten ^{2}Erfahrungsaustausch**.

---

* Als *unwesentliche* Wörter gelten: Artikel, Präpositionen, Konjunktionen (Bindewörter wie: und, oder) und Interjektionen (Empfindungswörter wie: Ach, O, Pfui).
** Durch entsprechende Fragen löst man die Teile aus ihrem Abhängigkeitsverhältnis und stellt so die Reihenfolge fest: Eine Niederschrift worüber? Über einen *Erfahrungsaustausch*. Was für einen? Einen *durchgeführten*. Von wem durchgeführt? Von der *Zentralstelle*. Von was für einer Zentralstelle? Für *Tierzucht*.

Als grammatisch abhängig gilt auch der *Vorname* (200), z. B.:

Die *Schriften* ^{3}Wilhelm von ^{2}Humboldts.

ebenso bei zwei *appositionell* nebeneinander stehenden Substantiven das *erste* (200), z. B.:

Die ^{2}Stadt *Berlin.*
Der ^{2}Volksdichter ^{3}Hans *Sachs.*

4. Hängen vorausgehende Wörter von *mehreren* folgenden *gleichzeitig* ab, so gilt von diesen folgenden nur das *erste* als Regens (201), z. B.:

^{2}Pädagogische *Studien* und ^{3}Kritiken.
^{2}Münchhausens *Leben* und ^{3}Abenteuer.

5. Bloße *Buchstaben,* die *Personen* bezeichnen (auch abgekürzte Vornamen), werden *nicht* bei der Auswahl übergangen (198 u. 212), z. B.:

^{3}J. ^{4}A. ^{2}Seufferts *Archiv.*
Katalog der ^{2}Bibliothek des ^{3}X. ^{4}Y.

6. Bietet der Sachtitel nicht die Möglichkeit, bis zum unterscheidenden OW zu gehen, können die weiteren OW, sofern ein *Anlaß* auf dem Titelblatt steht, diesem *zusätzlich* entnommen werden (186), z. B.:

^{4}Staatliche ^{3}Museen zu ^{5}Berlin [Anlaß]
Forschungen und ^{2}Berichte [Sachtitel]

Ist der Anlaß mehrteilig, so werden die zusätzlichen OW zunächst dem Teil entnommen, der den *engeren* Begriff darstellt, z. B.:

^{4}Staatliche ^{3}Museen zu ^{5}Berlin [Anlaß: weiterer Begr.]
^{2}Nationalgalerie [Anlaß: engerer Begr.]
Führer [Sachtitel]

Für Titel in Satzform

Für die *weitere* Ordnung sind die folgenden Wörter genau in der *gegebenen* Reihenfolge maßgebend (204), z. B.:

^{1}So ^{2}reich ^{3}ist ^{4}die ^{5}Welt.
^{1}Die ^{2}sich ^{3}selbst ^{4}betrügen.
^{1}Je ^{2}suis ^{3}chef ^{4}de ^{5}ma ^{6}famille.
^{1}Wieder ^{2}in ^{3}der ^{4}Heimat.
^{1}They ^{2}all ^{3}played ^{4}ragtime.
^{1}Wenn ^{2}J. ^{3}S. ^{4}Bach ^{5}ein ^{6}Tagebuch ^{7}geführt ^{8}hätte.
Die ^{1}Musen ^{2}darben.

Für Titel in gemischter Form

Jeder Teil des Titels wird nach seinen *eigenen* Regeln behandelt (206), z. B.:

Das ^{1}*Sprichwort:* ^{2}Wer ^{3}einmal ^{4}lügt, ^{5}dem ^{6}glaubt ^{7}man ^{8}nicht.
Die ^{1}*Kunst* des ^{2}Zauberns und ^{3}wie ^{4}man ^{5}sie ^{6}erlernt.

Aus den bisher aufgeführten Vorschriften ergibt sich folgende Gegenüberstellung von Vorlage und *Text* der Titelaufnahme:

Vorlage

WEGE ZUM
WISSENSCHAFTLICHEN BUCH

Die Bereitstellung von Literatur
durch die wissenschaftlichen Bibliotheken in der
Deutschen Demokratischen Republik

von

PROF. DR. HORST KUNZE
Hauptdirektor der Deutschen Staatsbibliothek

2., erweiterte Auflage

[Vignette]
1955
AKADEMIE-VERLAG BERLIN

Sonstige Angaben: Höhe des Buchrückens (für die Formatangabe) 20,5 cm, Umfang S. 5—39.

Zettel

Kopf:	Ausgeworfene OW	Signatur
Text:	*Wege* zum wissenschaftlichen Buch. Die Bereitstellung von Literatur durch d. wiss. Bibliotheken in d. Deutschen Demokratischen Republik. Von Horst Kunze. 2., erw. Aufl. Berlin: Akad.-Verl. 1955. 39 S. 8°	

Vorlage

DER STAAT SIND WIR

Beiträge
zu Problemen der Entwicklung
des sozialistischen Staatsbewußtseins
in der DDR

DIETZ VERLAG BERLIN
1960

Sonstige Angaben: Höhe des Buchrückens 20,5 cm, Umfang S. 5—185.

Zettel

Kopf!	Ausgeworfene OW	Signatur
Text:	Der Staat sind wir. Beiträge zu Problemen d. Entwicklung d. sozialist. Staatsbewußtseins in der DDR. Berlin: Dietz 1960. 185 S. 8^0	

Aufgabe 8

Bringe folgendes Titelblatt in die Textform der Aufnahme:

Vorlage

Grundlagen
der Atomphysik
Eine Einführung in das Studium der
Wellenmechanik und Quantenstatistik
Von
Dr. phil. Hans Adolf Bauer
Prof. an der Technischen Hochschule Wien
Vierte,
umgearbeitete und bedeutend erweiterte Auflage
Mit 244 Textabbildungen

Wien
Springer-Verlag
1951

Angaben aus dem Buch: Buchhöhe 21 cm, Umfang S. IV—XX u. 2—631.
Die Abkürzungen der buchtechnischen Ausdrücke (vgl. 5,1g) sind nach Anlage III der „Regeln" vorzunehmen.

1.6 Der Kopf der Aufnahme

Das Wichtigste an der Titelaufnahme ist der Kopf, da von den ausgeworfenen OW die Einordnung und damit auch die Auffindung des gesuchten Titels abhängt. Als OW können Verfassernamen (persönliche OW) oder OW aus dem Sachtitel (sachliche OW) auftreten.
Die OW werden im Kopf des Zettels ausgeworfen, und zwar in lateinischer Schrift und in *der* Form, die für die Einordnung maßgebend ist (22,1); das braucht durchaus nicht immer die Form der Vorlage zu sein.

Beim Auswerfen sind einige Besonderheiten zu beachten:

1. Die Umlaute ä, ö, ü gelten als *zwei* Buchstaben, daher werden sie aufgelöst, und zwar:

   ä → ae, z. B.: Schäfer → Schaefer, Märchen → Maerchen

   ö → oe, z. B.: Möller → Moeller, Höhe → Hoehe

   ü → ue, z. B.: Müller → Mueller, Führer → Fuehrer
   Kräuterbüchlein → Kraeuterbuechlein

2. Deutsches Ligatur-ß → ss, z. B.: Schloßmann → Schlossmann, Meßgeräte → Messgeraete, Schlußstelle → Schlussstelle

3. Im Holländischen: ij → y, z. B.: Nijhoff → Nyhoff

4. Im Dänischen und Norwegischen: ø → oe, z. B.: Grøndahl → Groendahl

Weiteres vgl. § 22,2.

1.6.1 *Das persönliche Ordnungswort (Verfassername)*

Da alle Schriften eines Verfassers an *einer* Stelle im AK stehen müssen, wird der Verfasser stets in der gleichen Namensform angesetzt (78), und zwar unter seinem ursprünglichen und vollständigen Namen, wenn sich nicht eine andere Benennung im Gebrauch durchgesetzt hat (79).
Bei den Autoren der Neuzeit (ungefähr ab 1500) wird der Familienname (Zuname) OW (107). Für die weitere Ordnung von gleichlautenden Familiennamen sind die gebräuchlichen Vornamen maßgebend, gleichviel, ob sie vom Titelblatt übernommen oder anderswoher ergänzt sind[1] (132).
Der Name wird im Nominativ (1. Fall) angesetzt (161). Den Familiennamen stellt man, da er erstes OW ist, voran und trennt ihn von folgenden Vornamen durch ein Komma (22,1), z. B.:

Vorlage	*Aufnahme*
G. E. LESSING Minna von Barnhelm —	Lessing, Gotthold Ephraim Sign. G[otthold] E[phraim] Lessing. Minna von *Barnhelm*. usw.
DÜRERS LITERARISCHER NACHLASS —	Duerer, Albrecht Sign. (Albrecht) Dürers Literarischer *Nachlaß*. usw.

(*Beachte:* Das erste Wort des Sachtitels wird im Text der Aufnahme mit großem Anfangsbuchstaben geschrieben! Vgl. Anl. V, § 2a der „Regeln")

Deutsche *Vornamen* mit schwankender Schreibung müssen im Kopf wegen der Einordnung in einer einheitlichen Form angesetzt werden. Zwischen ph und f, c und k, th und t, ä und e wählt man f, k, t, ä(→ae) (102), z. B.:

[1] Ergänzungen sind nur im Text, nicht im Kopf zu klammern.

Adolph	→ Adolf	Nicolaus	→ Nikolaus
Joseph	→ Josef	Bertha	→ Berta
Carl	→ Karl	Hertha	→ Herta
Curt	→ Kurt	Cecilie	→ Caecilie

Entsprechend verfährt man auch bei anderen deutschen Vornamen[1], die verschieden geschrieben, aber gleich ausgesprochen werden, also phonetisch nicht zu unterscheiden sind, z. B.:

Hanns	→ Hans
Helmuth, Hellmut, Hellmuth	→ Helmut
Aloys	→ Alois
Willy	→ Willi
Wilibald	→ Willibald
Gerhart	→ Gerhard

Zusammengezogene Vornamen, wie Rosemarie u. ä. werden übernommen (138). Mit Bindestrich versehene Doppelvornamen werden, da sie bisweilen bei demselben Verfasser einmal mit und ein anderes Mal ohne Bindestrich auf den Titelblättern stehen, grundsätzlich *ohne* Strich, also als zwei Wörter, ausgeworfen, z. B.: Hans-Joachim → Hans Joachim (vgl. Anl. I, 51). Derzeit nicht ergänzbare Vornamen werden in der Regel *ohne* Abschlußpunkte ausgeworfen; bei mehreren Namen ist zwischen den einzelnen Abkürzungen für eventuelle spätere Einfügungen Platz frei zu lassen, z. B.:

Mueller, G L	Sign.
G. L. Müller. *Rede*, gehalten auf dem Feldberge in der feyerlichen Nacht vom 18ten auf den 19ten October 1814. usw.	

Dagegen werden abgekürzte Vornamen, die *ohnehin* nicht ergänzt werden, in der Form der Vorlage ausgeworfen, wie etwa bei einem Hinweis von einer vorliegenden abgekürzten auf die ermittelte vollständige Namensform, z. B.:

Mueller, G. W.	
s. *Mueller*, Gottlob Wilhelm.	

Über Vornamen in wechselnder Anzahl und wechselnder Reihenfolge u. ä. vgl. § 133—140.

Aufgabe 9

Übertrage folgende Verfassernamen aus der Vorlage in die Kopfform:

1. Walther Wernicke
2. Georg Schünemann

[1] In Zweifelsfällen ist der „Duden“ maßgebend.

3. Cornelius Preiß
4. W. Sandermann [Vorw. unterz.: Wilhelm Sandermann]
5. A. J. Schröder [vollst. Vornamen erm.: Alfred Joseph]
6. Gerhart Hauptmann
7. Johannes R. Becher [zweiter vollst. Vorname erm.: Robert]
8. Wilibald Gurlitt
9. Rich. Moritz Meyer
10. Hanns Eisler

1.6.2 *Das sachliche Ordnungswort*

Sachliche OW werden *nicht* durch *Interpunktionszeichen* getrennt, z. B.:

Vorlage

Forschung, Lehre, Praxis. Informationsblätter der Gewerkschaft Wissenschaft 1961, Nr 5.

Aufnahme

Forschung Lehre Praxis	Sign.
Forschung, Lehre, Praxis. Informationsbl. d. Gewerkschaft Wissenschaft. 1961, Nr. 5. usw.	

Wilhelm Grimm. Eine Gedenkschrift zu seinem 50. Todestage. →

Grimm Wilhelm	Sign.
Wilhelm Grimm. Eine Gedenkschr. zu s. 50. Todestage. usw.	

aber: Deutsche Rechtsaltertümer von Jacob Grimm →

Grimm, Jakob	Sign.
Deutsche *Rechtsaltertümer*. Von Jacob Grimm. usw.	

Das Komma im Kopf erscheint nur bei Verfasserschriften und ist von Bedeutung für die Einordnung des Zettels, denn es trennt im Katalog Verfasser- und Sachtitelschriften mit gleichlautendem ersten OW. Nicht ergänzte *Abkürzungen* werden *ohne* Abschlußpunkt ausgeworfen, z. B.:

Gotth. Ephr. Lessing im Spiegel der zeitgenössischen Kritik →

Lessing Gotth Ephr Spiegel	Sign.

Die *Groß-* und *Kleinschreibung* richtet sich nach den Regeln, die für das Wort an sich in der betreffenden Sprache gelten, z. B.:

Die Deutsche Demokratische Republik → Republik deutsche demokratische

Beim Auswerfen werden nämlich die einzelnen Wörter aus dem Sinnzusammenhang des Sachtitels herausgelöst. Sie haben im *Kopf* nur noch formal-alphabetische Bedeutung. Daher verlieren auch die Vorschriften für die Groß- und Kleinschreibung, die für den zusammenhängenden Titel zu beachten sind, ihren Sinn, und an ihre Stelle treten folgerichtig die Regeln für die absolute Schreibung des einzelnen Wortes.

Die OW werden in der jetzt üblichen Orthographie ausgeworfen (210), z. B.:

Beyträge	→ Beitraege
Catechismus	→ Katechismus
Concert	→ Konzert
Conversations-Lexicon	→ Konversationslexikon
Edict	→ Edikt
Ergebniß	→ Ergebnis
Mittheilungen	→ Mitteilungen

Auch bei leichter sprachlicher Abweichung werden die verschiedenen Formen unter der gebräuchlichen Form vereinigt (211), z. B.:

Lobet	→ Lobt
Vierteljahresschrift	→ Vierteljahrsschrift
Bulletino	→ Bolletino
teutsch	→ deutsch
Bedenckendt	→ Bedenken
Bekandtnuß	→ Bekenntnis
Encyclopedia	→ Encyclopaedia

Abweichende Schreibungen des amerikanischen Englisch werden in der englischen Form ausgeworfen[1], z. B.:

Labor	→ Labour
Center	→ Centre
Catalog	→ Catalogue

Werden *Personennamen* als sachliche OW gebraucht, so bleibt die vorliegende Wortform unverändert, doch wird sie in der jetzt üblichen Schreibung angesetzt (212), z. B.: Horatz. Trauerspiel. → Horaz.

1 Vgl. Fuchs: Kommentar. 1955, S. 35.

Zahlen und sonstige Zeichen („§", „&" u. dgl.) werden in Worten angesetzt, und zwar in der gebräuchlichen Form der Sprache des Titels, z. B.: 13 meine Glückszahl → Dreizehn meine Glueckszahl (Satztitel!). Die Zahlen von 1100 bis 1999 werden in den germanischen Sprachen[1] als Hunderte angesetzt (214), in einem deutschen Titel also: 1871 → achtzehnhunderteinundsiebzig. 100 → hundert, *nicht* „einhundert"!

Die *Endungen* der OW unterliegen nur bei Titeln in *gewöhnlicher* Form einer besonderen Regelung. Diese lautet:

Grundsätzlich bleiben die Endungen erhalten (207), z. B.:

In guten Händen → *Haenden* guten
Publisher's Weekly → *Weekly* publisher's

In deutschsprachigen Titeln werden die zweiten und folgenden Substantive jedoch in den entsprechenden Nominativ (d. h. Sing. bzw. Plur.) gesetzt (209), z. B.:

In den Ländern des Fernen Ostens → *Laendern* Osten fernen

Weitere Beispiele

Vorlage	*Kopf*
Bericht des Botanischen Vereins in Landshut	Bericht Verein botanischen Landshut
Das Bildwerk des Bamberger Doms	Bildwerk Dom Bamberger
Die Pflichten eines Angestellten	Pflichten Angestellter
Die Pflichten des Angestellten	Pflichten Angestellte
Handbuch der Anatomie des Menschen	Handbuch Anatomie Mensch
Die Musik Joh. Seb. Bachs in Köthen	Musik Bach Joh Seb Koethen

Bei Titeln in *Satzform* werden die OW in der vorliegenden Reihenfolge *unverändert* ausgeworfen (204), z. B.:

Von den Wäldern des Nordens in die Steppen des Südens →
Von den Waeldern des

Bei Titeln in *gemischter* Form wird jeder Teil nach seinen eigenen Regeln ausgeworfen (206), z. B.:

Die Kunst des Zauberns und wie man sie erlernt → *Kunst* Zaubern wie man sie

Die Ausstellung Lernet Musik → *Ausstellung* lernt Musik

---

[1] Germanische Sprachen: Deutsch, Englisch, Holländisch, Dänisch, Norwegisch. Schwedisch, Isländisch.

Aufgabe 10

Wirf folgende Titel mit *allen* OW aus:

1. Indogermanische Forschungen.
2. Annals of surgery.
3. Das Recht des Künstlers.
4. Kurzes Handbuch der Brennstofftechnik.
5. Methodik der wissenschaftlichen Biologie.
6. Nouvelle Revue Pédagogique.
7. Blätter des Schauspielhauses Potsdam.
8. Die Praxis des Maschinenbaus.
9. Mittheilungen aus der Residenzstadt Wien.
10. Alexander von Humboldt. Gedenkschrift.
11. Geochimica et cosmochimica Acta.
12. Théâtre dans le monde.
13. Dem Gedächtnis Ernst Thälmanns.
14. Museum der Stadt Neuß. Führer.
15. 1000 Hörer antworten.
16. Griebens Reiseführer.
17. Max Schneider 80 Jahre.
18. Kritische Beiträge und Studien zur Erkenntnistheorie.
19. Berichte der Deutschen Keramischen Gesellschaft.
20. The Journal of biophysical and biochemical cytology.
21. Zeitschrift für französische Sprache und Literatur.
22. Carmina medii aevi posterioris Latina.
23. Cahiers des droits de l'homme.
24. Internationale Hygiene-Ausstellung. Amtlicher Führer.
25. Napoleons Aufstieg und Fall.
26. Von Mozarts göttlichem Genius.
27. Von der Einzelwirtschaft zur Kolchose.
28. Applied Biology.
29. Die Universitätsstadt Greifswald und Umgebung.
30. Das neue Ungarn, wie es wird.
31. 1813 im Liede.
32. American Institute of Metallurgical Engineers. Contributions.
33. Ein Jahrhundert deutscher Eisenbahnen.
34. Annales de l'Institut Pasteur.
35. Monumenta Germaniae historica.
36. Ortsgruppe Berlin der Internationalen Musikgesellschaft. Veröffentlichungen.
37. 10 ans de république.
38. C. M. Ziehrer's Deutsche Kunst-Zeitung.
39. Regeln zur Katalogisierung der in der Deutschen Bücherei eingehenden Musikalien.
40. Hinaus in die Ferne.

41. Harper's Magazine.
42. Die Kunst, das Clavier zu spielen.
43. Deutsche Akademie für darstellende Kunst. Festschrift.
44. Geschichtsblätter für Stadt und Land Magdeburg.
45. Archivum latinitatis medii aevi
46. Berlin, wie es weint und lacht.
47. Hispanic Notes and Monographs.
48. L. Oertel's Musikführer.
49. Staatliche Gemäldegalerie zu Kassel. Kurzes Verzeichnis.
50. Proceedings of the American Geologists' Association.
51. Notulae systematicae ex Herbario Horti Botanici Petropolitani.
52. Conseil International de recherches. Union géodésique et géophysique international. Section d'océanographie. Bulletin.
53. California's Health.
54. Fromme's Österreichischer Kalender für Tierärzte.
55. Beantwortung der in den musikalischen wöchentlichen Nachrichten und Anmerkungen stehenden Abhandlung von dem Gebrauch und Mißbrauch der Pauken.
56. Unpartheyische Critik der vorzüglichsten allhier zu Leipzig aufgeführten Concerte und Opern.

Zwei Beispiele vollständiger Titelaufnahmen

1. Verfasserschrift

Vorlage

PRAKTIKUM DER
QUANTITATIVEN CHEMISCHEN
ANALYSE

VON
DR. GERHARD-OTFRIED MÜLLER
DIPL.-CHEMIKER
FÜNFTE, VERBESSERTE AUFLAGE

MIT 48 ABBILDUNGEN
S. HIRZEL VERLAG LEIPZIG
1959

Buchhöhe 24 cm, S. VI—X u. 2—415.

Aufnahme

Mueller, Gerhard Otfried	Sign.
Praktikum der quantitativen chemischen Analyse. Von Gerhard-Otfried Müller. Mit 48 Abb. 5., verb. Aufl. Leipzig: Hirzel 1959. X, 415 S. 8⁰	

2. Sachtitelschrift

Vorlage

STATUT DER SOZIALISTISCHEN EINHEITSPARTEI DEUTSCHLANDS DIETZ VERLAG BERLIN 1959

Buchhöhe 12 cm, S. 5—79, am Schluß des Textes: „4. Auflage".

Aufnahme

Statut Einheitspartei sozialistischen Deutschland	Sign.
Statut der Sozialistischen Einheitspartei Deutschlands. (4. Aufl.) Berlin: Dietz 1959. 79 S. 8⁰	

1.7 Verweisungen

Außer den Zetteln, die nach den vorstehenden Regeln die einzelnen Werke verzeichnen (Hauptzettel), werden Verweisungszettel geschrieben, wo es zur leichteren Auffindung dieser Werke zweckmäßig erscheint (20,1.)

1.7.1 *Funktion*

Verweisungen (Vw.) sind Hinweise von einer Stelle im AK, an der eine Hauptaufnahme oder eine Reihe von Hauptaufnahmen gesucht werden könnte, auf *die* Stelle, an der sie *wirklich* steht. Da es nicht im Rahmen dieses Teiles liegt, alle Verweisungsfälle der Praxis aufzuführen, kann hier nur Grundsätzliches behandelt werden.

1.7.2 *Arten*

Wir unterscheiden:

1. *Personalverweisungen*, das sind Vw. von Personennamen, deren Träger am Zustandekommen einer Veröffentlichung beteiligt sind und deren Tätigkeit durch eine Eintragung im AK gekennzeichnet werden soll (Mitverfasser [= Zweit- und Drittverfasser], Fortsetzer, Textdichter von musikalischen Kompositionen, Respondenten, Herausgeber, Mitarbeiter, Bearbeiter, Kommentatoren, Übersetzer, Verfasser von Vor- und Nachworten und Illustratoren) (20,2.3).
2. *Formverweisungen*, das sind Vw. von Namen oder sachlichen OW, deren Form auf dem Titelblatt (Vorlageform) nicht übereinstimmt mit der für die Einordnung maßgebenden Form (Kopfform), z. B. Verweisungen von sprachlich abweichenden Formen eines OW, vom Decknamen (Pseudonym) auf den wirklichen Namen bzw. umgekehrt oder von einem übersetzten Titel der Vorlage auf den für die Einordnung maßgebenden Originaltitel.
3. *Inhaltsverweisungen* (In-Vw.), das sind Vw. von Schriften, die vom Verleger einer anderen beigegeben und die inhaltlich, aber nicht bibliographisch selbständig sind.

Wenn sich eine Vw. auf v e r s c h i e d e n e Hauptzettel bezieht, wie bei Formverweisungen, spricht man von einer *allgemeinen* Verweisung (aVw.). Sie steht für mehrere Fälle und wird nur *einmal* gemacht, z. B. eine Vw. vom zweiten Teil eines Doppelnamens auf den vollständigen Namen.
Zielt dagegen eine Vw. nur auf *einen* Hauptzettel, also auf ein bestimmtes Werk in einer *bestimmten* Ausgabe, so bezeichnet man diese Vw. als eine *besondere* Verweisung (21,2). Bei besonderen Vw. werden daher der Sachtitel und das Jahr aufgeführt, wenn es zur Unterscheidung nötig ist, auch Ausgabe, Ort und Verlag (21,2).
Erscheinen weitere Auflagen des Werkes mit demselben Verwiesenen, so kann der Geltungsbereich der ursprünglichen Vw. auch auf diese Auflagen ausgedehnt werden, indem man bei abgeschlossenen Veröffentlichungen „u. ö.“ (= und öfter), bei laufenden „ff.“ (= und folgende) hinzusetzt.

1.7.3 *Form*

Verweisungen sollen so kurz wie möglich und so lang wie nötig sein. Die Titel werden so weit gekürzt, daß sie noch sicher erkennbar bleiben und der Grund der Vw. ersichtlich ist. Auf bibliographische Genauigkeit im Sinne der Hauptaufnahme erheben sie keinen Anspruch (21,1).

Angaben, die zur Auffindung des Hauptzettels nicht erforderlich sind, unterbleiben, z. B.: Beigabenvermerke, Bandzählungen — sofern sich die Vw. nicht auf einen einzelnen Band bezieht —, charakterisierende Zusätze zur Ausgabebezeichnung, wie „verm.", „erw." u. ä. Auch Klammern, die in der Hauptaufnahme stehen müssen, bleiben in der Vw. weg; nur wenn neben einem vorliegenden Sachtitel eine Ergänzung in Form eines maßgeblichen Titels, z. B. eines Originaltitels steht, so daß zwei Titel aufeinander folgen, wird der ergänzte Titel in Klammern, und zwar stets in *eckige*, geschlossen (vgl. Anl. I, 39 der „Regeln").

Jede Verweisung besteht aus zwei Teilen:

1. der Angabe dessen, *wovon*
2. der Angabe dessen, *worauf*

verwiesen wird (21,3).

Der *erste* Teil ist der *Kopf* und — wenn erforderlich — ein knapper Text, der in diesem Fall *nicht* durch einen Punkt abgeschlossen werden darf.
Der *zweite* Teil beginnt auf *neuer* Zeile und wird durch „s." (= siehe), bei Inhaltsverweisungen durch „in:" eingeleitet (21,3).
Hinter dieser Einleitungsformel steht immer das erste OW der Hauptaufnahme, und zwar unterstrichen. Bei Verfassern werden auch die Vornamen wie im Kopf der Hauptaufnahme (Kopfform) hinzugefügt.

Diese OW werden gegebenenfalls nach § 22,2, 102 und 210 angesetzt, z. B.:

[in der Vorlage: Carl Stumpf →]	s. *Stumpf*, Karl.
[in der Vorlage: Jürgen Meißner →]	s. *Meissner*, Juergen.
[in der Vorlage: Mittheilungen →]	s. *Mitteilungen* . . .

Bei Vw. auf einen Sachtitel wird das erste OW, wenn es nicht schon in der Vorlage voransteht, vorgezogen und die Umstellung durch Kommata gekennzeichnet. Das ursprünglich erste Wort bleibt dabei mit seiner Großschreibung des Anfangsbuchstaben erhalten, z. B.:

s. *Atlantisbuch*, Das, der Musik. 8. Ausg. 1953.
s. *Graeberfelder*, Die römischen, des dritten vorchristlichen Jahrhunderts. 1885.

Wo sich das erste OW nicht durch einfache Umstellung nach vorn ziehen läßt, wie z. B. bei Titeln mit vorangehendem Anlaß und daraus zusätzlich entnommenen OW, sieht die Vw. folgendermaßen aus[1]:

[Vorlage: Museum der Stadt Neuß. Amtlicher Führer. 1912.] →
s. *Fuehrer*. — Museum der Stadt Neuß. Amtlicher Führer. 1912.

Komposita, d. h. Zusammensetzungen von Wörtern, die — mit oder ohne Bindestrich — *einen* Begriff bilden und die alphabetische Geltung *eines* Wortes haben,

[1] Vgl. Fuchs: Kommentar 1955, S. 154 ff., § 72,4.

werden hinsichtlich ihrer Verbindung in der *Vorlageform* aufgeführt und ihre Bedeutung als Wortblock wird durch eine fortlaufende Unterstreichung bezeichnet, z. B.:

s. *Zoll-Tarif-Gesetz*, Preußisches. 1852.
s. *Nature Magazine*. 1. 1923 ff.

Der zweite Teil einer Verweisung wird stets durch einen Punkt abgeschlossen.
In der *Hauptaufnahme* wird der Anfangsbuchstabe *des* Wortes, von dem verwiesen wird, unterstrichen, z. B.:

Bahr-Mildenburg, Anna	Sign.
Anna Bahr-Mildenburg. *Erinnerungen.* usw.	

Für eine Reihe von Fällen geben die „Regeln" in § 20, 2a—d an, daß Vw. geschrieben werden *müssen*. Neben diesen „obligaten" Vw. von Mitverfassern, Fortsetzern, Textdichtern musikalischer Kompositionen, Respondenten und Inhalten bibliographisch unselbständiger Schriften betrifft dies besonders den Personenkreis vom Herausgeber bis zum Illustrator, der auf Titelblättern *ohne* Verfasserangabe aufgeführt ist. Man geht dabei von der Erwägung aus, daß die Titel anonymer Schriften nicht immer *genau* bekannt sind und ihre Auffindung im AK deshalb Schwierigkeiten bereitet. Durch den Hinweis von einem auf dem Titelblatt stehenden und im Gedächtnis leichter haftenden Personennamen (also von Herausgebern, Bearbeitern, Vorrednern, Kommentatoren, Übersetzern, Illustratoren) wird die Ermittlung des Hauptzettels noch ermöglicht.
In allen *anderen* Fällen *können* von dem obengenannten Personenkreis (Herausgeber bis Illustrator) Vw. (Ad-libitum-Vw.) gemacht werden. Sogar von Personennamen, die in anonymen Titeln vorkommen und deren Träger in Beziehung zum Inhalt der Schrift stehen, verweist man am besten, z. B.: „Bekenntnis zu Heinrich Schütz" mit Vw. von *Schütz*, aber „Veröffentlichungen auf dem Gebiete der Röntgenstrahlen" *ohne* Vw. von *Röntgen*, da hier keine individuelle Personenbezeichnung, sondern ein Gattungsbegriff vorliegt (20,3).

Statt „Festgabe für Hans Joachim Moser" wird irrtümlich „Festschrift . . ." bestellt. Eine Vw. von „Moser, Hans Joachim" auf „Festgabe" sichert die Auffindung der Hauptaufnahme!

Wie weit man bei Ad-libitum-Vw. gehen kann, hängt von den besonderen Gegebenheiten eines Kataloges und dem Charakter der Bibliothek ab. Je größer der Katalog ist oder werden wird, um so weniger wird man auf Vw. verzichten können. Auf der anderen Seite muß man aber auch vermeiden, den AK mit Verweisungen zu überlasten, denn sie beanspruchen Platz und erhöhen die Kosten der Katalogarbeit durch Zeit- und Materialaufwand.
Im folgenden sind einige häufiger vorkommende Formen von allgemeinen und besonderen Verweisungen aufgeführt. Sie mögen als Anschauungsmaterial dienen und dem Lernenden fürs erste einen gewissen Anhalt bieten.

Beispiele für allgemeine Verweisungen

1. von sprachlich abweichenden Formen

Bulletino

s. *Bolletino.*

Puschkin, Alexander

[dt. Namensform]
s. *Puškin,* Aleksandr Sergeevič.

Virgilius Maro, Publius

s. *Vergilius* Maro.

Beachte: Bei Verweisungen innerhalb desselben Verfassernamens werden Vornamen im zweiten Teil der Vw. nicht noch einmal aufgeführt!

2. vom Pseudonym auf den wirklichen Namen und umgekehrt

Boz 1853

[Pseud.]
s. *Dickens,* Charles.

Ditzen, Rudolf

[wirkl. Name]
s. *Fallada,* Hans [Pseud.]

Anmerkung: Zur Unterscheidung gleichnamiger Pseudonyme verschiedener Autoren wird das Ersch.-Jahr des ältesten in der Bibliothek vorhandenen Werkes des betr. Verf. im Kopf mitangeführt.

3. von Teilen eines Doppelnamens

[Vorlageform: Dietrich Schulz-Köhn]

Koehn, Dietrich Schulz-

s. *Schulz*-Koehn.

4. vom scheinbaren Substantivum regens eines Sachtitels

Beiheft Zentralblatt Bibliothekswesen

Beiheft zum Centralblatt für Bibliothekswesen
s. *Zentralblatt* für Bibliothekswesen. Beih.

5. von einer unvollst. Namensform der Vorlage auf die ergänzte der Hauptaufnahme

Meyer, C. F. 1875

s. *Meyer,* Konrad Ferdinand.

6. vom früheren Namen auf den jetzigen

Siegmund, Emma

[Mädchenname]
s. *Herwegh,* Emma.

7. vom Verfasser/Vorlagetitel auf den Verfasser/Originaltitel

Daudet, Alphonse

Was meine Mühle erzählt . . .
s. *Daudet:* Lettres de mon moulin [dt.]

8. vom Textdichter auf den Komponisten

Brecht, Bertolt

Die *Verurteilung* des Lukullus. Oper [Textb.]
s. *Dessau,* Paul [Komp.]

Beispiele für besondere Verweisungen

1. von Mitverfassern

[Vorlage: Grundriss der Bibliographie. Bearbeitet von Curt Fleischhack, Ernst Rückert und Günther Reichardt unter Mitwirkung von Gottfried Günther und Werner Dux. 1957.]

Rueckert, Ernst

Grundriss d. Bibliographie. 1957
s. *Fleischhack,* Kurt.

Reichardt, Guenter

Grundriss d. Bibliographie. 1957
s. *Fleischhack,* Kurt.

2. von Mitarbeitern (s. obigen Titel)

Guenther, Gottfried

[Mitarb.]
s. *Fleischhack,* Kurt: Grundriss d. Bibliographie. 1957.

3. vom Herausgeber auf die Hauptaufnahme einer Sachtitelschrift

Stichler, Gottfried

[Hrsg.]
s. *Beitraege* zur Geschichte d. vormarxistischen Materialismus. 1961.

4. vom Verfasser eines Geleitwortes

Oehme, Kurt

[Vorr.]
s. *Holldack,* Klaus: Lehrbuch d. Auskultation u. Perkussion. 2. Aufl. 1959.

5. vom Personennamen im anonymen Titel

Schuetz, Heinrich
s. *Bekenntnis* zu Heinrich Schütz. 1954.

6. vom Übersetzer auf die Hauptaufnahme

Friedberg, Natalie
[Übers.] s. *Daudet,* Alphonse: Was meine Mühle erzählt [Lettres de mon moulin, dt.] 1946.

7. vom Respondenten auf den Praeses („Doktorvater“)

Mentzel, Johann Christian
De *venenis.* Med. Diss. Frankfurt a. O. 1682 s. *Albinus,* Bernhard [Praes.]

8. In-Verweisung (nur diese Vw. trägt die Sign. d. Hauptaufn.)

Schwenke, Paul	Sign.
Die *Buchbinderei* des Petersklosters. Leipzig 1920 in: *Theele,* Josef: Die Handschriften d. Benediktinerklosters S. Petri zu Erfurt.	

Beispiel für eine Hauptaufnahme mit besonderer Vw.

Vorlage

EMIL
UND DIE DETEKTIVE

Ein Roman für Kinder von

ERICH KÄSTNER

Illustriert von Walter Trier

DER KINDERBUCHVERLAG BERLIN

Angaben aus dem Buch: Höhe 19,5 cm, S. 5—173, am Schluß Liz.-Nr 304/280/56.

Hauptaufnahme

Kaestner, Erich	Sign.
Emil und die Detektive. Ein Roman für Kinder. Von Erich Kästner. Ill. von Walter Trier. Berlin: Kinderbuchverl. (1956). 173 S. 8⁰	

Verweisung vom Illustrator

Trier, Walter
[Ill.] s. *Kaestner,* Erich: Emil u. d. Detektive. 1956.

1.8 Die Reihenfolge der Zettel im Alphabetischen Katalog

Die einzelnen Aufnahmen werden nach ihrem ersten OW geordnet. Die weitere Ordnung bestimmen die zweiten und folgenden OW. Die Buchstabenfolge ist die des lateinischen Alphabets, doch werden i und j nicht unterschieden, sondern ineinandergeordnet (33). Diakritische Zeichen haben auf die Ordnung keinen Einfluß (34).
Alle Schriften, ob Sachtitel- oder Verfasserschriften, werden in *eine* alphabetische Reihenfolge gebracht (239).

Beispiel

Vorlagetitel — *OW im Kopf*

(Die Nrn geben die alphabetische Reihenfolge der Zettel an.)

Vorlagetitel		OW im Kopf
Der Film	→	1. Film
Film für alle	→	2. Film alle
Film im Bild	→	3. Film Bild
Film und Bild in Verein und Schule	→	4. Film Bild Verein
Film und Bild in Wissenschaft	→	5. Film Bild Wissenschaft
Film und Bildungsarbeit	→	6. Film Bildungsarbeit
Der deutsche Film	→	7. Film deutsche
Deutscher Film	→	8. Film deutscher
Filmadreßbuch	→	9. Filmadressbuch
Filmdienst	→	10. Filmdienst
Filme	→	11. Filme
Filmecho	→	12. Filmecho
Filmer, Joseph	→	13. Filmer, Josef
Filmexpreß	→	14. Filmexpress
Filmpost	→	15. Filmpost

Das Filmpostarchiv	→ 16. Filmpostarchiv
Filmwelt	→ 17. Filmwelt
Filmzensur	→ 18. Filmzensur
Filmzensurgesetz	→ 19. Filmzensurgesetz

Solange die Titel *unterscheidende* OW liefern, entstehen keine Schwierigkeiten. Erst dann, wenn Zettel mit *nur* gleichlautenden OW geordnet werden sollen, beginnen die Probleme, und weitere unterscheidende Regelungen werden notwendig. Das wird stets bei *großen* Katalogen der Fall sein.

Eine grundsätzliche Trennung nimmt das Regelwerk zunächst einmal vor zwischen gleichlautenden ersten OW von Sachtitel- und Verfasserschriften. Dabei haben die *sachlichen* OW immer den Vorrang vor allen Verfassernamen (239). Titel mit dem ersten OW „Ernst" werden z. B. folgendermaßen geordnet:

Vorlage	*OW im Kopf*
[Zuerst alle Sachtitel]	
Mit Ernst	→ 1. Ernst
Anselm Ernst. Zum 10. Todestage	→ 2. Ernst Anselm [ohne Komma!]
Ernst und Satire	→ 3. Ernst Satire
Ernst, Scherz und Ironie	→ 4. Ernst Scherz
Mit Ernst und Zuversicht	→ 5. Ernst Zuversicht
[dann erst Verfasser]	
Anselm Ernst	→ 6. Ernst, Anselm [mit Komma!]
Otto Ernst	→ 7. Ernst, Otto
usw.	

Unterscheiden sich bei verschiedenen Veröffentlichungen die sachlichen OW *nicht* im Kopf, so werden gegebenenfalls die übergangenen Teile des Sachtitels stillschweigend für die weitere Ordnung herangezogen (203), z. B.:

Titelform	*Kopf*
Leben	→ 1. Leben
Das Leben	→ 2. Leben
Fürs Leben	→ 3. Leben
Ins Leben hinaus	→ 4. Leben
Ins Leben zurück	→ 5. Leben
[dann erst mit zweitem OW]	
Aachener Leben	→ 6. Leben Aachener

Stehen keine alphabetischen Ordnungsmöglichkeiten aus dem Sachtitel mehr zur Verfügung, tritt als nächstwichtiger Ordnungsfaktor die Zeitfolge (Chronologie) ergänzend hinzu, z. B. bei verschiedenen Titeln, die im Wortlaut der Vorlage *völlig* übereinstimmen. Reicht auch das nicht aus, wird nach dem Erscheinungsort geordnet (231), z. B.

1. Leben und Gesundheit. 1.1906 ff.
2. Leben und Gesundheit. 1.1910 ff.
3. Leben und Gesundheit. 1920 (Berlin).
4. Leben und Gesundheit. 1920 (Leipzig).
5. Leben und Gesundheit. 1946.

Der *persönliche* Name (Vorname) hat den Vorrang vor allen gleichlautenden Familiennamen. Ein als Pseudonym gebrauchter Name, der an sich sowohl Vorname wie Familienname sein kann, gilt als Familienname (171), z. B.

1. Ernst, Landgraf von Hessen
2. Ernst [Pseud.]
3. Ernst, Adolf
usw.

Innerhalb der Gruppe desselben persönlichen Namens haben die Träger *eines* persönlichen Namens den Vorrang vor allen Trägern *mehrerer* persönlicher Vornamen (172), z. B.

1. Ernst	Herzog von Braunschweig
2. Ernst August	König von Hannover
3. Ernst Friedrich	Markgraf zu Baden

Der mit einem oder mehreren Buchstaben abgekürzte Vorname gilt als selbstständiges OW, hat also auch dann, wenn ihm noch ein mit einem späteren Buchstaben beginnender Vorname folgt, den Vorrang vor dem voll ausgeschriebenen Vornamen (174), z. B.

1. Ernst, A.
2. Ernst, A. Wilhelm
3. Ernst, Ad.
4. Ernst, Ad. Chr.
5. Ernst, Adolf
6. Ernst, Adolf Wilhelm
7. Ernst, Adolphe
usw.

Verschiedene Verfasser mit völlig gleichen Namen werden, soweit es möglich ist, getrennt. Jeder bildet einen besonderen Artikel im Katalog[1]. Geordnet werden die Verfasser jeweils aufeinanderfolgend möglichst nach ihrem Geburtsjahr, andernfalls nach dem Erscheinungsjahr der ältesten ihrer in der Bibliothek vorhandenen Schriften (175). Leitkarten mit charakterisierenden unterscheidenden Personalangaben grenzen die einzelnen voneinander ab, z. B.

Schneider, Max 1880
Schneider, Max 1906
Schneider, Max 1920

Im allgemeinen wird es dem Katalogbearbeiter nur bei Verfassern, die in einem gewissen Umfang vertreten und in bibliographischen Hilfsmitteln mit ihrem

[1] Vgl., was in der Einleitung (1.1) über die Aufgabe des AK unter Punkt b gesagt ist!

Schrifttum nachweisbar sind, gelingen, diese eindeutig mit ihren Veröffentlichungen zu identifizieren. Ein Rest gleichnamiger verschiedener Autoren wird als nicht feststellbar verbleiben und muß dann in Ermangelung eines Besseren ineinandergeordnet werden. Diesem letzten Abschnitt in der ganzen Gruppe wird eine Leitkarte vorangestellt mit dem Kopf: Zuname, Vorname (sonstige), z. B.

Schneider, Max (sonstige)

Innerhalb der Gruppe desselben Familiennamens haben die einfachen Namen den Vorrang vor allen *Doppelnamen* (173), z. B.

Ehm, A.
Ehm, Z.
Ehm-Aaland, A.
Ehm-Zybell, Z.
Ehmann
usw.

Die Schriften *eines* Verfassers werden nach dem Grundsatz „Erst das Ganze, dann die Teile" geordnet. Den Vorrang haben also alle *die* Ausgaben, die *mehrere* einzelne Schriften enthalten *(Gruppenschriften)*, auch hier in der Abstufung des obigen Grundsatzes, nämlich: 1. vollständig gesammelte Werke, 2. ausgewählte Werke (Teilsammlungen), 3. Sammlungen von unvollendet gebliebenen oder unvollendet überlieferten Werken (Fragmentsammlungen) und schließlich 4. Zusammenstellungen von Aussprüchen, Sätzen, Kapiteln u. ä., die unter bestimmten Gesichtspunkten aus den einzelnen Schriften gezogen und veröffentlicht worden sind (Auszüge) (176).

Charakteristisch für alle Gruppenschriften ist, daß sie in der Regel erst in dieser Form veröffentlicht werden, wenn das literarische Gesamtwerk eines Autors abgeschlossen vorliegt.

Den Gruppenschriften folgen die *Einzelschriften*, geordnet nach dem unterstrichenen OW aus dem Originaltitel (178, 187, 204, 206). Auch hier gehen die *vollständigen* Ausgaben einer Schrift den *gekürzten* Ausgaben (Teilausgaben) voran (230, 238).

Ordnungsschema der Schriften eines Verfassers

I. Gruppenschriften

a) vollständige Sammlungen [Werke]
b) ausgewählte Sammlungen [Teils.]
c) Fragmentsammlungen [Fragm.]
d) Auszüge aus Werken [Werke, Ausz.]

II. Einzelschriften (nach dem OW des Originaltitels)

a) vollständige Ausgaben
b) gekürzte Ausgaben [Ausz.]

Jede der oben aufgeführten Abteilungen von I a—II b wird in sich nach folgendem Schlüssel geordnet:

1. nach Sprachen
   a) polyglotte (d. h. Ausgaben in mehr als zwei Sprachen) (233)
   b) originalsprachige Ausgaben (233)
   c) übersetzte Ausgaben[1] (nach deutschen Sprachbezeichnungen)
2. nach Erscheinungsjahren (234) innerhalb jeder Sprache, wobei undatierte (= nicht, auch nicht annähernd ermittelte) Ausgaben vorangehen und nach Erscheinungsorten, innerhalb gleicher Orte nach Verlegern geordnet werden (235).
3. nach Erscheinungsorten innerhalb der gleichen Sprache und des gleichen Jahres
4. nach Verlegern (Druckern) innerhalb der gleichen Sprache, des gleichen Jahres und des gleichen Ortes
5. nach Herausgebern (Übersetzern) innerhalb der gleichen Sprache, des gleichen Jahres, des gleichen Ortes und des gleichen Verlegers.

Die einzelnen Ausgaben einer Sachtitelschrift werden in gleicher Weise geordnet. (Vgl. § 238 Beisp. *Nibelungenlied.*)
Verweisungen werden für die Einordnung wie Schriften des Verfassers behandelt (180).

Zusammenfassung der für die Ordnung wichtigsten Paragraphen: 30, 33—35, 78, 115, 132, 171—181, 203, 231—238 mit Beispielen für die Ordnung

eines Werkes in verschiedenen Ausgaben (238, 1. 2.)
der Schriften eines Verfassers (238, 3)
gleichlautender erster OW (239)
gleichlautender erster Namen (175)

[1] Hierzu rechnen auch die zeitlich und dialektlich verschiedenen Formen der Ursprache, z. B. eine neuhochdeutsche Ausgabe des Nibelungenliedes oder eine neugriechische Ausgabe einer Schrift des Sophocles. Sie werden *vor* die anderen Übertragungen geordnet. Zweisprachige Übersetzungen werden nach der Bezeichnung der ersten Sprache geordnet (236).

2. Die Praxis der Titelaufnahme

2.1 Vorbemerkungen

Nachdem die allgemeinen Grundlagen der Titelaufnahme bis zur Anfertigung einer vollständigen Normalaufnahme erarbeitet worden sind, beginnen praktische Übungen nach Vorlagen.
Der gesamte Stoff ist in Grundtypen eingeteilt (vgl. das Inhaltsverzeichnis von Teil 2). Jeder Titel läßt sich in der Regel auf einen solchen Grundtypus zurückführen. Ziel des Studiums muß es sein, anhand der gegebenen Modellfälle eine sichere Kenntnis in der Behandlung der Grundtypen zu erwerben und dann die Fähigkeit zu entwickeln, in jeder noch so einmalig scheinenden Vorlage den entsprechenden *Typ* zu *erkennen* und nach den erlernten Regeln zu *behandeln*. Es kommt, wie in der Medizin, zunächst einmal auf die richtige „Diagnosenstellung" an, alles weitere hängt davon ab.
Besonders wichtig ist, daß jede Titelaufnahme im Zusammenhang mit dem Kataloganzen und der Katalogordnung gesehen wird. Die vielen Einzelheiten und scheinbaren Kleinigkeiten der Aufnahme werden nur dann im Gedächtnis haften, wenn ihre Begründung in der Gesamtanlage und Zielsetzung des AK erkannt wird.
Durch die Gegenüberstellung von Vorlage und Aufnahme sowie durch Erläuterungen und Hinweise auf die einschlägigen Paragraphen und Beispiele der „Regeln" kann sich jeder Anfänger auch im Selbststudium einprägen, worauf es im einzelnen ankommt.
Übungsaufgaben am Ende der Abschnitte sollen dem Lernenden ermöglichen, die erworbenen Kenntnisse zu überprüfen und zu vertiefen.
Einige Ratschläge zur Vermeidung von Flüchtigkeiten seien hier noch gegeben: Das Ordnungswort bei Einzelschriften von Verfassern ist sofort nach seiner Schreibung zu unterstreichen, das gleiche gilt für die Kennzeichnung von Verweisungen in der Hauptaufnahme. Erfahrungsmäßig werden diese „Kleinigkeiten" von Anfängern häufig vergessen.
Fehlerhaftes Abschreiben von Ordnungswörtern führt zu falscher Einordnung mit allen Konsequenzen. – Die richtige Setzung von Interpunktionszeichen ist keine Nebensächlichkeit, denn eine hand- oder maschinenschriftliche Titelaufnahme muß auch jederzeit als Unterlage für ein Druckmanuskript dienen können.
Die Vorlagen werden in den Beispielen 1 bis 9 in der Anordnung des Originaltitelblattes mit allen Groß- und Kleinbuchstaben geboten.
Ab Beispiel 10 ist aus Gründen der Platzersparnis die Vorlage in einer geschlossenen Form mit Markierung der Zeilenschlüsse (||) aufgeführt. Dieses Übergangsbeispiel wird zum besseren Verständnis in beiden Formen gebracht. Alle Vorlagen sind ohne Berücksichtigung von Frakturschrift in Antiqua wiedergegeben.

Unterhalb der Vorlage stehen die weiteren notwendigen Angaben:

1. die Höhe des Einbandrückens in Zentimetern (cm) für die Formatangabe;
2. die durch einen Strich verbundenen Angaben der ersten und letzten eingedruckten Seiten- oder sonstigen Zählung für die Umfangsbezeichnung bei einbändigen Werken;

3. anderweitige Angaben, die aus dem Buch selbst stammen;
4. außerhalb des Buches ermittelte Angaben (bibliogr. erm.).

Buchtechnische Bezeichnungen außerhalb des Sachtitels *müssen*, soweit sie nicht schon abgekürzt in der Vorlage erscheinen und dann so zu übernehmen sind, in der Kürzung nach Anlage III der „Regeln" aufgeführt werden (5,1 g). *Andere* Wörter außerhalb des Sachtitels *können* gekürzt werden, doch bedarf es dazu einer gewissen Erfahrung und eines gut entwickelten Gefühls für die sprachliche Form. Mehrdeutige und unschön wirkende Kürzungen sind zu vermeiden. Besonders zurückhaltend wird man bei älterer Literatur (etwa vor 1750) und fremdsprachigen Texten sein müssen. Präpositionen werden in der Regel nicht gekürzt. (Vgl. hierzu die Liste der Abkürzungen in Teil 3.)
Im Laufe der Zeit haben sich einige durchaus bewährte Vereinfachungen eingebürgert, die an allen Bibliotheken üblich sind und auch bei den folgenden Aufnahmen Anwendung finden:

1. Die Bezeichnung einer *Erstauflage* wird *nicht* übernommen. In der Mehrzahl der Fälle gibt der Verleger nämlich überhaupt nicht an, daß es sich um eine Erstauflage handelt. Da also ein Fehlen der Erstauflagebezeichnung in der Regel gleichbedeutend ist mit dem Vorliegen einer Erstauflage, kann diese Angabe, zumal wenn sie nicht auf das Titelblatt gesetzt ist, ohne Bedenken weggelassen werden.
2. Der Verfassername wird im Text der Aufnahme *nur* dann wiederholt, wenn die Vorlageform mit der im Kopf ausgeworfenen Form *nicht* völlig übereinstimmt. Das kommt hauptsächlich in Frage:
   a) bei Umlauten (ä, ö, ü), deutschem Ligatur-ß und in allen sonstigen Fällen, die den § 22,2 betreffen;
   b) bei deutschen Vornamen mit schwankender Schreibung (102), wenn die Kopfform nicht in der Vorlage steht;
   c) bei Verweisungsstrichen;
   d) bei Ergänzungen;
   e) bei Beugungsendungen, z. B. in slawischen Sprachen;
   f) wo in Ermangelung eines echten Verfassers eine andere Person vom Regelwerk in den Rang eines Verfassers erhoben wird, z. B. bei Anthologien, Chrestomathien[1], Katalogen von Sammlern, Firmennamen u. ä.
   g) schließlich überall da, wo die Namensform so eng mit anderen Teilen des Titels verbunden ist, daß eine Weglassung den Zusammenhang stören würde, z. B. bei zwei oder drei Verfassern.

In allen diesen Fällen ist der Verfassername in der Vorlageform — gegebenenfalls mit geklammerten Ergänzungen — und in der ursprünglichen Stellung im Text zu wiederholen.

[1] Von einem Herausgeber oder Verleger zusammengetragene Sammlung ausgewählter Texte mehrerer Autoren (Anthologie = Gedichte, Chrestomathie = Prosatexte), z. B. „Die Welt des Alters. Briefe, Reden, Betrachtungen und Erzählungen deutscher Dichter und Denker des XVIII. und XIX. Jahrhunderts. Ausgewählt und zusammengestellt von Friedrich Minckwitz und Nora Kiepenheuer."

2.2 Einbändige Verfasserschriften

2.2.1 *Einfache Einzelschriften*

Beispiel 1

Vorlage

DR. ROLF GUTERMUTH

Die Krise
des französischen Imperialismus
nach dem zweiten Weltkrieg

1953

Verlag DIE WIRTSCHAFT BERLIN W 8

21,5 cm; S. 5—359.

Aufnahme

Gutermuth, Rolf	Sign.

Die *Krise* des französischen Imperialismus nach dem zweiten Weltkrieg.
Berlin: Die Wirtschaft 1953. 359 S.
8°

Erläuterungen

1. Der Text ist in den üblichen Groß- und Kleinbuchstaben fortlaufend zu schreiben, nur der Erscheinungsvermerk beginnt auf neuer Zeile (10,5).
2. Der Erscheinungsvermerk wird trotz abweichender Vorlage immer in der Formel: „Ort: Verlag Jahr." wiedergegeben (10,2 c).
3. Die Angabe des Verlages geschieht in kürzester Form (7,8). Bezeichnungen von Postbezirken bei Verlagsorten bleiben weg.
4. Personalangaben fallen in der Regel sowohl im Kopf wie im Text fort (7,3).

Beispiel 2

Vorlage

WILHELM KOENEN

DAS GANZE DEUTSCHLAND
SOLL ES SEIN
Zur Geschichte der
patriotischen Volksbewegung
in Deutschland

1958
KONGRESS-VERLAG BERLIN

24,5 cm; S. 5—430.

Aufnahme

Koenen, Wilhelm	Sign.
Das *ganze* Deutschland soll es sein. Zur Gesch. d. patriot. Volksbewegung in Deutschland. Berlin: Kongreß-Verl. 1958. 430 S. 8^0	

Erläuterungen

1. Da der Verfasser sich mit „oe" schreibt, also Kopfform und Vorlage übereinstimmen, wird der Name im Text nicht wiederholt.
2. Hat der Sachtitel die Form eines Satzes, so wird das erste Wort unter Übergehung des Artikels unterstrichen (204).
3. Zusätze zum Sachtitel (Untertitel) sind nach Möglichkeit zu kürzen (7,2).
4. Den Erscheinungsvermerk gibt man in der Formel „Ort: Verlag Jahr." wieder (10,2c).

Beispiel 3

Vorlage

Kurt Hager Zur geistigen Situation der Gegenwart Vier Vorträge   Dietz Verlag Berlin 1961

19 cm; S. 7—106.

Aufnahme

Hager, Kurt	Sign.
Zur geistigen *Situation* der Gegenwart. 4 Vortr. Berlin: Dietz. 1961. 106 S. 8⁰	

Erläuterungen

1. Zusätze zum Sachtitel (Untertitel) sind nach Möglichkeit zu kürzen (7,2).
2. Wörtlich ausgeschriebene Zahlen werden außerhalb des Sachtitels in der Regel durch arabische Ziffern ersetzt (5,1 e).
3. Der Verlag wird in kürzester Form übernommen (7,8).

Beispiel 4

Vorlage

FRANZ WERFEL DAS LIED VON BERNADETTE   MCMLVII UNION VERLAG BERLIN

19,5 cm; S.5—621.

Aufnahme

Werfel, Franz	Sign.
Das *Lied* von Bernadette. Berlin: Union-Verl. 1957. 621 S. 8⁰	

Erläuterungen

Andere Ziffern als die sogenannten arabischen werden außerhalb des Sachtitels in der Regel durch diese ersetzt. Ausnahmslos geschieht dies bei der Angabe eines Erscheinungsjahres, das nach unserer Zeitrechnung und in römischen Ziffern aufgeführt ist (4,3).

Beispiel 5

Vorlage

Naturwissenschaftliches
und medizinisches
Latein

von

Dr. rer. nat. GERHARD AHRENS

Chefapotheker
an der Universitätsklinik (Charité)
zu Berlin

Zweite,
verbesserte Auflage

1961

JOHANN AMBROSIUS BARTH VERLAG

LEIPZIG

24,5 cm; S. VI—XVI u. 2—268.

Aufnahme

Ahrens, Gerhard	Sign.
Naturwissenschaftliches und medizinisches *Latein*. 2., verb. Aufl. Leipzig: Barth 1961. XVI, 268 S. 8⁰	

Erläuterungen

1. Wörtlich ausgeschriebene Zahlen sind außerhalb des Sachtitels in der Regel durch arabische Ziffern zu ersetzen (5,1 e).
2. Bei der Ausgabebezeichnung werden charakterisierende Zusätze in gekürzter Form beibehalten (7,7).
3. Der Verlag wird in kürzester Form übernommen (7,8).
4. Die Zählung des Umfangs bei einbändigen Werken besteht in der Angabe der letzten Ziffer jeder Paginierung. Römische Ziffern werden hierbei nicht durch arabische ersetzt (11,2).

Beispiel 6

Vorlage

Grundlagen des mehrstimmigen Satzes (Harmonielehre) von Wilhelm Klatte [Verlagszeichen] 1922 Musikverlag „Eos" G.m.b.H., Berlin SW 61 Bellealliancestraße No. 3

23 cm; S. 3—338.

Aufnahme

Klatte, Wilhelm	Sign.
Grundlagen des mehrstimmigen Satzes ⟨Harmonielehre⟩. Berlin: „Eos" 1922. 338 S. 8°	

Erläuterungen

1. Auf dem Titel stehende Klammern jeder Art (außer in Formeln) werden durch Winkelklammern wiedergegeben (5,1 f).
2. Das Beiwerk (Verlagszeichen) wird nicht übernommen (7,12).
3. Die Angabe des Verlages geschieht in kürzester Form (7,8). Bezeichnungen von Postbezirken bei Verlagsorten bleiben weg.

Beispiel 7

Vorlage

CLARA ZETKIN Zur Geschichte der proletarischen Frauenbewegung Deutschlands Herausgegeben vom Institut für Marxismus-Leninismus beim Zentralkomitee der Sozialistischen Einheitspartei Deutschlands DIETZ VERLAG BERLIN 1958

20,5 cm; S. 5—246.

Aufnahme

Zetkin, Klara	Sign.
Clara Zetkin. Zur *Geschichte* der proletarischen Frauenbewegung Deutschlands. Hrsg. vom Inst. für Marxismus-Leninismus beim ZK d. SED. Berlin: Dietz 1958. 246 S. 8°	

Erläuterungen

1. Schwankt bei den Vornamen deutscher Autoren die Schreibung zwischen c und k, so wird im Kopf k gewählt (102).
2. Der Verfassername wird im Text wiederholt, da die Vorlageform (Clara) mit der im Kopf ausgeworfenen Form (Klara) nicht übereinstimmt. Um die Vorlageform ersichtlich zu machen, muß der Name in der Schreibung des Titelblattes aufgeführt werden; hierbei ist die ursprüngliche Stellung beizubehalten.
3. Der Anlaß wird übernommen und kann bei Verfasserschriften gekürzt werden (7,5).

Beispiel 8

Vorlage

HANS MÜLLER
Die Entwicklung der SED und ihr Kampf für ein neues Deutschland (1945 bis 1949)
DIETZ VERLAG BERLIN 1961

20,5 cm; S. 5—258.

Aufnahme

Mueller, Hans	Sign.
Hans Müller. Die *Entwicklung* der SED und ihr Kampf für ein neues Deutschland ⟨1945 bis 1949⟩. Berlin: Dietz 1961. 258 S. 8°	

Erläuterungen

1. Beim Auswerfen der OW wird umgeschrieben: ä, ö, ü in ae, oe, ue (22,2).
2. Der Verfassername wird im Text wiederholt, da die Vorlageform (Müller) mit der im Kopf ausgeworfenen Form (Mueller) nicht übereinstimmt. Um die Vorlageform ersichtlich zu machen, muß der Name in der Schreibung des Titelblattes aufgeführt werden; hierbei ist die ursprüngliche Stellung beizubehalten.
3. Auf dem Titel stehende Klammern jeder Art (außer in Formeln) werden durch Winkelklammern wiedergegeben (5,1 f).

Beispiel 9

Vorlage

Deutsche Büchereihandschrift Von Dr. Erwin Ackerknecht 2. Auflage Mit 21 Tafeln   Berlin SW 68 Weidmannsche Buchhandlung 1925

23 cm; S. 8—39 u. Tafel 1—21.

Aufnahme

Ackerknecht, Erwin	Sign.
Deutsche *Büchereihandschrift.* Mit 21 Taf. 2. Aufl. Berlin: Weidmann 1925. 39 S. 8⁰	

Erläuterungen

1. Sachtitel, Zusätze, Verfasserangaben und Anlaß sind nach der Vorlage wiederzugeben. Alle übrigen Angaben des Titels werden ohne Rücksicht auf ihre Stellung in der Vorlage in eine feststehende Ordnung gebracht. Diese Ordnung ist folgende: a) Beigabenvermerk; b) Ausgabebezeichnung usw. (10,1.2).
2. Bezeichnungen von Postbezirken bei Verlagsorten bleiben weg.
3. Der Verlegername wird im Nominativ der substantivischen Form und in der Heimatsprache aufgeführt.
4. Tafeln u. ä., die schon im Beigabenvermerk angegeben sind, erscheinen nicht noch einmal in der Umfangsangabe.

Von jetzt ab werden die Vorlagen nicht mehr in der Gestalt des Titelblattes wiedergegeben, sondern in geschlossener Form, d. h., der Text der Vorlage ist fortlaufend gedruckt, und die Zeilenschlüsse des Titelblattes werden durch zwei parallele Vertikalstriche || markiert. In der Wiedergabe der Aufnahme sind die Zettelumrandungen weggelassen.
Zum besseren Verständnis des Übergangs werden in diesem Beispiel beide Formen der Vorlage nebeneinandergestellt:

Beispiel 10

Vorlage

Institut für Marxismus-Leninismus beim ZK der SED Günter Benser VEREINT SIND WIR UNBESIEGBAR Wie die sozialistische Einheitspartei Deutschlands entstand DIETZ VERLAG BERLIN 1961

Neue geschlossene Vorlageform

Institut für Marxismus-Leninismus beim ZK der SED || Günter Benser || VEREINT || SIND WIR UNBESIEGBAR || WIE DIE SOZIALISTISCHE || EINHEITSPARTEI DEUTSCHLANDS || ENTSTAND || DIETZ VERLAG BERLIN || 1961 ||

20 cm; S. 7—185.

Aufnahme

Benser, Guenter
Inst. für Marxismus-Leninismus beim ZK d. SED. Günter Benser. *Vereint* sind wir unbesiegbar. Wie d. Sozialistische Einheitspartei Deutschlands entstand.
Berlin: Dietz 1961. 185 S. 8°

Erläuterungen

1. Beim Auswerfen der OW wird umgeschrieben: ä, ö, ü in ae, oe, ue (22,2).
2. Der Anlaß wird übernommen und kann bei Verfasserschriften gekürzt werden (7,5).
3. Der Verfassername wird im Text wiederholt, da die Vorlageform (Günter) mit der im Kopf ausgeworfenen (Guenter) nicht übereinstimmt. Um die Vorlageform ersichtlich zu machen, muß der Name in der Schreibung des Titelblattes aufgeführt werden; hierbei ist die ursprüngliche Stellung beizubehalten.
4. Da ein Satztitel vorliegt, wird das erste Wort unterstrichen (204).
5. Zusätze zum Sachtitel (Untertitel) sind nach Möglichkeit zu kürzen (7,2).

Beispiel 11

Vorlage

MEISTER || GUTENBERG || ROMAN || VON || BODO KÜHN || UNION VERLAG || BERLIN || 1961 ||

20,5 cm; S. 7—500.

Aufnahme

Kuehn, Bodo
Meister *Gutenberg*. Roman von Bodo Kühn.
Berlin: Union-Verl. 1961. 500 S. 8⁰

Erläuterungen

1. Beim Auswerfen der OW wird umgeschrieben: ä, ö, ü in ae, oe, ue (22,2).
2. Die beiden Substantive des Sachtitels stehen in einem appositionellen Verhältnis zueinander: Das erste bestimmt das zweite (das Grundwort). Das Grundwort wird immer Substantivum regens, also ist im vorliegenden Fall das Wort „Gutenberg" zu unterstreichen (193).
3. Der Verfassername wird im Text wiederholt, da die Vorlageform (Kühn) mit der im Kopf ausgeworfenen Form (Kuehn) nicht übereinstimmt. Um die Vorlageform ersichtlich zu machen, muß der Name in der Schreibung des Titelblattes aufgeführt werden; hierbei ist die ursprüngliche Stellung beizubehalten.

Beispiel 12

Vorlage

THE ORIGIN || OF || MEDICAL TERMS || BY || HENRY ALAN SKINNER || Professor of Anatomy, University of Western Ontario || BALTIMORE || THE WILLIAMS & WILKINS COMPANY || 1949. ||

26 cm; S. VII—VIII u. 1—379.

Aufnahme

Skinner, Henry Alan
The *Origin* of medical terms.
Baltimore: Williams & Wilkins 1949. VIII, 379 S. 4⁰

Erläuterungen

1. Im Englischen und Französischen schreibt man die Substantiva regentia mit einem großen Anfangsbuchstaben (Anl. V, 4b).
2. Der Verlag wird in kürzester Form übernommen (7,8).
3. Da die Einbandhöhe zwischen 25 und 35 cm liegt, handelt es sich um ein Quartformat (12,1).

Beispiel 13

Vorlage

MAURICE GREVISSE || LE BON USAGE || GRAMMAIRE FRANÇAISE || AVEC DES || REMARQUES SUR || LA LANGUE FRANÇAISE D'AUJOURD'HUI ||

SIXIÈME ÉDITION || REVUE || ÉDITIONS || J. DUCULOT || GEMBLOUX (BELGIQUE) || LIBRAIRIE ORIENTALISTE || PAUL GEUTHNER || 12, RUE VAVIN, PARIS (VIe) || 1955 ||

21 cm; S. 6—1047.

Aufnahme

Grevisse, Maurice
Le bon *Usage*. Grammaire française avec des remarques sur la langue française d'aujourd' hui. 6. éd. rev.
Gembloux ⟨Belgique⟩: Duculot [usw.] 1955. 1047 S. 8⁰

Erläuterungen

1. Im Englischen und Französischen schreibt man die Substantiva regentia mit einem großen Anfangsbuchstaben (Anl. V, 4b).
2. Wörtlich ausgeschriebene Zahlen sind außerhalb des Sachtitels in der Regel durch arabische Ziffern zu ersetzen (5,1e). Ordnungszahlen werden in allen Sprachen nur durch einen hinter die Ziffern gesetzten Punkt gekennzeichnet.
3. Bei der Ausgabebezeichnung behält man charakterisierende Zusätze gekürzt bei (7,7).
4. Buchtechnische Bezeichnungen werden, soweit sie nicht schon in der Vorlage gekürzt erscheinen, in den Abkürzungen der Anl. III übernommen (5,1 g).
5. Nähere Bestimmungen zu Ortsnamen sind mit Ausnahme von Postämtern zu übernehmen.
6. Auf dem Titel stehende Klammern jeder Art (außer in Formeln) werden durch Winkelklammern wiedergegeben (5,1f).
7. Sind mehrere Verleger genannt, so genügt bei ausländischen Werken die Angabe des ersten oder hauptsächlichen. Die übrigen werden durch „[usw.]" angedeutet (7,11).
8. Die Angabe des Verlegers geschieht in kürzester Form (7,8).

Beispiel 14

Vorlage

LEHRBUCH DER || ORGANISCHEN CHEMIE || VON || DR. WOLFGANG LANGENBECK || O. PROFESSOR AN DER UNIVERSITÄT HALLE || MIT 5 ABBILDUNGEN IM TEXT || 18., NEUBEARBEITETE AUFLAGE || 1961 || VERLAG VON THEODOR STEINKOPFF || DRESDEN UND LEIPZIG ||

23,5 cm; S. VI—XVII u. 2—561.

Aufnahme

Langenbeck, Wolfgang
Lehrbuch der organischen Chemie. Mit 5 Abb. 18., neubearb. Aufl.
Dresden, Leipzig: Steinkopff 1961. XVII, 561 S. 8⁰

Erläuterungen

1. Beigabenvermerke sind nach Möglichkeit zu kürzen (5,1 g u. 7,6).
2. Bei der Ausgabebezeichnung werden charakterisierende Zusätze gekürzt beibehalten (7,7).

3. Sind mehrere Verlagsorte oder Verleger genannt, so nimmt man bei den im deutschen Sprachgebiet erschienenen Werken in der Regel sämtliche Orte und Namen auf (7,11).
4. Die Zählung des Umfangs bei einbändigen Werken besteht in der Angabe der letzten Ziffer jeder Paginierung. Römische Ziffern werden hierbei nicht durch arabische ersetzt (11,2).

Beispiel 15

Vorlage

WALTER A. SCHMIDT || Damit Deutschland lebe || Ein Quellenwerk || über den deutschen antifaschistischen || Widerstandskampf || 1933—1945 || 1958 || KONGRESS-VERLAG BERLIN ||

24,5 cm; S. 7—759 u. 24 ungezählte Blätter; der zweite Vorname ist nicht vollst. zu ermitteln.

Aufnahme

Schmidt, Walter A
Walter A. Schmidt. *Damit* Deutschland lebe. Ein Quellenwerk über d. dt. antifaschist. Widerstandskampf 1933—1945.
Berlin: Kongreß-Verl. 1958. 759 S. 8°

Erläuterungen

1. Nicht ergänzte OW werden im Kopf ohne Abschlußpunkt ausgeworfen.
2. Bei nicht ergänzten Vornamen eines Verfassers ist im Kopf hinter den abgekürzten Teilen Platz frei zu lassen.
3. Hierbei ist es zweckmäßig, die Namen im Text (ohne Aussparung) zu wiederholen, um eine eventuell später im Kopf mögliche Ergänzung auf diese Weise kenntlich zu machen.
4. Hat der Sachtitel die Form eines Satzes, so wird unter Übergehung des Artikels das erste Wort OW (204).
5. Zusätze zum Sachtitel sind nach Möglichkeit zu kürzen (7,2).
6. Bei Mischung von gezählten Seiten und ungezählten Blättern werden die Blätter nur angegeben, wenn sie einen erheblichen (oder wichtigen) Teil des Buches ausmachen (11,4).

Beispiel 16

Vorlage

Grundzüge der || Ausgleichsrechnung || nach der Methode der kleinsten Quadrate || nebst Anwendung in der Geodäsie || Von || Dr.-Ing. Walter Großmann || o. Professor an der Technischen Hochschule Hannover || Zweite erweiterte Auflage || Mit 56 Abbildungen || Springer-Verlag || Berlin/Göttingen/Heidelberg || 1961 ||

24 cm; S. IV—XII u. 2—345.

Aufnahme

Grossmann, Walter
rundzüge der Ausgleichsrechnung nach der Methode der kleinsten Quadrate nebst Anwendung in der Geodäsie. Von Walter Großmann. Mit 56 Abb. 2. erw. Aufl.
Berlin, Göttingen, Heidelberg: Springer 1961. XII, 345 S. 8°

Erläuterungen

1. Beim Auswerfen der OW wird ß in ss umgeschrieben (22,2).
2. Der Verfassername wird im Text wiederholt, da die Vorlageform (Großmann) mit der im Kopf ausgeworfenen Form (Grossmann) nicht übereinstimmt. Um die Vorlageform ersichtlich zu machen, muß der Name in der Schreibung des Titelblattes aufgeführt werden; hierbei ist die ursprüngliche Stellung beizubehalten.
3. Personalangaben werden sowohl im Kopf wie im Text in der Regel weggelassen (7,3).
4. Sachtitel, Zusätze, Verfasserangaben und Anlaß sind nach der Vorlage wiederzugeben. Alle übrigen Angaben des Titels werden ohne Rücksicht auf ihre Stellung in der Vorlage in eine feststehende Ordnung gebracht. Diese Ordnung ist folgende: a) Beigabenvermerk; b) Ausgabebezeichnung usw. (10,1.2).
5. Wörtlich ausgeschriebene Zahlen werden außerhalb des Sachtitels in der Regel durch arabische Ziffern ersetzt (5,1e).
6. Sind mehrere Verlagsorte oder Verleger genannt, so werden bei den im deutschen Sprachgebiet erschienenen Werken in der Regel sämtliche Orte und Namen aufgenommen (7,11).
7. Die Zählung des Umfangs bei einbändigen Werken besteht in der Angabe der letzten Ziffer jeder Paginierung. Römische Ziffern werden hierbei nicht durch arabische ersetzt (11,2).

Beispiel 17

Vorlage

Die Reinheit || des || Claviervortrages || Dem Idealismus in der Tonkunst || gewidmet || von || Eugen Eisenstein || Graz 1870. || Leuschner & Lubensky; || k. k. Universitäts-Buchhandlung. || Leipzig: || Theodor Thomas || Wien: || August Prandel ||

16 cm; S. IV—XIII u. 2—200.

Aufnahme

Eisenstein, Eugen
Die *Reinheit* des Claviervortrages.
Graz: Leuschner & Lubensky; Leipzig: Thomas; Wien: Prandel 1870. XIII, 200 S. 8⁰

Erläuterungen

1. Die Schreibung der Vorlage (Clavier) wird im Text grundsätzlich beibehalten (5,1).
2. Im vorliegenden Fall ist der Zusatz zum Sachtitel („Dem Idealismus in der Tonkunst gewidmet") für die Charakterisierung der Schrift nicht wichtig; daher wird er fortgelassen (7,2).
3. Sind mehrere Verleger genannt, so werden bei den im deutschen Sprachgebiet erschienenen Werken in der Regel sämtliche Orte und Namen aufgenommen (7,11). Die einzelnen Verleger werden durch Semikolon getrennt und das Erscheinungsjahr an den Schluß dieser Angaben gesetzt.
4. Die Zählung des Umfanges bei einbändigen Werken besteht in der Angabe der letzten Ziffer jeder Paginierung. Römische Ziffern werden hierbei nicht durch arabische ersetzt. Bei Büchern mit mehr als drei getrennten Paginierungen — Beigaben rechnen nicht dazu! — tritt an die Stelle der Zählung der Vermerk „Getr. Pag." oder „Getr. Seitenzählung" (11,1—3).

2.2.2 *Einzelschriften mit einfachen Ergänzungen*

Ist der Titel in wesentlichen Stücken unvollständig oder fehlerhaft, so werden Ergänzungen und Berichtigungen in die Aufnahme eingefügt. Diese Zusätze sind in runde Klammern einzuschließen, wenn sie dem Buche selbst entnommen sind, in eckige, wenn sie anderen Quellen entstammen (15,1).
Hinzugefügt werden insbesondere die gebräuchlichen Vornamen (abgekürzte Vornamen werden ergänzt) von Verfassern und allen Personen, die im Kopf von Vw. anzusetzen sind (15,2).
Besonders wichtig ist die Ergänzung von Erscheinungsjahren. Auflagen (Tausenderzählungen) werden, wenn notwendig, bibliographisch ergänzt.
Verleger werden gewöhnlich nur aufgeführt, wenn sie aus dem Buch zu ermitteln sind.
Beigabenvermerke können aus dem Buch ergänzt werden, wenn es für die Erschließung der Schrift wichtig erscheint.

Beispiel 18

Vorlage

Nationalpreisträger Professor Dr. rer. pol. habil. || FRITZ BEHRENS || Ordentliches Mitglied der Deutschen Akademie der Wissenschaften zu Berlin || Die Arbeitsproduktivität || Dritte, völlig umgearbeitete Auflage || VERLAG DIE WIRTSCHAFT BERLIN ||

22 cm; S. 7—197; auf d. Rücks. d. Titelbl.: „1961 veröffentlicht“.

Aufnahme

Behrens, Fritz
Die *Arbeitsproduktivität*. 3., völlig umgearb. Aufl.
Berlin: Die Wirtschaft (1961). 197 S. 8⁰

Erläuterungen

1. Wörtlich ausgeschriebene Zahlen werden außerhalb des Sachtitels in der Regel durch arabische Ziffern ersetzt (5,1 e).
2. Das Erscheinungsjahr ist aus dem Buche von der Rückseite des Titelblattes ermittelt und daher in runde Klammern geschlossen (15,1.2).

Beispiel 19

Vorlage

DR. DR. MED. MAX HENKE || Wie komme ich || von der || Zigarette los? || BRUNO WILKENS VERLAG HANNOVER ||

20,5 cm; S. 7—61; das Vorw. ist datiert: „Im Winter 1961—62“.

Aufnahme

Henke, Max
Wie komme ich von der Zigarette los?
Hannover: Wilkens (1962). 61 S. 8⁰

Erläuterungen

1. Satztitel (204).
2. Aus der Datierung des Vorw. kann das Jahr übernommen werden. Besteht die Wahl zwischen zwei Jahren, so ist immer das jüngste maßgebend.

Beispiel 20

Vorlage

WALTER MÖNCH || DAS SONETT || Gestalt und Geschichte || F. H. Kerle Verlag || Heidelberg ||

24,5 cm; S. 9—341; auf d. Rücks. d. Titelbl.: „Copyright 1955".

Aufnahme

Moench, Walter
Walter Mönch. Das *Sonett.* Gestalt u. Geschichte
Heidelberg: Kerle (1955). 341 S. 8⁰

Erläuterungen

1. Umlaute sind im Kopf umzuschreiben (22,2).
2. Der Verfassername wird im Text wiederholt, da die Vorlageform (Mönch) mit der im Kopf ausgeworfenen Form (Moench) nicht übereinstimmt. Um die Vorlageform ersichtlich zu machen, muß der Name in der Schreibung des Titelblattes aufgeführt werden; hierbei ist die ursprüngliche Stellung beizubehalten.
3. Zusätze zum Sachtitel sind nach Möglichkeit zu kürzen (7,2).
4. Da keine Auflagebezeichnung angegeben ist, handelt es sich um die Erstauflage. Das Jahr des Copyrightvermerks kann daher in runden Klammern übernommen werden.

Beispiel 21

Vorlage

A || SHORT HISTORY || OF THE || ENGLISH NOVEL || by || S. DIANA NEILL || B. A. || Extension Lecturer, University of London || THE MACMILLAN COMPANY || NEW YORK ||

21 cm; S. 7—340; auf d. Rücks. d. Titelbl.: „Published 1952"; der vollst. erste Vorname ist nicht zu ermitteln.

Aufnahme

Neill, S   Diana
A short *History* of the English novel. By S. Diana Neill.
New York: Macmillan (1952). 340 S. 8⁰

Erläuterungen

1. Nicht ergänzte OW werden im Kopf ohne Abschlußpunkt ausgeworfen.
2. Bei abgekürzten, nicht ergänzten Vornamen eines Verfassers ist im *Kopf* hinter den abgekürzten Teilen Platz frei zu lassen.

3. Hierbei ist es zweckmäßig, diese Namen im Text (ohne Aussparung) zu wiederholen, um eine eventuell später im Kopf mögliche Ergänzung auf diese Weise kenntlich zu machen.
4. Im Englischen und Französischen schreibt man die Substantiva regentia mit großen Anfangsbuchstaben (Anl. V, 4b).
5. Adjektiva, die von geographischen Namen und Völkernamen abgeleitet sind, werden im Holländischen, Englischen und Lateinischen (Merkwort: HEL) mit großen Anfangsbuchstaben geschrieben (Anl. V,4e).
6. Personalangaben (hier: B[achelor of] A[rts], Extension Lecturer, University of London) werden sowohl im Kopf wie im Text in der Regel weggelassen (7,3).
7. Das Erscheinungsjahr ist aus dem Buch ergänzt und daher in runde Klammern geschlossen (15,1.2).

Beispiel 22

Vorlage

KARL BARTHEL || ROT FÄRBT SICH DER MORGEN || ERINNERUNGEN || GREIFENVERLAG ZU RUDOLSTADT ||

19,5 cm; S. 5—149; am Schluß: „Liz. Nr. 384—220/42/58".

Aufnahme

Barthel, Karl
Rot färbt sich der Morgen. Erinnerungen.
Rudolstadt: Greifenverl. (1958). 149 S. 8^0

Erläuterungen

1. Satztitel (204).
2. Das in einer Lizenz-Nr. angedeutete Erscheinungsjahr wird am besten in runde Klammern geschlossen.

Beispiel 23

Vorlage

KURT BITTEL || GRUNDZÜGE DER || VOR- UND FRÜHGESCHICHTE || KLEINASIENS || 2., erweiterte Auflage || Verlag ERNST WASMUTH TÜBINGEN ||

23,5 cm; S. 7—135, im Anhang: 28 ungezählte Tafeln und 7 gezählte Karten; vor dem Text das Vorw. d. 1. Auflage (dat.: „im Mai 1945") u. das Vorw. d. 2. Auflage (dat.: „im Januar 1950").

Aufnahme

Bittel, Kurt
Grundzüge der Vor- und Frühgeschichte Kleinasiens. 2., erw. Aufl.
Tübingen: Wasmuth (1950). 135 S., 28 Taf., 7 Kt. 8^0

Erläuterungen

1. Die Datierung der *vorliegenden* zweiten Auflage wird für die Ergänzung des Erscheinungsjahres herangezogen.
2. Beigaben, die nicht auf dem Titelblatt stehen und sich als geschlossener Komplex am Schluß des Buches befinden, werden in der Umfangsangabe mitaufgeführt.

Beispiel 24

Vorlage

ALEXANDER ABUSCH || Der Irrweg einer Nation || Ein Beitrag zum Verständnis || deutscher Geschichte || AUFBAU-VERLAG BERLIN || 1960 ||

19,5 cm; S. 5—329; auf der Rückseite des Titelblatts: „Achte, neu durchgesehene und erweiterte Auflage".

Aufnahme

Abusch, Alexander
Der *Irrweg* einer Nation. Ein Beitr. zum Verständnis dt. Gesch. (8., neu durchges. u. erw. Aufl.)
Berlin: Aufbau-Verl. 1960. 329 S. 8^0

Erläuterungen

1. Zusätze zum Sachtitel sind nach Möglichkeit zu kürzen (7,2).
2. Die Ausgabebezeichnung ist aus dem Buch ergänzt und wird daher in runde Klammern gesetzt (15,1).
3. Charakterisierende Zusätze zur Ausgabebezeichnung sind in abgekürzter Form zu übernehmen (7,7).

Beispiel 25

Vorlage

ALFRED KURELLA || WO LIEGT MADRID? || VERLAG DES || MINISTERIUMS FÜR NATIONALE VERTEIDIGUNG || BERLIN 1956 ||

18,5 cm; S. 3—164; auf der Rückseite des Titelblatts: „... Illustrationen der Neuauflage von ...".

Aufnahme

Kurella, Alfred
Wo liegt Madrid? (Neuaufl.)
Berlin: Minist. für Nat. Verteidigung 1956. 164 S. 8^0

Erläuterungen

1. Satztitel (204).
2. Aus einer Bemerkung auf der Rückseite des Titelblattes geht hervor, daß es sich um eine Neuauflage handelt.

Beispiel 26

Vorlage

LUDWIG BÄTE || WEIMAR. || ANTLITZ || EINER STADT || 1960 || GUSTAV KIEPENHEUER VERLAG || WEIMAR ||

19,5 cm; S. 7—232; auf d. Rücks. d. Titelbl.: „Mit 2 Farbtafeln und 7 Wiedergaben nach Kohlezeichnungen...."; am Schluß: „6. bis 10. Tausend".

Aufnahme

Baete, Ludwig
Ludwig Bäte. *Weimar*. Antlitz e. Stadt. (Mit 2 Farbtaf. u. 7 Wiedergaben nach Kohlezeichn. 6.—10. Taus.)
Weimar: Kiepenheuer 1960. 232 S. 8°

Erläuterungen

1. Umlaute werden im Kopf umgeschrieben (22,2).
2. Der Verfassername wird im Text wiederholt, da die Vorlageform (Bäte) mit der im Kopf ausgeworfenen Form (Baete) nicht übereinstimmt. Um die Vorlageform ersichtlich zu machen, muß der Name in der Schreibung des Titelblattes aufgeführt werden; hierbei ist die ursprüngliche Stellung beizubehalten.
3. Die Zählung nach Tausenden wird übernommen, wenn eine Auflagebezeichnung fehlt (7,7).
4. Der Beigabenvermerk wird von der Rückseite des Titelblattes übernommen, da er im Rahmen des vorliegenden kulturhistorischen Werkes von einer gewissen Bedeutung ist.
5. Beigabenvermerk und Ausgabebezeichnung werden in der vorgeschriebenen Reihenfolge aufgeführt (10,2 a. b) und in *eine* runde Klammer geschlossen.

Beispiel 27

Vorlage

FRIEDRICH KARL KAUL || Ich fordere Freispruch || DIETZ VERLAG BERLIN || 1960 ||
20,5 cm; S. 5—503; auf d. Rücks. d. Titelbl.: „2., erweiterte Auflage, 7.—16. Tausend".

Aufnahme

Kaul, Friedrich Karl
Ich fordere Freispruch. (2., erw. Aufl.)
Berlin: Dietz 1960. 503 S. 8°

Erläuterungen

1. Satztitel (204).
2. Nur die Auflagebezeichnung mit dem charakterisierenden Zusatz wird übernommen (7,7).

Beispiel 28

Vorlage

HANS-GÜNTER KRACK || ZWEI IN DER NACHT || ROMAN || VERLAG NEUES LEBEN BERLIN ||
22 cm; S. 5—288; am Schluß: „Zweite Auflage, Copyright 1957, Liz. Nr.: . . ./58".

Aufnahme

Krack, Hans Guenter
Hans-Günter Krack. *Zwei* in der Nacht. Roman. (2. Aufl.)
Berlin: Neues Leben (1958). 288 S. 8°

Erläuterungen

1. Doppelvornamen mit Bindestrich sind im Kopf ohne Bindestrich aufzuführen (vgl. Anl. I, 51).
2. Umlaute werden im Kopf umgeschrieben (22,2).
3. Der Verfassername wird im Text wiederholt, da die Vorlageform (Hans-Günter) mit der im Kopf ausgeworfenen Form (Hans Guenter) nicht übereinstimmt. Um die Vorlageform ersichtlich zu machen, muß der Name in der Schreibung des Titelblattes aufgeführt werden; hierbei ist die ursprüngliche Stellung beizubehalten.
4. Die Auflagebezeichnung ist aus dem Buch ergänzt und daher in runde Klammern geschlossen (15,1).
5. Das in einer Lizenz-Nr. angedeutete Erscheinungsjahr wird am besten in runde Klammern geschlossen.

Beispiel 29

Vorlage

EINHEITLICHE SCHREIBWEISE || IN || NATURWISSENSCHAFTLICHEN || WERKEN || ABKÜRZUNGEN VON ZEITSCHRIFTENTITELN || BESONDERS IN DER AGRIKULTURWISSENSCHAFT || IM AUFTRAGE || DES VERBANDES LANDWIRTSCHAFTLICHER || UNTERSUCHUNGS- UND FORSCHUNGS-ANSTALTEN || BEARBEITET VON || DR. RUDOLF HERRMANN || NEUMANN VERLAG ||

24 cm; S. 6—101; Vorw. dat.: „Sept. 1957"; am Schluß d. Textes: „Neumann Verlag, Radebeul, Liz. Nr.: . . ./58".

Aufnahme

Herrmann, Rudolf
Einheitliche *Schreibweise* in naturwissenschaftlichen Werken. Abkürzungen von Zeitschriftentiteln bes. in d. Agrikulturwiss. Im Auftr. d. Verb. landw. Untersuchungs- u. Forschungsanst. bearb.
(Radebeul:) Neumann (1958). 101 S. 8^0

Erläuterungen

1. Zusätze zum Sachtitel sind nach Möglichkeit zu kürzen (7,2).
2. Der Verlagsort ist aus dem Buch ermittelt und wird daher in runde Klammern geschlossen (15,1.2).
3. Da aus der Lizenz-Nr. ersichtlich ist, daß das Werk 1958 erschienen ist, bleibt die Datierung des Vorwortes unberücksichtigt.
4. Das in einer Lizenz-Nr. angedeutete Erscheinungsjahr wird am besten in runde Klammern geschlossen.

Beispiel 30

Vorlage

THE BIRTH || AND DEVELOPMENT || of the || GEOLOGICAL SCIENCES || FRANK DAWSON ADAMS || DOVER PUBLICATIONS, INC. ||

20,5 cm; S. 2—506; auf d. Umschlag: „92 illustrations"; auf d. Rücks. d. Titelbl.: „This new Dover edition published in 1954 is an unabridged republication of the first edition." Auf d. Hinterseite d. Umschlags: „Dover Publications, Inc., New York".

Aufnahme

Adams, Frank Dawson
The *Birth* and development of the geological sciences. (92 ill. Unabridged republ.)
(New York:) Dover Publ. (1954). 506 S. 8^0

Erläuterungen

1. Im Englischen und Französischen werden die Substantiva regentia mit einem großen Anfangsbuchstaben geschrieben (Anl. V, 4b).
2. Beigabenvermerk, Ausgabebezeichnung und Erscheinungsjahr sind aus dem Buch ergänzt und daher in runde Klammern geschlossen (15,1.2).
3. Der Verlag wird in kürzester Form übernommen (7,8).

Beispiel 31

Vorlage

Jean-André FAUCHER || LES || BARRICADES || D'ALGER || JANVIER 1960 || ÉDITIONS ATLANTIC || 42, Rue d'Ulm — PARIS (V^e) ||

19 cm; S. 8—429; hinter d. Text: „Achevé d'imprimer 1960".

Aufnahme

Faucher, Jean André
Jean-André Faucher. Les *Barricades* d'Alger. Janvier 1960.
Paris: Éd. Atlantic (1960). 429 S. 8^0

Erläuterungen

1. Doppelvornamen mit Bindestrich werden im Kopf ohne Bindestrich aufgeführt. Wegen der Abweichung muß der Name im Text in der ursprünglichen Form mit Bindestrich wiederholt werden (vgl. Anl. I, 51).
2. Im Englischen und Französischen schreibt man die Substantiva regentia mit großen Anfangsbuchstaben (Anl. V,4b).
3. Bezeichnungen von Postbezirken bei Erscheinungsorten fallen weg.
4. Das Erscheinungsjahr ist aus dem Druckbeendigungsvermerk am Schluß des Textes ergänzt und daher in runde Klammern geschlossen (15.1.2).

Beispiel 32

Vorlage

WILLI BREDEL || ÜBER DIE AUFGABEN || DER LITERATUR || UND LITERATURKRITIK || Vortrag auf dem || III. Deutschen Schriftstellerkongreß || in Berlin, Mai 1952 ||

20,5 cm; S. 3—39; auf d. Rücks. d. Titelbl.: „Herausgeber: Deutscher Schriftsteller-Verband".

Aufnahme

Bredel, Willi
Über die *Aufgaben* der Literatur und Literaturkritik. Vortr. auf d. 3. Dt. Schriftstellerkongreß in Berlin, Mai 1952.
(Berlin: Dt. Schriftsteller-Verb. 1952.) 39 S. 8^0

Erläuterungen

1. Zusätze zum Sachtitel sind nach Möglichkeit zu kürzen (7,2).
2. Andere Ziffern als die sogenannten arabischen werden außerhalb des Sachtitels in der Regel durch diese ersetzt (4,3). Römische Ziffern bleiben nur erhalten: 1) bei der Seitenzählung (11,2), 2) bei Regentennamen, 3) bei Angaben in einer fremden Ära (Zeitrechnung).
3. Beim Fehlen einer Verlagsangabe kann gegebenenfalls der korporative Herausgeber dafür eingesetzt werden.
4. Im vorliegenden Fall werden der Sitz der Korporation[1] und die Datierung zur Ergänzung von Ort und Jahr herangezogen und in runde Klammern geschlossen, da diese Angaben nicht an der üblichen Stelle bzw. überhaupt nicht auf dem Titelblatt stehen.

Beispiel 33

Vorlage

JACOB SEGAL || DIE || DIALEKTISCHE METHODE || IN DER BIOLOGIE || DIETZ VERLAG BERLIN ||1958 ||

21 cm; S. 5—271; auf d. Rücks. d. Titelbl.: „Mit 43 Abbildungen, 1.—5. Tausend, 1. Auflage".

Aufnahme

Segal, Jakob
Jacob Segal. Die dialektische *Methode* in der Biologie. (Mit 43 Abb.)
Berlin: Dietz 1958. 271 S. 8⁰

Erläuterungen

1. Schwankt bei den Vornamen deutscher Autoren die Schreibung zwischen c und k, so wird für den Kopf k gewählt (102).
2. Der Verfassername wird im Text wiederholt, da die Vorlageform (Jacob) mit der im Kopf ausgeworfenen Form (Jakob) nicht übereinstimmt. Um die Vorlageform ersichtlich zu machen, muß der Name in der Schreibung des Titelblattes aufgeführt werden; hierbei ist die ursprüngliche Stellung beizubehalten.
3. Der Beigabenvermerk ist aus dem Buch ergänzt und daher in runde Klammern geschlossen (7,6 u. 15,1).
4. Die Bezeichnung der Erstauflage wird nicht übernommen.

Beispiel 34

Vorlage

JOHANNES R. BECHER || WINTERSCHLACHT || (SCHLACHT UM MOSKAU) || Eine deutsche Tragödie || in fünf Akten || mit einem Vorspiel || Mit 16 Photos || AUFBAU-VERLAG BERLIN || 1961 ||

19 cm; S. 7—185; der zweite vollst. Vorname d. Autors ist bibliogr. erm.: Robert.

---

[1] Eine Korporation ist im Gegensatz zu einer Einzelperson eine Vereinigung (Verein, Gesellschaft, Institut, Behörde u. ä.).

Aufnahme

Becher, Johannes Robert
Johannes R[obert] Becher. *Winterschlacht.* ⟨Schlacht um Moskau.⟩ Eine dt. Tragödie in 5 Akten mit e. Vorsp. Mit 16 Phot.
Berlin: Aufbau-Verl. 1961. 185 S. 8^0

Erläuterungen

1. Ist der Titel in wesentlichen Stücken unvollständig, so werden Ergänzungen in die Aufnahme eingefügt (15,1). Abgekürzte Vornamen von Verfassern sind nach Möglichkeit zu ergänzen (15,2).
2. Da im *Kopf* die Ergänzung durch Klammerung *nicht* gekennzeichnet werden darf, muß der Name im *Text* noch einmal *mit* der Klammerung und in der Stellung der Vorlage aufgeführt werden.
3. Auf dem Titel stehende Klammern jeder Art (außer in Formeln) werden durch Winkelklammern wiedergegeben (5,1 f).
4. Wörtlich ausgeschriebene Zahlen sind außerhalb des Sachtitels in der Regel durch arabische Ziffern zu ersetzen (5,1 e).

Beispiel 35

Vorlage

A DICTIONARY OF || ENGLISH DOMESTIC || ARCHITECTURE || A. L. OSBORNE || PHILOSOPHICAL LIBRARY || NEW YORK ||

26 cm; S. 5—111; auf d. Rücks. d. Titelbl.: „Published 1956"; die vollst. Vornamen d. Autors sind bibliogr. erm.: Arthur Leslie.

Aufnahme

Osborne, Arthur Leslie
A *Dictionary* of English domestic architecture. A[rthur] L[eslie] Osborne.
New York: Philos. Libr. (1956). 111 S. 4^0

Erläuterungen

1. Abgekürzte Vornamen von Verfassern sind nach Möglichkeit zu ergänzen (15,2).
2. Da im *Kopf* die Ergänzung durch Klammerung *nicht* gekennzeichnet werden darf, muß der Name im *Text* noch einmal *mit* der Klammerung aufgeführt werden; hierbei ist die ursprüngliche Stellung beizubehalten.
3. Die ergänzten Bestandteile der Vornamen sind in eckige Klammern geschlossen, da sie bibliographisch ermittelt sind (15,1).
4. Adjektiva, die von geographischen Namen und Völkernamen abgeleitet sind, werden im Holländischen, Englischen und Lateinischen (Merkwort: HEL) mit großen Anfangsbuchstaben geschrieben (Anl. V,4 e).
5. Das Erscheinungsjahr ist aus dem Buch ergänzt und daher in runde Klammern geschlossen (15,1.2).
6. Da die Höhe des Einbandrückens zwischen 25 und 35 cm liegt, handelt es sich um ein Quartformat (12,1).

Beispiel 36

Vorlage

HEINRICH ERNST SIEGRIST || FÜR DIE WELT ARBEITEN || 1954 || TRIBÜNE VERLAG UND DRUCKEREI DES FDGB || BERLIN ||

20 cm; S. 7—176; auf d. Umschlag: „Für die Welt arbeiten. Ein Lebenslied von Karl Marx".

Aufnahme

Siegrist, Heinrich Ernst
Für die Welt arbeiten. (Ein Lebenslied von Karl Marx.)
Berlin: Tribüne 1954. 176 S. 8⁰

Erläuterungen

1. Satztitel (204).
2. Der Untertitel, der Aufschluß über den Inhalt gibt, ist vom Umschlag ergänzt.

Beispiel 37

Vorlage

LUDWIG TUREK || KLAR ZUR WENDE || Nicht nur eine Seegeschichte || DIETZ VERLAG BERLIN ||

20,5 cm; S. 5—257; auf d. Rücks. d. Titelbl.: „1. bis 20. Tausend. Copyright 1949".

Aufnahme

Turek, Ludwig
Klar zur Wende. Nicht nur e. Seegeschichte.
Berlin: Dietz (1949). 257 S. 8⁰

Erläuterungen

1. Satztitel (204).
2. Die Jahresangabe im Copyrightvermerk kann übernommen werden, weil das 1.—20. Tausend vorliegt.
3. Das Erscheinungsjahr wird in runde Klammern gesetzt, da die Ermittlung aus dem Buch stammt (15,1).

Beispiel 38

Vorlage

GUSTAV MAHLER || VON || RICHARD SPECHT || FÜNFTE BIS ACHTE AUFLAGE / SCHUSTER & LOEFFLER IN BELRIN ||

24 cm; S. 9—295; auf d. Rücks. d. Titelbl.: „Copyright 1913"; das Vorw. zur neuen Ausgabe ist dat.: „am 18. Juli 1918"; der Verlagsort ist verdruckt (vgl. Faks. 9).

Aufnahme

Specht, Richard
Gustav *Mahler*. 5.—8. Aufl.
Belrin [!]: Schuster & Loeffler (1918). 295 S. 8⁰

Erläuterungen

1. Wörtlich ausgeschriebene Zahlen sind außerhalb des Sachtitels in der Regel durch arabische Ziffern zu ersetzen (5,1 e).
2. Druckfehler werden mit beigesetztem Ausrufungszeichen übernommen (5,2). Ggf. wird eine Berichtigung mit der einleitenden Formel [vielm....] hinter das betreffende Wort geschaltet.
3. Für die Ergänzung des Erscheinungsjahres wird die Datierung der vorliegenden Auflage als maßgeblich herangezogen und nicht das Jahr des Copyrightvermerkes.

Beispiel 39

Vorlage

Ernst, || Herzog von Schwaben. || Trauerspiel in fünf Aufzügen || von || Ludwig Uhland || Heidelberg || C. F. Winter ||

16 cm; S. 6—257; da die vorhergehenden Seiten eine Einhunderterzählung haben, liegt bei der Angabe der letzten Seite ein Druckfehler vor: Es handelt sich in Wirklichkeit also um Seite 157; das Erscheinungsjahr ist bibliogr. erm.: 1818.

Aufnahme

Uhland, Ludwig
Ernst, Herzog von Schwaben. Trauerspiel in 5 Aufz.
Heidelberg: Winter [1818]. 257 [vielm. 157] S. 8^0

Erläuterungen

1. Wörtlich ausgeschriebene Zahlen sind außerhalb des Sachtitels in der Regel durch arabische Ziffern zu ersetzen (5,1 e).
2. Das Erscheinungsjahr ist bibliographisch ermittelt und wird daher in eckige Klammern geschlossen (15,1.2).
3. Druckfehler werden übernommen; ggf. wird eine Berichtigung mit der einleitenden Formel [vielm....] dahintergeschaltet.

Beispiel 40

Vorlage

CLAUS BACK || ANDREAS SCHLÜTER || ROMAN || [Verlagssignet] || DAS NEUE BERLIN ||

20,5 cm; S. 7—477 u. 4 ungezählte Blätter mit Abbildungen; am Schluß d. Textes: „2. Auflage 1959, Verlag Das Neue Berlin, Berlin W 8".

Aufnahme

Back, Klaus
Claus Back. Andreas *Schlüter*. Roman. (2. Aufl.)
(Berlin:) Das Neue Berlin (1959). 477 S., 4 Bl. Abb. 8^0

Erläuterungen

1. Schwankt bei den Vornamen deutscher Autoren die Schreibung zwischen ph und f, c und k, th und t, ä und e, so wird im Kopf f, k, t, ä (→ ae) gewählt (102).

2. Der Verfassername wird im Text wiederholt, da die Vorlageform (Claus) mit der im Kopf ausgeworfenen Form (Klaus) nicht übereinstimmt. Um die Vorlageform ersichtlich zu machen, muß der Name in der Schreibung des Titelblattes aufgeführt werden; hierbei ist die ursprüngliche Stellung beizubehalten.
3. Bei Sachtiteln in gewöhnlicher Form gelten Vornamen als grammatisch vom Zunamen abhängig (200), also wird „Schlüter" als Substantivum regens unterstrichen.
4. Auflagebezeichnung, Erscheinungsort und -jahr sind aus dem Buch ergänzt und in runde Klammern geschlossen (15,1.2).
5. Bei Mischung von gezählten Seiten und ungezählten Blättern werden die Blätter angegeben, wenn sie einen erheblichen (oder wichtigen) Teil des Buches ausmachen (11,4).

Beispiel 41

Vorlage

Kurt Huhn || Linksrum geht der Lauf || der Welt || Mitteldeutscher Verlag Halle/Saale 1961 ||

18,5 cm; S. 9—72.

Aufnahme

Huhn, Kurt
Linksrum geht der Lauf der Welt.
Halle/Saale: Mitteldt. Verl. 1961. 72 S. 8^0

Erläuterungen

1. Satztitel (204).
2. Ein Schrägstrich, der Erscheinungsort und unterscheidenden Zusatz trennt, wird am besten übernommen.

Beispiel 42

Vorlage

Grundlagen der Chemie || und chemischen Technologie des Holzes || VON || PROF. DR. W. SANDERMANN || Landesforschungsanstalt für Forst- und Holzwirtschaft, Reinbeck Bez. Hamburg || Mit 221 Abbildungen und || 134 Tabellen || Leipzig 1956 || AKADEMISCHE VERLAGSGESELLSCHAFT || GEEST & PORTIG K.-G. ||

23,5 cm; S. X—XI u. 2—498; das Vorw. ist unterz.: „Wilhelm Sandermann".

Aufnahme

Sandermann, Wilhelm
Grundlagen der Chemie und chemischen Technologie des Holzes. Von W(ilhelm) Sandermann. Mit 221 Abb. u. 134 Tab.
Leipzig: Geest & Portig 1956. XI, 498 S. 8^0

Erläuterungen

1. Abgekürzte Vornamen von Verfassern sind nach Möglichkeit zu ergänzen (15,2).
2. Da im *Kopf* die Ergänzung durch Klammerung *nicht* gekennzeichnet werden darf, muß der Name im *Text* noch einmal *mit* der Klammerung aufgeführt werden; hierbei ist die ursprüngliche Stellung beizubehalten.
3. Die ergänzten Bestandteile des Vornamens sind in runde Klammern geschlossen, da sie aus dem Buch stammen (15,1).
4. Personalangaben werden in der Regel weggelassen (7,3).
5. Beigabenvermerke werden nach Möglichkeit gekürzt (5,1 g u. 7,6).
6. Auf der Vorlage sind im Erscheinungsvermerk Firma (= Akademische Verlagsgesellschaft) und Firmeninhaber (= Geest & Portig) in gleichgroßen Drucktypen aufgeführt. In solchen Zweifelsfällen empfiehlt es sich, nur den Firmeninhaber d. h. den Familiennamen zu übernehmen.

Beispiel 43

Vorlage

DIE || PREUSSISCHE KUNSTPOLITIK || UND DER FALL SCHILLINGS || VON || C. H. BECKER || 1925 || VERLAG QUELLE & MEYER IN LEIPZIG ||

22 cm; S. 5—30; auf d. Rücks. d. Titelbl.: „Rede, gehalten im Preußischen Landtag am 14. Dezember 1925"; die vollst. Vornamen d. ehemaligen preußischen Kultusministers und Professors der Orientalistik sind bibliogr. erm.: Carl Heinrich.

Hauptaufnahme

Becker, Karl Heinrich
Die preussische *Kunstpolitik* und der Fall Schillings. (Rede.) Von C[arl] H[einrich] Becker. Leipzig: Quelle & Meyer 1925. 30 S. 8°

Verweisung

Becker, C. H. Prof. 1925
s. *Becker*, Karl Heinrich.

Erläuterungen

1. Der Verfasser wird unter seinem vollständigen Namen eingeordnet (79).
2. Abgekürzte Vornamen von Verfassern sind nach Möglichkeit zu ergänzen (15,2).
3. Da im *Kopf* die Ergänzung nicht gekennzeichnet werden darf, muß der Name im *Text* noch einmal *mit* der Klammerung aufgeführt werden; hierbei ist die ursprüngliche Stellung beizubehalten.
4. Die ergänzten Bestandteile sind in eckige Klammern zu schließen, weil sie *bibliographisch* ermittelt sind (15,1).
5. Handelt es sich bei der Ergänzung von Vornamen um sehr stark vertretene Familiennamen, so wird erforderlichenfalls von dem unvollständigen Namen verwiesen (133). Der Benutzer sucht nämlich, vom Titelblatt ausgehend, unter „Becker, C. H." und würde den Hauptzettel, der ja unter „Becker, Karl Heinrich" eingeordnet werden muß, ohne die obige Vw. nicht finden. Zur Unterscheidung von anderen gleichnamigen Autoren, die bereits unter „Becker, C. H." liegen, empfiehlt es sich, im Kopf der Vw. das Erscheinungsjahr der ersten in der Bibliothek vorhandenen

Schrift des betreffenden Verfassers und ggf. Personalangaben (auch ermittelte) hinzuzufügen.

6. Da die Vw. für alle weiteren Fälle dieser Art, soweit sie denselben Autor betreffen, steht, muß die Form einer aVw. gewählt werden (21,2: „... Dagegen werden allgemeine Vw. so gehalten, daß sie alle Einzelverweisungen für eine ganze Gruppe gleichartiger Fälle ersetzen").

Beispiel 44

Vorlage

ANDRÉ BARANÈS || JACQUES || DUCLOS || M'A DIT || DERVY-LIVRES || 18, rue du Vieux-Colombier || PARIS ||

18 cm; S. 10—213; am Schluß: „Achevé d'imprimer ... 1956".

Aufnahme

Baranès, André
Jacques Duclot m'a dit.
Paris: Dervy-Livres (1956). 213 S. 8^0

Erläuterungen

1. Der Sachtitel hat die Form eines Satztitels, daher ist das *erste* Wort unterstrichen (204).
2. Der Erscheinungsvermerk wird ohne Rücksicht auf die Stellung seiner einzelnen Teile in der Aufnahme immer in folgender Reihenfolge wiedergegeben: Ort, Verleger, Jahr (10, 2c).
3. Der Verlag wird in kürzester Form aufgeführt (7,8).
4. Das Erscheinungsjahr ist aus dem Buch ermittelt, man schließt es deshalb in *runde* Klammern (15,1.2).

Beispiel 45

Vorlage

NO TIME || for || SLEEPING || by || DAVID LAMBERT || 1958 || LAWRENCE & WISHART || LONDON ||

18,5 cm; S. 5—208.

Aufnahme

Lambert, David
No *Time* for sleeping.
London: Lawrence & Wishart 1958. 208 S. 8^0

Erläuterungen

1. Es liegt ein Titel in gewöhnlicher Form vor, denn „for sleeping" ist eine attributive Ergänzung zu „time" (187).
2. In englischen und französischen Sachtiteln wird das Substantivum regens mit einem großen Anfangsbuchstaben geschrieben (Anl. V, 4b).

Aufgabe 11

Bringe folgende Vorlagen in die Titelaufnahmeform und gib die einschlägigen Paragraphen der „Regeln“ dazu an:

1. RUDOLF KLETZA || Lateinamerika im Aufbruch || Zu Problemen der nationalen Befreiungsbewegung Lateinamerikas || DEUTSCHER MILITÄRVERLAG BERLIN 1961 ||

   21,5 cm; S. 6—149 am Schluß d. Textes: „1.—5. Tausend“.

2. DORA WENTSCHER || Helden, Frauen und Knechte || 1956 || VOLKSVERLAG WEIMAR ||

   20 cm; S. 5—335.

3. CHEMIE UND TECHNOLOGIE || DER PARAFFIN-KOHLENWASSERSTOFFE || von || Professor Dr.-Ing. habil. Friedrich Asinger || mit 108 Abbildungen || und 192 Tabellen || 1956 || AKADEMIE-VERLAG BERLIN ||

   24,5 cm; S. VIII—XXIII u. 2—719.

4. Lexikon des Ofensetzers || Von || Rolf Eulenstein || Ofenbauermeister und Fachschullehrer || Mit 494 Stichworten || 137 Abbildungen || und 65 Tabellen || 1955 || VEB CARL MARHOLD VERLAG HALLE (SAALE) ||

   21,5 cm; S. 6—280.

5. GRUNDRISS DER || ATOM- UND KERNPHYSIK || Von || HELMUT LINDNER || Dozent || an der Ingenieurschule für Elektrotechnik Mittweida || Dritte, verbesserte Auflage || Mit 245 Bildern || FACHBUCHVERLAG LEIPZIG 1960 ||

   23,5 cm; S. 8—219.

6. A Manual of COPYRIGHT PRACTICE || for writers, publishers, and agents || by Margaret Nicholson || SECOND EDITION || NEW YORK OXFORD UNIVERSITY PRESS 1956 ||

   24 cm; S. V—X u. 3—273.

7. Institut für Gesellschaftswissenschaften || beim ZK der SED Lehrstuhl für Philosophie || REINHOLD MILLER || Vom Werden || des sozialistischen Menschen || Der Kampf des Neuen gegen das Alte || auf dem Gebiete der Moral || DIETZ VERLAG BERLIN 1960 ||

   20,5 cm; S. 5—229; auf d. Rücks. d. Titelbl.: „1.—20. Tausend, 1. Auflage 1960“.

8. WALTER KRÖBER || KUNST UND TECHNIK || DER || GEISTIGEN ARBEIT || 1950 || QUELLE & MEYER HEIDELBERG ||

   24,5 cm; S. 6—185.

9. Joseph Wörsching || Die historischen Saitenklaviere || und der moderne Clavichord- || und Cembalo-Bau || Im Rheingold-Verlag zu Mainz ||

   24,5 cm; S. 1—64; auf d. Rücks. d. Titelbl.: „Gedruckt 1946“.

10. Maurice Descotes || Professeur à l'Université d'Athènes || LES GRANDS RÔLES || DU THÉÂTRE || DE MOLIÈRE || OUVRAGE PUBLIÉ AVEC LES CONCOURS || DU CENTRE NATIONAL DE LA RECHERCHE SCIENTIFIQUE || PRESSES UNIVERSITAIRES DE FRANCE || 108, BOULEVARD SAINT GERMAIN, PARIS || 1960 ||

    23 cm; S. 2—267.

11. WOLFGANG LANGHOFF || DIE MOORSOLDATEN || ROMAN || AUFBAU-VERLAG BERLIN || 1956 ||

20 cm; S. 5—246; vor d. Text „Zur neuen Auflage..."

12. PAUL REIMANN || ÜBER REALISTISCHE || KUNST-AUFFASSUNG || DIETZ VERLAG BERLIN || 1951 ||

21 cm; S. 5—324; auf d. Rücks. d. Titelbl.: „3. Auflage, 17.—30. Tausend".

13. LUDWIG TUREK || EIN PROLET ERZÄHLT || LEBENSSCHILDERUNG EINES || DEUTSCHEN ARBEITERS || 1957 || VERLAG NEUES LEBEN BERLIN ||

19,5 cm; S. 1—349; auf d. Rücks. d. Titelbl.: „Autorisierter Nachdruck der 1930 ... erschienenen Ausgabe"; am Schluß: „1. Auflage."

14. ELISABETH KAISER || TIEF || IM SÜDEN || DIXIES || EINDRÜCKE UND BEGEGNUNGEN || IM ANDEREN AMERIKA || MIT 22 ABBILDUNGEN || CARL SCHÜNEMANN VERLAG BREMEN ||

21 cm; S. 7—208; auf d. Rücks. d. Titelbl.: „1960".

15. ALFRED KURELLA || Ich lebe in Moskau || VERLAG VOLK UND WELT ||

20,5 cm; S. 5—202; auf d. Rücks. d. Titelbl.: „Copyright 1947 by Verlag Volk und Welt GmbH, Berlin W 8".

16. GEONOMIE || (mathematische Geographie)|| gestützt auf Beobachtung || und || elementare Berechnung || Für Lehrer, Studierende und zum Selbstunterricht || bearbeitet von || Dr. Th. Epstein || Lehrer an der Realschule „Philantropin" in Frankfurt a. M. || Mit 166 Holzschnitten im Text und 18 Figurentafeln, wovon 12 mit || Sternbildern auf blauem Grunde || Wien || Druck und Verlag von Carl Gerold's Sohn || 1888 ||

22 cm; S. IV—XIV u. 2—576; der vollst. Vorname d. Verf. ist bibliogr. erm.: Theodor.

17. JOACHIM G. BOECKH || LITERATURFIBEL || Eine erste Anleitung zur Beschäftigung || mit Theorie und Praxis der Dichtung || HENSCHELVERLAG BERLIN || 1953 ||

19,5 cm; S. 6—194; der zweite vollständige Vorname d. Verf. ist bibliogr. erm.: Georg; auf d. Rücks. d. Titelbl.: „Zweite, durchgesehene Auflage (11.—30. Tausend)".

18. Endokranielle Verkalkungen || im Röntgenbild || Ihre Deutung und Bedeutung || im Dienste der klinischen Hirndiagnostik || DR. MED. DR. PHIL. K. H. PARNITZKE || PROFESSOR MIT LEHRSTUHL FÜR NEUROLOGIE UND PSYCHIATRIE || DIREKTOR DER NERVENKLINIK || AN DER MEDIZINISCHEN AKADEMIE MAGDEBURG || MIT 281 ABBILDUNGEN IN 404 EINZELDARSTELLUNGEN || VEB GEORG THIEME LEIPZIG 1961 ||

27,5 cm; S. VIII u. 2—378; der Vorname H. ist aus d. Vorw. zu ergänzen: „Herbert"; K. ist bibliogr. vervollständigt: Karl.

19. Wenn die Giraffen || zur Tränke ziehn || Von Dr. Wolfgang Ullrich || Direktor || des Zoologischen Gartens in Dresden || Neumann Verlag ||

26 cm; S. 7—119; am Schluß d. Textes: „Neumann Verlag, Radebeul, Liz. Nr: .../59".

20. MODERN || MATERIALISM || A Philosophy of Action || By || CHARLES. S. SEELY || PHILOSOPHICAL LIBRARY || New York ||

19 cm; S. 1—83; auf d. Rücks. d. Titelbl.; „Copyright 1960"; d. vollst. zweite Vorname d. Verf. ist bibliogr. erm.: Sherlok.

21. F. C. WEISKOPF || VERTEIDIGUNG || DER DEUTSCHEN SPRACHE || AUFBAU-VERLAG BERLIN || 1955 ||

20 cm; S. 9—135; die vollst. Vornamen d. Verf. sind bibliogr. erm.: Franz Carl.

22. ERICH R. KRAUSE || IM SCHATTEN DER || BASTILLE || 1960 || MITTELDEUTSCHER VERLAG || HALLE (SAALE) ||

18,5 cm; S. 5—406; der zweite vollst. Vorname ist nicht zu ermitteln.

23. FRIEDRICH FUNDER || VOM || GESTERN INS HEUTE || Aus dem Kaiserreich in die Republik || VERLAG HEROLD WIEN || MÜNCHEN ||

23 cm; S. 12—718; auf d. Rücks. d. Titelbl.: „1. Auflage Dezember 1952 || 2. Auflage Oktober 1953 || Copyright by ‚Herold', Wien".

24. HEINRICH WÖLFFLIN || DIE KLASSISCHE KUNST || EINE EINFÜHRUNG || IN DIE ITALIENISCHE || RENAISSANCE || ACHTE AUFLAGE || MIT 126 ABBILDUNGEN || BENNO SCHWABE & CO. VERLAG BASEL ||

24,5 cm; S. 5—299; auf d. Rücks. d. Titelbl.: „Copyright 1948". Die erste Auflage erschien 1898, das Jahr des Cop. bezieht sich auf die vorliegende Auflage.

25. RAYMOND CARTIER || LES || SECRETS || DE LA || GUERRE || dévoilés par Nuremberg || LIBRAIRIE ARTHÈME FAYARD || 18—20, RUE DU SAINT GOTHARD, PARIS — XIVe ||

18,5 cm; S. 8—318; auf d. Umschlag: „2e édition"; hinter d. Text: „Achevé d'imprimer . . . 1946".

26. Entstehungsgeschichte, || Zweck und Beschlußfähigkeit || des Aufsichtsrats nach dem Aktiengesetz || und dem Betriebsverfassungsgesetz || von || Dr. jur. Conrad Haußmann || Rechtsanwalt am Landgericht und Oberlandesgericht || Stuttgart ||

20 cm; S. 3—62; auf d. Umschlag: „Rechtsverlag GmbH Düsseldorf 1956".

27. THE || ETRUSCAN || LION || BY || W. LLEWELLYN BROWN || OXFORD || AT THE CLARENDON PRESS || 1960 ||

29 cm; S. VI—XXVI, 2—209 u. Plate I—LXIV; aus d. Vorw.: „William Llewellyn Brown . . . was born as the son of the Rev. T. W. Brown . . .".

28. BAUSTOFFE || Von Prof. Dr.-Ing. ARTHUR MÄKELT, Berlin || 3. Auflage 1956. Mit 238 Bildern || B. G. TEUBNER VERLAGSGESELLSCHAFT LEIPZIG ||

23,5 cm; S. IV—XII u. 2—343.

29. ANTOINE GOLÉA || RENCONTRES || avec || OLIVIER MESSIAEN || RENÉ JULLIARD || 30 et 34, rue de l'Université || PARIS VIIe ||

19 cm; S. 10—281; auf d. Rücks. d. Titelbl.: „Copyright 1960"; am Schluß d. Textes: „Achevé d'imprimer . . . 1961".

30. KARL-HEINZ SCHWANK || LORD KEYNE'S THEORIE || weder revolutionär || noch wissenschaftlich || Zur Kritik || der apologetischen Behauptung || von der Renaissance || in der modernen || bürgerlichen politischen Ökonomie || DIETZ VERLAG BERLIN || 1961 ||

20 cm; S. 5—234; auf d. Rücks. d. Titelbl.: „1. Auflage".

31. Dr. h. c. W. Winkelmann || DIE WIRKSTOFFE || UNSERER HEILPFLANZEN || Darstellung und Anwendung || Neuzeitliche Kräuterheilkunde || auf mikroskopischer Grundlage. Über || 150 mikrophotographische Originalaufnahmen || und 100 farbige Pflanzen- || Illustrationen || MCMLI || VERLAG OTTO WALTER AG OLTEN || UND FREIBURG IM BREISGAU ||

25 cm; S. 9—353; das Vorw. ist unterz.: „Walter Winkelmann".

2.2.3 *Einzelschriften von zwei und drei Verfassern mit Verweisungen*

„Ein Einzelwerk, das die gemeinsame Arbeit von zwei oder drei Verfassern ist, wird unter den zuerst genannten Verfasser gestellt; von den übrigen [Mitverfassern] wird verwiesen" (67). Die Gemeinsamkeit der Arbeit kommt im Titel dadurch zum Ausdruck, daß die Verfasser im Druckbild als gleichwertige Urheber des Werkes erscheinen. Ihre Namen müssen also gleichberechtigt auf dem Titelblatt stehen. Schon eine Wendung, wie „unter Mitarbeit von ..." oder „unter Mitwirkung von ..." schließt den Betreffenden als Mit*verfasser* aus und gibt ihm nur den Rang eines Mit*arbeiters* mit entsprechend anderer Verweisungsform.
Ein weiteres wichtiges Kennzeichen der Mitverfasserschaft besteht darin, daß nur *ein*, und zwar von den Verfassern selbst stammender Sachtitel auf dem Titelblatt vorhanden ist. In allen Fällen, wo mehrere Verfasser mit *je* einem dazugehörigen Sachtitel auftreten, handelt es sich nicht um eine gemeinsame Arbeit von zwei oder drei Verfassern, sondern um eine Sammlung von Einzelschriften mehrerer Verfasser, die in einer bibliographischen Einheit zusammengefaßt sind und in der Aufnahme wesentlich anders behandelt werden.
Im Text sind alle Verfasser in der Stellung und Schreibung der Vorlage aufzuführen. Erscheinen die Namen auf dem Titelblatt unverbunden oder durch Kommata oder Schrägstriche voneinander getrennt, so sind sie in allen Fällen durch Kommata abzugrenzen. Steht ein Verbindungswort zwischen ihnen, ist dieses zu übernehmen, wobei das deutsche „und" stets durch „u." wiedergegeben wird. Das Verbindungszeichen „&" wird am besten von der Vorlage übernommen.
Wie Mitverfasser werden auch Fortsetzer behandelt (20,2b u. Anl. I,26).
Die *Form* der *Verweisung:* Die Vw. vom zweiten und dritten Verfasser wird im ersten Teil so angelegt wie eine Hauptaufnahme, d. h. unter dem Kopf werden der Sachtitel-, gegebenenfalls eine Ausgabebezeichnung, und das Erscheinungsjahr aufgeführt. Dann erfolgt auf neuer Zeile mit „s." eingeleitet der Hinweis auf den ersten Verfasser. Dabei sind die Vorschriften für die äußere Form der Vw. zu beachten, wie sie unter 1.7.3 angegeben sind.

Beispiel 46

Vorlage

Ing. Werner Curth und Ursula Tabbert || Blickpunkt || Technik || Bildbericht aus Industrie und Technik || der Deutschen Demokratischen Republik || VEB VERLAG TECHNIK BERLIN ||

30 cm; 114 ungezählte Blätter; auf d. Rücks. d. Titelbl. „Copyright 1962".

Hauptaufnahme

Curth, Werner
Werner Curth u. Ursula Tabbert. Blickpunkt *Technik*. Bildbericht aus Industrie u. Technik d. DDR.
Berlin: Verl. Technik (1962). 114 Bl. 4⁰

Verweisung

Tabbert, Ursula
Blickpunkt *Technik*. 1962
s. *Curth*, Werner.

Erläuterungen

1. Im Text der Hauptaufnahme sind alle Verfasser in der Schreibung und Stellung der Vorlage aufzuführen.
2. Die Vw. vom zweiten Verfasser ist in der Hauptaufnahme durch den Verweisungsstrich zu kennzeichnen (22,3).
3. Die beiden Substantive des Sachtitels stehen in einem appositionellen Verhältnis. Das zweite als Grundwort ist stets das Substantivum regens und deshalb zu unterstreichen (193).
4. Bei Büchern ohne jede Paginierung wird die Zahl der bedruckten Blätter angegeben (11,5).
5. Bei besonderen Vw., d. h. Verweisungen, die sich nur auf einen Einzelfall beziehen, wird dem Titel das Jahr, und, wenn es zur Unterscheidung nötig ist, auch Ort, Auflage und Verleger hinzugefügt (21,2).
6. Der erste Teil einer Vw. wird *nicht* durch einen Punkt abgeschlossen.

Beispiel 47

Vorlage

Harry Maier/Peter Stier || Faschismus || und politischer || Klerikalismus || Dietz Verlag Berlin 1961 ||

20,5 cm; S. 5—163; auf d. Rücks. d. Titelbl.: „1. Auflage".

Hauptaufnahme

Maier, Harry
Harry Maier, Peter Stier. *Faschismus* und politischer Klerikalismus.
Berlin: Dietz 1961. 163 S. 8⁰

Verweisung

Stier, Peter
Faschismus u. politischer Klerikalismus. 1961
s. *Maier*, Harry.

Erläuterungen

1. Ein Schrägstrich zwischen den Verfassernamen in der Vorlage wird im Text durch ein Komma wiedergegeben.
2. Die Verweisung vom zweiten Verfasser ist in der Hauptaufnahme durch den Verweisungsstrich zu kennzeichnen (22,3).
3. Die Angabe einer Erstauflage wird nicht übernommen.
4. Verweisungen machen auf bibliographische Genauigkeit keinen Anspruch. Die Titel werden soweit gekürzt, daß sie noch sicher erkennbar bleiben (21,1).

Beispiel 48

Vorlage

FOURTH EDITION || AGRICULTURAL FINANCE || WILLIAM G. MURRAY || Professor of Economics || Iowa State University || AARON G. NELSON || Professor of Agricultural Economics || University of Arizona || [Signet] || The Iowa State University Press, Ames, Iowa ||

24 cm; S. V—X u. 4—486; auf d. Rücks. d. Titelbl.: „Reprinted 1961"; d. vollst. Vornamen sind bibliogr. erm.: William Gordon Murray u. Aaron Gustave Nelson.

Hauptaufnahme

Murray, William Gordon
Agricultural *Finance.* William G[ordon] Murray, Aaron G[ustave] Nelson. 4. ed. (Reprint.)
Ames, Iowa: Iowa State Univ. Pr. (1961). X, 486 S. 8°

Verweisung

Nelson, Aaron Gustave
Agricultural *Finance*. 4. ed. Reprint. 1961
s. *Murray*, William Gordon.

Erläuterungen

1. Sachtitel, Zusätze zum Sachtitel, Verfasserangabe und Anlaß werden nach der Ordnung und Wortfolge der Vorlage wiedergegeben. Alle übrigen Angaben des Titels werden ohne Rücksicht auf ihre Stellung in der Vorlage in eine feststehende Ordnung gebracht (10,1).
2. Im Englischen und Französischen werden bei dem Substantivum regens des Sachtitels große Anfangsbuchstaben gebraucht (Anl. V,4b).
3. Da die vollständigen Vornamen der Verfasser bibliographisch ermittelt sind, werden die ergänzten Bestandteile im Text in *eckige* Klammern geschlossen (15,1).
4. Ein *Nachdruck* (Reprint) der 4. edition liegt vor, daher muß auch diese Bezeichnung übernommen werden.
5. Nähere Bezeichnungen bei Ortsnamen werden übernommen.
6. Das Beiwerk (Verlagssignet) bleibt weg (7,12).
7. Die Bezeichnung „Reprint." muß auch in der Vw. aufgeführt werden, da sie innerhalb der Auflage ein Ordnungselement darstellt (21,2).
8. In der Vw. werden im Gegensatz zur Hauptaufnahme Ergänzungen in der Regel n i c h t geklammert (vgl. Anl. I, 73).

Beispiel 49

Vorlage

REPERTORIUM || LEXICOGRAPHICUM || GRAECUM / A Catalogue of Indexes and Dictionaries to || Greek Authors || BY || HARALD & BLENDA RIESENFELD || Almqvist & Wiksell · Stockholm ||

24 cm; S. 6—95; auf d. Rücks. d. Titelbl.: „Printed 1954".

Hauptaufnahme

Riesenfeld, Harald
Repertorium lexicographicum Graecum. A catalogue of indexes and dictionaries to Greek authors. By Harald & Blenda Riesenfeld.
Stockholm: Almqvist & Wiksell (1954). 95 S. 8°

Verweisung

Riesenfeld, Blenda
Repertorium lexicographicum Graecum. 1954
s. *Riesenfeld*, Harald.

Erläuterungen

1. Adjektiva, die von geographischen Namen und Völkernamen abgeleitet sind, werden im Holländischen, Englischen und Lateinischen (Merkwort: HEL) mit großen Anfangsbuchstaben geschrieben (Anl. V,4e).
2. In der Vw. werden im Gegensatz zur Hauptaufnahme Ergänzungen in der Regel *nicht* geklammert.

Beispiel 50

Vorlage

LUMBALER BANDSCHEIBENVORFALL || KONSERVATIVE UND OPERATIVE BEHANDLUNG || VON || K.-A. JOCHHEIM || DR. MED., PRIVAT-DOZENT || UNIVERSITÄTS-NERVENKLINIK || KÖLN || F. LOEW || DR. MED., PRIVAT-DOZ., LEITER NEUROCHIRURG. ABT. || DER CHIRURG.-NEUROCHIRURG. UNIV.-KLINIK || HOMBURG-SAAR || A. RÜTT || DR. MED., PRIVAT-DOZENT || ORTHOPÄDISCHE UNIV.-KLINIK || KÖLN || MIT 13 ABBILDUNGEN || SPRINGER-VERLAG || BERLIN · GÖTTINGEN · HEIDELBERG || 1961 ||

23,5 cm; S. 2—114; die vollst. Vornamen sind bibliogr. erm.: Kurt-Alphons Jochheim, Friedrich Loew u. August Rütt.

Hauptaufnahme

Jochheim, Kurt Alfons
Lumbaler *Bandscheibenvorfall.* Konservat. u. operat. Behandlung. Von K[urt]-A[lphons] Jochheim, F[riedrich] Loew, A[ugust] Rütt. Mit 13 Abb.
Berlin, Göttingen, Heidelberg: Springer 1961. 114 S. 8^0

Verweisung vom zweiten Verfasser

Loew, Friedrich
Lumbaler *Bandscheibenvorfall.* 1961
s. *Jochheim,* Kurt Alfons.

Verweisung vom dritten Verfasser

Ruett, August
Lumbaler *Bandscheibenvorfall.* 1961
s. *Jochheim,* Kurt Alfons.

Erläuterung

Der Doppelvorname des ersten Verfassers wird im Kopf ohne Bindestrich angesetzt. (vgl. Anl. I,51).
Der zweite Vorname ist in der Form, die der „Duden" angibt, auszuwerfen (in Anlehnung an § 102).

Beispiel 51

Vorlage

DR. HORST ZIMMERMANN · DR. GÜNTHER FRAAS || MANFRED RÄTZER || GELD UND KREDIT || in der || Deutschen || Demokratischen|| Republik || Lehrbuch || 1957 || VERLAG DIE WIRTSCHAFT BERLIN ||

20,5 cm; S. 5—607, am Schluß: 9 gefaltete Formularmuster.

Hauptaufnahme

Zimmermann, Horst

Horst Zimmermann, Günther Fraas, Manfred Rätzer. *Geld* und Kredit in der Deutschen Demokratischen Republik. Lehrbuch.

Berlin: Die Wirtschaft 1957. 607 S., 9 gef. Bl. 8°

Verweisungen

Fraas, Guenter
Geld u. Kredit in d. Deutschen Demokratischen Republik. 1957
s. *Zimmermann*, Horst.

Raetzer, Manfred
Geld u. Kredit in d. Deutschen Demokratischen Republik. 1957
s. *Zimmermann*, Horst.

Erläuterungen

1. Ein Einzelwerk, das die gemeinsame Arbeit von zwei oder drei Verfassern ist, wird unter den zuerst genannten Verfasser gestellt; von den übrigen wird verwiesen (67).
2. Die Namen der Mitverfasser sind im Kopf der Vw. nach § 102 bzw. § 22,2 auszuwerfen.
3. Am Schluß des Buches befindliche Anhänge, wie Tabellen, Tafeln, Pläne usw., können, sofern sie nicht im Beigabenvermerk erscheinen, bei der Umfangsangabe gebracht werden.
4. Die Vw. machen auf bibliographische Genauigkeit keinen Anspruch. Die Titel werden soweit gekürzt, daß sie noch sicher erkennbar bleiben (21,1).
5. Bei besonderen Vw., d. h. Verweisungen, die sich nur auf einen Einzelfall beziehen, wird dem Titel das Jahr und, wenn es zur Unterscheidung nötig ist, auch Ort, Auflage und Verleger hinzugefügt (21,2).

Beispiel 52

Vorlage

ELEMENTARE GRUNDLAGEN || DER KERNPHYSIK || EINE ZUSAMMENSTELLUNG IHRER WICHTIGSTEN BEGRIFFE, || GESETZMÄSSIGKEITEN, EXPERIMENTELLEN GERÄTE || UND TECHNISCHEN ANWENDUNGEN || VON || WERNER ESPE UND ARNO KUHN || MIT 98 ABBILDUNGEN || 2. BEARBEITETE UND ERGÄNZTE AUFLAGE || LEIPZIG 1956 || AKADEMISCHE VERLAGSGESELLSCHAFT || GEEST & PORTIG K.-G. ||

23 cm; S. IV—VIII u. 3—263.

Hauptaufnahme

Espe, Werner
Elementare *Grundlagen* der Kernphysik. Eine Zsstellung ihrer wichtigsten Begriffe, Gesetzmäßigkeiten, experiment. Geräte u. techn. Anwendungen. Von Werner Espe u. Arno Kuhn. Mit 98 Abb. 2. bearb. u. erg. Aufl.
Leipzig: Geest & Portig 1956. VIII, 263 S. 8⁰

Verweisung

Kuhn, Arno
Elementare *Grundlagen* d. Kernphysik. 2. Aufl. 1956.
s. *Espe*, Werner.

Erläuterungen

1. Zusätze zum Sachtitel werden nach Möglichkeit gekürzt (7,2).
2. Auf der Vorlage sind im Erscheinungsvermerk Firma (= Akademische Verlagsgesellschaft) und Firmeninhaber (= Geest & Portig) in gleichgroßen Drucktypen aufgeführt. In solchen Zweifelsfällen empfiehlt es sich, nur den Firmeninhaber, d. h. den Familiennamen zu übernehmen.
3. Bei besonderen Vw. wird dem Titel das Jahr und, wenn es zur Unterscheidung nötig ist, auch Ort, Auflage und Verleger hinzugefügt (21,2).
4. In der Vw. unterbleiben die charakterisierenden Zusätze zur Ausgabebezeichnung, da sie keine Ordnungsfunktion haben.

Beispiel 53

Vorlage

ARZT UND RECHT || in der Deutschen Demokratischen Republik || von Professor Dr. med. habil. G. Hansen || und H. Vetterlein || wissenschaftlicher Oberassistent || Institut für Gerichtliche Medizin und Kriminalistik || der Friedrich-Schiller-Universität Jena || VEB GEORG THIEME · Leipzig ||

22 cm; S. 5—131; die bibliogr. erm. vollst. Vornamen d. Verf. lauten: Gerhard Hansen, Herbert Vetterlein; auf d. Rücks. d. Titelbl.: „Copyright 1959".

Hauptaufnahme

Hansen, Gerhard
Arzt und Recht in der Deutschen Demokratischen Republik. Von G[erhard] Hansen u. H[erbert] Vetterlein.
Leipzig: Thieme (1959). 131 S. 8⁰

Verweisungen

Hansen, G. Prof., Dr. med., 1959
s. *Hansen*, Gerhard.

Vetterlein, Herbert
Arzt u. Recht in d. Deutschen Demokratischen Republik. 1959
s. *Hansen*, Gerhard.

Erläuterungen

1. Der Verfasser wird unter seinem vollständigen Namen eingeordnet (79).
2. Ist der Titel in wesentlichen Stücken unvollständig, so werden Ergänzungen in die Aufnahme eingefügt (15,1). Hinzugefügt werden insbesondere die gebräuchlichen Vornamen (abgekürzte Vornamen werden ergänzt) (15,2).
3. Handelt es sich bei der Ergänzung von Vornamen um sehr stark vertretene Familiennamen, so wird erforderlichenfalls von dem unvollständigen Namen verwiesen (133). Der Benutzer sucht nämlich, vom Titelblatt ausgehend, unter „Hansen, G.“ und würde den Hauptzettel, der ja unter „Hansen, Gerhard“ liegt, bereits in einem mittelgroßen Katalog ohne die obige aVw. kaum finden. Zur Unterscheidung von anderen Autoren, die bereits im Katalog unter „Hansen, G.“ liegen, empfiehlt es sich, charakterisierende Personalangaben im Kopf der Vw. und das Erscheinungsjahr der ersten in der Bibliothek vorhandenen Schrift des betreffenden Verfassers hinzuzufügen.

Beispiel 54

Vorlage

DR. EVA HERRDE || DR. OTFRIED KUHN || GRUNDLAGEN DER STATISTIK || für Wirtschaftler || Als Lehrbuch an den Universitäten und Hochschulen || der Deutschen Demokratischen Republik eingeführt || Staatssekretariat für Hochschulwesen || Vierte Auflage || Berichtigter Nachdruck der dritten, verbesserten Auflage || VERLAG DIE WIRTSCHAFT BERLIN ||

22 cm; S. 5—482; auf d. Rücks. d. Titelbl.: „1961 veröffentlicht“.

Hauptaufnahme

Herrde, Eva

Eva Herrde, Otfried Kuhn. *Grundlagen* der Statistik für Wirtschaftler. Als Lehrbuch eingef. 4. Aufl., berichtigter Nachdr. d. 3., verb. Aufl.

Berlin: Die Wirtschaft (1961). 482 S. 8°

Verweisung

Kuhn, Otfried

Grundlagen d. Statistik für Wirtschaftler. 4. Aufl. 1961

s. *Herrde*, Eva.

Erläuterungen

1. Verfassernamen, die in der Vorlage unverbunden stehen, werden im Text der Aufnahme durch Kommata abgegrenzt.
2. Der Zusatz zum Sachtitel („Als Lehrbuch an den Universitäten und Hochschulen der Deutschen Demokratischen Republik eingeführt, Staatssekretariat für Hochschulwesen“) ist hier auf die wesentlichen Angaben reduziert. Man kann ihn auch ausführlicher in der Aufnahme bringen, wenn es in einem gegebenen Rahmen zweckmäßig erscheint.
3. Bei der Übernahme der Ausgabebezeichnung muß auf dem Hauptzettel berücksichtigt werden, daß es sich um einen berichtigten Nachdruck der dritten, verbesserten Auflage handelt (charakterisierender Zusatz!) (7,7).

4. In der Vw. hingegen werden diese Zusätze weggelassen, da der Zettel nur die Aufgabe hat, auf die Hauptaufnahme hinzuweisen, die die vierte Auflage verzeichnet.
5. In die Vw. sind Klammerungen der Hauptaufnahme in der Regel nicht zu übernehmen. Es braucht aus der Vw. nicht hervorzugehen, daß das Erscheinungsjahr ergänzt ist.

Aufgabe 12

Bringe folgende Vorlagen in die Titelaufnahmeform und gib die einschlägigen Paragraphen der „Regeln" dazu an:

1. Die Fischverarbeitung || Lehr- und Handbuch über die praktische Arbeit || in fischverarbeitenden Betrieben || von || Frithjof Pielenz || Dozent an der Fachschule für Fischwirtschaft Rostock || und || Dr. Heinrich Krämer || Leiter der Gütekontrolle im VE Fischkombinat Rostock || Mit 105 Bildern || FACHBUCHVERLAG LEIPZIG 1958 ||

   23,5 cm; S. 6—245.

2. DR. GEORG STEHLI || PROF. DR. WILHELM J. FISCHER || Pflanzensammeln — aber richtig || Eine Anleitung zum Sammeln || von höheren und niederen Pflanzen sowie zum Anlegen || von Herbarien und anderen botanischen Sammlungen || KOSMOS · GESELLSCHAFT DER NATURFREUNDE || FRANCKH'SCHE VERLAGSHANDLUNG STUTTGART ||

   19,5 cm; S. 7—95; auf d. Rücks. d. Titelbl.: „8.—9. Tausend 1955"; der vollst. zweite Vorname von Fischer ist bibliogr. erm.: Johannes.

3. karl böhm || rolf dörge || gigant || atom || verlag neues leben || 1960 ||

   24,5 cm; S. 9—364; am Schluß d. Textes: „5., überarbeitete und erweiterte Auflage; Copyright by Verlag Neues Leben Berlin".

4. Dr. med. Siegfried Seidl / Dipl.-Biologin Heidrun Gilsenbach || Forschungsstelle für Blutspendewesen || beim Institut für Serum- und Impfstoffprüfung Berlin-Pankow || (Direktor Prof. Dr. med. F. Sartorius) || Leitfaden || der Blutgruppenserologie || VEB VERLAG VOLK UND GESUNDHEIT · BERLIN || 1960 ||

   22 cm; S. 7—198.

5. Dr. habil. CLAUS KRÖMKE · Dr. habil. LOTHAR ROUSCIK || Konzentration || Spezialisierung || Kooperation || Kombination || in der Industrie der DDR || 2., überarbeitete und erweiterte Auflage || VERLAG DIE WIRTSCHAFT BERLIN ||

   22 cm; S. 5—432; am Schluß: 4 gefaltete Tafeln; auf d. Rücks. d. Titelbl.: „1961 veröffentlicht".

6. LEHRBUCH || DER STIMM- UND || SPRACHHEILKUNDE || VON || DOZENT DR. MED. || R. LUCHSINGER || UND || DOZENT DR. MED. G. E. ARNOLD || MIT 16 TABELLEN UND 163 TEXTABBILDUNGEN || (226 EINZELBILDERN) || WIEN || SPRINGER-VERLAG || 1949 ||

   25 cm; S. IV—IX u. 4—431; das Vorw. ist unterz.: „Richard Luchsinger, Gottfried E. Arnold"; der zweite Vorname von Arnold ist bibliogr. erm.: Eduard.

7. GERHARD AUST · OTTO PYSZCZEK || Durch Wettbewerb nach Maß || zur besten Technologie || VERLAG TRIBÜNE BERLIN || 1962 ||

   20 cm; S. 3—51.

8. Irmgard Goldhahn || und || Dr. med. Wolf-Eberhard Goldhahn || KLEINES || MEDIZINISCHES FREMDWÖRTERBUCH || mit 210 Abbildungen || und 9 Tafeln || der gebräuchlichsten Instrumente, Schienen und Endoskope || Dritte, verbesserte und || erweiterte Auflage || VEB GEORG THIEME LEIPZIG 1960 ||

   20 cm; S. VI—VIII, 1—109, Tafel I—IX.

9. BOCK/BAUMGÄRTNER || FACHBUCH || FÜR DEN FLEISCHER || Mit 168 Bildern || FACHBUCHVERLAG LEIPZIG 1955 ||

   23,5 cm; S. VII—X u. 1—196; die Vornamen d. Verfasser sind bibliogr. erm.: Erich Bock u. Heinrich Baumgärtner.

10. ELECTROMECHANICAL || COMPONENTS FOR || SERVOMECHANISMS || SIDNEY A. DAVIS || BYRON K. LEDGERWOOD || Mc GRAW-HILL BOOK COMPANY, INC. || New York Toronto London || 1961 ||

    24 cm; S. VI—X u. 2—338; die unvollst. Vornamen sind nicht zu erm.

11. ABC der Anstrichstoffe || und Anstrichtechnik || von Ing.-Chemiker Ernst Babel, Günter Hofmann und Helmut Müller || 2., verbesserte und erweiterte Auflage || Mit 92 Bildern und 16 Tafeln || FACHBUCHVERLAG LEIPZIG 1958 ||

    24 cm; S. 9—370.

12. BAHNERT/HERZBERG/SCHRAMM || Metallblasinstrumente || Mit 220 Bildern und 3 Tafeln || FACHBUCHVERLAG LEIPZIG 1958 ||

    24,5 cm; S. 7—254; auf d. Rücks. d. Titelbl.: „Die Verfasser: Heinz Bahnert, Haupttechnologe . . ., Oberingenieur Th. Herzberg, Fachwissenschaftler . . ., Herbert Schramm, Technischer Leiter . . .“; der vollst. Vorname von Herzberg ist nicht zu erm.

13. ERWIN GUTZMANN/HEINZ KALLABIS || Über Wesen || und soziale Bedeutung || der sozialistischen || Gemeinschaftsarbeit || DIETZ VERLAG BERLIN || 1961 ||

    20 cm; S. 5—247; auf d. Rücks. d. Titelbl.: „1. Auflage“.

2.2.4 *Einzelschriften mit Herausgebern, Bearbeitern, Mitarbeitern, Kommentatoren, Vorrednern, Illustratoren nebst Verweisungen*

Neben Verfassern treten auf Titelblättern oft noch weitere Personen in Erscheinung, die mittelbar am Zustandekommen der Schrift beteiligt sind: Herausgeber, Bearbeiter, Mitarbeiter, Kommentatoren, Verfasser von Vorreden, Einleitungen, Geleit- oder Nachworten, Übersetzer, Illustratoren, Komponisten (in diesem Zusammenhang nur in der Bedeutung von Personen, die einen musikalischen Beitrag zu einem unter dem Verfasser stehenden Text geliefert haben).
Wenn es sich um Werke handelt, deren Verfasser auf dem Titelblatt genannt sind, beschränken die „Regeln“ den Kreis entsprechender Vw. auf *die* Fälle, in denen es „zweckmäßig“ erscheint (20,3a—c). Dies bedeutet, daß die Anfertigung einer Vw. in das Ermessen des Katalogbearbeiters gestellt ist. Da der Begriff der „Zweckmäßigkeit“ durchaus dehnbar ist, sei, um die Entscheidung zu erleichtern, hier angegeben, wann solche „Ad-libitum-Verweisungen“ (Kann-Verweisungen) grundsätzlich zu empfehlen sind, nämlich:

1. wenn die Schrift in mindestens *einer* anderen Ausgabe bereits in der Bibliothek vorhanden ist;

2. wenn der Betreffende, von dem verwiesen werden kann, die ursprüngliche Schrift wesentlich verändert hat;
3. wenn der Betreffende wissenschaftlichen, literarischen oder künstlerischen Rang besitzt, so daß es angebracht erscheint, ihn im Katalog durch eine Vw. zu kennzeichnen.

Die neben einem Verfasser auf dem Titelblatt genannten Personen sind, auch wenn von ihnen keine Vw. gemacht wird, in den Text der Aufnahme zu übernehmen. Handelt es sich bei Herausgebern, Bearbeitern und Mitarbeitern um mehr als drei, so genügt die Aufführung des ersten; weitere werden durch „[u. a.]" angedeutet.

Sind derartige Personen nicht auf dem Titelblatt, sondern an anderer Stelle im Buch genannt, so wird man sie in der Regel nicht berücksichtigen. Will man aber doch aus irgendwelchen Gründen eine Vw. machen, muß im Text der Hauptaufnahme eine entsprechende Ergänzung in runden Klammern — möglichst nach dem Wortlaut der Angaben im Buch — eingeschaltet werden, um den Verweisungsstrich anbringen zu können.

Die Form der Verweisung: Im Gegensatz zur Mitverfasser-Vw. besteht der erste Teil nur aus dem Kopf und der in eckige Klammern daruntergesetzten Funktionsbezeichnung „[Hrsg.]", „[Bearb.]", „[Mitarb.]", „[Komm.]", „[Vorr.]", „[Nachw.]", „[Übers.]", „[Ill.]", „[Komp.]". Auch bei fremdsprachigen Texten sind diese *deutschen* Bezeichnungen in der Vw. einzusetzen, z. B. edidit, Editor, édit u. ä. → [Hrsg.], in collaboration with → [Mitarb.].

Im zweiten Teil wird auf die Haupteintragung mit „s." hingewiesen. Dabei werden alle *die* Teile der Hauptaufnahme angeführt, die als Ordnungselemente für die Auffindung des Hauptzettels maßgeblich sind: Verfasser, Sachtitel, Erscheinungsjahr und, wenn nötig, auch Auflage, Ort und Verlag (21, 1.2, vgl. auch 1.7.3).

Erweckt eine Herausgeber- oder Bearbeiterangabe auf dem Titelblatt den Anschein, als ob es sich um einen Verfasser handelt (vgl. Anl. I, 48), wird ausnahmsweise die Form der Mitverfasserverweisung gewählt.

Beispiel 55

Vorlage

LEHRBUCH || DER ORGANISCHEN || CHEMIE || VON || PAUL KARRER || PROFESSOR AN DER UNIVERSITÄT ZÜRICH || UNTER MITWIRKUNG || VERSCHIEDENER FACHKOLLEGEN || 13., NEUBEARBEITETE UND ERWEITERTE AUFLAGE || 1959 || GEORG THIEME VERLAG · STUTTGART ||

26 cm; S. VIII—XX u. 2—1057.

Aufnahme

Karrer, Paul
Lehrbuch der organischen Chemie. Unter Mitw. versch. Fachkollegen. 13., neubearb. u. erw. Aufl.
Stuttgart: Thieme 1959. XX, 1057 S. 4°

Erläuterungen

1. Obwohl in Wirklichkeit eine Schrift von mehr als drei Verfassern vorliegt, geht man von der formalen Gestaltung des Titelblattes aus, das *namentlich* nur *einen* Verfasser aufführt. Da man annehmen kann, daß der Benutzer dieses Werk unter dem *Hauptverfasser* bestellt, wird die Schrift auch zweckmäßigerweise im Katalog so eingeordnet.
2. Bei der Ausgabebezeichnung werden Ausdrücke, wie „unveränderte, vermehrte, verbesserte Auflage" beibehalten, aber in möglichst gekürzter Form (7,7).
3. Da die Höhe des Buchrückens zwischen 25 und 35 cm liegt, handelt es sich um ein Quartformat (12).

Beispiel 56

Vorlage

CHRISTOPH MARTIN WIELAND || DIE ABDERITEN || BEARBEITET || VON || DR. ALBERT SOERGEL || VERLAG DER NATION ||

19,5 cm; S. 5—420; auf d. Rücks. d. Titelbl.: „1. Auflage 1952. 1.—10. Tausend. Verlag der Nation GmbH BERLIN C 2".

Hauptaufnahme

Wieland, Christoph Martin
Die *Abderiten*. Bearb. von Albert Soergel.
(Berlin:) Verl. d. Nation (1952). 420 S. 8°

Verweisung

Soergel, Albert
[Bearb.]
s. *Wieland*, Christoph Martin: Die Abderiten. 1952.

Erläuterungen

1. Der Verlagsort ist aus dem Buch ergänzt und deshalb in runde Klammern zu schließen, ebenso das Erscheinungsjahr (15, 1.2).
2. Die Angabe der Erstauflage wird nicht übernommen.
3. Eine Vw. vom Bearbeiter ist zu empfehlen, zumindest bei einem größeren AK, weil 1) das in der Literaturgeschichte sehr bekannte Werk in anderen Ausgaben vorhanden sein kann und 2) der Bearbeiter ein bedeutender Literaturhistoriker ist.
4. In die Vw. sind Klammerungen der Hauptaufnahme in der Regel nicht zu übernehmen. Es braucht aus der Vw. nicht hervorzugehen, daß das Erscheinungsjahr ergänzt ist.

Beispiel 57

Vorlage

GÜNTER MÜHLPFORDT || Transkriptionsprobleme || Die korrekte Wiedergabe russischer Namen || im Deutschen || Mit Beiträgen zur Retranskription || von Kurt Diesing || RÜTTEN & LOENING || BERLIN 1957 ||

20,5 cm; S. 9—175; auf d. Rücks. d. Titelbl.: „1. Auflage".

Hauptaufnahme

Muehlpfordt, Guenter
Günter Mühlpfordt. *Transkriptionsprobleme.* Die korrekte Wiedergabe russ. Namen im Dt. Mit Beitr. zur Retranskription von Kurt Diesing.
Berlin: Rütten & Loening 1957. 175 S. 8°

Verweisung

Diesing, Kurt

[Mitarb.]
s. *Muehlpfordt,* Guenter: Transkriptionsprobleme. 1957.

Erläuterungen

1. Der Verfassername ist in der Schreibung und Stellung der Vorlage im Text zu wiederholen, da Kopf- und Vorlageform nicht übereinstimmen.
2. Zusätze zum Sachtitel werden nach Möglichkeit gekürzt (7,2).
3. Die Angabe einer Erstauflage wird nicht übernommen.
4. In der Vw. müssen die Verfassernamen hinter „s". in der Kopfform geschrieben werden.
5. Den Autor eines zusätzlichen Beitrages [Mitarb.] wird man am besten immer mit einer Vw. bedenken.

Beispiel 58

Vorlage

G. GRAUPNER || FRÄSMASCHINEN || KONSTRUKTION — FERTIGUNG — ANWENDUNG || Unter Mitarbeit von || H. Blüsch, G. Ebersbach, R. Naumann, || W. Neubert, W. Pöttrich, W. Prager, H. Wünsch || VEB VERLAG TECHNIK BERLIN || 1961 ||

24,5 cm; S. 6—449; der vollst. Vorname von Graupner ist bibliogr. erm.: Gottfried.

Aufnahme

Graupner, Gottfried
G[ottfried] Graupner. *Fräsmaschinen.* Konstruktion, Fertigung, Anwendung. Unter Mitarb. von H. Blüsch [u. a.]
Berlin: Verl. Technik 1961. 449 S. 8°

Erläuterungen

1. Der auf dem Titelblatt hervorgehobene *Hauptverfasser* gilt als Autor. Von den sieben Mitarbeitern wird nur der erstgenannte übernommen; die übrigen deutet man durch „[u. a.]" an. ~~Eine Verweisung entfällt.~~
2. Der Verfasser wird unter seinem vollständigen Namen eingeordnet (79.)
3. Ist der Titel in wesentlichen Stücken unvollständig, so werden Ergänzungen in die Aufnahme eingefügt. Hinzugefügt werden insbesondere die gebräuchlichen Vornamen (abgekürzte Vornamen werden ergänzt) (15, 1.2.).

4. Die Ergänzung darf im *Kopf* nicht kenntlich sein, deshalb ist der Name mit der geklammerten Ergänzung im *Text* zu wiederholen.
5. Die Horizontalstriche der Druckvorlage im Untertitel gibt man am besten durch Kommata wieder, da es sich um eine Aufzählung handelt.

Beispiel 59

Vorlage

Grundzüge || der || deutschen Rechtsgeschichte || Von || Heinrich Brunner. || Siebente Auflage, || nach dem Tode des Verfassers besorgt || von Dr. Ernst Heymann || ord. Professor des deutschen Rechts in Berlin || [Signet] || Verlag von Duncker & Hümblot || München und Leipzig 1919 ||

22 cm; S. III—X u. 2—347.

Hauptaufnahme

Brunner, Heinrich
Grundzüge der deutschen Rechtsgeschichte. 7. Aufl., besorgt von Ernst Heymann.
München, Leipzig: Duncker & Humblot 1919. X, 347 S. 8⁰

Verweisung

Heymann, Ernst
[Hrsg.]
s. *Brunner*, Heinrich: Grundzüge d. dt. Rechtsgeschichte. 7. Aufl. 1919.

Erläuterungen

1. Vermerke über Herausgeber, Beigaben u. ä., die in der Ausgabebezeichnung enthalten sind, gelten als Teil dieser Ausgabebezeichnung und werden in der Reihenfolge der Vorlage übernommen.
2. Die Wendung „nach dem Tode des Verfassers" läßt man am besten weg, da sie bibliographisch ohne Bedeutung ist.
3. Sind mehrere Verlagsorte genannt, so werden bei den im deutschen Sprachgebiet erschienenen Werken in der Regel sämtliche Orte aufgenommen (7,11).
4. Da das Werk schon in sieben Auflagen vorliegt und der Herausgeber ein namhafter Jurist ist, wird man von ihm verweisen.
5. Die Funktionsbezeichnung wird jeweils in der Vw. durch die Formeln [Hrsg.], [Bearb.], [Mitarb.], [Komm.], [Vorr.], [Nachw.], [Übers.], [Ill.], [Komp.] ausgedrückt.
6. Die Vw. machen auf bibliographische Genauigkeit keinen Anspruch. Die Titel werden soweit gekürzt, daß sie noch sicher erkennbar bleiben (21,1).

eispiel 60

Vorlage

FRITZ MUNK || Das Medizinische Berlin || um die Jahrhundertwende || Herausgegeben von Klaus Munk || Mit 17 Bildern auf Tafeln || VERLAG VON URBAN & SCHWARZENBERG || München-Berlin ||

21 cm; S. 5—183; auf d. Rücks. d. Titelbl.: „Copyright 1956".

Aufnahme

Munk, Fritz
Das medizinische *Berlin* um die Jahrhundertwende. Hrsg. von Klaus Munk. Mit 17 Bildern.
München, Berlin: Urban & Schwarzenberg (1956). 183 S. 8⁰

Erläuterungen

1. Bei der Aufnahme von Wörtern, die ganz oder zum Teil in Majuskeln (Großbuchstaben) gedruckt sind, tritt die sonst in der betreffenden Sprache gebräuchliche Schreibung ein (5,1 b. c).
2. Beigabenvermerke werden nach Möglichkeit gekürzt (7,6).
3. Mehrere Verlagsorte, die im deutschen Sprachgebiet liegen, werden alle aufgeführt (7,11).
4. Eine Vw. vom Herausgeber erübrigt sich im vorliegenden Fall (vgl. Anl. I, 50).

Beispiel 61

Vorlage

WERNER STARKE || DIE || LEIPZIGER || MESSEHÄUSER || GESTALT UND GESCHICHTE || ILLUSTRATIONEN VON || GERHART HEISS || EIN BEITRAG ZUR 800-JAHRFEIER DER LEIPZIGER MESSE || HERAUSGEGEBEN VOM LEIPZIGER MESSEAMT || 1961 ||

20,5 cm; S. 5—93; die Illustrationen machen einen wichtigen Teil des Buches aus.

Hauptaufnahme

Starke, Werner
Die Leipziger *Messehäuser.* Gestalt u. Gesch. Ill. von Gerhart Heiss. Ein Beitr. zur 800-Jahrfeier d. Leipz. Messe.
(Leipzig:) Messeamt 1961. 93 S. 8⁰

Verweisung

Heiss, Gerhard
[Ill.]
s. *Starke,* Werner: Die Leipziger Messehäuser. 1961.

Erläuterungen

1. Zusätze zum Sachtitel werden nach Möglichkeit gekürzt (7,2).
2. Da kein eigentlicher Verlag vorhanden ist, wird der korporative Herausgeber als Verleger angegeben.
3. Die Illustrationen bilden einen bedeutenden und charakteristischen Bestandteil des Werkes; daher ist es zweckmäßig, vom Illustrator eine Vw. anzulegen.
4. Der Vorname des Illustrators wird in Anlehnung an § 102 im Kopf der Vw. in der Form, die der „Duden“ angibt, ausgeworfen.

Beispiel 62

Vorlage

IACOBI BRVCKERI || ACADEMIAE SCIENTIARVM BEROLINENS. ET || BONON. MEMBRI || INSTITVTIONES || HISTORIAE || PHILOSOPHICAE || VSVI || ACADEMICAE IVVENTVTIS || ADORNATAE. || DENVO PERLVSTRAVIT ET AD NOSTRA || TEMPORA CONTINVAVIT || FRIDERICVS GOTTLOB BORN || DOCTOR ET PROF. PVBL. PHILOS. IN VNIVERS. || LITTERAR. LIPSICA. || [Vignette] || EDITIO TERTIA AVCTIOR ET EMENDATIOR. || LIPSIAE || IMPENSIS IOH. GOTTLOB IMMANVEL. BREITKOPFII || MDCCXC ||

21 cm; 11 ungezählte Blätter, S. 4—892, 8 ungezählte Blätter. (Vgl. Faks. 10.)

Hauptaufnahme

Brucker, Jakob
Jacobi Bruckeri . . . *Institutiones* historiae philosophicae usui academicae iuventutis adornatae. Denuo perlustravit et ad nostra tempora continuavit Fridericus Gottlob Born. Ed. 3. auctior et emendatior.
Lipsiae: Breitkopf 1790. 892 S. 8⁰

Verweisung

Born, Friedrich Gottlob
[Bearb.]
s. *Brucker*, Jakob: Institutiones historiae philosophicae. Ed. 3. 1790.

Erläuterungen

1. Erscheint ein [Verfasser-]Name nach den Gesetzen einer fremden Sprache umgeformt, so wird die ursprüngliche Namensform OW (130).
2. Der Name wird im Nominativ (1. Fall) angesetzt, gleichviel, in welchem Kasus (Fall) er im Titel erscheint (161).
3. Da die Vorlageform (Jacobi Bruckeri) mit der Kopfform (Jakob Brucker) nicht übereinstimmt, ist der Name in der Schreibung und Stellung der Vorlage im Text zu wiederholen.
4. Vgl. auch § 5,1a.
5. Die in der Aufnahme weggelassenen Personalangaben („Academiae scientiarum Berolinens. et Bonon. membri") sind im Text der Vorlage mit den übrigen Teilen des Titels verhältnismäßig eng verknüpft; deshalb empfiehlt es sich, die Weglassung im vorliegenden Fall durch drei Punkte anzudeuten (9).
6. Charakterisierende Zusätze zur Ausgabebezeichnung („auctior et emendatior") werden übernommen (7,7).
7. Der Erscheinungsort wird in der Regel in der Vorlageform übernommen; der Name des Verlegers ist im Nominativ der substantivierten Form der Heimatsprache aufzuführen.
8. Ein auf der Vorlage in römischen Ziffern angegebenes Erscheinungsjahr unserer Zeitrechnung wird in der Aufnahme in arabische Ziffern umgesetzt (4,3).
9. Bei Mischung von gezählten Seiten und ungezählten Blättern werden die Blätter nur angegeben, wenn sie einen erheblichen [oder wichtigen] Teil des Buches ausmachen (11,4).

10. Da der Herausgeber das ursprüngliche Werk wesentlich bearbeitet hat („... ad nostra tempora continuavit ..."), erscheint eine Vw. von ihm erforderlich.

Beispiel 63

Vorlage

Heinrich Grünfeld || In Dur und Moll || Begegnungen und Erlebnisse || aus fünfzig Jahren || [Signet] || Mit einem Geleitwort von Gerhart Hauptmann || Grethlein & Co. Leipzig und Zürich ||

19,5 cm; S. 7—279; das Vorw. ist dat.: „16. September 1923"; auf d. Rücks. d. Titelbl.: „Copyright 1923".

Hauptaufnahme

Gruenfeld, Heinrich
Heinrich Grünfeld. In *Dur* und Moll. Begegnungen u. Erlebnisse aus 50 Jahren. Mit e. Geleitw. von Gerhart Hauptmann.
Leipzig, Zürich: Grethlein (1923). 279 S. 8°

Verweisung

Hauptmann, Gerhard
[Vorr.]
s. *Gruenfeld*, Heinrich: In Dur u. Moll. 1923.

Erläuterungen

1. Beim Auswerfen der OW werden Umlaute umgeschrieben (Grünfeld → Gruenfeld) (22,2).
2. Da Kopf- und Vorlageform nicht übereinstimmen, ist der Verfassername im Text zu wiederholen, und zwar in der Schreibung und Stellung der Vorlage.
3. Wörtlich ausgeschriebene Zahlen werden außerhalb des Sachtitels in der Regel durch arabische Ziffern ersetzt (5,1e).
4. Sind mehrere Verlagsorte genannt, so werden bei den im deutschen Sprachgebiet erschienenen Werken in der Regel sämtliche Orte aufgenommen (7,11).
5. Das Erscheinungsjahr ist aus dem Buch ergänzt und daher in runde Klammern geschlossen (15,1.2).
6. Da es sich bei dem Verfasser des Geleitwortes um eine Person von Rang handelt, wird eine Vorredner-Vw. gemacht (20,3b).
7. Bei der Vw. ist zu beachten, daß a) der Vorname „Gerhart" im Kopf als „Gerhard" anzusetzen ist (in Anlehnung an § 102), b) hinter „s." der Verfassername in der Kopfform geschrieben werden muß und c) das in der Hauptaufnahme geklammerte Jahr in der Vw. *ohne* Klammern aufgeführt wird.

Beispiel 64

Vorlage

OSTSEESTRAND || WANDERUNGEN ZWISCHEN USEDOM UND SCHLESWIG-HOLSTEIN || erzählt von Jürgen Lenz || fotografiert von Angela und Heinz Unzner || SACHSENVERLAG DRESDEN 1956 ||

25 cm; S. 5—63 u. 80 ungezählte Blätter (Fotografien).

Hauptaufnahme

Lenz, Juergen
Wanderungen zwischen Usedom und Schleswig-Holstein. Erzählt von Jürgen Lenz. Fotogr. von Angela u. Heinz Unzner.
Dresden: Sachsenverl. 1956. 63 S., 80 Bl. Abb. 8°

Verweisung

Unzner, Heinz
[Ill.]
s. *Lenz,* Juergen: Wanderungen zwischen Usedom u. Schleswig-Holstein. 1956.

Verweisung

Unzner, Angela
[Ill.]
s. *Lenz,* Juergen: Wanderungen zwischen Usedom u. Schleswig-Holstein. 1956.

Erläuterungen

1. Da Vorlage- und Kopfform des Verfasservornamens nicht übereinstimmen (Jürgen → Juergen), muß der Name im Text in der Schreibung und Stellung der Vorlage wiederholt werden.
   Die Wiederholung des Verfassernamens wäre ohnedies anzuraten, da die Wendung „erzählt" aus bibliographischen Gründen gebracht werden muß und für sich allein unschön wirken würde.
2. Die 80 Blätter Fotografien machen im Verhältnis zu den 63 Blättern Text zahlenmäßig wie inhaltlich einen wesentlichen Teil des Buches aus, daher wird von beiden Fotografen als Illustratoren verwiesen. Die Fotografien gibt man am besten durch den Zusatz „Abb. " an.

Beispiel 65

Vorlage

L. GATTERMANN || DIE PRAXIS DES || ORGANISCHEN CHEMIKERS || FORTGEFÜHRT VON H. WIELAND || 40., DURCHGESEHENE AUFLAGE || BEARBEITET VON || THEODOR WIELAND || PROFESSOR DER ORGANISCHEN CHEMIE || AN DER UNIVERSITÄT FRANKFURT AM MAIN || MIT 58 ABBILDUNGEN || WALTER DE GRUYTER & CO. || BERLIN 1961 ||

22,5 cm; S. VI—XV u. 2—411; d. vollst. Vorname d. Verf. ist im Vorw. erwähnt: „Ludwig Gattermann", ebenso der vollst. Vorname d. Fortsetzers: „Heinrich Wieland".

Aufnahme

Gattermann, Ludwig
L(udwig) Gattermann. Die *Praxis* des organischen Chemikers. Fortgef. von H(einrich) Wieland. Mit 58 Abb. 40., durchges. Aufl., bearb. von Theodor Wieland.
Berlin: de Gruyter 1961. XV, 411 S. 8°

Verweisung vom Fortsetzer

Wieland, Heinrich
Die *Praxis* d. organ. Chemikers. 40. Aufl. 1961
s. *Gattermann,* Ludwig.

Verweisung vom Bearbeiter

Wieland, Theodor

[Bearb.]

s. *Gattermann*, Ludwig: Die Praxis d. organ. Chemikers. 40. Aufl. 1961.

Erläuterungen

1. Der Vorname des Verfassers ist aus dem Vorwort ergänzt. Daher ist der Name mit Klammerung im Text zu wiederholen.
2. Der Fortsetzer muß eine Vw. erhalten (20,2b), und zwar in Form einer Mitverfasserverweisung (vgl. Anl. I, 26).
3. Da das Werk schon oft aufgelegt ist, erscheint eine Verweisung vom Bearbeiter der 40. Auflage zweckmäßig.

Aufgabe 13

Fertige von folgenden Vorlagen Titelaufnahmen an und zitiere die einschlägigen Paragraphen der „Regeln" dazu:

1. DEUTSCHE SPRECHKUNDE || UND || SPRECHERZIEHUNG || Von PROF. DR. CHRISTIAN WINKLER || Unter Mitarbeit von || DR. ERIKA ESSEN || PÄDAGOGISCHER VERLAG SCHWANN || DÜSSELDORF ||

   21 cm; S. 5—497; auf d. Rücks. d. Titelbl.: „1. Auflage 1954".

2. DIE ANAMNESE || BEDEUTUNG UND METHODE DER || KRANKENBEFRAGUNG || VON || GEORG GRUND || FÜNFTE, || NEUBEARBEITETE AUFLAGE || VON || DR. MED. HABIL. HARALD SIEMS || ÄRZTLICHER DIREKTOR DES STÄDTISCHEN || KRANKENHAUSES IN ELMSHORN, HOLST. || 1961 || JOHANN AMBROSIUS BARTH/VERLAG/LEIPZIG ||

   24,5 cm; S. VIII—X u. 2—293.

3. Experimentelle Bakteriologie || und Infektionskrankheiten || mit besonderer Berücksichtigung || der Immunitätslehre || Begründet von || W. Kolle und H. Hetsch || Zehnte Auflage || Vollständig neubearbeitet von || Prof. Dr. Hans Schloßberger || Frankfurt a. M. || Mit 133 Abbildungen im Text || und 31 mehrfarbigen Tafeln || [Verlegerzeichen] || Arbeitsgemeinschaft medizinischer Verlage GmbH || Berlin 1952 ||

   25 cm; S. VIII—XI u. 2—986; die vollst. Vornamen d. Begründer sind aus d. Vorw. ersichtlich: „Wilhelm Kolle, Heinrich Hetsch". Aus d. Vorw.: „. . . jetzt vorliegende 10. und 11. Doppelauflage . . .".

4. HÄUBLEIN/KERSTEN || DER ARZT || IM BETRIEBS- || GESUNDHEITSSCHUTZ || UNTER MITWIRKUNG VON || K. H. BARTELS || G. BITTERSOHL || J. HUNGER || E. KRAUSSOLD || J. MORDEJA || E. PAUL || H. REDETZKY || F. VOLLBRECHT || E. ZSCHUNKE || A. BEESE || H. GLADHORN || E. KNABE || K.-H. MANGLER || W. MOSLER || E. PFEFFER || K. TITTEL || G. F. WINTER || VEB VERLAG VOLK UND GESUNDHEIT · BERLIN || 1959 ||

   24 cm; S. V—XV u. 1—634; am Schluß: Beilagen 1—14 (Musterformulare); die Vornamen sind aus d. Buch erm.: „Hans-Günther Häublein u. Eduard Kersten".

5. DR. KARL THEODOR WEISS || Handbuch der Wasserzeichenkunde || Bearbeitet und herausgegeben von DR. WISSO WEISS || Mit 66 Bildern || VEB FACHBUCHVERLAG LEIPZIG 1962 ||

24,5 cm; S. V—X u. 1—327.

6. Friedrich Hubel — Fritz Heinzelmann || Der junge Bäcker || Das Grundwissen für die Berufsausbildung des Bäckers || Neu bearbeitet und erweitert von || Heiner Peter || Gewerbeoberlehrer, Berlin || 4. Auflage, 120 Abb. und 8 Übersichten || Arbeitsgemeinschaft Thüringischer Verleger || Heinrich Killinger Verlagsgesellschaft m. b. H. || Nordhausen am Harz ||

20,5 cm; S. VII—XII u. 2—169; der Ort d. ersten Verlages ist bibliogr. erm.: Jena; das Vorw. zur 4. Auflage ist dat.: „1950".

2.3 Eigennamen als Ordnungswörter

Eigennamen spielen als Ordnungselemente im AK eine wichtige Rolle. Sie erscheinen primär (im Kopf) als Verfassernamen und sachliche OW sowie sekundär (im Text) als Substantiva regentia.
Derselbe Verfasser kann bei den einzelnen Veröffentlichungen mit verschiedenen Namen und Namensformen auftreten (Kurt Tucholsky z. B. schrieb auch unter folgenden Decknamen: Peter Panter, Theobald Tiger, Ignaz Wrobel, Kaspar Hauser; der römische Dichter Vergilius erscheint im Schrifttum auch mit der Namensform „Virgilius"). Nach den Grundsätzen des AK müssen aber alle Schriften eines Verfassers an *einer* Stelle im Katalog stehen (78—80), daher kann nur *eine* Namensform maßgeblich für die Einordnung der verschiedenen Schriften sein (162—170). Die Ermittlung bzw. Festsetzung dieser *gültigen* Namensform ist also eine unumgängliche Vorarbeit. Man sieht zu diesem Zweck zunächst den eigenen AK ein und zieht, wenn notwendig, große gedruckte Bibliothekskataloge, maßgebliche biographische Lexika, historische Quellenwerke, Bibliographien und ähnliche Hilfsmittel zu Rate. Sollten sie bei ihrer Auskunft Abweichungen voneinander aufweisen, so muß sich der Katalogbearbeiter für eine der angeführten Namensformen selbst entscheiden und diese für seinen Katalog als verbindlich annehmen.
Man unterscheidet im Bereich des abendländischen Kulturkreises: moderne Namen (etwa ab 1500, im Süden Europas schon früher), mittelalterliche Namen und Namen von Würdenträgern (Päpsten, Regenten), byzantinische[1] Namen sowie altrömische und altgriechische Namen.

2.3.1 *Moderne Namen mit Besonderheiten*

Moderne Namen bestehen aus Vor- und Zunamen (Familiennamen), z. B. Martin Luther, Johann Wolfgang von Goethe, Karl Reichsfreiherr vom und zum Stein, Wilhelm Meyer-Lübke.

---

[1] Byzanz, später in Konstantinopel umbenannt, verkörperte ursprünglich die östliche Hälfte des römischen Weltreichs. Das byzantinische Reich entwickelte im Laufe von tausend Jahren eine eigene Kultur, die wesentliche Bildungselemente der Antike überlieferte, und bestand bis zur Eroberung Konstantinopels durch die Türken im Jahre 1453.

2.3.1.1 Präpositionen vor dem Namen, Adelsprädikate

Präpositionen, z. B. deutsch: *von, zu,* holländisch: *van,* italienisch: *da, di,* französisch: *de, d'*, die unverbunden vor dem Zunamen stehen, werden sowohl im Kopf wie im Text der Aufnahme übernommen, gelten aber nicht für die alphabetische Ordnung (109). Das gleiche gilt für *Adelsprädikate,* wie „Baron", „Freiherr", „Graf", „Comte", „Vicomte", „Sir", „Lady" u. ä.; diese werden nach Möglichkeit gekürzt, z. B. Baron → B^n, Freiherr → Frh., Comte → Cte, Ritter von → R^r von, usw. Sie werden im Kopf in der Regel hinter die Vornamen gestellt (vgl. Anl. I, 4. 8. 13), nur in englischen Namen werden sie vor den Vornamen gesetzt, z. B. Sir Edward Grey → Grey, Sir Edward. Umlaute sind hierbei *nicht* aufzulösen, da diese Wörter nicht OW sind, z. B. in „Gräfin", „Fürst" u. ä. Um ihre Bedeutungslosigkeit für die alphabetische Ordnung zu kennzeichnen, empfiehlt es sich, sie im Kopf in kleineren, weniger auffälligen Buchstaben aufzuführen. Im Text sind sie in der Stellung der Vorlage wiederzugeben.
Zu beachten ist, daß vor dem Zunamen stehende abgekürzte Titulaturen nicht etwa mit abgekürzten Vornamen verwechselt werden, z. B. *M.* (= Magister oder Monsieur), *D.* (= Dominus, Doktor), *H.* oder *Hr* (= Herr) u. ä. Bei englischen Namen stehen Titulaturen in der Regel hinter dem Namen, z. B. Edward Miller, B. A. (= Bachelor of Arts), Charles Stanford, M. P. (= Member of Parliament), Arthur Coolidge, M. A. (= Magister artium), David Cooper, D. Ph. (= Doctor philosophiae), Edward Glenn, D. M. (= Doctor medicinae).

Beispiel 66

Vorlage

HANS-JOACHIM v. ALBERTI || MASS UND GEWICHT || Geschichtliche und tabellarische Darstellungen || von den Anfängen bis zur Gegenwart || [Signet] || 1957 || AKADEMIE-VERLAG · BERLIN ||

24,5 cm; S. VIII—XX u. 2—580.

Aufnahme

Alberti, Hans Joachim von
Hans-Joachim v. Alberti. *Maß* und Gewicht. Geschichtl. u. tabellar. Darst. von d. Anfängen bis zur Gegenwart.
Berlin: Akad.-Verl. 1957. XX, 580 S. 8^0

Erläuterungen

1. Erscheinen in der Vorlage Präpositionen vor dem Namen abgekürzt, so sind sie im Kopf stets auszuschreiben, im Text dagegen in der abgekürzten Vorlageform zu bringen (vgl. Anl. I, 3. 5. 60. 79).
2. Der Name des Verfassers muß im Text wiederholt werden, da die im Kopf aufgeführte Form („Hans Joachim") nicht mit der Vorlageform („Hans-Joachim") übereinstimmt (vgl. Anl. I, 51).

Beispiel 67

Vorlage

WILHELM VON KÜGELGEN || JUGENDERINNERUNGEN || EINES ALTEN MANNES || Mit einer Einführung von Gerhard Desczyk || und einem Nachwort von Walter Brendendiek || 4. Auflage der Neuausgabe || 1956 || KOEHLER & AMELANG · LEIPZIG ||

21 cm; S. 5—458; auf d. Rücks. d. Titelbl.: „Der Wiedergabe des Textes und der Anmerkungen liegt die kritische Ausgabe von Johannes Werner (Leipzig 1924) zugrunde".

Hauptaufnahme

Kuegelgen, Wilhelm von

Wilhelm von Kügelgen. *Jugenderinnerungen* eines alten Mannes. Mit e. Einf. von Gerhard Desczyk u. e. Nachw. von Walter Brendendiek. 4. Aufl. d. Neuausg. (Der Wiedergabe liegt d. krit. Ausg. von Joh. Werner zugrunde.)

Leipzig: Koehler & Amelang 1956. 458 S. 8⁰

Verweisung

Desczyk, Gerhard

[Vorr.]

s. *Kuegelgen,* Wilhelm von: Jugenderinnerungen e. alten Mannes. 4. Aufl. 1956.

Erläuterungen

1. Die Erläuterung zur Ausgabe auf der Rückseite des Titelblattes mag wichtig erscheinen. In diesem Fall kann sie, in runde Klammern geschlossen. hinter die Ausgabebezeichnung eingeschaltet werden.
2. Da das Werk in mehreren Ausgaben veröffentlicht worden ist, wird am besten vom Verfasser der „Einführung", zumal er auf dem Titelblatt steht, eine Vw. gemacht.
3. Bei der Vw. genügt die Anführung der Auflage und des Jahres, da diese Angaben bereits die Hauptaufnahme treffen.

Beispiel 68

Vorlage

FRANZ GRAF ZEDTWITZ || WUNDER DER KLEINEN WELT || Mikrokosmos der heimischen Tiere || Mit 64 ganzseitigen Kupfertiefdruckbildern von || Dr. OTTO KROY und H. HAJEK-HALKE || SAFARI-VERLAG · BERLIN ||

24,5 cm; S. 5—262; auf d. Rücks. d. Titelbl.: „Copyright 1951".

Aufnahme

Zedtwitz, Franz Graf
Wunder der kleinen Welt. Mikrokosmos d. heimischen Tiere. Mit 64 Kupfertiefdruckbildern von Otto Kroy u. H. Hajek-Halke.
Berlin: Safari-Verl. (1951). 262 S. 8⁰

Erläuterungen

1. Adelsprädikate sind im Kopf in der Regel hinter den Vornamen zu stellen.
2. Von Illustratoren-Verweisungen kann man im vorliegenden Fall absehen.

Beispiel 69

Vorlage

JOSEPH FREIHERR VON EICHENDORFF || Aus dem Leben || eines || Taugenichts || Eine Novelle || ST. OTTO-VERLAG BAMBERG ||

18 cm; S. 3—112; auf d. Rücks. d. Titelbl.: „Die Einführung schrieb Dr. Konrad Arneth; Oktober 1948".

Aufnahme

Eichendorff, Josef Fr. von
Joseph Frh. von Eichendorff. Aus dem *Leben* eines Taugenichts. Eine Novelle. (Einf.: Konrad Arneth.)
Bamberg: St. Otto-Verl. (1948). 112 S. 8⁰

Erläuterungen

1. Der Name des Verfassers ist im Text der Aufnahme in der Schreibung und Stellung der Vorlage zu wiederholen, da der Vorname im Kopf als „Josef" angesetzt werden muß (102).
2. Da das Werk in vielen Ausgaben verbreitet ist, empfiehlt es sich, den Vorredner zu übernehmen, obwohl er nicht auf dem Titelblatt steht. Auf eine Vw. kann jedoch verzichtet werden.

Beispiel 70

Vorlage

HENRI DE CURZON || LEO DELIBES || SA VIE ET SES ŒUVRES || (1836 — 1892) || PARIS || à la Librairie Musicale G. LEGOUIX || R. LEGOUIX, Successeur || 4, Rue Chauveau-Lagarde, 4 — PARIS (VIIIe) || (Place de la Madelaine) || 1926 || Tous droits reservés ||

18 cm; S. 2—223.

Aufnahme

Curzon, Henri de
Léo *Delibes*. Sa vie et ses œuvres. ⟨1836—1892.⟩
Paris: Legouix 1926. 223 S. 8⁰

Erläuterungen

1. Im Französischen ist das Wort „de" eine Präposition und in der Aufnahme also entsprechend zu behandeln (109).
2. Als grammatisch abhängig gelten auch Vornamen, daher ist der Zuname das Substantivum regens (200).
3. Auf dem Titel stehende Klammern jeder Art (außer in Formeln) werden durch Winkelklammern wiedergegeben (5, 1f).

4. Die beiden Teile des Untertitels sind zwei verschiedene, in sich abgeschlossene Angaben. Daher wird jeder Teil durch einen Punkt abgegrenzt. Bei der zweiten Angabe gehört der Punkt *in* die Klammer, da nur der Inhalt der Klammer abzuschließen ist.
5. Der Verlag ist in kürzester Form zu bringen (7,8).

Beispiel 71

Vorlage

MAX D'OLLONE || LE THÉÂTRE || LYRIQUE || et le Public || AVEC || des exemples musicaux || LA PALATINE || PARIS — GENÈVE ||

18,5 cm; S. 10—278; auf d. Rücks. d. Titelbl.: „Copyright 1955"; am Schluß: „Achevé d'imprimer 1955".

Aufnahme

Ollone, Max d'
Le *Théâtre* lyrique et le public. Avec des exemples musicaux.
Paris [usw.]: La Palatine (1955). 278 S. 8⁰

Erläuterungen

1. Die Elision (Andeutung eines ausgefallenen Buchstaben durch einen Apostroph) bleibt bei Verfassernamen im Kopf erhalten.
2. Im Englischen und Französischen werden die Substantiva regentia mit großen Anfangsbuchstaben geschrieben (Anl. V, 4b).
3. Bei Wörtern, die ganz oder teilweise in Majuskeln gedruckt sind, tritt die sonst in der betreffenden Sprache gebräuchliche Schreibung ein (5, 1c).
4. Sind mehrere Verlagsorte genannt, so genügt bei ausländischen Werken die Angabe des hauptsächlichen oder ersten; die übrigen werden durch „[usw.]" angedeutet (7,11).

Beispiel 72

Vorlage

TUBERCULOSIS || AND || ASPIRATION LIVER BIOPSY || ITS CLINICAL SIGNIFICANCE IN DIAGNOSIS AND THERAPY || BY || A. J. CH. HAEX M. D. || AND || CORNELIA VAN BEEK || HAARLEM || DE ERVEN F. BOHN || 1955 ||

24,5 cm; S. 2—100, dahinter 14 Blätter mit Abbildungen; die vollst. Vornamen von Haex sind nicht erm.

Hauptaufnahme

Haex, A   J   Ch
Tuberculosis and aspiration liver biopsy. Its clinical significance in diagnosis and therapy. By A. J. Ch. Haex and Cornelia van Beek.
Haarlem: Bohn 1955. 100 S., 14 Bl. Abb. 8⁰

Verweisung vom zweiten Verfasser

Beek, Cornelia van
Tuberculosis and aspiration liver biopsy. 1955
s. *Haex*, A   J   Ch

Weitere Namensformen

Vorlage	*Kopfform*
Marco di Bandarini	→ Bandarini, Marco di
Lorenzo da Ponte	→ Ponte, Lorenzo da
Carlo de Santis	→ Santis, Carlo de

Im Italienischen sind „di" und „da" einfache Präpositionen, „de" nur dann, wenn die Grundform des Namens *nicht* auf „i" endet.

2.3.1.2 Artikel, Verschmelzungen von Artikel und Präposition, Attribute und Präfixe vor dem Namen (§. 108—114)

Der einfache unverbundene *Artikel* vor dem Namen wird in den germanischen Sprachen bei der Einordnung nicht berücksichtigt und immer klein geschrieben, z. B. Willem de Vries → Vries, Willem de, in den romanischen Sprachen dagegen zum Namen gezogen und immer groß geschrieben, z. B. Alain René Le Sage → Le Sage, Alain René (108 u. Anl. V, 2b). Alle Zusammenziehungen gelten im Sinne der alphabetischen Ordnung als *ein* Wort, z. B. Le Sage = Lesage. Es ist zu beachten, daß nur die linguistische (sprachliche) Herkunft des Namens, nicht etwa die Nationalität des Namensträgers maßgeblich ist, z. B. muß der Name der deutschen Schriftstellerin Sophie von La Roche nach den Regeln für die romanische Sprachgruppe behandelt werden.

Beispiel 73

Vorlage

DE UNIVERSITEIT || VAN AMSTERDAM IN || OORLOGSTIJD || DOOR || Prof. Dr. A. W. DE GROOT || H. J. W. BECHT — UITGEVER — AMSTERDAM ||

19,5 cm; S. 7—154; die vollst. Vornamen d. Verf. sind bibliogr. erm.: Albertus Wilhelm, ebenso d. Erscheinungsjahr: 1946.

Aufnahme

Groot, Albertus Wilhelm de
De *universiteit* van Amsterdam in oorlogstijd. Door A[lbertus] W[ilhelm] de Groot. Amsterdam: Becht [1946]. 154 S. 8^0

Erläuterungen

1. Im Holländischen ist das Wort „de" ein Artikel. Diese Sprache zählt zu den germanischen, es wird also entsprechend verfahren (108).
2. Die Vornamen sind ergänzt, daher muß der Verfassername mit Klammerung im Text wiederholt werden.
3. Bei Wörtern, die ganz in Majuskeln gedruckt sind, tritt die sonst in der betreffenden Sprache gebräuchliche Schreibung ein (5, 1b).

Beispiel 74

Vorlage

D. M. Le Bourdais || CANADA || and the Atomic Revolution || publishers McClelland & Stewart Limited ||

23 cm; S. IX—XIX u. 1—199; auf d. Rücks. d. Titelbl.: „Copyright 1959"; die vollst. Vornamen d. Verf. sind bibliogr. erm.: Donat Marc, ebenso d. Erscheinungsort: Toronto.

Aufnahme

Le Bourdais, Donat Marc
D[onat] M[arc] Le Bourdais. *Canada* and the atomic revolution.
[Toronto:] McClelland & Stewart (1959). XIX, 199 S. 8⁰

Erläuterungen

1. Der Name gehört zur romanischen Sprachgruppe, deshalb wird der Artikel „Le" zum Namen gezogen (108). (Vgl. auch Anl. V, 2b.)
2. Vornamen, Ort und Jahr sind ergänzt und daher in die entsprechenden Klammern gesetzt (15,1.2).

Beispiel 75

Vorlage

PAUL LA GERMONIÈRE || LE PROCÈS || de || Nuremberg || Avec le texte officiel intégral || des jugements portés || contre les 22 accusés || Grands Criminels de Guerre || PUBLICITÉ ÉDITIONS GÉNÉRALES || LYON || 1946 ||

21,5 cm; S. 8—130.

Aufnahme

La Germonière, Paul
Le *Procès* de Nuremberg. Avec le texte off. intégral des jugements portés contre les 22 accusés grands criminels de guerre.
Lyon: Publ. Éd. Gén. 1946. 130 S. 8⁰

Erläuterungen

1. In englischen und französischen Sachtiteln werden die Substantiva regentia mit großen Anfangsbuchstaben geschrieben (Anl. V, 4b).
2. Der Verlag ist in kürzester Form anzugeben (7,8).

Beispiel 76

Vorlage

COMTE EMMANUEL DE LAS CASES || LAS CASES || LE MÉMORIALISTE DE || NAPOLÉON || LIBRAIRIE ARTHÈME FAYARD || 18, Rue du Saint-Gothard || PARIS XIVe ||

22 cm; S. 8—412; am Schluß d. Textes: „Achevé d'imprimer . . . 1959".

Aufnahme

Las Cases, Emmanuel Cte de
Cte Emmanuel de Las Cases. *Las Cases*, le mémorialiste de Napoléon.
Paris: Fayard (1959). 412 S. 8⁰

Erläuterungen

1. Der einfache unverbundene Artikel („Las") vor dem Namen wird in den romanischen Sprachen für die Einordnung zum Namen gezogen (108). Er wird dabei immer mit einem großen Anfangsbuchstaben geschrieben (Anl. V, 2b).

2. Die einfache unverbundene Präposition („de“) vor Artikel und Namen ist für die Einordnung nie zu berücksichtigen (109).
3. Das Adelsprädikat wird im Kopf in der Regel hinter den Vornamen gesetzt; im Text wird die Stellung der Vorlage übernommen (vgl. Anl. I, 4. 8. 13).

Sind Präposition und Artikel *verschmolzen* oder *fest verbunden*, so werden sie für die Einordnung zum Namen gezogen (110).

Beispiele für Verschmelzungen

Deutsch: am, auf'm, aus'm, im, vom, zum, zur

Holländ.: ten, ter, thor, vander, van't, ver

Franz.: du, des

Ital.: del, dal, della, dalla, dalle, dall', delle, dell', degli, dagli, dai, dei, de' („de“ ist die gekürzte Form von „dei“, wenn die Grundform des Namens auf „i“ endet, z. B. de Santi)

Portug.: do, dos, da, das

Diese Verschmelzungen werden immer mit einem kleinen Anfangsbuchstaben geschrieben (vgl. Anl. V, 2b), ausgenommen am Anfang des Kopfes und Textes und bei Vw. hinter „s.“ und „in:“.

Treten Präposition und Verschmelzung bzw. Präposition und feste Verbindung von Präposition und Artikel vor dem Familiennamen mit einer Copula auf, so gelten *die* Regeln, die für den *ersten* Teil zutreffen, z. B. Friedrich von und zur Linde → Linde, Friedrich von und zur. (Vgl. Fuchs: Kommentar. 1955, § 101,5, S. 231.)

Beispiel 77

Vorlage

KARL VOM RATH || GEDICHTE || ERICH SCHMIDT VERLAG ||

20 cm; S. 5—44; auf d. Rücks. d. Titelbl.: „Copyright 1948 by Erich Schmidt Verlag, Berlin W 35“.

Aufnahme

Vom Rath, Karl
Gedichte.
(Berlin:) E. Schmidt (1948). 44 S. 8⁰

Erläuterungen

1. Verlagsort und Erscheinungsjahr sind aus dem Buch ergänzt und daher in runde Klammern geschlossen (15,1.2).
2. Da der Name des Verlegers ein häufig vorkommender Name ist, wird zur Unterscheidung der Anfangsbuchstabe des Vornamens hinzugefügt.

Beispiel 78

Vorlage

ERNST ZUR NIEDEN || Sprechstunden || mit deinem Ich || Ein Buch von dir und allem, was dich angeht || WILHELM SCHMITZ VERLAG IN GIESSEN ||

19,5 cm; S. 5—146; auf d. Rücks. d. Titelbl.: „Printed 1949".

Aufnahme

Zur Nieden, Ernst
Sprechstunden mit deinem Ich. Ein Buch von dir u. allem, was dich angeht.
Gießen: W. Schmitz (1949). 146 S. 8°

Erläuterungen

1. Das Erscheinungsjahr ist aus dem Buch ergänzt und daher in runde Klammern geschlossen (15,1.2).
2. Da der Name des Verlegers ein häufig vorkommender Name ist, wird zur Unterscheidung der Anfangsbuchstabe des Vornamens hinzugefügt.

Beispiel 79

Vorlage

CHAUCERS SPRACHE || UND VERSKUNST || DARGESTELLT VON || BERNHARD TEN BRINK || DRITTE AUFLAGE || BEARBEITET VON || EDUARD ECKHARDT || [Signet] || LEIPZIG 1920 || VERLAG VON CHR. HERM. TAUCHNITZ ||

21,5 cm; S. IV—XII u. 2—243.

Hauptaufnahme

Ten Brink, Bernhard
Chaucers *Sprache* und Verskunst. 3. Aufl., bearb. von Eduard Eckhardt.
Leipzig: Tauchnitz 1920. XII, 243 S. 8°

Verweisung vom Bearbeiter

Eckhardt, Eduard
[Bearb.]
s. *Ten Brink*, Bernhard: Chaucers Sprache u. Verskunst. 3. Aufl. 1920.

Erläuterungen

1. Da der Verfassername im Text nicht wiederholt zu werden braucht, wird auch die verbindende Wendung „dargestellt" weggelassen.
2. Von einem Bearbeiter empfiehlt es sich, eine Vw. zu machen.

Beispiel 80

Vorlage

FOLKLORISTISCH || WOORDENBOEK || VAN NEDERLAND || EN VLAAMS BELGIË || DOOR || K. TER LAAN || s'-GRAVENHAGE — 1949 — BATAVIA || G. B. VAN GOOR ZONEN'S UITGEVERSMIJ ||

20 cm; S. 1—503; der vollst. Vorname d. Verf. ist bibliogr. erm.: Kornelis.

Aufnahme

Ter Laan, Kornelis
Folkloristisch *woordenboek* van Nederland en Vlaams België. Door K[ornelis] ter Laan.
s'-Gravenhage [usw.]: van Goor **1949. 503** S. 8⁰

Erläuterungen

1. Die mit dem Artikel verschmolzene Präposition („ter") wird in allen Sprachen klein geschrieben (Anl. V, 2b), ausgenommen am Anfang sowie hinter „s." und „in:"
2. Adjektiva, die von geographischen Namen und Völkernamen abgeleitet sind, werden im Holländischen, Englischen und Lateinischen (Merkwort: HEL) mit großen Anfangsbuchstaben geschrieben (Anl. V, 4e).
3. Der Erscheinungsort wird in der Regel nach der Form der Vorlage übernommen; beachte besonders: s'-Gravenhage, Den Haag, La Haye, Le Bourget, Los Angeles.
4. Sind mehrere Verlagsorte genannt, so genügt bei ausländischen Werken die Angabe des ersten oder hauptsächlichen Ortes, die übrigen werden durch „[usw.]" angedeutet (7,11).

Beispiel 81

Vorlage

DE LA || Recherche des Antériorités || aux Brevets d'Invention || par || G. VANDER HAEGHEN || IMPR. LIEGEOISE || RUE DES CLARISSES, 52, LIÈGE ||

20,5 cm; S. 4—53; das Erscheinungsjahr ist bibliogr. nicht erm., das jüngste im Text zitierte Jahr ist 1907; der vollst. Vorname d. Verf. ist bibliogr. erm.: Georges.

Aufnahme

Vander Haeghen, Georges
De la *Recherche* des antériorités aux brevets d'invention. Par G[eorges] vander Haeghen.
Liège [nach **1907**]: Impr. liégeoise. **53** S. 8⁰

Erläuterungen

1. Im Englischen und Französischen werden die Substantiva regentia mit großen Anfangsbuchstaben geschrieben (Anl. V, 4b).
2. Der Vorname des Verfassers ist ergänzt, deshalb muß der Name im Text mit Klammerung wiederholt werden.
3. Da nur der Drucker genannt ist, wird er anstelle eines Verlegers übernommen (7,9). Das Erscheinungsjahr wird in solchem Falle vor den Doppelpunkt gestellt (vgl. Anl. I,6. 47. 73).
4. Das Erscheinungsjahr ist nicht zu ermitteln, daher wird eine annähernde Zeitangabe, die im vorliegenden Falle aus dem Buch erschlossen ist, in eckigen Klammern angegeben (15,3 und Anl. I, 45. 89).

Beispiel 82

Vorlage

Dr NADIA DU BOUCHET || MANUEL || D'ANESTHÉSIE || [Signet] || ÉDITIONS MÉDICALES FLAMMARION ||

24,5 cm; S. 10—249; am Schluß d. Textes: „Achevé d'imprimer . . . 1946"; der Sitz d. Verlegers ist bibliogr. erm.: Paris.

Aufnahme

Du Bouchet, Nadia
Manuel d'anesthésie.
[Paris:] Flammarion (1946). 249 S. 8⁰

Beispiel 83

Vorlage

GUY DES CARS || L'amour || s'en-va-t-en-guerre || roman || FLAMMARION, ÉDITEURS || 26, Rue Racine, Paris VIe ||

18 cm; S. 6—249; auf d. Rücks. d. Titelbl.: „Copyright 1953".

Aufnahme

Des Cars, Guy
L'*amour* s'en-va-t-en-guerre. Roman.
Paris: Flammarion (1953). 249 S. 8⁰

Erläuterungen

1. Der Sachtitel ist ein Titel in Satzform, deshalb wird unter Übergehung des Artikels das erste Wort unterstrichen. Da es sich bei dem unterstrichenen OW *nicht* um ein Substantivum *regens* handelt, ist es nicht wie sonst im Französischen und Englischen mit einem großen Anfangsbuchstaben zu schreiben.
2. Das Erscheinungsjahr ist aus dem Buch ergänzt und daher in runde Klammern geschlossen (15,1.2).

Beispiel 84

Vorlage

JOHANNA VON DALL'ARMI || DAS VERBORGENE REICH || Ein Buch vom rechten Leben || 1947 || BEI HEINRICH F. S. BACHMAIR || Starnberg am See ||

18 cm; S. 8—119.

Aufnahme

Dall'Armi, Johanna von
Das verborgene *Reich*. Ein Buch vom rechten Leben.
Starnberg am See: Bachmair 1947. 119 S. 8⁰

Erläuterungen

1. Beim Verfassernamen liegt eine Kombination von Präposition („von") und Verschmelzung von Präposition und Artikel („dall'") vor. Jeder Teil wird nach seinen eigenen Regeln behandelt (109, 110).
2. Nähere Bezeichnungen zum Ort, außer Postbezirken, werden übernommen.

Beispiel 85

Vorlage

GEOLOGIE || VON || SALZBURG || Von Prof. Dr. Walter Del-Negro || Universitäts-Verlag Wagner, Innsbruck ||

24,5 cm; S. 5—348 u. 4 Blätter mit Abbildungen; das Nachw. ist dat.: „im Oktober 1949".

Aufnahme

Del-Negro, Walter
Geologie von Salzburg.
Innsbruck: Wagner (1949). 348 S., 4 Bl. Abb. 8⁰

Beispiel 86

Vorlage

MATTEO DELLA CORTE || CASE ED ABITANTI || DI POMPEI || SECONDA EDIZIONE || LA LIBERIA EDITRICE „L'ERMA" di BRETSCHNEIDER || ROMA — Via Gassiodoro 19 ||

24,5 cm; S. VIII—XXVI u. 2—431; auf d. Rücks. d. Titelbl.: „1954".

Aufnahme

Della Corte, Matteo
Case ed abitanti di Pompei. 2. ed.
Roma: L'Erma (1954). XXVI, 431 S. 8^0

Erläuterung

Ordnungszahlen werden in allen Sprachen unabhängig von der Vorlageform in arabischen Ziffern mit einem Abschlußpunkt wiedergegeben.

Beispiel 87

Vorlage

BY JOHN DOS PASSOS || THE HEAD || AND HEART || OF THOMAS || JEFFERSON || DOUBLEDAY & COMPANY, Inc., Garden City, New York, 1954 ||

21 cm; S. VI u. 4—442.

Aufnahme

Dos Passos, John
The *Head* and heart of Thomas Jefferson.
Garden City, N. Y.: Doubleday 1954. VI, 442 S. 8^0

Erläuterungen

1. Das portugiesische „dos“ ist eine Verschmelzung von Präposition und Artikel, wird also für die Einordnung zur Grundform des Namens gezogen (110).
2. Im Englischen und Französischen werden die Substantiva regentia mit großen Anfangsbuchstaben geschrieben (Anl. V, 4b).
3. Nähere Bezeichnungen zum Ort, außer Postbezirken, werden übernommen (gemeint ist hier der *Staat* New York).

Wenn eine Verschmelzung von Artikel und Präposition, wie portug. „da“, mit einer einfachen Präposition, wie ital. „da“, gleichlautet, so wird von der Grundform des Namens verwiesen, z. B. „da Gama“ (portug.) mit Vw. von „Gama“, aber „da Farina“ (ital.) ohne Vw. von „Farina“.
Das italienische „de“ ist, wenn die Grundform auf „i“ endet, eine Verschmelzung, z. B. de Santi, sonst eine Präposition.

Beispiel 88

Vorlage

MODERN SURGERY || GENERAL AND OPERATIVE || BY || JOHN CHALMERS DA COSTA, D. M. || Assisted by || BENJAMIN LIPSHUTZ, M. D. || Tenth Edition, Revised and Reset || With 1050 Illustrations, Some in colors || PHILADELPHIA AND LONDON || W. B. SAUNDERS COMPANY || 1931 ||

25 cm; S. 14—1404.

Hauptaufnahme

Da Costa, John Chalmers

Modern *Surgery*, general and operative. By John Chalmers da Costa. Ass. by Benjamin Lipshutz. With 1050 ill. 10. ed., rev. and reset.
Philadelphia [usw.]: Saunders 1931. 1404 S. 8°

Verweisung von der Grundform des Verfassernamens

Costa, John Chalmers da
s. *Da Costa.*

Beachte: Bei Verweisungen innerhalb desselben Verfassernamens werden im zweiten Teil der Vw. die Vornamen nicht noch einmal aufgeführt (vgl. Anl. I, 5, letzte Vw.).

Verweisung vom Mitarbeiter

Lipshutz, Benjamin
[Mitarb.]
s. *Da Costa,* John Chalmers: Modern Surgery, general and operative. 10. ed. 1931.

Erläuterungen

1. Da es sich bei dem Verfassernamen um einen portugiesischen Namen handelt, wird nach § 111 verfahren.
2. Im Englischen und Französischen werden die Substantiva regentia mit großen Anfangsbuchstaben geschrieben (Anl. V, 4b).

3. Da das Werk bereits in mehreren Auflagen erschienen ist, empfiehlt es sich, vom Mitarbeiter eine Vw. zu machen (20, 3a).
4. Sachtitel, Zusätze, Verfasserangabe und Anlaß sind nach der Ordnung und Wortfolge der Vorlage wiederzugeben. Alle übrigen Angaben des Titels werden ohne Rücksicht auf ihre Stellung in der Vorlage in eine feststehende Ordnung gebracht (10, 1.2).
5. Sind mehrere Verlagsorte genannt, so genügt bei ausländischen Werken die Angabe des hauptsächlichen oder ersten Ortes; die übrigen werden durch „[usw.]“ angedeutet (7,11).

Beispiel 89

Vorlage

AMILCARE PONCHIELLI || (1834—1886) || LA VITA/LE OPERE/L'EPISTOLARIO/LE ONORANZE || NOTIZIE E INCISIONI RACCOLTA da || GIUSEPPE DE NAPOLI || E PUBBLICATE DALLA || AMMINISTRAZIONE PODESTARILE DI CREMONA || STABILIMENTO TIPOGRAFICO SOCIETA EDITORIALE „CREMONA NUOVA“/CREMONA/1936/XIV E. F. ||
24 cm; S. 7—399.

Hauptaufnahme

De Napoli, Giuseppe
Amilcare *Ponchielli* ⟨1834—1886⟩. La vita, le opere, l'epistolario, le onoranze. Notizie e incisioni, racc. da Giuseppe de Napoli e pubbl. dalla amministrazione podestarile di Cremona.
Cremona: Cremona nuova 1936. 399 S. 8⁰

Verweisung von der Grundform des Verfassernamens

Napoli, Giuseppe de
s. *De Napoli.*

Erläuterungen

1. Im Italienischen ist „de“ eine Verschmelzung von Präposition und Artikel (= „dei“), wenn die Grundform des Namens auf „i“ endet („Napoli“).
2. Sind Präposition und Artikel verschmolzen, so werden sie zum Namen gezogen (110).
3. Als grammatisch abhängig gelten Vornamen, deshalb ist der Zuname „Ponchielli“ das Substantivum regens (200).

Dem Namen vorangehende ständige *Attribute* und *Präfixe* werden zum Namen gezogen, so insbesondere „Sankt“, auch „St.“ und „S.“ geschrieben, und alle entsprechenden Formen in anderen Sprachen, das normannische „Fitz“ (d. i. Sohn), das irisch-schottische „Mac“ (d. i. Sohn), auch „Mc“ oder „M'“ geschrieben, das irische „O'“ (d. i. Enkel, Abkömmling), das welsche „Ap“, „Ab“ (d. i. Sohn) usw. (113).
Abgekürzte Teile sind stets in der vollen Form der entsprechenden Sprache auszuwerfen, z. B. Mc oder M' → Mac; St. oder S. → Sankt, Saint bzw. San. Im Text sind sie ebenfalls ergänzt in entsprechenden Klammern zu wiederholen.

Beispiel 90

Vorlage

COMTE DE SAINT-AULAIRE || Ambassadeur de France || FRANÇOIS-JOSEPH || PARIS || LIBRAIRIE ARTHEME FAYARD ||

18,5 cm; S. 8—598; auf d. Umschl.: „29e édition"; am Schluß: „2e trimestre 1946"; die Vornamen d. Autors sind bibliogr. erm.: Auguste Félix Charles.

Aufnahme

Saint-Aulaire, Auguste Félix Charles Cte de
[Auguste Félix Charles] Cte de Saint-Aulaire. *François*-Joseph. (29. éd.)
Paris: Fayard (1946). 598 S. 8⁰

Erläuterungen

1. Adelsprädikate sind im Kopf und Text, wenn möglich gekürzt, zu übernehmen. Sie werden im Kopf in der Regel hinter die Vornamen gesetzt. Im Text werden sie in der Stellung der Vorlage übernommen.
2. Da die Vornamen ergänzt sind, müssen sie in der entsprechenden Klammerung im Text vor dem Zunamen aufgeführt werden.
3. Das Substantivum regens besteht aus einem Doppelvornamen, dessen Teile durch Bindestrich verbunden sind. Da in diesem Fall jeder Bestandteil bei der Einordnung für sich allein gilt, darf nur der erste Name unterstrichen werden.
4. Ausgabebezeichnung und Erscheinungsjahr sind aus dem Buch ergänzt und werden daher in runde Klammern geschlossen (15, 1.2).

Beispiel 91

Vorlage

OSWALD ST. CLAIR || A KEY TO || RICARDO || London || Routledge & Kegan Paul ||

21 cm; S. V—XXV u. 1—364; auf d. Rücks. d. Titelbl.: „First published 1957".

Aufnahme

Saint Clair, Oswald
Oswald S[ain]t Clair. A *Key* to Ricardo.
London: Routledge & Paul (1957). XXV, 364 S. 8⁰

Erläuterungen

1. Abgekürzte Präfixe sind stets in der vollen Form im Kopf anzusetzen. Im Text ist der Verfassername mit geklammerter Ergänzung zu wiederholen (113).
2. Im Englischen und Französischen werden die Substantiva regentia mit großen Anfangsbuchstaben geschrieben (Anl. V, 4b).
3. Das Erscheinungsjahr ist aus dem Buch ergänzt und daher in runde Klammern geschlossen (15,1.2).

Beispiel 92

Vorlage

20 July || Constantine Fitz Gibbon || W. W. NORTON & COMPANY INC. NEW YORK ||

21 cm; S. VII—XIII u. 3—285; auf d. Rücks. d. Titelbl.: „First published in the United States 1956. Published in Great Britain under the title: The Shirt of Nessus".

Aufnahme

Fitz Gibbon, Constantine
20 *July*.
New York: Norton (1956). XIII, 285 S. 8⁰
Engl. Ausg. u. d. T.: The Shirt of Nessus.

Erläuterungen

1. Das Erscheinungsjahr ist aus dem Buch ergänzt und daher in runde Klammern geschlossen (15,1.2).
2. Der anderslautende Titel der englischen Ausgabe wird in einer bibliographischen Notiz unter der Aufnahme vermerkt.

Beispiel 93

Vorlage

Physical Chemistry || Third edition || by Frank H. Mac Dougall, M. A., Ph. D. || PROFESSOR EMERITUS OF PHYSICAL CHEMISTRY || UNIVERSITY OF MINNESOTA || New York · The Macmillan Company ||

21 cm; S. V—XI u. 2—750; auf d. Rücks. d. Titelbl.: „Third edition, copyright 1952"; der zweite vollst. Vorname ist bibliogr. erm.: Henry.

Aufnahme

Mac Dougall, Frank Henry
Physical *Chemistry*. By Frank H[enry] Mac Dougall. 3. ed.
New York: Macmillan (1952). XI, 750 S. 8⁰

Erläuterungen

1. Im Englischen und Französischen sind die Substantiva regentia mit großen Anfangsbuchstaben zu schreiben (Anl. V, 4b).
2. Da der zweite Vorname des Autors ergänzt ist, muß dies im Text der Aufnahme durch die Wiederholung des Namens mit entsprechender Klammerung ersichtlich gemacht werden (15,1.2).
3. Die Ausgabebezeichnung, die in der Vorlage zwischen Sachtitel und Verfasserangabe steht, muß in der Aufnahme an die Stelle kommen, die nach § 10,2 dafür vorgesehen ist.
4. Das Erscheinungsjahr ist aus dem Buch ergänzt und deshalb in runde Klammern zu schließen (15,1.2).

Beispiel 94

Vorlage

THE LAW OF || TREATIES || BY LORD Mc NAIR || PRESIDENT OF THE || EUROPEAN COURT OF HUMAN RIGHTS || OXFORD || AT THE CLARENDON PRESS || 1961 ||

24 cm; S. VIII—XXI u. 4—789; die Vornamen sind bibliogr. erm.: Arnold Duncan.

Aufnahme

Mac Nair, Lord Arnold Duncan
The *Law* of treaties. By Lord [Arnold Duncan] M[a]c Nair.
Oxford: Clarendon Pr. 1961. XXI, 789 S. 8⁰

Erläuterungen

1. Das Präfix „Mc" oder „M'" ist im Kopf immer in der vollen Form anzusetzen und muß im Text entsprechend geklammert wiedergegeben werden.
2. Adelsprädikate sind im Kopf und Text zu übernehmen. Im Englischen werden sie vor den ganzen Namen gesetzt.
3. „Clarendon Press" ist trotz der Bezeichnung „Press" als Verlag anzusehen. Anfänglich war es wohl eine Druckerei, ähnlich wie die „Oxford University Press". Diese Firmen erweiterten sich zu großen bedeutenden Weltverlagen, behielten jedoch ihre ursprüngliche Bezeichnung bei. Sofern also bei diesen Unternehmen nicht ausdrücklich ihre Funktion als Druckerei angegeben ist, wie „Printed at ...", werden sie als Verlage aufgeführt.
4. Die Vornamen müssen in eckigen Klammern im Text wiedergegeben werden, da sie aus einer bibliographischen Quelle ergänzt sind (15,1.2).

Beispiel 95

Vorlage

Sense and Sensibility || in || Modern Poetry || BY || WM || VAN O'CONNOR || THE UNIVERSITY OF CHICAGO PRESS || CHICAGO · ILLINOIS ||

20 cm; S. VII—XII u. 1—278; der vollst. Vorname ist bibliogr. erm.: William; auf d. Rücks. d. Titelbl.: „Published 1948".

Aufnahme

O'Connor, William van
Sense and sensibility in modern poetry. By W[illia]m van O'Connor.
Chicago, Ill.: Univ. Pr. (1948). XII, 278 S. 8⁰

Erläuterungen

1. Die einfache unverbundene Präposition („van") wird für die Einordnung nicht berücksichtigt (109).
2. Da der Vorname bibliographisch ergänzt ist, wird er, entsprechend geklammert, im Text wiederholt.
3. Nähere Bestimmungen zu Ortsbezeichnungen (der amerikanische Staat „Illinois") werden mit Ausnahme von Postbezirken übernommen (Anl. I, 27).
4. Auch hier gilt das im vorhergehenden Beisp. unter Erläuterung 3 Gesagte für den Erscheinungsvermerk.

Aufgabe 14

Bringe folgende Vorlagen in die Titelaufnahmeform und gib die einschlägigen Paragraphen der „Regeln" dazu an:

1. DR. EGBERT VON FRANKENBERG || DIE || MASSENVERNICHTUNGS-WAFFEN || Einige militärpolitische und völkerrechtliche Überlegungen || VERLAG DES || MINISTERIUMS FÜR NATIONALE VERTEIDIGUNG || BERLIN 1958 ||

   21 cm; S. 5—373.

2. Karl-Eduard von Schnitzler || DEUTSCHLAND UND DIE WELT || Kommentare 1948—1955 || VERLAG DER NATION ||

   21 cm; S. 5—265; auf d. Rücks. d. Titelbl.: „1. Auflage 1955, Verlag der Nation, Berlin C 2".

3. FAUST || EINE TRAGOEDIE VON || GOETHE ||

   20 cm; S. 12—498; hinter d. Text: „DIE DROEMERSCHE VERLAGSANSTALT MÜNCHEN HAT DIESES WERK IM GOETHEJAHR 1949 ... DRUCKEN LASSEN"; die vollst. Namensform „Johann Wolfgang von Goethe" ist nicht aus d. Buch ersichtlich.

4. LES CONTES || DROLATIQUES || COLLIGEZ EZ ABBAYES DE TOURAINE || et mis en lumière par le sieur || DE BALZAC || POUR LES BATTEMENTS DES PANTAGRUELISTES || ET NON AULTRES || ÉDITION ILLUSTRÉE DE 425 DESSINS || PAR || GUSTAVE DORÉ || [Vignette] || PARIS || LIBRAIRIE GARNIER FRÈRES ||

   19 cm; S. VIII—XXXII u. 1—614; der Vorname d. Autors ist bibliogr. erm.: Honoré; das Erscheinungsjahr ist nicht zu erm., ungefähr 1950.

5. ZUM WELTBILD || DER PHYSIK || VON || CARL FRIEDRICH FREIHERR VON WEIZSÄCKER || 4. erweiterte Auflage || 1949 || S. HIRZEL VERLAG STUTTGART ||

   21 cm; S. 12—183.

6. GERTRUD VON LE FORT || AUFZEICHNUNGEN UND || ERINNERUNGEN || BENZIGER VERLAG EINSIEDELN || ZÜRICH KÖLN ||

   19 cm; S. 5—160; auf d. Rücks. d. Titelbl.: „Dritte Auflage 1956 || Mit 11 unveröffentlichten Bildern aus dem Besitz der Autorin".

7. LA FONTAINE || FABLES || NOUVELLE ÉDITION || REVUE AVEC SOIN || ET ACCOMPAGNÉE D'UNE VIE DE LA FONTAINE, D'UN AVANT-PROPOS || ET DE NOTES EXPLICATIVES || PAR || EDMOND PILON ET FERNAND DAUPHIN || PARIS || ÉDITIONS GARNIER FRÈRES ||

   18 cm; S. VIII—LX u. 4—466; der vollst. Name d. Dichters ist aus d. Vorw. ersichtlich: „Jean de la Fontaine"; das Erscheinungsjahr ist bibliogr. erm.: 1950.

8. Zivilprozeßrecht || Von || DR. HANS OTTO DE BOOR || Neu bearbeitet von || DR. GÜNTHER ERKEL || 2. Auflage || Betriebswirtschaftlicher Verlag Dr. Th. Gabler || Wiesbaden ||

   24,5 cm; S. 12—212; auf d. Rücks. d. Titelbl.: „Copyright 1961".

9. WILHELM ZUR LINDEN || GEBURT UND KINDHEIT || Aus der Praxis eines Kinderarztes || VITTORIO KLOSTERMANN || FRANKFURT AM MAIN ||

   21 cm; S. 10—288; auf d. Rücks. d. Titelbl.: „Zweite Auflage © 1958".

10. LA DIATOMITE || (KIESELGUR) || LES DIATOMÉES ET LEURS EMPLOIS || DANS L'INDUSTRIE || par || JULES VANDEN BROECK || MIKROPHOTOS A. QUERIO || 3e ÉDITION ||

24,5 cm; S. VII—IX u. 1—207; am Schluß d. Textes: „Achevé d'imprimer . . . 1960 par Gotscho-Imprimerie, Paris".

11. Bibliographie des écrits imprimés || de || HUGO GROTIUS || PAR || JACOB TER MEULEN || DOCTEUR EN DROIT PUBLIC || ET || P. J. J. DIERMANSE || DOCTEUR ÈS LETTRES || [Signet] || LA HAYE || MARTINUS NIJHOFF || 1950 ||

25 cm; S. VI—XXIV u. 2—708; die vollst. Vornamen von Diermanse sind bibliogr. erm.: Pieter Johan Jurriaen.

12. THOMAS MERTON || A BIBLIOGRAPHY || BY || FRANK DELL'ISOLA || FARRAR, STRAUS AND CUDANY || NEW YORK ||

21 cm; S. VII—X u. 3—116; auf d. Rücks. d. Titelbl.: „First printing 1956".

13. FERNANDO DELLA ROCCA || AMERICA || SPIRITO E AZIONE || [Motto] || SPERLING & KUPFER — EDITORI — MILANO ||

17,5 cm; S. 7—228; am Schluß d. Textes: „Stamparono nel MCM/LVII . . .".

14. CHARLES DU BOS || BYRON || ET || LE BESOIN DE LA FATALITÉ || BUCHET/CHASTEL ||

19 cm; S. 16—284; auf d. Rücks. d. Titelbl.: „© Éditions BUCHET/CHASTEL Paris 1957".

15. LOUIS-RENÉ DES FORÊTS || LA CHAMBRE || des || ENFANTS || récits || GALLIMARD || 5, rue Sébastian-Bottin, Paris VIIe ||

18 cm; S. 10—283; auf d. Rücks. d. Titelbl.: „ © 1960"; am Schluß: „Achevé d'imprimer . . . MIL NEUF CENT SOIXANTE".

16. Fortleitung elektrischer Energie || längs Leitungen in Starkstrom- || und Fernmeldetechnik || Von Dr.-Ing. Werner zur Megede || Mit 87 Abbildungen || Springer-Verlag || Berlin/Göttingen/Heidelberg || 1950 ||

21,5 cm; S. VI—VIII u. 2—163.

17. EBERHARDT DEL'ANTONIO || TITANUS || Zukunftsroman || [Signet] || DAS NEUE BERLIN ||

20 cm; S. 5—352; am Schluß d. Textes: „1. Auflage 1959 Verlag Das Neues Berlin, Berlin W 8".

18. D'AMOUR || ET D'ANARCHIE || Récit de la vie || d'une femme de militant || recueilli par || CLAIRE SAINTE-SOLINE || BERNARD GRASSET, EDITEURS || PARIS ||

18 cm; S. 8—205; am Schluß: „Achevé d'imprimer . . . MIL NEUF CENT CINQUANTE-CINQ".

19. ENGLISCH LERNEN || EIN VERGNÜGEN! || T. W. MAC CALLUM, M. A. || MIT VIELEN RANDZEICHNUNGEN || VON TIBOR GERGELY UND OTTO NÜCKEL || UND MEHREREN ENGLISCHEN LIEDERN || RASCHER VERLAG ZÜRICH ||

18 cm; S. 15—200; die vollst. Vornamen d. Verf. sind bibliogr. erm.: Thomas Watson; ebenso das Erscheinungsjahr: 1945; auf d. Umschl.: „Neu bearbeitet"

20. WILLIAM Mc FEE || The Law of the Sea || FABER AND FABER LIMITED || 24 Russel Square || London ||

20,5 cm; S. 7—302; auf d. Rücks. d. Titelbl.: „First published in mcmli".

21. KATE O'BRIEN || THE || FLOWER || OF MAY || Harper & Brothers || New York ||

21 cm; S. 1—342; auf d. Rücks. d. Titelbl.: „Copyright 1953".

22. THE GERALDINES || An Experiment || in Irish Government || 1169—1601 || Brian Fitz Gerald || THE DEVIN-ADAIR COMPANY || Publishers || NEW YORK 1952 ||

21 cm; S. 13—322.

2.3.1.3 Doppelnamen (§ 115—124) mit Verweisungen

Neben den einfachen Familiennamen begegnet man auch mehrteiligen, sogenannten Doppelnamen. Die einzelnen Teile stehen entweder unverbunden nebeneinander, wie „Mendelssohn Bartholdy", oder sie sind durch eine Copula (Verbindung) miteinander verknüpft.

Diese Copula kann sein: ein Bindestrich, wie bei „Wilamowitz-Moellendorff", eine Präposition: „Welcker von Gontershausen", „Durand de Maillane", „Calderon de La Barca", eine Verschmelzung oder feste Verbindung von Präposition und Artikel, z. B. „Schulze zur Wiesche", und schließlich eine Konjunktion: „Prittwitz und Gaffron", „Nieto y Serrano".

Außer *echten* Doppelnamen, die sich vererben, treten auch *scheinbare* auf, z. B. Verbindungen von wirklichem Namen und Pseudonym, „Volkmann-Leander". In Holland, England und Skandinavien ist es vielfach üblich, vor dem eigentlichen Geschlechtsnamen den Familiennamen der Mutter oder eines Paten zu führen, z. B. „John Stuart Mill". Auch Vornamen sind mitunter durch einen Bindestrich mit dem Zunamen verbunden und täuschen dann einen Doppelnamen vor: „Raoul-Rochette". Ferner gibt es zweiteilige Namen, die als *ein* Wort zu behandeln sind, wie „Lang-Heinrich" = Langheinrich. Manche Autoren fügen ihrem Namen, besonders wenn er häufig vorkommt, zur Unterscheidung noch einen Ortsnamen hinzu, der die Herkunft bezeichnet, z. B. „Schulze-Delitzsch", „Müller-Partenkirchen". Schließlich treten auch Verknüpfungen von Familiennamen auf, die durch die Verbindung zweier an einem Werk beteiligter Personen (zweier Verfasser oder Verfasser und Bearbeiter bzw. Herausgeber) entstehen: „Erckmann-Chatrian" = Emile Erckmann und Alexandre Chatrian.

Im Zweifelsfall ist nach einem bio- oder bibliographischen Werk festzustellen, ob ein Doppelname vorliegt.

Bei jedem Doppelnamen, der als solcher vom Katalogbearbeiter übernommen wird, ist in der Regel der *erste* Teil OW (115). Von den anderen Bestandteilen wird verwiesen (116). Ist indessen der zweite oder einer der folgenden gebräuchlich, so wird dieser OW mit Vw. von den anderen, z. B. „August Graf Neidhardt von Gneisenau" → *Gneisenau, August Graf Neidhard* mit Vw. von *Neidhard von Gneisenau, August Graf von* (118). Besondere Schwierigkeiten bieten in dieser Hinsicht spanische und portugiesische Namen, bei denen oft noch die Herkunft der Ehefrau im Namen des Mannes zum Ausdruck kommt, so daß sich hier vielteilige Namensformen ergeben, deren Bedeutung für die Einordnung immer erst durch ein zuverlässiges Auskunftsmittel geklärt werden muß.

Bei ungarischen Doppelnamen, die *nicht* durch Bindestrich verbunden sind, wird

regelmäßig der *zweite* Name OW mit Vw. vom ersten (119), z. B. „Szönyi Nagy István"[1] mit Vw. von „Szönyi", aber: „Szögény-Marich" mit Vw. von „Marich". Wie § 115 vorschreibt, wird der *erste* Teil eines Doppelnamens im Regelfall OW. Die weiteren OW sind die folgenden Teile, dann die Vornamen. Ein Doppelname ist also für die Einordnung niemals als *ein* Buchstabenblock zu behandeln, sondern jeder Teil gilt für sich als OW. Daher wird bei Vw. auf einen Doppelnamen folgerichtig nur der *erste* Teil hinter „s." unterstrichen, z. B. „s. *Droste*-Huelshoff, Anette" (vgl. Anl. I, Beisp. 5, die letzte Vw.). Ist ein Doppelname *sachliches* OW, ist auch in diesem Falle nur ein Teil — in der Regel der erste — maßgeblich.
In der Hauptaufnahme wird die vollständige Namensform (also mit *allen* Teilen!) ausgeworfen und im Text in der Stellung und Schreibung der Vorlage wiederholt, da der Verweisungsstrich ersichtlich sein muß. Den Zettel ordnet man unter den *ersten* Teil des Namens, aber *hinter* die einfachen Familiennamen, die mit diesem ersten Teil gleichlauten (vgl. den Abschnitt 1.8 „Die Reihenfolge der Zettel im AK", Beispiel „Ehm" usw.).
In allen Fällen, in denen eine vom § 115 abweichende Regelung eintritt (118—120 u. 122—124), muß eine aVw. von der vorliegenden Form des Doppelnamens gemacht werden.

Beispiel 96

Vorlage

GRUNDRISS DER || MIKROBIOLOGIE || VON || DR. AUGUST RIPPEL-BALDES || O. PROFESSOR AN DER UNIVERSITÄT GÖTTINGEN || DRITTE AUFLAGE || MIT 160 ABBILDUNGEN || SPRINGER-VERLAG || BERLIN · GÖTTINGEN · HEIDELBERG || 1955 ||

23,5 cm; S. V u. 2—418.

Hauptaufnahme

Rippel-Baldes, August
Grundriß der Mikrobiologie. Von August Rippel-Baldes. Mit 160 Abb. 3. Aufl.
Berlin, Göttingen, Heidelberg: Springer 1955. V, 418 S. 8°

Verweisung vom zweiten Bestandteil des Namens

Baldes, August Rippel-
s. *Rippel*-Baldes.

Erläuterungen

1. Die Vw. von den nicht in erster Linie berücksichtigten Teilen eines Namens ist eine aVw., da sie für *alle* vorkommenden Fälle dieses Namens gelten soll.
2. Den Kopf der Vw. erhält man im Regelfall, indem der erste Bestandteil (Kopfform der Hauptaufnahme) einschl. der Copula nach hinten gezogen wird: *Rippel-Baldes*, August, also: „Baldes, August Rippel-".

[1] „István" ist ein Vorname. Merke: Auf Titelblättern in ungarischer Sprache steht der Vorname stets ohne Komma *hinter* dem Familiennamen. Im Kopf der Aufnahme wird selbstverständlich das Komma gemacht, sofern es sich um einen Verfasser handelt.

3. Der zweite Teil der Vw. besteht nur aus den Zunamen (Kopfform!). Der Vorname wird nicht aufgeführt, da er bereits im Kopf steht und somit bekannt ist. Hinter „s." unterstreicht man den *ersten* Teil des Namens, da dieser als erstes OW gilt: s. *Rippel*-Baldes.

Kopfform der Hauptaufnahme	*Verweisung*
Meier-Graefe, Wilhelm	Graefe, Wilhelm Meier- s. *Meier*-Graefe.
Bircher-Benner, Max	Benner, Max Bircher- s. *Bircher*-Benner.
Mueller von Asow, Erich Hermann	Asow, Erich Hermann Mueller von s. *Mueller* von Asow.
Pueckler-Muskau, Hermann Fürst von	Muskau, Hermann Fürst von Pueckler- s. *Pueckler*-Muskau.
Prévost d'Exiles, Antoine François	Exiles, Antoine François Prévost d' s. *Prévost* d'Exiles.

Beispiel 97

Vorlage

K. A. VARNHAGEN VON ENSE || DENKWÜRDIGKEITEN || DES EIGENEN LEBENS || VERLAG DER NATION ||

19,5 cm; S. 5—461; auf d. Rücks. d. Titelbl.: „Bearbeitet und eingeleitet von Karl Leutner || Dritte erweiterte Auflage || Verlag der Nation Berlin" || ; die vollst. Vornamen d. Autors sind in d. Einf. erwähnt: „Karl August Varnhagen von Ense"; das Erscheinungsjahr ist bibliogr. erm.: 1955.

Hauptaufnahme

Varnhagen von Ense, Karl August

K(arl) A(ugust) Varnhagen von Ense. *Denkwürdigkeiten* des eigenen Lebens. (Bearb. u. eingel. von Karl Leutner.) (3. erw. Aufl.)

(Berlin:) Verl. d. Nation [1955]. 461 S. 8⁰

Verweisung vom zweiten Teil des Namens

Ense, Karl August Varnhagen von
s. *Varnhagen* von Ense.

Verweisung vom Bearbeiter

Leutner, Karl

[Bearb.]

s. *Varnhagen* von Ense, Karl August: Denkwürdigkeiten d. eigenen Lebens. 3. Aufl. 1955.

Erläuterungen

1. Die ergänzten Teile der Aufnahme sind im Text in die entsprechenden Klammern zu setzen (15,1.2).

2. Die ergänzten Angaben über den Bearbeiter und die Ausgabe werden am besten getrennt geklammert, da beide verschiedenen Wert haben: Die Angabe des Bearbeiters gehört im weiteren Sinn zu den Verfasserangaben und die Auflage zur Ausgabebezeichnung.
3. Obwohl der Bearbeiter nicht auf dem Titelblatt steht, empfiehlt sich eine Vw., weil diese Schrift in mehreren Ausgaben und Auflagen erschienen ist.
4. In der Vw. vom Bearbeiter werden die in der Hauptaufnahme geklammerten Angaben *nicht* mit Klammern versehen.

Beispiel 98

Vorlage

Leitfaden || der Nomographie || Von || Dr.-Ing. W. Meyer zur Capellen || Aachen || Mit 203 Abbildungen || Springer-Verlag || Berlin/Göttingen/Heidelberg || 1953 ||

24 cm; S. 2—178; der Vorname d. Verf. ist bibliogr. erm.: Walther.

Hauptaufnahme

Meyer zur Capellen, Walter
Leitfaden der Nomographie. Von W[alther] Meyer zur Capellen. Mit 203 Abb.
Berlin, Göttingen, Heidelberg: Springer 1953. 178 S. 8⁰

Verweisung

Zur Capellen, Walter Meyer
s. *Meyer* zur Capellen.

Erläuterungen

Vgl. folgende Paragraphen: 115; 116; 110; 102; 7,3; 15,1.2; 187; 22,3; 7,6; 7,11; 7,8; 11,1.2; 12; 20,2 d.

Beispiel 99

Vorlage

LEHRBUCH DER || STRAHLENHEILKUNDE || Behandlung mit Röntgenstrahlen und radioaktiven Substanzen || Von || RENÉ DU MESNIL DE ROCHEMONT || o. ö. Professor für Medizinische Strahlenheilkunde und Direktor der Strahlenklinik || und Poliklinik der Universität Marburg || Unter Mitarbeit der Oberärzte der Klinik || Dr. H. J. FIEBELKORN, Prof. Dr. Dr. E. H. GRAUL und Doz. Dr. E. SCHERER || Mit 266 Abbildungen, darunter 5 farbigen auf Tafeln, und 18 Tabellen || 1958 || FERDINAND ENKE VERLAG STUTTGART ||

26 cm; S. VI—XII u. 2—763.

Hauptaufnahme

Du Mesnil de Rochemont, René
Lehrbuch der Strahlenheilkunde. Behandl. mit Röntgenstrahlen u. radioakt. Substanzen. Von René du Mesnil de Rochemont. Unter Mitarb. d. Oberärzte H. J. Fiebelkorn [u. a.] Mit 266 Abb. u. 18 Tab.
Stuttgart: Enke 1958. XII, 763 S. 4⁰

Verweisung

Rochemont, René du Mesnil de
s. *Du Mesnil* de Rochemont.

Erläuterungen

Vgl. folgende Paragraphen: **115**; **116**; **110**; **7,2**; **20,3a**. Anl. V, 2b;

Auch Doppelnamen verheirateter Schriftstellerinnen werden nach § **115** behandelt, gleichviel ob der Name des Mannes an erster oder zweiter Stelle steht (**117**).

„Birch-Pfeiffer", „Beecher-Stowe" mit Vw. von „Pfeiffer" [Mädchenname] und „Stowe" [Name d. Mannes].

Beispiel 100

Vorlage

ANNA BAHR-MILDENBURG || Erinnerungen || 1921 || Wiener Literarische Anstalt || Gesellschaft m.b.H. || Wien Berlin ||

19 cm; S. 5—230.

Hauptaufnahme

Bahr-Mildenburg, Anna
Anna Bahr-Mildenburg. *Erinnerungen.*
Wien, Berlin: Wiener Lit. Anst. 1921. 230 S. 8°

Verweisung

Mildenburg, Anna Bahr-
s. *Bahr*-Mildenburg.

Ist bei Doppelnamen der zweite oder einer der folgenden Namen vorzugsweise gebräuchlich, so wird dieser OW mit Vw. von den anderen (**118**), z. B. „Gans Edler Herr zu Putlitz" mit Vw. von „Gans" oder „Salignac de La Mothe Fénélon" mit Vw. von „Salignac" und „La Mothe".

Beispiel 101

Vorlage

FRIEDRICH DE LA MOTTE FOUQUÉ || Das || Galgenmännlein || [Vignette] || AUFBAU-VERLAG || BERLIN || 1961 ||

19,5 cm; S. 5—81; der zweite Teil d. Zunamens ist der gebräuchliche; der Verf. führte d. Barontitel.

Hauptaufnahme

Fouqué, Friedrich Bn de La Motte
Friedrich de La Motte Fouqué. Das *Galgenmännlein.*
Berlin: Aufbau-Verl. 1960. 81 S. 8°

Verweisung vom ersten Teil des Namens

La Motte Fouqué, Friedrich Bn de
s. *Fouqué*.

Erläuterungen

1. Das ermittelte Adelsprädikat ist nur im Kopf zu ergänzen (vgl. Anl. I, Beisp. 8).
2. Ist der zweite oder folgende Teil eines Doppelnamens gebräuchlich, wird die Hauptaufnahme unter diesen — wie unter einen einfachen Namen — eingeordnet. Die anderen Teile werden wie Vornamen ausgeworfen und für die Einordnung so behandelt.
3. In der Vw. wird der vorliegende Doppelname mit nachgestelltem Vornamen ausgeworfen und im zweiten Teil hinter „s.“ auf den gebräuchlichen Namensteil wie auf einen einfachen Namen verwiesen.

Wenn Autoren vor ihrem Geschlechtsnamen den Familiennamen ihrer Mutter, ihres Paten usw. führen — dies ist namentlich in Holland, England und Skandinavien gebräuchlich —, so haben solche Familiennamen nur die Geltung von Vornamen, doch wird von ihnen verwiesen (120).

Beispiel 102

Vorlage

FRANK LLOYD WRIGHT || AN AUTOBIOGRAPHY || DUELL, SLOAN AND PEARCE, NEW YORK ||

21 cm; S. 3—561; auf d. Rücks. d. Titelbl.: „Seventh printing May 1958“; aus d. Text ergibt sich, daß die Mutter d. Autors eine geborene Lloyd war.

Hauptaufnahme

Wright, Frank Lloyd
Frank Lloyd Wright. An *Autobiography*. (7. print.)
New York: Duell, Sloan & Pearce (1958). 561 S. 8⁰

Verweisung

Lloyd Wright, Frank
s. *Wright*, Frank Lloyd.

Vornamen, die mit dem Familiennamen durch einen Bindestrich vereinigt sind, behalten die Geltung von Vornamen; doch wird von ihnen verwiesen (122).

Beispiel 103

Vorlage

LASSAR-COHN/KAISER || Praxis der chemischen || und mikroskopischen || Harnanalyse || FÜR MEDIZINER, APOTHEKER UND CHEMIKER || Mit einem Anhang über Analyse || des Mageninhaltes und des Blutes || 9., vollständig umgearbeitete und erweiterte Auflage von || PROF. DR. HANS KAISER || STUTTGART || Mit 3 Abbildungen im Text und 5 Tafeln || [Signet] || 1951 || ARBEITSGEMEINSCHAFT

MEDIZINISCHER VERLAGE G.M.B.H. || JOHANN AMBROSIUS BARTH/ VERLAG/LEIPZIG ||

20 cm; S. 4—78; der Sitz d. „Arbeitsgemeinschaft" ist bibliogr. erm.: Berlin.

Hauptaufnahme

Cohn, Lassar

Lassar-Cohn/Kaiser. *Praxis* der chemischen und mikroskopischen Harnanalyse. Für Mediziner, Apotheker u. Chemiker. Mit e. Anh. über Analyse d. Mageninhaltes u. d. Blutes. Mit 3 Abb. u. 5 Taf. 9., vollst. umgearb. u. erw. Aufl. von Hans Kaiser. [Berlin:] Arbeitsgemeinsch. med. Verl.; Leipzig: Barth 1951. 78 S. 8⁰

Verweisung vom scheinbaren Doppelnamen (Außerdem die Bearb.-Vw. von „Kaiser".)

Lassar-Cohn
s. *Cohn*, Lassar.

Führt ein Verfasser *ständig* einen Ortsnamen als zweiten Bestandteil eines Doppelnamens, so wird wie bei einem echten Doppelnamen verfahren. Ist der Ortsname allgemein bekannt, sieht man von einer Vw. ab (vgl. § 116, Beisp. „Schulze-Delitzsch").

Beispiel 104

Vorlage

TASCHENBUCH || FÜR DIE || TIERÄRZTLICHE KLEINTIERPRAXIS || Von || Dr. med. vet. W. A. SCHMIDT-TREPTOW || 1951 || PAUL PAREY || Verlag für Landwirtschaft, Gartenbau und Forstwesen || BERLIN SW 68, LINDENSTRASSE 44—47 ||

20 cm; S. VI—VII u. 2—197; der erste Vorname d. Verf. ist bibliogr. vervollständigt: Wilhelm.

Aufnahme

Schmidt-Treptow, Wilhelm A
Taschenbuch für die tierärztliche Kleintierpraxis. Von W[ilhelm] A. Schmidt-Treptow. Berlin: Parey 1951. VII, 197 S. 8⁰

Erläuterungen

Vgl. § 15,1.

Ist der Ortsname nur gelegentlich neben dem Zunamen aufgeführt und gehört er ganz offensichtlich zur Personalangabe, wird er in der Aufnahme auch als solche behandelt, d. h. überhaupt nicht berücksichtigt, z. B. „Dr. Paul Rubardt-Leipzig", „Pfarrer Ernst Jentsch-Kamenz" u. ä.

Scheinbare Doppelnamen, wie sie durch die Verknüpfung der Namen verschiedener an einem Werk beteiligter Autoren (67) entstehen, werden in die Einzelnamen zerlegt. Von dem scheinbaren Doppelnamen wird verwiesen (124).

Beispiel 105

Vorlage

Düsing-Schaefer || Experimentalphysik || 26., verbesserte Auflage mit 381 Bildern || FACHBUCHVERLAG LEIPZIG 1960 ||

22 cm; S. VIII—XII u. 2—334; es handelt sich um zwei Verf., deren Vornamen bibliogr. erm. sind: Karl Düsing u. Otto Schaefer.

Hauptaufnahme

Duesing, Karl
[Karl] Düsing-[Otto] Schaefer. *Experimentalphysik*. 26., verb. Aufl. mit 381 Bildern.
Leipzig: Fachbuchverl. 1960. XII, 334 S. 8^0

Verweisung vom scheinbaren Doppelnamen

Duesing-Schaefer
s. *Duesing*, Karl u. Otto Schaefer.

Verweisung vom zweiten Verf,

Schaefer, Otto
Experimentalphysik. 26. Aufl. 1960.
s. *Duesing*, Karl.

Erläuterungen

1. Die ermittelten Vornamen sind im Text in der Regel an *der* Stelle einzuschalten, wo sie normalerweise stehen müßten, d. h. *vor* dem Zunamen.
2. Ein mit der Ausgabebezeichnung verbundener Beigabenvermerk wird nach der Vorlage übernommen.
3. Erforderlichenfalls *kann* von „Schaefer" ohne Vornamen mit dem Zusatz im Kopf „Physiker 1960" auf „Schaefer, Otto" verwiesen werden, da es sich um einen Zunamen handelt, der schon in einem mittelgroßen Katalog oft vertreten ist.

Aufgabe 15

1. Schreibe zu folgenden Doppelnamen die aVw. vom zweiten Teil bzw. den anderen Teilen des Namens:

   a) Henri Blaze de Bury
   b) Wilhelm Christ-Iselin
   c) Frederic Clark-Steiniger
   d) Franz Diettrich-Kalkhoff
   e) Joseph Maria Müller-Blattau
   f) Eta Harich-Schneider
   g) Franziska Martienßen-Lohmann
   h) Walter Müller von Kulm
   i) Kurt Nemetz-Fiedler
   j) Joseph Schmidt-Görg
   k) Marie Unschuld von Melasfeld

l) Maria Weichs zur Wenne
m) René Bittard des Portes
n) Emmanuel du Bourg de Bozas
o) August Böhm Edler von Böhmersheim
p) Gabriella des Ferres-Cancani
q) Carolina Ponced y de Cardenas

Fertige von folgenden Vorlagen Titelaufnahmen an:

2. BERNT KARGER-DECKER || Mit Skalpell || und Augenspiegel || Großtaten der Chirurgie || Mit 20 Tafeln nach Stichen und Fotos || sowie Illustrationen im Text || PRISMA VERLAG ||

20,5 cm; S. 8—237; auf d. Rücks. d. Titelbl.: „Erschienen 1957 im Prisma-Verlag, Inhaber Klaus Zenner und Fritz Gürchott, Leipzig".

3. Institut für Gesellschaftswissenschaften beim ZK der SED || Lehrstuhl für Philosophie || Waldtraut Seidel-Höppner || WILHELM WEITLING — || der erste deutsche Theoretiker und Agitator || des Kommunismus || Dietz Verlag Berlin 1961 ||

20 cm; S. 5—206.

4. Grundlagen der || Therapie mit Sexualhormonen || in der inneren Medizin || Von Prof. Dr. Max Ratschow || und || Dr. H. zur Horst-Meyer|| Mit 10 Abbildungen || 1952 || FERDINAND ENKE VERLAG STUTTGART ||

24 cm; S. V—VIII u. 1—168; der vollst. Vorname d. zweiten Verf. ist bibliogr. erm.: Hermann.

5. Vom Sachsenspiegel || ZUM CODE NAPOLÉON || Kleine Rechtsgeschichte im Spiegel alter Rechtsbücher || Gesamtbearbeitung Heinrich Kaspers || unter Mitarbeit von || Wilhelm Schmidt-Thomé und Hans Gerig || [Vignette] || WIENAND-VERLAG KÖLN ||

24,4 cm; S. 7—211; auf d. Rücks. d. Titelbl.: „1961".

6. Die || Algen des süßen Wassers || nach ihren Entwicklungsstufen || dargestellt || von || Dr. C. G. Nees || von Esenbeck || Bamberg 1814 || bey C. F. Kunz ||

19 cm; S. IV u. 1—48; das Vorw. ist unterz.: „Christian Gottfr. Nees von Esenbeck".

7. ZAHNÄRZTLICHES || LEXIKON || von || Professor Dr. med. Dr. med. dent. || WALTER HOFFMANN-AXTHELM || Facharzt für Zahn-, Mund- und Kieferkrankheiten, Berlin || unter Mitarbeit von || DR. FRITZ BAYER/DR. ALFONS DAUTZENBERG/DR. HALFDAN EGGERS LURA/DR. GERHARD FOCKE/ [usw.] || Dritte, verbesserte Auflage || Mit 334 Abbildungen || 1962 || JOHANN AMBROSIUS BARTH VERLAG/LEIPZIG ||

20 cm; S. V—XII u. 1—552.

8. THE SOUTH || A DOCUMENTARY HISTORY || by || INA WOESTEMEYER VAN NOPPEN || Professor of History || Appalachian State Teachers College || [Signet] || D. VAN NOSTRAND COMPANY, INC. || PRINCETON, NEW JERSEY || TORONTO LONDON NEW YORK ||

23,5 cm; S. III—XVI u. 1—564; auf d. Rücks. d. Titelbl.: „Copyright 1958".

9. GUY PONCE DE LÉON || LE || SANG ACIDE || roman || CALMAN-LEVY, ÉDITEURS || 3 RUE AUBER — PARIS ||

20 cm; S. 12—284; am Schluß: „1959".

10. BRUNO GAY-LUSSAC || LA PEUR || GALLIMARD ||

18,5 cm; S. 10—192; der Verlagsort ist bibliogr. erm.: Paris; am Schluß: „Achevé d'imprimer . . . MIL NEUF CENT SOIXANTE ET UN".

11. ALBERT-BUISSON || Membre de l'Institut || LE || CARDINAL DE RETZ || Portrait || [Motto] || [Signet] || PARIS || LIBRAIRIE PLON ||

18 cm; S. II-VII u. 2—240; „de Retz" ist ein Eigenname; am Schluß: „1er trimestre 1954".

12. OTTO SAILER-JACKSON || Löwen — meine besten Freunde || Die Lebensdarstellung || eines Tigerfängers und Tierlehrers || PAUL LIST VERLAG LEIPZIG ||

20 cm; S. 5—298; am Schluß: „1. Auflage 1962"; das Vorw. ist unterz.: „Heinrich Dathe".

13. An Analysis of Knowing || BY || JOHN HARTLAND-SWANN || Head of the Department of Philosophy || University of Malaya || Ruskin House || GEORGE ALLAN & UNWIN LTD || MUSEUM STREET, LONDON ||

22 cm; S. 9—141; das Vorw. ist dat.: „1957".

14. Soldan-Heppe || Geschichte der Hexenprozesse || Mit dreiunddreißig zeitgenössischen Abbildungen || Antäus-Verlag/Lübeck-Leipzig ||

18 cm; S. 5—317; auf d. Rücks. d. Titelbl.: „Nach der Original-Ausgabe neu bearbeitet. Copyright 1938"; Soldan-Heppe sind lt. bibliogr. Ermittlung zwei Verf.: Wilhelm Gottlieb Soldan u. Heinrich Heppe.

15. Rudolf Schneider-Anhalt || Lukas Cranachs Meisterstück || Eine Erzählung || [Signet] || Evangelische Verlagsanstalt Berlin ||

20 cm; S. 5—60; am Schluß d. Textes: „. . . 1954. Zweite Auflage . . ."; der Verf. hat immer unter dieser Namensform geschrieben.

16. DAVID MONRAD JOHANSEN || EDVARD GRIEG || GYLDENDAL NORSK FORLAG || OSLO 1934 ||

24 cm; S. 8—448; „Monrad" ist ein Patenname.

2.3.2 *Mittelalterliche Namen* (etwa 500—1500), *Namen von Würdenträgern* (§ 91—106)

Moderne Familiennamen sind erst das Ergebnis einer längeren historischen Entwicklung. Etwa seit der Renaissance erscheinen Familiennamen in der uns geläufigen Form von Vor- und Zunamen. Diese Entwicklung setzt in Südeuropa etwas früher als im Norden ein. Eine genaue zeitliche Abgrenzung läßt sich nicht angeben, deshalb ist für eine gewisse Übergangszeit eine individuelle Behandlung der Namen vorgeschrieben (92, 93). Auch hier muß man bio-bibliographische Hilfsmittel befragen, um die maßgebliche Namensform festzustellen.

Mittelalterliche Autoren haben in der Regel nur *einen* Namen, den sogenannten persönlichen (Tauf-)Namen. Dieser wird OW (91). Hinzu tritt häufig ein Beiname, z. B. „Petrus Blesensis", „Konrad Fleck", „Jan de Klerk", „Jean de Joinville", „Alessio della Passione".

Für die weitere Ordnung von gleichlautenden persönlichen Namen sind — mit der in § 172 gegebenen Einschränkung für die Träger *mehrerer* persönlicher Namen — diese Beinamen maßgebend (103), z. B.:

1. Alexander de ²Angelis
2. Alexander ²Gallus
3. Alexander ²Trallianus

Diejenigen Verfasser, die keinen festen Beinamen führen, erhalten, wenn zur Unterscheidung nötig, einen solchen nach einer zuverlässigen bio-bibliographischen Quelle — und zwar in der Regel in deutscher Sprache — nach dem Vaterland, dem Amt, der Art ihrer Schriftstellerei usw. Bei weltlichen und geistlichen Würdenträgern muß in jedem Fall ein Beiname ergänzt werden. So führen Päpste immer den Beinamen „Papa", z. B. „Johannes XXIII. Papa", Bischöfe und Äbte den Namen ihrer Diözese oder Abtei, z. B. „Martinus Episc.* [2]Bracarensis", „Alexander Abt von [2]Fürstenfeld", Regenten den Namen ihres Landes, z. B. „Friedrich I. Kaiser von [2]Deutschland" (106).
Ist ein Beiname nicht zu ermitteln, setzt der Katalogbearbeiter erforderlichenfalls einen solchen fest.
Wenn ein Beiname mit einem echten Namen zu verwechseln ist, muß eine Vw. von ihm gemacht werden (91), z. B. „*Konrad* Fleck" mit Vw. von „Fleck", aber „*Petrus* Blesensis" *ohne* Vw. von „Blesensis", da es sich nur um ein Adjektiv handelt, das von einem Ortsnamen abgeleitet ist.
Die Taufnamen werden in der gebräuchlichen Form derjenigen Sprache angesetzt, in der der Verfasser sich selbst benannt oder, falls dies nicht feststeht, in der er zumeist geschrieben hat. Bei Gelehrten wird es in der Regel die lateinische Namensform sein; von der nicht berücksichtigten [vorliegenden] Form wird erforderlichenfalls verwiesen (99).
Weicht die im Mittelalter gebräuchlichste Form von der gegenwärtig üblichen ab, so wird die moderne Form OW mit Vw. von der älteren, z. B. „Johannes" mit Vw. von „Joannes", „Jean" mit Vw. von „Jehan" (100).
Das Attribut „Sanctus" usw. bei Heiligennamen wird nicht als Teil des persönlichen Namens, sondern als Beiname angesehen (98), z. B. „Sanctus Hieronymus" → Hieronymus, Sanctus.
Zusammengesetzte Beinamen werden als *ein* Wort behandelt (104), z. B. „Paulinus a [2]Sancto Bartholomaeo" oder „Alexander a [2]Latere Christi". Von ihnen wird nicht verwiesen.
Erscheint derselbe Verfasser mit wechselnden Beinamen, so wird der üblichere oder, falls sich dies nicht entscheiden läßt, der im Alphabet vorangehende bevorzugt; von den anderen wird in der Regel verwiesen (105), z. B. „Alexander a Villa Dei" mit Vw. von „Alexander Gallus".
Ist es bei Autoren der Übergangszeit zweifelhaft, ob der Zusatz zum persönlichen Namen noch Beiname oder bereits Familienname ist, so wird er als Familienname behandelt; von dem persönlichen Namen wird jedoch verwiesen (93), z. B. „Wolkenstein, Oswald von" mit Vw. von „Oswald von [2]Wolkenstein".
Sind diese Autoren aber, obwohl sie bereits einen Familiennamen haben, vorzugsweise unter ihrem Vornamen bekannt, so werden sie unter diesem angesetzt (92), z. B. „Dante [2]Alighieri" mit Vw. von „Alighieri, Dante".
Wie die Namen mittelalterlicher Autoren werden von denen der Neuzeit die geistlichen und weltlichen Würdenträger behandelt, in deren Benennung sich der mittelalterliche Brauch bis heute erhalten hat. Demnach wird bei Heiligen, Päpsten, Bischöfen und Ordensmitgliedern sowie bei regierenden Fürsten und Mitgliedern regierender Häuser nicht der Familienname, sondern der Vorname

* Episc. = Episcopus (lat.) = Bischof

OW, den sie in der Taufe erhalten oder beim Eintritt in die Würde oder den Orden angenommen haben (94), z. B. „Gregorius XVI. Papa", nicht „Mauro Capellari", oder „Friedrich II. König von Preußen", nicht „Friedrich von Hohenzollern". Auch Angehörige depossedierter (entthronter) Häuser werden so behandelt, sofern sie nicht einen bürgerlichen Namen angenommen haben.
Sind solche Würdenträger [schon] vor Eintritt in ihre Würde als Schriftsteller aufgetreten, so erhält der frühere Name eine Vw. (95), z. B. „Pius XII. Papa" mit Vw. von „Pacelli, Eugenio".
Bei modernen Bischöfen, Ordensmitgliedern und Heiligen wird der Familienname dann OW, wenn sie unter diesem Namen bekannt sind; von ihrem Namen im geistlichen Amt und dem Heiligennamen wird verwiesen, falls er in Büchertiteln vorkommt (96), z. B. „Bischof Wilhelm Emanuel Frh. von *Ketteler*" mit Vw. von „*Wilhelm* Emanuel".
Von zwei oder mehr in fester Verbindung geführten persönlichen Namen wird der erste OW (97), z. B. „*Friedrich* ²Wilhelm".

Beispiel 106

Vorlage

DIE GEDICHTE || WALTHERS VON DER VOGELWEIDE || ZWÖLFTE UN-VERÄNDERTE AUSGABE || MIT BEZEICHNUNG DER ABWEICHUNGEN VON LACHMANN UND MIT SEINEN ANMERKUNGEN || HERAUSGEGEBEN VON || CARL v. KRAUS || [Signet] || BERLIN 1959 || WALTER DE GRUYTER & CO. ||

21 cm; S. VI—XXXII u. 4—245.

Hauptaufnahme

Walter von der Vogelweide
Die *Gedichte* Walthers von der Vogelweide. 12. unveränd. Ausg. mit Bezeichn. d. Abweichungen von Lachmann u. s. Anm., hrsg. von Carl v. Kraus.
Berlin: de Gruyter 1959. XXXII, 245 S. 8⁰

Verweisung vom Herausgeber

Kraus, Karl von
[Hrsg.]
s. *Walter* von der Vogelweide: Gedichte. 12. Ausg. 1959.

Erläuterungen

Vgl. §§ 91, 102, 20,3a.

Beispiel 107

Vorlage

NEIDHARTS LIEDER || HERAUSGEGEBEN || VON || MORIZ HAUPT || 2. AUF-LAGE || NEU BEARBEITET || VON || EDMUND WIESSNER || VERLAG VON S. HIRZEL IN LEIPZIG || 1923 ||

22,5 cm; S. VI—LXXIX u. 4—365; der vollst. Name des Dichters ist aus d. Vorw. ersichtl.: „Neidhart von Reuenthal".

Hauptaufnahme

Neidhard von Reuenthal
Neidharts (von Reuenthal) *Lieder*. Hrsg. von Moriz Haupt. 2. Aufl., neu bearb. von Edmund Wiessner.
Leipzig: Hirzel 1923. LXXIX, 365 S. 8⁰

Verweisung vom Herausgeber

Haupt, Moritz
[Hrsg.]
s. *Neidhard* von Reuenthal: Lieder. 2. Aufl. 1923.

Verweisung vom Bearbeiter der 2. Auflage

Wiessner, Edmund
[Bearb.]
s. *Neidhard* von Reuenthal: Lieder. 2. Aufl. 1923.

Beispiel 108

Vorlage

Dër Wërlte lôn || von || Kuonrât von Wirceburc || herausgegeben || von || Franz Roth || Frankfurt am Main || Joh. Christ. Hermann'sche buchhandlung || F. E. Suchsland || 1843 ||

20 cm; S. VI—XI u. 2—20; die maßgebl. Namensform ist aus d. Vorw. ersichtl.: „Konrad von Würzburg".

Hauptaufnahme

Konrad von Wuerzburg
Dër Wërlte *lôn*. Von Kuonrât von Wirceburc (Konrad von Würzburg). Hrsg. von Franz Roth.
Frankfurt am M.: Hermann 1843. XI, 20 S. 8⁰

Verweisung von der vorliegenden auf die maßgebliche Namensform

Kuonrât von Wirceburc
s. *Konrad* von Würzburg.

Verweisung vom Herausgeber

Roth, Franz
[Hrsg.]
s. *Konrad* von Würzburg: Dër Wërlte lôn. 1843.

Erläuterung

Vgl. § 100.

Beispiel 109

Vorlage

IWEIN || EINE ERZÄHLUNG || VON HARTMANN VON AUE || MIT ANMERKUNGEN || VON G. F. BENECKE UND K. LACHMANN || VIERTE AUSGABE || BERLIN || DRUCK UND VERLAG VON G. REIMER || 1877 ||

23 cm; S. IV—X u. 2—563; die vollst. Vornamen d. Herausgeber sind bibliogr. erm.: Georg Friedrich Benecke, Karl Lachmann.

Hauptaufnahme

Hartmann von Aue
Iwein. Eine Erzählung. Mit Anm. von G[eorg] F[riedrich] Benecke u. K[arl] Lachmann. 4. Ausg.
Berlin: G. Reimer 1877. X, 563 S. 8°

Verweisungen von den Herausgebern

Benecke, Georg Friedrich
[Hrsg.]
s. *Hartmann* von Aue: Iwein. 4. Ausg. 1877.

Lachmann, Karl
[Hrsg.]
s. *Hartmann* von Aue: Iwein. 4. Ausg. 1877

Beispiel 110

Vorlage

JORDANIS || DE || GETARUM SIVE GOTHORUM || ORIGINE ET REBUS GESTIS. || RECOGNOVIT, ANNOTATIONE CRITICA INSTRUXIT || CUM VARIETATE LECTIONIS EDIDIT || CAROL. AUG. CLOSS. || Stuttgartiae, || Impensis Eduardi Fischhaber. || MDCCCLXI ||

17,5 cm; S. II—XII u. 2—225; der Verf. lebte um die Mitte d. 6. Jahrhunderts und hatte keinen Beinamen.

Hauptaufnahme

Jordanis
De Getarum sive Gothorum *origine* et rebus gestis. Recogn., ann. crit. instr. cum varietate lectionis ed. Carol[us] Aug[ustus] Closs.
Stuttgartiae: Fischhaber 1861. XII, 225 S. 8°

Verweisung vom Herausgeber

Closs, Karl August
[Hrsg.]
s. *Jordanis:* De Getarum sive Gothorum origine et rebus gestis. 1861.

Erläuterung betr. d. Vornamen d. Herausgebers: § 101.

Beispiel 111

Vorlage

MATTHIAE NEOBURGENSIS CHRONICA || cum continuatione et Vita Berchtholdi de Buchegg, Ep. Arg. || Die Chronik des Matthias von Neuenburg || Nach der Berner- und Strassburger handschrift || Mit den Lesarten der Ausgaben von Cuspinian und Urstisius || herausgegeben || im Auftrag der allgem. schweizerischen geschichtsforschenden Gesellschaft || von || Dr. G. STUDER, Prof. Theol. ord. || Bern, Stämpfliche Buchdruckerei (G. Hünerwadel). || 1866 ||

23,5 cm; S. II—LII u. 2—252; die vollst. Vornamen d. Herausgebers sind bibliogr. erm.: Gottlieb Ludwig.

Hauptaufnahme

Matthias Neoburgensis
Matthiae Neoburgensis *Chronica* cum continuatione et Vita Berchtholdi de Buchegg, Ep. Arg. Die Chronik d. Matthias von Neuenburg. Nach d. Berner- u. Strassburgerhs. Mit d. Lesarten d. Ausg. von Cuspinian u. Urstisius hrsg. im Auftr. d. allg. schweizer. geschichtsforsch. Ges. von G[ottlieb Ludwig] Studer.
Bern 1866: Stämpfli. LII, 252 S. 8°

Verweisung von der deutschen Namensform

Matthias von Neuenburg
[dt. Namensform]
s. *Matthias* Neoburgensis.

Verweisung vom Herausgeber

Studer, Gottlieb Ludwig
[Hrsg.]
s. *Matthias* Neoburgensis: Chronica. 1866.

Erläuterungen

1. den Autornamen betr.: § 161,
2. den großen Anfangsbuchstaben von „Chronica" betr.: Anl. V, 2a.

Beispiel 112

Vorlage

LEONIS XIII || In MARIAM VIRGINEM || FLOSCULI ||

20 cm; 13 ungezählte bedruckte Blätter; am Schluß: „Romae || H. & J. Desclée, L. Lefébvre & Soc. || 1896". ||

Aufnahme

Leo XIII. Papa
[Papae] Leonis XIII. In Mariam virginem *flosculi*.
(Romae: Desclée, Lefebvre & Soc. 1896.) 13 Bl. 8°

Erläuterungen

Siehe vorhergehendes Beispiel.

Beispiel 113

Vorlage

Kaiser Friedrich III. || Tagebücher || von 1848—1866 || Mit einer Einleitung und Ergänzungen || herausgegeben || von || Heinrich Otto Meisner || Verlag von K. F. Koehler in Leipzig || 1929 ||

22 cm; S. VIII—LI u. 2—582.

Hauptaufnahme

Friedrich III. Kaiser von Deutschland
Kaiser Friedrich III. [von Deutschland]. *Tagebücher* von 1848—1866. Mit e. Einl. u. Erg. hrsg. von Heinrich Otto Meisner.
Leipzig: K. F. Koehler 1929. LI, 582 S. 8⁰

Verweisung vom Herausgeber

Meisner, Heinrich Otto
[Hrsg.]
s. *Friedrich* III. Kaiser von Deutschland: Tagebücher von 1848—1866. 1929.

Beispiel 114

Vorlage

MEMOIRES || DE || LA REYNE || MARGVERITE || EDITION NOVVELLE || plus correcte. || [Vignette] || A PARIS || Chez JEAN RIBOV, au Palais, vis-à-vis || de la sainte Chapelle, à l'image || Sainct Louys || MDCLXVI. ||

14 cm; S. 3—177; Bogensign.: S. 25: B, S. 49: C usf.; die maßgebl. Namensform d. Verf.: Marguerite Königin von Frankreich.

Aufnahme

Marguerite Königin von Frankreich
Mémoires de la Reyne Marguerite [Königin von Frankreich]. Éd. nouv. plus corr.
Paris: Ribou 1666. 177 S. 8⁰ (12⁰)
Vgl. auch § 5, 1 a.

Aufgabe 16

1. DIE LIEDER || GOTTFRIEDS VON NEIFEN || HERAUSGEGEBEN || VON || MORIZ HAUPT || LEIPZIG || WEIDMANNSCHE BUCHHANDLUNG || 1851 ||
   21 cm; S. VI u. 4—66; der Dichter lebte um 1250.
2. WIDUKINDI || RES GESTAE SAXONICAE || EX RECENSIONE WAITZII. || IN USUM SCHOLARUM || EX MONUMENTIS GERMANIAE || HISTORICIS RECUDI FECIT || GEORGIUS HEINRICUS PERTZ || HANNOVERAE, || IMPENSIS BIBLIOPOLII HAHNIANI || 1839 ||
   20 cm; S. VI—XIV u. 2—106; die maßgebl. Namensform d. Verf. ist bibliogr. erm.: Widukindus Monachus Corbeiensis.
3. OTTONIS || EPISCOPI FRISINGENSIS || CHRONICA || SIVE || HISTORIA || DE DUABUS CIVITATIBUS || EDITIO ALTERA || RECOGNOVIT || ADOLFUS HOFMEISTER || HANNOVERAE ET LIPSIAE || IMPENSIS BIBLIOPOLII HAHNIANI || 1912 ||
   21,5 cm; S. VIII—CXIV u. 2—577.

4. EUROPA || UND DER || FRIEDE || Vier Botschaften Papst Pius XI. zu Problemen unserer Zeit || katholische nachrichten-agentur münchen-bonn ||

20 cm; S. 5—38; das Vorw. ist unterz.: „im Januar 1954 Karl Bringmann".

5. L'HEPTAMÉRON || DES NOUVELLES || De très haute et très illustrée princesse || MARGUERITE D'ANGOULÈME || ROINE DE NAVARRE || Nouvelle édition || COLLATIONÉE SUR LES MANUSCRITS || AVEC || PRÉFACE, NOTES, VARIANTES ET GLOSSAIRE-INDEX || PAR || BENJAMIN PIFTEAU || PARIS || G. CHARPENTIER ET Cie, EDITEURS || 13, RUE DE GRENELLE, 13 ||

18 cm; S. VI—XVI u. 2—507; auf d. Umschlag: „1884"; die maßgebl. Namensform d. Verf. ist bibliogr. erm.: Marguerite Königin von Navarra.

6. Ins innerste Afrika || Von Adolf Friedrich Herzog zu Mecklenburg || Bericht über den Verlauf || der deutschen wissenschaft- || lichen Zentral-Afrika- || Expedition 1907—1908. || [Signet] || Leipzig 1909 Verlag von Klinkhardt & Biermann ||

25,5 cm; S. VIII—XI u. 4—476; mit zahlr. Abbildungen im Text.

7. Die Gedichte || Oswalds von Wolkenstein || herausgegeben || von || J. Schatz || Zweite verbesserte Ausgabe || [Signet] || Göttingen || Vandenhoeck und Ruprecht || 1904 ||

20,5 cm; S. 2—312; der vollst. Vorname d. Herausgebers ist aus d. Vorw. ersichtl.: „Josef"; es handelt sich um einen Autor d. Übergangszeit: § 93 ist heranzuziehen.

2.3.3 *Antike Namen*
(§ 81—87)

Altrömische Namen bestehen in der Regel aus drei Teilen, dem Vornamen, dem Geschlechtsnamen und dem Zunamen. OW wird der *gebräuchliche* Teil (81), d. h. entweder der Geschlechtsname oder der Zuname. Ist der Zuname der gebräuchliche Teil, so werden die beiden vorangehenden Teile wie Vornamen behandelt, z. B. Marcus Tullius Cicero → Cicero, Marcus Tullius. Ist der mittlere Teil (Geschlechtsname) gebräuchlich, so werden Geschlechts- und Zunamen wie ein Doppelname eingeordnet, allerdings ohne eine Vw. vom Zunamen, z. B. Quintus Horatius Flaccus → Horatius Flaccus, Quintus (84).

Die ursprüngliche lateinische Form wird OW, und zwar auch dann, wenn sie in anderen Sprachen verändert erscheint (83). Eine Vw. von der vorliegenden veränderten Form ist zu empfehlen, wenn sich die Änderung etwa auf die drei ersten Buchstaben erstreckt, z. B. „Orazio" mit Vw. auf „Horatius"

Schwankt der Gebrauch zwischen zwei Namen, so wird der erste OW mit Vw. vom zweiten, z. B. Martianus Capella mit Vw. von „Capella, Martianus" (82).

Beispiel 115

Vorlage

CICERONE || PARADOXA STOICORUM || INTRODUZIONE E COMMENTO || DI || FELICE VERNA || SALVATORE IODICE EDITORE-NAPOLI ||

20 cm; S. 8—68; die vollst. Namen d. Verf. in der lat. Originalform sind aus d. Buch ersichtl.: „M. Tullius Cicero"; „M." ist im Lat. die Abkürzung für „Marcus"; am Schluß d. Textes: „Finito di stampare . . . 1957".

Hauptaufnahme

Cicero, Marcus Tullius
Cicerone (M[arcus] Tullius Cicero). *Paradoxa* Stoicorum. Introd. e. comm. di Felice Verna.
Napoli: Iodice (1957). 68 S. 8⁰

Verweisung vom Kommentator

Verna, Felice
[Komm.]
s. *Cicero*, Marcus Tullius: Paradoxa Stoicorum. 1957.

Beispiel 116

Vorlage

Q. HORATII FLACCI || CARMINA || FUNDAMENT-VERLAG · BERLIN ||
16,5 cm; S. 3—135; auf d. Rücks. d. Titelbl.: „Printed 1948", „Q." ist im Lat. die Abkürzung für „Quintus".

Aufnahme

Horatius Flaccus, Quintus
Q[uinti] Horatii Flacci *Carmina*.
Berlin: Fundament-Verl. (1948). 135 S. 8⁰

Erläuterung betr. d. großen Anfangsbuchstaben von „Carmina": Anl. V, 2a.

Aufgabe 17

TACITUS' || GERMANIA. || ERKLÄRT VON || U. ZERNIAL. || MIT EINER KARTE VON H. KIEPERT. || BERLIN, WEIDMANNSCHE BUCHHANDLUNG. || 1890. ||
19,5 cm; S. IV u. 2—101; der vollst. Name d. Autors ist aus d. Buch ersichtl.: „Publius Cornelius Tacitus"; der vollst. Vorname Zernials ist bibliogr. erm.: Unico.

Bei *altgriechischen* Namen, soweit sie sich aus mehreren Bestandteilen zusammensetzen, gelten für die Wahl des OW wie für die weitere Ordnung dieselben Regeln wie für die altrömischen Namen (85). Führt der Autor, wie es die Regel ist, nur *einen* Namen, so wird zur weiteren Ordnung der Beiname herangezogen, der ihm in der Literatur gegeben ist, z. B. Dionysius ²Periegeta (86).
Die altgriechischen Namen werden stets in der latinisierten Form angesetzt, z. B. Homer → *Homerus*, in der Regel ohne Vw. von der ursprünglichen Namensform oder den Umgestaltungen, die sie in anderen Sprachen erfahren hat (87). Doch ist auch hier eine Vw. von der vorliegenden Form zu empfehlen, wenn sich die Veränderung auf die ersten drei Buchstaben erstreckt, z. B. wird „Eschyle" unter „Aeschylus" geordnet mit Vw. von „Eschyle".

2.3.4 *Byzantinische Namen* (bis 1453) (§ 88—90)

Bei byzantinischen Autoren wird der persönliche (Tauf-)Name OW; von dem Beinamen wird in der Regel und jedenfalls dann verwiesen, wenn er zum Familiennamen geworden ist (88).

¹Johannes ²Chrysostomus
¹Georgius ²Pisides

mit Vw. von „Chrysostomus, Johannes"
„Pisides, Georgius"

aber:

¹Georgius ²Monachus
¹Maximus ²Confessor
¹Theodorus ²Anagnostes

ohne Vw. von „Monachus"
„Confessor"
„Anagnostes",

da es sich nicht eigentlich um Namen, sondern um Standes- oder Eigenschaftsbezeichnungen handelt, die nur als Beinamen gebraucht werden.

Die byzantinischen Namen werden stets in der latinisierten Form angesetzt, in der Regel ohne Vw. von der ursprünglichen Namensform oder den Umgestaltungen, die sie in anderen Sprachen erfahren hat (89).
Für die weitere Ordnung gleichlautender Namen sind die Beinamen (Familiennamen) maßgebend (90).

2.3.5 *Pseudonyme*
(§§ 73, 141, 169, 170, 171)

Unter einem Pseudonym (griech. = falscher Name) versteht man einen Decknamen (nom de plume, nom de guerre, sobriquet, nick name, pen name), den sich ein Autor aus verschiedenen Gründen zulegen kann. Hierbei handelt es sich stets um eine *individuelle* Bezeichnung, die also ein *bestimmtes* Einzelwesen benennt.
Ein Pseudonym kann in allen möglichen Formen auftreten: als antiker, mittelalterlicher, moderner Name usw., z. B. „Philalethes", „Mephisto der Jüngere", „Pacificus Sincerus", „Philaleutherus Lipsiensis", „Jakob Corvinus", „Mark Twain", „Ludwig Renn".
Als Pseudonyme gelten auch solche Bezeichnungen, mit denen *bestimmte* Personen dauernd benannt worden sind und die doch keine eigentlichen Namen darstellen, wie „Anonymus Bernensis", „Monachus Sangallensis", „Der Mönch von Heilsbronn", „Le Flaneur", ebenso Namensformen, deren Fingierung ohne weiteres sofort kenntlich ist, wie „Hieronimus Dumrian", „Strebesam Holzwurm", „F. v. Nonsens", „Rideamus" u. ä. (73).
Bei Pseudonymen erfolgt die Wahl des OW und die weitere Ordnung nach denselben Grundsätzen wie bei wirklichen Namen.

Beispiele

> Philalethes ^{2}Veronensis (91)
> Pacificus ^{2}Sincerus *(mit Vw. von Sincerus)*
> ^{2}Jakob Corvinus (107)
> Hans in ^{2}allen Gassen (104)

Im Zweifel wird der letzte Name OW mit Vw. vom ersten (141).

Beispiel

> ^{2}Mark *Twain*

Ein als Pseudonym gebrauchter Name, der an sich sowohl Vorname wie Familienname sein kann, gilt als Familienname, z. B. „^{2}Jean *Paul*" (171).

Die Frage, wann eine Schrift unter das Pseudonym gestellt wird, ist nur in einem Fall eindeutig zu beantworten: wenn nämlich der wirkliche Name nicht zu ermitteln ist; Dann wird das Pseudonym OW der Hauptaufnahme. In allen anderen Fällen geben die „Regeln" nur eine Lösung, wenn das literarische Werk eines Autors nahezu abgeschlossen im AK vorliegt:

1. Ist von verschiedenen für denselben Verfasser in Frage kommenden Namen der eine der wirkliche, der andere ein Pseudonym, so wird der wirkliche Name OW mit Vw. vom Pseudonym (169).
2. Hat sich indes bei bekannteren Autoren das Pseudonym derart im Gebrauch festgesetzt, daß sie vornehmlich unter ihm zitiert werden, so wird es OW mit Vw. vom wirklichen Namen (170).

Wenn es sich um einen Autor handelt, dessen Gesamtschaffen noch nicht zu übersehen ist, stellt man seine Schriften am besten zunächst unter die zuerst gebrauchte Namensform mit Vw. von den anderen. Unter diesen Umständen wird der Katalogbearbeiter allerdings später evtl. Änderungen in Kauf nehmen müssen.

Treten wirklicher Name und Pseudonym als scheinbarer Doppelname auf, wie z. B. „Popper-Lynceus", „Volkmann-Leander", so stellt man die Schriften unter den wirklichen Namen mit Vw. vom Pseudonym und vom scheinbaren Doppelnamen.

Benutzt ein Autor verschiedene Pseudonyme, so legt man alle Schriften unter seinen wirklichen Namen mit Vw. von den Pseudonymen.

Die Vw. vom Pseudonym auf den wirklichen Namen bzw. umgekehrt ist stets eine aVw., da nur von einer Namensform auf eine andere hingewiesen wird (vgl. den ersten Hauptabschnitt „Allgemeine Grundlagen der Titelaufnahme", 1.7).

Es ist üblich, bei Vw. vom Pseudonym das Erscheinungsjahr der ältesten im Katalog vorhandenen Schrift des betreffenden Autors im Kopf der Vw. mitaufzuführen, um gleichlautende Pseudonyme *verschiedener* Verfasser unterscheiden und dann chronologisch ordnen zu können (vgl. Anl. I, 18 u. 43).

Ein Pseudonym wird in *jedem* Fall im Text der Hauptaufnahme aufgelöst (15,2). Hierbei wird der Deckname in der Stellung der Vorlage wiederholt und die Auflösung in entsprechenden Klammern mit der einleitenden Formel „d. i." unmittelbar dahinter eingefügt, z. B. „Multatuli [d. i. Eduard Douwes Dekker]".

Beispiel 117

Vorlage

COSMOGRAPHIA || NOVISSIMA, || Oder || Allerneueste und accurate || Beschreibung || Der gantzen wunderbaren Welt, || Samt denen merckwürdigsten/curieusen und auserle= || sensten Sachen aus der ASTRONOMIA, GEOGRAPHIA, || PHYSICA, POLITICA, und HISTORIA. || Darinnen || Erstlich von der höchst wunderbahren und unbegreifflichen Erschaf= || fung dieses gantzen Welt=Gebäudes/ von denen Globis oder natür= und künst= || lichen Himmels= und Erd=Kugeln/ sowohl mit einer richtigen und leichten Anweisung und Un= || terricht, zu dererselben nützlichen Gebrauch, als auch ausführlichen Erklärung aller daran befindlichen Circkel, || insonderheit auch von allen Planeten, Stern=Bildern, Cometen und deren Bedeutung, von der Zeit, || Lufft, Feuer, Wasser, Bergen und der Erd=Beschreibung insgemein. || Zum Andern || Von denen vier Theilen der Welt/ als EUROPA, ASIA, AFRICA, AMERICA, samt deren || Eintheilung in ihre vornehmste Reiche und Länder/ als Kayserthümer/Königreiche/Staaten/Republiquen/Herrschafften/und dergleichen/wie auch von allen und jeden Fatis/Aufnahme und Zerrüttungen/ von denen Müntzen || und Flüssen ausführlich gehandelt und in schönster Ordnung vorgestellet wird. || Auch mit einer Vorrede und dreyfachen Registern versehen, und ausgefertiget || Von || MELISSANTES. || Mit Königlichen und Chur=Sächsischen Allergnädigsten PRIVILEGIO. || FRANCKFURT und LEIPZIG, || In Verlegung Johann Christoph Stössels seel. Erben in Erffurt/1715. ||

20,5 cm; 2 ungezählte Blätter, dann fortlaufende Zählung: S. 2—975, die darauffolgende letzte Seite trägt die Ziffer: 676, danach 42 ungezählte Blätter (Register); der wirkliche Name d. Verf. ist bibliogr. erm.: Johann Gottfried Gregorii; Bogensignaturen: S. 9: B, S. 17: C usf. (Vgl. Faks. 11.)

Hauptaufnahme

Gregorii, Johann Gottfried
Cosmographia novissima, oder allerneueste und accurate Beschreibung der gantzen wunderbaren Welt . . . Auch mit e. Vorr. u. 3fachen Reg. vers. u. ausgefertiget. Von Melissantes [d. i. Johann Gottfried Gregorii].
Franckfurt, Leipzig; Erffurt: Stössel 1715. 676 [vielm. 976] S. 8^0 (4^0)

Verweisung vom Pseudonym auf den wirklichen Namen

Melissantes 1715
[Pseud.]
s. *Gregorii*, Johann Gottfried.

Erläuterungen

1. Ist von verschiedenen für denselben Verfasser in Frage kommenden Namen der eine der wirkliche, der andere ein Pseudonym, so wird der wirkliche Name OW mit Vw. vom Pseudonym (169).
2. Ausführliche Titel, besonders solche, die den Inhalt der Schrift im Auszuge wiedergeben oder umschreiben, werden stark gekürzt; doch bleibt der Anfang und alles das erhalten, was für die Identifizierung der Schrift wesentlich ist (7,1).
3. Zusätze zum Sachtitel (hier: der Alternativtitel) werden nach Möglichkeit gekürzt (7,2).
4. Die orthographische Schreibung der Vorlage wird beibehalten (5,1 a. b. c).

5. Neben Meßplätzen (hier: Franckfurt u. Leipzig) wird auch der Wohnsitz des Verlegers angegeben (7,11); die Meßplätze werden neben einem Verlagsort als Veröffentlichungsorte behandelt und daher durch ein Semikolon abgegrenzt.
6. Weglassungen werden in der Regel nur dann kenntlich gemacht, und zwar durch drei Punkte, wenn sie den Sachtitel betreffen oder wenn es für das Verständnis notwendig erscheint (9).
7. Druckfehler (hier: Seitenzählung) werden übernommen und durch eine in eckige Klammern gesetzte Angabe mit der einleitenden Formel „vielm.“ berichtigt (5,2).
8. Das Beiwerk (hier: „Mit Königlichen ... Privilegio“) bleibt weg (7,12).

Beispiel 118

Vorlage

WILLIBALD ALEXIS || Der Roland || von || Berlin || HISTORISCHER ROMAN || ANNO 1954 || DAS NEUE BERLIN ||

23,5 cm; S. 5—647; auf d. Rücks. d. Titelbl.: „Herausgegeben und mit einer Einführung versehen von Dr. Christfried Coler“; aus d. Einf. geht hervor, daß „Willibald Alexis“ ein Pseudonym ist für „Wilhelm Häring“; der Verf. schrieb vorwiegend unter d. Pseudonym; am Schluß d. Textes: „Verlag Das Neue Berlin, Berlin W 8“.

Hauptaufnahme

Alexis, Willibald

Willibald Alexis ([d. i.] Wilhelm Häring). Der *Roland* von Berlin. Hist. Roman. (Hrsg. u. mit e. Einf. vers. von Christfried Coler.)

(Berlin:) Das Neue Berlin 1954. 647 S. 8°

Verweisung vom wirklicher Namen auf das Pseudonym

Haering, Wilhelm
[wirkl. Name]
s. *Alexis*, Willibald [Pseud.]

Verweisung vom Herausgeber

Coler, Christfried
[Hrsg.]
s. *Alexis*, Willibald: Der Roland von Berlin. 1954.

Erläuterungen

1. Hat sich bei bekannteren Autoren das Pseudonym derart im Gebrauch festgesetzt, daß sie vornehmlich unter ihm zitiert werden, so wird es OW mit Vw. vom wirklichen Namen (170).
2. Da diese Schrift in vielen Ausgaben veröffentlicht ist, wird eine Vw. vom Herausgeber zweckmäßig sein, obwohl er nicht auf dem Titelblatt steht (20,3a).

Beispiel 119

Vorlage

HANS FALLADA || DER TRINKER || ROMAN || [Signet] || AUFBAU-VERLAG BERLIN || 1953 ||

20 cm; S. 5—306; aus d. Nachw., das von Max Schroeder unterz. ist: „Robert Ditzen, der sich als Schriftsteller den ... Namen Fallada beilegte ...“; der richtige Vorname lautet aber: Rudolf; der Autor hat überwiegend unter seinem Decknamen geschrieben.

Hauptaufnahme

Fallada, Hans
Hans Fallada ([d. i.] Robert [vielm. Rudolf] Ditzen). Der *Trinker*. Roman. (Nachw.: Max Schroeder.)
Berlin: Aufbau-Verl. 1953. 306 S. 8°

Verweisung vom wirklichen Namen auf das Pseudonym

Ditzen, Rudolf
[wirkl. Name]
s. *Fallada*, Hans [Pseud.]

Verweisung vom falschen Namen auf den richtigen Namen

Ditzen, Robert
[falsche Namensform]
s. *Ditzen*, Rudolf.

Erläuterungen

1. Hat sich bei bekannteren Autoren das Pseudonym derart im Gebrauch festgesetzt, daß sie vornehmlich unter ihm zitiert werden, so wird es OW mit Vw. vom wirklichen Namen (170).
2. Eine Vw. von der im Nachwort irrtümlich falsch aufgelösten Namensform (falscher Vorname!) ist zweckmäßig, da die Schrift darunter gesucht werden könnte. Unerläßlich wäre sie bei häufig vorkommenden Familiennamen, wie Schulz, Müller, Lehmann u. ä.
3. Eine Vw. vom Herausgeber erscheint im vorliegenden Fall überflüssig, weil die Schrift nicht in mehreren Ausgaben veröffentlicht ist und der Herausgeber nicht einmal auf dem Titelblatt steht.

Beispiel 120

Vorlage

SALVATORE ATTAL || (SOTER) || SAN FRANCESCO || D'ASSISI || [Signet] || S. BELFORTE & C. — EDITORI || LIVORNO ||

24 cm; S. 12—517; am Schluß d. Textes: „Finita di stampare . . . 1930"; „Soter" ist ein vom Verf. früher gebrauchtes Pseudonym.

Hauptaufnahme

Attal, Salvatore
Salvatore Attal ⟨Soter⟩. San *Francesco* d'Assisi.
Livorno: Belforte (1930). 517 S. 8°

Verweisung von der pseudonymen Namensform

Soter 1930
[Pseud.]
s. *Attal*, Salvatore.

Erläuterungen

1. Ist von verschiedenen für denselben Verfasser in Frage kommenden Namen der eine der wirkliche Name, der andere ein Pseudonym, so wird der wirkliche Name OW mit Vw. vom Pseudonym (169).
2. Bei dem OW im Sachtitel handelt es sich um einen mittelalterlichen Namen („Francesco"). Hierbei wird „San" *nicht* zum Namen gezogen (91, 98).

Beispiel 121

Vorlage

Max Millenkovich-Morold || Cosima Wagner || Ein Lebensbild || Zweite, || durchgesehene Auflage || Philipp Reclam jun., Verlag, Leipzig ||

23 cm; S. 8—487; auf d. Rücks. d. Titelbl.: „Printed 1937"; „Morold" ist ein vom Autor früher gebrauchtes Pseudonym; der Verf. heißt mit vollem Namen: Max von Millenkovich (bibliogr. erm.).

Hauptaufnahme

Millenkovich, Max von
Max [von] Millenkovich-Morold. Cosima *Wagner*. Ein Lebensbild. 2., durchges. Aufl.
Leipzig: Reclam (1937). 487 S. 8⁰

Verweisung vom Pseudonym

Morold, Max 1937
[Pseud.]
s. *Millenkovich*, Max von.

Verweisung vom scheinbaren Doppelnamen

Millenkovich-Morold, Max
s. *Millenkovich*, Max von.

Aufgabe 18

1. DIE ENDKRIŠE || DER BÜRGERLICHEN MUSIK || UND DIE ROLLE || ARNOLD SCHÖNBERGS || VON || HANS E. WIND || KRYSTALL-VERLAG · WIEN ||

   17,5 cm; S. 5—71; der wirkl. Name d. Verf., unter dem er später vorwiegend geschrieben hat und noch schreibt, ist bibliogr. erm.: Kurt Blaukopf; am Schluß d. Textes: „1935".

2. THE || GILDED AGE || A TALE OF TO-DAY || BY || MARK TWAIN || (Samuel L. Clemens) || AND || CHARLES DUDLEY WARNER || FULLY ILLUSTRATED FROM NEW DESIGNS || HARTFORD, CONN.: || AMERICAN PUBLISHING COMPANY || 1879 ||

   22,5 cm; S. VI—XVI u. 18—574. „Mark Twain" ist ein Pseudonym für Samuel L. Clemens lt. Titelblatt; der vollst. zweite Vorname ist bibliogr. erm.: Langhorne; der Autor schrieb vorwiegend unter seinem Decknamen.

3. ANNA SEGHERS || AUFSTAND DER FISCHER || VON ST. BARBARA || 1951 || GUSTAV KIEPENHEUER VERLAG GBMH. || WEIMAR ||

   19 cm; S. 5—147; auf d. Rücks. d. Titelbl.: „26. bis 30. Tausend || Mit 9 Holzschnitten von Hans Mau"; der wirkl. Name d. Verf. ist bibliogr. erm.: Netty Radvanyi; sie schrieb nur unter d. Decknamen.

4. Gedichte || von || Nikolaus Lenau || [Signet] || Berlin. || Schreiter'sche Verlagsbuchhandlung. ||

19 cm; S. V—VIII u. 4—292; das Erscheinungsjahr ist nicht zu ermitteln, annähernd 1890; aus d. Vorw.: „Nikolaus Lenau, mit vollem Namen Nikolaus Niembsch Edler von Strehlenau . . ."; der Dichter schrieb nur unter d. Namen „Lenau".

5. PIERRE LOTI || DE L'ACADÉMIE FRANÇAISE || LE || ROMAN D'UN SPAHI || [Signet] || PARIS || CALMAN-LÉVY, ÉDITEURS || 3, RUE AUBER, 3 ||

18 cm; S. 2—360; das Erscheinungsjahr ist bibliogr. erm.: 1903; der wirkl. Name d. Autors ist ebenfalls bibliogr. erm.: Julien Viaud; er hat nur unter d. Decknamen geschrieben.

Über wechselnde Namensformen (Vor- und Zunamen) vgl. §§ 127—131, 134—136.

2.4 Einbändige Sachtitelschriften

2.4.1 *Verfasserlose Schriften*

Hierunter sind alle Veröffentlichungen zu verstehen, die entweder keinen persönlich verantwortlichen Urheber haben (Statuten, amtliche Druckschriften, Broschüren von Vereinen oder sonstigen Körperschaften u. ä.) oder die den Autor aus bestimmten Gründen nicht nennen bzw. nur unvollkommen andeuten (Anonyma im engeren Sinne).
Alle diese Publikationen werden unter die OW des Sachtitels gestellt[1] (69) (vgl. hierzu die Anleitung zum Auswerfen sachlicher OW in Abschn. 1.5 u. 1.6.2).

Beispiel 122

Vorlage

DIE VERFASSUNG || DER || DEUTSCHEN || DEMOKRATISCHEN || REPUBLIK ||

19,5 cm; S. 5—68; am Schluß d. Textes: „1961 — VEB Deutscher Zentralverlag"; der Verl. Ort ist bibliogr. erm.: Berlin.

Aufnahme

Verfassung Republik deutschen
Die Verfassung der Deutschen Demokratischen Republik.
([Berlin:] Dt. Zentralverl. 1961.) 68 S. 8⁰

Merke: Verschieden geklammerte Angaben, die zusammengehören, werden nicht neben-, sondern ineinandergeklammert. Hierbei steht die eckige Klammer immer *in* der runden!

Beispiel 123

Vorlage

STATUTA || UNIVERSITATIS OXONIENSIS || [Vignette] || OXONII || E TYPOGRAPHEO CLARENDONIANO || MDCCCCVI ||

22 cm; S. III—XIX u. 2—626.

[1] Anonyma mit ermitteltem Verfasser s. 2.11.3.

Aufnahme

Statuta universitatis Oxoniensis
Statuta universitatis Oxoniensis.
Oxonii 1906: Clarendon. XIX, 626 S. 8⁰

Vgl. Anl. V, 4e u. §§ 187, 198.

Beispiel 124

Vorlage

ALLER || WELT || FEIND || EINE DOKUMENTATION || 1960 || KONGRESS-VERLAG BERLIN ||
23,5 cm; S. 5—280.

Aufnahme

Feind Welt aller
Aller Welt Feind. Eine Dokumentation.
Berlin: Kongreß-Verl. 1960. 280 S. 8⁰

Beachte: Das Doppel-S der Majuskelvorlage muß im Text der Aufnahme in die im Deutschen übliche Schreibung umgesetzt werden, also lt. „Duden": „Kongreß".

Beispiel 125

Vorlage

Briefe || buntschäkigten Innhalts || den || Zeitläuften gemäß || Geschrieben im Jahre 1784 und herausgegeben || im Jahre 1788 || mit || Anmerkungen vom Herausgeber || [Vignette] || Frankfurt und Leipzig || 1788 ||
18 cm; S. IV—VIII u. 2—200.

Aufnahme

Briefe Inhalt buntscheckigen
Briefe buntschäkigten Innhalts den Zeitläuften gemäß. Geschr. im J. 1784 u. hrsg. im J. 1788. Mit Anm. vom Hrsg.
Frankfurt, Leipzig 1788. VIII, 200 S. 8⁰

Vgl. §§ 210 u. 211.

§ 72:

Als anonym wird die Schrift auch dann behandelt, wenn sich der Verfasser bezeichnet

1. mit bloßen Buchstaben oder Zeichen:
   Von K … B …; Von *⁎*; Par R.-A. B.; M[sr] Henri Gaston de B …
2. nur als Autor einer anderen Schrift:
   By the author of …
3. mit einem bloßen Appellativum[1]:
   Von einem Laien; von einem Staatsbürger; von einem Deutschen

[1] Gattungsname, der nicht ein *bestimmtes* Einzelwesen, sondern jeden beliebigen Vertreter einer Gattung bezeichnet.

Beispiel 126

Vorlage

HISTOIRE || DES JACOBINS, || DEPUIS 1789 J'USQU'À CE JOUR, || OU || ÉTAT DE L'EUROPE || EN NOVEMBRE 1820; || PAR L'AUTEUR DE L'HISTOIRE DES SOCIÉTÉS || SECRÈTES. || [Motto] || PARIS, || LIBRAIRIE DE GIDE FILS, || RUE SAINT-MARC-FEYDEAU, No 20 || 1820 ||

20,5 cm; S. 6—343.

Aufnahme

Histoire Jacobins
Histoire des Jacobins, depuis 1789 jusqu'à ce jour ou état de l'Europe en novembre 1820. Par l'auteur de l'Histoire des sociétés secrètes.
Paris: Gide 1820. 343 S. 8⁰

Beispiel 127

Vorlage

Reise in Gedancken || durch die eröffneten allgemeinen || Himmels-Kugeln, || Auf welcher || Alle von GOTT erschaffene Welt-Cörper, || sowohl deren Namen, Natur und Eigen= || schafften nach, gantz genau betrachtet, || als auch || Wie alle diese Cörper in Cometen, und endlich || in ein Nichts verwandelt werden, ingleichen auf was || vor Art eines jeden, und besonders unser jüngster || Tag dereinsten erfolget, gründlich gehan= || delt wird, || Allen curieusen Lesern zu sonderbarer || Betrachtung göttlicher Allmacht und || Weißheit, den Gelehrten aber zu weitern || Nachdencken ans Licht gestellet, || und mit etlichen Kupffern versehen || von || Einem Christlichen Künstler/ || Kinder! man nennet sich zur Vermeidung || eitler Ehre nicht gerne. || Rudolstadt, zu haben im Deerischen Buchladen, || 1739 ||

17 cm; 3 ungezählte Blätter, S. 2—238.

Aufnahme

Reise Gedanken Himmelskugeln
Reise in Gedancken durch die eröffneten allgemeinen Himmelskugeln, auf welcher alle . . . Welt-Cörper . . . genau betrachtet . . . werden. Ans Licht gestellet u. mit etl. Kupffern vers. von einem christlichen Künstler.
Rudolstadt: Deer 1739. 238 S. 8⁰

Vgl. §§ 5,1 a—c, 7,1.2 u. 210.

Beispiel 128

Vorlage

Richard Wagner || und das Gymnasium || Eine zeitgemäße Betrachtung || von || einem Gymnasiallehrer || LEIPZIG. || Die Buchhandlung Gustav Fock. || Druck von Alfred König, Bernburg. ||

20 cm; S. 4—15; der Verf. ist nicht erm.; das Erscheinungsjahr ist bibliogr. erm.: 1892.

Hauptaufnahme

Wagner Richard Gymnasium
Richard Wagner und das Gymnasium. Eine zeitgemäße Betrachtung von e. Gymnasiallehrer.
Leipzig: Fock [1892]. 15 S. 8⁰

Verweisung vom Personennamen im anonymen Sachtitel

Wagner, Richard

s. *Wagner*, Richard, u. d. Gymnasium. 1892.

Vgl. § 20,3e u. Anl. I, 57.

Ist der Verfasser in dem Titel nicht genannt und auch nicht sicher zu ermitteln, so bleibt die Schrift unter ihrem Sachtitel; von dem mutmaßlichen Verfasser wird verwiesen (71 u. Anl. I, 42).

Beispiel 129

Vorlage

MOZARTS LEBEN || [Motto] || Grätz, bey Joseph Georg Hubeck, 1794. ||

17,5 cm; S. 4—32; Bogensign. S. 9: B, S. 17: C usf.; lt. bibliogr. Ermittl. soll d. mutmaßl. Verf. sein: Friedrich Schlichtegroll; die Vornamen Mozarts sind aus d. Buch ersichtl.: „Wolfgang Amadeus".

Hauptaufnahme

Leben Mozart
(Wolfgang Amadeus) Mozarts Leben. [Mutmaßl. Verf.: Friedrich Schlichtegroll.]
Grätz: Hubeck 1794. 32 S. 8⁰ (4⁰)

Verweisung vom mutmaßlichen Verfasser

Schlichtegroll, Friedrich
[mutmaßl. Verf.]
s. *Leben*, Mozarts. 1794.

Verweisung vom Personennamen im anonymen Sachtitel

Mozart, Wolfgang Amadeus
s. *Leben*, Mozarts. 1794.

Aufgabe 19

1. Aus der Arbeit || der wissenschaftlichen Bibliotheken || in der Deutschen Demokratischen Republik || Herausgegeben von der || Bibliothekskommission für Ausbildungsfragen || beim Staatssekretariat für Hochschulwesen || 1955 || Otto Harrassowitz Leipzig ||

   24 cm; S. IV—VIII u. 2—253; auf d. Rücks. d. Titelbl.: „Im Auftrage der Bibliothekskommission für Ausbildungsfragen zusammen mit Willi Göber und Kurt Brückmann herausgegeben von Horst Kunze".

2. Kurze || Biographien || der || berühmtesten Römer || zur Zeit der Monarchie und Republik || als Vorbereitung || zur Erlernung der römischen Geschichte || für junge

Leute || Mit 12 Kupfern || Neue unveränderte Auflage || Berlin, 1797 || Im Verlage der Königl. preuß. akademischen Kunst- || und Buchhandlung ||

17 cm; S. IV—VI u. 2—263.

3. Kurtzgefaßtes || Musicalisches || LEXICON, || Worinnen || Eine nützliche Anleitung und gründlicher || Begriff von der Music enthalten, die Termini || technici erkläret, die Instrumente erläutert und die || vornehmsten Musici beschrieben sind, || Nebst einer || Historischen Beschreibung || Von der Music Nahmen, Eintheilung, || Ursprung, Erfindung, Vermehrung und Ver= || besserung, biß sie zu itziger Vortrefflichkeit gelanget, auch || wunderbaren Würckung und Gebrauch, ingleichen ihren vornehmsten Cultoribus, so von der Welt Anfang biß || auf unsere Zeit gelebet, || Alles aus deren besten und berühmtesten Musi= || corum ihren Schrifften mit Fleiß zusammen gesucht, in || Alphabetische Ordnung gebracht, und denen Liebhabern || Musicalischer Wissenschaften zu fernern Nachdencken || wohlmeynend vorgestellet. || Neue Auflage, 1749. || Chemnitz, bey Joh. Christoph und Joh. David Stößel. ||

16,5 cm; S. 4—431; der Verf. ist nicht erm.

2.4.2 *Vielverfasserschriften*

Haben sich mehr als drei Autoren zu einem Kollektiv vereinigt, um *gemeinsam* ein Thema zu bearbeiten und unter *einem* Sachtitel zu veröffentlichen, so bezeichnet man das Ergebnis einer solchen Zusammenarbeit als Vielverfasserschrift.
Zur Entstehungszeit unseres Regelwerkes gab es diese Bezeichnung noch nicht. Vielverfasserschriften traten meistens in Form von mehrbändigen Werken in Erscheinung und werden von den Instruktionen „Sammelwerk" genannt. Im Laufe der letzten Jahrzehnte haben sich die Organisationsformen der geistigen Arbeit gewandelt. Bei der großen Differenzierung und Spezialisierung ist es heutzutage selbst einem erfahrenen Fachmann kaum noch möglich, auch nur Teilgebiete seiner Wissenschaft vollständig zu überblicken. An die Stelle der individuellen Arbeit muß also die Leistung des Kollektivs treten. Nur so kann man auf vielen Gebieten in absehbarer Zeit Erfolge erringen. Deshalb haben sich Methoden einer wissenschaftlichen Arbeit entwickelt, deren literarischer Niederschlag häufig auch die einbändige Vielverfasserschrift ist. Hierbei verliert der einzelne Verfasser für die Einordnung seine individuelle Bedeutung als geistiger Urheber; er ist einer von vielen und wird zum „Mitarbeiter".
Als Grenze zwischen dem Einzelwerk (1—3 Verfasser) und der Vielverfasserschrift (mehr als 3 Verfasser) steht die Drei-Zahl der Autoren: Hat ein Werk zwei oder drei Verfasser, wird die Schrift unter den ersten gestellt mit Vw. von den übrigen (67), sind aber mehr als drei Verfasser („Autorenkollektiv") vorhanden, kommt die Veröffentlichung unter den Sachtitel (62).

Beispiel 180

Vorlage

DAMALS || IN || SACHSEN- || HAUSEN || SOLIDARITÄT UND WIDERSTAND || IM KONZENTRATIONSLAGER SACHSENHAUSEN || KONGRESS-VERLAG BERLIN ||

19 cm; S. 5—169; auf d. Rücks. d. Titelbl.: „Herausgegeben vom Komitee der antifaschistischen Widerstandskämpfer in der Deutschen Demokratischen Republik. Autorenkollektiv"; am Schluß: „Liz. Nr. . . ./61".

Aufnahme

Damals in Sachsenhausen
Damals in Sachsenhausen. Solidarität u. Widerstand im Konzentrationslager Sachsenhausen. (Hrsg. vom Komitee d. antifasch. Widerstandskämpfer. Autorenkollektiv.)
Berlin: Kongreß-Verl. (1961). 169 S. 8⁰

Im Zweifelsfall ist die Gestaltung des Titelblattes entscheidend; sind z. B. außer einem, zwei oder drei Verfassern (Hauptverfassern), deren Namen in der Vorlage durch den Druck herausgehoben sind, noch Mitarbeiter nebenher genannt, so gilt die Schrift als Einzelwerk.
Bei Vielverfasserschriften, wie überhaupt bei Sachtitelschriften, sind häufig Herausgeber und Mitarbeiter angegeben. Sofern ihre Namen auf dem Titelblatt stehen, *müssen* Vw. von ihnen gemacht werden (20,2a). Hierbei gelten folgende Regeln (7,4):

1. Treten nur Herausgeber auf, werden die beiden ersten aufgeführt und die übrigen durch „[u. a.]“ angedeutet.

Beispiel 131

Vorlage

Vom Symptom zur Diagnose || Lehrbuch der medizinischen Symptomatologie || Herausgegeben von || PROF. DR. W. HADORN PROF. DR. W. LÖFFLER PROF. DR. R. SCHOEN || PROF. DR. E. UEHLINGER PROF. DR. J. WALDENSTRÖM || Redaktion || PROF. DR. W. HADORN || BERN || 1960 || BASEL (Schweiz) S. KARGER NEW YORK ||

25 cm; S. III—XI u. 1—866; die vollst. Vornamen d. ersten beiden Herausgeber sind aus d. Buch ersichtl.: „Walter Hadorn, Wilhelm Löffler“.

Hauptaufnahme

Vom Symptom zur
Vom Symptom zur Diagnose. Lehrb. d. med. Symptomatologie. Hrsg. von W(alter) Hadorn, W(ilhelm) Löffler [u. a.]
Basel ⟨Schweiz⟩ [usw.]: Karger 1960. XI, 866 S. 8⁰

Verweisung vom ersten Herausgeber

Hadorn, Walter
[Hrsg.]
s. *Vom* Symptom zur Diagnose. 1960.

Verweisung vom zweiten Herausgeber

Loeffler, Wilhelm
[Hrsg.]
s. *Vom* Symptom zur Diagnose. 1960.

2. Sind nur Mitarbeiter genannt, wird der Name des ersten übernommen und von ihm verwiesen, die anderen werden ebenfalls durch „[u. a.]“ bezeichnet.

Beispiel 132

Vorlage

Chemische Tabellen und Rechentafeln || für die analytische Praxis || Von Prof. Dr. K. Rauscher, Dipl.-Chem. J. Voigt, || Dr. J. Wilke und Dr. K.-Th. Wilke || VEB DEUTSCHER VERLAG FÜR GRUNDSTOFFINDUSTRIE || LEIPZIG 1961 ||

22 cm; S. 5—279; am Schluß 3 gefaltete Tafeln; der vollst. Vorname von Rauscher ist bibliogr. erm.: Karl.

Hauptaufnahme

Tabellen chemische Rechentafeln
Chemische Tabellen und Rechentafeln für die analytische Praxis. Von K[arl] Rauscher [u. a.]
Leipzig: Dt. Verl. für Grundstoffindustrie 1961. 279 S., 3 gef. Taf. 8⁰
Vgl. auch § 201

Verweisung vom ersten Mitarbeiter

Rauscher, Karl
[Mitarb.]
s. *Tabellen*, Chemische, u. Rechentafeln für d. analyt. Praxis. 1961.

3. Stehen Herausgeber *und* Mitarbeiter auf dem Titelblatt, führt man wiederum nur die beiden ersten Herausgeber an, weitere werden durch „[u. a.]" angedeutet. Die Mitarbeiter bleiben in diesem Fall überhaupt unerwähnt, gegebenenfalls übernimmt man verbindende Wendungen und ersetzt die Namen der Mitarbeiter durch drei Punkte, z. B. „Unter Mitw. von . . . hrsg. von Friedrich Blume."

Beispiel 133

Vorlage

ALLGEMEINE || ARBEITSHYGIENE || HERAUSGEGEBEN VON || M. QUAAS UND U. RENKER || UNTER MITARBEIT VON || CH. CORDES || S. EITNER || E. GNIZA || E. KERSTEN || W. MUSCHTER || K. RENKER || VEB GEORG THIEME LEIPZIG 1961 ||

24,5 cm; S. VIII u. 2—332; auf d. Rücks. d. Titelbl. „Max Quaas, Ursularenate Renker".

Hauptaufnahme

Arbeitshygiene allgemeine
Allgemeine Arbeitshygiene. Hrsg. von M(ax) Quaas u. U(rsularenate) Renker unter Mitarb. von . . .
Leipzig: Thieme 1961. VIII, 332 S. 8⁰

Verweisung vom ersten Herausgeber

Quaas, Max
[Hrsg.]
s. *Arbeitshygiene*, Allgemeine. 1961.

Verweisung vom zweiten Herausgeber

Renker, Ursularenate
[Hrsg.]
s. *Arbeitshygiene*, Allgemeine. 1961.

Vgl. auch § 138.

Besonders wichtig für den Katalogbearbeiter ist die Abgrenzung der Vielverfasserschriften gegen Anthologien und Chrestomathien, weil deren Einordnung von anderen Gesichtspunkten bestimmt wird.
Die Titelblätter beider Veröffentlichungstypen unterscheiden sich zuweilen kaum: Auf beiden stehen Sachtitel und Herausgeber; Untertitel, die den Sachverhalt klären könnten, fehlen manchmal. In vielen Fällen gibt die Lektüre eines Vor- oder Nachwortes Aufschluß über den Charakter der Schrift, z. B. wenn Mitarbeiter in einer Vielverfasserschrift erwähnt werden oder der Herausgeber einer Anthologie (Chrestomathie) Bemerkungen über seine kompilatorische[1] Tätigkeit macht und etwa die Quellen seiner Zusammenstellung angibt. Auch ein Inhaltsverzeichnis kann Hinweise geben: Sind z. B. Autoren aufgeführt, die zur Erscheinungszeit der Erstauflage bekanntermaßen schon verstorben waren, können sie keine Mitarbeiter gewesen sein; dann wird also eine vom *Herausgeber* zusammengestellte Sammlung vorliegen. — Ist nicht festzustellen, um welchen Schriftentyp es sich handelt oder liegt eine Vermischung beider Typen vor, stellt man die Veröffentlichung am besten immer unter den Sachtitel. Diese Lösung bietet dem Benutzer die Möglichkeit, von *zwei* Seiten an den Titel heranzukommen, einmal vom Sachtitel (Hauptaufnahme), zum andern von der Herausgeberverweisung, die ja in diesem Fall gemacht werden muß.

Beispiel 134

Vorlage

Institut für Marxismus-Leninismus || beim ZK der SED || Wir sind die Kraft || Der Weg zur || Deutschen Demokratischen Republik || Erinnerungen || Dietz Verlag Berlin 1959 ||

24,5 cm; S. 5—552; auf d. Rücks. d. Titelbl.: „1. Aufl. Vorwort von Werner Horn"; Inhalt: 24 Aufsätze, die für den Band von versch. Autoren geschrieben wurden.

Aufnahme

Wir sind die
Inst. für Marxismus-Leninismus beim ZK d. SED. Wir sind die Kraft. Der Weg zur Deutschen Demokratischen Republik. Erinnerungen. (Vorw.: Werner Horn.)
Berlin: Dietz 1959. 552 S. 8°

Beispiel 135

Vorlage

Der || Verkaufsstellenleiter || im sozialistischen || Einzelhandel || Autorenkollektiv || des Instituts für Binnenhandel || der Hochschule für Ökonomie, || Berlin-Karlshorst ||

[1] Kompilator = Zusammenträger fremden Geistesguts.

unter Leitung von Dr. Siegfried Eckardt || Korrigierter Nachdruck der 2., überarbeiteten Auflage || VERLAG DIE WIRTSCHAFT BERLIN ||

21,5 cm; S. 5—232; auf d. Rücks. d. Titelbl. sind 9 Autoren namentlich aufgeführt; ferner steht dort: „1962 veröffentlicht".

Hauptaufnahme

Verkaufsstellenleiter Einzelhandel
Der Verkaufsstellenleiter im sozialistischen Einzelhandel. Autorenkollektiv unter Leitung von Siegfried Eckardt. Korr. Nachdr. d. 2., überarb. Aufl.
Berlin: Die Wirtschaft (1962). 232 S. 8⁰

Verweisung vom Herausgeber

Eckardt, Siegfried
[Hrsg.]
s. *Verkaufsstellenleiter*, Der, im sozialistischen Einzelhandel. Nachdr. d. 2. Aufl. 1962.

Beispiel 136

Vorlage

Grundriss || der || Volkswirtschaftsplanung || Herausgeber: || Prof. Dr. J. Rudolph und Dr. G. Friedrich || 1957 || VERLAG DIE WIRTSCHAFT BERLIN ||

21 cm: S. 5—603; aus d. Vorw.: „. . . an der Ausarbeitung des Grundrisses hat sich die Mehrzahl der Institute . . . beteiligt"; das Vorw. ist unterz.: „Johannes Rudolph, Gerd Friedrich".

Hauptaufnahme

Grundriss Volkswirtschaftsplanung
Grundriss der Volkswirtschaftsplanung. Hrsg.: J(ohannes) Rudolph u. G(erd) Friedrich.
Berlin: Die Wirtschaft 1957. 603 S. 8⁰

Verweisung vom ersten Herausgeber

Rudolph, Johannes
[Hrsg.]
s. *Grundriss* d. Volkswirtschaftsplanung. 1957.

Verweisung vom zweiten Herausgeber

Friedrich, Gerd
[Hrsg.]
s. *Grundriss* d. Volkswirtschaftsplanung. 1957.

Beispiel 137

Vorlage

INSTITUT FÜR POLITISCHE ÖKONOMIE || DER KARL-MARX-UNIVERSITÄT LEIPZIG || Aktuelle Probleme || des staatsmonopolistischen || Kapitalismus || Von || Albrecht Heinze, || Rudi Adler, Gerd Baron, Wolfgang Bode, || Gerhard Hoffmann, Hans Klemm, Walter Kronenthal, || Horst Richter, Rolf Sieber, Klaus Wöller || DIETZ VERLAG BERLIN || 1961 ||

20,5 cm; S. 5—214; auf d. Rücks. d. Titelbl.: „1961".

Hauptaufnahme

Probleme aktuelle Kapitalismus
Inst. für polit. Ökonomie d. Karl-Marx-Univ. Leipzig. Aktuelle Probleme des staatsmonopolistischen Kapitalismus. Von Albrecht Heinze [u. a.].
Berlin: Dietz 1961. 214 S. 8°

Verweisung vom ersten Mitarbeiter

Heinze, Albrecht
[Mitarb.]
s. *Probleme,* Aktuelle, d. staatsmonopolistischen Kapitalismus. 1961.

Beispiel 138

Vorlage

LEHRBUCH UND ATLAS || DER AUGENHEILKUNDE || Begründet von || TH. AXENFELD || Bearbeitet von || Prof. F. BEST, Marsberg; Prof. M. BÜCKLERS, Mönchengladbach; || Prof. W. COMBERG, Rostock; Prof. W. HALLERMANN, Göttingen; || Prof. H. HARTINGER, München; Prof. P. A. JAENSCH, Essen; || Prof. A. JESS, Mainz; Prof. H. K. MÜLLER, Bonn; || Prof. H. PAU, Münster/Westf.; Prof. W. RAUCH, Gießen; || Prof. W. ROHRSCHNEIDER, München; Prof. E. SCHRECK, Erlangen; || Prof. H. SERR, Heidelberg; Prof. W. STOCK, Tübingen || Zehnte, neu bearbeitete Auflage || Herausgegeben von || Dr. HERMANN SERR || Außerplanmäßiger Professor für Augenheilkunde in Heidelberg || Mit 685 zum großen Teil mehrfarbigen Abbildungen im Text || und 12 lithographischen Tafeln || [Signet] || VEB GUSTAV FISCHER VERLAG · JENA || 1958 ||

24,5 cm; S. VI—XXIII u. 2—786; der Vorname d. Begründers ist bibliogr. erm.: Theodor.

Hauptaufnahme

Lehrbuch Atlas Augenheilkunde
Lehrbuch und Atlas der Augenheilkunde. Begr. von Th[eodor] Axenfeld. Bearb. von ··· Mit 685 zum gr. T. mehrfarb. Abb. u. 12 lithogr. Taf. 10., neu bearb. Aufl. Hrsg. von Hermann Serr.
Jena: G. Fischer 1958. XXIII, 786 S. 8°

Verweisung vom Begründer

Axenfeld, Theodor
[Begr.]
s. *Lehrbuch* u. Atlas d. Augenheilkunde. 10. Aufl. 1958.

Verweisung vom Herausgeber

Serr, Hermann
[Hrsg.]
s. *Lehrbuch* u. Atlas d. Augenheilkunde. 10. Aufl. 1958.

Aufgabe 20

1. Institut für Gesellschaftswissenschaften beim ZK der SED || Lehrstuhl für Philosophie || SOZIALISMUS || UND INTELLIGENZ || Erfahrungen aus der Zusammenarbeit || zwischen Arbeitern und Angehörigen der Intelligenz || DIETZ VERLAG BERLIN || 1960 ||

   20,5 cm; S. 5—210; Inhalt: 7 Abhandlungen versch. Autoren.

2. BEITRÄGE || ZUR HISTOPATHOLOGIE || DES GEHIRNS || HERAUSGEGEBEN VON || DOZENT Dr. med. HANS-JOACHIM RAUCH || LEITER DES HISTOPATHOLOGISCHEN LABORATORIUMS || DER PSYCHIATRISCHEN UND NEUROLOGISCHEN KLINIK || DER UNIVERSITÄT HEIDELBERG || 1948 || SCHERER VERLAG · HEIDELBERG ||

   20 cm; S. 7—128; auf d. Rücks. d. Titelbl.: „Wilsbach und Heidelberg"; enthält 5 Abhandlungen versch. Autoren.

3. DIE || ULTRASCHALLTHERAPIE || Praktische Anwendung des Ultraschalls || in der Medizin || Herausgegeben von || DR. REIMAR POHLMAN || Unter Mitarbeit von || G. Barth || V. Buchtala || F. Demmel || U. Hintzelmann || K. Stuhlfauth || F. Wachsmann || VERLAG HANS HUBER BERN ||

   23,5 cm; S. 5—392; auf d. Rücks. d. Titelbl.: „Copyright 1951".

4. LEHRBUCH || DER || SOZIALHYGIENE || HERAUSGEGEBEN VON || A. BEYER UND K. WINTER || UNTER MITARBEIT VON || J. COHEN || F. GIEZELT || H. GRAMM || H. GRIMM || M. GÜLZOW || F. HELD || J. KATHE || K. LINSER || D. MÜLLER-HEGEMANN || F. MÜLLER || R. NEUBERT || E. SCHMIDT-KOLMER || P. STEINBRÜCK || P. VOGLER || [Signet] || VEB VERLAG VOLK UND GESUNDHEIT · BERLIN || 1959 ||

   24,5 cm; S. X—XV u. 2—569; der vollst. Vorname von Beyer ist bibliogr. erm.: Adolf; der vollst. Vorname von Winter ist aus d. Inh. Verz. ersichtl.: Kurt; auf d. Rücks. d. Titelbl.: „2., überarbeitete Auflage".

2.5 Besonderheiten bei sachlichen Ordnungswörtern

Sachliche OW als Ordnungselemente sind bereits im ersten Hauptteil (1.5) grundsätzlich behandelt. In der Praxis der Titelaufnahme ergeben sich aber in gewissen Fällen Schwierigkeiten, die einer besonderen Klärung bedürfen.

2.5.1 *Besondere zu übergehende Wörter bei Sachtiteln in gewöhnlicher Form*

Bei der Verwendung von Sachtiteln für die Einordnung werden alle Wörter übergangen, die entweder nicht zum eigentlichen Titel gehören oder nur Floskeln (verbindende Füllwörter) sind. Diese Regelung gibt einer gewissen Unsicherheit Raum, da die Entscheidung, was zum Sachtitel gehört und was unberücksichtigt bleiben muß, nicht immer ganz einfach ist. Deshalb sollen hier die wichtigsten einschlägigen Vorschriften zusammengestellt und erörtert werden.

Nach § 184 kommt für die Einordnung nur der Sachtitel selbst in Frage (vgl. aber § 186).

Nicht berücksichtigt werden:

1. Sätze und Wörter, die den Titel nur ankündigen oder einleiten, mögen sie nun dem Titel vorangeschickt werden oder nachfolgen, wie „insunt in hoc volumine ..." u. dgl. (185,1).

   „In diesem Büchlein findet man, wie man einem yegklichen Teutschen Fürsten schreyben soll".
   Der Sachtitel beginnt bei „Wie".

   „Hie hebt sich an das buch des glucks der kinder Adams".
   Der Sachtitel beginnt bei „Buch".

   „Quid in aede sacra altare significet quaeritur".
   Der Sachtitel umfaßt „Quid — signifecet".

2. Zusätze zum Sachtitel (185,2)

   Bei Zusätzen, die dem Sachtitel vorangestellt sind, erhebt sich mitunter die Frage, welcher von zwei nebeneinander stehenden Titeln der eigentliche Sachtitel ist. Wenn nicht schon die Druckgestaltung von vornherein Zweifel ausschließt, kann man das Verhältnis beider zueinander an ihrer unterschiedlichen Aussagekraft erkennen: *Der* Titel, der auch ohne den anderen für sich bestehen könnte, ist als Sachtitel anzusehen, z. B.: „Un artiste auvergnat. Emanuel Chabrier." Sachtitel ist „Emanuel Chabrier".

   Der Untertitel, auch wenn er vorausgeschickt wird, hat immer eine erklärende Bedeutung, ist also ein Zusatz. Im Zweifelsfall ist der *erste* Titel als Sachtitel zu betrachten (215). Liegt jedoch bei den Titeln eine Koordinierung vor, d. h. besagt der erste Titel dasselbe wie der folgende nur in anderen Worten oder in anderer Sprache, so handelt es sich um einen *Neben*titel, der ungekürzt wiederzugeben ist, z. B.:

   Collections d'études musicologiques
   Sammlung musikwissenschaftlicher Abhandlungen

3. alle Wörter im Sachtitel, die nur den Umfang der Schrift oder ihr Verhältnis zu anderen Teilen desselben Werkes bezeichnen, z. B.: „Nachtrag, Supplement, Register, Beiheft, Ergänzungsblätter, Volumen, Pars, Tomus, Liber" usw. OW — und zwar im Nominativ (208) — wird das zunächst von ihnen abhängige Substantiv (189), z. B.:

   Scriptorum rerum Bohemicarum tomus primus
   OW: Scriptores ...

   Von dem übergangenen Wort wird verwiesen, wenn es beim Zitieren einen festen Bestandteil des Titels bildet (189), z. B.: „Ergänzungsblätter zur [2]Allgemeinen *Literatur-Zeitung*" mit Vw. von „*Ergänzungsblätter* zur [3]Allgemeinen [2]Literatur-Zeitung". Als feste Bestandteile wird man solche scheinbaren Substantiva regentia ansehen, wenn sie auf dem Titelblatt *vor* dem eigentlichen Sachtitel stehen.

4. auch Wendungen, die ein derartiges Substantiv vertreten, wie „quae supersunt" u. dgl., selbst wenn ihnen noch ein Substantiv beigefügt ist. Von diesem wird erforderlichenfalls verwiesen (190).

   „Herculanensium voluminum, quae supersunt"
   OW: Volumina Herculanensia

   „Oratorum Graecorum quae supersunt monumenta ingenii"
   OW: „Oratores Graeci" mit Vw. von „Monumenta"

   Eine Einschränkung dieser Regel gibt § 191: Wenn indes die zu übergehenden Ausdrücke nicht nur den Umfang der Schrift bezeichnen, sondern untrennbar zum Titel gehören, oder wenn sie Zahlbegriffe in fester substantivischer Form sind, wie „biga", „triga", „quaternio", „Dutzend" usw., so werden sie OW, z. B.: *Buch* der Weisheit, Zwölf *Bücher* preußischer Geschichte, Ein *Dutzend* schöner Gesänge, *Copia* eines Schreibens.

5. folgende Substantive, wenn sie am Schluß des Titels stehen: „Cenno (Abriß), Commentatio, Disputatio, Dissertatio, Observatio, Epistola" u. ä., die mehr im allgemeinen das Wesen der Schrift charakterisieren als eigentlich zum Titel gehören und daher auch bei dessen Anführung zu fehlen pflegen (192), z. B.:

   „De nervorum in musculos *actione* dissertatio".

   Zur richtigen Anwendung dieser Bestimmung gehören Erfahrung und gute Kenntnisse in der lateinischen Sprache. Diese Wörter können nämlich auch, obwohl sie am Schluß stehen, OW werden, sofern sie *untrennbar* zum Titel gehören, z. B.: „Ciceronis in Verrem *oratio*" oder „Mart. Hertzii ad Johannem Vahlen *epistola*". Umgekehrt können sie übergangen werden, wenn sie — besonders mit Attributen — am Anfang stehen, den Titel also offensichtlich nur einleiten, z. B.: „Dissertatio inauguralis botanica de fungorum *origine*". Es empfiehlt sich, wenn irgend möglich, bei allen Inauguraldissertationen (Doktorarbeiten) — in der Regel vor 1800 — das Wort „Dissertatio" am Anfang als einleitenden Bestandteil zu behandeln. Man vermeidet so im Katalog eine Anhäufung des gleichen Substantivum regens („Dissertatio") unter *einem* Verfasser (Praeses) (vgl. Anl. I, 63. 65. 70).

6. Wendungen, die mit Präpositionen gleichwertig sind, wie „in betreff, mit Rücksicht auf, auf dem Gebiet (aber nicht „auf dem Gesamtgebiet" „aus den Grenzgebieten" und ähnliche bestimmte Formulierungen), infolge, auf Grund, unter Leitung, auf Befehl, im Namen, in Sachen, in Angelegenheiten, zum Gebrauch, zu Ehren, zugunsten; in puncto, ad materiam, ad usum, in honorem, in gratiam; pour servir á, au sujet de; relating to, to illustrate, governing" usw. und andere *verbindende* — meist partizipielle oder relativische — Wendungen, wie „editus a, publié par" usw. (202,1), z. B.:

   [2]Gießener *Studien* [auf dem Gebiete] der [3]Geschichte.
   Pièces [pour servir] à l'[2]histoire du [4]19. [3]siècle.
   Documents [relating] to [3]foreign [2]affairs.
   Veröffentlichungen [herausgegeben von] der [3]Schweizerischen [4]Naturforschenden [2]Gesellschaft.

Forschungen [herausgegeben im Auftrage] des [2]Vereins für [4]Niederdeutsche [3]Sprachgeschichte.
Fontes [2]origines [3]Polonorum [illustrantes].

Wie weit das Regelwerk in den Weglassungen geht, zeigen folgende Beispiele:

„*Friedens-Traktat* [,welcher geschlossen und vereinbaret worden] zu [2]Nimwegen".

„*Mandat*, [darinnen mit hohem Ernst befohlen wird,] die [4]ketzerischen [3]Bücher nit zu [2]leiden".

Bei der Auslegung des § 202,1 ist zu beachten, daß alle diese Wendungen *verbindende* Funktion haben, d. h. im *Innern* des Titels stehen müssen, um übergangen zu werden. Sie sind in diesem Falle gleichsam unwichtige Bestandteile und würden bei Berücksichtigung im Kopf durch ihre häufige Gleichartigkeit nur als Belastung beim Einordnen und Suchen des betreffenden Zettels wirken.

Anders verhält es sich aber, wenn sie nicht verbindend, sondern ein integrierender Bestandteil sind; dann dürfen sie nicht übergangen werden, z. B.: „Im *Namen* des [2]Volkes", „In *Memoriam* [3]Hugo [5]Anders [2]Krüß".

7. unbestimmte Zahlwörter, die nicht substantivisch gebraucht sind, z. B.:

   [Etwas] *Neues*, [Einige] *Bemerkungen* über die [3]deutsche [2]Nation,

   aber:

   Einige der [3]schönsten [2]Lieder, *Etwas* von und über [2]Musik (weil substantivisch gebraucht),
   Aus [2]allen *Zeiten* und [3]Landen, [2]Keine *Angst* vor [3]Zahlen („alle" und „keine" rechnen wegen ihres ein- bzw. ausschließenden Charakters zu den bestimmten Zahlwörtern).

8. ferner Ordnungszahlen, die nur die Reihenfolge der Publikation angeben, z. B.: [Erster] *Jahresbericht* der [2]Gesellschaft zur [3]Verbreitung [5]wissenschaftlicher [4]Kenntnisse.

   Diese Regelung ist ohne weiteres verständlich, wenn die Zahl die Reihenfolge der Teile *einer* laufenden Veröffentlichung angibt; die Zahl ist dann nur Bandzählung, gehört nicht zum Sachtitel und darf also auch nicht ausgeworfen werden. Wie jedoch § 203 — allerdings in anderem Zusammenhang — erkennen läßt, verstehen die „Regeln" nicht nur bei *laufenden*, sondern auch bei mehreren verschiedenen *abgeschlossenen* Publikationen mit völlig gleichlautendem Sachtitel diese Ordnungszahl als Ausdruck der Reihenfolge.

Obwohl die „Festschrift der 33. Versammlung deutscher Philologen und Schulmänner" ein abgeschlossenes Werk ist und – bibliographisch gesehen – nichts zu tun hat mit der „Festschrift der 38. Versammlung deutscher Philologen und Schulmänner", werden die Ordnungszahlen, die hier, streng genommen, zum Sachtitel gehören, nicht ausgeworfen, sondern nur „stillschweigend" für die Ordnung der beiden Zettel in sich benutzt. (Die 33. steht *vor* der 38.)

9. appositionelle Titulaturen, Amts- und Standesbezeichnungen, soweit sie dem Namen *vorangehen*, z. B.: „[Papst] *Pius* [2]X. und die [4]deutschen [3]Katholiken“, aber: „*Gustav* [2]Adolf, [3]König von [4]Schweden, der [5]Retter des [7]evangelischen [6]Deutschlands“ (weil nachgestellt).

10. von Titulaturen abgeleitete Adjektive und Adverbien, wenn ein dazugehöriges *Länderadjektiv* folgt, z. B.: [Königlich-] *sächsisch*, aber:

    [2]Kaiserlich-königliche *Gewerbeinspektoren* (es folgt kein Länderadjektiv),
    [2]Royal [3]Asiatic *Society* („Royal“ bestimmt nicht „Asiatic“ näher, sondern gehört als koordiniertes Adjektiv zu „Society“),
    [2]Kaiserlich-französischer *Friedensschluß* 1714 (Es handelt sich nicht um eine Bezeichnung etwa im Sinne von „Königlich-preußisch“, denn es gab 1714 noch keinen französichen *Kaiser*, sondern um den Friedensschluß *zwischen* dem Kaiser von Österreich *und* den Franzosen. In diesem Beispiel werden durch die Bindestrich-Adjektive nur die beiden Kontrahenten bezeichnet).

11. Datierungen bei Gesetzen, Verhandlungen u. dgl., falls das Gesetz, die Verhandlung usw. nicht nur durch die Datierung, sondern auch durch eine sachliche Angabe näher bestimmt ist.

    Gesetz [vom 28. Juli, betreffend] die [2]Unterhaltung der [4]öffentlichen [3]Volksschulen

    aber:

    Das *Gesetz* vom [3]5. [2]Februar [4]1875

Beispiel 139

Vorlage

PAPST PIUS XI. || Ein Lebensbild || 100 Aufnahmen und Texte || 1931/32 || Herausgegeben vom Politisch-Wissenschaftlichen Verlag, Berlin SW 68 ||
29 cm; S. 6—125.

Hauptaufnahme

Pius elfte
Papst Pius XI. Ein Lebensbild. 100 Aufn. u. Texte.
Berlin: Polit.-Wiss. Verl. 1931/32. 125 S. 4°

Verweisung vom Personennamen im anonymen Titel (20,3e)

Pius XI. Papa
s. *Pius* XI. — Papst Pius XI. Ein Lebensbild. 1931/32.

Erläuterungen

1. Die Vw. wird in diesem Fall am besten nach Fuchs[1] angelegt. Zum leichteren Verständnis fügt man ausnahmsweise den Untertitel hinzu.
2. Vgl. die Köpfe von Hauptaufnahme (sachl. OW) und Vw. (persönl. OW).

[1] Vgl. Fuchs: Kommentar. 1955, S. 154 ff. § 72, 4.

Beispiel 140

Vorlage

THEO HARYCH || IM NAMEN || DES VOLKES? || DER FALL JAKUBOWSKI || VERLAG VOLK UND WELT BERLIN || 1958 ||

20,5 cm; S. 5—323; auf d. Rücks. d. Titelbl.: „1. Auflage".

Aufnahme

Harych, Theo
Im *Namen* des Volkes? Der Fall Jakubowski.
Berlin: Volk u. Welt 1958. 323 S. 8⁰

Erläuterung

Da die Wendung „im Namen" hier am Anfang steht und keine verbindende Funktion hat, wird sie nicht übergangen.

Beispiel 141

Vorlage

L'EMPEREUR || FRANÇOIS-JOSEPH Ier || ET || L'EUROPE || PARIS || FIRMIN DIDOT FRÈRES ET Cie/E. DENTU, LIBRAIRIE || 1860 ||

20,5 cm; S. 4—48; die deutsche maßgebliche Namensform ist bibliogr. erm.: Franz-Josef I., Kaiser von Österreich.

Hauptaufnahme

François Joseph premier Europe
L'Empereur François-Joseph I. [Franz-Josef I. Kaiser von Österreich] et l'Europe.
Paris: Didot [usw.] 1860. 48 S. 8⁰

Verweisung von der französischen Namensform (130)

François Joseph I. Empereur de l'Autriche
[franz. Namensform]
s. *Franz*-Josef I. Kaiser von Österreich.

Verweisung vom Personennamen im anonymen Titel (20,3e)

Franz Josef I. Kaiser von Oesterreich
s. *François*-Joseph I., L'Empereur, et l' Europe. 1860.

Erläuterung

Da die Vw. vom Personennamen im anonymen Titel immer von der *maßgeblichen* Namensform erfolgt, muß diese in die Aufnahme hinter die Vorlageform eingefügt werden. Nach § 130 wird von der vorliegenden auf die maßgebliche Form verwiesen.

2.5.2 *Appositionen* (§ 193)

Ein appositionelles Verhältnis im Sinne der „Regeln" liegt vor, wenn zwei Substantive oder Wörter im Range von Substantiven *unverbunden*[1] nebeneinander stehen

[1] Als verbindende Elemente gelten Bindestriche oder Präpositionen, z. B. „Basel-Stadt", „Hotel zum Elefanten".

und das erste das zweite näher bestimmt, z. B. „Stadt Berlin“, „Ein Glas Wasser“, „Kollektion ‚Sofort‘ “.
Das erste Substantiv bezeichnet man als *Bestimmungswort* und das zweite als *Grundwort*.
Bei einer Apposition kann man fragen: „Wie heißt der Gegenstand, die Person?“ oder „Wieviel ist von einer Sache vorhanden?“.
Zu diesen Appositionen rechnen die „Regeln“ aus Gründen der Vereinfachung auch Bildungen, deren Wörter — genaugenommen — nicht in einem solchen Verhältnis stehen, sondern wo das zweite Wort in seiner Bedeutung überhaupt erst durch das erste verständlich wird, wie „Universität Halle“ u. ä.
Für die Einordnung ist das *zweite* Substantiv, das Grundwort, das wichtigere, daher wird es *zuerst* ausgeworfen, dann folgt das Bestimmungswort, also: ²Stadt *Berlin*, Ein ²Glas *Wasser*, ²Kollektion „*Sofort*“.

Aufgabe 21

Bestimme in den folgenden Appositionen die Reihenfolge der OW:

1. Bezirk Suhl.
2. Opernhaus Dresden.
3. Eisenhüttenkombinat Ost.
4. Wir Wunderkinder.
5. Unternehmen Staat.
6. Ein Fußbreit Boden.
7. Der Liederkomponist Schubert.
8. Sammlung Göschen.

Zu diesen einfachen Formen können *Attribute* treten:

a) zum Bestimmungswort

z. B.: „Die schöne Stadt Berlin“.
Aus dem Abhängigkeitsverhältnis ergibt sich die Reihenfolge der OW. Das Grundwort wird immer zuerst herausgelöst!

1. OW (Grundwort):	Berlin
2. OW (Bestimmungswort):	Stadt
3. OW (Attribut zum Bestimmungswort):	schöne

→ Berlin Stadt schoene

b) zum Grundwort

z. B.: „Der Begriff anfechtbare Rechtshandlung“.
Auch hier wenden wir unsere Regel an: 1. Grundwort
2. Bestimmungswort

1. OW (Grundwort):	Rechtshandlung
2. OW (Bestimmungswort):	Begriff
3. OW (Attribut zum Grundwort):	anfechtbare

→ Rechtshandlung Begriff anfechtbare

oder:

„Der Volksdichter Hans Sachs".

1. OW (Grundwort):	Sachs
2. OW (Bestimmungswort):	Volksdichter
3. OW (Attribut zum Grundwort):	Hans

→ Sachs Volksdichter Hans

Aufgabe 22

Bestimme in folgenden Titeln die Reihenfolge der OW:

1. Klubhaus Erich Weinert.
2. Kombinat „Schwarze Pumpe".
3. Walzwerk „Albert Florin".
4. Produktionsgenossenschaft „1. Mai".
5. Gasthaus „Blauer Schwan".
6. Collection „Livres noirs".
7. Der Plan Neue Technik.
8. Großbaustelle Atomkraftwerk Rheinsberg.

c) zum Bestimmungs- *und* Grundwort

z. B.: „15 Jahre Deutsche Demokratische Republik"

Wir verfahren nach der erweiterten Regel: [1]Grundwort — [2]Bestimmungswort — [3]Attribut(e) zum Bestimmungswort — [4]Attribut(e) zum Grundwort

1. OW (Grundwort):	Republik
2. OW (Bestimmungswort):	Jahre
3. OW (Attribut zum Bestimmungswort):	15
4. OW (1. [linkes] Attribut zum Grundwort):	Deutsche
5. OW (2. Attribut zum Grundwort):	Demokratische

→ Republik Jahre fuenfzehn deutsche demokratische

Sind bei einem appositionellen Verhältnis mehrere *Grundwörter* vorhanden, gilt nur das erste als Grundwort, die anderen sind Restwörter, die hinter den Bestimmungswörtern mit ihren spezifischen Attributen ausgeworfen werden.

„Österreichische Ausstellung ‚Kultur und Wirtschaft'".

1. OW (Grundwort):	Kultur
2. OW (Bestimmungswort):	Ausstellung
3. OW (Attribut zum Bestimmungswort):	österreichische
4. OW (Restwort):	Wirtschaft

→ Kultur Ausstellung oesterreichische Wirtschaft

oder:

„Die Schriftenreihe ‚Bildende Kunst und Schöne Literatur'".

1. OW (Grundwort):	Kunst
2. OW (Bestimmungswort):	Schriftenreihe
3. OW (Attribut zum Grundwort):	Bildende
4. OW (Restwort):	Literatur
5. OW (Attribut zum Restwort):	Schöne

→ Kunst Schriftenreihe bildende Literatur schoene

Sind mehrere *Bestimmungswörter* vorhanden, so werden sie nach der Regel *hinter* dem (ersten) Grundwort in der vorliegenden Folge, gegebenenfalls mit ihren spezifischen Attributen, ausgeworfen.

„Gilberts Operette ‚Hotel Stadt Lemberg'".

1. OW (Grundwort):	Lemberg
2. OW (1. Bestimmungswort):	Operette
3. OW (Attribut zum 1. Bestimmungswort):	Gilberts
4. OW (2. Bestimmungswort):	Hotel
5. OW (3. Bestimmungswort):	Stadt

→ Lemberg Operette Gilbert Hotel Stadt

Dasselbe Beispiel in Stufungen:

^{2}Stadt *Lemberg*.
^{2}Hotel „^{3}Stadt *Lemberg*".
^{2}Operette „^{3}Hotel ^{4}Stadt *Lemberg*".
^{3}Gilberts ^{2}Operette „^{4}Hotel ^{5}Stadt *Lemberg*".

Aufgabe 23

Bestimme die Reihenfolge der OW in den Titeln:

1. Ludwig Tiecks Märchen „Der gestiefelte Kater".
2. Die Berliner Ausstellung „Hundert Jahre Stralauer Fischzug".
3. Goethes Heidelberger Freundin Helene Dorothea Delph.

Keine Appositionen im Sinne der „Regeln" liegen vor:

1. wenn das zweite Wort nicht ein Substantiv oder ein Wort im Range eines Substantivs ist, wenn also kein Grundwort vorhanden ist.

^{1}Wir ^{2}beide

aber: ^{2}Wir *Sozialisten*

^{1}Paragraph ^{2}143 }
Das ^{1}Jahr ^{2}Zehn } Nur Zählung!

aber: Die ^{2}Zahl *Zehn* (Wie heißt die Zahl? = Benennung)

Die [1]Formel a—b (kein Substantiv) → [2]a [3]minus [4]b
Das [1]Schauspiel „[2]Was [3]ihr [4]wollt" (Titel in gemischter Form, da der zweite Teil kein Substantiv, sondern ein Satztitel ist!)

2. wenn die beiden Substantive nicht im *gleichen* Kasus stehen (das gilt nur für Nominativformen).

   [2]Zwei [1]Monate [4]Wallensteinscher [3]Kriegführung
   aber: [3]Zwei [2]Monate [4]Wallensteinsche [1]Kriegführung

   Lauten Nominativ und Genitiv gleich, so nimmt man ein appositionelles Verhältnis an, z. B.

   [3]30 [2]Jahre [4]Berliner *Titeldrucke*

3. wenn die beiden Substantive nicht unverbunden nebeneinander stehen.

   [1]Gasthaus Zum [2]Ochsen
   [1]Loge Zu den [3]drei [2]Weltkugeln
   aber: [2]Loge [1]Pforte zur [3]Ewigkeit (hier liegt zunächst ein appositionelles Verhältnis zwischen „Loge" und „Pforte" vor!)
   La [1]ville de [2]Paris
   [2]Cing [1]litres de [3]vin

4. wenn das zweite Substantiv nicht als Grundwort anzusehen ist.

   [1]Mulier [2]domina
   [2]Zwei [1]Handwerksburschen [,nämlich] [3]Hinz und [4]Kunz
   (hier handelt es sich um eine nachgestellte Apposition)
   aber: Die [2]Handwerksburschen [1]Hinz und [3]Kunz

   Dazu kann man auch folgende Fälle rechnen:

   [2]Deutsche [1]Staatsbibliothek [3]Berlin
   [1]Karl-Marx-Universität [2]Leipzig

   Der vordere Teil des Titels ist eine selbständige individuelle Bezeichnung und schon für sich allein verständlich, die Ortsangabe aber nur ein entbehrlicher Zusatz, der auch durch ein Komma abgetrennt werden könnte.

   aber: [2]Staatsbibliothek *Berlin*
   [2]Universität *Leipzig*

5. wenn das erste Substantiv ein Eigenname und das zweite nur eine nachgestellte Beifügung ist.
   [1]Pitt d. [2]Jüngere
   [1]Bugenhagen [2]Pomeranus

Aufgabe 24

Wirf folgende Titel mit *allen* OW aus:

1. Gigant Atom.
2. Haushaltsplan des Kreises Uslar.

3. Einwohnerbuch von Stadt und Kreis Pyritz.
4. 50 Jahre Frauenbewegung.
5. 10 ans de république.
6. Bulletin technique du bureau „Veritas“.
7. Wir Jungen in der Zeit.
8. Orchesterverein Berliner Musikfreunde.
9. Veröffentlichungen des Instituts „Studia humanitatis“.
10. Führer durch die Ausstellung „Lebendige Vorzeit“.
11. Das Ereignis Ludwig van Beethoven.
12. 10 Jahre Verwaltungsakademie Walter Ulbricht.
13. Geschäftsbericht der Unternehmung Österreichische Bundesbahnen.
14. Schriftenreihe Die wildwachsenden Nutzpflanzen Deutschlands.
15. Ausstellung Die jüngeren Brueghel und ihr Kreis. KATALOG.
16. Bulletin de la Société Union musicologique.
17. L'homme machine.
18. Wir draußen.
19. Die Begründer des wissenschaftlichen Sozialismus Marx und Engels.
20. Katalog der auf dem Stand „Autobücherschau“ gezeigten Autobücher.
21. 400 Jahre Gymnasium Zum Grauen Kloster.
22. Sonderausstellung „Goethe im Spielplan der deutschen Theater“. FÜHRER.
23. Veröffentlichungen der Forschungsgemeinschaft Bauen und Wohnen.
24. Die drei großen „F“ Film, Funk, Fernsehen.
25. Festschrift zur Veranstaltung 800 Jahre Zwickau.

Aufgabe 25

1. 35 JAHRE || KOMMUNISTISCHE PARTEI || DEUTSCHLANDS || DIETZ VERLAG BERLIN || 1954 ||

   19 cm; S. 3—112; Inhalt: Beiträge von Wilhelm Pieck, Max Reimann, Hermann Matern u. a.; auf d. Rücks. d. Titelbl.: „2. Auflage. 31.—50. Tausend“.

2. DER ZOOLOGISCHE GARTEN || LEIPZIG. || EINE STÄTTE DER WISSENSCHAFT || Im Auftrage des Zoologischen Gartens Leipzig || HERAUSGEGEBEN || VON || PROF. DR. HEINRICH DATHE || LEIPZIG 1961 || AKADEMISCHE VERLAGSGESELLSCHAFT || GEEST & PORTIG K.-G. ||

   21 cm; S. 5—174; Inhalt: verschiedene Abhandlungen mehrerer Mitarbeiter.

3. HERMANN LEY || DÄMON TECHNIK? || VEB DEUTSCHER VERLAG DER WISSENSCHAFTEN || BERLIN 1961 ||

   22 cm; S. 5—428.

4. OTTO WINZER || ZWÖLF JAHRE KAMPF || GEGEN || FASCHISMUS UND KRIEG || Ein Beitrag zur Geschichte || der Kommunistischen Partei Deutschlands || 1933 bis 1945 || DIETZ VERLAG BERLIN || 1955 ||

   21 cm; S. 5—276; auf d. Rücks. d. Titelbl.: „Mit 30 Faksimiles; 1.—10. Tausend; 1. Auflage“.

5. BERLIN 1848 || Zur Hundertjahrfeier der Märzrevolution || im Auftrage || des Magistrats von Groß-Berlin || dargestellt von || DR. ERNST KAEBER || Direktor des Stadtarchivs || AUFBAU-VERLAG BERLIN || 1948 ||
21 cm; S. 7—206.

6. FORTY YEARS || OBSERVATION of || MUSIC and the DRAMA || BY || ROBERT GRAU || Profusely Illustrated from || Photographs and Prints || Broadway Publishing Company || New York and Baltimore || 1909 ||
22,5 cm; S. IV u. 2—370.

2.5.3 *Komposita* (§ 194—197)

Unter einem Kompositum versteht man ein zusammengesetztes Wort, dessen Glieder ursprünglich eine selbständige Bedeutung haben und die in der vorliegenden Form einen einheitlichen Begriff bilden, z. B. „Goethe-Gesellschaft", „Zoll-Tarif-Gesetz", „Nordrhein-Westfalen" u. ä. Soweit diese Komposita in der Vorlage in *einem* Wort gedruckt sind, machen sie keine Schwierigkeiten.
Problematisch sind dagegen alle *die* Fälle, in denen dieses Wortgefüge völlig oder teilweise *unverbunden* vorkommt und dennoch als *ein* Wort ausgeworfen werden muß.
Die Frage, ob ein Kompositum vorliegt oder nicht, ist gleichbedeutend mit der Frage, ob es sich um *ein* oder *mehrere* Wörter handelt.
Da jedes selbständige Wort bei der Einordnung für sich allein, nicht mehrere zusammen als eine ununterbrochene Reihe von Buchstaben gilt (35), ist die Beantwortung dieser Frage von großer Bedeutung für die Ordnung der Zettel.
Ein Kompositum besteht aus mindestens zwei Gliedern. Im Deutschen ist die Zahl in der Regel beschränkt, da die Zusammensetzung sonst unübersichtlich und unschön würde. Umfangreichere Bildungen kommen hier verhältnismäßig selten vor, wie z. B.

„Thüringer-Wald-Vereins-Liederbuch"
oder
„Vier-Röhren-Bandfilter-Schirmgitter-Superhet"

Ob ein echtes Kompositum vorliegt, kann man in vielen Fällen durch zergliedernde Fragestellung ermitteln, z. B. „Ein zu errichtendes Gebäude" — Was für ein Gebäude? — Ein „zu errichtendes". Diese beiden Wörter bilden also zweifellos ein Kompositum. Echte Komposita lassen sich *nicht* durch Fragen voneinander lösen[1].
Im *Kopf* werden, wenn es die Rechtschreibung erlaubt, die Komposita in *einem* Wort angesetzt:

Zoll-Tarif-Gesetz → Zolltarifgesetz

Können sie nicht zusammengefügt werden, muß man die einzelnen Glieder durch Bindestriche miteinander verbinden, um ihre alphabetische Geltung als *einen* Buchstabenblock deutlich zu kennzeichnen, z. B.

[1] Dale Sass: Erläuterungen zu den Instruktionen für die alphabetischen Kataloge der Preußischen Bibliotheken. 1927, S. 131.

„Ein zu errichtendes Gebäude“ → Gebaeude zu-errichtendes
„City library“ → City-library
„ABC“ oder „Abc“ → A-B-C

Bindestriche bei sachlichen OW im Kopf zeigen also immer an, daß ein Kompositum vorliegt.

Die Groß- und Kleinschreibung der einzelnen Glieder richtet sich nach den Regeln, die auch sonst für die Schreibung im Kopf gelten, z. B.

„Leisure Hour Library“ → Leisure-hour-library

Nach § 195 gelten als kompositionsbildend:

1. Vornamen und Titel

   Richard-Wagner-Verein
   Professor-Max-Planck-Gymnasium
   [2]Paul-Henckelsche [1]Sammlung

2. Adverbien und Präpositionen

   Anti-Faschismus
   Die Von-Portheim-Stiftung
   Die De-facto-Anerkennung
   Der Interim-Zettel
   Das Non-plus-ultra

3. das Präfix „Sankt“, „Saint“, „San“ usw. bei Ortsnamen und Appelativen

   Sankt-Gallen
   Sainte-Hélène
   San-Remo
   Sint-Servatius-Legende
   Sankt-Quirinus-Jubiläums-Pilger-Büchlein

4. Attribute, die mit ihrem Substantiv [durch ständigen Gebrauch] zu einem einheitlichen Begriff verschmolzen sind

   Great-Britain
   United-States
   Porto-Rico
   Buenos-Aïres
   Rio-de-Janeiro
   New-York
   New-South-Wales
   Bayrisch-Zell
   Comptes-rendus
   Procès-verbaux
   Beaux-arts
   Belles-lettres
   Chemin-de-fer
   Coup-d'oeil

   Es empfiehlt sich, hier nicht zu weit zu gehen, denn abgesehen von den Beispielen des § 195,4 ist es schwierig, eine Grenze zwischen diesen „künstlichen“ und den natürlichen Komposita zu ziehen.

5. bei Adjektiven solche Adverbia, die den Begriff des Adjektivs modifizieren (nach einer Richtung einschränken)

christlich-demokratisch
fern-östlich
marxistisch-leninistisch
griechisch-katholisch

populär-wissenschaftlich
literarisch-künstlerisch
slavo-baltisch
anglo-amerikanisch

Über diese angeführten Beispiele hinaus kann jedes Wort mit einem anderen oder einer Gruppe von anderen ein Kompositum bilden:

„1000 Jahrfeier" →

(vgl. auch § 214)

Tausendjahrfeier
1000 Jahrfeier

„Heim-ins-Reich-Legende"
„Hilf-dir-selbst-Werkstatt"
„¹Philosophie des ²Als-ob"

Begriffe, die paarweise in der Sprache verwendet werden, können mit einem nachfolgenden Substantiv zu einem Kompositum verschmelzen:

Arbeiter-und-Bauern-Staat
Hammer-und-Sichel-Emblem
Bühne-und-Film-Woche
Basteln-und-Bauen-Bücherei

Vater-und-Sohn-Problem
Peter-und-Paul-Festung
Mutter-und-Kind-Abteil
Oskar-und-Helene-Meyer-Stiftung

Diese Bildungen sind nicht zu verwechseln mit sogenannten *zusammengezogenen* Komposita, das sind Wörter, die *einen* Teil gemeinsam haben, z. B. „Staats- und Lebensgeschichte".

Der Bestandteil „Geschichte" liegt gleichsam verdoppelt in einem Wort vor. Diese Komposita werden beim Auswerfen in ihre ursprüngliche Gestalt zurückverwandelt (196):

„Staats- und Lebensgeschichte" → Staatsgeschichte Lebensgeschichte
„Text- und Programmbuch" → Textbuch Programmbuch
„Gerichts- und Schiedsgerichtsfragen" → Gerichtsfrage Schiedsgerichtsfragen

Als *sekundäre* OW bei Einzelschriften eines Verfassers werden sie folgendermaßen gekennzeichnet:

Palmer, Hans
Spiel- und Denk*technik* . . . usw.

Nach § 197 werden ebenso behandelt Zusammenziehungen von Wörtern, von denen nur eines ein Kompositum (verschränktes Kompositum) ist oder die nur *ein* Wortbildungselement gemeinsam haben.

„Staats- und gelehrte Zeitung" = Staatszeitung und gelehrte Zeitung
→ Staatszeitung Zeitung gelehrte

„Gelehrte und Kunstnachrichten“ = Gelehrte Nachrichten und Kunstnachrichten
→ Nachrichten gelehrte Kunstnachrichten

„Chur- und Fürsten“ = Churfürsten und Fürsten
→ Kurfuersten Fuersten

„Erinner- und Vermahnung = Erinnerung und Vermahnung
→ Erinnerung Vermahnung

Aufgabe 26

Wirf folgende Titel aus:

1. Ministerium für Land- und Forstwirtschaft. Mitteilungen.
2. Sozialdemokratische Lehr- und Lesebücher.
3. Festschrift zur 700 Jahr-Feier der Stadt Calau.
4. Fortschritte für organische und Biochemie.
5. Wirtschafts- und sozialpolitische Rundschau.
6. Veröffentlichungen der Hamburger Staats- und Universitätsbibliothek.
7. Der Arbeiter in der chemischen, Glas- und Papier-Industrie.
8. C. M. Ziehrer's Deutsche Kunst- und Musik-Zeitung.
9. Bühnen- und Film-Club „Eduard von Winterstein“.

Gewisse Schwierigkeiten bereiten *englische* Komposita[1]. Sie treten bisweilen so vielgliedrig auf, daß man vom Deutschen her kaum noch Vergleichsmöglichkeiten hat, um sich diese Sprachbildungen verständlich zu machen. Überdies stehen sie in der Regel *unverbunden* nebeneinander an verschiedenen Stellen des Titels oder sie umfassen gar den ganzen Titel. In manchen Fällen auf dem Gebiet der Naturwissenschaften und Technik reichen auch umfangreichere und eingehendere Sprachkenntnisse nicht immer aus, um zu entscheiden, ob die Möglichkeit einer kompositionellen Bildung vorhanden ist, da diese Frage nur vom *Inhalt* der Begriffe her einwandfrei geklärt werden kann. Hier muß auch der erfahrene Bibliothekar die Hilfe eines Fachmannes, der die Materie ebenso gut wie die Sprache kennt, in Anspruch nehmen.
Immerhin lassen sich bestimmte Grundsätze für die Behandlung englischer Komposita aufstellen und mit Nutzen bei der Titelaufnahme verwenden.
Die einfachen Fälle, in denen mehrere *Substantive* ohne Attribute nebeneinander stehen, können kurz behandelt werden, da sie grundsätzlich nichts Neues bieten, sondern höchstens durch ihre Vielzahl von Gliedern befremdend wirken:

New York City
→ New-York-city

---

[1] Vgl. F. Müllejans: Das englische Kompositum und die Instruktionen, in: Zeitschrift für Bibliothekswesen und Bibliographie. 3. 1956, S. 114—118.

New York City Library
→ New-York-city-library

New York City Library Association
→ New-York-city-library-association

New York City Library Association Bulletin
→ New-York-city-library-association-bulletin

New York City Library Association Bulletin Series
→ New-York-city-library-association-bulletin-series

Aufgabe 27

Wirf folgende Titel aus:

1. House Documents.
2. Shakespeare Association Papers.
3. Archives of the Roentgen Ray.
4. Pennsylvania State College Bulletin.
5. Catalog of copyright entries.
6. Mechanical World and metal trades journal.
7. Oxford Studies in social and legal history.
8. Bulletin of the Buffalo Society of Natural Sciences.
9. Contributions from the Princeton University Observatory.
10. Oil and Petroleum Manual.
11. Archaeological and History Review.
12. Guide to South and East Africa.
13. Memoirs of the Boston Society of Natural History.
14. Sea and inland fisheries.
15. American Paint and Oil Dealer.
16. South and East African Yearbook.
17. Cambridge University Press Bulletin.
18. Official Gazette of the United States Patent Office.
19. Journal of laboratory and clinical medicine.
20. Trade and Economic Review.

Zu den Komposita können Attribute treten (Adjektive, Substantive im Genitiv, Substantive mit Präpositionen).

a) Das Attribut bezieht sich auf das *ganze* Kompositum; dann tritt es als folgendes OW hinter sein Regens.

„Monthly Office Journal" → Office-journal monthly
„Hinrichsen's Music Book" → Music-book Hinrichsen's
„Cambridge Tracts in mathematics" → Cambridge-tracts mathematics

Aufgabe 28

Wirf folgende Titel aus:

1. Comparative Railway Statistics.
2. National Research Council.
3. Australien Science Abstracts.
4. Broomhall's Oilseed News.
5. Annual County Courts Practice.
6. Proceedings of the World's Dairy Congress.
7. Bulletin of the Imperial Earthquake Investigation Committee.

b) Das Attribut bezieht sich *nur* auf das *erste* Glied des möglichen Kompositums; dann wird *alles* als ein Kompositum ausgeworfen.

„Modern Philology Monographs" → **Modern-philology-monographs**

aber: „American Gas Journal" → **Gas-journal American**

„Saint Bartholomew's Hospital Reports" → **Saint-Bartholomew's-hospital-reports**

„University of California Publications" → **University-of-California-publications**

Merke:

1. Wenn ein englisches Wort sowohl Adjektiv wie auch Substantiv sein kann, ist es in Verbindung mit einem Substantiv immer als Adjektiv anzusehen.

2. Bleibt es zweifelhaft, ob ein Adjektiv nur zum ersten Glied oder zum ganzen Kompositum gehört, behandelt man das *Ganze* als ein Kompositum und verweist von der anderen möglichen Form, z. B.

American Labor Yearbook → **American-labour-yearbook**
mit Vw. von „American *Labor Yearbook*"

Aufgabe 29

Wirf folgende Titel aus:

1. Every Day Handbooks.
2. Federal Council Bulletin.
3. Educational Psychology Journal.
4. University of Buffalo Studies.
5. Yellow Fever Bureau Bulletin.
6. Printer's Ink Monthly.
7. Saint Thomas' Hospital Review.
8. Industrial Development Bulletin.
9. Eastman School of music Studies.
10. Safety in Mines Research Board.

c) Das Attribut steht vor dem letzten Glied eines möglichen Kompositums; dann wird das Kompositum aufgelöst. Als erstes OW *innerhalb* dieses Gefüges wird *das* Substantiv ausgeworfen, das *hinter* dem auflösenden Attribut steht, die weiteren folgen in der Ordnung der Vorlage unter Beachtung der spezifischen Abhängigkeit.

„Railway electrical Engineer" → Engineer railway electrical
„West London medical Journal" → Journal West-London medical

Aufgabe 30

Wirf folgende Titel aus:

1. Oxford Technical Publications.
2. Church quarterly Publications.
3. New South Wales statistical Register.
4. New York genealogical and biographical Record.
5. Columbia University Indo-Iranian Series.
6. University of London historical Series.
7. Transactions of the Bristol and Gloucestershire Archaeological Society.
8. Post Office eletrical engineers' Journal.

Bei den englischen Wörtern auf „-ing" ist zu beachten, daß es sich handeln kann:

1. um die Mittelform (Participium activi)

   „The reading man" (der lesende Mensch)
   hier ist „reading" Attribut zu „man"
   → Man reading

2. um den substantivierten Infinitiv (Gerundium)

   „Reading" (Das Lesen)
   in diesem Fall kann „Reading" Glied eines Kompositums sein, z. B. „The reading room" (Der Leseraum)
   → Reading-room

Aufgabe 31

Wirf folgende Titel aus:

1. Fishing Gazette.
2. The sleeping boy.
3. Sleeping Sickness Commission.
4. Working Men's Association.
5. Welding Engineer.
6. Water and water engineering.
7. The Guide to selecting plays.
8. Transactions of the Illuminating Engineering Society.

Aufgabe 32 (vermischte Beispiele)

1. South Australian Naturalist.
2. University of Cincinnati Record.
3. American Welding Engineer.
4. Illinois biological Monographs.
5. State University Studies Series.
6. Tropical Diseases Bulletin.
7. Pocket Yearbook of Western Australia.
8. Librarian and Book World.
9. Saint Louis Law Review.
10. Memoirs of the Manchester Literary and Philosophical Society.
11. Gazette of the United States Patent Office.
12. Bulletin of the Torrey Botanical Club.
13. American Motor News.
14. Nuclear Science Abstracts.
15. Cumulative Book Index.
16. Paper Maker and British paper trade journal.
17. Issue of to day.
18. School of Engineering Research Bulletin.
19. Monthly Weather Report.
20. Locomotive engineers' Journal.
21. Probsthain's oriental Series.
22. Mining World Index of current literature.
23. Newcastle upon Tyne Records Committee.
24. Far Eastern Review.
25. South African geographical Journal.
26. Merchant Marine Statistics.
27. Union of South Africa Government Gazette.
28. The Film Daily Yearbook of motion pictures.
29. National Electric Medical Association Quarterly.
30. British Cotton Grewing Association.
31. Laws of the United States relating to navigation and merchant marine.
32. Modern Treatment Yearbook.
33. Parfumery and essenţial oil Record.
34. Nervous and mental Disease Monograph Series.
35. Museum Bulletin of the Staten Island Association of Arts and Science.
36. Memoirs of the Geological Survey of New South Wales.
37. Studies from the Plant Physiological Laboratory of Charles University Prague.
38. United States National Museum.
39. University of Chicago Oriental Institute Publications.
40. Geological and Natural History Survey of Minnesota.

Bilden mehrere Wörter trotz Bindestriche der Vorlage keinen einheitlichen Begriff, werden die einzelnen Wörter getrennt ausgeworfen.

Oder-Neiße. Eine Dokumentation → Oder Neisse
Der ^{4}Rheinkanal ^{1}Straßburg-^{2}Rastatt-^{3}Leopoldshafen
Der ^{3}Fall ^{1}Heine-^{2}Meyerbeer

Bei derartigen Bildungen ist zu beachten, daß solche in der Vorlage verbundenen Wörter unmittelbar aufeinanderfolgend ausgeworfen werden.
Die Bestandteile eines Doppelnamens als sachliche OW werden ebenfalls getrennt im Kopf angesetzt, denn die „Regeln" behandeln sie als *mehrere* Wörter (vgl. Anl. I,5 die Vw. auf „*Pflugk*-Harttung" u. §§ 173 u. 175).

Beispiel 142

Vorlage

FELIX || MENDELSSOHN || BARTHOLDY || AV || ADOLF HILLMAN || [Signet] || STOCKHOLM || WAHLSTRÖM & WIDSTRAND ||

22 cm; S. 10—137; auf d. Rücks. d. Titelbl.: „1919".

Aufnahme

Hillman, Adolf
Felix *Mendelssohn* Bartholdy.
Stockholm: Wahlström & Widstrand (1919). 137 S. 8^0

Beispiel 143

Vorlage

WILHELM PETERSON-BERGER || FESTSKRIFT || DEN 27 FEBRUARI || 1937 || NATUR OCH KULTUR ||

26,5 cm; S. 14—302; auf d. Rücks. d. Titelbl.: „Redigerad av Ernst Arbman, Sten Beite, Gösta Morin, Einar Rosenborg. Stockholm 1937"; Bogensignaturen: S. 17:2, S. 33:3 usf.

Hauptaufnahme

Peterson Berger Wilhelm
Wilhelm Peterson-Berger. Festskrift, den 27. februari 1937. (Red. av Ernst Arbman, Sten Beite [u. a.])
(Stockholm:) Natur och Kultur (1937). 302 S. 4^0 (8^0)

Verweisung vom ersten Herausgeber

Arbmann, Ernst
[Hrsg.]
s. *Peterson*. — Wilhelm Peterson-Berger. Festskrift. 1937.

Verweisung vom zweiten Herausgeber

Beite, Sten
[Hrsg.]
s. *Peterson.* — Wilhelm Peterson-Berger.
Festskrift. 1937.

Verweisung vom Personennamen im anonymen Titel

Peterson-Berger, Wilhelm
s. *Peterson.* — Wilhelm Peterson-Berger.
Festskrift. 1937.

Verweisung vom zweiten Teil des Doppelnamens

Berger, Wilhelm Peterson-
s. *Peterson*-Berger.

Aufgabe 33

1. Alt=Berlin || Anno 1740 || von || Ernst Consentius || Mit 40 Abbildungen und 2 Planblättern. || Zweite, vermehrte Auflage. || Berlin 1911 || Verlag von Gebrüder Paetel || (Dr. Georg Paetel) ||

   20,5 cm; S. 2—287.

2. ABC || der Laboratoriumsgeräte. Von Wolfgang Telle || unter Mitarbeit von Johannes Großer || Mit 390 Bildern || FACHBUCHVERLAG GMBH LEIPZIG 1953 ||

   23 cm; S. 7—134.

3. THE DRAGON TREE || A Life of Alexander, Baron von Humboldt || by || VAL GENDRON || [Vignette] || LONGMANS, GREEN AND CO. || NEW YORK LONDON TORONTO || 1961 ||

   21 cm; S. V—VII u. 2—214.

4. THE BRITISH || PAPER INDUSTRY || 1495—1860 || A study in Industrial Growth || BY || D. C. COLEMAN || Lecturer in Industrial History || OXFORD || AT THE CLARENDON PRESS || 1958 ||

   21,5 cm; S. VI—XVI u. 4—367; die vollst. Vornamen von Coleman sind bibliogr. erm.: Donald Cuthbert

5. COUP D'OEIL || SUR || LE RÈGNE DE LOUIS XVI || DEPUIS || SON AVÈNEMENT À LA COURONNE || JUSQU'À || LA SÉANCE ROYALE DU 23 JUIN 1789 || POUR FAIRE SUITE || À L'HISTOIRE PHILOSOPHIQUE DU RÈGNE DE LOUIS XV || PAR || LE C^{TE} DE TOCQUEVILLE || DEUXIÈME ÉDITION || PARIS: AMYOT, RUE DE LA PAIX ||

   21 cm; S. II u. 2—403; der Vorname Tocquevilles ist bibliogr. erm.: Alexis; das Werk ist um die Mitte des vorigen Jahrhunderts ersch.

6. ALLGEMEINE WIRTSCHAFTS= || UND VERKEHRSGEOGRAPHIE || VON || DR. KARL SAPPER || O. PREFESSOR AN DER UNIVERSITÄT || WÜRZBURG || ZWEITE AUFLAGE || MIT 66 KARTOGRAPHISCHEN UND STATISTISCH-GRAPHISCHEN DARSTELLUNGEN || 1930 || VERLAG UND DRUCK VON B. G. TEUBNER IN LEIPZIG UND BERLIN ||

   24 cm; S. IV—VIII u. 2—392.

7. AIR MINISTRY || METEOROLOGICAL OFFICE || Handbook of || Aviation || Meteorology || LONDON || HER MAJESTY'S STATIONARY OFFICE || 1960 ||

25 cm; S. VI—XV u. 3—404.

8. TWENTIETH || CENTURY || MUSIC || EDITED BY ROLLO H. MYERS || JOHN CALDOR || LONDON ||

20,5 cm; S. V—X u. 11—243; aus d. Vorw.: „... my gratitude to the team of ... contributors ..."; auf d. Rücks. d. Titelbl.: „Published by John Caldor in 1960"; der vollst. zweite Vorname von Myers ist bibliogr. erm.: Hugh.

2.5.4 *Abkürzungen als Ordnungswörter*

Abkürzungen werden grundsätzlich in der ergänzten Form ausgeworfen (213).

BGB → Gesetzbuch buergerliches
DDR → Republik deutsche demokratische
FDJ → Jugend freie deutsche
VEB → Betrieb volkseigener
DRK → Kreuz deutsches rotes
BGL → Betriebsgewerkschaftsleitung
BPO → Betriebsparteiorganisation
LPG → Produktionsgenossenschaft landwirtschaftliche
UdSSR → Union Sowjetrepubliken sozialistischen
U.R.S.S. → Union républiques socialistiques soviétiques
HO → Handelsorganisation

hierzu gehören auch Elisionen:

's → es z. B. 's war immer schon so → Es war immer
j' → je z. B. J'aime → Je aime
qu' → que z. B. Qu'est-ce → Que est ce

Von der Abkürzung wird erforderlichenfalls verwiesen, wenn es sich um ein *primäres erstes* OW handelt. Steht die Abkürzung an zweiter Stelle und kommt das erste OW im Katalog häufig vor, wie „Veröffentlichungen", „Zeitschrift", „Transactions" u. ä., ist eine Vw. ebenfalls anzuraten.

Abkürzungen werden nur dann in der Vorlageform ausgeworfen, wenn sie

a) als Wortsilben ausgesprochen werden

HAPAG, UNO, UNESCO, DEFA u. ä.

b) Glieder eines Kompositums sind (§ 213, Aber-Beisp.)

VDI-Zeitschrift → V-D-I-Zeitschrift
MTS-Bote → M-T-S-Bote
Wird indessen das Glied in der vollen Form ausgesprochen, muß es ergänzt ausgeworfen werden, z. B.
Das Kloster St. Gallen → Sankt-Gallen Kloster
(vgl. auch § 195,3)
Das Dr. Müllersche Sanatorium → Sanatorium Doktor-Muellersche

c) als sachliche OW Vornamen sind (212)

J. A. Seufferts Archiv	→ Archiv Seuffert J A
Im Zeitalter Joh. Seb. Bachs	→ Zeitalter Bach Joh Seb
W. von Humboldt	→ Humboldt W

d) mit einer Endung versehen sind und gebeugt werden können

Der ATV-er → A-T-V-er

Im Kopf ergänzte *primäre* OW werden, sofern ihre Auflösung allgemein bekannt ist, im *Text* in der *Vorlageform* übernommen[1].

Gewerbeinspektoren kaiserlich-koenigliche

Die k. k. Gewerbe-Inspektoren usw.

aber:

S-A-Anweisung

S(elbstanschluß-)A(emter)-Anweisung usw.

Beispiel 144

Vorlage

Das STIFT ST. FLORIAN || UND ANTON BRUCKNER || Bilder zur deutschen Kultur- und Kunstgeschichte || von JOHANNES HOLLNSTEINER || MUSIKWISSENSCHAFTLICHER VERLAG G.M.B.H. || LEIPZIG ||

23,5 cm; S. 11—55 u. 28 ungezählte Blätter mit Abbildungen; auf d. Rücks. d. Titelbl.: „Copyright 1940".

Aufnahme

Hollnsteiner, Johannes
Das Stift *S[ank]t Florian* und Anton Bruckner. Bilder zur dt. Kultur- u. Kunstgesch.
Leipzig: Musikwiss. Verl. (1940). 55 S., 28 Bl. Abb. 8⁰
Vgl. auch § 195,3.

Beispiel 145

Vorlage

1000 PS || und mehr || Herausgegeben von || Ing. W. CURTH und || Hans-J. HARTUNG || Überarbeitete Neuauflage || VEB VERLAG TECHNIK BERLIN 1959 ||

24,5 cm; S. 5—861; die vollst. Vornamen d. Herausgeber sind aus d. Autorenverzeichnis, das 32 Mitarbeiter aufführt, ersichtl.: „Werner Curth, Hans-Joachim Hartung".

Hauptaufnahme

Pferdestaerken tausend

1000 PS und mehr. Hrsg. von W(erner) Curth u. Hans-J(oachim) Hartung. Überarb. Neuaufl.

Berlin: Verl. Technik 1959. 861 S. 8⁰

[1] Vgl. Fuchs: Kommentar. 1955, § 20,4, S. 53, Zeile 16 ff.

Verweisung[1] *vom ersten Herausgeber*

Curth, Werner
[Hrsg.]
s. *Pferdestaerken*. — 1000 PS und mehr.
Neuaufl. 1959.

Verweisung vom zweiten Herausgeber desgl.

Verweisung vom abgekürzten ersten OW der obigen Aufnahme

P-S tausend
Tausend PS und mehr
s. *Pferdestaerken*, Tausend, und mehr.

Beispiel 146

Vorlage

STUD. MUS. || Ein ärztlicher Ratgeber für Gesangstudierende || von || Dr. Bruno Goldschmidt || Halsarzt in Berlin || B. Behr's Verlag (Friedrich Feddersen) || 19 Berlin und Leipzig 14 ||

20,5 cm; S. 11—54.

Aufnahme

Goldschmidt, Bruno, Halsarzt, Berlin
Stud. mus. Ein ärztl. Ratgeber für Gesangstudierende.
Berlin: Behr 1914. 54 S. 8°

Erläuterung

Zur Unterscheidung von anderen völlig gleichnamigen Autoren empfiehlt es sich, im Kopf charakterisierende Personalangaben hinzuzufügen.

Beispiel 147

Vorlage

WALTER ULBRICHT || Die DDR || ist ihres Sieges gewiß || Vier Reden und Aufsätze zur Geschichte || der DDR || DIETZ VERLAG BERLIN 1960 ||

19,5 cm; S. 5—199.

Aufnahme

Ulbricht, Walter
Die *D*(*eutsche*) D(emokratische R(epublik) ist ihres Sieges gewiß. 4 Reden u. Aufsätze zur Gesch. d. DDR.
Berlin: Dietz 1960. 199 S. 8°

---

[1] Vgl. Fuchs: Kommentar, 1955, § 73, 4d, S. 155.

Erläuterung

Ergeben sich bei der Auflösung einer Abkürzung mehrere unverbunden nebeneinander stehende Wörter, so ergänzt man nicht nur das für die sekundäre Einordnung benötigte Wort, sondern alle Teile des Begriffs[1].

Aufgabe 34

Wirf folgende Titel aus:

1. Nachrichten über die v. d. Lochau'sche Familien-Stiftung.
2. Dr. A. S. Bettelheim Memorial Foundation.
3. Nachrichten aus den Gemeinden St. Jakobi, St. Marien und St. Nikolai.
4. Handausgabe des BGB.
5. USA and South America.

Aufgabe 35

1. Das Finanzsystem || der DDR || VERLAG DIE WIRTSCHAFT BERLIN ||

   21,5 cm; S. 5—655; auf d. Rücks. d. Titelbl.: „Die Autoren dieses Buches sind: Bader, Heinrich" [es folgen weitere 13 Namen]; „1962 veröffentlicht".

2. INTERNATIONALER SAMMELBAND || LPG-RECHT || Erfahrungen der sozialistischen Länder || über neue Organisationsformen || der Kollektivwirtschaften || Herausgegeben || vom Protektorat für Forschung || der Deutschen Akademie für Staats- und Rechtswissenschaft || „Walter Ulbricht" || VEB DEUTSCHER ZENTRALVERLAG || BERLIN 1961 ||

   22 cm; S. 5—232; das Vorw. ist unterz.: „Klaus Heuer".

3. ANDRÉ WURMSER et LOUISE MAMIAC || L'U. R. S. S. || À COEUR OUVERT || (voyage commenté) || LES ÉDITEURS FRANÇAIS RÉUNIS || 21, rue de Richelieu, Paris (1er) ||

   19 cm; S. 10—321; auf d. Rücks. d. Titelbl.: „1962".

---

[1] Vgl. Fuchs: Kommentar. 1955, § 20,4d, S. 53, Zeile 10 ff.

Änderungen während des Druckes

Seite 110, Zeile 1, noch anfügen: „VERSUCHE || "

Seite 141, Zeilen 10 und 11 lauten: „Namens verwiesen, z. B. „*da Gama*" (portug.) mit Vw. von „Gama", aber „da *Farina*" (ital.).

Seite 148, Zeilen 8 bis 6 von unten streichen: „z. B." bis „Graf von"
so daß der Satz endet: „von den anderen (118)."

Seite 153, Zeile 16 ff. muß lauten: „Vornamen, doch wird von ihnen erforderlichenfalls verwiesen (120).
In der Regel wird eine solche Vw. nur gemacht, wenn der letzte Namensteil (= Zuname) mit dem vorhergehenden durch einen Bindestrich verbunden ist, so daß der Anschein eines Doppelnamens entsteht (vgl. Fuchs: Kommentar. 1955, S. 232)."

Seite 153, Zeile 8 von unten muß lauten: „. . . ihnen erforderlichenfalls verwiesen (122)."

Seite 205, Zeilen 8 bis 10 müssen lauten: „P-S
s. Pferdestaerken.

Gerhard Rusch

Einführung in die Titelaufnahme

Band II

Gerhard Rusch

Einführung in die Titelaufnahme

nach den „Regeln für die alphabetische Katalogisierung in wissenschaftlichen Bibliotheken"

Mit zahlreichen Beispielen und Aufgaben

Band II

Mit einem Lösungsheft

6., unveränderte Ausgabe

1975

Verlag Dokumentation, Pullach bei München

Band II enthält:

2.6 Mehrbändige Schriften

Als mehrbändig wird eine Veröffentlichung im Sinne der „Regeln" bezeichnet, wenn sie aus mehreren bibliographischen Einheiten besteht, d. h., wenn für jeden Teil ein eigenes Titelblatt vorhanden ist. Gewöhnlich hat auch jeder Teil eine eigene Seitenzählung.

2.6.1 *Allgemeines und einfache Schriften*

Der Unterschied zur Aufnahme einbändiger Werke besteht grundsätzlich darin, daß die Umfangsangabe (11,1) in anderer Form erfolgt, nämlich durch die Zusammenfassung der Bandzählung (10,3 c). Eine Seitenzählung wird nur dann zusätzlich angegeben – und zwar an der üblichen Stelle hinter dem Erscheinungsvermerk –, wenn sie fortlaufend durch alle Bände geht und nicht durch eine andere Zählung unterbrochen ist. (vgl. Fuchs: Kommentar, 1955, § 35,1, S. 81.)

Grundlage für die Aufnahme ist das Haupttitelblatt des ersten Bandes (8,1).

Die Bandzusammenfassung wird hinter der Ausgabebezeichnung, also vor dem Erscheinungsvermerk aufgeführt. Bandbenennungen, wie „Heft", „Teil", „Band", „Abteilung", „Livre", „Tome" u. ä., werden zwar vom Titelblatt in abgekürzter Form übernommen, aber, wenn sie fehlen, nicht ergänzt. Man setzt sie immer *vor* die Zählung (10,3 c). Besteht die Zählung nur aus zwei Einheiten, werden die Zählbezeichnungen nebeneinander gestellt und durch Punkte abgegrenzt (vgl. Anl. I, 13. 23. 51. 58. 60 u. Bd. I, S. 35).

Beispiel 148

Vorlage

[1:] EIN IDEALES KÜNSTLERPAAR || Rosa und Feodor von Milde || Ihre Kunst und || ihre Zeit || Von || Franz von Milde || Band I || Leipzig || Druck und Verlag von Breitkopf & Härtel || 1918 ||

18.5 cm.

[2:] EIN IDEALES KÜNSTLERPAAR || Rosa und Feodor von Milde || Ihre Kunst und || ihre Zeit || Von || Franz von Milde || Band II || Leipzig || Druck und Verlag von Breitkopf & Härtel || 1918 ||

18,5 cm.

Aufnahme

Milde, Franz von

Ein ideales *Künstlerpaar*. Rosa u. Feodor von Milde. Ihre Kunst u. ihre Zeit. Bd 1.2.
Leipzig: Breitkopf & Härtel 1918. 8°

Bei den folgenden Vorlagen wird nur das Titelblatt des ersten Bandes vollständig wiedergegeben. Von den übrigen Titelblättern werden lediglich die vom ersten Titelblatt abweichenden Angaben aufgeführt. Textteile, die mit dem ersten Blatt übereinstimmen, sind durch drei Punkte angedeutet.

Beispiel 149

Vorlage

[1 :] Lessing. || Geschichte seines Lebens und seiner Schriften || von || Erich Schmidt. || Erster Band. || Zweite veränderte Auflage || Berlin || Weidmannsche Buchhandlung || 1899 ||

23,5 cm.

[2:] . . . || Zweiter Band. || . . . ||

Aufnahme

Schmidt, Erich, Germanist, 1853–1913
Lessing. Gesch. s. Lebens u. s. Schriften. 2. veränd. Aufl. Bd 1.2.
Berlin: Weidmann 1899. 8^0

Erläuterungen

1. Zur Unterscheidung von anderen völlig gleichnamigen Autoren empfiehlt es sich, im Kopf charakterisierende Personalangaben hinzuzufügen oder eine Leitkarte mit diesen Angaben dem betreffenden Autor voranzustellen.
2. Die Ausgabebezeichnung steht, wenn sie sich auf das ganze Werk bezieht, in der Aufnahme vor der Bandzusammenfassung (10,3).
3. Eine vom Titelblatt übernommene Bandbenennung wird immer *vor* die Zählung gesetzt (10,3c).

Bei mehr als zwei bibliographischen Einheiten wird die Bandzusammenfassung durch die Angabe des ersten und letzten Teiles mit einem verbindenden Horizontalstrich ausgedrückt (vgl. Anl. I, 3. 4. 5. 17. 19. 24. 25).

Beispiel 150

Vorlage

[1 :] DK 621.395.5 || ÜBERTRAGUNGSTECHNIK || IM FERNMELDE-WEITVERKEHR || Teil I || Bearbeitet und herausgegeben || von || Dr.-Ing. Otto Henkler, Berlin || VEB VERLAG TECHNIK BERLIN || 1956 ||

24,5 cm; auf d. Rücks. d. Titelbl. sind die Namen von 25 Mitarbeitern aufgeführt.

[2:] . . . || Teil II || . . .||

[3:] . . . || Teil III || . . . ||

Hauptaufnahme

Uebertragungstechnik
Übertragungstechnik im Fernmelde-Weitverkehr. Bearb. u. hrsg. von Otto Henkler.
T. 1 – 3.
Berlin: Verl. Technik 1956. 8^0
DK 621.395.5

Verweisung vom Herausgeber

Henkler, Otto

[Hrsg.]

s. *Uebertragungstechnik* im Fernmelde-Weitverkehr. 1956.

Erläuterungen

1. Eine auf dem Titelblatt stehende DK-Zahl wird am besten als bibliographische Notiz unter der Aufnahme angeführt (vgl. 1.4.2, Ziffer 12, Bd. I, S. 50).
2. Bei Vw. berücksichtigt man Bandzählungen nur, wenn sich die Vw. auf einzelne Teile des Werkes bezieht.

2.6.2 *Schriften mit Verschiedenheiten der einzelnen Bände*

Abgesehen von der Bandzählung treten in den meisten Fällen noch Besonderheiten einzelner Bände auf.
Nur diese Besonderheiten werden unter der Aufnahme vermerkt, und zwar jeweils auf einer Zeile oder, wenn es der Platz erlaubt, auch nebeneinander; dabei wird die entsprechende Zählung ohne Bandbenennung vorangestellt (vgl. § 10,3 u. Anl. I, 3. 4. 5. 13. 17. 19. 23. 24. 25. 58).
Alles, was sich auf das Ganze bezieht, muß oberhalb des Erscheinungsvermerks aufgeführt werden.

Die Verschiedenheiten der einzelnen Bände können sich erstrecken auf:

Beigaben
Erscheinungsjahre
Ausgabebezeichnungen
Inhaltsangaben
Stücktitel

Es ist zu prüfen, ob sich die Angaben auf den verschiedenen Titelblättern auf das Ganze oder jeweils auf den einzelnen Band beziehen. Das gilt insbesondere für Beigabenvermerke und Ausgabebezeichnungen. Auch Angaben über einen Verfasser oder Herausgeber können mitunter nur zu *einem* Band gehören.

Beispiel 151

Vorlage

[1:] Allgemeine || Verkehrsgeographie || Von || Kurt Hassert || Zweite, völlig umgearbeitete Auflage || Erster Band || Mit 11 Karten und graphischen Darstellungen || Verlag von Walter de Gruyter & Co. || Berlin 1931 Leipzig ||

24 cm.

[2:] . . . || Zweiter Band || Mit 6 graphischen Darstellungen || . . . ||

Aufnahme

Hassert, Kurt
Allgemeine *Verkehrsgeographie*. 2., völlig umgearb. Aufl. Bd 1.2.
Berlin, Leipzig: de Gruyter 1931. 8⁰

1. Mit 11 Kt. u. graph. Darst.

2. Mit 6 graph. Darst.

Verschiedene Jahre werden im Erscheinungsvermerk zusammengefaßt, und zwar durch Verknüpfung des frühesten mit dem spätesten, z. B. „1899—1902", „1958—62".

Beispiel 152

Vorlage

[1:] TONPSYCHOLOGIE. || VON || DR. CARL STUMPF, || PROFESSOR DER PHILOSOPHIE AN DER DEUTSCHEN UNIVERSITÄT || ZU PRAG || ERSTER BAND || LEIPZIG || VERLAG VON S. HIRZEL || 1883. ||

22 cm.

[2:] . . . || PROFESSOR DER PHILOSOPHIE AN DER UNIVERSITÄT MÜNCHEN. || ZWEITER BAND || . . . || 1890. ||

Aufnahme

Stumpf, Karl
Tonpsychologie. Von Carl Stumpf. Bd 1.2.
Leipzig: Hirzel 1883—90. 8⁰

1. 1883. 2. 1890.

Beispiel 153

Vorlage

[1:] AMERICAN || CIVIL ENGINEERING || PRACTICE || In three Volumes || VOLUME I || Prepared by a Staff of Specialists || Under the Editorship of || ROBERT W. ABBETT || NEW YORK: JOHN WILEY & SONS, INC. || LONDON: CHAPMAN & HALL, LIMITED ||

21 cm; auf d. Rücks. d. Titelbl.: „Copyright 1956".

[2:] . . . || VOLUME II || . . . ||

Auf d. Rücks. d. Titelbl.: „Copyright 1956".

[3:] . . . || VOLUME III || . . . ||

Auf d. Rücks. d. Titelbl.: „Copyright 1957".

Hauptaufnahme

Civil-engineering-practice American
American Civil Engineering Practice. Prep. by a staff of specialists. Under the editorship of Robert W. Abbett. Vol. 1—3.
New York: Wiley [usw.] (1956—57). 8⁰
1.2. (1956.) 3. (1957.)

Erläuterung

Der Vermerk „In three Volumes" gilt als Zusatz zum Sachtitel und ist nur dann wichtig für die Aufnahme, wenn das Werk nicht vollständig vorliegt.

Verweisung vom Herausgeber

Abbett, Robert W
[Hrsg.]
s. *Civil Engineering Practice*, American. 1956—57.

Beispiel 154

Vorlage

[1:] KAUTSCHUK-HANDBUCH || ERSTER BAND || Herausgegeben von Dr. SIEGFRIED BOSTRÖM || Mit 152 Abbildungen || BERLINER UNION · STUTTGART ||

23 cm; auf d. Rücks. d. Titelbl.: „(C) 1959"; im Vorw. ist die Rede von einem Mitarbeiterstab.

[2:] . . . || ZWEITER BAND || . . . || Mit 361 Abbildungen || . . . ||

Auf d. Rücks. d. Titelbl.: „(C) 1960".

[3:] . . . || DRITTER BAND || . . . || Mit 282 Abbildungen || . . . ||

Auf d. Rücks. d. Titelbl.: „(C) 1958".

[4:] . . . || VIERTER BAND || . . . || Mit 116 Abbildungen || . . . ||

Auf d. Rücks. d. Titelbl.: „(C) 1961".

Hauptaufnahme

Kautschukhandbuch
Kautschuk-Handbuch. Hrsg. von Siegfried Boström. Bd 1—4.
Stuttgart: Berl. Union (1958–61). 8⁰

1. Mit 152 Abb. (1959.)
2. Mit 361 Abb. (1960.)
3. Mit 282 Abb. (1958.)
4. Mit 116 Abb. (1961.)

Verweisung vom Herausgeber

Bostroem, Siegfried
[Hrsg.]
s. *Kautschuk-Handbuch*. 1958—61.

Erläuterung

Auch bei der Aufführung der einzelnen Bände mit ihren Besonderheiten sind die Vorschriften über die Verwendung von Klammern zu beachten (vgl. Anl. I, 3. 4. 5. 13).

Im Regelfall wird man mehrere Bände eines Werkes, die in verschiedenen Auflagen vorliegen, je nach Auflage getrennt behandeln. Gelegentlich kombiniert man aber Bände verschiedener Auflagen in *einer* Aufnahme, etwa bei der Verzeichnung von Handbibliotheken. Dies wird am besten schon im oberen Teil der Aufnahme durch die Formel „[Versch. Aufl.]“ angedeutet.[1]

Beispiel 155

Vorlage

[1 :] INGENIEURGEOLOGIE || EIN HANDBUCH FÜR STUDIUM UND PRAXIS || VON || LUDWIG BENDEL || LUZERN || ERSTE HÄLFTE || MIT 586 TEXTABBILDUNGEN || ZWEITE AUFLAGE || (BERICHTIGTER NEUDRUCK DER ERSTEN AUFLAGE 1944) || [Signet] || WIEN || SPRINGER-VERLAG || 1949 ||

25 cm.

[2:] . . . || ZWEITE HÄLFTE || MIT 620 TEXTABBILDUNGEN || [Signet] || Wien || . . . || 1948 ||

Aufnahme

Bendel, Ludwig
Ingenieurgeologie. Ein Handb. für Studium u. Praxis. [Versch. Aufl.] Hälfte 1.2.
Wien: Springer 1948—49. 8^{0}

1. Mit 586 Textabb. 2. Aufl. <Bericht. Neudr. d. 1. Aufl. 1944.> 1949.
2. Mit 620 Textabb. 1948.

Erläuterung

Auch bei der Aufführung der einzelnen Bände mit ihren Besonderheiten sind die Vorschriften über die Verwendung und Wiedergabe von Klammern zu beachten (vgl. Anl. I, 3. 4. 5. 13).

Auf Titelblättern befindliche Inhaltsangaben, die einzelne Bände betreffen, stehen ebenfalls unter dem Erscheinungsvermerk.

Beispiel 156

Vorlage

[1 :] Praktische Einführung || in die || PFLANZENMORPHOLOGIE || Ein Hilfsbuch für den botanischen Unterricht || und für das Selbststudium || Von || Dr. Wilhelm Troll || o. ö. Professor der Botanik und Allgemeinen Biologie || an der Universität Mainz ||

---

[1] Vgl. Fuchs: Kommentar. 1955, § 15,2, S. 43, Zeile 27.

…ster Teil: || DER VEGETATIVE AUFBAU || Mit 239 Abbildungen im Text || …t || VEB GUSTAV FISCHER VERLAG JENA || 1954 ||

24,5 cm.

[2:] ... || Zweiter Teil: || DIE BLÜHENDE PFLANZE || Mit 406 Abbildungen im Text || ... || 1957 ||

Aufnahme

Troll, Wilhelm
Praktische *Einführung* in die Pflanzenmorphologie. Ein Hilfsbuch für d. botan. Unterr. u. für d. Selbststudium. T. 1.2.
Jena: G. Fischer 1954—57. 8⁰
1. Der vegetat. Aufbau. Mit 239 Abb. 1954.
2. Die blühende Pflanze. Mit 406 Abb. 1957.

Beispiel 157

Vorlage

[1:] HANDLEXIKON || DER MEDIZINISCHEN PRAXIS || Diagnostik und Therapie || von Dr. med. habil. Aderhold, Jena, Oberarzt Dr. Arnholdt, München [es folgen weitere Namen] || Herausgegeben von || DR. MED. HABIL. HANS BRAUN || Priv.-Doz. für Innere Medizin an der Universität München || Band I / A-K || [Signet] || MEDICA VERLAG STUTTGART WIEN ZÜRICH ||

24,5 cm; S. VI—XV u. 1—714; auf d. Rücks. d. Titelbl.: „(C) 1957".

[2:] ... || Band II/L—Z || ... ||

S. VI—IX u. 717—1606; auf d. Rücks. d. Titelbl.: „(C) 1957".

Hauptaufnahme

Handlexikon Praxis medizinischen
Handlexikon der medizinischen Praxis. Diagnostik u. Therapie. Hrsg. von Hans Braun. Bd 1.2.
Stuttgart, Wien, Zürich: Medica-Verl. (1957). 8⁰
1. A—K. 2. L—Z.

Erläuterung

Es liegt zwar eine durchgehende Seitenzählung vor, sie ist jedoch durch die separate römische Zählung des zweiten Bandes unterbrochen; daher wird sie in der Aufnahme nicht berücksichtigt.

Verweisung vom Herausgeber

Braun, Hans, Dr. med. habil.
[Hrsg.]
s. *Handlexikon* d. medizinischen Praxis. 1957.

Beispiel 158

Vorlage

[1 :] Zur || Geschichte der Musik || und des || Theaters || am Württembergischen Hofe. || Nach Originalquellen || von || Josef Sittard. || Erster Band. || 1458—1733. || Stuttgart. || Verlag von W. Kohlhammer. || 1890. ||

22,5 cm.

[2 :] . . . || Zweiter Band. || 1733—1793. || . . . || 1891. ||

Aufnahme

Sittard, Josef
Zur *Geschichte* der Musik und des Theaters am Württembergischen Hofe. Nach Originalquellen. Bd 1.2.
Stuttgart: Kohlhammer 1890—91. 8°
1. 1458—1733. 1890. 2. 1733—1793. 1891.

Beispiel 159

Vorlage

[1 :] Franz Schubert || und seine Lieder. || Studien || von || Joseph Rissé. || I. || Müllerlieder. || [Signet] || Erfurt. || Verlag von Fr. Bartholomäus. ||

17,5 cm; das Erscheinungsjahr beider Teile ist bibliogr. erm.: 1872.

[2 :] . . . || II. || Goethe-Lieder || . . . ||

Aufnahme

Rissé, Josef
Franz *Schubert* und seine Lieder. Studien von Joseph Rissé. 1.2.
Erfurt: Bartholomäus [1872]. 8°
1. Müllerlieder.
2. Goethe-Lieder.

Vgl. auch § 102.

Beispiel 160

Vorlage

[1 :] VICTOR KLEMPERER || GESCHICHTE || DER FRANZÖSISCHEN LITERATUR || IM 19. UND 20. JAHRHUNDERT || 1800—1925 || Band I || 1956 || VEB DEUTSCHER VERLAG DER WISSENSCHAFTEN || BERLIN ||

24,5 cm.

[2 :] . . . || . . . || Band II || HERAUSBILDUNG EINER NEUEN KLASSIK || . . . ||

Aufnahme

Klemperer, Viktor
Victor Klemperer. *Geschichte* der französischen Literatur im 19. und 20. Jahrhundert. 1800—1925. Bd. 1.2.
Berlin: Dt. Verl. d. Wiss. 1956. 8⁰
2. Herausbildung e. neuen Klassik.

Erläuterung

In diesem Fall weist nur der zweite Band eine Besonderheit (Inhaltsangabe) auf; daher wird nur dieser unten angeführt.

Beispiel 161

Vorlage

[1:] GESCHICHTE || DER KINDERARBEIT || IN DEUTSCHLAND || 1750—1939 || BAND I · GESCHICHTE || VON JÜRGEN KUCZYNSKI || BERLIN 1958 || VERLAG NEUES LEBEN ||
20,5 cm.

[2:] ... || BAND II · DOKUMENTE || VON RUTH HOPPE || ... ||

Aufnahme

Kuczynski, Juergen
Geschichte der Kinderarbeit in Deutschland 1750—1939. Bd 1.2.
Berlin: Verl. Neues Leben 1958. 8⁰
1. Geschichte. Von Jürgen Kuczynski.
2. Dokumente. Von Ruth Hoppe.

Verweisung vom zweiten Verfasser

Hoppe, Ruth
Geschichte d. Kinderarbeit in Deutschland. Bd 2. 1958
s. *Kuczynski*, Juergen.

Erläuterung

Bei Vw. berücksichtigt man Bandzählungen nur, wenn sich die Vw. auf einzelne Teile des Werkes bezieht.

Inhaltsangaben können sich zu besonderen Titeln für den betreffenden Band ausweiten. Sie werden zu sogenannten *Stücktiteln*, die eine selbständige Bedeutung haben und dann in der Regel ein eigenes Titelblatt beanspruchen. In solchen Fällen begnügt man sich nicht nur mit der Aufführung unter dem Gesamttitel, sondern fertigt eine eigene Stücktitelaufnahme an (20.4). Stücktitel können bei mehrbändigen Verfasserschriften ebenso wie bei mehrbändigen Sachtitelschriften (in diesem Fall als *Sammelwerk* bezeichnet) auftreten (vgl. Anl. I, 5). Dabei braucht nicht jeder Band des gesamten Werkes einen solchen Titel zu haben. Die

Stücktitel können im Rahmen des Ganzen auch ihrerseits wiederum mehrere bibliographische Einheiten umfassen. Stücktitel repräsentieren sowohl Einzelwerke wie Vielverfasserschriften. Wichtig ist, daß die bibliographischen Zusammenhänge und die verschiedenen Titel und Zählungen in ihrem Verhältnis zueinander erkannt werden.
In der Gesamtaufnahme werden die Stücktitel unten kurz aufgeführt (8,4). Man übernimmt nur die Angaben, die zur Auffindung der Stücktitelaufnahme nötig sind. Bei Einzelwerken wird der Verfasser mit Umstellung des Vornamens und Doppelpunkt dem Sachtitel vorangestellt. Es folgen ggf. Originaltitel, eine Auflagebezeichnung ohne Zusätze und dann das Erscheinungsjahr. Bei Sachtitelschriften gibt man den Titel *ohne* Umstellung des ersten OW an. In allen Fällen wird die Anfertigung einer Stücktitelaufnahme durch einen Verweisungsstrich in der Gesamtaufnahme angedeutet.

Beispiel 162

Vorlage

[1 links:] DIE PHYSIK || DER HOCHPOLYMEREN || HERAUSGEGEBEN || VON || H. A. STUART || ERSTER BAND || DIE STRUKTUR || DES FREIEN MOLEKÜLS || [Signet] || SPRINGER-VERLAG || BERLIN GÖTTINGEN HEIDELBERG || 1952 ||

23,5 cm; die vollst. Vornamen d. Herausgebers sind bibliogr. erm.: Herbert Artur.

[1 rechts:] DIE STRUKTUR || DES FREIEN MOLEKÜLS || ALLGEMEINE PHYSIKALISCHE METHODEN || ZUR BESTIMMUNG DER STRUKTUR VON MOLEKÜLEN || UND IHRE WICHTIGSTEN ERGEBNISSE || VON || H. A. STUART || FRÜHER PROFESSOR DER PHYSIK || AN DER TECHNISCHEN HOCHSCHULE DRESDEN || Z. ZT. HANNOVER || MIT 189 ABBILDUNGEN || [Signet] || SPRINGER-VERLAG || BERLIN GÖTTINGEN HEIDELBERG || 1952 ||

S. VIII—XX u. 2—609.

[2 links:] . . . || ZWEITER BAND || DAS MAKROMOLEKÜL || IN LÖSUNGEN || . . . || 1953 ||

[2 rechts:] DAS MAKROMOLEKÜL || IN LÖSUNGEN || BEARBEITET || VON || H. BUCHHOLZ-MEISENHEIMER, R. M. FUOSS || [es folgen weitere Namen] || MIT 323 TEXTABBILDUNGEN || [Signet] || 1953 ||

S. X—XX u. 2—782; der vollst. Vorname von Buchholz-Meisenheimer ist bibliogr. erm.: Hertha.

[3 links:] . . . || DRITTER BAND || ORDNUNGSZUSTÄNDE UND || UMWANDLUNGSERSCHEINUNGEN || IN FESTEN HOCHPOLYMEREN || STOFFEN || . . . || 1955 ||

[3 rechts:] ORDNUNGSZUSTÄNDE UND || UMWANDLUNGSERSCHEINUNGEN || IN FESTEN HOCHPOLYMEREN || STOFFEN || BEARBEITET || VON || W. BRENSCHEDE [es folgen weitere Namen] || MIT 370 TEXTABBILDUNGEN || . . . || 1955 ||

S. VI—XVI u. 2—693; der vollst. Vorname von Brenschede ist bibliogr. erm.: Willy.

[4 links:] . . . || VIERTER BAND || THEORIE || UND MOLEKULARE DEUTUNG || TECHNOLOGISCHER EIGENSCHAFTEN || VON HOCHPOLYMEREN WERKSTOFFEN || . . . || 1956 ||

[4 rechts:] THEORIE || UND MOLEKULARE DEUTUNG || TECHNOLOGISCHER EIGENSCHAFTEN || VON HOCHPOLYMEREN WERKSTOFFEN || BEARBEITET || VON J. P. BERRY [es folgen weitere Namen] || MIT 367 TEXTABBILDUNGEN || . . . || 1956 ||

S. VI—XX u. 2—667; die vollst. Vornamen von Berry sind bibliogr. erm.: James Peter.

Aufnahme des Gesamtwerkes

Physik Hochpolymeren

Die Physik der Hochpolymeren. Hrsg. von H[erbert] A[rtur] Stuart. Bd 1—4.
Berlin, Göttingen, Heidelberg: Springer 1952—56. 8⁰

1. Stuart: Die Struktur d. freien Moleküls. 1952.
2. Das Makromolekül in Lösungen. 1953.
3. Ordnungszustände u. Umwandlungserscheinungen in festen hochpolymeren Stoffen. 1955.
4. Theorie u. molekulare Deutung technol. Eigenschaften von hochpolymeren Werkstoffen 1956.

Erläuterung

Die Vornamen von Stuart werden in diesem Fall beim Zitat unter der Aufnahme nur deshalb nicht aufgeführt, weil sie aus dem oberen Teil ersichtlich sind.

Verweisung vom Herausgeber

Stuart, Herbert Artur

[Hrsg.]

s. *Physik*, Die, d. Hochpolymeren. 1952—56.

Die Stücktitelaufnahme wird in der üblichen Weise vom Stücktitelblatt aus gemacht. Die Aufführung des Gesamttitels in knapper Form nebst Bandbezeichnung und Zählung unter dem Erscheinungsvermerk in runden Klammern stellt die Beziehung zum Gesamtwerk her (8,4).

Stücktitelaufnahme von Bd 1

Stuart, Herbert Artur

Die *Struktur* des freien Moleküls. Allg. physik. Methoden zur Bestimmung d. Struktur von Molekülen u. ihre wichtigsten Ergebnisse. Von H[erbert] A[rtur] Stuart. Mit 189 Abb.
Berlin, Göttingen, Heidelberg: Springer 1952. XX, 609 S. 8⁰
(Die Physik d. Hochpolymeren. Bd 1.)

Stücktitelaufnahme von Bd 2

Makromolekuel Loesungen
Das Makromolekül in Lösungen. Bearb. von H[ertha] Buchholz-Meisenheimer [u. a.]
Mit 323 Textabb.
Berlin, Göttingen, Heidelberg: Springer 1953. XX, 782 S. 8^0
(Die Physik d. Hochpolymeren. Bd 2.)

Verweisung vom ersten Mitarbeiter

Buchholz-Meisenheimer, Herta
[Mitarb.]
s. *Makromolekuel,* Das, in Lösungen. 1953.

Verweisung vom zweiten Teil des Doppelnamens

Meisenheimer, Herta Buchholz-
s. *Buchholz*-Meisenheimer.

Die weiteren Stücktitel desgl.

Beispiel 163

Vorlage

[1 links:] Die frühdeutsche Oper || und die musikdramatische Kunst || Georg Caspar Schürmann's || in 2 Bänden || von || Gustav Friedrich Schmidt || a. o. Prof. der Musikwissenschaft an der Ludwig-Maximilians-Universität München || I. Band || 1933 || Gustav Bosse Verlag, Regensburg ||

26,5 cm; Bogensignaturen: S. (1): 1, S. 17: 2 usf.

[1 rechts:] Georg Caspar Schürmann || Von || Gustav Friedrich Schmidt || a. o. Prof. der Musikwissenschaft an der Ludwig-Maximilians-Universität München || 1933 || Gustav Bosse Verlag, Regensburg ||

S. 2—267.

[2 links:] . . . || II. Band || 1934 || . . . ||

[2 rechts:] Die frühdeutsche Oper || und die musikdramatische Kunst || Georg Caspar Schürmann's || Von || Gustav Friedrich Schmidt || a. o. Prof. der Musikwissenschaft an der Ludwig-Maximilians-Universität München || 1934 || Gustav Bosse Verlag, Regensburg ||

Aufnahme des Gesamtwerkes

Schmidt, Gustav Friedrich, Prof. d. Musikwiss.
Die frühdeutsche *Oper* und die musikdramatische Kunst Georg Caspar Schürmann's. Bd 1.2.
Regensburg: Bosse 1933—34. 4^0 (8^0)
1. Schmidt: G. C. Schürmann. 1933.
2. 1934.

Stücktitelaufnahme nur von Bd 1

Schmidt, Gustav Friedrich, Prof. d. Musikwiss.
Georg Caspar *Schürmann.*
Regensburg: Bosse 1933. 267 S. 4^0 (8^0)
(Schmidt: Die frühdeutsche Oper u. d. musikdramat. Kunst G. C. Schürmann's. Bd 1.)

Erläuterungen

1. Die Vornamen des Autors werden beim Zitat unter der Aufnahme nicht angeführt, da sie aus dem oberen Teil ersichtlich sind.
2. Der Vermerk „In 2 Bänden" gilt als Zusatz zum Sachtitel und ist nur dann wichtig für die Aufnahme, wenn das Werk nicht vollständig vorliegt.

Treten noch Unterzählungen auf, so werden sie in der Bandzusammenfassung aus Gründen der leichteren Übersichtlichkeit nicht berücksichtigt, jedoch bei der Aufführung der Besonderheiten mit Übernahme der Bandbezeichnung angegeben (vgl. Anl. I, 5).

Beispiel 164

Vorlage

[1,1:] WERNER SPALTEHOLZ || weil. a. o. Professor der Anatomie an der Universität Leipzig || HANDATLAS UND LEHRBUCH || DER || ANATOMIE DES MENSCHEN || FÜNFZEHNTE, GÄNZLICH ERNEUERTE || UND ERWEITERTE AUFLAGE || BEARBEITET VON || RUDOLF SPANNER || o. Professor der Anatomie, Köln || ERSTER TEIL || BEWEGUNGSAPPARAT || BAND 1 || ABBILDUNGEN || 1953 || SCHELTEMA & HOLKEMAN N. V. || AMSTERDAM || S. HIRZEL VERLAG || ZÜRICH UND STUTTGART ||

25 cm.

[1,2:] ... || ERSTER TEIL || ... || BAND 2 || TEXT || ... ||

[2,1:] ... || ZWEITER TEIL || GEFÄSS-SYSTEM, EINGEWEIDE || NERVENSYSTEM, SINNESORGANE || BAND 1 || ABBILDUNGEN || 1954 || ... ||

[2,2:] ... || ZWEITER TEIL || ... || BAND 2 || TEXT || 1954 || ... ||

Hauptaufnahme

Spalteholz, Werner
Handatlas und Lehrbuch der Anatomie des Menschen. 15., gänzl. erneuerte u. erw. Aufl., bearb. von Rudolf Spanner. T. 1.2.
Amsterdam: Scheltema & Holkeman; Zürich, Stuttgart: Hirzel 1953–54. 8^0

1. Bewegungsapparat. Bd 1. Abb. Bd 2. Text. 1953.
2. Gefäßsystem, Eingeweide, Nervensystem, Sinnesorgane. Bd 1. Abb. Bd 2. Text. 1954.

Verweisung vom Bearbeiter

Spanner, Rudolf

[Bearb.]

s. *Spalteholz,* Werner: Handatlas u. Lehrbuch d. Anatomie d. Menschen. 15. Aufl. 1953—54.

Beispiel 165

Vorlage

[1:] Handbuch || der Bibliothekswissenschaft || BEGRÜNDET VON FRITZ MILKAU || ZWEITE VERMEHRTE UND VERBESSERTE AUFLAGE || HERAUSGEGEBEN VON || GEORG LEYH || Erster Band || SCHRIFT UND BUCH || BEARBEITET VON [es folgen mehrere Namen] || 1952 || OTTO HARRASSOWITZ · WIESBADEN ||

29,5 cm.

[2:] . . . || Zweiter Band || BIBLIOTHEKSVERWALTUNG || . . . || 1961 || . . . ||

[3,1:] . . . || Dritter Band || GESCHICHTE DER BIBLIOTHEKEN || ERSTE HÄLFTE || . . . || 1955 || . . . ||

[3,2:] . . . || Dritter Band || GESCHICHTE DER BIBLIOTHEKEN || ZWEITE HÄLFTE || . . . || 1957 || . . . ||

Hauptaufnahme

Handbuch Bibliothekswissenschaft
Handbuch der Bibliothekswissenschaft. Begr. von Fritz Milkau. 2. verm. u. verb. Aufl., hrsg. von Georg Leyh. Bd 1—3.
Wiesbaden: Harrassowitz 1952—61. 4⁰

1. Schrift u. Buch. 1952.
2. Bibliotheksverwaltung. 1961.
3. Geschichte d. Bibliotheken. Hälfte 1.2. 1955—57.

Verweisung vom Begründer

Milkau, Fritz

[Begr.]

s. *Handbuch* d. Bibliothekswissenschaft. 2. Aufl. 1952—61.

Verweisung vom Herausgeber

Leyh, Georg

[Hrsg.]

s. *Handbuch* d. Bibliothekswissenschaft. 2. Aufl. 1952—61.

Steht die Bandzählung nicht auf dem Titelblatt, sondern an anderer Stelle des Buches (Umschlag, Vortitel, Rücken usw.), so wird sie in runder Klammer übernommen. Zeichen (Sternchen u. ä.), die Zahlen vertreten, werden ohne besondere Kennzeichnung als Ziffern angesetzt.

Beispiel 166

Vorlage

[1:] Lehrbuch der Orthopädie || ALLGEMEINER TEIL || Herausgegeben von || Prof. Dr. med. Peter Friedrich Matzen || Direktor der Orthopädischen Klinik der Karl-Marx-Universität Leipzig || unter Mitarbeit von || Dr. med. Hanns Büschelberger · Prof. Dr. med. Gerhard Kaiser || Doz. Dr. med. habil. Joachim Langhagel · Prof. Dr. med. Hans-Helmut Schnelle || Dr. med. habil. Hans Unger || VEB VERLAG VOLK UND GESUNDHEIT BERLIN || 1959 ||

24,5 cm; auf d. Rücken u. Umschlag: „I".

[2:] . . . || SPEZIELLER TEIL || . . . ||

Auf d. Rücken u. Umschlag: „II".

Hauptaufnahme

Lehrbuch Orthopaedie
Lehrbuch der Orthopädie. Hrsg. von Peter Friedrich Matzen unter Mitarb. von . . . (1.2.)
Berlin: Volk u. Gesundheit 1959. 8°
(1.) Allg. T. (2.) Spez. T.

Verweisung vom Herausgeber

Matzen, Peter Friedrich
[Hrsg.]
s. *Lehrbuch* d. Orthopädie. 1959.

Sind statt einer Zählung sachliche Bezeichnungen für die einzelnen Bände vorhanden, so treten diese in der Aufnahme an ihre Stelle (13,1).

Beispiel 167

Vorlage

[1:] DIE KUNST || DER STADT ROM || IHRE GESCHICHTE || VON DEN FRÜHESTEN ANFÄNGEN || BIS IN DIE ZEIT DER ROMANTIK || DARGESTELLT || VON LEO BRUHNS || TEXTBAND || MIT 18 ABBILDUNGEN || VERLAG VON ANTON SCHROLL & CO. IN WIEN ||

27 cm; auf d. Rücks. d. Titelbl.: „Copyright 1951", das Vorw. ist ebenfalls „1951" datiert.

[2:] . . . || BILDERBAND || MIT 462 ABBILDUNGEN || . . . ||

Aufnahme

Bruhns, Leo
Die *Kunst* der Stadt Rom. Ihre Gesch. von d. frühesten Anfängen bis in d. Zeit d. Romantik. Textbd. Bilderbd.
Wien: Schroll (1951). 4°
Textbd. Mit 18 Abb.
Bilderbd. Mit 462 Abb.

Bei mehr als zwei Bänden fingiert man am besten zusätzlich eine Zählung, die man in eckige Klammern setzt, z. B. oben: [1—3.], unten: [1.] Text. [2.] Bilder. [3.] Reg.
Sind einem Band ohne Zählung und Bezeichnung weitere Bände mit sachlichen Bezeichnungen, wie „Beilage", „Supplement" u. dgl., beigegeben, so werden diese mit „[Nebst]" oder „[nebst]" an das „Hauptwerk" angeschlossen (13,1).

Beispiel 168

Bücher-Verzeichnis || des || Vereins für die bergbaulichen Interessen || im Oberbergamtsbezirk Dortmund || in Essen || 3. Ausgabe || abgeschlossen 31. Dezember 1904 || BERLIN || Druck von H. S. Hermann || 1905. ||

27 cm; S. IV—V u. 2—817; Bogensign.: S. (1): 1, S. 17: 2 usf.

[Dazu:]
... || Nachtrag 1908 || abgeschlossen 30. Juni || ... || 1908 ||

S. 819—1310.

Aufnahme

Buecherverzeichnis Verein Interessen
Bücher-Verzeichnis des Vereins für die bergbaulichen Interessen im Oberbergamtsbezirk Dortmund in Essen. 3. Ausg. [Nebst] Nachtr.
Berlin 1905—08: Hermann. V, 1310 S. 4^0 (8^0)
[Hauptwerk.] Abgeschl. 31. Dez. 1904. 1905.
Nachtr. 1908. Abgeschl. 30. Juni. 1908.

Folgen einem ursprünglich einbändig, also *ungezählt* erschienenen Werk später noch weitere gezählte Teile, so wird die erste Aufnahme annulliert und für die nunmehr mehrbändig vorliegende Veröffentlichung ein neuer Zettel geschrieben, wobei der zuerst erschienene Band eine fingierte Zählung in eckigen Klammern erhält.

Beispiel 169

Vorlage

Zur Geschichte || heiliger Tonkunst. || Eine Reihe einzelner Abhandlungen || von Carl v. Winterfeld. || Leipzig, || Druck und Verlag von Breitkopf und Härtel. || 1850. ||

21 cm.

[Dazu:]
... || Zweiter Theil. || ... || 1852. ||

Aufnahme

Winterfeld, Karl von
Zur *Geschichte* heiliger Tonkunst. Eine Reihe einzelner Abh. Von Carl v. Winterfeld. Th. [1.] 2.
Leipzig: Breitkopf & Härtel 1850—52. 8^0
[1.] 1850. 2. 1852.

Beispiel 170

Vorlage

[1:] HEDWIG VON BEIT || SYMBOLIK || DES MÄRCHENS || Versuch einer Deutung || 1952 || A. FRANCKE · VERLAG · BERN ||

25 cm.

[2:] HEDWIG VON BEIT || GEGENSATZ || UND ERNEUERUNG || IM MÄRCHEN || ZWEITER BAND VON || „SYMBOLIK DES MÄRCHENS" || 1956 || A. FRANCKE AG · VERLAG · BERN ||

S. 12—645.

[3:] HEDWIG VON BEIT || SYMBOLIK DES MÄRCHENS || GEGENSATZ UND ERNEUERUNG || IM MÄRCHEN || REGISTERBAND || 1957 || A. FRANCKE AG · VERLAG · BERN ||

Aufnahme

Beit, Hedwig von
Symbolik des Märchens. Versuch e. Deutung.
Bd [1.] 2. [Nebst] Reg.Bd.
Bern: Francke 1952—57. 8⁰
[1.] 1952.
2. Beit: Gegensatz u. Erneuerung im Märchen. 1956.
Reg.Bd. 1957.

Stücktitelaufnahme von Bd 2

Beit, Hedwig von
Gegensatz und Erneuerung im Märchen.
Bern: Francke 1956. 645 S. 8⁰
(Beit: Symbolik d. Märchens. Bd 2.)

Umfassen mehrere aufeinanderfolgende Zähleinheiten nur *eine* bibliographische Einheit, so werden in der Aufnahme die erste und letzte Zähleinheit durch einen Schrägstrich verknüpft, z. B. „1/2."

Beispiel 171

Vorlage

[1:] KURZES || HANDBUCH DER CHEMIE || Die Eigenschaften der Elemente || und Verbindungen || Gesammelt und bearbeitet von || WALDEMAR KOGLIN || Erster Teilband || A-Bix || [Signet] || GÖTTINGEN · VANDENHOECK & RUPRECHT · 1951 ||

25 cm.

[2:] . . . || Zweiter Teilband || Biz-K || . . . || 1953 ||

[3.4.:] . . . || Dritter und Vierter Teilband || L—Z || . . . || 1954 ||

[Dazu:]
Ergänzungsband: . . . || Arbeitstabellen für das Laboratorium und den Betrieb || und die Register der Raumgruppen, Bruttoformeln (Prozenttabellen), Wichten, Schmelzpunkte, Siedepunkte und Lichtbrechungsindizes || . . . || 1954 ||

Aufnahme

Koglin, Waldemar
Kurzes *Handbuch* der Chemie. Die Eigenschaften d. Elemente u. Verbindungen. Gesammelt u. bearb. Teilbd 1—3/4 [nebst] Erg.Bd.
Göttingen: Vandenhoeck & Ruprecht 1951—54. 8^0

1. A-Bix. 1951.

2. Biz-K. 1953.

3/4. L—Z. 1954.

Erg. Bd. 1954.

Änderungen in zweiten und folgenden Bänden in bezug auf Verfasser, Sachtitel, Erscheinungsorte, Verleger und Formate werden nach Möglichkeit gleich hinter die entsprechenden Angaben, die vom ersten Teil her der Aufnahme zugrundegelegt sind, in runden Klammern eingeschaltet. Hierbei wird die Zählung des Bandes, der von dieser Änderung betroffen ist, dem Text der Einfügung vorausgeschickt, z. B. ,,(2: . . .)", bei zwei folgenden Bänden: ,,(2.3: . . .)"; bezieht sich die Änderung auf mehr als zwei folgende Bände: ,,(2ff.: . . .)" – vgl. §§ 8,1. 10, 4 und Anl. I, 4. 13. 17.

Beispiel 172

Vorlage

[1:] ERGEBNISSE || DER MEDIZINISCHEN || GRUNDLAGENFORSCHUNG || UNTER MITARBEIT VON || K. Bucher, Basel [es folgen weitere Namen] || HERAUSGEGEBEN VON || K. FR. BAUER || ERLANGEN || MIT 217 ABBILDUNGEN || IN 379 EINZELDARSTELLUNGEN || 1956 || GEORG THIEME VERLAG · STUTTGART ||

26,5 cm; auf d. Rücken u. Vortitelbl.: ,,BAND I"; die vollst. Vornamen d. Herausgebers sind bibliogr. erm.: Karl Friedrich.

[2 links:] MEDIZINISCHE || GRUNDLAGENFORSCHUNG || UNTER MITWIRKUNG VON || K. Bucher, Basel [es folgen weitere Namen] || HERAUSGEGEBEN VON || K. FR. BAUER || ERLANGEN || BAND II || 1959 || GEORG THIEME VERLAG · STUTTGART ||

Das Vorw. d. 2. Bandes beginnt ,,Der zweite Band hat eine kleine Abänderung im Titel erfahren . . .".

[2 rechts:] MEDIZINISCHE || GRUNDLAGENFORSCHUNG || BAND II || BEARBEITET VON || A. Ascenzi, Rom [es folgen weitere Namen] || MIT 187 ABBILDUNGEN || UND 63 TABELLEN || 1959 || GEORG THIEME VERLAG · STUTTGART ||

Hauptaufnahme

Ergebnisse Grundlagenforschung medizinischen
Ergebnisse der medizinischen Grundlagenforschung (2: Medizinische Grundlagenforschung). Unter Mitarb. von ... hrsg. von K[arl] Fr[iedrich] Bauer. Bd (1.) 2.
Stuttgart: Thieme 1956—59. 4⁰
(1.) Mit 217 Abb. in 379 Einzeldarst. 1956.
2. Mit 187 Abb. u. 63 Tab. 1959.

Werden maßgebliche OW von solchen Änderungen betroffen, muß von ihnen verwiesen werden.

Verweisung vom geänderten Titel des zweiten Bandes

Grundlagenforschung medizinische
Medizinische Grundlagenforschung. 1959
s. *Ergebnisse* d. medizinischen Grundlagenforschung. Bd 2.

Verweisung vom Herausgeber

Bauer, Karl Friedrich
[Hrsg.]
s. *Ergebnisse* d. medizinischen Grundlagenforschung. 1956—59.

Beispiel 173

Vorlage

[1:] DAS || KONZERTBUCH || Ein praktisches Handbuch für den Konzertbesucher || Von || Paul Schwers und Martin Friedland || MUTHSCHE VERLAGSBUCHHANDLUNG || STUTTGART 1926 ||

17 cm.

[2:] Schwers und Friedland || DAS || KONZERTBUCH || Ein praktisches Handbuch für den Konzertbesucher || Band II: || Instrumental-Solokonzerte || Von Dr. Martin Friedland und Dr. Herbert Eimert || MUTHSCHE VERLAGSBUCHHANDLUNG || STUTTGART 1931 ||

[3:] Schwers und Friedland || DAS || KONZERTBUCH || Ein praktisches Handbuch für den Konzertbesucher || Band III: || Chorwerke || Von || Dr. Martin Friedland und Dr. Herbert Eimert || MUTHSCHE VERLAGSBUCHHANDLUNG || STUTTGART 1931 ||

Hauptaufnahme

Schwers, Paul
Das *Konzertbuch*. Ein prakt. Handb. für d. Konzertbesucher. Von Paul Schwers u. Martin Friedland (2.3: Von Martin Friedland u. Herbert Eimert). Bd [1]—3.
Stuttgart: Muth 1926—31. 8⁰
[1.] 1926.
2. Instr.-Solokonzerte. 1931.
3. Chorwerke. 1931.

Verweisung vom Mitverfasser

Friedland, Martin
Das *Konzertbuch.* 1926–31
s. *Schwers,* Paul.

Verweisung vom Fortsetzer

Eimert, Herbert
Das *Konzertbuch.* Bd 2.3. 1931
s. *Schwers,* Paul.

Erläuterung

In der Fortsetzer-Vw. wird eine entsprechende Bandangabe gemacht, da sich die Tätigkeit des Fortsetzers nur auf den zweiten und folgenden Band des Werkes bezieht.

Beispiel 174

Vorlage

[1:] Beethoven. || Eine Kunststudie. || Von || Wilhelm von Lenz. || Erster Theil: || Das Leben des Meisters. || [Motto] || Cassel. || Ernst Balde. || 1855. ||

18,5 cm.

[2:] Beethoven. || Eine Kunststudie. || Von || Wilhelm von Lenz. || Zweiter Theil: || Der Styl in Beethoven. – Die Mit- und Nachwelt Beethovens. – || Der Beethoven-status-quo in Russland. || Cassel. || Ernst Balde. || 1855. ||

[3,1 links:] Beethoven. || Eine Kunst-Studie. || Von || Wilhelm von Lenz. || Dritter Theil. Erste Abtheilung. || Kritischer Katalog sämmtlicher Werke Beethovens mit Analysen derselben. || Erster Theil. || I. Periode op. 1 bis op. 20. || Zweite verbesserte Auflage. || Hamburg. || Hoffmann & Campe. || 1860. ||

[3,1 rechts:] Kritischer Katalog || sämmtlicher Werke || Ludwig van Beethovens || mit Analysen derselben. || Von || Wilhelm von Lenz. || Erster Theil. || I. Periode op. 1 bis op. 20. || [Motto] || Zweite verbesserte Auflage. || Hamburg. || Hoffmann & Campe. || 1860. ||

[3,2 links:] Beethoven. || Eine Kunst-Studie. || Von || Wilhelm von Lenz. || Dritter Theil. Zweite Abtheilung. || Kritischer Katalog . . . || Zweiter Theil. || II. Periode op. 21 bis op. 100. || Erste Hälfte op. 21 bis 55. || Hamburg. || . . . ||

[3,2 rechts:] Kritischer Katalog || . . . || Zweiter Theil. || II. Periode op. 21 bis op. 100. || Erste Hälfte op. 21 bis 55. || Hamburg. || . . . ||

[4 links:] Beethoven. || Eine Kunst-Studie. || Von || Wilhelm von Lenz. || Vierter Theil. || Kritischer Katalog . . . || Dritter Theil. || II. Periode op. 21 bis op. 100. || Zweite Hälfte op. 56 bis op. 100. || Hamburg. || . . . ||

[4 rechts:] Kritischer Katalog || . . . || Dritter Theil. || II. Periode op. 21 bis op. 100. || Zweite Hälfte op. 56 bis op. 100. || Hamburg. || . . . ||

[5 links:] Beethoven. || Eine Kunst-Studie. || Von || Wilhelm von Lenz. || Fünfter Theil. || Kritischer Katalog · · · || Vierter Theil. || III. Periode op. 101 bis op. 138. || Anhänge. Tabellen. || Hamburg. || · · · ||

[5 rechts:] Kritischer Katalog || · · · || Vierter Theil. || III. Periode op. 101 bis op. 138. || Anhänge. Tabellen. || Hamburg. || · · · ||

Aufnahme des Gesamtwerkes

Lenz, Wilhelm von
Beethoven. Eine Kunststudie. [Versch. Aufl.] Th. 1—5.
Cassel: Balde (3ff.: Hamburg: Hoffmann & Campe) 1855—60. 8⁰

1. Das Leben d. Meisters. 1855.
2. Der Styl in B. – Die Mit- u. Nachwelt B's. – Der Beethoven-status-quo in Russland. 1855.

3—5. Lenz: Krit. Katalog sämmtl. Werke B's. 2. Aufl. Th. 1—4. 1860.

Stücktitelaufnahme

Lenz, Wilhelm von
Kritischer *Katalog* sämmtlicher Werke Ludwig van Beethovens mit Analysen derselben. 2. verb. Aufl. Th. 1—4.
Hamburg: Hoffmann & Campe 1860. 8⁰
(Lenz: Beethoven. Th. 3—5.)

1. Op. 1—20.
2. Op. 21—55.
3. Op. 56—100.
4. Op. 101—138. Anh. Tab.

Beispiel für eine Formatabweichung im anderen Band:

Gruenewald, Matthias
Die *Gemälde* und Zeichnungen von Matthias Grünewald. Hrsg. von Heinrich Alfred Schmidt. T. 1.2.
Straßburg i. E.: Heinrich 19[07]-11. gr. 2⁰ (2: 4⁰)

1. 69 Lichtdrucktaf. [1907.]
2. Textbd. Mit 5 Lichtdrucktaf. u. 82 Ill. 1911.

Vgl. auch Anl. I, 30.

Sind die Änderungen so umfangreich, daß sie als Einschaltung den Text unübersichtlich machen, werden sie unten aufgeführt (vgl. Anl. I, 24).

2.6.3 *Interimsaufnahmen*[1]

Bei noch nicht abgeschlossenen Werken wird nur der zuerst erschienene oder zuerst erworbene Teil ohne Seitenzählung aufgenommen und der Zettel in der

[1] interim, lat. = inzwischen, vorläufig.

Mitte über dem Kopf oder in der rechten oberen Ecke als „Interimszettel" = *Int. Z.* kenntlich gemacht (§ 19,1, vgl. auch Anl. I, 11. 12).

Beispiel 175

Vorlage

HELMUT KOZIOLEK || Grundfragen der marxistisch- || leninistischen Theorie || des Nationaleinkommens || SOZIALISMUS || 1957 || VERLAG DIE WIRTSCHAFT BERLIN ||

21 cm; S. 7—234; aus d. Vorw.: „Die hier vorgelegte Arbeit ... ist der zweite Teil einer Gesamtarbeit über das Nationaleinkommen ..."

Aufnahme

Int. Z.

Koziolek, Helmut
Grundfragen der marxistisch-leninistischen Theorie des Nationaleinkommens. (T. 2.)
Berlin: Die Wirtschaft 1957. 8^0

(2.) Sozialismus. 1957.

Auf der vorläufigen Aufnahme (Interimsaufnahme) werden später erscheinende Bände mit ihren Besonderheiten in der üblichen Weise unten nachgetragen, ohne daß am ursprünglichen Text einschl. des Erscheinungsjahres etwas verändert wird. (Vgl. Fuchs: Kommentar. 1955, § 69,3, S. 142)

Ursprüngliche Interimsaufnahme

Int. Z.

Fermente Hormone
Fermente, Hormone, Vitamine und die Beziehungen dieser Wirkstoffe zueinander. 3. erw. Aufl. in 3 Bden unter Mitw. von Fachgelehrten hrsg. von Robert Ammon u. Wilhelm Dirschel. Bd. 2
Stuttgart: Thieme 1960. 4^0

2. Hormone. 1960.

Dieselbe Interimsaufnahme mit Nachtrag

Int. Z.

Fermente Hormone
Fermente, Hormone, Vitamine und die Beziehungen dieser Wirkstoffe zueinander. 3. erw. Aufl. in 3 Bden unter Mitw. von Fachgelehrten hrsg. von Robert Ammon u. Wilhelm Dirschel. Bd 2.
Stuttgart: Thieme 1960. 4^0

1. Ammon, R. u. Wilh. Dirschel: Fermente. 1959.

2. Hormone. 1960.

Nach dem Abschluß eines Werkes tritt an die Stelle des Interimszettels die endgültige Aufnahme (Abschlußaufnahme) (§ 19,2, vgl. auch Anl. I, 24).

Sobald feststeht, daß ein Werk unvollendet bleibt, wird auch hier die Interimsaufnahme durch eine Abschlußaufnahme ersetzt (19,2). Dabei tritt hinter die ursprüngliche Bandangabe der Vermerk „[Mehr nicht ersch.]" (10,3 c). Bei einbändig gebliebenen Veröffentlichungen gibt man an der üblichen Stelle auch die Seitenzählung an.[1]

Beispiel für die Abschlußaufnahme eines einbändig gebliebenen Werkes

Goldschmidt, Hugo
Die *Lehre* von der vokalen Ornamentik. Bd 1. [Mehr nicht ersch.]
Charlottenburg: Lehsten 1907. 228, 92 S. 8⁰

1. Das 17. u. 18. Jh. bis in d. Zeit Glucks.

Beispiel für die Abschlußaufnahme eines mehrbändigen, unvollendet gebliebenen Werkes

Becker, Henrik
Deutsche Sprachkunde. 1.2. [Mehr nicht ersch.]
Leipzig: Reclam 1941—(45). 8⁰

1. Sprachlehre. 1941.
2. Sprachgeschichte. (1945.)

[Aus den Verlagsanzeigen der beiden erschienenen Bände geht hervor, daß noch weitere Teile folgen sollten.]

Aufgabe 36

1. [1:] GESCHICHTE || DER || JÜDISCHEN LITERATUR || VON GUSTAV KARPELES || ERSTER BAND || ZWEITE AUFLAGE || BERLIN || VERLAG VON M. POPPELAUER || 1909 ||

   23,5 cm.

   [2:] . . . || ZWEITER BAND || . . . ||

2. [1:] VORLESUNGEN || ÜBER ATOMPHYSIK || BAND I || Von Dr. JOHANNES PICHT || o. Professor für theoretische Physik und Optik || z. Z. Pädagogische Hochschule Potsdam || 1956 || VEB DEUTSCHER VERLAG DER WISSENSCHAFTEN || BERLIN ||

   21 cm.

   [2:] . . . || BAND II || . . . || 1957 ||

3. [1:] DEUTSCHE || STAATS || BIBLIOTHEK || 1661—1961 || I || GESCHICHTE UND GEGENWART || VEB VERLAG FÜR BUCH- UND BIBLIOTHEKSWESEN || LEIPZIG ||

   31 cm; am Schluß d. Textes: „Gedruckt 1961"; auf d. Rücks. d. Titelbl.: „Redaktion: Horst Kunze · Werner Dube · Günter Fröschner || Unter Mitarbeit von Renate Gollmitz und Ruth Lohmann"

[1] Vgl. Fuchs: Kommentar. 1955, Beisp. in § 48, S. 105.

[2:] . . . || II || BIBLIOGRAPHIE || . . . ||

Am Schluß d. Textes: „Gedruckt 1961"; auf d. Rücks. d. Titelbl.: „Zusammengestellt und bearbeitet von Peter Kittel || Unter Mitarbeit von Irmgard Strahl".

4. [1:] A NEW || ENGLISH GRAMMAR || LOGICAL AND HISTORICAL || BY || HENRY SWEET, M. A., PH. D., LL.D. || PART I || INTRODUCTION, PHONOLOGY, AND ACCIDANCE || OXFORD || AT THE CLARENDON PRESS ||

19 cm; auf d. Rücks. d. Titelbl.: „Impression of 1955".

[2:] . . . || PART II – SYNTAX || . . . ||

Auf d. Rücks. d. Titelbl.: „Impression of 1955".

5. [1:] TRAITÉ || DE CHIMIE || INDUSTRIELLE || PAR || PAUL BAUD || TOME I || GRANDE INDUSTRIE CHIMIQUE || PROBLÈME DE L'EAU || QUATRIÈME ÉDITION || revue et complétée MASSON & CIE, ÉDITEURS || PARIS || 1951 ||

24,5 cm.

[2:] . . . || TOME II || MÉTALLOIDES et MÉTAUX || . . . ||

[3:] . . . || TOME III || INDUSTRIES ORGANIQUES || . . . ||

6. [1:] GEORG SCHNEIDER || DIE || SCHLÜSSEL- || LITERATUR || Band I || Das literarische Gesamtbild || 1951 || HIERSEMANN VERLAGS- G.M.B.H. STUTTGART ||

24,5 cm.

[2:] . . . || Band II || Entschlüsselung deutscher Romane || und Dramen || 1952 || . . . ||

[3:] . . . || Band III || Entschlüsselung || ausländischer Romane und Dramen || 1953 || . . . ||

7. [1:] BROCKHAUS || ABC || DER LANDWIRTSCHAFT || IN 2 BÄNDEN || BAND I A—K || [Signet] || VEB F. A. BROCKHAUS VERLAG · LEIPZIG || 1957 ||

21 cm; S. 7—768; aus d. Vorw.: „Das Brockhaus ABC der Landwirtschaft ist . . ."; das Vorw. ist unterz.: „Hans Thomas".

[2:] . . . || BAND II L—Z || . . . || 1958 ||

S. 769—1548.

8. [1:] WÖRTERBUCH || DER PHILOSOPHISCHEN || BEGRIFFE || HISTORISCH-QUELLENMÄSSIG BEARBEITET || VON || DR. RUDOLF EISLER || VIERTE || VÖLLIG NEUBEARBEITETE AUFLAGE || ERSTER BAND || A—K || HERAUSGEGEBEN || UNTER MITWIRKUNG DER KANTGESELLSCHAFT || VERLEGT BEI MITTLER & SOHN || BERLIN 1927 ||

26,5 cm.

[2:] . . . || . . . || ZWEITER BAND || L—SCH || WEITERGEFÜHRT UND VOLLENDET DURCH || DR. KARL RORETZ || . . . || 1929 ||

[3:] . . . || . . . || DRITTER BAND || SCI—Z || WEITERGEFÜHRT UND VOLLENDET DURCH || DR. KARL RORETZ || . . . || 1930 ||

9. [1:] HERMANN WÄSCHER || Das deutsche illustrierte || Flugblatt || Von den Anfängen || bis zu den Befreiungskriegen || VEB VERLAG DER KUNST || 1955 ||

30 cm; auf d. Vortitelbl.: „BAND 1"; am Schluß d. Textes: „VEB VERLAG DER KUNST DRESDEN".

[2:] . . . || . . . || Von der Zeit der Restauration || bis zur Gegenwart || . . . || 1956 ||

Auf d. Vortitelbl.: „BAND 2"; am Schluß d. Textes: „VEB VERLAG DER KUNST DRESDEN".

10. The || ENCYCLOPEDIA || of CHEMISTRY || Editor-in-Chief || GEORGE L. CLARK || REINHOLD PUBLISHING CORPORATION || NEW YORK || CHAPMAN & HALL, LTD., LONDON ||

26 cm; auf d. Rücks. d. Titelbl.: „Copyright 1957"; S III: „Contributions Authors: . . ."; der zweite vollst. Vorname des Editor-in-Chief ist bibliogr. erm.: Lindenberg.

[Dazu:] The || ENCYCLOPEDIA || of CHEMISTRY || (SUPPLEMENT) || . . . ||

Auf d. Rücks. d. Titelbl.: „Copyright 1958".

11. [1:] CORDS-PARCHIM || DAS HANDBUCH DES || LANDBAUMEISTERS || BAND I || DAS GEHÖFT || 4. AUFLAGE || NEUMANN-VERLAG · RADEBEUL UND BERLIN ||

25 cm; das Vorw. ist dat.: „August 1954"; es handelt sich nicht um einen echten Doppelnamen; der Verf. nennt sich gewöhnlich „Cords"; sein Vorname ist bibliogr. erm.: Werner.

[2:] . . . || BAND II || DAS DORF || 2. AUFLAGE || . . . ||

Am Schluß d. Textes: „1955".

12. [1:] LEXIKON DES BUCHWESENS || HERAUSGEGEBEN VON || JOACHIM KIRCHNER || BAND I || A—K || [Signet] || 1952 || HIERSEMANN VERLAG STUTTGART

23,5 cm; aus d. Vorw.: „. . . von einer vollständigen Liste der Mitarbeiter mußte . . . abgesehen werden".

[2:] . . . || BAND II || L—Z || . . . || 1953 || . . . ||

[3 links:] . . . || BAND III || ABBILDUNGEN || TEIL I || . . . || 1955 || . . . ||

[3 rechts:] BILDERATLAS || ZUM BUCHWESEN || VON || JOACHIM KIRCHNER || TEIL I || 412 ABBILDUNGEN || AUF 320 TAFELN || [Signet] || 1955 || ANTON HIERSEMANN · STUTTGART ||

S. X—XXXIX u. 1—320.

[4 links:] . . . || BAND IV || ABBILDUNGEN || TEIL II || . . . || 1956 || . . . ||

[4 rechts:] BILDERATLAS || ZUM BUCHWESEN || VON || JOACHIM KIRCHNER || TEIL II || 545 ABBILDUNGEN || AUF 324 TAFELN || [Signet] || 1956 || ANTON HIERSEMANN · STUTTGART ||

S. VIII—XLVII u. 321—663.

13. AM || ANFANG || WAR DIE || EWIGKEIT || EIN GIORDANO-BRUNO-ROMAN || VON MANFRED JORDAN || DAS BUCH DES WERDENS || MCMLIX || VERLAG NEUES LEBEN BERLIN ||

20,5 cm; S. 9—415; am Schluß d. Textes: „ENDE DES ERSTEN BANDES".

14. [links:] CARL HAGEMANN || MODERNE || BÜHNENKUNST || Zweiter Band: || DER MIME || Die Kunst des Schauspielers und Opernsängers || Fünfte Auflage || Verlegt bei Schuster & Loeffler, Berlin und Leipzig || 1919 ||

20,5 cm.

[rechts:] CARL HAGEMANN || DER MIME || Die Kunst des Schauspielers und Opernsängers || Fünfte Auflage || Verlegt bei Schuster & Loeffler, Berlin und Leipzig || 1919 ||

S. 6—407.

15. GOTTFRIED VON STRASSBURG || TRISTAN UND ISOLD || HERAUSGEGEBEN || VON || FRIEDRICH RANKE || TEXT || [Signet] || 1930 || WEIDMANNSCHE BUCHHANDLUNG · BERLIN ||

20,5 cm; S. 1—246; am Schluß: „Den ausführlichen Rechenschaftsbericht gibt der zweite Band, der im Jahre 1931 erscheinen soll"; der zweite Band ist nie erschienen.

16. [1 links:] Sprachvergleichende || UNTERSUCHUNGEN. || Von Dr. A. Schleicher, Privatdocenten an der rheinischen Friedrich-Wilhelms-Universität in Bonn. ||

I. || Bonn. || H. B. König. || 1848. ||

22 cm; der vollst. Vorname Schleichers ist bibliogr. erm.: August.

[1 rechts:] Zur vergleichenden || SPRACHGESCHICHTE. || Von || A. Schleicher || Bonn. || H. B. König. || 1848. ||

S. VI—VIII u. 2—166.

[2 links:] Linguistische || UNTERSUCHUNGEN. || Von || Dr. A. Schleicher || . . . || II. || . . . || 1850. ||

[2 rechts:] Die || SPRACHEN EUROPAS || in systematischer Übersicht. || . . . || 1850. ||

S. VI—X u. 2—270.

17. [1:] BOLZ || ES GEHT UM || DEUTSCHLAND || REDEN UND AUFSÄTZE || [Signet] || VERLAG DER NATION ||

20,5 cm; auf d. Rücks. d. Titelbl.: „Lothar Bolz; Copyright 1951 by Verlag der Nation, Berlin C 2".

[2,1:] BOLZ || ES GEHT UM || DEUTSCHLAND || REDEN UND AUFSÄTZE || 2. Band || Teil I || [Signet] || . . . ||

Auf d. Rücks. d. Titelbl.: „1. Auflage 1954".

[2,2:] BOLZ || . . . || 2. Band || Teil II || . . . ||

Auf d. Rücks. d. Titelbl.: „1. Auflage 1954".

2.6.4 *Laufende Veröffentlichungen*

Laufende Veröffentlichungen (vgl. 1.2.1, Ziffer 2, Bd. I, S. 20/21) werden unter den Sachtitel geordnet (62), selbst wenn die einzelnen Stücke immer denselben Verfasser haben. Dies ist gelegentlich bei periodisch erscheinenden Kalendern der Fall.

Da die Stücke nacheinander (laufend) erscheinen, wird für das zuerst erworbene ein Interimszettel angelegt (19,1). Die Interimsaufnahme bleibt oftmals langfristig im Katalog, weil diese Gruppe von Publikationen – theoretisch betrachtet – niemals zu einem Abschluß kommt. Irgendwelche äußeren Umstände setzen ihnen natürlich auch eines Tages ein Ende und bewirken somit eine Abschlußaufnahme. Hier handelt es sich aber zunächst um die vorläufige Erfassung des Titels für den AK.

Grundsätzlich behandelt man diese Veröffentlichungen ebenso wie alle mehrbändigen Werke, die eine Interimsaufnahme erfordern. Später folgende Bände werden nur unter dem Erscheinungsvermerk nachgetragen. Wenn feststeht, daß weitere Teile nicht mehr in die Bibliothek gelangen, wird eine Abschlußaufnahme gemacht (19,2). Bei einem echten, also vom Verlag oder Herausgeber veranlaßten Abschluß schaltet man die Formel „[Ersch. eingest.]" hinter die Bandzusammenfassung. Vgl. Fuchs: Kommentar. 1955, § 69,2, S. 141/142.)

Ist der Aufnahme nicht ein Haupttitelblatt zugrundegelegt (vgl. 1.4.1, unter Ziffer 8 Fußnote, Bd. I, S. 33), so wird dies entgegen der sonstigen Vorschrift (3,2) nicht vermerkt. Da der Titel in den einzelnen bibliographischen Einheiten einer laufenden Veröffentlichung häufig an verschiedenen Stellen steht, hat es keinen rechten Sinn, ihn in der Aufnahme zu lokalisieren.

2.6.4.1 Serien (Reihen)

Bei Serien (vgl. 1.2.1, Ziffer 2a, Bd. I, S. 20) treten gewöhnlich mehrere Titel(blätter) auf (vgl. Faks. 12), und zwar:

a) ein Stücktitel mit eigenem Titelblatt,

b) ein übergeordneter Gesamttitel (Serientitel), der entweder ein eigenes Titelblatt besitzt oder an einer anderen Stelle des Stückes angegeben ist.

Es ist also einmal eine Interimsaufnahme für die Serie mit kurzer Aufführung des Stückes und zum anderen eine Stücktitelaufnahme mit kurzer Angabe der Serie zu machen (8,5).

Für die Titelaufnahme muß der Katalogbearbeiter jedes Buch sorgfältig durchsehen, ob sich nicht an irgendeiner Stelle (Rücken, Umschlag, Vortitel, Rückseite des Vortitelblattes, Vor- oder Nachwort, hinter dem Text, in Verlagsanzeigen, auf der Rückseite des Umschlags usw.) ein Serientitel befindet.

Man unterscheidet gezählte und ungezählte Serien. Ungezählte Serien erhalten gewöhnlich keine Aufnahme, da nur eine Zählung den bibliographischen Zusammenhang zwischen den einzelnen Teilen einer laufenden Veröffentlichung herstellt. Man macht in solchem Fall nur die Einzelaufnahme und setzt den Serientitel in runden Klammern unter den Erscheinungsvermerk.

Beispiel 176

Vorlage

ANNEMARIE LANGE || Berlin zur Zeit Bebels || und Bismarcks || [Titelvignette] || DAS NEUE BERLIN ||

18,5 cm; S. 5—443; am Schluß d. Textes: „2. Auflage 1961 Verlag Das Neue Berlin, Berlin W 8"; auf d. Rücks. d. Vortitelbl.: „Beiträge zur Geschichte Berlins".

Aufnahme

Lange, Annemarie
Berlin zur Zeit Bebels und Bismarcks. (2. Aufl.)
(Berlin:) Das Neue Berlin (1961). 443 S. 8⁰
(Beiträge zur Geschichte Berlins.)

Es empfiehlt sich, bei einer gezählten Serie zunächst den Stücktitel aufzunehmen. Auch hier wird, wie bei der Stücktitelaufnahme eines Sammelwerks, die Beziehung zum Ganzen hergestellt, indem man unter den Erscheinungsvermerk in runden Klammern den Gesamttitel (Serientitel) mit der Zählung, gegebenenfalls mit vorangestellter Bandbezeichnung, setzt (vgl. 1.4.1, Ziffer 10, Bd. I, S. 33). Das Vorhandensein von Stücktitelaufnahmen muß in der Gesamtaufnahme durch einen Verweisungsstrich bei der Aufführung des Stückes gekennzeichnet werden (vgl. 2.6.2, Bd. II, S. 224/225).

Beispiel 177

Vorlage

[links:] DEUTSCHE AKADEMIE DER WISSENSCHAFTEN ZU BERLIN || ARBEITSSTELLE FÜR GESCHICHTE DER DEUTSCH-SLAWISCHEN WIRTSCHAFTSBEZIEHUNGEN || QUELLEN UND STUDIEN || ZUR GESCHICHTE OSTEUROPAS || HERAUSGEGEBEN VON || E. WINTER || BAND XI || AKADEMIE-VERLAG BERLIN || 1962 ||

24 cm; der vollst. Vorname d. Herausgebers ist aus d. Vorw. ersichtl.: „Eduard".

[rechts:] BOTHO BRACHMANN || RUSSISCHE || SOZIALDEMOKRATEN || IN BERLIN || 1895—1914 || MIT BERÜCKSICHTIGUNG DER STUDENTENBEWEGUNG || IN PREUSSEN UND SACHSEN || Mit 20 Abbildungen || AKADEMIE-VERLAG · BERLIN || 1962 ||

S. VI—IX, 2—216 u. Taf. I—XVIII.

Interimszettel für die Serie

Int. Z.

Quellen Studien Geschichte Osteuropa
Dt. Akad. d. Wiss. zu Berlin. Arbeitsstelle für Gesch. d. dt.-slaw. Wirtschaftsbeziehungen. Quellen und Studien zur Geschichte Osteuropas. Hrg. von E(duard) Winter. Bd 11.
Berlin: Akad.-Verl. 1962. 8⁰

11. Brachmann, Botho: Russ. Sozialdemokraten in Berlin 1895—1914. 1962.

Verweisung vom Herausgeber

Winter, Eduard

[Hrsg.]

s. *Quellen* u. Studien zur Geschichte Osteuropas. Bd 11. 1962.

Erläuterung

Die Vw. wird zunächst auf die Interimsaufnahme für Bd 11 bezogen. Ihr Geltungsbereich kann später erweitert werden durch den Zusatz „ff.“ (vgl. 1.7.2, Bd. I, S. 68).

Stücktitelaufnahme

Brachmann, Botho
Russische *Sozialdemokraten* in Berlin 1895—1914. Mit Berücks. d. Studentenbewegung in Preußen u. Sachsen. Mit 20 Abb.
Berlin: Akad.-Verl. 1962. IX, 216 S., XVIII Taf. 8⁰
(Quellen u. Studien zur Geschichte Osteuropas. Bd 11.)

Beispiel 178

Vorlage

[links:] Die chemische Analyse || Sammlung von Einzeldarstellungen auf dem || Gebiet der chemischen, technisch-chemi- || schen und physikalisch-chemischen Analyse || Herausgegeben || unter Mitwirkung von Fachgenossen von || GERHART JANDER || BERLIN-CHARLOTTENBURG || 33. Band || FERDINAND ENKE VERLAG STUTTGART ||

24,5 cm.

[rechts:] Neuere || maßanalytische Methoden || Herausgegeben von || Gerhart Jander || unter Mitarbeit von || Dr. E. Blasius, Dr. E. Brennecke [es folgen weitere Namen] || Vierte umgearbeitete und erweiterte Auflage || Mit 53 Abbildungen und 38 Tabellen || [Signet] || 1956 || FERDINAND ENKE VERLAG STUTTGART ||

S. VI—XX u. 2—455.

Interimszettel für die Serie

Int. Z.

Analyse chemische
Die chemische Analyse. Samml. von Einzeldarst. auf d. Geb. d. chem., techn.-chem. u. physik.-chem. Analyse. Hrsg. von Gerhart Jander. Bd 33.
Stuttgart: Enke (1956). 8⁰

33. Neuere maßanalytische Methoden. 4. Aufl. 1956.

Verweisung vom Herausgeber der Serie

Jander, Gerhard

[Hrsg.]

s. *Analyse,* Die chemische. Bd 33. 1956.

Stücktitelaufnahme

Methoden neuere maßanalytische
Neuere maßanalytische Methoden. Hrsg. von Gerhart Jander unter Mitarb. von ...
Mit 53 Abb. u. 38 Tab. 4. umgearb. u. erw. Aufl.
Stuttgart: Enke 1956. XX, 455 S. 8⁰
(Die chemische Analyse. Bd 33.)

Verweisung vom Herausgeber des Stückes

Jander, Gerhard
[Hrsg.]
s. *Methoden,* Neuere maßanalytische. 4. Aufl. 1956.

Beispiel 179

Vorlage

STAATSWISSENSCHAFTLICHE STUDIEN || HERAUSGEGEBEN VON || EDGAR SALIN GOTTFRIED BOMBACH || NEUE FOLGE - BAND 47 || Dr. Robert Reichardt || Die Schallplatte || als kulturelles und ökonomisches Phänomen || Ein Beitrag zum Problem der Kunstkommerzialisierung || [Signet] || POLYGRAPHISCHER VERLAG AG, ZÜRICH || 1962 ||

23 cm; S. III—IV u. 1—185.

Interimszettel für die Serie

Int. Z.

Studien staatswissenschaftliche
Staatswissenschaftliche Studien. Hrsg. von Edgar Salin, Gottfried Bombach. N.F. Bd 47.
Zürich: Polygraph. Verl. 1962. 8⁰

N.F. 47. Reichardt, Rob.: Die Schallplatte als kultur. u. ökonom. Phänomen. 1962.

Verweisung vom Herausgeber der Serie

Salin, Edgar
[Hrsg.]
s. *Studien,* Staatswissenschaftliche. N.F. Bd 47. 1962.

Vw. vom zweiten Herausgeber desgl.

Stücktitelaufnahme

Reichardt, Robert
Die *Schallplatte* als kulturelles und ökonomisches Phänomen. Ein Beitr. zum Problem d. Kunstkommerzialisierung.
Zürich: Polygraph. Verl. 1962. IV, 185 S. 8⁰
(Staatswissenschaftliche Studien. N.F. Bd 47.)

Beispiel 180

Vorlage

DEUTSCHE AKADEMIE DER WISSENSCHAFTEN ZU BERLIN || VORTRÄGE UND SCHRIFTEN || HEFT 71 || PAUL GRIMM || STAND UND AUFGABEN ||

DER || ARCHÄOLOGISCHEN || PFLANZENFORSCHUNG || IN DEN BEZIRKEN || HALLE UND MAGDEBURG || AKADEMIE-VERLAG · BERLIN || 1961 ||

21,5 cm; S. 8—48, im Anhang: 11 gezählte Tafeln.

Interimszettel für die Serie

Int. Z.

Vortraege Schriften Akademie
Deutsche Akademie d. Wissenschaften zu Berlin. Vorträge und Schriften. H. 71.
Berlin: Akad.-Verl. 1961. 8⁰

71. Grimm, Paul: Stand u. Aufgaben d. archäol. Pflanzenforsch. in d. Bez. Halle u. Magdeburg. 1961.

Stücktitelaufnahme

Grimm, Paul
Stand und Aufgaben der archäologischen Pflanzenforschung in den Bezirken Halle und Magdeburg.
Berlin: Akad.-Verl. 1961. 48 S., 11 Taf. 8⁰
(Deutsche Akademie d. Wissenschaften zu Berlin. Vorträge u. Schriften. H. 71.)

Erläuterung

Bei der Anführung des Serientitels in der Stücktitelaufnahme ist der Anlaß übernommen, da er in diesem Falle zusätzlich beim Auswerfen der OW der Serie benutzt werden muß (186).

Beispiel 181

Vorlage

FRIEDRICH ENGELS || DIE LAGE || DER ARBEITENDEN KLASSE || IN ENGLAND || Nach eigner Anschauung || und authentischen Quellen || DIETZ VERLAG BERLIN || 1952 ||

21 cm; S. 7—399; auf d. Rücks. d. Titelbl.: „2. Auflage. 18.—40. Tausend"; auf d. Vortitelbl.: „Bücherei des Marxismus-Leninismus. Band 30".

Interimszettel für die Serie

Int. Z.

Buecherei Marxismus-Leninismus
Bücherei des Marxismus-Leninismus. Bd 30.
(Berlin: Dietz 1952.) 8⁰

30. Engels, Friedr.: Die Lage d. arbeit. Klasse in England. (2. Aufl.) 1952.

Erläuterungen

1. Der Serientitel befindet sich auf dem Vortitelblatt. Dieses gilt für die Serienaufnahme als Haupttitelblatt. Daher wird der Erscheinungsvermerk, der nur auf dem Stücktitelblatt steht, als Ergänzung in runden Klammern auf dem Serienzettel aufgeführt.
2. Sofern eine Auflagebezeichnung nicht ausdrücklich als zur Serie gehörig kenntlich ist, wird sie immer auf den Stücktitel bezogen.

Stücktitelaufnahme

Engels, Friedrich
Die *Lage* der arbeitenden Klasse in England. Nach eigner Anschauung u. authent. Quellen. (2. Aufl.)
Berlin: Dietz 1952. 399 S. 8⁰
(Bücherei d. Marxismus-Leninismus. Bd 30.)

Beispiel 182

Vorlage [Vgl. Faks. 12]

[links:] Neujahrsblätter. || Herausgegeben von der || Gesellschaft für Fränkische Geschichte. || VIII. || Das Großherzogtum || Würzburg (1806—1814). || Ein Vortrag || von || Anton Chroust. || Würzburg. || Druck und Verlag der Königl. Universitätsdruckerei H. Stürtz A. G. || 1913.||

22,5 cm.

[rechts:] Das Großherzogtum || Würzburg (1806—1814). || Ein Vortrag || von || Anton Chroust. || Würzburg. || Druck und Verlag der Königl. Universitätsdruckerei H. Stürtz A. G. || 1913. ||

S. 2—53 u. 1 gefaltete Karte.

Interimszettel für die Serie

Int. Z.

Neujahrsblaetter Gesellschaft Geschichte
Neujahrsblätter. Hrsg. von d. Gesellschaft für Fränkische Geschichte. 8.
Würzburg: Stürtz 1913. 8⁰

8. Chroust, Anton: Das Großherzogt. Würzburg ⟨1806—1814⟩. 1913.

Stücktitelaufnahme

Chroust, Anton
Das Großherzogtum *Würzburg* ⟨1806—1814⟩. Ein Vortr.
Würzburg: Stürtz 1913. 53 S., 1 gef. Kt. 8⁰
(Neujahrsblätter. Hrsg. von d. Gesellschaft für Fränkische Geschichte. 8.)

Erläuterung

Bei der Anführung des Serientitels in der Stücktitelaufnahme ist der Anlaß übernommen, da er in diesem Falle zusätzlich beim Auswerfen der OW der Serie benutzt werden muß (186). Vgl. auch Anl. V, § 3c.

Beispiel 183

Vorlage

HEEGER/BRÜCKNER || Heil- und Gewürzpflanzen || Arten- und Sortenkunde || Arbeiten des Sortenamtes für Nutzpflanzen || Zweite, verbesserte Auflage || DEUTSCHER BAUERNVERLAG BERLIN ||

24,5 cm; 6 ungezählte Blätter, Vorw. u. Inh.Verz. enth., S. 15—184; auf d. Rücks. d. Titelbl.: ,,1952"; die Vorw. zur 1. u. 2. Auflage sind unterz.: ,,E. F. Heeger, K. Brückner"; die vollst. Vornamen sind bibliogr. erm.: Erich Fürchtegott Heeger, Kurt Brückner; auf d. Umschlag: ,,Arbeiten des Sortenamtes für Nutzpflanzen. Band 1".

Interimszettel für die Serie

Int. Z.

Arbeiten Sortenamt
Arbeiten des Sortenamtes für Nutzpflanzen. Bd 1.
(Berlin: Dt. Bauernverl. 1952.) 8⁰

1. Heeger, (E[rich] F[ürchtegott]), (K[urt]) Brückner: Heil- u. Gewürzpflanzen. 2. Aufl. (1952.)

Stücktitelaufnahme

Heeger, Erich Fuerchtegott
(E[rich] F[ürchtegott]) Heeger, (K[urt]) Brückner. *Heil-* und Gewürz*pflanzen.* Arten- u. Sortenkunde. 2., verb. Aufl.
Berlin: Dt. Bauernverl. (1952). 184 S. 8⁰
(Arbeiten d. Sortenamtes für Nutzpflanzen. Bd 1.)

Mitverfasserverweisung

Brueckner, Kurt
Heil- u. Gewürz*pflanzen.* 2. Aufl. 1952
s. *Heeger,* Erich Fuerchtegott.

Beispiel 184

Vorlage

[links:] DEUTSCHE AKADEMIE DER WISSENSCHAFTEN ZU BERLIN || Arbeitsstelle für Kunstgeschichte || CORPUS DER ROMANISCHEN KUNST || MITTELDEUTSCHLANDS || Herausgegeben von || Richard Hamann und Edgar Lehmann || Reihe A || ARCHITEKTUR || Band 1 || Die Prämonstratenser-Klosterkirche zu Veßra || in Thüringen || AKADEMIE-VERLAG BERLIN || 1961 ||

34 cm.

[rechts:] CORPUS DER ROMANISCHEN KUNST MITTELDEUTSCHLANDS || Reihe A, Band 1 || Die Prämonstratenser-Klosterkirche || zu Veßra in Thüringen || bearbeitet von || ERNST BADSTÜBNER || Mit 224 Abbildungen und 23 Bauzeichnungen || AKADEMIE-VERLAG BERLIN || 1961 ||

S. 5—106.

Interimszettel für die Serie

Int. Z.

Corpus Kunst romanischen
Dt. Akad. d. Wiss. zu Berlin. Arbeitsstelle für Kunstgesch. Corpus der romanischen Kunst Mitteldeutschlands. Hrsg. von Richard Hamann u. Edgar Lehmann. R. A, Bd 1.
Berlin: Akad.-Verl. 1961. 4⁰

A. Architektur.

1. Badstübner, Ernst: Die Prämonstratenser-Klosterkirche zu Veßra in Thüringen. 1961.

Verweisung vom Herausgeber der Serie

Hamann, Richard

[Hrsg.]

s. *Corpus* d. romanischen Kunst Mitteldeutschlands. R. A, Bd 1. 1961.

Vw. vom zweiten Herausgeber desgl.

Stücktitelaufnahme

Badstuebner, Ernst
Die *Prämonstratenser-Klosterkirche* zu Veßra in Thüringen. Bearb. von Ernst Badstübner. Mit 224 Abb. u. 23 Bauzeichn.
Berlin: Akad.-Verl. 1961. 106 S. 4⁰
(Corpus d. romanischen Kunst Mitteldeutschlands. R. A, Bd 1.)

Beispiel 185

Vorlage

[1:] EBERHARD PREUSSNER || MUSIKGESCHICHTE || DES || ABENDLANDES || EINE BETRACHTUNG FÜR || DEN MUSIKLIEBHABER || ERSTER BAND || [Signet] || VERLAG BRÜDER HOLLINEK || WIEN ||

20 cm; S. 5—375; auf d. Rücks. d. Vortitelbl.: „ORPHEUS-BÜCHER || Herausgeber Dr. Fritz Racek || Band 6/7"; auf d. Rücks. d. Titelbl.: „Copyright 1951"; das Vorw. ist unterz.: „Preußner".

[2:] . . . || ZWEITER BAND || Mit 40 Bildtafeln || . . . ||

S. 377—814, anhängend die Bildtafeln; auf d. Rücks. d. Vortitelbl.: „ORPHEUS-BÜCHER || Herausgeber Dr. Fritz Racek || Band 6/7"; auf d. Rücks. d. Titelbl.: „Copyright 1951".

Interimszettel für die Serie

Int. Z.

Orpheus-Buecher
Orpheus-Bücher. Hrsg.: Fritz Racek. Bd 6.
(Wien: Hollinek 1951.) 8⁰

6.7. Preußner, Eberh.: Musikgeschichte d. Abendlandes. Bd 1.2. (1951.)

Verweisung vom Herausgeber der Serie

Racek, Fritz

[Hrsg].

s. *Orpheus-Buecher*. Bd 6. 1951 ff.

Stücktitelaufnahme

Preussner, Eberhard
Eberhard Preußner. *Musikgeschichte* des Abendlandes. Eine Betracht. für d. Musikliebhaber. Bd 1.2.
Wien: Hollinek (1951). 814 S. 8⁰
(Orpheus-Bücher. Bd 6.7.)
2. Mit 40 Bildtaf.

Sind in einem einzelnen Stück neben dem Stücktitel zwei Serientitel angegeben, fertigt man von beiden Interimsaufnahmen an. Die eine – dem Umfang nach kleinere – Serie wird als Stück zur größeren betrachtet und das einzelne Stück als Stück zur kleineren Serie. Bei der Aufnahme des einzelnen Stückes werden die beiden Serien unter der Aufnahme in runden Klammern zitiert, und zwar zuerst die kleinere und dann die umfassendere, andernfalls in der Reihenfolge der Vorlage.

Beispiel 186

Vorlage

[links:] Die Deutsche || Volkshochschule. || Sammlung von Beiträgen || herausgegeben || von Professor Dr. W. Rein. || Heft 12. || Volkshochschule || und || Volkswirtschaft. || Von || Dr. Karl Muhs, || Assistent am Staatswissensch. Seminar der Universität Jena. || Langensalza || Hermann Beyer & Söhne || (Beyer & Mann) 1919 ||

20 cm; der vollst. Vorname d. Herausgebers ist bibliogr. erm.: Wilhelm.

[rechts:] Volkshochschule || und || Volkswirtschaft. || Von || Dr. Karl Muhs, || Assistent am Staatswissensch. Seminar der Universität Jena. || Pädagogisches Magazin Heft 727. || Langensalza || Hermann Beyer & Söhne || (Beyer & Mann) 1919 ||

S. 6—49; auf d. Umschlag: „Friedrich Mann's Pädagogisches Magazin. Abhandlungen vom Gebiete der Pädagogik und ihrer Hilfswissenschaften. Heft 727."

Aufnahme der übergeordneten Serie (Umschlagtitel)

Int. Z.

Magazin Mann Friedrich
Friedrich Mann's Pädagogisches Magazin. Abh. vom Geb. d. Pädagogik u. ihrer Hilfswiss. H. 727.
Langensalza: Beyer 1919. 8°

727. Die Deutsche Volkshochschule. H. 12. 1919.

Verweisung vom Personennamen im anonymen Titel

Mann, Friedrich
s. *Magazin*, Friedrich Manns Pädagogisches. H. 727. 1919.

Aufnahme der in der übergeordneten Serie enthaltenen Serie

Int. Z.

Volkshochschule deutsche
Die Deutsche Volkshochschule. Samml. von Beitr., hrsg. von W[ilhelm] Rein. H. 12.
Langensalza: Beyer 1919. 8°
(Friedrich Mann's Pädagogisches Magazin. H. 727.)

12. Muhs, Karl: Volkshochschule u. Volkswirtschaft. 1919.

Verweisung vom Herausgeber

Rein, Wilhelm
[Hrsg.]
s. *Volkshochschule*, Die Deutsche. H. 12. 1919.

Stücktitelaufnahme des in der untergeordneten Serie enthaltenen Titels

Muhs, Karl
Volkshochschule und Volkswirtschaft.
Langensalza: Beyer 1919. 49 S. 8^0
(Die Deutsche Volkshochschule. H. 12.)
(Friedrich Mann's Pädagogisches Magazin. H. 727.)

Abgesehen von den Fällen, in denen ein übergeordneter Gesamttitel nicht aus dem Stück ersichtlich, sondern bibliographisch ermittelt ist, werden alle Serientitel, die nur auf dem *losen* Schutzumschlag eines Stückes stehen, bei ihrer Zitierung in der Stücktitelaufnahme innerhalb der üblichen runden Klammern in eckige Klammern geschlossen, z. B. „([Thienemanns Zwei-Mark-Bücher. 1.])".

Aufgabe 37

1. GEORG KURT SCHAUER || WEGE DER BUCHGESTALTUNG || ERFAHRUNGEN UND RATSCHLÄGE || MCMLIII || C. E. POESCHEL VERLAG STUTTGART ||

   21 cm; S. 7—111 u. I—XXXI; auf d. Vortitelbl.: „Werkstatt des Buches".

2. [links:] GEOGRAPHISCHE GESELLSCHAFT || DER DEUTSCHEN DEMOKRATISCHEN REPUBLIK || WISSENSCHAFTLICHE ABHANDLUNGEN || Herausgegeben im Auftrage des Hauptvorstandes || vom Vorsitzenden || PROF. DR. JOHANNES F. GELLERT || Band 3 || VEB DEUTSCHER VERLAG DER WISSENSCHAFTEN ||

   24,5 cm; d. vollst. zweite Vorname d. Prof. Gellert ist bibliogr. erm.: Fürchtegott.

   [rechts:] DIE INDUSTRIE || IM BEZIRK FRANKFURT (ODER) || ENTWICKLUNG UND STANDORTVERTEILUNG || IN VERGANGENHEIT UND GEGENWART || VON || DR. GERHARD MOHS || VEB DEUTSCHER VERLAG DER WISSENSCHAFTEN || BERLIN 1962 ||

   S. 2—118 u. Bilderanhang: 2 ungezählte Blätter u. 1 gefaltete Karte.

3. BAND 1 || DAS GEHT AUCH DICH AN || Dr. med. Ferdinand Schmidt || Leiter der Forschungsstelle für Experimentelle Onkologie || der Deutschen Akademie der Wissenschaften zu Berlin || Krebs || Entstehung, Wesen, Symptome, Verhütungs- || und Heilungsmöglichkeiten || VEB VERLAG VOLK UND GESUNDHEIT BERLIN 1960 ||

   19 cm; S. 7—110; am Schluß d. Textes: „1.—15. Tausend".

4. Schriften der Zentrale für Volksbücherei || Drittes Stück || Lehr- und Handbuch || der || Titelaufnahme || von || L. Bernhardi || Berlin || Weidmannsche Buchhandlung || 1923 ||

   24 cm; S. VI—VIII u. 2—194, im Anhang ein gefaltetes Blatt; der vollst. Vorname von Bernhardi ist bibliogr. erm.: Luise.

5. [1:] Veröffentlichungen || der Bibliothekskurse in der Berliner Stadtbibliothek || Herausgegeben von Prof. Dr. G. Fritz || Heft 4 || Übungsbeispiele || zu den Preußischen Katalogisierungsvorschriften || Für den praktischen Gebrauch gesammelt || von || Dr. Joris Vorstius || Bibliotheksrat an der Preußischen Staatsbibliothek || Stettin || Verlag „Bücherei und Bildungspflege" || 1927 ||

23 cm; d. vollst. Vorname von Prof. Fritz ist bibliogr. erm.: Gottlieb.

[2:] . . . || Heft 4a || . . . || von || . . . || Zweiter Teil: Schlüssel || Enthaltend die instruktionsgemäßen Titelaufnahmen nebst den || zugehörigen Verweisungen || Stettin || Verlag „Bücherei und Bildungspflege" || 1929 ||

20 cm.

6. KARL GRÜNBERG || Mit der Zeitlupe || durch die Weimarer Republik || Mit einem Nachwort von J. M. Lange || DIETZ VERLAG BERLIN || 1960 ||

17,5 cm; S. 9—236; auf d. Vortitelbl.: „Rote Dietz-Reihe"; auf d. Buchrücken: „12".

7. [links:] Schriften des || Instituts für Theorie und Geschichte der Baukunst || der Deutschen Bauakademie || DEUTSCHE BAUKUNST || IN ZEHN JAHRHUNDERTEN || [Signet] || SACHSENVERLAG DRESDEN 1953 ||

25 cm.

[rechts:] DEUTSCHE BAUKUNST || IN ZEHN JAHRHUNDERTEN || [Signet] || SACHSENVERLAG DRESDEN 1953 ||

S. 5—211; auf d. Rücks. d. Titelbl.: „2. Auflage - 21.—35. Tausend."

8. HANS WAHL || Alles um Goethe || Herausgegeben von || Dora Wahl || 1962 || GUSTAV KIEPENHEUER VERLAG || WEIMAR

17 cm; S. 7—192; auf d. Rücks. d. Titelbl.: „Mit 4 Tafeln"; auf d. Rücks. d. Vortitelbl.: „Gustav Kiepenheuer Bücherei Band 1".

9. [links:] NEUE BEITRÄGE || ZUR LITERATURWISSENSCHAFT || Herausgegeben von || Prof. Dr. Werner Krauss und Prof. Dr. Hans Mayer || Band 6 || Walter Dietze || JUNGES DEUTSCHLAND UND DEUTSCHE KLASSIK || RÜTTEN & LOENING || BERLIN ||

24 cm.

[rechts:] WALTER DIETZE || JUNGES DEUTSCHLAND || UND DEUTSCHE KLASSIK || Zur Ästhetik und Literaturtheorie des Vormärz || RÜTTEN & LOENING || BERLIN ||

S. 5—391; auf d. Rücks. d. Titelbl.: „1. Auflage 1957".

10. Musiker-Biographien || 5. Band || Richard Wagner || Leben und Lebenswerk || Von || Wolfgang Golther || Mit einem Bildnis || Richard Wagners || Verlag von Philipp Reclam jun. Leipzig ||

16 cm; S. 3—247; auf d. Umschlag: „Reclams Universal-Bibliothek Nr. 1660—1662"; auf d. Rücks. d. Titelbl.: „Copyright 1926".

2.6.4.2 Periodica

Ein Periodicum ist eine laufende Veröffentlichung, deren Teile gezählt sind und in der Regel in gewissen Zeitabständen unter immer gleichem Titel herausgegeben werden. Eine Vielheit von Mitarbeitern für die einzelnen Nummern ist dabei charakteristisch (vgl. 1.2.1, unter Ziffer 2b, Bd I, S. 20).

Die Erscheinungsweise kommt häufig im Titel oder Untertitel zum Ausdruck, z. B. „Wochenschrift", „Monatsblätter", „Jahrbuch", „Bulletin mensuel", „Weekly", „Monthly", „Quarterly", „Annual" u. ä. Auch Titelfassungen wie „Fortschritte auf dem Gebiet ...", „Advances in ..." in Verbindung mit aufeinanderfolgenden Zählungen deuten auf den periodischen Charakter hin. Erscheint eine solche laufende Publikation nicht in regelmäßigen Zeitabständen, bringt der Verlag oder Herausgeber dies oft durch Bemerkungen wie „Erscheint in zwangloser Folge", „Erscheint nach Bedarf", „Occasional Papers" usw. zur Kenntnis. Im übrigen ist bei einem einzeln vorliegenden Band durchaus nicht immer mit Sicherheit zu bestimmen, ob es sich um eine laufende Veröffentlichung handelt. Bestehen Zweifel, betrachtet man die Schrift am besten zunächst als abgeschlossen; die Aufnahme muß dann evtl. später durch einen Interimszettel ersetzt werden.

Nach § 62 kommen alle Periodica unter den Sachtitel. Verwiesen wird von einem Begründer, der auf dem Titelblatt steht, und von den ersten beiden Herausgebern (65,1); Schriftleiter und Redakteure – das sind Personen, welche die technische und organisatorische Arbeit leisten – werden, wenn sie allein auf dem Titelblatt stehen, als Herausgeber behandelt; sind sie neben Herausgebern genannt, so entscheidet die Druckgestaltung des Titelblattes über ihre Berücksichtigung in der Aufnahme.

Die Folge der bibliographischen Einheiten kann durch eine Zählung ausgedrückt sein, z. B. „Band 5", „Jahrgang 3", „Volume 7", „VIème Année", oder sie ist mit dem Erscheinungsjahr bzw. das Erscheinungsjahr mit ihr identisch (gleichbedeutend). Neben dem Erscheinungsjahr oder einer besonderen Zählung ist bisweilen ein Berichtsjahr (= Zeitraum, über den die bibliographische Einheit berichtet) angegeben, z. B. „Taschenkalender auf das Jahr 1823. Stuttgart 1822". Dieses Berichtsjahr, das oft vom Erscheinungsjahr abweicht, wird als Bandzählung behandelt bzw. einer vorhandenen Bandzählung in folgender Form hinzugefügt: „Bd 3: 1957"[1].

Innerhalb der bibliographischen Einheiten treten auch Unterzählungen für Hefte oder Nummern auf. Sie erscheinen in der Aufnahme nur bei Interimszetteln für ein zuerst erworbenes einzelnes Heft, z. B. „Jg. 1, H. 1.".

Der besondere Informationswert einer Zeitschrift besteht in der Aktualität des dargebotenen Stoffes, deshalb ist es eine vordringliche Aufgabe jeder Bibliothek, den neuerworbenen Bestand an Periodicis dem Leser schnell zugänglich zu machen. Der Katalogbearbeiter kann nicht warten, bis der Verlag zum Abschluß des Jahrgangs ein reguläres Titelblatt liefert – leider unterbleibt das oftmals! Die Interimsaufnahme wird also vom ersten in die Bibliothek gelangenden Heft oder der ersten Nummer gemacht. Das bedingt gewisse Ungenauigkeiten, weil kein Haupttitelblatt vorhanden ist und die Angaben für die Aufnahme erst von den ver-

---

[1] Fuchs: Kommentar. 1955, § 70,6, S. 147.

schiedenen Stellen des betreffenden Heftes zusammengesucht werden müssen. Hierbei werden Angaben, soweit sie aus dem Stück selbst ermittelt sind, nicht in Klammern geschlossen, da sie in den einzelnen Nummern häufig an wechselnden Stellen erscheinen.
Sind die Bände von Zeitschriften nur in dem Erscheinungsjahr voneinander verschieden, so werden sie in der Regel [bei Abschlußaufnahmen] nicht einzeln aufgeführt (10,3 f), nur Stücktitel, die gelegentlich auch bei Zeitschriften für einzelne Nummern auftreten, müssen wegen des Verweisungsstriches für die Stücktitelaufnahme unten erscheinen, ebenso alle Veränderungen in späteren Bänden in bezug auf Titel, Herausgeber, Erscheinungsorte und Verleger. Im letzten Fall wird beim Erscheinungsvermerk hinter dem ursprünglichen Verlag die Formel „[u. a.]" eingefügt (nicht zu verwechseln mit „[usw.]" bei mehreren gleichzeitig auftretenden und wegzulassenden Verlegern!) (vgl. § 10,4 u. Anl. I, 24).

Abschlußaufnahmen werden gemacht, wenn eine Zeitschrift

a) ihr Erscheinen eingestellt hat;
b) nicht weiterbezogen wird;
c) mit einer Titeländerung eine neue Zählung beginnt;
d) in einer anderen aufgeht oder unter neuem Titel mit ihr vereinigt wird;
e) durch ein zusammenfassendes Mehrjahresregister (Generalregister) oder durch den Neubeginn der Zählung, z. B. „N. F", „N. S.", einen Einschnitt erfährt (19,3).

Vorläufige Abschlußaufnahme

Vierteljahrsschrift Musikwissenschaft
Vierteljahrsschrift für Musikwissenschaft. Hrsg. von Friedrich Chrysander u. Philipp Spitta, red. von Guido Adler. Jg. 1—10 [nebst] General-Reg.
Leipzig: Breitkopf & Härtel 1885—95. 8°
General-Reg. Bd 1—10. 1885—94. Bearb. von Rudolf Schwartz. 1895.

Herausgeberverweisung

Chrysander, Friedrich
[Hrsg.]
s. *Vierteljahrsschrift* für Musikwissenschaft. 1885—95.

Verweisung von Spitta desgl.

Verweisung vom Bearbeiter des Registers

Schwartz, Rudolf
[Bearb.]
s. *Vierteljahrsschrift* für Musikwissenschaft. General-Reg. Bd 1—10. 1885—94.'95.

Erläuterung

Treffen Berichts- und Erscheinungsjahre zusammen, kann das Erscheinungsjahr in obiger verkürzter Form angegeben werden. Vgl. außerdem: §§ 62. 65,1. 13,1. 20,2a. 47.

Beispiel 187

Vorlage

STAATLICHE MUSEEN ZU BERLIN || FORSCHUNGEN || UND BERICHTE || 1. BAND || 1957 || AKADEMIE-VERLAG · BERLIN ||

29 cm; auf d. Rücks. d. Titelbl.: „Herausgegeben von den Staatlichen Museen zu Berlin. Schriftleitung: Heino Maedebach, Hans Herbert Völker, Klaus Wessel"; aus d. Vorw.: „... in dieser jährlich einmal erscheinenden Publikation..."

Hauptaufnahme

Int. Z.

Forschungen Berichte Museen
Staatliche Museen zu Berlin. Forschungen und Berichte. (Schriftleitung: Heino Maedebach, Hans Herbert Völker, Klaus Wessel.) Bd 1.
Berlin: Akad.-Verl. 1957. 4⁰
1. 1957.

Verweisung vom ersten Schriftleiter

Maedebach, Heino

[Red.]

s. *Forschungen.* – Staatliche Museen zu Berlin. Forschungen und Berichte. Bd 1. 1957.

Verweisung vom zweiten Schriftleiter desgl.

Vgl. § 186 u. Fuchs: Kommentar. 1955, § 72, 4c, S. 154.

Beispiel 188

Vorlage

JAHRBUCH || DER || DEUTSCHEN || DEMOKRATISCHEN || REPUBLIK || 1960 || HERAUSGEGEBEN VOM || DEUTSCHEN INSTITUT FÜR ZEITGESCHICHTE, BERLIN || IN VERBINDUNG MIT DEM VERLAG DIE WIRTSCHAFT || VERLAG DIE WIRTSCHAFT BERLIN ||

24,5 cm; auf d. Rücks. d. Titelbl.: „Redaktion: Gerhard Arnold, Ursula Bauer, Werner Christ, Heinz Kreißig, Helmut Möckel"; auf d. Rücken: „5. Jahrgang".

Hauptaufnahme

Int. Z.

Jahrbuch Republik deutschen
Jahrbuch der Deutschen Demokratischen Republik. Hrsg. vom Dt. Inst. für Zeitgesch. (Red.: Gerhard Arnold, Ursula Bauer [u. a.]) (Jg. 5.)
Berlin: Die Wirtschaft 1960. 8⁰

(5.) 1960.

Verweisung vom ersten Redakteur

Arnold, Gerhard

[Red.]

s. *Jahrbuch* d. Deutschen Demokratischen Republik. Jg. 5. 1960.

Verweisung vom zweiten Redakteur desgl.

Beispiel für die Abschlußaufnahme einer Zeitschrift, die ihr Erscheinen eingestellt hat:

Welt neue
Neue Welt. Halbmonatsschr. Jg. 1—9. [Ersch. eingest.]
Berlin: „Tägl. Rundschau" 1946—54. 8^0

Beispiel für eine Interimsaufnahme nach dem ersten Heft:

Int. Z.

Literaturnachweis medizinischer
Medizinischer Literaturnachweis. Dt. u. ausländ. Bücher, Zeitschr. u. Zeitschriftenaufsätze aus d. Beständen d. Öff. Wiss. Bibl. zu Berlin. Schriftleitung: Gerhard Krause. Jg. 1, H. 1.
Berlin: Volk u. Gesundheit 1952. 8^0

Verweisung vom Schriftleiter

Krause, Gerhard
[Red].
s. *Literaturnachweis*, Medizinischer. Jg. 1, H. 1. 1952.

Ändert eine Zeitschrift nur den Titel und setzt dabei aber die ursprüngliche Zählung fort (das gilt auch für Erscheinungsjahre als Bandzählung!), so wird lediglich ein entsprechender Vermerk unter der Aufnahme gemacht und von dem neuen Titel verwiesen (227 u. Aber-Beisp. § 229). Die weitergehende Bandzählung hält das Ganze trotz der Titeländerung als Einheit zusammen, und der Zettel gibt gleichsam die bibliographische Geschichte der Veröffentlichung wieder.

Beispiel 189

Aufnahme

Faehre
Die Fähre. (Schriftleiter: Hans Hennecke u. Herbert Burgmüller.) Jg. 1—4. [Ersch. eingest.]
München: Weismann 1946—49. 8^0
Jg. 3. 4. 1948. 1949. u. d. T.: Literarische Revue.

Verweisung vom geänderten Titel

Revue literarische
Literarische Revue. Jg. 3. 4. 1948. 1949
s. *Faehre*, Die.

Verweisung vom ersten Schriftleiter

Hennecke, Hans
[Red.]
s. *Faehre*, Die. 1946—49.

Verweisung vom zweiten Schriftleiter desgl.

Tritt indessen schon innerhalb des ersten Jahrganges eine Titeländerung ein, wird die Zeitschrift unter den späteren Titel gelegt mit Vw. vom ursprünglichen (228). Werden mehrere Zeitschriften unter einem neuen Titel vereinigt, macht man am besten für die ursprünglichen Veröffentlichungen je eine Abschlußaufnahme mit dem Vermerk „Vereinigt mit . . . u. d. T.: . . .“ und legt für die neue Zeitschrift einen Interimszettel an, auch wenn eine der ursprünglichen Zählungen weitergehen sollte. Auf dem neuen Interimszettel wird ein entsprechender Hinweis auf die Vorgänger gemacht, wenn er nicht schon im neuen Titel enthalten ist und dann in die Aufnahme übernommen wird.

Beispiel 190

Abschlußaufnahme für den alten Titel

Microscopie
Microscopie. Organ trimestr. de la Soc. française de microscopie theor. et appl. Bull. et mém. T. 1.2.
Paris: Éd. de la Revue d'optique théor. et instr. 1948/49—50. 8⁰

Vereinigt mit: Bulletin d'histologie appliquée u. d. T.: Bulletin de microscopie appliquée.

Desgl. eine Abschlußaufnahme für das „Bulletin d'histologie appliquée“, wenn diese Zeitschrift in der Bibliothek vorhanden ist.

Interimsaufnahme für den neuen Titel

Int. Z.

Bulletin microscopie appliquée
Bulletin de microscopie appliquée. Microscopie et Bulletin d'histologie appliquée réunis. Sér. 2, T. 1.
Paris: Éd. de la Revue d'optique théor. et instr. 1951. 8⁰
1. 1951.

Bei Zeitschriften und Serienwerken wird, wenn die Abweichungen der späteren Titel erheblich sind und zugleich mit der Änderung eine neue Zählung einsetzt, jeder Titel für sich behandelt. Bei dem frühesten vorhandenen Titel wird dann auf alle späteren und bei jedem späteren auf den frühesten vorhandenen Titel hingewiesen. Generalregister zu mehreren Reihen werden zur letzten gestellt (229).

Beispiel 191

Abschlußaufnahme für die ursprüngliche Zeitschrift

Zeitschrift Verein deutschen
Zeitschrift des Deutschen Vereins für Kunstwissenschaft. (Schriftl.: Karl Koetschau, 4ff.: Erich Meyer.) Bd 1—10.
Berlin: (Dt. Verein für Kunstwiss.) 1934—43. 4⁰

Forts. s. *Zeitschrift* für Kunstwissenschaft. Bd 1. 1947ff.

Verweisungen von den Schriftleitern

Koetschau, Karl

[Red.]

s. *Zeitschrift* d. Deutschen Vereins für Kunstwissenschaft. Bd 1 — 3. 1934—36.

Meyer, Erich

[Red.]

s. *Zeitschrift* d. Deutschen Vereins für Kunstwissenschaft. Bd 4—10. 1937—43.

Interimsaufnahme der Fortsetzung

Int. Z.

Zeitschrift Kunstwissenschaft
Zeitschrift für Kunstwissenschaft. (Schriftl.: Friedrich Winkler.) Bd 1.
Berlin: Dt. Verein für Kunstwiss. 1947. 4⁰

1. 1947.
Anfang s. *Zeitschrift* d. Deutschen Vereins für Kunstwissenschaft. 1934—43.

Verweisung vom Schriftleiter

Winkler, Friedrich

[Red.]

s. *Zeitschrift* für Kunstwissenschaft. Bd 1. 1947.

Erscheint eine bibliographisch selbständige Zeitschrift als Beilage zu einer anderen, wird sie gesondert aufgenommen und der Titel der anderen Veröffentlichung, wenn er nur nebenher genannt ist, wie ein Serientitel unter der Aufnahme in runden Klammern angeführt. Unter der Aufnahme der anderen Zeitschrift ist ein entsprechender Hinweis zu machen, z. B. „Beil. s. ...“ oder „Beih. s. ...“, je nach Vorlage.

Beispiel 192

Verweisung vom Titel der ursprünglichen Zeitschrift

Schule neue
Die neue Schule. Beih.
s. *Koerpererziehung* in d. Schule.

Int. Z.

Koerpererziehung Schule
Körpererziehung in der Schule. (Red.: Werner Dietrich.) 1.
Berlin: Volk u. Wissen 1951. 8⁰
(Die neue Schule. Beih.)
1. 1951.

Sonst ist der andere Titel nach der Vorlage in die Aufnahme zu übernehmen.

Beispiel 193

Vorlage

STUDIEN || ZUR || MUSIKWISSENSCHAFT || Beihefte der Denkmäler der Tonkunst in Österreich || Unter Leitung || von || ERICH SCHENK || Vierundzwanzigster Band || [Signet] || 1960 || HERMANN BÖHLAUS NACHF. || GRAZ-WIEN-KÖLN ||

24 cm.

Hauptaufnahme

Int. Z.

Studien Musikwissenschaft
Studien zur Musikwissenschaft. Beihefte d. Denkmäler der Tonkunst in Österreich. Unter d. Leitung von Erich Schenk. Bd 24.
Graz, Wien, Köln: Böhlau 1960. 8°
24. 1960.

Verweisung vom Herausgeber

Schenk, Erich
[Hrsg.]
s. *Studien* zur Musikwissenschaft. Bd 24. 1960.

Verweisung von der Hauptserie

Denkmaeler Tonkunst Oesterreich
Beihefte d. Denkmäler d. Tonkunst in Österreich
s. *Studien* zur Musikwissenschaft.

Vgl. § 189.

Verweisung vom scheinbaren Substantivum regens

Beihefte Denkmaeler Tonkunst
Beihefte d. Denkmäler d. Tonkunst in Österreich
s. *Denkmaeler* d. Tonkunst in Österreich. Beih.

Haben die Beilagen, Supplemente, Ergänzungshefte u. ä. keinen eigenen Titel, werden sie nach § 189 unter den Titel der zugehörigen Zeitschrift gestellt, gegebenenfalls mit Vw. vom scheinbaren Substantivum regens. Der Zettel wird im Katalog hinter die Interimsaufnahme der Zeitschrift geordnet.

Beispiel 194

Vorlage

Das Rettungs- || und Krankenbeförderungswesen || im Deutschen Reiche. || Nach dem Material der auf Anregung des || Zentral-Komitees für das Rettungswesen || in Preussen || von den Deutschen Bundesregierungen erhobenen Umfrage || im Auftrage des Zentral-Komitees || bearbeitet vom Generalsekretär || Prof. Dr. George Meyer || Berlin. ||

III. Ergänzungsband zum Klinischen Jahrbuch. || Mit 10 Kurventafeln und 4 Karten. || [Signet] || Jena, || Verlag von Gustav Fischer. || 1906. ||

23,5 cm; S. 2—287.

Interimsaufnahme der zur Zeitschrift gehörigen Serie

Int. Z.

Jahrbuch klinisches
Ergänzungsband zum Klinischen Jahrbuch. 3.
Jena: G. Fischer 1906. 8⁰

3. Meyer, George: Das Rettungs- u. Krankenbeförderungswesen im Dt. Reich. 1906.

Verweisung vom scheinbaren Substantivum regens

Ergaenzungsband Jahrbuch klinischen
Ergänzungsband zum Klinischen Jahrbuch
s. *Jahrbuch*, Klinisches. Erg.Bd.

Stücktitelaufnahme

Meyer, George
Das *Rettungs*- und Krankenbeförderungs*wesen* im Deutschen Reiche. Nach d. Material d. von d. dt. Bundesregierungen erhob. Umfrage bearb. Mit 10 Kurventaf. u. 4 Kt.
Jena: G. Fischer 1906. 287 S. 8⁰
(Klinisches Jahrbuch. Erg.Bd 3.)

Vgl. auch § 196.

Erscheint ein Stück nicht als „Beiheft" oder dgl., sondern mit dem Vermerk „*Zugleich* als Beiheft zu . . .", d. h. zunächst selbständig ohne Bindung an eine Serie und erst in zweiter Linie zu einer Serie gehörig, wird dies durch die Formel „Zugl. = (. . .)" zum Ausdruck gebracht (vgl. Fuchs: Kommentar. 1955, § 45, 8, S. 102).

Beispiel 195

Vorlage

KATALOG || DER INKUNABELN || DER SÄCHSISCHEN LANDESBIBLIOTHEK || ZU DRESDEN || Ein Bestandsverzeichnis || nach den Kriegsverlusten des Jahres 1945 || VON || HELMUT DECKERT || 1957 || VEB OTTO HARRASSOWITZ · LEIPZIG ||

24,5 cm; S. 9—255 u. 20 Tafeln im Anhang; auf d. Rücks. d. Titelbl.: „Dieses Buch erscheint gleichzeitig als 80. Beiheft zum Zentralblatt für Bibliothekswesen".

Aufnahme

Deckert, Helmut
Katalog der Inkunabeln der Sächsischen Landesbibliothek zu Dresden. Ein Bestandsverz. nach d. Kriegsverlusten d. Jahres 1945.
Leipzig: Harrassowitz 1957. 255 S., 20 Taf. 8⁰
Zugl. = (Zentralblatt für Bibliothekswesen. Beih. 80.)

Ein in den Sachtitel einbezogenes Berichtsjahr wird in der Aufnahme aus dem Text herausgelöst und an die Stelle einer Bandzählung oder neben eine vorhandene gesetzt; die Auslassung selbst deutet man an der ursprünglichen Stelle durch drei Punkte an. Angaben über einen Herausgeber etc., die sich auf das Ganze erstrekken, werden stets vor die Zählung bzw. Bandzusammenfassung gezogen.

Beispiel 196

Vorlage

Jahrbuch || der || Musikbibliothek Peters || für || 1894. || **Erster Jahrgang.** || Herausgegeben || von || Emil Vogel. || LEIPZIG || Verlag von C. F. **Peters** || **1895.** ||

22,5 cm.

Hauptaufnahme

Int. Z.

Jahrbuch Peters Musikbibliothek
Jahrbuch der Musikbibliothek (C. F.) Peters für ... Hrsg. von Emil Vogel. Jg. 1: 1894.
Leipzig: Peters 1895. 8°
1: 1894. '95.

Vgl. auch §§ 193. 20,3e.

Verweisung vom Herausgeber

Vogel, Emil
[Hrsg.]
s. *Jahrbuch* d. Musikbibliothek Peters. Jg. 1. 1895.

Verweisung vom Personennamen im anonymen Titel

Peters, C. F., Musikverleger, Leipzig
s. *Jahrbuch* d. Musikbibliothek Peters. 1895ff.

Verweisung von der unvollständigen Namensform (nur bei häufig vorkommenden Namen, vgl. § 133):

Peters, Musikverleger, Leipzig
s. *Peters*, C. F.

Die bibliographischen Einheiten eines Periodicums können auch Stücktitel repräsentieren.

Beispiel 197

Vorlage

Deutsche Akademie der Wissenschaften zu Berlin || Jahrbuch des Instituts für Wirtschaftswissenschaften || Band 4 || Probleme der politischen Ökonomie || AKADEMIE-VERLAG · BERLIN || 1961 ||

24,5 cm; S. 8—436; lt. Inh.Verz. eine Vielverfasserschrift; auf d. Rücks. d. Titelbl.: „Verantwortlicher Redakteur: Ottomar Kratsch".

Interimszettel des Periodicums

Int. Z.

Jahrbuch Institut Wirtschaftswissenschaften
Dt. Akad. d. Wiss. zu Berlin. Jahrbuch des Instituts für Wirtschaftswissenschaften. Bd 4.
Berlin: Akad.-Verl. 1961. 8^0

4. Probleme d. politischen Ökonomie. 1961.

Stücktitelaufnahme

Probleme Oekonomie politischen
Probleme der politischen Ökonomie. (Red.: Ottomar Kratsch.)
Berlin: Akad.-Verl. 1961. 436 S. 8^0
(Dt. Akad. d. Wiss. zu Berlin. Jahrbuch d. Instituts für Wirtschaftswissenschaften. Bd 4.)

Verweisung vom Redakteur des Stückes

Kratsch, Ottomar
[Red.]
s. *Probleme* d. politischen Ökonomie. 1961.

Auch zeitschriftenähnliche Publikationen, wie Zeitungen, Adreß- und Telefonbücher u. ä. werden, sofern sie regelmäßig erscheinen, als Periodica behandelt.

Beispiel 198

Vorlage

SPEDITIONS- UND SCHIFFAHRTS- || ADRESSBUCH || FÜR TRANSPORT UND LAGERUNG || AUSGABE 1950 || [Signet] || Herausgeber: Wilh. Stroh, Wiesb. – License Nr. US-W 2025 || Erschienen im ROBERT STROH VERLAG WIESBADEN || Preis DM 18.— ||

21 cm.

Hauptaufnahme

Int. Z.

Speditionsadressbuch Schiffahrtsadressbuch
Speditions- und Schiffahrtsadreßbuch für Transport und Lagerung. Hrsg.: Wilh[elm] Stroh. Ausg. 1950.
Wiesbaden: R. Stroh 1950. 8^0

1950.

Vgl. auch § 196.

Verweisung vom Herausgeber

Stroh, Wilhelm
[Hrsg.]
s. *Speditions-* u. Schiffahrts*adressbuch* für Transport u. Lagerung. 1950.

1. ERFINDUNGS- UND || VORSCHLAGSWESEN || ZEITSCHRIFT DER NEUERER || MIT BEITRÄGEN ZUM || PATENT-, || MUSTER- UND || ZEICHENWESEN || 4/1963 || BERLIN 12. JAHRGANG || PREIS 5,— DM || HERAUSGEBER UND VERLAG: STAATSVERLAG DER DEUTSCHEN DEMOKRATISCHEN REPUBLIK || BERLIN ||

   29 cm.

2. ÄRZTEKALENDER || DER DEUTSCHEN DEMOKRATISCHEN REPUBLIK || 1962 || VEB VERLAG VOLK UND GESUNDHEIT BERLIN ||

   17 cm; auf d. Rücks. d. Titelbl.: „Zusammengestellt und bearbeitet von Prof. Dr. med. habil. G. Kunz; Copyright 1961"; der vollst. Vorname von Kunz ist bibliogr. erm.: Günther.

3. AKADEMIE DER WISSENSCHAFTEN UND DER LITERATUR || JAHRBUCH || 1950 || VERLAG DER AKADEMIE DER WISSENSCHAFTEN UND DER LITERATUR IN MAINZ || IN KOMMISSION BEI FRANZ STEINER VERLAG GMBH. WIESBADEN ||

   24,5 cm.

4. [1:] Progress in || Non-Destructive Testing || VOLUME 1 || Editors || E. G. STANFORD, M. Sc., Ph. D. || J. H. FEARON, B. Sc. || LONDON || HEYWOOD & COMPANY. LTD. || 1958 ||

   25 cm.

   [2:] . . . || VOLUME 2 || . . . || 1960 ||

   [3:] . . . || VOLUME 3 || . . . || 1961 ||

   [4:] PROGRESS IN APPLIED || MATERIALS RESEARCH || VOLUME 4 || Editors || . . . || . . . || 1962 ||

   25,5 cm; die vollst. Vornamen von Stanford sind bibliogr. erm.: Edwin Garnet; auf d. Rücks. d. Titelbl.: „Volumes 1—3 . . . were published under the title: Progess in Non-destructive Testing".

5. BEIHEFTE ZUM || ARCHIV FÜR KINDERHEILKUNDE || HERAUSGEBER: PROF. DR. ERICH ROMINGER, FREIBURG I. BR. || 29. HEFT || Klinische || Diagnostik für den Kinderarzt || Heute gebräuchliche Funktionsprüfungen || und Labormethoden || von || Dr. med. PETER HEINZ KOECHER || Oberarzt des Kinderkrankenhauses Walddörfer, Hamburg-Duvenstedt || Mit einem Beitrag von || Dr. med. H. W. KIRCHHOFF, Freiburg i. Br. || und einer Einführung von Prof. Dr. E. ROMINGER || Mit 11 Abbildungen und 26 Tabellen || 1955 FERDINAND ENKE VERLAG STUTTGART ||

   25,5 cm; S. VI—VIII u. 2—167.

2.7 Zwischenformen verschiedener Veröffentlichungsarten

2.7.1 *Lieferungswerke*

Es gibt – abgesehen von mehrbändigen Werken – Veröffentlichungen, die nicht auf einmal komplett erscheinen, sondern gleichsam in „Raten" gegen ebenso ratenweise Bezahlung vom Verlag direkt an die Interessenten abgegeben werden. Der Verlag sichert sich *vor* der Herausgabe einen Abnehmerkreis durch „Subskription", d. h. durch unterschriftliche Verpflichtung zum Kauf. (Vgl. 1. 2. 1e, Bd I, S. 19/20.)

Meistens handelt es sich dabei um Werke größeren Umfangs (ein- oder mehrbändig), die sich an einen bestimmten Leserkreis wenden. Dieses Verfahren hat für den Verlag den Vorteil, die finanzielle Grundlage seines Vorhabens *vorher* gesichert zu haben, und dem Kunden bietet es die vielleicht einmalige Gelegenheit, ein teures Werk zu erschwinglichen Ratenzahlungen im Laufe eines längeren Zeitraumes zu erwerben.

Die einzelnen Teile der Neuerscheinung werden jeweils in einer gewissen Anzahl von Druckbogen[1], die eine „Lieferung" bilden und nicht mit einer bibliographischen Einheit identisch sind, abgegeben. Die Lieferungen sind gezählt und können unter Umständen je nach Umfang der einzelnen Lieferung und des gesamten Werkes dreistellige Ziffern erreichen.

Ist das Werk vollständig herausgebracht, liefert der Verlag gewöhnlich noch Titelblatt, Register und passende Einbanddecken nach. Der Besitzer braucht dann nur noch vom Buchbinder die Lieferungen binden und in die entsprechenden Decken einhängen zu lassen.

In vielen Fällen gehören zum Abnehmerkreis derartiger Lieferungswerke auch Bibliotheken, sei es nun, daß sie einen Anspruch durch das Pflichtexemplargesetz haben, sei es, daß sie als Subskribenten auftreten.

Für den Katalogbearbeiter, und nicht nur für ihn, bietet die vom Üblichen abweichende Erscheinungsweise einige Besonderheiten. Wenn eine Lieferung ins Haus kommt, muß zunächst eine Interimsaufnahme gemacht werden. Die erste Lieferung gibt dafür als Grundlage entweder ein vorläufiges Titelblatt oder auch nur einen Umschlag- oder sonstigen Titel, die vom späteren, endgültigen abweichen können. Ferner tragen die Lieferungen, wenn sie sich über einen größeren Zeitraum ausdehnen, verschiedene Erscheinungsjahre, die auf dem endgültigen Titelblatt häufig durch das letzte, abschließende Jahr vom Verlag ersetzt werden.

In vielen Fällen erscheinen, etwa bei alphabetisch geordneter Materie, auch Angaben über die Begrenzung der betreffenden Lieferung, z. B. Lieferung 2: Bi – Ca.

Die nachfolgenden Lieferungen werden auf dem Interimszettel wie die weiteren Teile bei mehrbändigen Werken mit ihren Besonderheiten nachgetragen. Ist das Werk vollständig, schreibt man auf Grund des endgültigen Titelblattes einen Abschlußzettel. Hierbei ist die Zahl der Lieferungen in runden Klammern – gegebenenfalls hinter der Bandzusammenfassung — zu vermerken, z. B. „Bd 1—5. (In 25 Lfgen.)" oder bei einem einbändigen Werk „Mit 20 Abb. (In 5 Lfgen.)". Verschiedene Erscheinungsjahre müssen auch in der Abschlußaufnahme, selbst wenn

[1] Vgl. Bd I, S. 23, Fußnote.

auf dem endgültigen Titelblatt nur *ein* vom Verlag festgesetztes steht, erforderlichenfalls in entsprechender Klammerung angegeben werden, z. B. "19(58-)63". (Vgl. § 15,4 u. Anl. I, 20).

Beispiel 199

Vorlage

[Lfg 1:] ARCHIV || FÜR HYDROBIOLOGIE || ORGAN DER INTERNATIONALEN VEREINIGUNG FÜR || THEORETISCHE UND ANGEWANDTE LIMNOLOGIE. || HERAUSGEGEBEN VON PROF. DR. AUG. THIENEMANN || DIREKTOR DER || HYDROBIOLOGISCHEN ANSTALT DER KAISER-WILHELM-GESELLSCHAFT ZU PLÖN. || SUPPLEMENT-BAND V || HERAUSGEGEBEN VON || AUGUST THIENEMANN (PLÖN) || LIEFERUNG 1 || MIT KURVENTAFEL 1—8 UND || 24 TEXT-ABBILDUNGEN || [Signet] || STUTTGART 1925 || E. SCHWEIZERBART'SCHE VERLAGSBUCHHANDLUNG || (ERWIN NÄGELE) G. M. B. H. ||

24,5 cm; auf d. Innenseite d. Umschlags: „Inhalt von Lieferung 1. // Utermöhl, Hans: Limnologische Planktonstudien. Mit Kurven- // tafel 1—8 und 24 Textabbildungen. (Fortsetzung folgt) . . . Seite 1—176."

[Lfg 2:] . . . || LIEFERUNG 2 || MIT KURVENTAFEL 9—16 UND || 7 TEXT-ABBILDUNGEN || . . . 1926 || . . . ||

Auf d. Innenseite d. Umschlags: „Inhalt von Lieferung 2. || Utermöhl, Hans: Limnologische Planktonstudien. Mit Kurven- || tafel 9—16 und 7 Textabbildungen. (Schluß folgt) . . . Seite 177—352."

[Lfg 3:] . . . || LIEFERUNG 3 (SCHLUSS DES BANDES) || MIT KURVENTAFEL 17—24 UND || 11 TEXT-ABBILDUNGEN || . . . 1927 || . . . ||

Auf d. Innenseite d. Umschlags: „Inhalt von Lieferung 3. || Utermöhl, Hans: Limnologische Planktonstudien. Mit Kurven- || tafel 17—24 und 11 Textabbildungen. (Schluß) . . . Seite 353—527."

Interimszettel der 1. Lieferung mit Nachtrag der 2. Lieferung

Int. Z.

Utermoehl, Hans
Utermöhl, Hans: Limnologische *Planktonstudien*. Lfg 1.
Stuttgart: Schweizerbart 1925. 8°
(Archiv für Hydrobiologie. Suppl. Bd 5.)
1. Mit Kurventaf. 1—8 u. 24 Textabb. S. 1—176. 1925.
2. Mit Kurventaf. 9—16 u. 7 Textabb. S. 177—352. 1926.

Vorlage des endgültigen Titelblattes

[links:] ARCHIV || FÜR HYDROBIOLOGIE || ORGAN DER INTERNATIONALEN VEREINIGUNG FÜR || THEORETISCHE UND ANGEWANDTE LIMNOLOGIE || Herausgegeben von || Professor Dr. AUG. THIENEMANN || Supplement-Band V || Mit 42 Textabbildungen und Kurventafel 1—24. || Stuttgart || E. Schweizerbart'sche Verlagsbuchhandlung || (ERWIN NÄGELE) G.m.b.H. ||

24,5 cm.

[rechts:] Limnologische || Phytoplanktonstudien. || Die Besiedelung ostholsteinischer Seen || mit Schwebpflanzen. || Von || HANS UTERMÖHL || (PLÖN). || (Aus der hydrobiologischen Anstalt der Kaiser-Wilhelm-Gesellschaft || zu Plön.) Mit 42 Textabbildungen und Kurventafel 1—24. || Stuttgart 1927 || E. Schweizerbart'sche Verlagsbuchhandlung || (Erwin Nägele) G.m.b.H. ||

S. 2—527.

Abschlußaufnahme

Utermoehl, Hans
Limnologische *Phytoplanktonstudien.* (Lfg. 1.2: Planktonstudien). Die Besiedelung ostholstein. Seen mit Schwebpflanzen. Von Hans Utermöhl. 〈Aus d. Hydrobiol. Anst. d. Kaiser-Wilh.-Ges. zu Plön.〉
Mit 42 Textabb. u. Kurventaf. 1—24. (In 3 Lfgen.)
Stuttgart: Schweizerbart 19(25—)27. 527 S. 8°
(Archiv für Hydrobiologie. Suppl. Bd 5.)

Interimsaufnahme für die Serie

Int. Z.

Archiv Hydrobiologie
Archiv für Hydrobiologie. Organ d. Internat. Verein. für theor. u. angew. Limnologie. Hrsg. von August Thienemann. Suppl. Bd 5, Lfg 1.
Stuttgart: Schweizerbart 1925. 8°

5. Utermöhl, Hans: Limnol. Planktonstudien. Lfg 1. 1925.

Verweisung vom Herausgeber der Serie

Thienemann, August
[Hrsg.]
s. *Archiv* für Hydrobiologie. Suppl. Bd 5. 1925.

2.7.2 *Loseblattausgaben*[1]

Die Loseblattausgabe besteht aus einem „Grundwerk" von losen bedruckten und gezählten Blättern, die durch einen Ordner zusammengehalten werden. Aus irgendwelchen Ursachen ist der Inhalt dieses „Grundwerks" dauernd Veränderungen unterworfen, daher werden einzelne Blätter von Zeit zu Zeit ausgetauscht, hinzugefügt oder getilgt; deshalb hat das Werk auch keinen festen Einband. Der Verlag fügt jeder Sendung neuer Blätter eine genaue Anweisung zum Einlegen etc. bei, und der Bibliothekar muß sie sorgfältig durchlesen, denn in den meisten Fällen sind die Blattzählungen sehr kompliziert. Es handelt sich bei dieser Veröffentlichungsform um Literatur aus den Gebieten der Technik, Naturwissenschaften, Medizin, Rechtswissenschaften u. ä. Eine an sich abgeschlossene Publikation wird durch Austausch, Ergänzung und Eliminierung einzelner Teile während einer unbestimmten Zeit auf dem laufenden gehalten.
Der Aufnahme wird, wie üblich, das Titelblatt zugrundegelegt. Eine Umfangsangabe wird nicht gemacht, da sie dauernd geändert werden müßte. Die besondere Art dieser Veröffentlichung kennzeichnet man durch die Formel „[Losebl. Ausg.]" im Text der Aufnahme.

---

[1] Vgl. H. Kirchner: Loseblattausgaben. In: Zeitschrift für Bibliothekswesen und Bibliographie. 3 (1956), S. 30—36.

Beispiel 200

Aufnahme

Kinttof, Walter
Die *Chemie* in Versuchen an Landwirtschaftsschulen. Gesammelt u. bearb. von W[alter] Kinttof. [Losebl.Ausg.]
Göttingen: Phywe-Verl. (1958). 8⁰

Aufnahme

Martius, Gerhard
Geburtshilfliches *Repetitorium* für Hebammen. [Losebl.Ausg.]
(München: Reinhardt 1961.) 8⁰

2.7.3 *Internationale Kongresse*

Ein besonderes Problem für den Katalogbearbeiter stellt die Behandlung internationaler Kongreßberichte dar. Bei diesen Veröffentlichungen liegt in der Regel eine Zählung bzw. eine Datumsangabe bei gleichbleibender Materie vor. Der Titel wechselt jedoch häufig.
Man ist geneigt, sie auf Grund des gleichartigen Inhalts und auch wegen der Zählungen zu den periodischen Veröffentlichungen zu rechnen. Der Titelwechsel läßt aber eine solche Behandlung, die alle Berichte der gleichen Art im Idealfall an einer Stelle vereinigen würde, nicht zu.

Es gibt zwei Wege der Lösung:

a) Die Kongresse werden unter einem fingierten gleichen Titel vereinigt und vom abweichenden Einzeltitel wird jeweils verwiesen.
b) Alle Kongreßberichte werden als einzelne Schriften behandelt und stehen infolgedessen an verschiedenen Stellen im AK.

Jede der beiden Lösungen hat ihre Vor- und Nachteile. Die Lösung zu a) hat den Nachteil, daß ein fingierter Titel, der dem AK im Grunde wesensfremd ist, für die Einordnung benutzt werden muß, die Lösung zu b) reißt innerlich Zusammengehörendes auseinander.
Das zweite Verfahren scheint dem AK gemäßer zu sein, weil die Einordnung immerhin vom Wortlaut der Vorlage ausgeht. Die Schrift wird also in jedem Fall bei richtiger Zitierung sofort gefunden. Überdies dürften die gleichen Kongresse im systematischen Katalog an *einer* Stelle eingetragen sein.
Entschließt man sich, internationale Kongreßberichte in ein Zeitschriftenverzeichnis aufzunehmen und sieht sie somit als eine zusammenhängende periodische Folge an, muß man einen gemeinsamen Titel unter dem Oberbegriff „Internationale Kongresse" fingieren.
Da es keine verbindliche Vorschrift für die Ordnung von Kongreßberichten gibt, sei hier eine empfehlende Anweisung zur Behandlung dieses Schrifttums gegeben, die teilweise der Regelung der Deutschen Staatsbibliothek folgt.
Für jeden Bericht wird eine Einzelaufnahme angefertigt. Es können folgende Möglichkeiten auftreten:

a) Der Titel besteht nur aus der Berichtsbezeichnung, in der das Thema des Kongresses miteingeschlossen ist.

Beispiel: „Proceedings of the Secound International Congress on Organic Chemistry 1958“

Er wird gestellt unter: „Proceedings“ usw.

b) Der Kongreßbericht hat außer dem Titel wie bei a) noch einen besonderen Titel. In diesem Fall entscheidet das Druckbild der Vorlage darüber, welcher Titel als Haupttitel gewählt wird. Der andere Titel wird dann als Nebentitel behandelt, d. h., es wird eine Vw. von ihm gemacht.

Beispiel: „ADVANCES IN RADIOBIOLOGY. Proceedings of the fifth international conference on radiobiology“.

Er wird gestellt unter: „Advances“ usw. mit Vw. von „Proceedings“.

Beispiel: „Proceedings of the ninth international conference of agricultural economists. THE IMPLICATIONS OF TECHNICAL CHANGE IN AGRICULTURE“.

Er wird gestellt unter: „Implications“ usw. mit Vw. von „Proceedings“.

Unterscheiden sich beide Titel nicht im Druckbild, gilt der erste als Haupttitel (215).

Beispiel 201

Vorlage

Progress || in || Photobiology || Proceedings of the third International || Congress on Photobiology || Copenhagen, 1960 || Edited by || B. CHR. CHRISTENSEN || and || B. BUCHMANN || with a Preface by || ALEXANDER HOLLAENDER || [Signet] || ELSEVIER PUBLISHING COMPANY || AMSTERDAM-LONDON-NEWYORK-PRINCETON || 1961 ||

25 cm; S. VI—XV u. 3—628; Vornamen sind nicht erm.

Aufnahme

Progress photobiology
Progress in photobiology. Proceedings of the 3. international congress on photobiology. Copenhagen, 1960. Ed. by B. Chr. Christensen and B. Buchmann. With a pref. by Alexander Hollaender.
Amsterdam [usw.]: Elsevier 1961. XV, 628 S. 8⁰

Verweisung vom Nebentitel

Proceedings congress international photobiology
Proceedings of the 3. international congress on photobiology. 1961
s. *Progress* in photobiology.

Verweisungen von den Herausgebern

Christensen, B Chr
[Hrsg.]
s. *Progress* in photobiology. 1961.
Vw. von Buchmann desgl.

2.8 Berücksichtigung anderer Titelarten anstelle eines fehlenden Haupttitels oder neben einem Haupttitel

Das Haupttitelblatt bildet im Regelfall die Grundlage für die Aufnahme (8,1). Nur wenn ein solches nicht vorhanden ist, muß man auf andere Titel zurückgreifen. Dabei können folgende Titelarten in Frage kommen:

a) Umschlagtitel
b) Kopftitel
c) Faksimiletitel
d) Zwischentitel

Außer bei laufenden Veröffentlichungen ist in solchen Fällen die Titelart hinter dem Format in eckigen Klammern zu kennzeichnen (vgl. Anl. I, 2. 3. 28. 29. 73), z. B.:

Beispiel 202

Aufnahme

Preiss, Kornelius
Über den *Arbeitergesang*. Vortr. von Cornelius Preiß.
Graz; Marburg a. D. 1912: Mostböck. 14 S. 8⁰ [Umschlagt.]

Aufnahme [vgl. Faks. 6]

Erdmann, Hugo
Die neuere *Entwicklung* der pharmaceutischen Chemie, mit bes. Berücks. d. synthet. gewonnenen Heilmittel.
o. O. (1896). 12 S. 8⁰ [Kopft.]

Ist neben einem Faksimiletitel auch ein modernes Titelblatt vorhanden, wird dieses der Aufnahme zugrundegelegt und das Faksimile nicht berücksichtigt, es sei denn, Ergänzungen daraus wären in die Aufnahme einzufügen (8,7).

Beispiel 203

Vorlage

[links:] FRIEDRICH ADOLF EBERT || DIE BILDUNG || DES BIBLIOTHEKARS || Vollständige Faksimile-Ausgabe || der 2. Auflage von 1820 || Mit einem Nachwort von Horst Kunze || 1958 || VEB OTTO HARRASSOWITZ || LEIPZIG ||

21 cm; S. 4—68 u. I—VI.

[rechts:] Die || Bildung des Bibliothekars || Von Friedrich Adolf Ebert || Doctor der Philosophie und Secretair der Königl. || öffentl. Bibliotheken zu Dresden. || Zweite umgearbeitete Ausgabe. || Leipzig, 1820 || bei Steinacker und Wagner. ||

Hauptaufnahme

Ebert, Friedrich Adolf
Die *Bildung* des Bibliothekars. Vollst. Faks. Ausg. d. 2. Aufl. von 1820. Mit e. Nachw. von Horst Kunze.
Leipzig: Harrassowitz 1958. 68, VI S. 8⁰

Verweisung vom Verfasser des Nachworts

Kunze, Horst
[Nachw.]
s. *Ebert*, Friedrich Adolf: Die Bildung d. Bibliothekars. Faks. Ausg. 1958.

Liegt dagegen *nur* ein faksimilierter Titel vor, dient er als Vorlage. Der Erscheinungsvermerk des Faksimiles, der ja der Wirklichkeit nicht entspricht, wird als Ausgabebezeichnung in den Text einbezogen und der echte Erscheinungsvermerk aus dem Buch ergänzt.

Beispiel 204

Vorlage

Die heilige Familie || oder || Kritik || der || kritischen Kritik || gegen Bruno Bauer & Consorten || Von Friedrich Engels und Karl Marx. || Frankfurt a. M. || Literarische Anstalt (J. Rütten.) || 1845 ||

20 cm; S. IV—VIII u. 2—335; auf d. Rücks. d. Titelbl.: „Dies Werk wurde zum Karl-Marx-Jahr 1953 herausgegeben. Es ist eine originalgetreue im Manulverfahren hergestellte Nachbildung der ... Erstausgabe ... Rütten & Loening, Berlin."

Hauptaufnahme

Engels, Friedrich
Die heilige *Familie* oder Kritik der kritischen Kritik gegen Bruno Bauer & Consorten. Von Friedrich Engels u. Karl Marx. Frankfurt a. M., Literar. Anst. ⟨J. Rütten.⟩ 1845. (Originalgetr. Nachbildung d. Erstausg.)
(Berlin: Rütten & Loening 1953.) VIII, 335 S. 8⁰ [Faks. T.]

Verweisung vom zweiten Verfasser

Marx, Karl
Die heilige *Familie*. 1953
s. *Engels*, Friedrich.

Außer einem Haupttitel können auch noch zusätzlich andere Titel entweder in fremden Sprachen oder in gleicher Sprache mit abweichendem Wortlaut auftreten. Diese Nebentitel müssen aufgeführt und es muß von ihnen verwiesen werden, wenn sie eine andere Einordnung bedingen. Erscheinen sie mit auf dem Haupttitelblatt, werden sie nach der Vorlage im Text erwähnt, stehen sie an anderer Stelle (Umschlag, Rückentitel), führt man sie unter der Aufnahme an; dabei wird ihnen die entsprechende Titelbezeichnung in eckigen Klammern vorangestellt, z. B. „[Umschlagt.:] ...", „[Rückent.:] ...", „[Nebent.:] ...", „[Kupfert.:] ...", „[Bildert.:] ..." u. ä. (216 u. Anl. I, 1.8.10.23).

Beispiel 205

Vorlage

BONNER BEITRÄGE || ZUR BIBLIOTHEKS- UND BÜCHERKUNDE || HERAUSGEGEBEN VON RICHARD MUMMENDEY || BAND 3 || HANS FLASCHE || DIE SPRACHEN UND LITERATUREN || DER ROMANEN IM SPIEGEL DER

DEUTSCHEN || UNIVERSITÄTSSCHRIFTEN || 1885—1950 || EINE BIBLIOGRAPHIE || LANGUES ET LITTÉRATURES ROMANES || DANS LES PUBLICATIONS UNIVERSITAIRES ALLEMANDES || 1885—1950 || UNE BIBLIOGRAPHIE || H. BOUVIER U. CO. VERLAG - BONN || 1958 ||

24,5 cm; S. VI—XXII u. 3—299.

Hauptaufnahme

Flasche, Hans

Hans Flasche. Die *Sprachen* und Literaturen der Romanen im Spiegel der deutschen Universitätsschriften 1885—1950. Eine Bibliogr. Langues et littératures romanes dans les publications universitaires allemandes 1885—1950.
Bonn: Bouvier 1958. XXII, 299 S. 8⁰
(Bonner Beiträge zur Bibliotheks- u. Bücherkunde. Bd 3.)

Verweisung vom Verfasser / abweichenden Nebentitel

Flasche, Hans
Langues et littératures romanes dans les publications universitaires allemandes 1885—1950. 1958
s. *Flasche:* Die Sprachen u. Literaturen d. Romanen im Spiegel d. dt. Universitätsschriften.

Dazu der Interimszettel für die Serie nebst Herausgeberverweisung

Int. Z.

Beitraege Bonner Bibliothekskunde
Bonner Beiträge zur Bibliotheks- u. Bücherkunde. Hrsg. von Richard Mummendey. Bd 3.
Bonn: Bouvier 1958. 8⁰

3. Flasche, Hans: Die Sprachen u. Literaturen d. Romanen . . . 1958.

Mummendey, Richard
[Hrsg.]
s. *Beitraege*, Bonner, zur Bibliotheks- u. Bücherkunde. Bd 3. 1958.

Beispiel 206

Vorlage

Wegweiser || durch den || Tierpark || VON || DIREKTOR PROFESSOR DR. HEINRICH DATHE || 4. AUSGABE || TIERPARK BERLIN || BERLIN-FRIEDRICHSFELDE ||

20 cm; S. 5—79, am Schluß d. Textes ein gefalteter Lageplan; auf d. letzten Seite: „Gedruckt 1960"; der Umschlagt. lautet: „Tierpark Berlin".

Hauptaufnahme

Dathe, Heinrich
Wegweiser durch den Tierpark. 4. Ausg.
Berlin-Friedrichsfelde: Tierpark Berlin (1960). 79 S., 1 gef.Kt. 8⁰
[Umschlagt.:] Tierpark Berlin.

Verweisung vom abweichenden Umschlagtitel

Berlin Tierpark
Tierpark Berlin. 4. Ausg. 1960
s. *Dathe,* Heinrich: Wegweiser durch d. Tierpark.
Vgl. auch § 193.

Beispiel 207

Vorlage

ALFRED DÖBLIN || HAMLET || ODER || DIE LANGE NACHT || NIMMT EIN ENDE || RÜTTEN & LOENING || BERLIN ||

20 cm; S. 5—494; auf d. Rücks. d. Titelbl.: „1. Auflage Liz.Nr. . . ./56"; auf d. Buchrücken: „Döblin: Die lange Nacht nimmt ein Ende".

Hauptaufnahme

Doeblin, Alfred
Alfred Döblin. *Hamlet* oder Die lange Nacht nimmt ein Ende.
Berlin: Rütten & Loening (1956). 494 S. 8⁰
[Rückent.:] Döblin: Die lange Nacht nimmt ein Ende.

Verweisung vom Verfasser/ abweichenden Rückentitel

Doeblin, Alfred
Die *lange* Nacht nimmt ein Ende. 1956
s. *Doeblin:* Hamlet.

Erläuterung

Die Vw. wird nicht etwa vom Alternativtitel gemacht, der ja als Zusatz zum Sachtitel gilt, sondern vom Rückentitel, der hier mit dem Alternativtitel gleichlautet.

Aufgabe 39

1. JAHRBUCH || DER || MUSIKWELT || THE YEARBOOK OF THE MUSIC WORLD || ANNUAIRE DU MONDE MUSICAL || Herausgegeben von || HERBERT BARTH || Wissenschaftliche Redaktion || Dr. Richard Schaal || 1. Jahrgang 1949/50 || VERLAG JULIUS STEEGER BAYREUTH ||

   21 cm; es ist nur der erste Jahrgang erschienen; auf d. Rücks. d. Titelbl.: „Copyright 1949"; Text nur deutsch.

2. [Titelbl. vorn:] Die || Musik und Poesie. || Nach ihren Wirkungen historisch-kritisch dargestellt, || oder: || systematisch geordneter Versuch einer genauen || Zusammenstellung und möglichst richtigen Erklärung derselben. || Eine auf Belehrung und Unterhaltung abzweckende || Familien-Lektüre || für || die gebildete Welt || von Peter Joseph Schneider, || der Philosophie und Musik Doktor. || Bonn, || gedruckt bei Carl Georgi. || 1835. ||

   [dahinter:] System || einer || medizinischen Musik. || Ein unentbehrliches || Handbuch || für || Medizin-Beflissene, Vorsteher der Irren-Heilanstalten, praktische Aerzte und unmusikalische Lehrer verschiedener Disciplinen || von || Dr. Peter Joseph Schneider. || Erster Theil. || Bonn, || gedruckt bei Carl Georgi. || 1835. ||

   21 cm; S. 2—352.

[hinter S. 352:] System || . . . || Zweiter Theil. || . . . ||

S. 2—380.

3. Das Recht || der landwirtschaftlichen || Produktionsgenossenschaften || VEB DEUTSCHER ZENTRALVERLAG || BERLIN 1959 ||

15 cm; S. 6—387; auf d. Umschlag u. Rücken: „LPG-Recht"; auf d. Rücks. d. Titelbl.: „Herausgegeben vom Ministerium für Land- und Forstwirtschaft und von der Deutschen Akademie für Staats- und Rechtswissenschaft 'Walter Ulbricht'; 1. Auflage".

4. Zur ERINNERUNG || an || Theodor Kullak. || Rede || bei der Gedächtnissfeier am 1. März 1883 || im || Saale der Singakademie zu Berlin || gehalten von || Dr. Hans Bischoff. || Berlin 1883 || Druck von Rosenthal & Co., Johannis-Straße 20. ||

19,5 cm; S. 4—15; nur Umschlagtitel vorhanden.

5. 800-Jahrfeier || der ehemaligen Frei- und Reichsstadt || Rottweil || FESTSCHRIFT || Herausgegeben von der Stadtverwaltung Rottweil || 1950 ||

20 cm; S. 11—68 u. 2 gefaltete Tafeln am Schluß; der Umschlagtitel lautet: „800 Jahre Frei- und Reichsstadt Rottweil".

2.9 Vom üblichen Druck abweichende Vervielfältigungsverfahren der Vorlage

Neben den durch üblichen Druck (Handsatz, Monotype, Linotype, fotomechanische Verfahren etc.) vervielfältigten Veröffentlichungen gelangt seit einigen Jahrzehnten ein Schrifttum in die Bibliotheken, das – für einen bestimmten und zahlenmäßig begrenzten Leserkreis berechnet – jeweils nur in wenigen Exemplaren verbreitet wird und in der Regel keinen Verlag aufweist (Diplomarbeiten, Dissertationen, Unterrichtsmaterialien u. ä.).
Es handelt sich dabei um Schriftvorlagen von Schreibmaschinen, und zwar entweder um Originale oder um Durchschläge bzw. anders vervielfältigte Texte mit entsprechenden Titelblättern (Hektographien, Autographien, Rotaprintdrucke u. ä.).
Neuerdings tauchen auch in vermehrter Zahl sogenannte Reprographien auf, das sind reguläre Bücher mit Verlagsangaben, deren Texte zunächst im Schreibmaschinenverfahren hergestellt und dann technisch vervielfältigt werden. Das Titelblatt erscheint oft im normalen Druck.
Ist das *Titelblatt* einer Schrift nicht im üblichen Druckverfahren hergestellt, so wird dies hinter der Formatangabe durch einen entsprechenden Vermerk in eckigen Klammern bezeichnet, und zwar bei dem Original eines Maschinenschrifttextes und bei Durchschlägen „[Maschinenschr.]", bei Reprographien „[Maschinenschr. reprogr.]".

Beispiel 208

Aufnahme

Regeln Katalog alphabetischen
Regeln für den Alphabetischen Katalog an wissenschaftlichen Bibliotheken. Entwurf d. Berl. Instruktionsausschusses. § 1—56.
Berlin 1956. 56 S. 4^0 [Maschinenschr. vervielf.]

Weicht dagegen nur der Text, nicht das Titelblatt, vom üblichen Druckverfahren ab, wird dies durch eine bibliographische Notiz *unter* der Aufnahme zum Ausdruck gebracht, z. B. „Text Maschinenschr. vervielf."

Beispiel 209

Aufnahme

Wurzbach, Wolfgang von
Aus den *Erinnerungen* eines Sammlers. Nebst e. Verz. seltener u. interess. Bücher. Wien, Bad Bocklet/Mainfr., Zürich: Krieg 1953. 231 S. 8°
Text Maschinenschr. reprogr.

Läßt sich nicht mit Sicherheit feststellen, ob ein vom üblichen Druck abweichendes Vervielfältigungsverfahren vorliegt – der Begriff „üblich" wandelt sich ja im Laufe der Zeit –, so unterläßt man am besten jede Kennzeichnung.

2.10 Fremde Alphabete (Transliteration)

Bei Titelblättern, die nicht in lateinischer oder Fraktur-Schrift gedruckt sind, ergeben sich besondere Probleme. Fest steht auf jeden Fall, daß die fremden Schriftzeichen in lateinische Buchstaben übertragen werden müssen (Transkription). Hierbei bieten sich zwei Möglichkeiten, die durch keinerlei Kompromiß verknüpft werden können:

1. die Umschreibung nach dem phonetischen Prinzip, bei dem in erster Linie die *lautlichen* Eigenschaften wiedergegeben werden,
2. die Auswechslung der einzelnen Schriftzeichen (Transliteration). Hierbei wird der *einzelne* Bucshtabe als Träger der *schriftlichen* Aufzeichnung betrachtet. Die Umsetzung soll möglichst genau die ursprüngliche „buchstäbliche" Struktur des betreffenden Wortes wiedergeben.

Die erste Möglichkeit scheidet für alle Arten von Katalog- und Dokumentationsarbeiten aus, und zwar deshalb, weil die Grundlage des phonetischen Prinzips subjektiv bedingt und daher schwankend ist. Dieser Umstand würde sich besonders nachteilig bei Arbeiten auf internationaler Ebene auswirken.
Wieviel Schreibweisen ein und desselben Eigennamens dabei entstehen können, mag folgendes Beispiel belegen:

Chatschaturjan (deutsch)
Khachaturian (engl.)
Khatchatouryan (franz.)
Chatjaturjan (schwed.)
Chatsjatoerjan (holländ.)

Dieser Name ist also bei den einzelnen Nachschlagewerken in der betreffenden Sprache an ganz verschiedenen Stellen zu finden bzw. nicht zu finden. Dabei sind die möglichen Varianten innerhalb *einer* Sprache noch nicht einmal in diesem Fall berücksichtigt.

Soll die Umschreibung den Forderungen des Bibliothekars und Dokumentalisten genügen, muß die Übertragung von den objektiven Gegebenheiten, d. h. von den Schriftzeichen der Vorlage selbst und nicht vom subjektiven Hören der Lautsilben ausgehen. Vor allem muß man die umgeschriebene Vorlage jederzeit wieder in die originale Form zurückverwandeln können.

Aus diesen Gründen verfährt das Regelwerk nach der zweiten obenangeführten Möglichkeit. Die fremden Schriftzeichen werden also nach dem Prinzip der Transliteration (littera, lat. = Buchstabe) gegen lateinische ausgewechselt. Das geschieht nach den verbindlichen Schemata der Anl. II der „Regeln" (4,1.2). Da das lateinische Alphabet den fremden Zeichen zahlenmäßig nicht immer genau entspricht, werden zusätzlich für einzelne Buchstaben diakritische Zeichen (Punkte, Häkchen, Striche) zu Hilfe genommen, z. B. „s" und „š", „e" und „ė".

Abgesehen von den orientalischen Sprachen, sind auch einige europäische zu nennen, die sich fremder Schriften bedienen, z. B. Alt- und Neugriechisch, Bulgarisch, Serbisch und vor allem Russisch. Die drei zuletztgenannten verwenden das sogenannte kyrillische[1] Alphabet, das Bestandteile des altgriechischen übernommen hat.

Während die Bearbeitung von Literatur in fremden Zeichen im allgemeinen spezielle Kenntnisse erfordert, darf man wohl erwarten, daß infolge der Verbreitung der russischen Sprache – besonders bei der jüngeren Generation – auch ein Katalogbearbeiter mit dem üblichen Wissen Titelaufnahmen sowjetischer Veröffentlichungen anfertigen kann. Deshalb mag es angebracht sein, hier – gleichsam stellvertretend für alle Fälle von Transliterierungen – die Verzettlung (Aufnahme) der Russica zu behandeln.

Es empfiehlt sich, zunächst einzelne russische Wörter, etwa aus einem modernen elementaren Sprachlehrbuch, nach dem Schema 1 der Anl. II zu transliterieren und dann zu einfachen, kurzen Texten überzugehen. Hat man einige Sicherheit erlangt, bezieht man am besten auch Texte ein, die aus der Zeit vor der Oktoberrevolution stammen, und zwar wegen einiger heute nicht mehr gebräuchlicher Buchstaben, die bei antiquarisch erworbener Literatur vorkommen.

Wichtig ist die Vertrautheit mit den Beugungsendungen russischer Eigennamen. Die Namen von Verfassern und besonders von Herausgebern etc. erscheinen oft nicht im 1. Fall, in dem sie ja im Kopf anzusetzen sind (161).

Vor- und Vatersnamen werden in der Vorlage gewöhnlich nur mit Anfangsbuchstaben gegeben, lassen sich aber fast immer aus dem Buch ermitteln. Sie müssen bei textlichen Ergänzungen im Kasus des entsprechenden Zunamens aufgeführt werden.

Wie alle slawischen Sprachen kennt auch das Russische bei Benennungen weiblicher Namensträger besondere Endungen, die man nach § 126 übernimmt.

Lt. § 4,2 muß die Schriftart der Vorlage in eckigen Klammern hinter der Formatangabe vermerkt werden, also „[Russ. Schr.]".

Für Aufnahmen in weniger bekannten Sprachen – und dazu rechnet das Russische vorläufig noch wegen der kyrillischen Buchstaben – ist unter dem Text eine Übersetzung des Sachtitels – ebenfalls in eckigen Klammern – anzuführen (14), sofern

[1] Kyrillos, Cyrillus, 827–869, Grieche, Slawenapostel, gilt fälschlich als Schöpfer der ältesten slawischen Schrift.

nicht ein Nebentitel in einer bekannten Sprache vorliegt. Annotierende Zusätze in knapper Form sind in manchen Fällen zweckmäßig. Dabei werden russische Eigennamen des besseren Verständnisses wegen in der im Deutschen üblichen Schreibweise[1] wiedergegeben, z. B. ,,Puschkin", nicht ,,Puškin".

Schema zur Transliteration der russischen Schrift:

Russ.		Translit.	Russ.		Translit.
А а	=	a	Т	=	t
Б б	=	b	У	=	u
В	=	v	Ф	=	f
Г	=	g	Х	=	ch
Д	=	d	Ц	=	c
Е е	=	e	Ч	=	č
Ж	=	ž	Ш	=	š
З	=	z	Щ	=	šč
И u. I i	=	i	Ы	=	y
Й	=	j	Ь	=	1)
К	=	k	Э	=	ė
Л	=	l	Ю	=	ju
М	=	m	Я	=	ja
Н	=	n	Russ. Buchstaben vor 1917:		
О	=	o	Ъ	=	2)
П	=	p	Ѣ	=	ě
Р	=	r	Ѳ	=	ḟ
С	=	s	Ѵ	=	ẏ

Beispiel 210

Vorlage

Н. ВЕРХОВСКАЯ || Молодая || ВОЛГА || РОМАН || Советский писатель || Ленинград 1957 ||

20,5 cm; S. 5—422; die vollst. Namen am Schluß: ,,Надежда Павловна Верховская".

Aufnahme

Verchovskaja, Nadežda Pavlovna
N(adežda Pavlovna) Verchovskaja. Molodaja *Volga*. Roman.
Leningrad: Sov. Pisatel' 1957. 442 S. 8⁰ [Russ. Schr.]
[Die junge Wolga.]

---

[1] Vgl. Der große Duden. 15. Aufl. 1963, S. 900—905.

1) bei Oberlängen neben, sonst über dem vorangehenden Buchstaben, z. B. t', ń.

2) wird am Wortende nicht berücksichtigt, im Wortinnern aber durch Bindestrich wiedergegeben, z. B. съѣзд = s-ězd.

Beispiel 211

Vorlage

КРАТКАЯ ИСТОРИЯ || РАБОЧЕГО ДВИЖЕНИЯ || В РОССИИ || (1861—1917 годы) || Государственное издательство || ПОЛИТИЧЕСКОЙ ЛИТЕРАТУРЫ || Москва 1962 ||

20,5 cm; S. 5—686; Inh.: 8 Abhandlungen versch. Mitarbeiter; auf d. Rücks. d. Titelbl.: „Составитель книги: С. В. Щепров".

Aufnahme

Istorija kratkaja dviženija
Kratkaja istorija rabočego dviženija v Rossii. ⟨1861—1917 gody.⟩ (Sostav.: S. V. Ščeprov.)
Moskva: Gos. Izd. polit. liter. 1962. 686 S. 8⁰ [Russ. Schr.]
[Kurze Geschichte d. Arbeiterbewegung in Rußland. 1861—1917.]

Verweisung vom Herausgeber

Ščeprov, S V
[Hrsg.]
s. Istorija, Kratkaja, rabočego dviženija. 1962.

Beispiel 212

Vorlage

АКАДЕМИЯ НАУК СССР || А. И. КИТАЙГОРОДСКИЙ || ТЕОРИЯ || СТРУКТУРНОГО || АНАЛИЗА || ИЗДАТЕЛЬСТВО АКАДЕМИИ НАУК СССР || Москва 1957 ||

22,5 cm; S. 3—283; am Schluß d. Textes d. vollst. Namen: „Александр Исаакович Китайгородский."

Aufnahme

Kitajgorodskij, Aleksandr Isaakovič
Akad. nauk SSSR. A(leksandr) I(saakovič) Kitajgorodskij. *Teorija* strukturnogo analiza.
Moskva: Akad. nauk SSSR 1957. 283 S. 8⁰ [Russ. Schr.]
[Theorie d. Strukturanalyse.]

Beispiel 213

Vorlage

АКАДЕМИЯ НАУК СССР || ИНСТИТУТ МИРОВОЙ ЭКОНОМИКИ || И МЕЖДУНАРОДНЫХ ОТНОШЕНИЙ || Р. Н. АНДРЕАСЯН || А. Я. ЭЛЬЯНОВ || БЛИЖНИЙ ВОСТОК || НЕФТЬ || И НЕЗАВИСИМОСТЬ || ИЗДАТЕЛЬСТВО ВОСТОЧНОЙ ЛИТЕРАТУРЫ || Москва 1961 ||

19,5 cm; S. 3—318; am Schluß d. Textes d. vollst. Namen: „Рубен Наполеонович Андреасян, Анатолий Яковлевич Эльянов"

Hauptaufnahme

Andreasjan, Ruben Napoleonovič
Akad. nauk SSSR. Inst. mirovoj ėkonomiki i meždunarodnych otnošenij. R(uben) N(apoleonovič) Andreasjan, A(natolij) Ja(kovlevič) Ėl'janov. Bližnij *vostok*. Neft' i nezavisimost'.
Moskva: Izd. vost. liter. 1961. 318 S. 8⁰ [Russ. Schr.]
[Der Nahe Osten. Öl u. Unabhängigkeit.]

Verweisung vom zweiten Verfasser

Ėl'janov, Anatolij Jakovlevič
Bližnij *vostok*. 1961
s. *Andreasjan*, Ruben Napoleonovič.

Aufgabe 40

1. С. И. ВАСИЛЕНОК || ФОЛЬКЛОР || И ЛИТЕРАТУРА || БЕЛОРУССИИ || ЭПОХИ ФЕОДАЛИЗМА || (XIV—XVIII ВВ. || ИЗДАТЕЛЬСТВО || МОСКОВСКОГО УНИВЕРСИТЕТА || 1961 ||

   20,5 cm; S. 3—279; am Schluß d. vollst. Namen: „Сергей Иванович Василенок".

2. Ф. Д. КРЕТОВ || ПЕРВАЯ ПРОГРАММА || МАРКСИСТСКО- || ЛЕНИНСКОЙ || ПАРТИИ || Издательство || Института международных отношений || Москва 1961 ||

   19 cm; S. 3—143; auf d. Rücks. d. Titelbl.: „Федор Дмитриевич Кретов".

3. Ю. К. ФИШЕВСКИЙ || ЗАПАДНОГЕРМАНСКИЙ || МОНОПОЛИСТИЧЕСКИЙ || КАПИТАЛ || АМУРСКОЕ КНИЖНОЕ ИЗДАТЕЛЬСТВО || Благовещенск || 1961 ||

   20,5 cm; S. 3—270; am Schluß: „Фишевский Юрий Константинович".

4. А. ШТЕЙН || КРИТИЧЕСКИЙ || РЕАЛИЗМ || И РУССКАЯ || ДРАМА || XIX ВЕКА || Государственное издательство || художественной литературы || Москва 1962 ||

   20,5 cm; S. 3—394; am Schluß: „Абрам Львович Штейн".

5. П. Н. ДЕМИДОВ, Н. Г. КАРТАВЫЙ || Б. Н. ЛЮБИМОВ, Д. ПАВЛЮЧЕНКО || УГОЛЬНЫЕ СТРУГИ || ГОСУДАРСТВЕННОЕ НАУЧНО-ТЕХНИЧЕСКОЕ ИЗДАТЕЛЬСТВО || ЛИТЕРАТУРЫ ПО ГОРНОМУ ДЕЛУ || Москва 1962 ||

   22 cm; S. 4—295; am Schluß: „Демидов Павел Николаевич."

6. ОСНОВЫ || СОВЕТСКОГО || ПРАВА || под редакцией || профессора Н. Г. Александрова || и кандидата юридических наук || А. Г. Первушина || ГОСУДАРСТВЕННОЕ ИЗДАТЕЛЬСТВО || ЮРИДИЧЕСКОЙ ЛИТЕРАТУРЫ || Москва 1962 ||

   22,5 cm; S. 3—435; auf d. Rücks. d. Titelbl.: Написан коллективом авторов"; die vollst. Vornamen bzw. Vatersnamen, die zum ersten Namen gehören, sind bibliogr. erm: Николай Григорьевич.

2.11 Einschaltungen von wichtigen Ordnungselementen in den Text der Aufnahme

Der AK soll nicht nur eine bestimmte Veröffentlichung, sondern auch die Schriften *eines* Verfassers und die verschiedenen Ausgaben *einer* Schrift insgesamt nachweisen, die in einer Bibliothek vorhanden sind (vgl. 1.1 unter b, Bd I, S. 17).
Diese literärgeschichtliche Aufgabe verursacht die eigentlichen und zeitraubenden Arbeiten. Das Titelblatt steht vielfach im Widerspruch zu den Voraussetzungen ihrer Erfüllung. Sie verlangt vom Katalogbearbeiter oft umfangreiche bio-bibliographische Ermittlungen und erfordert ein hohes Maß an entsprechenden Kenntnissen. Diese Widersprüche werden in der Praxis durch Einschaltungen von Ordnungselementen und durch Verweisungen überbrückt.
Käme es bei der Titelaufnahme lediglich auf die Erfassung des einzelnen Titels und seine vom Titelblatt her gegebene Eingliederung in das Alphabet an – wie etwa bei einem Zentralkatalog mit der Aufgabe, nur regionale Besitznachweise zu führen –, könnten sich die Vorschriften für die alphabetische Katalogisierung auf bedeutend weniger Regeln beschränken.
Wenn die Schriften eines Verfassers insgesamt durch den Katalog nachgewiesen werden sollen, müssen sie – ungeachtet jeweils verschiedener Vorlagen – an *einer* Stelle im Katalog zusammenstehen (78—80). Diese Stelle kann nur durch *eine* gültige Form des Namens bestimmt sein. Tritt der Autor unter mehreren Namensformen auf, wird daher von allen sonstigen auf diese eine hingewiesen. Ist sein Name überhaupt nicht im Titel genannt, soll er nach Möglichkeit ermittelt werden, damit auch die anonym erschienenen Schriften an diese Stelle kommen (70).
Ebenso verhält es sich mit Sachtiteln. Erscheinen die verschiedenen Ausgaben *einer* Schrift unter wechselnden Titeln, kann – abgesehen von den Fällen der §§ 45, 218 und 219 – nur *eine* Titelform (Originaltitel) für die Einordnung gültig sein. Von allen anderen vorkommenden wird verwiesen (181—183, 217).
Ein Katalogbearbeiter, der *nur* vom vorliegenden Titelblatt ausgeht, läuft Gefahr, die Elemente, die für die Einordnung evtl. bestimmend sind, zu übersehen und damit der bibliographisch-literärgeschichtlichen Aufgabe des AK nicht gerecht zu werden.
Erst wenn man um diese Zusammenhänge weiß, wird man den Arbeitsvorgang der Titelaufnahme unter dem richtigen Gesichtswinkel beurteilen können.
Ein erheblicher Teil der bibliographischen Ermittlungsarbeiten könnte entfallen, wenn sich die Verleger bereitfänden, jeder Veröffentlichung – an einer bestimmten Stelle lokalisiert und unbeschadet der typographisch-künstlerischen Gestaltung des Buches – diejenigen Angaben mitzugeben, die für die Katalogisierung und Dokumentation von Wichtigkeit sind[1], z. B. vollständige Vornamen und Geburtsjahr des Verfassers und verfasserähnlicher Personen, Originaltitel – gegebenenfalls alles in originaler Buchstabenform –, exakt formulierte Beigabenvermerke und Seitenzählungen, Ausgabebezeichnungen, bei mehrbändigen begrenzten Veröffentlichungen den voraussichtlichen Umfang, bei Zeitschriften zum Abschluß eines Jahrganges oder Bandes ein Haupttitelblatt u. dgl. m.

---

[1] Vgl. Rusch, Gerhard: Zur Frage einer bibliographischen Normung. In: ZfB 76 (1962), S. 253ff. u. Höhne, Herbert: Zur Standardisierung bibliographischer Angaben 77 (1963), S. 209—210.

2.11.1 *Der erste Buchstabe des OW in nicht maßgeblicher Schreibung, Ziffern und Zeichen als OW*

Nach § 15 werden Ergänzungen in den Text der Aufnahme eingefügt, wenn der Titel selbst in wesentlichen Stücken unvollständig oder fehlerhaft ist. Das trifft insbesondere für Ordnungselemente zu. Dabei kann es sich in einfacheren Fällen um die Korrektur einer Vorlage handeln, die in der gegebenen Form nicht geeignet ist, die im Alphabet begründete Ordnungsfunktion genügend klar zum Ausdruck zu bringen, z. B. bei veralteter Rechtschreibung des Anfangsbuchstabens eines OW oder bei Ziffern und Zeichen als OW (214).

Grundsätzlich übernimmt man die vorliegende Form in den Text. Handelt es sich um ein *primäres* OW, wird die maßgebliche Form nur im Kopf angesetzt, z. B.:

Kopf: Siebenhundertjahrfeier Bernau

Text: Die 700-Jahrfeier der Stadt Bernau.

Als *sekundäres* OW schaltet man die maßgebliche Form unmittelbar hinter die Vorlage ein und kennzeichnet sie als OW, z. B.:

Baumgartner, Fritz
§ [*Paragraph*] 51 und seine Bedeutung *usw.*

[Vorlage:] Kleine || Compositionslehre || . . . || von || August Siebeck. || *usw.*

[Aufnahme:] Siebeck, August
Kleine Compositionslehre [*Kompositionslehre*] *usw.*

[Vorlage:] WILLY ANDREAS || CARL AUGUST || VON WEIMAR || Ein Leben mit Goethe || *usw.*

[Aufnahme:] Andreas, Willi
Willy Andreas. Carl [*Karl*] August von Weimar *usw.*

[Vorlage:] KURT BRANDENBURGER || 1 × 1 || DER KUNSTHARZPRESSEREI || *usw.*

[Aufnahme:] Brandenburger, Kurt
1 × 1 [*Einmaleins*] der Kunstharzpresserei *usw.*

2.11.2 *Originaltitel und abweichender Sachtitel der Vorlage*

Ist ein Werk unter einem von der ursprünglichen Fassung abweichenden Sachtitel veröffentlicht, bleibt, wenn der Inhalt im wesentlichen unverändert ist, der Originaltitel für die Einordnung maßgeblich. Von dem vorliegenden Titel muß, sofern er eine andere Einordnung bedingt, verwiesen werden (181—183).

Beispiel 214

Vorlage

ANTON SCHINDLER'S || BEETHOVEN- || BIOGRAPHIE || NEUDRUCK || HERAUSGEGEBEN VON || DR. ALFR. CHR. KALISCHER || 1909 || BERLIN UND LEIPZIG || VERLAG SCHUSTER & LOEFFLER ||

21 cm; S. VIII u. 6—736; vor d. Inh.Verz.befindet sich ein Titelbl.: „Biographie von Ludwig van Beethoven. Verfaßt von Anton Schindler. Dritte, neu bearbeitete und vermehrte Auflage."; die vollst. Vornamen d. Herausgebers sind bibliogr. erm.: Alfred Christlieb.

Hauptaufnahme

Schindler, Anton
Anton Schindler's Beethoven-Biographie (*Biographie* von Ludwig van Beethoven). (3. neu bearb. u. verm. Aufl.) Neudr. hrsg. von Alfr[ed] Chr[istlieb] Kalischer. Berlin, Leipzig: Schuster & Loeffler 1909. VIII, 736 S. 8⁰

Verweisung vom Verfasser/abweichenden Titel der Vorlage

Schindler, Anton
Beethoven-Biographie. 3. Aufl. Neudr. 1909
s. *Schindler:* Biographie von Ludwig van Beethoven.

Verweisung vom Herausgeber

Kalischer, Alfred Christlieb
[Hrsg.]
s. *Schindler,* Anton: Beethoven-Biographie [Biographie von Ludwig van Beethoven]. 3. Aufl. Neudr. 1909.

Erläuterung zur Herausgeberverweisung

In dieser Vw. müssen hinter dem Verfasser beide Sachtitel aufgeführt werden. Dabei wird der Vorlagetitel immer zuerst zitiert, weil der Benutzer ja „seinen" Titel zunächst wiedererkennen soll. Dann erst folgt der Originaltitel, bei Vw. stets durch *eckige* Klammern gegen den vorangehenden Vorlagetitel abgegrenzt.

Beispiel 215

Vorlage

REGELN || FÜR DIE || ALPHABETISCHE KATALOGISIERUNG || IN || WISSENSCHAFTLICHEN BIBLIOTHEKEN || UNVERÄNDERTER NACHDRUCK || DER INSTRUKTIONEN FÜR DIE ALPHABETISCHEN KATALOGE || DER PREUSSISCHEN BIBLIOTHEKEN || 1952 || VEB BIBLIOGRAPHISCHES INSTITUT LEIPZIG ||

27,5 cm; S. VI—X u. 3—179; hinter dem Haupttitelbl. der ursprüngliche Titel: „INSTRUKTIONEN || FÜR DIE || ALPHABETISCHEN KATALOGE || DER || PREUSZISCHEN BIBLIOTHEKEN || VOM 10. Mai 1899 || ZWEITE AUSGABE || IN DER FASSUNG VOM 10. AUGUST 1908 || BERLIN || BEHREND & CO. || 1909 ||"

Hauptaufnahme

Instruktionen Kataloge alphabetischen
Regeln für die alphabetische Katalogisierung in wissenschaftlichen Bibliotheken. Unveränd. Nachdr. der Instruktionen für die alphabetischen Kataloge der preußischen Bibliotheken (vom 10. Mai 1899. 2. Ausg. in d. Fass. vom 10. Aug. 1908).
Leipzig: Bibliogr. Inst. 1952. X, 179 S. 4⁰

Verweisung vom vorliegenden Titel

Regeln Katalogisierung alphabetische
Regeln für die alphabetische Katalogisierung in wissenschaftlichen Bibliotheken. 1952 s. *Instruktionen* für d. alphabetischen Kataloge d. preußischen Bibliotheken vom 10. Mai 1899. 2. Ausg. vom 10. Aug. 1908. Unveränd. Nachdr.

Als verschiedene Ausgaben derselben Schrift gelten auch Original und Übersetzung. Für die Einordnung ist – abgesehen von den Fällen, welche die §§ 43, 223, 225 und 226 behandeln – immer der Originaltitel maßgeblich.

In den weitaus meisten Fällen steht nun bei Übersetzungen dieser Originaltitel nicht auf dem Titelblatt; er muß deshalb nach Möglichkeit ermittelt und dem Text der Aufnahme in entsprechenden Klammern eingefügt werden, und zwar unmittelbar hinter dem Sachtitel der Vorlage. Bei Einzelschriften ist das OW aus dem Originaltitel bestimmend für die weitere Einordnung des Zettels unter dem Verfassernamen; bei Sachtitelschriften werden die OW für den Kopf dem Originaltitel entnommen.

Verschiedene Übersetzungen der gleichen Schrift ordnet man nach dem Alphabet der deutschen Sprachbezeichnungen (d. h. der Sprache, in der die Übersetzung vorliegt) (236). Daher ist diese Sprachbezeichnung als wichtiges Ordnungselement dem Originaltitel in eckigen Klammern hinzuzufügen, z. B.:

. . . (*Théorie* analytique de la chaleur [dt.]) . . .

bzw.

. . . [The *Movements* and habits of climbing plants, dt.] . . .

Von einem übersetzten Titel wird, sofern er eine abweichende Einordnung bedingt, verwiesen, da der Katalogbenutzer das Werk zunächst unter ihm sucht (221, 222). Diese Verweisung ist stets eine aVw.

Zu beachten ist, daß der Verfassername im Text dann wiederholt werden muß, wenn vom Verfasser/vorliegenden Sachtitel auf den gleichen Verfasser/Originaltitel/Sprachbezeichnung verwiesen wird, und zwar wegen der Kennzeichnung der Vw. beim Verfassernamen.

Übersetzer sind am besten stets von der Vorlage zu übernehmen, auch wenn sie nicht auf dem Titelblatt stehen und von ihnen nicht verwiesen wird.

Läßt sich ein Originaltitel nicht feststellen, wird die Vorlage wie ein Original behandelt. Die Ergänzung einer Sprachbezeichnung entfällt dann (vgl. Anl. I, 46).

Vgl. Anl. I, 39. 40. 47. 48. 59. 60.

Beispiel 216

Vorlage

WILLIAM Z. FOSTER || GESCHICHTE || DER KOMMUNISTISCHEN PARTEI || DER VEREINIGTEN STAATEN || DIETZ VERLAG BERLIN || 1956 ||

21 cm; S. 7—836; auf d. Rücks. d. Titelbl.: „Amerikanischer Originaltitel: HISTORY OF THE COMMUNIST PARTY OF THE UNITED STATES. Übersetzt von Erich Salewski; 1.—10. Tausend. 1. Auflage." Der zweite vollst. Vorname Fosters ist bibliogr. erm.: Zebulon.

Hauptaufnahme

Foster, William Zebulon
William Z[ebulon] Foster. Geschichte der kommunistischen Partei der Vereinigten Staaten (*History* of the Communist Party of the United States [dt.]) (Übers. von Erich Salewski.)
Berlin: Dietz 1956. 836 S. 8^0

Verweisung vom Verfasser/vorliegenden Sachtitel

Foster, William Zebulon
Geschichte d. Kommunist. Partei d. Vereinigten Staaten
s. *Foster:* History of the Communist Party of the United States [dt.]

Beispiel 217

Vorlage

BAUDELAIRE: DIE || BLUMEN DES BÖSEN || UMDICHTUNGEN VON || STEFAN GEORGE || ZWEITE AUFLAGE || [Vignette] || GEORG BONDI || BERLIN 1908 ||

20 cm; S. 9—197; aus d. Vorw.: „Diese Verdeutschung der FLEURS DU MAL ..."; der Vorname Baudelaires ist bibliogr. erm.: Charles.

Hauptaufnahme

Baudelaire, Charles
[Charles] Baudelaire: Die Blumen des Bösen (*Fleurs* du mal [dt.]) Umdichtungen von Stefan George. 2. Aufl.
Berlin: Bondi 1908. 197 S. 8^0

Verweisung vom Verfasser/Vorlagetitel

Baudelaire, Charles
Die *Blumen* des Bösen
s. *Baudelaire:* Fleurs du mal [dt.]

Verweisung vom Übersetzer

George, Stefan
[Übers.]
s. *Baudelaire*, Charles: Die Blumen d. Bösen [Fleurs du mal, dt.] 2. Aufl. 1908.

Beispiel 218

Vorlage

[links:] Sammlung || der neuesten || Uebersetzungen || der || römischen Prosaiker || mit || erläuternden Anmerkungen. || Siebzehnter Theil. || M. T. Cicero || von der || Natur der Götter || Frankfurt am Mayn, || bey Johann Christian Hermann, || 1806. ||

[rechts:] M. Tullius Cicero || von der || Natur der Götter || Aus dem Lateinischen || übersetzt || und || mit Anmerkungen erläutert || von || Joh. Friedrich von Meyer || Frankfurt am Mayn, || bey Johann Christian Hermann || 1806. ||

18 cm; S. IV—X u. 2—304; Originaltitel ist aus d. Vorrede ersichtl.: „De natura deorum"; M. = Marcus.

Hauptaufnahme

Cicero, Marcus Tullius
M[arcus] Tullius Cicero. Von der Natur der Götter (De *natura* deorum [dt.]) Aus d. Lat. übers. u. mit Anm. erl. von Joh[ann] Friedrich von Meyer.
Frankfurt am M.: Hermann 1806. X, 304 S. 8⁰
(Sammlung d. neuesten Uebersetzungen d. röm. Prosaiker. Th. 17.)

Verweisung vom Verfasser/vorliegenden Titel

Cicero, Marcus Tullius
Von der *Natur* der Götter
s. *Cicero:* De natura deorum [dt.]

Verweisung vom Übersetzer

Meyer, Johann Friedrich von
[Übers.]
s. *Cicero,* Marcus Tullius: Von der Natur der Götter [De natura deorum, dt.] 1806.

Serienzettel

Int. Z.
Sammlung Uebersetzungen neuesten
Sammlung der neuesten Uebersetzungen der römischen Prosaiker. Mit erl. Anm. Th. 17.
Frankfurt am M.: Hermann 1806. 8⁰

17. Cicero, Marcus Tullius: Von der Natur der Götter (De natura deorum [dt.]) 1806.

Erläuterung zum Interimszettel

Bei der Anführung des Stücktitels darf auch der ergänzte Originaltitel mit Sprachbezeichnung in der vorgeschriebenen Klammerung nicht fehlen, denn er ist als wesentliches Ordnungselement zur Auffindung der Stücktitelaufnahme notwendig.

Beispiel 219

Vorlage

DAS ZEITALTER DER || ATOMKRAFT || BERICHT EINER || VOM BRITISCHEN KIRCHENRAT || ERNANNTEN KOMMISSION || 1948 || CHRISTIAN WEGNER VERLAG || HAMBURG ||

18 cm; S. 7—117; auf d. Rücks. d. Titelbl.: „Titel der englischen Originalausgabe: The Era of Atomic Power || Deutsche Übertragung von Karl Heinrich Wiese".

Hauptaufnahme

Era power atomic
Das Zeitalter der Atomkraft (The Era of atomic power [dt.]) Bericht e. vom brit. Kirchenrat ernannten Kommission. (Dt. Übertr. von Karl Heinrich Wiese.)
Hamburg: Wegner 1948. 117 S. 8⁰

Verweisung vom vorliegenden Titel

Zeitalter Atomkraft
Das Zeitalter d. Atomkraft
s. *Era*, The, of atomic power [dt.]

Beispiel 220

Vorlage

Prof. A. S. Schafranowa || Individuelle Vorbeugungsmaßnahmen || gegen || berufliche Augenschädigungen || VEB VERLAG VOLK UND GESUNDHEIT · BERLIN || 1959 ||

21 cm; S. 7—131; der vollst. Vorname d. Verf. ist bibliogr. erm.: Анна; auf u. Rücks. d. Titelbl.: „Übersetzung: Irmgard Böhm. Russischer Originaltitel: А. С. Шафранова „Индивидуальная профилактика профессиональных поражений глаз“.

Hauptaufnahme

Šafranova, Anna S
A. S. Schafranowa (A[nna] S. Šafranova). Individuelle Vorbeugungsmaßnahmen gegen berufliche Augenschädigungen (Individual'naja *profilaktika* professional'nych poraženij glaz [dt.]) (Übers.: Irmgard Böhm.)
Berlin: Volk u. Gesundheit 1959. 131 S. 8⁰

Verweisung vom Verfasser/vorliegenden Titel

Šafranova, Anna S
Individuelle *Vorbeugungsmaßnahmen* gegen berufl. Augenschädigungen
s. *Šafranova:* Individual'naja profilaktika professional'nych poraženij glaz [dt.]

Verweisung von der vorliegenden Namensform

Schafranova, A. S.
[dt. Namensform]
s. *Šafranova*, Anna S

Erläuterung

Stimmt die vorliegende Transkription eines Namens nicht mit den in der Anlage II aufgestellten Regeln überein, so wird die nach diesen Regeln anzusetzende Namensform OW; von der abweichenden Transkription wird erforderlichenfalls verwiesen (163).

Beispiel 221

Vorlage

Der Kampf || DER SOWJETUNION || für Abrüstung || in den Jahren 1946 bis 1960 || mit einer Ergänzung || für die deutsche Ausgabe bis 1962 || Gesamtredaktion W. A. Sorin || STAATSVERLAG || DER DEUTSCHEN DEMOKRATISCHEN REPUBLIK ||

22,5 cm; S. 5—558; auf d. Rücks. d. Titelbl.: „Originaltitel: Борьба Советского Союза за Разоружение 1946—1960 годы. Übersetzt von Klaus Wolf. Berlin 1963"; die vollst. russ. Namensform von W. A. Sorin ist bibliogr. erm.: Валериан Александрович Зорин.

Hauptaufnahme

Boŕba sojuza sovetskogo
Der Kampf der Sowjetunion für Abrüstung in den Jahren 1946 bis 1960 (Bofba Sovetskogo Sojuza za razoruženie 1946—1960 gody [dt.]) Mit e. Erg. für d. dt. Ausg. bis 1962. Gesamtred. W. A. Sorin [Valerian Aleksandrovič Zorin]. (Übers. von Klaus Wolf.)
(Berlin:) Staatsverl. d. DDR (1963). 558 S. 8^0

Verweisung vom vorliegenden Titel

Kampf Sowjetunion Abruestung
Der Kampf d. Sowjetunion für Abrüstung in den Jahren 1946 bis 1960
s. *Boŕba* Sovetskogo Sojuza za razoruženie 1946—1960 gody [dt.]

Verweisung von der abweichenden Namensform

Sorin, V. A.
[dt. Namensform]
s. *Zorin*, Valerian Aleksandrovič.

Verweisung vom Herausgeber

Zorin, Valerian Aleksandrovič
[Hrsg.]
s. *Kampf*, Der, für Abrüstung in den Jahren 1946 bis 1960 [Boŕba Sovetskogo Sojuza za razoruženie 1946—1960 gody, dt.] 1963.

Erläuterung zur Herausgeberverweisung

Die Form dieser Verweisung befremdet zunächst, da nicht auf den Hauptzettel, sondern auf eine andere Verweisung hingewiesen wird, ein Verfahren, das man gewöhnlich vermeidet.
Der Grund für diese scheinbar unlogische Form der Vw. liegt in der doppelten Funktion des OW hinter „s.". Dieses OW ist nämlich einmal das sekundäre OW für den Zettel selbst und zum anderen das primäre OW der Hauptaufnahme, auf welche die Vw. hinzielt.
In der Regel decken sich beide Funktionen in *einem* OW. Überall aber, wo auf ein *ermitteltes* erstes OW verwiesen wird, divergieren sie: Die Verweisung wird unter dem Verwiesenen beim sekundären OW der *Vorlage* gesucht, und die Hauptaufnahme liegt unter dem primären *ermittelten* OW, das ja anders lautet. Es müssen

also *beide* Formen hinter „s." aufgeführt werden. Allerdings ist das bei der Verweisungsform, welche die „Regeln" vorschreiben, nur um den Preis einer Doppelverweisung möglich. Die Form der *Vorlage* wird *zuerst* gebracht, um die sekundäre Einordnung der Vw. unter dieser Form zu sichern, denn der Benutzer soll ja den Titel der Vorlage zunächst wiedererkennen. Dahinter folgt erst – in eckigen Klammern! – die *ermittelte* Form mit den für die Einordnung des Hauptzettels maßgeblichen OW (vgl. Anl. I, 47).

Wer mit den Regeln der Katalogisierung nicht genau vertraut ist, wird also zunächst wiederum auf eine Vw. und dann erst auf die Hauptaufnahme geführt. Der kundige Benutzer sucht jedoch sofort unter dem OW der *eingefügten* Form den Hauptzettel. Fuchs empfiehlt in solchen Fällen, abweichend von den „Regeln", die Form der sogenannten „zweiteiligen" Verweisung[1].

Beispiel 222

Vorlage

JOHANN SEBASTIAN BACH || HIS LIFE, ART, AND WORK || TRANSLATED FROM THE GERMAN OF || JOHANN NIKOLAUS FORKEL || WITH NOTES AND APPENDICES BY || CHARLES SANFORD TERRY || LITT. D. CANTAB. || LONDON || CONSTABLE AND COMPANY LTD. || 1920 ||

23 cm; S. X—XXXII u. 2—321; aus d. Vorw.: „In 1802 Forkel published his 'Ueber Johann Sebastian Bachs Leben, Kunst und Kunstwerke'

Hauptaufnahme

Forkel, Johann Nikolaus
Johann Sebastian Bach, his life, art, and work (Ueber Johann Sebastian Bachs *Leben*, Kunst und Kunstwerke [engl.]) Transl. from the German of Johann Nikolaus Forkel. With notes and app. by Charles Sanford Terry.
London: Constable 1920. XXXII, 321 S. 8°

Verweisung vom Verfasser/vorliegenden Titel

Forkel, Johann Nikolaus
Johann Sebastian *Bach,* his life, art, and work
s. *Forkel:* Ueber Johann Sebastian Bachs Leben, Kunst u. Kunstwerke [engl.]

Verweisung vom Herausgeber

Terry, Charles Sanford
[Hrsg.]
s. *Forkel,* Johann Nikolaus: Johann Sebastian Bach, his life, art, and work [Ueber Johann Sebastian Bachs Leben, Kunst u. Kunstwerke, engl.] 1920.

Beispiel 223

Vorlage

THEORETISCHE KERNPHYSIK || Von || JOHN M. BLATT || Associate Professor of Physics, University of Illinois || und || VICTOR F. WEISSKOPF || Professor of

[1] Vgl. Fuchs: Kommentar. 1955, S. 178, Zeile 1ff. u. S. 195, Zeile 17ff.

Physics, Massachusetts Institute of Technology || Mit 128 Abbildungen || B. G. TEUBNER VERLAGSGESELLSCHAFT LEIPZIG || 1959 ||

23,5 cm; S. IV—XIV u. 2—739; auf d. Rücks. d. Titelbl. d. engl. Originaltitel: „Theoretical Nuclear Physics. Deutsche Übersetzung: Dr. D. Geißler"; die vollst. Vornamen d. Verf. sind bibliogr. erm.: John Markus Blatt u. Victor Frederick Weisskopf.

Hauptaufnahme

Blatt, John Markus
Theoretische Kernphysik (Theoretical nuclear *Physics* [dt.]) Von John M[arkus] Blatt u. Victor F[rederick] Weisskopf. (Dt. Übers.: D. Geißler.)
Leipzig: Teubner 1959. XIV, 739 S. 8°

Verweisung vom Verfasser/vorliegenden Titel

Blatt, John Markus
Theoretische *Kernphysik*
s. *Blatt:* Theoretical nuclear Physics [dt.]

Weisskopf, Victor Frederick
Theoretische *Kernphysik*
s. *Weisskopf:* Theoretical nuclear Physics [dt.]

Verweisung vom zweiten Verfasser

Weisskopf, Victor Frederick
Theoretische Kernphysik [Theoretical nuclear *Physics*, dt.]
s. *Blatt*, John Markus.

Weicht das OW des übersetzten Titels nicht wesentlich von dem des Originaltitels ab, unterbleibt die entsprechende Vw. In diesem Fall braucht der Verfassername im Text nicht wiederholt zu werden, wenn nicht noch andere Gründe dafür vorhanden sind (vgl. Anl. I, 39).

Beispiel 224

Vorlage

[links:] AMERICAN INSTITUTE OF MUSICOLOGY || ARMEN CARAPETYAN, Ph. D. DIRECTOR || MUSICOLOGICAL STUDIES || AND DOCUMENTS || 8 || RENÉ DESCARTES || COMPENDIUM OF MUSIC ||

[rechts:] MUSICOLOGICAL STUDIES AND DOCUMENTS || 8 || RENÉ DESCARTES || COMPENDIUM || OF MUSIC || (COMPENDIUM MUSICAE) || Translation by Walter Robert || Introduction and Notes by Charles Kent || AMERICAN INSTITUTE OF MUSICOLOGY || 1961 ||

25 cm; S. 7—55; es liegt eine Übersetzung d. lat. Originals ins Englische vor; der Erscheinungsort ist bibliogr. erm.: Rom.

Hauptaufnahme

Descartes, René
Compendium of music ⟨*Compendium* musicae [engl.]⟩ Transl. by Walter Robert. Introd. and notes by Charles Kent.
[Rom:] American Inst. of Musicol. 1961. 55 S. 8°
(Musicological Studies and documents. 8.)

Verweisung vom Übersetzer

Robert, Walter

[Übers.]

s. *Descartes*, René: Compendium of music [Compendium musicae, engl.] 1961.

Verweisung vom Herausgeber

Kent, Charles

[Hrsg.]

s. *Descartes*, René: Compendium of music [Compendium musicae, engl.] 1961.

Interimsaufnahme der Serie

Int. Z.

Studies musicological documents
American Inst. of Musicology. Musicological Studies and documents. 8.
([Rom:] Inst. 1961.) 8⁰

8. Descartes, René: Compendium of music ⟨Compendium musicae [engl.]⟩ 1961.

Vgl. auch § 201.

Die Ausgaben originalsprachiger Texte mit einer Übersetzung werden unter die nur-originalsprachigen geordnet (233).
Sonstige zweisprachige Übersetzungen ordnet man nach der ersten. Von einer beigefügten zweiten Übersetzung wird in der Regel nur dann verwiesen, wenn es eine deutsche ist (236).

Beispiel 225

Vorlage

SHAKESPEARE || SONETTE || ENGLISCH UND DEUTSCH || In der Übertragung || von || GOTTLOB REGIS || MCMXLV || MARION VON SCHRÖDER VERLAG || HAMBURG ||

19 cm; S. 7—163; auf d. Rücks. d. Titelbl.: „Herausgegeben und mit einem Nachwort versehen von E. A. Greeven"; die vollst. Vornamen d. Herausgebers sind bibliogr. erm.: Erich August; der engl. Originaltitel ist ebenfalls bibliogr. erm.: Sonnets; Shakespeares Vorname „William" ist nicht aus d. Buch ersichtl.

Hauptaufnahme

Shakespeare, William
[William] Shakespeare. Sonette [*Sonnets*, engl. u. dt.] Engl. u. dt. In d. Übertr. von Gottlob Regis. (Hrsg. u. mit e. Nachw. vers. von E[rich] A[ugust] Greeven.)
Hamburg: von Schröder 1945. 163 S. 8⁰

Verweisung von der Vorlage

Shakespeare, William
Sonette
s. *Shakespeare:* Sonnets [engl./u. dt.]

Verweisung vom Übersetzer

Regis, Gottlob

[Übers.]

s. *Shakespeare,* William: Sonette [Sonnets, engl. u. dt.] 1945.

Verweisung vom Herausgeber

Greeven, Erich August

[Hrsg.]

s. *Shakespeare,* William: Sonette [Sonnets, engl. u. dt.] 1945.

Polyglotte Ausgaben, d. h. Ausgaben in drei und mehr Sprachen (Übersetzungen oder Original und Übersetzungen) werden vor alle originalsprachigen Ausgaben einer Schrift geordnet. Zur Kennzeichnung wird die Formel „[polygl.]" hinter das OW bzw. die Gruppenbezeichnung gesetzt, z. B. „[Werke, polygl.]". Die betreffenden Sprachen gibt man unter dem Text in einer bibliographischen Notiz an, z. B. „Text franz., russ. u. engl."

Beispiel 226

Vorlage [vgl. Faks. 14]

[1:] Die Fabeln des Äsopus || Erster Band. || FABLES D'ÉSOPE || Tome premier. || FAVOLE DI ESOPO || Tomo primo. || FABULAE AESOPI || Tomus primus. || WIEN, 1806. ||

19 cm; die maßgebliche Namensform d. griechischen Dichters ist aus der Vorlage nach § 87 d. „Regeln" anzusetzen; Originaltitel: „Fabulae"; das Werk ist mit 92 Abbildungen ausgestattet; dem 1. Band fehlen die Seiten III bis XIV.

[2:] . . . || Zweyter Band. || . . . || Tome second. || . . . || Tomo secondo. || . . . || Tomus secundus. || WIEN, 1807 ||

Ist eine Schrift auf der Bibliothek in vielen Ausgaben bei Gruppenschriften oder Übersetzungen vertreten, fügt man wegen der Übersichtlichkeit die Ordnungselemente nicht in den Text ein, sondern setzt sie in der erforderlichen Klammerung auf besonderer Zeile zwischen Kopf und Text (vgl. Anl. I, 59 u. Fuchs, § 20,2, S. 51). Daher ist die folgende Form der sonst üblichen hier vorzuziehen.

Hauptaufnahme

Aesopus

Fabulae [polygl.]

Die Fabeln des Äsopus. Fables d'Ésope. Favole di Esopo. Fabulae Aesopi. [Mit 92 Abb.]
T. 1.2.
Wien 1806—07. 8°
1. 1806. 2. 1807.
Text dt., franz., ital. u. lat. In Bd 1 fehlen S. III—XIV.

Verweisungen von den abweichenden Namensformen

Ésope
[franz. Namensform]

s. *Aesopus.*

Vw. von „Esopo" ist nicht nötig.
Vw. von den Nebentiteln erübrigen sich wegen der geringen Abweichungen.

Nicht als Übersetzungen werden sogenannte Parallelausgaben behandelt, das sind Schriften, deren verschiedene Ausgaben in je einer Sprache abgefaßt sind, von denen man keine als Original bzw. Übersetzung ansehen kann. Jede Ausgabe wird für sich *ohne* Sprachbezeichnung nach der Vorlage aufgenommen; durch eine wechselseitige bibliographische Notiz unter der Aufnahme weist man jeweils auf die andere(n) Ausgabe(n) hin.

Beispiel 227

Aufnahme der deutschen Ausgabe

Hennenberg, Fritz
Das Leipziger *Gewandhausorchester.*
Leipzig: VEB-Ed. 1962. 109 S. mit Abb. 8⁰
Engl. Ausg. u. d. T.: Hennenberg: The Leipzig Gewandhaus Orchestra. Franz. Ausg. u. d. T.: Hennenberg: L'Orchestre du Gewandhaus de Leipzig.

Aufnahme der englischen Ausgabe

Hennenberg, Fritz
The *Leipzig Gewandhaus Orchestra.*
Leipzig: VEB-Ed. 1962. 101 S. mit Abb. 8⁰
Dt. Ausg. u. d. T.: Hennenberg: Das Leipziger Gewandhausorchester. Franz. Ausg. u. d. T.: Hennenberg: L'Orchestre du Gewandhaus de Leipzig.

Aufnahme der französischen Ausgabe

Hennenberg, Fritz
L'*Orchestre* du Gewandhaus de Leipzig.
Leipzig: VEB-Ed. 1962. 101 S. mit Abb. 8⁰
Dt. Ausg. u. d. T.: Hennenberg: Das Leipziger Gewandhausorchester. Engl. Ausg. u. d. T.: Hennenberg: The Leipzig Gewandhaus Orchestra.

Enthält *eine* Ausgabe den gleichen Text in mehreren Sprachen, ohne daß eine davon als Original anzusehen wäre, z. B. bei Veröffentlichungen mehrsprachiger Nationen oder internationaler Vereinigungen, so schaltet man keine Sprachbezeichnung ein, sondern gibt den Sachverhalt in einer bibliographischen Notiz unter der Aufnahme an, z. B. „Text dt., franz. u. ital.", wenn nicht schon der Wortlaut des Titelblattes selbst eine solche Bemerkung überflüssig macht. Erscheinen hierbei auch die Titel in diesen verschiedenen Sprachen, so behandelt man den ersten als Haupttitel und die übrigen als Nebentitel (220).

Beispiel 228

Vorlage

EINFÜHRUNG IN DIE || BLUTMORPHOLOGIE || INTRODUCTION TO THE MORPHOLOGY OF BLOOD || ВВЕДЕНИЕ В МОРФОЛОГИЮ КРОВИ || Von || Dr. med. D. SCHREIBER || Oberarzt der Medizinischen Klinik der Medizinischen Akademie Erfurt || Mit 27 farbigen Tafeln || With 27 coloured plates || с 27 цветными таблицами || 1960 || VEB GEORG THIEME · LEIPZIG ||

24 cm; S. 5—69; auf d. Rücks. d. Titelbl.: „Englische Übersetzung: Dr. Erdenberger und Joan Becker. Russische Übersetzung: Irene Mode"; der vollst. Vorname d. Verf. ist bibliogr. erm.: Dietrich; der Text liegt in deutscher, englischer u. russischer Sprache vor.

Hauptaufnahme

Schreiber, Dietrich
Einführung in die Blutmorphologie. Introduction to the morphology of blood. Vvedenie v morfologiju krovi. Von D[ietrich] Schreiber. (Engl Übers.: Dr. Erdenberger u. Joan Becker. Russ. Übers.: Irene Mode.) Mit 27 farb. Taf.
Leipzig: Thieme 1960. 69 S. 8⁰ [Ant. u. russ. Schr.]
Text dt., engl. u. russ.

Verweisung von den Nebentiteln

Schreiber, Dietrich
Introduction to the morphology of blood. 1960
s. *Schreiber:* Einführung in d. Blutmorphologie.

Schreiber, Dietrich
Vvedenie v morfologiju krovi. 1960
s. *Schreiber:* Einführung in d. Blutmorphologie.

Aufgabe 41

1. CENTRALKATALOGE UND TITELDRUCKE || GESCHICHTLICHE ERÖRTERUNGEN UND PRAKTISCHE VORSCHLÄGE || IM HINBLICK AUF DIE HERSTELLUNG EINES GESAMTKATALOGES || DER PREUSSISCHEN WISSENSCHAFTLICHEN BIBLIOTHEKEN || VON || FRITZ MILKAU || MIT 35 TAFELN IN ZINKÄTZUNG UND 1 TABELLE || XX. BEIHEFT ZUM CENTRALBLATT FÜR BIBLIOTHEKSWESEN || LEIPZIG || OTTO HARRASSOWITZ || 1898 ||

   23 cm; S. VI—X u. 2—151, dahinter Anlagen in folgender Zählung: Blatt 1—34 u. Blatt I, II; auf d. Umschlag: „Beihefte zum Centralblatt für Bibliothekswesen XX".

2. AXEL AMBERG || 7 TAGE || HAT DIE WOCHE || Otto Meißners Verlag · Schloß Bleckede a. d. Elbe ||

   18 cm; S. 3—155; auf d. Rücks. d. Titelbl.: „Copr. 1947 Otto Meißners Verlag, Hamburg"; auf d. Umschlag: „Unter der Leselampe"; es handelt sich um einen Roman.

3. MAURICE THOREZ || Abgeordneter des Departements Seine || Generalsekretär der Kommunistischen Partei Frankreichs || EIN SOHN DES VOLKES || DIETZ VERLAG BERLIN || 1961 ||

   20,5 cm; S. 7—267; auf d. Rücks. d. Titelbl.: „Französischer Originaltitel: FILS DU PEUPLE; 3., überarbeitete und ergänzte Auflage. 41.—46. Tausend".

4. DAVID LAMBERT || DAS WAR SEIN LEBEN || VERLAG TRIBÜNE BERLIN || 1960 ||

20,5 cm; S. 5—303; auf d. Rücks. d. Titelbl.: „Originaltitel: He must so live. Aus dem Englischen übersetzt von Lore Krüger. Zweite Auflage. 6. bis 8. Tausend".

5. E. G. WAZURO || Die Lehre Pawlows || von der höheren || Nerventätigkeit || Übersetzung aus dem Russischen || VOLK UND WISSEN VOLKSEIGENER VERLAG BERLIN 1956 ||

23 cm; S. 5—171; hinter d. Text: „Der Titel des russischen Originals lautet: Э. Г. Вацуро, Учение И. П. Павлова о высшей нервной деятельности. Übersetzer: Peter G. Klemm".

6. Streiflichter || durch die zeitgenössische britische Musik || Herausgeber A. L. Bacharach || In deutscher Übersetzung || von Eva Heintz || Eigentum der Verleger für Deutschland || Ed. Bote & Bock/Berlin ||

20,5 cm; S. 7—158; auf d. Rücks. d. Titelbl.: „Titel der Originalausgabe: BRITISH MUSIC OF OUR TIME; COPYRIGHT 1949"; aus d. Vorw. d. Herausgebers: „. . . wir zwölf, die wir hier im Verband zusammenwirken . . . Den Mitarbeitern spreche ich meinen . . . Dank aus"; die vollst. Vornamen Bacharachs sind bibliogr. erm.: Alfred Louis.

7. GRUNDRISS || DER || WIRTSCHAFTS- || STATISTIK || Gesamtredaktion A. I. Petrow || Übersetzung aus dem Russischen || 1954 || VERLAG DIE WIRTSCHAFT BERLIN ||

20,5 cm; S. 9—704; aus d. Vorbemerkung: „Das Werk ist von einem Autorenkollektiv geschrieben worden"; auf d. Rücks. d. Titelbl.: „Russischer Originaltitel: Курс экономической статистики. Übersetzung: W. Fickenscher". Die originale u. vollst. Namensform d. Redakteurs ist bibliogr. erm.: Александр Ильич Петров.

8. [links:] INDOGERMANISCHE || BIBLIOTHEK || HERAUSGEGEBEN VON || H. HIRT UND W. STREITBERG || VIERTE ABTEILUNG || SPRACHGESCHICHTE || DRITTER BAND: || DIE SPRACHE || IHRE NATUR, ENTWICKLUNG UND ENTSTEHUNG || VON || OTTO JESPERSEN || ÜBERSETZT VON || R. HITTMAIR UND K. WAIBEL || HEIDELBERG 1925 || CARL WINTERS UNIVERSITÄTSBUCHHANDLUNG ||

24,5 cm; die vollst. Vornamen d. Herausgebers sind bibliogr. erm.: Hermann Hirt, Wilhelm Streitberg.

[rechts:] DIE SPRACHE || IHRE NATUR, ENTWICKLUNG || UND ENTSTEHUNG || VON || DR. OTTO JESPERSEN || O. PROFESSOR AN DER UNIVERSITÄT KOPENHAGEN || VOM VERFASSER DURCHGESEHENE ÜBERSETZUNG || AUS DEM ENGLISCHEN || VON || DR. RUDOLF HITTMAIR || PRIVATDOZENT AN DER UNIVERSITÄT INNSBRUCK || UND || DR. KARL WAIBEL || LEHRAMTSASSESSOR IN NETTENHEIM-BADEN || HEIDELBERG 1925 || CARL WINTERS UNIVERSITÄTSBUCHHANDLUNG ||

S. VI—XIII u. 2—440; aus d. Vorw.: „Die vorliegende deutsche Ausgabe stimmt . . . mit dem englischen Original (Languages, its Nature, Development and Origin) überein."

9. TASCHENBUCH || DER MATHEMATIK || FÜR INGENIEURE UND STUDENTEN || DER TECHNISCHEN HOCHSCHULEN || VON || I. N BRONSTEIN UND K. A. SEMENDJAJEW || 3. Auflage, mit 430 Abbildungen || B. G. TEUBNER VERLAGSANSTALT · LEIPZIG || 1960 ||

18 cm; S. VI—XIII u. 2—584; auf d. Rücks. d. Titelbl.: „И. Н. БРОНШТЕЙН – К. А. СЕМЕНДЯЕВ || СПРАВОЧНИК ПО МАТЕМАТИКЕ".

10. Léon Vallas || ACHILLE || CLAUDE || DEBUSSY || Übersetzung: Kurt Lamerdin || [Signet] || AKADEMISCHE VERLAGSGESELLSCHAFT ATHENAION || POTSDAM ||

21 cm; S. 2—178; am Schluß d. Textes: „Französischer Originaltitel: Achille Claude Debussy"; auf d. Rücks. d. Titelbl.: „Liz.-Nr. . . ./49".

11. QUINTUS SERENUS || (SERENUS SAMMONICUS) || LIBER MEDICINALIS || Texte établi, traduit et commenté || par || le DOCTEUR R. PÉPIN || OUVRAGE PUBLIÉ AVEC LE CONCOURS || DU CENTRE NATIONAL DE LA RECHERCHE SCIENTIFIQUE || [Signet] || PRESSES UNIVERSITAIRES DE FRANCE || 108, BOULEVARD SAINT-GERMAIN, PARIS || 1950 ||

21,5 cm; S. VI—XLVII u. 4—119; das Werk enth. d. lat. Originaltext u. d. französische Übersetzung; der vollst. Name d. Autors lautet: Quintus Serenus Sammonicus, der gebräuchliche Name: Serenus; der vollst. Vorname d. Herausgebers ist bibliogr. erm.: Roger.

12. SATIRES || DE || JUVÉNAL, || TRADUITES EN VERS FRANÇAIS, || PAR L.-V. RAOUL, || PROFESSEUR DE LA FACULTÉ DE LA PHILOSOPHIE SPÉCULATIVE ET DES || LETTRES À L'UNIVERSITÉ DE GAND. || TROISIÈME ÉDITION. || TOURNAY, IMPRIMERIE DE D. CASTERMAN. || M. DCCC. XVIII. ||

20 cm; S. II—XXXII u. 4—406; Kopftitel über d. Text, der sich lat. u. franz. gegenübersteht: „D. JUNII JUVENALIS SATIRAE." Der bibliogr. erm. Vorname: Decimus; der gebräuchl. Name: Juvenalis.

13. [1:] THE THEORY OF || GROUPS || BY || A. G. KUROSH || TRANSLATED FROM THE RUSSIAN || AND EDITED BY || K. A. HIRSCH || VOLUME ONE || CHELSEA PUBLISHING COMPANY || NEW YORK, N. Y. ||

24 cm; auf d. Rücks. d. Titelbl.: „Copyright 1955 || The present work . . . is a translation into English . . . of the second Russian edition of the book, ‚TEORIYA GRUPP' . . ."; das Vorw. ist unterz.: „Kurt A. Hirsch"; russ. orig. Titelform u. d. Namen d. Verf. sind bibliogr. erm.: Александр Геннадиевич Курош, Теория групп.

[2:] . . . || VOLUME TWO || . . . ||

Auf d. Rücks. d. Titelbl.: „Copyright 1956".

14. [1:] HANDBUCH || DES CHEMIKERS || BAND I || ALLGEMEINE GRUNDLAGEN || ELEMENTE UND AUFBAU DER MATERIE || EIGENSCHAFTEN DER WICHTIGSTEN STOFFE || TABELLE VON SPEKTRAL- UND || RÖNTGEN-SPEKTRALLINIEN || [Signet] || VEB VERLAG TECHNIK BERLIN || 1956 ||

21 cm; auf d. Rücks. d. Vortitelbl.: „СПРАВОЧНИК ХИМИКА"; aus d. Vorw.: „An der Zusammenstellung des vorliegenden Handbuches . . . beteiligte sich ein großes Kollektiv von Mitarbeitern"; auf d. Rücks. d. Titelbl.: „B. P. Nikolski (Gesamtredaktion)"; die russ. Namensform d. Herausgebers ist bibliogr. erm.: Б. П. Никольский.

[2:] . . . || BAND II || PHYSIKALISCHE EIGENSCHAFTEN || ANORGANISCHER || UND || ORGANISCHER VERBINDUNGEN || [Signet] || . . . || 1957 ||

[3:] . . . || BAND III || CHEMISCHE GLEICHGEWICHTE UND || KINETIK, LÖSUNGEN || ELEKTROCHEMIE, || ANALYTISCHE UND TECHNISCHE CHEMIE || . . . || 1959 ||

15. HOMERS ODYSSEE || DEUTSCH VON || RUDOLF ALEXANDER SCHRÖDER || 1948 || SUHRKAMP VERLAG vorm. S. FISCHER ||

21 cm; S. 10—407; auf d. Rücks. d. Titelbl.: „Suhrkamp Verlag vorm. S. Fischer, Berlin"; die originale Form d. Sachtitels ist bibliogr. erm.: Odyssea; die lat. Namensform d. Autors: Homerus.

2.11.3 *Ermittelte Verfassernamen bei anonymen Schriften*

Ist der Verfasser auf dem Titelblatt nicht genannt, aber anderweitig ermittelt, so wird sein Name OW mit Vw. vom Sachtitel (70).
Entsprechend dem Grundsatz, daß alle Schriften eines Verfassers an *einer* Stelle im Katalog stehen müssen, werden also auch die anonym erschienenen nach Möglichkeit dort eingeordnet.
Steht auf dem Titelblatt keine Bemerkung, die den Verfasser andeutet, fügt man den ermittelten Autornamen hinter den Sach- bzw. den Untertitel ein. Dabei wird die Formel „Verf.:" innerhalb der geklammerten Ergänzung vorangeschickt. Eine Vw. vom Sachtitel ist notwendig, weil die Schrift im allgemeinen nur unter ihm bekannt ist und darunter zunächst im Katalog gesucht wird.

Beispiel 229

Vorlage

Zufällige || Gedanken und Erläuterungen || über die || Aachische || Friedens-Präliminarien. || [Vignette] || 1748 ||

18 cm; S. 4—344 u. II—XVI; der Name d. Autors ist bibliogr. erm.: Franz Dominicus Häberlin.

Hauptaufnahme

Haeberlin, Franz Dominikus
Zufällige *Gedanken* und Erläuterungen über die aachische Friedens-Präliminarien. [Verf.: Franz Dominicus Häberlin.]
o. O. 1748. 344, XVI S. 8⁰

Verweisung vom Sachtitel

Gedanken zufaellige Erlaeuterungen
Zufällige Gedanken u. Erläuterungen über die aachische Friedens-Präliminarien. 1748
s. *Haeberlin,* Franz Dominikus [Verf.]

Am Schluß des zweiten Teiles der Vw. wird hinter den Hinweis auf den Verfassernamen ebenfalls die Formel „[Verf.]" gesetzt (vgl. Anl. I, 3. 38).

Ist der Verfasser auf dem Titelblatt angedeutet, so ergänzt man den Namen unmittelbar dahinter und leitet die Einschaltung mit der Formel „d. i." ein (vgl. Anl. I, 38).

Beispiel 230

Vorlage

Geschichtliche Darstellung || der || Schlacht bei Hanau || am 30. Oktober 1813. || Von einem Augenzeugen. || Zweite Auflage || Mit dem Brustbilde des Generals der Kavallerie, Grafen || von Wrede || Hanau, 1814 || Gedruckt mit Kittsteinerschen Schriften ||

17 cm; S. 4—118; der Verf. ist bibliogr. erm.: Caspar Cäsar von Leonhard.

Hauptaufnahme

Leonhard, Kaspar Caesar von
Geschichtliche *Darstellung* der Schlacht bei Hanau am 30. Oktober 1813. Von einem Augenzeugen [d. i. Caspar Cäsar von Leonhard]. Mit d. Brustbilde d. Generals Grafen von Wrede. 2. Aufl.
Hanau 1814: Kittsteiner. 118 S. 8⁰

Verweisung vom Sachtitel

Darstellung geschichtliche Schlacht
Geschichtliche Darstellung d. Schlacht bei Hanau am 30. Okt. 1813. 1814
s. *Leonhard*, Kaspar Caesar [Verf.]

Stehen die Anfangsbuchstaben des wirklichen Verfassernamens (Kryptonym) auf dem Titelblatt, so werden sie mit der entsprechenden Klammerung zur vollen Form ergänzt.

Beispiel 231

Vorlage [stark gekürzt, vgl. Faks. 15]

Treulicher || Unterricht || im || General-Baß, || worinne || alle Weitläufftigkeit vermieden, und dennoch || gantz deutlich und umständlich allerhand sothane neu-erfundene Vortheile an die Hand gegeben, vermöge welcher einer in kurtzer Zeit || alles begreiffen kann. || Zum Nutzen derer, so sich im General-Baß üben, || herausgegeben || von || D. K. || Zweyte und vermehrte Auflage. || Nebst einer Vorrede Hn. G. P. Telemanns. || HAMBURG, || Zu finden bey Christian Herold, 1737. ||

20 cm; S. 1—99 u. 4 ungez. Blätter (Register); Bogensign.: S. 1: A, S. 9: B usf.; der vollst. Name d. Verf. ist bibliogr. erm.: David Kellner; die vollst. Vornamen d. Vorredners sind ebenfalls bibliogr. erm.: Georg Philipp.

Hauptaufnahme

Kellner, David
Treulicher *Unterricht* im General-Baß, worinne . . . Hrsg. von D[avid] K[ellner]. 2. u. verm. Aufl. Nebst e. Vorr. G[eorg] P[hilipp] Telemanns.
Hamburg: Herold 1737. 99 S. 8⁰ (4⁰)

Verweisung vom Sachtitel

Unterricht treulicher Generalbass
Treulicher Unterricht im General-Baß. 2. Aufl. 1737
s. *Kellner*, David [Verf.]

Verweisung vom Vorredner

Telemann, Georg Philipp
[Vorr.]
s. *Unterricht*, Treulicher, im General-Baß. [Verf.: David Kellner.] 2. Aufl. 1737.

Vgl. Bd. II, S. 285, Beisp. 221, Erläuterung *u. Anl. I, 47.60.*

1. Hermine Spies || Ein Gedenkbuch für ihre Freunde || von ihrer Schwester || Mit einem Vorwort || von || Heinrich Bulthaupt || Zweite Auflage || Stuttgart || G. J. Göschensche Verlagshandlung || 1894 ||

   20,5 cm; S. VI—VIII u. 4—300; die Einl. ist mit d. Namen d. Schwester unterz.: „Minna Spies".

2. Die || Kunst || das Clavier zu spielen || durch || den Verfasser des critischen Musicus an der Spree || [Vignette] || BERLIN || Bey Haude und Spener, Königl. und der Academie der Wissenschaften || privilegierten Buchhändlern. || 1751 ||

   21,5 cm; S. 6—27 u. Tabula I—IV; der Verf. ist bibliogr. erm.: Friedrich Wilhelm Marpurg; vgl. Faks. 16.

3. LE SALUT PUBLIC || OU || LA VÉRITÉ || DITE À LA CONVENTION || PAR UN HOMME LIBRE || À PARIS || Chez MIGNERET, Imprimeur, rue || Jacob, No 1186 || L'AN III ||

   20 cm; S. 4—58; am Schluß d. Textes unterz.: „La Harpe"; die übrigen Teile d. Namens sind bibliogr. erm.: Jean François de.

4. Gründliche || Abhandlung || über die || Unnütz- und Unschicklichkeit || des H || im musikalischen Alphabete; || nebst einer Anmerkung, || die künstlichen Töne betreffend, || [Vignette] || Herausgegeben || von J. F. Schwanenberg, || Mit einer Kupfertafel. || WIEN, || bey Chr. Fr. Wappler, und bey Luk. Hochenleitter. || Leipzig, bey Breitkopf und Härtel. || 1797. ||

   17 cm; S. VI—XVI u. 4—140; der Verf. ist in d. Vorrede genannt: „Anton Wolf von Wolfenau" [Doppelname!]; die vollst. Vornamen d. Herausgebers sind bibliogr. erm.: Josef Franz.

5. [1:] Beschreibung || der königlichen Residenzstädte || Berlin und Potsdam, aller daselbst befindlichen || Merkwürdigkeiten, || und || der umliegenden Gegend. || Dritte völlig umgearbeitete Auflage; mit genauen Grundrissen der Städte Berlin und Potsdam, einem Grundrisse des neuen Schlosses bey Sanssouci, und einer neuen || Karte der Gegend um Berlin. || Erster Band || Berlin, 1786 || bey Friedrich Nicolai ||

   21 cm; aus d. Vorrede geht hervor, daß d. Verleger auch d. Verf. ist.

   [2:] ... || ... || Zweiter Band || ... ||

   [3:] ... || ... || Dritter Band || ... ||

2.11.4 *Gruppenschriften eines Verfassers*

Ein OW aus dem *originalen* Sachtitel bestimmt, wie wir wissen, die weitere Einordnung einer einzelnen Schrift unter dem Verfasser (22.3). Da aber bei Gruppenschriften (vgl. 1.8, Bd I, S. 77/78) kein derartiger Sachtitel vorhanden ist, weist unser Regelwerk ihnen kurzerhand den Platz *vor* allen Einzelschriften im AK an (176).
Zu diesem Zweck müssen alle Gruppenschriften als Ergänzung im Text der Aufnahme eine formelhafte Kennzeichnung erhalten, die ihre Stellung im Katalog angibt. Selbstverständlich erübrigt sich unter diesen Umständen die Markierung eines OW im Sachtitel.

Die Formeln für die vier Abteilungen, in denen die Gruppenschriften in der unten angegebenen Reihenfolge den Einzelschriften vorangehen, sind folgende:

1. „[Werke]“

für alle Ausgaben, die das *gesamte* Werk eines Autors umfassen, also Titel, wie: „Gesammelte Werke“, „Vollständige Werke“, „Vollständige Sammlung aller Werke“ und entsprechende Bezeichnungen in anderen Sprachen („Collected Works“, „Oeuvres complètes“, „Opera omnia“, „Sebrané spisy“, „Polnoe sobranie sočinenij“, „Libri qui supersunt“) usw.

Auch bloße Autornamen, die gleichsam Verfasser- und Sachtitelangaben vereinigen, können eine Gesamtausgabe bezeichnen; doch ist es ratsam, sich über den wirklichen Inhalt aus dem Buch (Vorwort usw.) oder einer Bibliographie zu informieren, da auch eine *Auswahl* etc. vorliegen kann.

2. „[Teils.]“ = Teilsammlung

für alle Ausgaben, die eine *Auswahl* an sich vollständiger Einzelschriften darstellen. Das Auswahlprinzip kommt häufig in der Titelfassung zum Ausdruck, wie: „Ausgewählte Werke“, „Meisterwerke“, „Nachgelassene Schriften“, „Inedita“, „Opera posthuma“, „Populäre Schriften“ u. ä.

Auch Sammlungen einzelner Kategorien (Gruppen) von Schriften fallen hierunter, wie „Dramatische Werke“, „Poetische Schriften“, „Lustspiele“, „Novellen“ u. ä.

Anders verhält es sich mit Titeln, wie „Sudermann: Litauische Geschichten“, „Balzac: Contes drolatiques“. Diese Titel sind vom Verfasser formuliert und erstmalig so veröffentlicht worden. Sie sind also Originaltitel und werden als Einzelschriften behandelt.

Ausgaben, die auf dem Titelblatt drei und mehr Einzeltitel *eines* Verfassers aufführen, gelten ebenfalls als Teilsammlung. Vom vorliegenden Titel als Einzeltitel wird auf die Stelle „[Teils.]“ im Katalog innerhalb des Autorennamens verwiesen.

Bei zwei Einzeltiteln wird die Schrift innerhalb des Verfassernamens unter den ersten Titel gelegt. Vom zweiten wird in der Regel nicht verwiesen.
In allen Zweifelsfällen wird angenommen, daß *keine* Teilsammlung vorliegt (176,2).

3. „[Fragm.]“ = Fragmente[1]

für alle Fragment*sammlungen* eines Verfassers. Die Stelle für diese Gruppe bleibt in den meisten Fällen im Katalog unbesetzt; sie begegnet in der Regel bei antiken Autoren.

4. „[Werke, Ausz.]“ = Werke, Auszüge

für Auszüge aus verschiedenen Schriften *eines* Verfassers, die in einer Veröffentlichung vereinigt sind. Die einzelnen meist unvollständigen Teile (Worte, Sätze,

---

[1] Fragment = Bruchstück, Torso; hier: unvollendet gebliebenes oder unvollendet überliefertes Werk.

Kapitel) sind unter bestimmten Gesichtspunkten zusammengestellt, z. B. „Luthers Gedanken über die Musik", „Lichtstrahlen aus Goethes Werken".

Beispiele für alle vier Gruppen s. in § 238.

Nicht als Gruppenschriften gelten Titel, wie „Gedichte", „Predigten", „Der Schimmelreiter und andere Erzählungen", „Essays", „Briefe". Sie liegen unter ihrem eigenen Titel.

Ebenso werden Sachtitel behandelt, die nur den Titel *einer* Novelle, Erzählung usw. ohne Zusatz aufführen, hinter denen aber in Wirklichkeit mehrere Beiträge stehen. Hier empfiehlt es sich, in den Text der Aufnahme noch eine entsprechende Bemerkung, wie „[u. a. Novellen]" u. ä. – je nach Sachverhalt – einzufügen oder unter der Aufnahme in einer bibliographischen Notiz den Inhalt, wenn er nicht zu umfangreich ist, anzugeben, z. B. „Enth.: . . ."

Beispiel 232

Vorlage

[1:] GOTTHOLD EPHRAIM LESSING || GESAMMELTE WERKE || ERSTER BAND || GEDICHTE UND SINNSPRÜCHE || FABELN || JUGENDDRAMEN || AUFBAU-VERLAG BERLIN || 1954 ||

20 cm; auf d. Vortitelbl.: „Gotthold Ephraim Lessing || Gesammelte Werke in zehn Bänden || Herausgegeben von Paul Rilla".

[2:] . . . || ZWEITER BAND || DRAMEN || DRAMENFRAGMENTE || . . . || 1954 ||

[3:] . . . || DRITTER BAND || FRÜHE || KRITISCHE SCHRIFTEN || . . . || 1955 ||

[4:] . . . || VIERTER BAND || ÜBER DIE FABEL || LITERATURBRIEFE || SOPHOCLES || . . . || 1955 ||

[5:] . . . || FÜNFTER BAND || ANTIQUARISCHE SCHRIFTEN || . . . || 1955 ||

[6:] . . . || SECHSTER BAND || HAMBURGISCHE DRAMATURGIE || LEBEN UND LEBEN LASSEN || . . . || 1954 ||

[7:] . . . || SIEBENTER BAND || ÜBER DAS EPIGRAMM || BEITRÄGE || ZU EINEM DEUTSCHEN GLOSSARIUM || PHILOSOPHISCHE || UND THEOLOGISCHE SCHRIFTEN I || . . . || 1956 ||

[8:] . . . || ACHTER BAND || PHILOSOPHISCHE || UND THEOLOGISCHE || SCHRIFTEN II || . . . || 1956 ||

[9:] . . . || NEUNTER BAND || BRIEFE || . . . || 1957 ||

[10:] . . . || ZEHNTER BAND || Paul Rilla || LESSING UND SEIN ZEITALTER || NACHTRÄGE · REGISTER || . . . || 1958 ||

Hauptaufnahme

1
Lessing, Gotthold Ephraim — Sign.

Gesammelte Werke [Werke]. (In 10 Bden. Hrsg. von Paul Rilla.) Bd 1—10.
Berlin: Aufbau-Verl. 1954—58. 8^0

1. Gedichte u. Sinnsprüche. Fabeln. Jugenddramen. 1954.
2. Dramen. Dramenfragmente. 1954.
3. Frühe krit. Schriften. 1955.
4. Über d. Fabel. Literaturbriefe. Sophocles. 1955.

2
Lessing, Gotthold Ephraim — Sign.

[Werke]

5. Antiquarische Schriften. 1955.
6. Hamburgische Dramaturgie. Leben u. leben lassen. 1954.
7. Über d. Epigramm. Beiträge zu e. dt. Glossarium. Philos. u. theol. Schriften. 1. 1956.
8. Philos. u. theol. Schriften. 2. 1956.
9. Briefe. 1957.
10. Paul Rilla: Lessing u. s. Zeitalter. Nachtr. Reg. 1958.

Verweisung vom Herausgeber

Rilla, Paul

[Hrsg.]

s. *Lessing*, Gotthold Ephraim: Ges. Werke [Werke]. 1954—58.

Erläuterungen

1. Die Aufnahme ist genau in der Zettelform wiedergegeben, um zu zeigen, wie man verfährt, wenn der Text wegen seines Umfangs auf *mehrere* Zettel verteilt werden muß.
2. Auch in der Vw. ist die Formel für die Gruppenschrift anzugeben.

Beispiel 233

Vorlage

[1:] Goethes Werke in Auswahl || herausgegeben und eingeleitet von || PAUL WIEGLER || Erster Band || [Signet] || AUFBAU-VERLAG BERLIN || 1949 ||

20 cm; hinter d. Titelbl. angegeben: „Goethes Welt || Aus Briefen und Gesprächen || Gedichte eines Lebens || Erste Hälfte || 1756—1796 ||"; die Vornamen sind aus d. Einl. ersichtl.

[2:] . . . || Zweiter Band || . . . ||

Hinter d. Titelbl. angegeben: „Gedichte eines Lebens || Zweite Hälfte || 1796 bis zum Ausgang || Diwan || Epik ||".

[3:] . . . || Dritter Band || . . . ||

Hinter d. Titelbl. angegeben: „Von Frankfurt nach Frankfurt || Dichtung und Wahrheit || Götz von Berlichingen ||".

[4:] . . . || Vierter Band || . . . ||

Hinter d. Titelbl. angegeben: „Vom Werther zum Urmeister".

[5:] . . . || Fünfter Band || . . . ||

Hinter d. Titelbl. angegeben: „Vom Egmont bis zu den Wahlverwandtschaften".

[6:] . . . || Sechster Band || . . . ||

Hinter d. Titelbl. angegeben: „Vom Urfaust bis zu Fausts Tod".

Hauptaufnahme

Goethe, Johann Wolfgang von
(Johann Wolfgang von) Goethes Werke in Auswahl [Teils.] Hrsg. u. eingel. von Paul Wiegler. Bd. 1—6.
Berlin: Aufbau-Verl. 1949. 8°

1. Goethes Welt. Aus Briefen u. Gesprächen. Gedichte e. Lebens. Hälfte 1: 1765 bis 1796. 2. Gedichte e. Lebens. Hälfte 2: 1796 bis zum Ausgang. Diwan. Epik. 3. Von Frankfurt nach Frankfurt. Dichtung u. Wahrheit. Götz von Berlichingen. 4. Vom Werther zum Urmeister. 5. Vom Egmont bis zu d. Wahlverwandtschaften. 6. Vom Urfaust bis zu Fausts Tod.

Erläuterung

Bei mehrbändigen abgeschlossenen Veröffentlichungen gibt man den Inhalt der einzelnen Bände, soweit er formuliert ist, auch dann an, wenn er nicht auf den einzelnen Titelblättern steht. Das geschieht in diesem Fall am besten durch eine bibliographische Notiz unter dem Text. Ein solcher „Enthaltevermerk" wird nicht geklammert (vgl. 1.4.2, unter Ziffer 12, Bd I, S. 49).

Verweisung vom Herausgeber

Wiegler, Paul
[Hrsg.]
s. *Goethe*, Johann Wolfgang von: Werke in Auswahl [Teils.] Berlin 1949.

Erläuterung

Im vorliegenden Fall ist es zweckmäßig, der Vw. auch noch den Erscheinungsort hinzuzufügen, da zumindest in einer größeren Bibliothek mehrere Teilsammlungen vorhanden sein können, die im Jahre des 200. Geburtstages des Dichters erschienen sind.

Beispiel 234

Vorlage

[1:] BÖRNES WERKE || IN ZWEI BÄNDEN || ERSTER BAND || Dramaturgische Blätter · Erzählungen · Vermischte Aufsätze || Schilderungen aus Paris || 1959 || VOLKS-VERLAG WEIMAR ||

18,5 cm; auf d. Rücks. d. Titelbl.: „Ausgewählt und eingeleitet von Helmut Bock und Walter Dietze"; auf d. Rücks. d. Vortitelbl.: „Bibliothek deutscher Klassiker"; der Vorname d. Dichters ist aus d. ersten Band erm.: „Ludwig".

[2:] . . . || ZWEITER BAND || Briefe aus Paris · Menzel, der Franzosenfresser || . . . ||

Hauptaufnahme

Boerne, Ludwig
(Ludwig) Börnes Werke [Teils.] In 2 Bden. (Ausgew. u. eingel. von Helmut Bock u. Walter Dietze.) Bd 1.2.
Weimar: Volksverl. 1959. 8^0
(Bibliothek dt. Klassiker.)
1. Dramaturg. Blätter. Erzählungen. Verm. Aufsätze. Schilderungen aus Paris.
2. Briefe aus Paris. Menzel, der Franzosenfresser.

Erläuterung

Wie mißverständlich Titelfassungen sein können, zeigt das obige Beispiel. Erst auf Grund eines Vermerkes aus dem Buch ergibt sich, daß eine „Auswahl" vorliegt. Die Veröffentlichung wird daher unter Teilsammlungen gelegt.

Verweisung von den Herausgebern

Bock, Helmut
[Hrsg.]
s. *Boerne*, Ludwig: Werke [Teils.] 1959.

Vw. vom zweiten Herausgeber desgl.

Stücktitel bei Gesamtausgaben und Teilsammlungen werden als *Inhaltsangaben* betrachtet und erhalten daher *keine* besondere Aufnahme (20,4). Nur wenn der Gesamttitel an ganz versteckter Stelle – etwa in der Norm oder als Verlagsanzeige – angegeben ist, wird man eine Stücktitelaufnahme anfertigen.

Beispiel 235

Vorlage

[1:] Gottfried Keller || Der grüne Heinrich || Erster und zweiter Teil || 1946 || Aufbau-Verlag Berlin W 8 ||

20,5 cm; auf d. Vortitelbl.: „Gottfried Keller/Ausgewählte Werke || Erster Band ||"; Rückentitel: „Gottfried Keller 1 ||".

[2:] . . . || . . . || Dritter und vierter Teil || . . . ||

Auf d. Vortitelbl.: „Gottfried Keller/Ausgewählte Werke || Zweiter Band ||"; Rückentitel: „Gottfried Keller || 2 ||".

[3:] . . . || Die Leute von Seldwyla || Erzählungen || . . . ||

Auf d. Vortitelbl.: „Gottfried Keller/Ausgewählte Werke || Dritter Band ||"; Rückentitel: „Gottfried Keller || 3 ||".

[4:] . . . || Züricher Novellen || Gedichte || . . . ||

Auf d. Vortitelbl.: „Gottfried Keller/Ausgewählte Werke || Vierter Band ||"; Rückentitel: „Gottfried Keller || 4 ||".

Aufnahme

Keller, Gottfried
Ausgewählte Werke [Teils.] Bd 1—4.
(Berlin: Aufbau-Verl. 1946.) 8^0

1.2. Der grüne Heinrich. T. 1—4.
3. Die Leute von Seldwyla. Erzählungen.
4. Züricher Novellen. Gedichte.

Beispiel 236

Vorlage

FÜNF NOVELLEN || VON || THEODOR STORM || EINFÜHRUNG || UND ERLÄUTERUNGEN || VON || FRITZ BÖTTCHER || VERLAG DER NATION ||

19.5 cm; S. 5—474; auf d. Rücks. d. Titelbl.: „3. Auflage 1954 VERLAG DER NATION · BERLIN C 2".

Hauptaufnahme

Storm, Theodor
Fünf Novellen [Teils.] Einf. u. Erl. von Fritz Böttcher. (3. Aufl.)
(Berlin:) Verl. d. Nation (1954). 474 S. 8^0

Verweisung vom Herausgeber

Boettcher, Fritz
[Hrsg.]
s. *Storm*, Theodor: Fünf Novellen [Teils.] 3. Aufl. 1954.

Vgl. § 176, 2b.

Mitunter erwecken Teilsammlungen und Auszüge aus den Schriften eines Verfassers den Anschein, als ob es sich um eine Einzelschrift mit einem originalen Titel handelt. Ein Untertitel oder Vorwort geben aber in der Regel darüber Aufschluß, daß in Wirklichkeit eine Gruppenschrift vorliegt. Immer dann, wenn ein derartiger hybrider oder Zier-Titel den wahren Sachverhalt verdeckt, muß eine Vw. von ihm auf die Gruppenschrift innerhalb des Verfassernamens gemacht werden, denn der Benutzer, der vom Titelblatt ausgeht, sucht die Schrift zunächst unter diesem Ziertitel (vgl. Fuchs: Kommentar. 1955, § 93, 1, S. 196).

Beispiel 237

Vorlage

CLARA ZETKIN || ÜBER LITERATUR || UND KUNST || Zusammengestellt und herausgegeben || von || Emilia Zetkin-Milowidowa || HENSCHELVERLAG BERLIN 1955 ||

19,5 cm; S. 5—114; Inhalt: bereits früher in Zeitschriften veröffentlichte Aufsätze d. Verf.

Hauptaufnahme

Zetkin Klara
Clara Zetkin. Über Literatur und Kunst [Teils.] Zsgest. u. hrsg. von Emilia Zetkin-Milowidowa.
Berlin: Henschel 1955. 114 S. 8⁰

Verweisung vom Verfasser/Ziertitel

Zetkin, Klara
Über *Literatur* u. Kunst. 1955
s. *Zetkin:* Teils.

Verweisung von der Herausgeberin

Zetkin-Milowidowa, Emilia
[Hrsg.]
s. *Zetkin,* Klara: Über Literatur u. Kunst [Teils.] 1955.

Verweisung vom zweiten Teil des Doppelnamens

Milowidowa, Emilia Zetkin-
s. *Zetkin*-Milowidowa.

Beispiel 238

Vorlage

GOETHE || Faust/Götz/Iphigenie || URFASSUNGEN || [Signet] || STROMVERLAG || HAMBURG-BERGEDORF ||

19 cm; S. 5—207; auf d. Rücks. d. Titelbl.: „Printed 1947"; die vollst. Namensform d. Dichters ist nicht aus d. Buch ersichtl.

Hauptaufnahme

Goethe, Johann Wolfgang von
[Johann Wolfgang von] Goethe. Faust, Götz, Iphigenie [Teils.] Urfassungen.
Hamburg-Bergedorf: Stromverl. (1947). 207 S. 8⁰

Verweisung vom Verfasser/ vorliegenden Titel

Goethe, Johann Wolfgang von
Faust, Götz, Iphigenie. 1947
s. *Goethe:* Teils.

Vgl. § 176, 2c.

Beispiel 239

Vorlage

ARISTOTELIS || QUI FEREBANTUR LIBRORUM || FRAGMENTA || COLLEGIT || VALENTINUS ROSE || LIPSIAE || IN AEDIBUS B. G. TEUBNERI || MDCCCL-XXXVI ||

17,5 cm; S. 2—462; auf d. Umschlag: „BIBLIOTHECA SCRIPTORUM GRAECORUM ET ROMANORUM TEUBNERIANA".

Hauptaufnahme

Aristoteles
Aristotelis qui ferebantur librorum fragmenta [Fragm.] Coll. Valentinus Rose.
Lipsiae: Teubner 1886. 462 S. 8⁰
(Bibliotheca scriptorum Graecorum et Romanorum Teubneriana.)

Verweisung vom Herausgeber

Rose, Valentin
[Hrsg.]
s. *Aristoteles:* Fragmenta [Fragm.] 1886.

Vgl. § § 87. 161. 176,3. 101.

Beispiel 240

Vorlage

JOHANN WOLFGANG GOETHE || NATUR – GOTT – RELIGION || nach Aussprüchen, Versen und Fragmenten || zusammengestellt von || VITUS GRUMMANN || DROEMERSCHE VERLAGSANSTALT ||

19 cm; S. 5—103; auf d. Rücks. d. Titelbl.: „Copyright 1948 by Droemersche Verlagsanstalt, Wiesentheid || Erstes bis fünftes Tausend."

Hauptaufnahme

Goethe, Johann Wolfgang von
Johann Wolfgang [von] Goethe. Natur, Gott, Religion [Werke, Ausz.] Nach Aussprüchen, Versen u. Fragm. zsgest. von Vitus Grummann.
(Wiesentheid:) Droemer (1948). 103 S. 8⁰

Verweisung vom Verfasser/vorliegenden Titel

Goethe, Johann Wolfgang von
Natur, Gott, Religion. 1948
s. *Goethe:* Werke, Ausz.

Verweisung vom Herausgeber

Grummann, Vitus
[Hrsg.]
s. *Goethe*, Johann Wolfgang von: Natur, Gott, Religion [Werke, Ausz.] 1948.

Beispiel 241

Vorlage

WALTHER VICTOR || HEINE || EIN || LESEBUCH || FÜR || UNSERE ZEIT || [Signet] || THÜRINGER VOLKSVERLAG GMBH || ERFURT 1951 ||

20 cm; S. VII—XXVII u. 1—480; auf d. Rücks. d. Titelbl.: „Dritte Auflage"; auf d. Vortitelbl.: „Lessing · Goethe · Heine || LESEBÜCHER FÜR UNSEREZEIT || "; Inh.: Auszüge aus dem Gesamtwerk Heines; sein Vorname ist aus d. Buch zu ersehen.

Hauptaufnahme

Heine, Heinrich
[Hrsg.:] Walther Victor. (Heinrich) Heine [Werke, Ausz.] Ein Lesebuch für unsere Zeit. (3. Aufl.)
Erfurt: Thür. Volksverl. 1951. XXVII, 480 S. 8⁰
(Lesebücher für unsere Zeit.)

Da der Herausgebername auf dem Titelblatt den Eindruck erweckt, als ob es sich um einen Verfasser handelt, wählt man in diesem Fall ausnahmsweise die Form der Mitverfasserverweisung (vgl. Anl. I, 48).

Victor, Walter
Heine. 3. Aufl. 1951
s. *Heine*, Heinrich: Werke, Ausz.

Gruppenschriften haben keinen Originaltitel im Sinne einer Einzelschrift; deshalb werden sie als Übersetzungen in jeder der vier Gruppen nach dem Alphabet der deutschen Sprachbezeichnungen geordnet. Die Formeln lauten beispielsweise: „[Werke, franz.]", „[Teils., russ.]", „[Fragm., neugriech.]", „[Werke, Ausz., engl.]".

Beispiel 242

Vorlage

[1:] CHEFS-D'ŒUVRE || DE || SHAKESPEARE || TOME PREMIER || LA VIE ET LA MORT DE RICHARD III || LE MARCHAND DE VENISE – ROMEO ET JULIETTE || PARIS || LIBRAIRIE DE L. HACHETTE ET C ie || 1864 ||

18,5 cm; der Vorname d. englischen Dichters ist aus d. Veröffentlichung ersichtl.: „William".

[2:] . . . || TOME DEUXIÈME || HENRI IV – HAMLET, PRINCE DE DANEMARK || OTHELLO OU LE MORE DE VENISE || . . . ||

Aufnahme

Shakespeare, William
Chefs-d'œuvre de (William) Shakespeare [Teils., franz.] T. 1.2.
Paris: Hachette 1864. 8⁰

1. La vie et la mort de Richard III. Le marchand de Venise. Romeo et Juliette.
2. Henri IV. Hamlet. Othello ou le more de Venise.

Beispiel 243

Vorlage

MOLIÈRE || VIER LUSTSPIELE || AUFBAU-VERLAG BERLIN || 1957 ||

20,5 cm; S. 9—314; die vollst. Namen d. französischen Dichters sind bibliogr. erm.: Jean Baptiste Poquelin dit Molière; auf d. Rücks. d. Titelbl.: „LE BOURGEOIS GENTILHOMME || LE MALADE IMAGINAIRE || LES PRÉCIEUSES RIDICULES || L'AVARE || Aus dem Französischen übersetzt von Walter Wichner. ||"

Hauptaufnahme

Molière, Jean Baptiste Poquelin dit
[Jean Baptiste Poquelin dit] Molière. Vier Lustspiele [Teils., dt.] (Aus. d. Franz. übers. von Walter Wichner.)
Berlin: Aufbau-Verl. 1957. 314 S. 8⁰
Der Bürger als Edelmann. Der eingebildete Kranke. Die lächerlichen Preziösen. Der Geizhals.

Verweisung vom wirkl. Namen auf das Pseudonym

Poquelin, Jean Baptiste
[wirkl. Name]
s. *Molière*, Jean Baptiste Poquelin dit [Pseud.]

Verweisung vom Übersetzer

Wichner, Walter
[Übers.]
s. *Molière*, Jean Baptiste Poquelin dit: Vier Lustspiele [Teils., dt.] 1957.

Beispiel 244

Vorlage

[links:] GESCHICHTEN UM MITTERNACHT || EINE REIHE PHANTASTISCHER ERZÄHLUNGEN || HERAUSGEGEBEN || VON || KARL HANS STROBL || VERLAG DER || GESELLSCHAFT FÜR GRAPHISCHE INDUSTRIE || WIEN · LEIPZIG ||

[rechts:] NIKOLAUS W. GOGOL || EINE AUSWAHL SEINER ERZÄHLUNGEN || EINGELEITET VON || KARL HANS STROBL || MIT BUCHSCHMUCK VON EDUARD GAERTNER || VERLAG DER || GESELLSCHAFT FÜR GRAPHISCHE INDUSTRIE || WIEN · LEIPZIG ||

17,5 cm; S. 5—201; auf d. Rücks. d. Titelbl.: „Copyright 1923"; die originalen russischen Namensformen des Autors sind bibliogr. erm.: Николай Ва́сильевич Гоголь.

Hauptaufnahme

Gogol', Nikolaj Vasil'evič
Nikolaus W. Gogol [Nikolaj Vasil'evič Gogol']. Eine Auswahl seiner Erzählungen [Teils., dt.] Eingel. von Karl Hans Strobl. Mit Buchschmuck von Eduard Gaertner.
Wien, Leipzig: Ges. für Graph. Industrie (1923). 201 S. 8⁰
(Geschichten um Mitternacht.)

Verweisung von der deutschen Namensform

Gogol, Nikolaus W.
[dt. Namensform]
s. *Gogol'*, Nikolaj Vasil'evič.

Vgl. auch § 163.

Verweisung vom Herausgeber

Strobl, Karl Hans
[Hrsg.]
s. *Gogol'*, Nikolaj Vasil'evič: Eine Auswahl seiner Erzählungen [Teils., dt.] 1923.

Beispiel 245

Vorlage

PAUL ELUARD || VOM HORIZONT EINES MENSCHEN || ZUM HORIZONT ALLER MENSCHEN || Ausgewählt und übersetzt von Friedrich Hagen || Zeichnungen Max Schwimmer || VERLAG DER NATION ||

24,5 cm: S. 6—159; auf d. Rücks. d. Titelbl.: „1. Auflage 1956 · Verlag der Nation Berlin"; Anmerkung am Schluß d. Textes: „Unsere Auswahl enthält Übersetzungen aus folgenden Werken von Paul Eluard: . . ."

Hauptaufnahme

Eluard, Paul
Paul Eluard. Vom Horizont eines Menschen zum Horizont aller Menschen [Werke, Ausz., dt.] Ausgew. u. übers. von Friedrich Hagen. Zeichn.: Max Schwimmer. (Berlin:) Verl. d. Nation (1956). 159 S. 8^0

Verweisung vom Verfasser/ vorliegenden Titel

Eluard, Paul
Vom Horizont eines Menschen zum Horizont aller Menschen. 1956
s. *Eluard:* Werke, Ausz., dt.

Verweisung vom Übersetzer

Hagen, Friedrich
[Übers.]
s. *Eluard*, Paul: Vom Horizont eines Menschen zum Horizont aller Menschen [Werke, Ausz., dt.] 1956.

Verweisung vom Illustrator

Schwimmer, Max
[Ill.]
s. *Eluard*, Paul: Vom Horizont eines Menschen zum Horizont aller Menschen [Werke, Ausz., dt.] 1956.

Beispiel 246

Vorlage

Enea Silvio Piccolomini || Papst Pius II || AUSGEWÄHLTE TEXTE AUS SEINEN SCHRIFTEN || HERAUSGEGEBEN, ÜBERSETZT || UND BIOGRAPHISCH EINGELEITET VON || BERTHE WIDMER || FESTGABE || DER HISTORISCHEN UND ANTIQUARISCHEN || GESELLSCHAFT ZU BASEL || AN DIE UNIVERSITÄT || BEI ANLASS IHRES FÜNFHUNDERTJÄHRIGEN BESTEHENS || ZUM GEDÄCHTNIS IHRES STIFTERS || BENNO SCHWABE & CO. VERLAG || BASEL/STUTTGART ||

23,5 cm; S. 5—477; auf d. Rücks. d. Titelbl.: „Copyright 1960"; Pius II. lebte im 15. Jahrhundert und schrieb vor Eintritt in seine Würde unter dem Namen Aeneas Sylvius Piccolomini (Übergangszeit!); die Texte liegen lateinisch und deutsch vor.

Hauptaufnahme

Pius II. Papa
Enea Silvio Piccolomini [Aeneas Sylvius Piccolomini] Papst Pius II. Ausgewählte Texte aus seinen Schriften [Werke, Ausz., lat. u. dt.] Hrsg., übers. u. biogr. eingel. von Berthe Widmer. Festgabe d. Hist. u. Antiquar. Ges. zu Basel an d. Univ. bei Anl. ihres 500jähr. Bestehens.
Basel, Stuttgart: Schwabe (1960). 477 S. 8⁰

Dazu folgende Verweisungen:

Widmer, Berthe
[Hrsg.]
s. *Pius* II. Papa: Ausgew. Texte aus seinen Schriften [Werke, Ausz., lat. u. dt.] 1960.

Piccolomini, Enea Silvio
s. *Pius* II. Papa.

Enea Silvio Piccolomini
s. *Pius* II. Papa.

Vgl. auch § 95.

Aeneas Sylvius Piccolomini
s. *Pius* II. Papa.

Aufgabe 43

1. [1:] ADALBERT STIFTER || SÄMTLICHE WERKE || Erster Band || STUDIEN || DEUTSCHE BUCH-GEMEINSCHAFT || BERLIN · DARMSTADT · WIEN ||

20 cm; auf d. Rücks. d. Titelbl.: „Herausgegeben von Hannsludwig Geiger. Printed 1959".

[2:] . . . || Zweiter Band || BUNTE STEINE · ERZÄHLUNGEN || NACHSOMMER || . . . ||

Wie im ersten Band.

[3:] ... || Dritter Band || WITIKO · MAPPE || GELEGENHEITSSCHRIFTEN || ... ||

Wie im ersten Band.

2. OTTO BRAHM || THEATER · DRAMATIKER || SCHAUSPIELER || Veröffentlichung der Deutschen Akademie der Künste || Auswahl und Nachwort || von Hugo Fetting || HENSCHELVERLAG BERLIN 1961 ||

22 cm; S. 9—462; aus d. Vorbemerkung: „Was wir bringen, ist nur eine Auslese der kritischen Arbeiten Otto Brahms".

3. [1:] Euripides || Deutsch || in den Versmaßen der Urschrift || von || J. J. C. Donner. || Zweite verbesserte Auflage. || Erster Band. || Leipzig und Heidelberg || C. F. Wintersche Verlagshandlung.|| 1859 ||

19 cm; die vollst. Vornamen d. Übersetzers sind bibliogr. erm.: Johann Jacob Christian; Inhalt von 1: „1. Hippolytos. 2. Hekabe. 3. Helena. 4. Die Phönikerinnen. 5. Medeia. 6. Orestes."

[2:] ... || Zweiter Band. || ... ||

Inhalt von 2: „7. Alkestis. 8. Iphigenie in Aulis. 9. Iphigenie in Tauris. 10. Die Bacchantinnen. 11. Der Kyklop. 12. Andromache."

[3:] ... || Dritter Band. || ... ||

Inhalt von 3: „13. Die Troerinnen. 14. Ion. 15. Elektra. 16. Der rasende Herakles. 17. Die Schutzflehenden. 18. Die Herakliden."

4. BAUKUNST UND HANDWERK || IN GOETHES DICHTUNG || Ausgewählt und geordnet || von Carl Blunck ||

18,5 cm; S. 5—128; auf d. Rücks. d. Titelbl.: „Verlag Georg Krauskopf, Waiblingen/Wttbg"; aus d. Vorw.: „Diese Auswahl aus Goethes Werken ..."; das Vorw. ist unterz.: „Tübingen, den 28. August 1949"; die Vornamen des Dichters sind nicht ersichtl.

5. STEFAN ZWEIG || BRENNENDES GEHEIMNIS || UND ANDERE ERZÄHLUNGEN || 1954 || S. FISCHER VERLAG ||

20 cm; S. 7—344; auf d. Rücks. d. Titelbl.: „S. Fischer Verlag, Berlin und Frankfurt am Main".

6. THEODORE DREISER || ERZÄHLUNGEN || AUFBAU-VERLAG BERLIN || 1960 ||

19 cm; S. 5—389; auf d. Rücks. d. Titelbl.: „Aus dem Englischen übersetzt von Margarete Berg".

7. SHAKESPEARE || Worte über die Musik || Aus seinen Werken herausgelesen und gesammelt || von || Kurt Sydow || 1952 || MÖSELER VERLAG WOLFENBÜTTEL ||

19 cm; S. 8—31; der Vorname d. Dichters ist nicht aus d. Buch ersichtl.

8. [links:] JOHN RUSKIN || AUSGEWÄHLTE WERKE IN || VOLLSTÄNDIGER ÜBERSETZUNG || BAND II || BUCHSCHMUCK VON J. V. CISSARZ-DARMSTADT ||

20 cm.

[rechts:] JOHN RUSKIN || SESAM UND LILIEN || AUS DEM ENGLISCHEN || VON HEDWIG JAHN || ZWEITE AUFLAGE || VERLEGT BEI EUGEN DIEDERICHS IN JENA 1905 ||

S. 2—266.

9. ERICH WEINERT || GEDICHTE || EINE AUSWAHL || BIBLIOTHEK || FORTSCHRITTLICHER DEUTSCHER SCHRIFTSTELLER ||

19 cm; S. 7—528; am Schluß d. Textes: „Volk und Wissen Verlag GmbH Berlin/Leipzig. 1.—30. Tsd. 1950."

10. Томас Манн || НОВЕЛЛЫ || Переводы с немецкого || Государственное издательство || ХУДОЖЕСТВЕННОЙ ЛИТЕРАТУРЫ || МОСКВА 1956 ||

20,5 cm; S. 3—341; auf d. Rücks. d. Titelbl.: „Переводы под редакцией НАТАЛИИ МАН || Предисловие: С. ТУРАЕВА".

11. GOETHE || Die Leiden || des jungen Werther || Die Wahlverwandtschaften || Mit Erläuterungen || von || Georg Witkowski || H. Fikenscher/Leipzig ||

19 cm; S. 7—381; auf d. Rücks. d. Titelbl.: „Textrevision: Dr. Paul Beyer"; auf d. Vortitelbl.: „Hafis-Bücherei"; das Erscheinungsjahr ist bibliogr. erm.: 1927; die Vornamen d. Dichters sind nicht aus d. Buch ersichtl.

2.11.5 *Gekürzte Ausgaben einer Einzelschrift*

Auszüge oder gekürzte Ausgaben *einer* Schrift werden unter das OW der vollständigen Ausgabe gelegt (230).

Beispiel 247

Vorlage

FRIEDRICH SCHILLER || DIE RÄUBER || AUSGEWÄHLTE SZENEN || Einrichtung, Hinweise || für Dramaturgie und Darstellung || von Günter Kaltofen || Bühnenbilder und Kostüme || von Eva-Maria Drinkler || VEB FRIEDRICH HOFMEISTER || LEIPZIG ||

17,5 cm; S. 7—141, dahinter 2 Blätter mit Zeichnungen u. 2 Tafeln; auf d. Rücks. d. Titelbl.: „Copyright 1954".

Hauptaufnahme

Schiller, Friedrich von
Friedrich [von] Schiller. Die *Räuber* [Ausz.] Ausgew. Szenen. Einrichtung, Hinweise für Dramaturgie u. Darst. von Günter Kaltofen. Bühnenbilder u. Kostüme von Eva-Maria Drinkler.
Leipzig: Hofmeister (1954). 141 S., 2 Bl. mit Zeichn., 2 Taf. 8°

Verweisung vom Bearbeiter

Kaltofen, Guenter
[Bearb.]
s. *Schiller*, Friedrich von: Die Räuber [Ausz.] 1954.

Von einem abweichenden Sachtitel des Auszugs wird verwiesen.

Beispiel 248

Vorlage

HANS GEORG NÄGELI || Von Bach zu Beethoven || Aus den Vorlesungen über Musik || VERLAG BENNO SCHWABE & CO || KLOSTERBERG, BASEL ||

19 cm; S. 6—76; aus d. Vorw.: „. . . die Nägeli . . . unter dem Titel »Vorlesungen über Musik mit Berücksichtigung der Dilettanten« herausgab. Aus diesen Vorlesungen werden hier die drei der Geschichte der Instrumentalmusik gewidmeten in einiger Verkürzung dargeboten"; auf d. Rücks. d. Titelbl.: „Ausgewählt und eingeleitet von Willi Reich; Copyright 1946"; auf d. Vortitelbl.: „Sammlung Klosterberg || Schweizerische Reihe || Herausgegeben von || Walter Muschg ||".

Hauptaufnahme

Naegeli, Hans Georg
Hans Georg Nägeli. Von Bach zu Beethoven. Aus den *Vorlesungen* über Musik (mit Berücksichtigung der Dilettanten) [Ausz.] (Ausgew. u. eingel. von Willi Reich.) Klosterberg, Basel: Schwabe (1946). 76 S. 8⁰
(Samml. Klosterberg. Schweizer. R.)

Verweisung vom Verfasser/ vorliegenden Titel

Naegeli, Hans Georg
Von Bach zu Beethoven. 1946
s. *Naegeli:* Vorlesungen über Musik mit Berücks. d. Dilettanten [Ausz.]

Verweisung vom Herausgeber

Reich, Willi
[Hrsg.]
s. *Naegeli*, Hans Georg: Von Bach zu Beethoven [Vorlesungen über Musik mit Berücks. d. Dilettanten, Ausz.] 1946.

Bilden jedoch einzelne Teile eines Werkes eine abgeschlossene Einheit mit besonderem feststehenden Titel, so werden sie unter diesen gestellt, z. B. „Immermann, Oberhof" – nicht unter „Immermann, Münchhausen" (230).
Vgl. auch Fuchs: Kommentar. 1955, S. 174.

2.12 Titeländerungen bei verschiedenen Ausgaben einer Schrift

Ist mit der Neuausgabe eines Werkes zugleich eine Titeländerung verbunden, so muß für die Einordnung beachtet werden, ob es sich lediglich um eine Änderung des *Titels* (Titelauflage[1]) oder um eine Bearbeitung des ursprünglichen *Textes* handelt. Bei der Entscheidung, ob dem Urtext oder der Bearbeitung der Vorzug zu geben ist, wird die Fassung des Titels mitberücksichtigt (45). In der Praxis verfährt man so, daß eine Bearbeitung immer dann angenommen wird, wenn nicht ausdrücklich vermerkt ist, daß nur ein Neudruck oder eine unveränderte Ausgabe vorliegt.
Im Falle eines „Neudrucks" (vgl. Beisp. 214 u. 215) oder einer „unveränderten" Ausgabe bleibt die Schrift unter ihrem ursprünglichen Titel. Der neue Titel wird als eine Art Nebentitel angesehen; von ihm ist zu verweisen.

---

[1] Textlich unveränderte Ausgabe mit neuer Titelfassung.

Beispiel 249

Aufnahme

Behm, Hans Wolfgang
Hans Wolfgang Behm. Von Sintflut zu Sintflut. Unveränd. Neuausg. d. bisher u. d. T. „*Planetentod* und Lebenswende" ersch. Werkes.
Berlin: Wegweiser-Verl. [1936]. VIII, 365 S. 8⁰
(Volksverband d. Bücherfreunde. Auswahlreihe.)

Dazu die Verweisung vom neuen Titel (Nebentitel):
Behm, Hans Wofgang
Von Sintflut zu Sintflut. 1936
s. *Behm:* Planetentod u. Lebenswende. Neuausg.

Titel verschiedener *Bearbeitungen* desselben Werkes bleiben getrennt, doch wird bei jedem Titel auf den anderen, soweit er sich leicht ermitteln läßt, durch eine Notiz hingewiesen (219).
Steht der frühere Titel auf dem Titelblatt der neuen Auflage, wird er, wie das obige Beispiel zeigt, nach der Vorlage übernommen. Andernfalls wird er unter dem Text aufgeführt, wobei man eine entsprechende Formel voranstellt, z. B. bei mehr als *einer* älteren Auflage: „Frühere Aufl. u. d. T.:", bei nur einer: „1. Aufl. 1953 u. d. T.:".
Da das Werk unter dem alten Titel mit der Auflagenzählung der neuen Ausgabe im Katalog gesucht werden könnte, empfiehlt sich – unabhängig vom Vorhandensein älterer Auflagen – immer eine Vw. von dem früheren Titel mit der *neuen* Auflagenzählung auf den neuen Titel. Diese Vw. steht, wenn frühere Auflagen nicht in der Bibliothek vorhanden sind, an deren Stelle im Katalog. Sind ältere verzeichnet, wird die Vw. dahinter gelegt. Diese Lösung hat den Vorteil, daß bei Vorhandensein und Nichtvorhandensein früherer Auflagen einheitlich verfahren werden kann. Eine Notiz auf den alten Zetteln entfällt dann natürlich.

Beispiel 250

Vorlage

MAX SEYDEWITZ || DIE UNBESIEGBARE STADT || ZERSTÖRUNG UND WIEDERAUFBAU || VON DRESDEN || 1956 || KONGRESS-VERLAG BERLIN ||

21 cm; S. 7—447; auf d. Rücks. d. Titelbl.: „3. verbesserte und erweiterte Auflage, 21.—40. Tausend. Bisher unter dem Titel: »Zerstörung und Wiederaufbau von Dresden« erschienen."

Hauptaufnahme

Seydewitz, Max
Die unbesiegbare *Stadt*. Zerstörung u. Wiederaufbau von Dresden. (3. verb. u. erw. Aufl.)
Berlin: Kongreß-Verl. 1956. 447 S. 8⁰
Bisher u. d. T.: Seydewitz: Zerstörung und Wiederaufbau von Dresden.

Verweisung vom Verfasser/ früheren Titel

Seydewitz, Max
Zerstörung und Wiederaufbau von Dresden. 3. Aufl. 1956
s. *Seydewitz:* Die unbesiegbare Stadt.

Beispiel 251

Vorlage

FRANZ DORNSEIFF || Bezeichnungswandel unseres Wortschatzes || EIN BLICK IN DAS SEELENLEBEN || DER SPRECHENDEN || Sechste neubearbeitete Auflage von Albert Waag, || „Bedeutungsentwicklung unseres Wortschatzes, ein Blick in das Seelenleben der Wörter" || MORITZ SCHAUENBURG VERLAG · LAHR IN BADEN ||

21,5 cm; S. VI—XII u. 2—223; auf d. Rücks. d. Titelbl.: „1955".

Hauptaufnahme

Dornseiff, Franz
Bezeichnungswandel unseres Wortschatzes. Ein Blick in d. Seelenleben d. Sprechenden. 6. neubearb. Aufl. von Albert Waag, „Bedeutungsentwicklung unseres Wortschatzes, ein Blick in d. Seelenleben d. Wörter".
Lahr in Baden: Schauenburg (1955). XII, 223 S. 8°

Verweisung vom früheren Titel

Waag, Albert
Bedeutungsentwicklung unseres Wortschatzes, ein Blick in d. Seelenleben d. Wörter. 6. Aufl. 1955
s. *Dornseiff*, Franz: Bezeichnungswandel unseres Wortschatzes.

Beispiel 252

Vorlage

PIGMENTE || Herstellung, Eigenschaften, Anwendung || 3., völlig neubearbeitete Auflage des Werkes Körperfarben || von Prof. Dr. H. Wagner || Bearbeitet von || Dipl.-Phys. W. Budde || Dr. G. Clauss und E. Gratzfeld || [es folgen weitere Namen] || Herausgegeben von || Dr. Hans Kittel || mit 8 Farbtafeln und 161 Abbildungen || 1960 || WISSENSCHAFTLICHE VERLAGSGESELLSCHAFT MBH. || STUTTGART ||

24,5 cm; S. VI—XII u. 2—824; der vollst. Vorname Wagners ist aus d. Vorw. ersichtl.: „Hans".

Hauptaufnahme

Pigmente
Pigmente. Herstellung, Eigenschaften, Anwendung. Bearb. von . . . Hrsg. von Hans Kittel. Mit 8 Farbtaf. u. 161 Abb. 3., völlig neubearb. Aufl. d. Werkes „Körperfarben" von H(ans) Wagner.
Stuttgart: Wiss. Verl. Ges. 1960. XII, 824 S. 8°

Verweisung vom Herausgeber

Kittel, Hans
[Hrsg.]
s. *Pigmente*. 1960.

Verweisung vom früheren Titel

Wagner, Hans
Körperfarben. 3. Aufl. 1960
s. *Pigmente*.

Beispiel 253

Vorlage

Kleines Lehrbuch || für || Zuckerkranke || Von || Dr. med. Theodor Weiß || Facharzt für innere Krankheiten || Ebersbach/Sa. || 2., völlig neubearbeitete Auflage || VERLAG VON THEODOR STEINKOPFF || DRESDEN UND LEIPZIG 1960 ||

20 cm; S. V—VII u. 1—128; lt. bibliogr. Ermittlung ist d. Buch in erster Auflage 1930 unter d. Titel: „Kochbuch für Zuckerkranke" erschienen.

Hauptaufnahme

Weiss, Theodor
Kleines *Lehrbuch* für Zuckerkranke. Von Theodor Weiß. 2., völlig neubearb. Aufl.
Dresden, Leipzig: Steinkopff 1960. VII, 128 S. 8⁰
1. Aufl. 1930 u. d. T.: Weiß: Kochbuch für Zuckerkranke.

Verweisung vom früheren Titel

Weiss, Theodor
Kochbuch für Zuckerkranke. 2. Aufl. 1960
s. *Weiss:* Kleines Lehrbuch für Zuckerkranke.

Aufgabe 44

1. WALTER ULBRICHT || DER || FASCHISTISCHE DEUTSCHE || IMPERIALISMUS || (1933—1945) || (Die Legende vom „deutschen Sozialismus") || DIETZ VERLAG BERLIN || 1956 ||

   20,5 cm; S. 5—115; auf d. Rücks. d. Titelbl.: „Die beiden ersten Auflagen dieses Buches erschienen 1945 und 1946 unter dem Titel: DIE LEGENDE VOM DEUTSCHEN SOZIALISMUS".

2. Einführung in das || Studium der Medizin || (Die Heilkunde und der ärztliche Beruf, 4. Auflage) || Von || Dr. med. et phil. Dr. h.c. Paul Diepgen || Urban & Schwarzenberg. München – Berlin || 1951 ||

   21,5 cm; S. VI u. 2—304.

3. BEOBACHTUNGEN ZUR || TIERPSYCHOLOGIE IM ZOO || UND IM ZIRKUS || VON || PROF. DR. H. HEDIGER || DIREKTOR DES ZOOLOGISCHEN GARTENS ZÜRICH || MIT 114 FOTOS AUF KUNSTDRUCKTAFELN || UND 13 ZEICHNUNGEN || VERLAG FRIEDRICH REINHARDT AG. BASEL ||

   21 cm; S. 8—430; auf d. Rücks. d. Titelbl.: „Neue erweiterte Ausgabe des 1954 ... erschienenen Buches »Skizzen zu einer Tierpsychologie im Zoo und im Zirkus«; (C) 1961"; der vollst. Vorname d.Verf. ist bibliogr. erm.: Heini (§ 140).

4. GEOTECHNIK (bisher INGENIEURGEOLOGIE UND GEOTECHNIK) || Festigkeitslehre der natürlichen Fels- und || Lockergesteine auf ingenieurgeologischer || und bodenmechanischer Grundlage || von || Dr.-Ing. Karl F. G. Keil || o. Professor für bautechnische Bodenkunde, experiment. || Bodenmechanik, Geotechnik, Ingenieurgeologie und Tunnelbau || Direktor des Instituts für Geotechnik und Ingenieurgeologie || an der Hochschule für Verkehrswesen Dresden || 3. vollständig neugestaltete und bedeutend erweiterte Auflage || Mit 1650 Abbildungen || zahlreichen Tabellen und mehreren hundert Beispielen im Text || VEB WILHELM KNAPP VERLAG · HALLE (SAALE) ||

26,5 cm; S. X—XL u. 2—1456; auf d. Rücks. d. Titelbl.: „1959"; der Verf. schrieb bisher unter d. Namen: Karl Keil.

2.13 Erweiterung und Einschränkung des Verfasserbegriffs

Als Verfasser bezeichnet man gewöhnlich den geistigen Urheber eines Textes. Nicht bei allen Veröffentlichungen kann man aber von einem Verfasser oder Text im obigen Sinne reden; dann erhebt das Regelwerk unter gewissen Voraussetzungen Personen, die das Zustandekommen der Schrift in der vorliegenden Form bewirkt haben, gleichsam stellvertretend in den Rang eines Verfassers. Dies ist hauptsächlich der Fall:

bei allen Arten von Zusammenstellungen durch Kompilatoren, die sich häufig als „Herausgeber" bezeichnen, z. B. bei Anthologien und Chrestomathien (Zusammenstellungen von Texten, die von mehr als drei Autoren stammen), Regesten[1], Konkordanzen[2], Sammlungen von Märchen, Sagen, Sprüchen, Gesetzen und Verordnungen, sofern sie sachlich oder örtlich begrenzt sind, bei Liederbüchern, Gesang- und Gebetbüchern u. ä. Die Schrift wird unter den Kompilator gestellt (36. 39. 40. 41);

bei Briefsammlungen und Briefwechsel von ein, zwei und drei Korrespondenten, gegebenenfalls auch bei Angabe von Adressaten, ebenso bei literarischen Nachlässen (das können auch Briefsammlungen sein!). Als Verfasser gilt der erste Korrespondent bzw. der Adressat, bei Nachlässen der literarische Erblasser (38. 68);

bei Werken, deren Hauptinhalt nicht der Text eines Verfassers, sondern andere Gegenstände bilden, wie Fotos, Zeichnungen, Bilder, Abbildungen der Werke eines Künstlers oder die Musik eines Komponisten. Der Künstler wird zum Verfasser (48. 50. 51);

bei Publikationen, in denen die Arbeit des Übersetzers oder Bearbeiters bzw. Kommentators gegenüber der ursprünglichen Textfassung eine eigene Bedeutung erlangt hat (z. B. die Bibelübersetzung des Ulfilas). Die Schrift wird unter den Übersetzer bzw. Bearbeiter oder Kommentator geordnet (42. 43. 44);

---

[1] Auszüge aus Urkunden, Verzeichnis von Urkundenauszügen.

[2] concordantia lat. = Übereinstimmung: Verzeichnis, in dem Textstellen aus einem oder mehreren Werken gegenübergestellt sind, die im Wort (Verbalkonkordanz) oder im Inhalt (Realkonkordanz) übereinstimmen (Bibelkonkordanzen, Paragraphenkonkordanzen, Signaturenkonkordanzen).

bei Katalogen, soweit kein Verfasser angegeben ist. Antiquariats- und Auktionskataloge werden in diesem Fall unter den Namen der Firma gelegt, ebenso Prospekte und Firmenschriften (60), Kataloge von Privatsammlungen stellt man unter den Namen des Sammlers (59).

Der Grund für diese „Erhebung in den künstlichen Verfasserstand" dürfte wohl darin zu suchen sein, daß eine Schrift möglichst unter einen Personennamen geordnet werden soll, da dieser leichter als ein Sachtitel zu merken und daher im AK sicherer und schneller aufzufinden ist.

Andererseits begegnet man Werken, die zwar einen Verfasser haben, dem aber aus bestimmten Gründen diese Eigenschaft nicht zuerkannt werden kann, weil z. B. seine Arbeit wiederum integrierender Bestandteil eines größeren Werkes ist und er nur als Mitarbeiter oder Bearbeiter angeführt werden darf, etwa der Hersteller eines Registers, das zu einer bestimmten Ausgabe eines Werkes gehört (47) oder der Verfasser eines einzelnen Bandes einer laufenden Veröffentlichung, sofern diese keinen Stücktitel hat (61).

Auch der Respondent einer älteren Doktorschrift (Inauguraldissertation) wird nicht als geistiger Urheber betrachtet, sondern der Praeses gilt als Autor (52).

Wer sich eingehender über diesen Komplex unterrichten will, sei auf die Paragraphen 36—61 der „Regeln" hingewiesen.

2.13.1 *Der Herausgeber als Sammler fremden Schrifttums*

Die Bezeichnung „Herausgeber" ist vieldeutig, und ihre richtige Interpretation im Sinne unseres Regelwerkes gibt erst die Voraussetzung für die Einordnung der Schrift. Hinter dieser Bezeichnung kann stehen:

1. ein echter Verfasser, der sich im älteren Schrifttum auf dem Titelblatt recht oft als Herausgeber oder Bearbeiter eines von ihm verfaßten Textes angibt. Er wird selbstverständlich als echter Verfasser behandelt;
2. ein echter Herausgeber, der einen fremden Text veröffentlicht bzw. bearbeitet und neben dem oft eine Anzahl von Mitarbeitern (Autorenkollektiv) steht. Er erhält nur eine Vw., da die betreffende Schrift unter dem Sachtitel liegt;
3. ein sogenannter „künstlicher Verfasser", d. h. ein Herausgeber, der auf Grund seiner Sammeltätigkeit (Kompilator) in den Rang eines Verfassers erhoben wird.

Erscheint also auf dem Titelblatt einer Schrift eine Wendung, die einen Herausgeber oder Bearbeiter angibt, ist zunächst sorgfältig zu prüfen, welche von den obengenannten drei Kategorien in Wirklichkeit vorliegt, um demgemäß zu verfahren.

Im folgenden handelt es sich nur um die letztgenannte Gruppe von Herausgebern. Bestimmend für die Art dieser Sammlungen ist der vom Zusammensteller her gegebene subjektive Charakter ihrer *Auswahl*.

Liegt z. B. eine Auswahl von Urkunden zur Geschichte der Stadt X. vor, wird die Publikation unter *den* gestellt, der die Auswahl getroffen hat. Handelt es sich aber um d a s Urkundenbuch der Stadt X., d. h. um eine Sammlung aller zu diesem Gegenstand überhaupt erreichbaren Urkunden, trägt die Veröffentlichung als historisches Dokument objektiven Charakter und ist unter ihren Sachtitel mit Vw. vom Herausgeber zu ordnen. Dabei wird eine solche Sammlung immer dann als vollständig angesehen, wenn ihr Auswahlcharakter nicht ausdrücklich angegeben ist.

Die „künstlichen" Verfasser werden mit allen sich aus dieser Eigenschaft ergebenden Konsequenzen auch als solche behandelt. Abgesehen von der bereits bekannten Regel für die Wiederholung des Verfassernamens im Text (vgl. 2.1, Bd I. S. 80, Ziffer 2), empfiehlt sich in allen Fällen einer „künstlichen" Verfasserschaft, den „Herausgeber-Verfasser" im Text zu wiederholen, wenn die Weglassung Unklarheiten über den Charakter der Schrift ergeben würde.

Beispiel 254

Vorlage

ERBE DER ROMANTIK || Acht Novellen || von Kleist, Brentano, Arnim, E. T. A. Hoffmann, Chamisso, Tieck, Hauff und Eichendorff || Ausgewählt und erläutert von Fritz Böttger || [Signet] || VERLAG DER NATION ||

19,5 cm; S. 8—452; am Schluß d. Textes: „4. Auflage 1958 || Verlag der Nation, Berlin ||".

Aufnahme

Boettger, Fritz
Erbe der Romantik. 8 Novellen von Kleist, Brentano, Arnim, E. T. A. Hoffmann, Chamisso, Tieck, Hauff u. Eichendorff. Ausgew. u. erl. von Fritz Böttger. (4. Aufl.) (Berlin:) Verl. d. Nation (1958). 452 S. 8°

Vgl. § 36.

Sind zwei oder drei Herausgeber vorhanden, wird die Sammlung unter den ersten gelegt, und die anderen erhalten *Mitverfasserverweisungen.*

Beispiel 255

Vorlage

DEUTSCHES || GEDICHTBUCH || Zusammengestellt || von || GÜNTHER DEICKE || und || UWE BERGER || AUFBAU-VERLAG BERLIN || 1959 ||

19,5 cm; S. 5—780; aus d. Vorw.: „Die vorliegende Sammlung ist der Versuch, Wesentlichstes und Schönstes aus deutscher Dichtung auszuwählen . . ."

Hauptaufnahme

Deicke, Guenter
Deutsches *Gedichtbuch.* Zsgest. von Günther Deicke u. Uwe Berger.
Berlin: Aufbau-Verl. 1959. 780 S. 8°

Verweisung vom zweiten „Herausgeber-Verfasser"

Berger, Uwe
Deutsches *Gedichtbuch.* 1959
s. *Deicke,* Guenter.

Nicht immer läßt der Wortlaut des Titels erkennen, ob es sich um eine Anthologie (Chrestomathie) oder eine Vielverfasserschrift handelt. Vorwort, Inhaltsverzeichnis usw. geben meistens Aufschluß. In Zweifelsfällen ist die Schrift, wie schon öfters erwähnt, unter den Sachtitel zu legen mit Vw. vom Herausgeber.

Beispiel 256

Vorlage

HÜTER DES LEBENS || EIN FRAUENBUCH || HERAUSGEGEBEN || von || Gerhard Dick || BUCHVERLAG DER MORGEN BERLIN || 1960 ||

20 cm; S. 7—293; Inh.: Gedichte u. Prosastücke von Hedda Zinner, Andersen-Nexö, Gorki, Tschechow, Friedrich Wolf, Johannes R. Becher u. a.; im Anhang ein Quellenverz.; am Schluß d. Textes: „3. Auflage".

Aufnahme

Dick, Gerhard
Hüter des Lebens. Ein Frauenbuch. Hrsg. von Gerhard Dick. (3. Aufl.)
Berlin: Der Morgen 1960. 293 S. 8⁰

Vgl. § 36.

Auch als Übersetzungen erscheinen solche Sammlungen – dann meist rein literarischen Charakters. Allerdings kann man in derartigen Fällen nicht von einem übersetzten Sachtitel sprechen, es sei denn, die Sammlung wäre als *Ganzes* aus einer fremden Sprache übertragen worden und besäße tatsächlich einen fremdsprachigen Originaltitel.

Beispiel 257

Vorlage

FRIEDRICH HANS HERRMANN || AUS || FÜNF JAHRHUNDERTEN || FRANZÖSISCHER || POESIE || NACHDICHTUNGEN || FRANZÖSISCHER LYRIK || VERLAG DIE BRÜCKE FREIBURG IM BREISGAU ||

20,5 cm; S. 8—145; auf d. Rücks. d. Titelbl.: „Printed in Germany/Dezember 1947"; die Texte stehen sich französisch und deutsch gegenüber.

Aufnahme

Herrmann, Friedrich Hans
Aus fünf *Jahrhunderten* französischer Poesie. Nachdichtungen franz. Lyrik.
Freiburg im Br.: Die Brücke (1947). 145 S. 8⁰

Text dt. u. franz.
Vgl. § 36.

Sammlungen von Sagen, Märchen, Volksliedern usw. werden unter den Herausgeber gestellt (39).

Beispiel 258

Vorlage

Japanische || Volksmärchen || übersetzt, ausgewählt und eingeleitet von Fritz Rumpf || Eugen Diederichs Verlag Jena ||

19,5 cm; S. 5—339; auf d. Vortitelbl.: „Die Märchen der Weltliteratur || Herausgegeben von Friedrich von der Leyen ||"; auf d. Rücks. d. Titelbl.: „1. bis 6. Tausend || Copyright 1938 ||".

Aufnahme

Rumpf, Fritz
Japanische *Volksmärchen.* Übers., ausgew. u. eingel.
Jena: Diederichs (1938). 339 S. 8°
(Die Märchen d. Weltliteratur.)

Beispiel 259

Vorlage

DEUTSCHE SAGEN || herausgegeben von den || BRÜDERN GRIMM || Zwei Bände in einem Band || RÜTTEN & LOENING || BERLIN ||

19,5 cm; S. 7—632; die Vornamen d. Gebrüder Grimm, die nicht aus dem Buch ersichtl. sind, lauten: Jacob u. Wilhelm; auf d. Rücks. d. Titelbl.: „Vollständige Ausgabe, nach dem Text der dritten Auflage von 1891"; am Schluß d. Textes: „Verlegt 1956".

Hauptaufnahme

Grimm, Jakob
Deutsche *Sagen.* Hrsg. von d. Brüdern [Jacob u. Wilhelm] Grimm. 2 Bde in 1 Bd.
(Vollst. Ausg. nach d. Text. d. 3. Aufl. von 1891.)
Berlin: Rütten & Loening (1956). 632 S. 8°

Verweisung vom zweiten „Herausgeber-Verfasser"

Grimm, Wilhelm
Deutsche *Sagen.* 1956
s. *Grimm,* Jakob.

Beispiel 260

Vorlage

Schriften der Schweizerischen Gesellschaft für Volkskunde || Band 42 || Was unsere Väter sangen || Volkslieder und Volksmusik vom Vierwaldstättersee, || aus der Urschweiz und dem Entlebuch || Nach dem Volksmund || in Wort und Weise aufgezeichnet || von || Alfred Leonz Gaßmann || Schweizerische Gesellschaft für Volkskunde || Basel 1961 || G. Krebs Verlagsbuchhandlung AG. ||

24,5 cm; S. VII-XV u. 1—342.

Stücktitelaufnahme

Gassmann, Alfred Leonz
Was unsere Väter sangen. Volkslieder u. Volksmusik vom Vierwaldstättersee, aus d. Urschweiz u. d. Entlebuch. Nach d. Volksmund in Wort u. Weise aufgez. von Alfred Leonz Gaßmann.
Basel: Schweizer. Ges. für Volkskunde; Krebs [in Komm.] 1961. XV, 342 S. 8⁰
(Schriften d. Schweizerischen Gesellschaft für Volkskunde. Bd 42.)

Erläuterung

Neben dem Selbstverlag der „Schweizerischen Gesellschaft für Volkskunde" ist noch ein weiterer Verlag angegeben. Dieser ist als Kommissionsverlag anzusehen und in der Aufnahme entsprechend zu kennzeichnen.

Dazu die Interimsaufnahme der Serie

Int. Z.
Schriften Gesellschaft schweizerischen Volkskunde
Schriften der Schweizerischen Gesellschaft für Volkskunde. Bd 42.
Basel: Selbstverl.; Krebs [in Komm.] 1961. 8⁰

42. Gaßmann, Alfr. Leonz: Was unsere Väter sangen. 1961.

Ist ein „Herausgeber-Verfasser" nicht auf dem Titelblatt, sondern an anderer Stelle im Buch genannt, wird das Werk wie eine anonyme Schrift mit ermitteltem Verfasser behandelt.

Beispiel 261

Vorlage

[links:] KÜNSTLERGESCHICHTEN DER || ITALIENISCHEN RENAISSANCE || MCMLX || HENSCHELVERLAG KUNST UND GESELLSCHAFT ||

19,5 cm; S. 5—145; auf d. Rücks. d. Titelbl.: „Herausgegeben von Rosemarie Widerra"; aus d. Nachw.: „Die in dem vorliegenden Bändchen vereinigten Künstlernovellen . . ."; Inh.: Novellen von Boccacio, Lionardo da Vinci u. a.

[rechts:] Illustriert || von Prof. Max Schwimmer || [Vignette] ||

Hauptaufnahme

Widerra, Rosemarie
Künstlergeschichten der italienischen Renaissance. (Hrsg. von Rosemarie Widerra. Ill. von Max Schwimmer.)
Berlin: Henschel 1960. 145 S. 8⁰

Verweisung vom scheinbar anonymen Titel

Kuenstlergeschichten Renaissance
Künstlergeschichten d. italienischen Renaissance. 1960
s. *Widerra,* Rosemarie [Verf.]

Vgl. §§ 36 u. 70.

Verweisung vom Illustrator

Schwimmer, Max

[Ill.]
s. *Kuenstlergeschichten* d. italienischen Renaissance. [Verf.: Rosemarie Widerra.] 1960.

Vgl. auch Bd. II, S. 285, Beisp. 221, Erläuterung.

Wenn der Sachtitel die Schrift nur ganz ungenügend kennzeichnet, kann sie durch einen formelhaften Zusatz charakterisiert werden (vgl. 1.4.2 unter Ziffer 1, Bd I, S. 34).

Beispiel 262

Vorlage

EGON SCHMIDT || DIE DICHTER || SIND DES STURMES || MÖVEN || CARL HINSTORFF VERLAG ROSTOCK ||

20,5 cm; S. 5—215; auf d. Rücks. d. Titelbl.: „Verlags-Nr. 116/1955"; Inh.: Samml. revolutionärer Texte von Ruge, E. M. Arndt, Fritz Reuter u. a.

Aufnahme

Schmidt, Egon
Die *Dichter* sind des Sturmes Möven. [Chrestomathie.]
Rostock: Hinstorff (1955). 215 S. 8⁰

Auch wissenschaftliche Texte können zu Chrestomathien zusammengestellt werden. Hier ist die Grenze zu Vielverfasserschriften oft nicht einfach zu ziehen.

Beispiel 263

Vorlage

VOLKSKUNDE || Ein Handbuch || zur Geschichte ihrer Probleme || herausgegeben von || Gerhard Lutz || mit einem Geleitwort von || Josef Dünninger || ERICH SCHMIDT VERLAG ||

23 cm; S. 5—236; auf d. Rücks. d. Titelbl.: „Erich Schmidt Verlag, Berlin 1958"; Inh.: Texte versch. Verf.; aus d. Einl: „. . . geschah die Auswahl der Texte für diese Sammlung . . .".

Aufnahme

Lutz, Gerhard
Volkskunde. Ein Handb. zur Gesch. ihrer Probleme. Hrsg. von Gerhard Lutz. Mit e. Geleitw. von Josef Dünninger.
(Berlin:) E. Schmidt (1958). 236 S. 8⁰

Beispiel 264

Vorlage

HISTORIA || PHILOSOPHIAE GRAECAE || TESTIMONIA AUCTORUM CONLEGERUNT NOTISQUE || INSTRUXERUNT || H. RITTER ET L. PRELLER ||

EDITIO NONA || QUAM CURAVIT || EDUARDUS WELLMANN || Gotha 1913 || FRIEDRICH ANDREAS PERTHES A.-G. ||

21 cm; S. IV u. 2—606; die vollst. Vornamen sind bibliogr. erm.: Heinrich Ritter u. Ludwig Preller; in Gotha existierte damals noch ein anderer Verlag gleichen Zunamens.

Hauptaufnahme

Ritter, Heinrich
Historia philosophiae Graecae. Testimonia auctorum conlegerunt notisque instruxerunt H[enricus] Ritter et L[udovicus] Preller. Ed. 9, quam cur. Eduardus Wellmann.
Gotha: F. A. Perthes 1913. IV, 606 S. 8⁰

Verweisung vom zweiten „Herausgeber-Verfasser"

Preller, Ludwig
Historia philosophiae Graecae. Ed. 9. 1913
s. *Ritter*, Heinrich.

Verweisung vom echten Herausgeber der 9. Auflage

Wellmann, Eduard
[Hrsg.]
s. *Ritter*, Heinrich: Historia philosophiae Graecae. Ed. 9. 1913.

Vgl. auch § 101.

Sammlungen, die keinen Kompilator als Verfasser im Sinne der „Regeln" aufweisen, werden infolgedessen als verfasserlose Schriften behandelt.

Beispiel 265

Vorlage

IM FEUER VERGANGEN || TAGEBÜCHER || AUS DEM GHETTO || Mit einem Vorwort von Arnold Zweig || VERLAG || RÜTTEN & LOENING · BERLIN || MCMLVIII ||

18,5 cm; S. 5—608; auf d. Rücks. d. Titelbl.: „Bei der Zusammenstellung wurde der Verlag ... beraten ... Übertragen von Viktor Mika. 1. Auflage"; Inh.: Zusammenstellung aus Tagebüchern fünf poln. Autoren.

Hauptaufnahme

Im Feuer vergangen
Im Feuer vergangen. Tagebücher aus d. Ghetto. Mit e. Vorw. von Arnold Zweig. (Übertr. von Viktor Mika.)
Berlin: Rütten & Loening 1958. 608 S. 8⁰

Verweisung vom Vorredner

Zweig, Arnold
[Vorr.]
s. *Im* Feuer vergangen. 1958.

Anonyme Sammlungen können ihrerseits wiederum von echten Herausgebern, die evtl. von Auflage zu Auflage wechseln, veröffentlicht werden. Das Werk bleibt immer unter seinem Sachtitel; die echten Herausgeber erhalten jeweils ihre besondere Vw.

Beispiel 266

Vorlage

CARMINA BURANA || LATEINISCHE UND DEUTSCHE || LIEDER UND GEDICHTE || EINER || HANDSCHRIFT DES XIII. JAHRHUNDERTS || AUS || BENEDICTBEUREN || AUF DER K. BIBLIOTHEK ZU MÜNCHEN || HERAUSGEGEBEN || VON || J. A. SCHMELLER || DRITTE UNVERÄNDERTE AUFLAGE || BRESLAU || VERLAG VON WILHELM KOEBNER || (INHABER: M. & H. MARCUS.) || 1894 ||

27 cm; S. IV—X u. 2—275; die vollst. Vornamen von Schmeller sind bibliogr. erm.: Johann Andreas.

Hauptaufnahme

Carmina Burana
Carmina Burana. Lat. u. dt. Lieder u. Gedichte e. Hs. d. 13. Jh. aus Benedictbeuren auf d. K. Bibliothek zu München. Hrsg. von J[ohann] A[ndreas] Schmeller. 3. unveränd. Aufl.
Breslau: Koebner 1894. X, 275 S. 4⁰

Verweisung vom echten Herausgeber

Schmeller, Johann Andreas
[Hrsg.]
s. *Carmina* Burana. 3. Aufl. 1894.

Sachlich oder örtlich begrenzte Sammlungen von Gesetzen, Verordnungen und Materialien zu Gesetzen werden unter den Herausgeber gestellt (40).

Beispiel 267

Vorlage

Staatliche Beteiligung || Eine Zusammenstellung || der wichtigsten gesetzlichen Bestimmungen || und gewerkschaftlichen Materialien || von || Horst Langer || VEB DEUTSCHER ZENTRALVERLAG || BERLIN 1961 ||

15 cm; S. 8—552; auf d. Rücks. d. Titelbl.: „1. Auflage“.

Aufnahme

Langer, Horst
Staatliche *Beteiligung*. Eine Zsstellung d. wichtigsten gesetzl. Bestimmungen u. gewerkschaftl. Materialien.
Berlin: Dt. Zentralverl. 1961. 552 S. 8⁰

Aufgabe 45

1. VERSE DER LIEBE || Eine Anthologie deutscher Liebesgedichte || Herausgegeben von || Dr. Walther Pollatschek || [Vignette] || 1954 || VERLAG NEUES LEBEN ||

19 cm; S. 11—398; der Erscheinungsort ist bibliogr. erm.: Berlin.

2. Des || Minnesangs || Frühling || Nach Karl Lachmann, Moritz Haupt || und Friedrich Vogt || neu bearbeitet || von || CARL VON KRAUS || 31. Auflage || S. HIRZEL VERLAG LEIPZIG || 1954 ||

21 cm; S. VI—XVIII u. 2—541; Inh.: Mittelhochdeutsche Texte deutscher Minnedichter; alle Auflagen vor 1944 sind erschienen unter d. T.: „Lachmann u. Haupt: Des Minnesangs Frühling".

3. GEISTESERBE DER || SCHWEIZ || Schriften von Albrecht von Haller bis || Jacob Burckhardt || Auswahl und Nachwort von || EDUARD KORRODI || MCMXXIX || EUGEN RENTSCH VERLAG · ERLENBACH-ZÜRICH ||

23 cm; S. 9—548.

4. DES SIEGES || GEWISSHEIT || EIN VOLKSBUCH || VOM AUFBAU || DER DEUTSCHEN DEMOKRATISCHEN || REPUBLIK || IM AUFBAU-VERLAG || BERLIN || 1959 ||

19,5 cm; S. 5—834; auf d. Rücks. d. Titelbl.: „... herausgegeben von J. M. Lange und Joachim Schreck"; aus d. Vorw.: „Die Herausgeber ... übernahmen die Zusammenstellung der vorliegenden Sammlung ..."; die vollst. Vornamen von Lange sind bibliogr. erm.: Johann Martin.

5. Kinder- und Hausmärchen || gesammelt durch || die Brüder Grimm || Original-Ausgabe || mit Hermann Grimms Einleitung nach dem Handexemplar || und mit acht Bildern von Ludwig Grimm || Jubiläums-Auflage || 1812—1912 || besorgt von Reinhold Steig || Stuttgart und Berlin 1912 || J. G. Cotta'sche Buchhandlung Nachfolger||

22 cm; S. VI—XL u. 2—589; die Vornamen der Brüder Grimm sind lt. Vorw.: Jacob u. Wilhelm.

6. Sozialdemokratismus || und Staat || Eine Sammlung von Übersetzungen || ausgewählt und herausgegeben || vom Prorektorat für Forschung || der Deutschen Akademie || für Staats- und Rechtswissenschaft „Walter Ulbricht" || mit einer Einführung || von Dr. Wolfgang Weichelt || VEB DEUTSCHER ZENTRALVERLAG || BERLIN 1960 ||

21 cm; S. 7—123.

7. Internationale || Arbeiterlieder || [Signet] || HERAUSGEGEBEN VON ERNST BUSCH || IM VERLAG „LIED DER ZEIT" || BERLIN N 4 ||

15 cm; S. 4—65; auf d. Rücks. d. Vortitelbl.: „Copyright 1949".

8. Gesetzessammlung || für den Chemiker || Eine Auswahl der wichtigsten gesetzlichen Bestimmungen || einschließlich Standards und verbindlicher DIN-Normen || sowie von Verzeichnissen || ausländischer und internationaler Standards || Zusammengestellt und bearbeitet || von || KLAUS BRÜNNE || VEB DEUTSCHER ZENTRALVERLAG || BERLIN 1961 ||

24,5 cm; S. VI—XX u. 4—1187; auf d. Rücks. d. Titelbl.: „1. Auflage".

9. STAATSVERFASSUNGEN || EINE SAMMLUNG WICHTIGER VERFASSUNGEN || DER VERGANGENHEIT UND GEGENWART || IN URTEXT UND ÜBERSETZUNG || HERAUSGEGEBEN || VON || GÜNTHER FRANZ || MÜNCHEN 1950 || VERLAG VON R. OLDENBOURG ||

23,5 cm; S. 7—465.

10. DIE VORSOKRATIKER || DIE FRAGMENTE UND QUELLENSCHRIFTEN || ÜBERSETZT UND MIT EINER VORBEMERKUNG VERSEHEN || VON || WILHELM CAPELLE || AKADEMIE-VERLAG · BERLIN || 1958 ||

20 cm; S. 4—501; am Schluß eine gefaltete Tafel; der originale Titel ist bibliogr. erm.: „Fragmente der Vorsokratiker".

2.13.2 *Briefe, Briefsammlungen, Briefwechsel und literarische Nachlässe*

Nach dem Grundsatz der „Regeln", daß alle Schriften, die nicht mehr als drei Urheber haben, unter den Namen des ersten kommen, werden auch Briefe, die nicht von mehr als drei Schreibern (Korrespondenten) stammen, unter den Namen des Korrespondenten bzw. des ersten Korrespondenten gelegt. Ausgenommen sind natürlich allgemeine Briefsammlungen von mehr als drei Schreibern, die in Form einer Chrestomathie von einem Herausgeber zusammengestellt sind. Sie werden unter den Kompilator und ihren individuellen Sachtitel geordnet, z. B.

Einstein, Alfred
Briefe deutscher Musiker *usw.*

Die Paragraphen 38 und 68 enthalten die einschlägigen Vorschriften, beschränken sich aber nur auf die Frage der primären Einordnung. Das einzige Beispiel des Regelwerkes für eine Briefveröffentlichung (Anl. I, 73: *Einiges* aus dem Reußischen Briefwechsel) zeigt, daß offenbar der *vorliegende* Sachtitel für die Einordnung maßgeblich sein soll. Weder Bernhardi[1] noch Saß[2] geben näheren Aufschluß über diese Frage. Vorstius führt in seiner Sammlung[3] (Nr. 72) ein Beispiel an, dessen Aufnahme zeigt, daß auch er den vorliegenden Sachtitel zur sekundären Einordnung benutzt. Dieses instruktionsgemäße Verfahren hat nun aber den Nachteil, daß die diversen Ausgaben von Briefsammlungen infolge häufig wechselnder Titel an ganz verschiedenen Stellen unter demselben Verfasser liegen. Es entspricht zweifellos der Praxis der Katalogbefragung seitens der Benutzer, daß Briefsammlungen eines Korrespondenten an *einer* Stelle im Katalog zu finden sein müssen. Das ist aber nur möglich, wenn man unabhängig von der Vorlage eine solche Stelle im Katalog bestimmt. Fuchs schlägt deshalb vor, in jedem Fall ein individuelles OW „[*Briefe*]" zu fingieren und in den Sachtitel einzuschalten[4], so daß also alle derartigen Schriften („Korrespondenz", „Correspondance", „Letters", „Lettres", „Briefwechsel", „Pisma" usw. samt allen sonstigen noch vorkommenden hybriden Titeln) unter dieser Formel, bei Übersetzungen z. B. „[*Briefe*, engl.]", vereinigt sind. Vom abweichenden Sachtitel ist erforderlichenfalls zu verweisen.

Diesem Brauch, der sich in der Praxis vieler Bibliotheken durchgesetzt hat, folgen die weiteren Beispiele. Allerdings wird auf die Einfügung der Formel verzichtet, wenn das Wort „Briefe" im Sachtitel oder Zusatz bereits vorkommt.

---

[1] L. Bernhardi: Lehr- u. Handbuch der Titelaufnahme. 1923.
[2] D. Saß: Erläuterungen zu den Instruktionen . . . 1927.
[3] J. Vorstius: Übungsbeispiele zu den Preußischen Katalogisierungsvorschriften. T. 2: Schlüssel. 1929.
[4] H. Fuchs: Kommentar. 1955, § 20,5, S. 53.

Briefsammlungen, in deren Titel nur *einer* der Korrespondenten genannt ist, werden unter diesen gestellt (38).

Beispiel 268

Vorlage

[1:] CLEMENS BRENTANO || Briefe || Herausgegeben von || Friedrich Seebaß || ERSTER BAND || 1793–1809 || [Signet] || VERLAG HANS CARL || NÜRNBERG ||

20,5 cm; auf d. Rücks. d. Titelbl.: „Copyright 1951".

[2:] ... || ZWEITER BAND || 1810–1842 || ... ||

Auf d. Rücks. d. Titelbl.: „Copyright 1951".

Hauptaufnahme

Brentano, Klemens
Clemens Brentano. *Briefe*. Hrsg. von Friedrich Seebaß. Bd 1.2.
Nürnberg: Carl (1951). 8⁰
1. 1793–1809. 2. 1810–1842.

Verweisung vom Herausgeber

Seebass, Friedrich
[Hrsg.]
Brentano, Klemens: Briefe. 1951.

Beispiel 269

Vorlage

Richard Wagner || an Freunde und || Zeitgenossen || Herausgegeben von || Erich Kloss || Verlegt bei Schuster & Loeffler || Berlin und Leipzig 1909 ||

19 cm; S. VI—XXVII u. 2—616; der Herausgeber nennt sich sonst immer: Julius Erich Kloss.

Hauptaufnahme

Wagner, Richard
Richard Wagner an Freunde und Zeitgenossen [*Briefe*]. Hrsg. von [Julius] Erich Kloss.
Berlin, Leipzig: Schuster & Loeffler 1909. XXVII, 616 S. 8⁰

Da der Herausgeber auf dem Titelblatt mit einem Verfasser verwechselt werden könnte, empfiehlt es sich, die Vw. als Mitverfasservw. anzulegen (vgl. Anl. I, 48):

Verweisung vom Herausgeber

Kloss, Julius Erich
Richard *Wagner* an Freunde u. Zeitgenossen. 1909
s. *Wagner*, Richard: Briefe.

Verweisung von der vorliegenden Namensform

Kloss, Erich
s. ***Kloss***, Julius Erich.

Beispiel 270

Vorlage

Vossische Hausidylle || Briefe von Ernestine Voß an || Heinrich Christian und Sara Boie || (1794—1820) || Herausgegeben von || Ludwig Bäte || Carl Schünemann, Verlag, Bremen ||

19 cm; S. 4—222; das Erscheinungsjahr ist aus d. Buch ersichtl.: „1925".

Hauptaufnahme

Voss, Ernestine
Vossische Hausidylle. *Briefe* von Ernestine Voß an Heinrich Christian u. Sara Boie ⟨1794—1820⟩. Hrsg. von Ludwig Bäte.
Bremen: Schünemann (1925). 222 S. 8°

Verweisung vom hybriden Titel

Voss, Ernestine
Vossische *Hausidylle.* 1925
s. *Voss:* Briefe an Heinr. Christ. u. Sara Boie.

Verweisung vom Herausgeber

Baete, Ludwig
Vossische *Hausidylle.* 1925
s. ***Voss***, Ernestine: Briefe an Heinr. Christ. u. Sara Boie.

Briefsammlungen, in deren Titel nur der Adressat steht oder außer dem Adressaten mehr als drei Korrespondenten genannt sind, werden unter den Adressaten gestellt mit Vw. vom ersten Korrespondenten (38).

Beispiel 271

Vorlage

Eine Welt || schreibt an Goethe || Gesammelte || Briefe || an Goethe || Herausgegeben von || Rudolf K. Goldschmit-Jentner || Carl Pfeffer Verlag Heidelberg || 1948 ||

20,5 cm; S. 5—312; auf d. Rücks. d. Titelbl.: „17. bis 21. Tausend"; der zweite vollst. Vorname d. Herausgebers ist bibliogr. erm.: Karl; die Vornamen Goethes sind nicht aus d. Buch ersichtl.

Hauptaufnahme

Goethe, Johann Wolfgang von
Eine Welt schreibt an Goethe. Gesammelte *Briefe* an [Johann Wolfgang von] Goethe. Hrsg. von Rudolf K[arl] Goldschmit-Jentner. (17.—21. Taus.)
Heidelberg: Pfeffer 1948. 312 S. 8°

Verweisung vom hybriden Titel

Goethe, Johann Wolfgang von
Eine *Welt* schreibt an Goethe. 17.—21. Taus. 1948
s. *Goethe:* Briefe.

Verweisung vom Herausgeber

Goldschmit-Jentner, Rudolf Karl
Eine *Welt* schreibt an Goethe. 17.—21. Taus. 1948
s. *Goethe,* Johann Wolfgang von: Briefe.

Verweisung vom zweiten Teil des Doppelnamens

Jentner, Rudolf Karl Goldschmit-
s. *Goldschmit*-Jentner.

Beispiel 272

Vorlage

Briefe || von || Goethe, Schiller, Wieland, Kant, || Böttiger, Dyk und Falk || an || Karl Morgenstern || herausgegeben || von || F. Sintenis. || Dorpat. || W. Gläsers Verlag. || 1875. ||

17 cm; S. 2—50; aus d. Buch: „J. W. v. Goethe"; Morgenstern wurde lt. einer Anmerkung auf S. 40 später geadelt; der bibliogr. erm. Vorname von Sintenis: Franz.

Hauptaufnahme

Morgenstern, Karl von
Briefe von (J[ohann] W[olfgang] von) Goethe, Schiller, Wieland, Kant, Böttiger, Dyk und Falk an Karl (von) Morgenstern. Hrsg. von F[ranz] Sintenis.
Dorpat: Gläser 1875. 50 S. 8°

Verweisung vom ersten Korrespondenten

Goethe, Johann Wolfgang von
Briefe von Goethe, Schiller, Wieland, Kant ... an Karl Morgenstern. 1875
s. *Morgenstern,* Karl von.

Verweisung vom Herausgeber

Sintenis, Franz
[Hrsg.]
s. *Morgenstern,* Karl von: Briefe von Goethe, Schiller, Wieland, Kant ... an Karl Morgenstern. 1875.

aber bei drei Korrespondenten:

Beispiel 273

Vorlage

Briefe || von || Fritz Reuter, Klaus Groth und Brinckmann || an || Eduard Hobein || veröffentlicht || von Wilhelm Meyer aus Speyer || Professor in Göttingen || zu beziehen || durch die Weidmannsche Buchhandlung || Berlin 1909 ||

17 cm; S. 2—64; Brinckmanns Vorname „John" ist im Buch erwähnt.

Hauptaufnahme

Reuter, Fritz
Briefe von Fritz Reuter, Klaus Groth und (John) Brinckmann an Eduard Hobein.
Veröff. von Wilhelm Meyer.
Berlin: Weidmann 1909. 64 S. 8⁰

Verweisung vom zweiten Korrespondenten

Groth, Klaus
Briefe von Fritz Reuter, Klaus Groth u. Brinckmann an Eduard Hobein. 1909
s. *Reuter*, Fritz.

Vw. desgl. vom dritten Korrespondenten

Verweisung vom Herausgeber

Meyer, Wilhelm, aus Speyer, Prof., Göttingen
[Hrsg.]
s. *Reuter*, Fritz: Briefe von Fritz Reuter, Klaus Groth u. Brinckmann an Eduard Hobein. 1909.

Liegt eine Briefsammlung in einer Übersetzung vor, wird dem OW die entsprechende Sprachbezeichnung hinzugefügt.

Beispiel 274

Vorlage

DIE || LETZTEN BRIEFE || MARIE ANTOINETTES || HERAUSGEGEBEN, || ERLÄUTERT UND INS DEUTSCHE ÜBERTRAGEN || VON || PAUL CHRISTOPH || MIT 8 BILDERN UND 2 FAKSIMILEDRUCKEN || CESAM-VERLAG · WIEN ||

20,5 cm; S. 7—219; Marie Antoinette war die Gemahlin des letzten Königs von Frankreich, Ludwigs XVI.; auf d. Rücks. d. Titelbl.: „Copyright 1953".

Hauptaufnahme

Marie Antoinette Königin von Frankreich
Die letzten *Briefe* [dt.] Marie Antoinettes [Königin von Frankreich]. Hrsg., erl. u. ins Dt. übertr. von Paul Christoph. Mit 8 Bildern u. 2 Faks. Dr.
Wien: Cesam-Verl. (1953). 219 S. 8⁰

Verweisung vom Herausgeber

Christoph, Paul
[Hrsg.]
s. *Marie* Antoinette Königin von Frankreich: Die letzten Briefe [dt.] 1953.

Literarische Nachlässe werden unter den Namen der Person oder Familie gestellt, deren Nachlaß veröffentlicht wird (38).

Beispiel 275

Vorlage

Johann Valentin Teichmanns || weiland Königl. preußischen Hofrathes etc. || Literarischer Nachlaß || herausgegeben || von || Franz Dingelstedt. || Stuttgart. || Verlag der J. G. Cottaschen Buchhandlung || 1863. ||

22 cm; S. IV—XII u. 4—466.

Hauptaufnahme

Teichmann, Johann Valentin
Johann Valentin Teichmanns Literarischer *Nachlaß*. Hrsg. von Franz Dingelstedt. Stuttgart: Cotta 1863. XII, 466 S. 8⁰

Vgl. auch Anl. V, § 2a.

Verweisung vom Herausgeber

Dingelstedt, Franz
[Hrsg.]
s. *Teichmann*, Johann Valentin: Literarischer Nachlaß. 1863.

Ein Einzelwerk, das die gemeinsame Arbeit von zwei oder drei Verfassern ist, wird unter den zuerst genannten Verfasser gestellt; von den übrigen wird verwiesen (67). Ebenso werden auch Briefwechsel, Dialoge und ähnliche Veröffentlichungen behandelt, deren Bestandteile zwar nach den einzelnen Verfassern unterscheidbar sind, aber durch die gegenseitige Bezugnahme zuammengehalten werden, vorausgesetzt, daß es sich dabei nur um zwei oder drei Verfasser handelt (68).

Beispiel 276

Vorlage

[1:] Briefwechsel || zwischen || Goethe und Zelter || in den Jahren 1799 bis 1832. || Mit Einleitung und Erläuterungen || herausgegeben von || Prof. Dr. Ludwig Geiger. || Erster Band. || 1799—1818. || Leipzig || Druck und Verlag von Philipp Reclam jun. ||

14 cm; die Einleitung ist dat.: „Berlin, 1902"; die Vornamen Zelters „Karl Friedrich" sind aus d. Einleitung S. 12 ersichtl.; Goethe ist nur mit seinem Zunamen benannt.

[2:] . . . || Zweiter Band || 1819—1827 || . . . ||

[3:] . . . || Dritter Band || 1828—1832 || . . . ||

Hauptaufnahme

Goethe, Johann Wolfgang von
Briefwechsel [*Briefe*] zwischen [Johann Wolfgang von] Goethe und (Karl Friedrich) Zelter in den Jahren 1799 bis 1832. Mit Einl. u. Erl. hrsg. von Ludwig Geiger. Bd 1—3. Leipzig: Reclam (1902). 8⁰

1. 1799—1818. 2. 1819—1827. 3. 1828—1832.

Verweisung vom anderen Korrespondenten

Zelter, Karl Friedrich
Briefwechsel [*Briefe*] zwischen Goethe u. Zelter in d. J. 1799—1832. 1902
s. *Goethe*, Johann Wolfgang von.

Verweisung vom Herausgeber

Geiger, Ludwig
[Hrsg.]
Goethe, Johann Wolfgang von: Briefwechsel [Briefe] zwischen Goethe u. Zelter. 1902.

Beispiel 277

Vorlage

KONRAD HUSCHKE || ERNST UND AGNES HAECKEL || EIN BRIEFWECHSEL || [Signet] || URANIA-VERLAG GMBH. JENA || 1950 ||

22,5 cm; S. 7—219; aus d. Vorw.: „Die Herausgabe des Briefwechsels zwischen Ernst Haeckel und seiner zweiten Frau Agnes geb. Huschke ... Zunächst erhalten wir ein ... Bild aus der Zeit ihres Brautstandes und der ersten Zeit ihrer Ehe ...“.

Hauptaufnahme

Haeckel, Ernst
[Hrsg.:] Konrad Huschke. Ernst und Agnes Haeckel (geb. Huschke). Ein Briefwechsel [*Briefe*].
Jena: Urania-Verl. 1950. 219 S. 8⁰

Verweisung von der anderen Korrespondentin

Haeckel, Agnes
Ernst und Agnes Haeckel. Ein Briefwechsel [*Briefe*]. 1950
s. *Haeckel*, Ernst.

Verweisung vom Mädchennamen

Huschke, Agnes
[Mädchenname]
s. *Haeckel*, Agnes.

Vgl. auch § 165.

Verweisung vom Herausgeber

Huschke, Konrad
Ernst und Agnes *Haeckel*. Ein Briefwechsel. 1950
s. *Haeckel*, Ernst: Briefe.

Treten bei einem Briefwechsel mehr als drei Korrespondenten auf, wird die Schrift als Vielverfasserschrift behandelt.

Beispiel 278

Vorlage

[1 :] Briefwechsel || zwischen || Jacob und Wilhelm Grimm || Dahlmann und Gervinus || Herausgegeben || von || Eduard Ippel || Erster Band || Berlin || Ferd. Dümmlers Verlagsbuchhandlung || Harrwitz und Goßmann || 1885 ||

20 cm; S. V werden die Vornamen von Dahlmann und Gervinus erwähnt: „Friedrich Christoph Dahlmann" und „Georg Gottfried Gervinus".

[2 :] . . . || Zweiter Band || . . . || 1886 ||

Hauptaufnahme

Briefwechsel Grimm Jakob
Briefwechsel zwischen Jacob und Wilhelm Grimm, (Friedrich Christoph) Dahlmann und (Georg Gottfried) Gervinus. Hrsg. von Eduard Ippel. Bd 1.2.
Berlin: Dümmler 1885—86. 8^0
1. 1885. 2. 1886.

Verweisungen von den Personennamen im anonymen Titel

Grimm, Jakob

s. *Briefwechsel* zwischen Jacob u. Wilhelm Grimm, Dahlmann u. Gervinus. 1885—86.
desgl. von Wilhelm Grimm, Friedrich Christoph Dahlmann u. Georg Gottfried Gervinus.

Verweisung vom Herausgeber

Ippel, Eduard
[Hrsg.]
s. *Briefwechsel* zwischen Jacob u. Wilhelm Grimm, Dahlmannu. Gervinus. 1885—86.

Beispiel 279

Vorlage

Ferdinand David || und die Familie || Mendelssohn Bartholdy. || Aus hinterlassenen Briefschaften zusammengestellt || von || Julius Eckardt. || [Signet] || Leipzig, || Verlag von Duncker & Humblot. || 1888. ||

19,5 cm; S. VI u. 2—289; Inh.: Briefe Lea und Felix Mendelsohn Bartholdys an David u. Briefe Davids an F. Mendelssohn Bartholdy; die vollst. Namen sind aus d. Buch ersichtl.

Hauptaufnahme

David, Ferdinand
Ferdinand David und die Familie Mendelssohn Bartholdy [*Briefe*]. Aus hinterlassenen Briefschaften (Ferdinand Davids, Lea u. Felix Mendelssohn Bartholdys) zsgest. von Julius Eckardt.
Leipzig: Duncker & Humblot 1888. VI, 289 S. 8^0

Verweisung von den anderen Korrespondenten

Mendelssohn Bartholdy, Lea
Ferdinand David u. d. Familie Mendelssohn Bartholdy [*Briefe*]. 1888
s. *David*, Ferdinand.

von Felix Mendessohn Bartholdy desgl.

Verweisung vom Herausgeber

Eckardt, Julius
Ferdinand *David* u. d. Familie Mendelssohn Bartholdy. Aus hinterlassenen Briefschaften zsgest. 1888
s. *David*, Ferdinand: Briefe.

Verweisung vom zweiten Teil des Doppelnamens

Bartholdy, Lea Mendelssohn
s. *Mendelssohn* Bartholdy.

Vw. von Bartholdy, Felix Mendelssohn desgl.

Sind die Ausgaben sehr zahlreich, kann man diese Abteilung auch in Gesamtausgaben, Teilausgaben und einzelne Briefe untergliedern.

Aufgabe 46

1. KÜNSTLERBRIEFE || ÜBER KUNST || Bekenntnisse von Malern, Architekten || und Bildhauern aus fünf Jahrhunderten. || Herausgegeben von || HERMANN UHDE-BERNAYS || WOLFGANG JESS VERLAG || DRESDEN ||

   18,5 cm; S. 7—983; auf d. Rücks. d. Titelbl.: „2. veränderte und ergänzte Auflage 1956".

2. [1:] Briefe || hervorragender Zeitgenossen || an || Franz Liszt. || Nach den Handschriften des Weimarer Liszt-Museums || mit Unterstützung von dessen Custos Geheimrath Gille || herausgegeben || von || La Mara. || Erster Band: 1824—1854. || Leipzig || Druck und Verlag von Breitkopf & Härtel || 1895. ||

   20 cm; La Mara = Pseudonym für Marie Lipsius; sie schrieb vorwiegend unter ihrem Pseudonym.

   [2:] . . . || Zweiter Band: 1855—1881. || . . . ||

   [3:] . . . || Dritter Band: 1836—1886. || Neue Folge. || . . . || 1904. ||

3. [1:] Briefwechsel || zwischen || Schiller und Lotte || 1788—1805 || Herausgegeben und erläutert von || Wilhelm Fielitz || Erster Band || [Signet] || Stuttgart und Berlin || J. G. Cotta'sche Buchhandlung Nachfolger ||

   18 cm; vor d. Text: Vorwort zur ersten Ausgabe 1855, Vorwort zur zweiten Ausgabe (zweite und dritte Auflage) 1879, Vorwort zur vierten Auflage 1896, Vorwort zur vorliegenden fünften Auflage 1905; die vollst. Namen der Korrespondenten sind aus d. Buch ersichtl.: Friedrich von Schiller, Charlotte von Lengefeld (Schillers spätere Frau); der Briefwechsel bezieht auch die Verlobungszeit ein.

   [2:] . . . || Zweiter Band || . . . ||

[3:] . . . || Dritter Band || . . . ||

Die drei Teile sind in einem Buchbinderband vom Verlag herausgebracht.

4. Вольфганг Моцарт || ИЗБРАННАЯ || ПЕРЕПИСКА || ПЕРИОД СОЗДАНИЯ ОПЕРЫ || «ИДОМЕНЕЙ» || 1780—1781 || ГОСУДАРСТВЕННОЕ || МУЗЫКАЛЬНОЕ ИЗДАТЕЛЬСТВО || Москва 1958 ||

15,5 cm; S. 3—173; der zweite Vorname Mozarts ist aus dem Buch ersichtl.: „Амаде"; auf d. Rücks. d. Titelbl.: „Перевод писем, вступительная статья и комментарии-Елизаветы Даттель под редакцией Е. Черной."

5. BREF || TILL || ADOLF FREDRIK LINDBLAD || FRÅN || MENDELSSOHN, DOHRN, ALMQVIST, || ATTERBOM, GEJER, FREDERIKA BREMER, || C. W. BÖTTIGER OCH ANDRA || [Signet] || STOCKHOLM || ALBERT BONNIERS FÖRLAG ||

19 cm; S. 6—212; der Sachtitel lautet in dt. Übers.: Briefe an Adolf Fredrik Lindblad von Mendelssohn, Dohrn usw.; der vollst. Name Mendelssohns ist aus d. Buch ersichtl.: „Felix Menselssohn Bartholdy"; auf d. Rücks. d. Titelbl.: „Copyright 1913".

6. Briefe || des || Generals || Neidhardt von Gneisenau || 1809—1815 || Gesammelt und herausgegeben || von || Julius v. Pflugk-Harttung || Mit einem Faksimile eines Briefes Gneisenaus. || Gotha 1913 || Friedrich Andreas Perthes A.-G. ||

21,5 cm; S. IV—XI u. 2—180; der Vorname d. Grafen Neidhardt von Gneisenau ist bibliogr. erm.: August (§ 118); in Gotha existierte damals noch ein anderer Verlag gleichen Zunamens.

7. THE LETTERS OF || PETER PAUL RUBENS || Translated and Edited by || RUTH SAUNDERS MAGURN || [Vignette] || HARVARD UNIVERSITY PRESS || Cambridge, Massachusetts || 1955 ||

25,5 cm; S. VII—XIV u. 1—528; der maßgebl. Familienname d. Übersetzerin: Magurn, „Saunders" ist Patenname.

8. Von den Sevennen bis zur Newa || (1740—1805) || Ein Beitrag zur Geschichte des 18. Jahrhunderts. || Nach handschriftlichen Nachlässen || von || A. Grafen Thürheim || [Motto] || Wien, 1879. || Wilhelm Braumüller || k. k. Hof- und Universitätsbuchhändler. ||

22,5 cm; S. IV u. 2—481; der vollst. Vorname Thürheims ist bibliogr. erm.: Andreas.

2.13.3 *Der Künstler als Verfasser*

Ein Künstler wird zum Verfasser, wenn die *gegenständliche*, nicht die literarische Darstellung seines Schaffens den wesentlichen Inhalt einer Schrift ausmacht (vgl. § 48). Dabei kann es sich um Fotos, um die Wiedergabe von Bildern oder sonstigen Objekten der Kunst sowie um Musik handeln.
Die Titelfassungen sind oft vieldeutig in bezug auf die *weitere* Einordnung. Es erhebt sich häufig die Frage, ob die Veröffentlichung unter die Gruppenschriften oder ihren eigenen Sachtitel zu legen ist. Nur wenn angegeben ist, daß *alle* Werke in der vorliegenden Publikation vereinigt sind, stellen wir die Schrift unter „[Werke]". Ein bloßer Name oder die ausdrückliche Bezeichnung einer Auswahl aus dem Gesamtschaffen legt die Einordnung unter „[Teils.]" nahe, ebenso

Titel allgemeiner Art, wie z. B. „Das graphische Werk“, „Aus der Werkstatt ...‘, u. ä. Vom vorliegenden Titel kann erforderlichenfalls verwiesen werden. In allen anderen Fällen benutzt man am besten den gegebenen Sachtitel, z. B. „Zeichnungen,“ „Radierungen“, „Holzschnitte“ usw. Die Verweisungen von Personen, die an der Gestaltung der Publikation als Fotografen, Textverfasser oder in ähnlichen vom Regelwerk seinerzeit noch nicht festgelegten Funktionen mitgewirkt haben, sollen möglichst klar diese Funktionen zum Ausdruck bringen, daher werden Formeln wie „[Fotos]“, „[Text]“ u. ä. wohl der Sachlage am ehesten gerecht.

Beispiel 280

Vorlage

TILMAN || RIEMENSCHNEIDER || BILDER VON GÜNTHER BEYER || UND KLAUS BEYER || TEXT VON HERMANN FLESCHE || [Signet] || VEB VERLAG DER KUNST || DRESDEN ||

34 cm; S. 5—31 u. Abbildungen auf Tafel 1—180; am Schluß d. Bandes: „Zweite Auflage. Veröffentlicht 1962“; lt. Vorw. u. Klappentext enthält d. Buch d. gesamte Schaffen Riemenschneiders in Fotos

Hauptaufnahme

Riemenschneider, Tilman
Tilman Riemenschneider [Werke]. Bilder von Günther Beyer u. Klaus Beyer. Text von Hermann Flesche. (2. Aufl.)
Dresden: Verl. d. Kunst (1962). 31 S., 180 Taf. 4°

Verweisungen von den Gestaltern des Werkes

Beyer, Guenter
[Fotos]
s. *Riemenschneider*, Tilman: Werke. 2. Aufl. 1962.

Vw. von Klaus Beyer desgl.

Verweisung vom Verfasser des Textes

Flesche, Hermann
[Text]
s. *Riemenschneider*, Tilman: Werke. 2. Aufl. 1962.

Beispiel 281

Vorlage

ALBRECHT DÜRER || EINE AUSWAHL AUS SEINEM WERK || MIT EINER EINLEITUNG || VON || HEINZ LÜDECKE || [Signet] || VEB E. A. SEEMANN VERLAG || LEIPZIG ||

32 cm; S. 7—104; am Schluß: „1. Auflage 1956“.

Hauptaufnahme

Duerer, Albrecht
Albrecht Dürer. Eine Auswahl aus seinem Werk [Teils.] Mit e. Einl. von Heinz Lüdecke.
Leipzig: Seemann (1956). 104 S. 4^0

Verweisung vom Vorredner

Luedecke, Heinz
[Vorr.]
s. *Duerer*, Albrecht: Eine Auswahl aus seinem Werk [Teils.] 1956.

Beispiel 282

Vorlage

PINSELHEINRICH || Auswahl und Text || von Werner Schumann || [Vignette] || BÜCHERGILDE GUTENBERG FRANKFURT AM MAIN ||

24 cm; 86 ungezählte Blätter; aus d. Buch geht hervor, daß es sich um Zeichnungen von Heinrich Zille handelt; auf d. Rücks. d. Titelbl.: „Printed 1957".

Hauptaufnahme

Zille, Heinrich
Pinselheinrich ([d. i.] Heinrich Zille). Auswahl [Teils.] und Text von Werner Schumann.
Frankfurt am M.: Büchergilde Gutenberg (1957). 86 Bl. 8^0

Verweisung vom Herausgeber

Schumann, Werner
Pinselheinrich. 1957
s. *Zille*, Heinrich: Teils.

Verweisung von der abweichenden Namensform

Pinselheinrich
s. *Zille*, Heinrich.

Beispiel 283

Vorlage

ANSELM || FEUERBACHS || ZEICHNUNGEN || Herausgegeben || von || Willibald Francke || Verlag Grethlein u. Co. G.m.b.H. || Leipzig und Zürich ||

26 cm; S. 5—117; auf d. Rücks. d. Titelbl.: „Copyright 1921".

Hauptaufnahme

Feuerbach, Anselm
Anselm Feuerbachs *Zeichnungen.* Hrsg. von Willibald Francke.
Leipzig, Zürich: Grethlein (1921). 117 S. 4^0

Verweisung vom Herausgeber

Francke, Willibald
[Hrsg.]
s. *Feuerbach*, Anselm: Zeichnungen. 1921.

Bisweilen sind die Seitenzählungen kompliziert, da besonders gezählte Tafeln die laufende Seitenzählung des Textes an den verschiedenen Stellen unterbrechen. Der Katalogbearbeiter sollte sich um eine möglichst klare und einwandfreie Wiedergabe des Umfangs bemühen.

Beispiel 284

Vorlage

Zeichnungen zu fünf || Shakespeare-Dramen || von Josef Hegenbarth || [Vignette] || Rütten & Loening || Berlin ||

29 cm; gezählte Blätter: 1—135, S. 289—305; auf d. Rücks. d. Titelbl.: „Mit Erläuterungen und einem Nachwort von Wolfgang Balzer. 1. Auflage 1957".

Hauptaufnahme

Hegenbarth, Josef
Zeichnungen zu fünf Shakespeare-Dramen. (Mit Erl. u. e. Nachw. von Wolfgang Balzer.)
Berlin: Rütten & Loening (1957). 135 Bl., S. 289—305. 4⁰

Verweisung vom Herausgeber

Balzer, Wolfgang
[Hrsg.]
s. *Hegenbarth*, Josef: Zeichnungen zu fünf Shakespeare-Dramen. 1957.

Der Bildhauer als Verfasser:

Beispiel 285

Vorlage

GEORG KOLBE || WERKE DER LETZTEN JAHRE || MIT BETRACHTUNGEN ÜBER KOLBES PLASTIK || VON || WILHELM PINDER || [Signet] || ELFTES BIS FÜNFZEHNTES TAUSEND || MIT ACHTUNDSECHZIG TIEFDRUCK-TAFELN || REMBRANDT-VERLAG G.M.B.H. BERLIN ||

30 cm; S. 5—84; auf d. Rücks. d. Titelbl.: „Die Aufnahmen dieses Werkes wurden hergestellt durch Margit Schwartzkopff; Copyright 1937".

Hauptaufnahme

Kolbe, Georg
Werke der letzten Jahre [Teils.] Mit Betrachtungen über Kolbes Plastik von Wilhelm Pinder. (Die Aufnahmen wurden hergest. durch Margit Schwartzkopff.) Mit 68 Tiefdrucktaf. 11.—15. Taus.
Berlin: Rembrandt-Verl. (1937). 84 S. 4⁰

Verweisung vom Textverfasser

Pinder, Wilhelm

[Text]

s. *Kolbe*, Georg: Werke d. letzten Jahre [Teils.] 11.—15. Taus. 1937.

Der Architekt als Verfasser:

Beispiel 286

Vorlage

Das Königliche Opernhaus zu Berlin || Ein Bauentwurf || von || Felix Genzmer || (Als Manuskript gedruckt) || Mit 18 Tafeln || Berlin || Gedruckt bei Julius Sittenfeld || 1910 ||

27 cm; S. 2—21.

Aufnahme

Genzmer, Felix
Das Königliche *Opernhaus* zu Berlin. Ein Bauentwurf von Felix Genzmer. Mit 18 Taf.
⟨Als Ms. gedr.⟩
Berlin 1910: Sittenfeld. 21 S. 4^0

Der Fotokünstler als Verfasser:

Beispiel 287

Vorlage

Heinz Gräf || ... denn || wovon lebt der Mensch || nach Texten von Bert Brecht || Rütten & Loening Verlag Hamburg ||

28,5 cm; 26 ungezählte Blätter mit Fotos, eingestreute Texte von Bertolt Brecht; am Schluß: „Copyright 1962".

Hauptaufnahme

Graef, Heinz
Heinz Gräf ... *denn* wovon lebt der Mensch. [Fotos.] Nach Texten von Bert[olt] Brecht.
Hamburg: Rütten & Loening (1962). 26 Bl. 4^0

Verweisung vom Verfasser der Texte

Brecht, Bertolt

[Text]

s. *Graef*, Heinz: ... denn wovon lebt der Mensch. [Fotos.] 1962.

Erläuterung

Ohne die Einfügung der kurzen Charakterisierungsformel „[Fotos]" in die Hauptaufnahme *und* die Vw. wäre der Text der Aufnahme dem Benutzer wohl unverständlich.

Halten sich Text und Bilder etwa die Waage, stellt man das Werk entweder unter den Textverfasser oder unter den Bildgestalter (am besten nach der Reihenfolge in der Vorlage) und verweist jeweilig von dem anderen als *zweitem* Verfasser.

Beispiel 288

Vorlage

CHORIN || GESTALT UND GESCHICHTE EINES || ZISTERZIENSER-KLOSTERS || BILD UND BILDERLÄUTERUNG || EDMUND KESTING || GESCHICHTLICHE EINFÜHRUNGEN || AMBROSIUS SCHNEIDER || OTTO GROSS || HERAUSGEGEBEN VOM || ST. BENNO-VERLAG · GMBH · LEIPZIG ||

30 cm; S. 5—117 u. 38 Bildtafeln im Text nebst einem Faltblatt; im Innern: „Otto Groß"; das Erscheinungsjahr ist aus dem Buch erm.: „1962".

Hauptaufnahme

Kesting, Edmund
Chorin. Gestalt u. Gesch. e. Zisterzienserklosters. Bild u. Bilderl.: Edmund Kesting. Geschichtl. Einf.: Ambrosius Schneider, Otto Groß.
Leipzig: St. Benno-Verl. (1962). 117 S., 38 Bildtaf. u. 1 gef. Bl. im Text. 4⁰

Mitverfasserverweisungen

Schneider, Ambrosius
Chorin. 1962
s. *Kesting,* Edmund.

Vw. von Groß desgl.

Zu beachten ist bei dieser Literatur die Abgrenzung gegen das rein biographische Schrifttum. Titelblatt und Titelfassung geben durchaus nicht immer den nötigen Hinweis, ob die Schrift in der Hauptsache die *Werke* eines Künstlers wiedergibt und sonst genannte Personen nur Herausgeber oder Textverfasser sind oder ob die Veröffentlichung vorwiegend *Biographisches* enthält und die beigegebenen Objekte des Künstlers lediglich Illustrationsmaterial zur Lebensbeschreibung darstellen; im letzten Falle ist die Schrift selbstverständlich unter den Textverfasser zu stellen. Bei Zweifeln ist eine gründliche Prüfung des Buchinhaltes erforderlich und, wenn keine Klärung zu erzielen ist, das Werk am besten unter den Namen des Künstlers zu stellen, weil dann noch die Möglichkeit besteht, unter einer Hrsg.- oder Vorr.Vw. den Titel im AK zu erfassen.

Beispiel 289

Vorlage

Das || Liebermann-Buch || von || Hans Ostwald || Mit 270 Bildern || von || Max Liebermann || 1.—30. Tausend || [Signet] || PAUL FRANKE VERLAG || BERLIN ||

19 cm; S. 9—500; auf d. Rücks. d. Titelbl.: „Copyright 1930"; aus d. Inh.Verz.: „Herkunft und Kindheit – Lehrjahre – Wanderjahre – Mannesjahre" usw.; die Bilder sind in d. biogr. Text eingestreut; auf d. Umschlag: „Herausgegeben von Hans Ostwald".

Aufnahme

Ostwald, Hans
Das *Liebermann-Buch.* Mit 270 Bildern von Max Liebermann.
Berlin: Franke (1930). 500 S. 8⁰

Beispiel 290

Vorlage

GUSTAV SCHIEFLER || DAS GRAPHISCHE WERK || VON || MAX LIEBERMANN || ZWEITE || DURCHGESEHENE UND UM DAS DOPPELTE VERMEHRTE AUFLAGE || [Signet] || VERLAG VON BRUNO CASSIRER || BERLIN 1914 ||

25,5 cm; S. 7—181; Inh.: Ein beschreibendes Verzeichnis der graphischen Arbeiten M. Liebermanns *ohne* die Wiedergabe der Graphiken.

Der Wortlaut des Titels läßt zunächst vermuten, daß eine Sammlung von Wiedergaben der Graphiken vorliegt. Ein Blick in das Buch gibt aber Aufschluß, daß nur ein von Schiefler zusammengestelltes beschreibendes Verzeichnis dieser Graphiken den Inhalt der Veröffentlichung bildet. Die Schrift kommt also unter „Schiefler".

Aufnahme

Schiefler, Gustav
Das graphische *Werk* von Max Liebermann. 2., durchges. u. verm. Aufl.
Berlin: Cassirer 1914. 181 S. 4⁰

Dagegen zeigt das folgende Beispiel nach Prüfung des Buchinhaltes einen völlig anderen Sachverhalt. Die Publikation enthält nur Wiedergaben von Arbeiten Liebermanns, die von Friedländer ausgewählt und herausgegeben sind. Die Schrift kommt also unter „Liebermann: [Teils.]" mit Vw. von Friedländer.

Beispiel 291

Vorlage

ARNOLDS GRAPHISCHE BÜCHER || Max Liebermanns || Graphische Kunst || HERAUSGEGEBEN || VON MAX J. FRIEDLÄNDER || MIT 103 NACHBILDUNGEN || [Signet] || ZWEITE AUFLAGE || 1922 || VERLAG ERNST ARNOLD || DRESDEN ||

25,5 cm; S. 7—33 u. gezählte Blätter 1—95; auf d. Vortitelbl.: „ARNOLDS || GRAPHISCHE BÜCHER || ERSTE FOLGE · BAND 1; || ZWEITE AUFLAGE ||"; der zweite vollst. Vorname d. Herausgebers ist nicht erm.

Hauptaufnahme

Liebermann, Max
Max Liebermanns graphische Kunst [Teils.] Hrsg. von Max J. Friedländer. Mit 103 Nachbildungen. 2. Aufl.
Dresden: Arnold 1922. 33 S., 95 Bl. 4⁰
(Arnolds Graphische Bücher. F. 1, Bd 1.)

Vgl. auch Anl. 5, § 2e.

Verweisung vom Herausgeber als scheinb. Verfasser

Friedlaender, Max J
Max Liebermanns graphische *Kunst*. 2. Aufl. 1922
s. *Liebermann*: Teils.

Verweisung vom Verfasser/ vorliegenden Sachtitel

Liebermann, Max
Graphische *Kunst.* 2. Aufl. 1922
s. *Liebermann:* Teils.

Interimszettel für die Serie

Int. Z.

Buecher Arnold graphische
(Ernst) Arnolds Graphische Bücher. 2. Aufl. F. 1, Bd 1.
Dresden: Arnold 1922 4°
F. 1.

1. Liebermann, Max: Graphische Kunst [Teils.] 1922.

Verweisung vom Personennamen im anonymen Titel

Arnold, Ernst, Verlag, Dresden
s. *Buecher,* Arnolds Graphische. 1922ff.

Bei Werken der Musik gilt der schaffende Künstler als Verfasser (48). Textbücher und Szenarien zu musikalischen Kompositionen werden unter den Komponisten gestellt; vom Verfasser des Textes wird verwiesen (51).

Beispiel 292

Vorlage

DER ROSENKAVALIER || KOMÖDIE FÜR MUSIK IN || DREI AUFZÜGEN VON HUGO VON HOFMANNSTHAL || MUSIK VON || RICHARD STRAUSS || [Signet] || PREIS M. 1.— NETTO || VERLAG UND EIGENTUM FÜR ALLE LÄNDER || ADOLPH FÜRSTNER, BERLIN W. - PARIS || COPYRIGHT 1910 AND 1911 BY ADOLPH FÜRSTNER ||

18,5 cm; S. 2—150; die Opus-Nr ist aus d. Buch erm.: „Op. 59“; es handelt sich um das Textbuch.

Hauptaufnahme

Strauss, Richard
Der *Rosenkavalier.* Komödie für Musik in 3 Aufz. von Hugo von Hofmannsthal. Musik von Richard Strauss. (Op. 59.) [Textbuch.]
Berlin [usw.]: Fürstner (1911). 150 S. 8°

Die Vw. vom Textdichter wird in Form einer Mitverfasservw., aber als aVw. angelegt. Am Schluß des ersten Teils wird die Formel „[Textbuch]“ und am Schluß des zweiten Teils die Formel „[Komp.]“ eingefügt.

Verweisung vom Textdichter auf den Komponisten

Hofmannsthal, Hugo von
Der *Rosenkavalier.* Komödie für Musik. [Textbuch]
s. *Strauss,* Richard [Komp.]

Treten Wendungen vor den eigentlichen Sachtitel, wie z. B. „Arien und Gesänge aus der romantischen Oper ‚Der Freischütz'", bleibt der Titel des Musikstückes für die Einordnung maßgeblich ohne Vw. vom scheinbaren Substantivum regens. Bildet die Musik nur eine Beigabe, etwa bei musikalischen Einlagen in Schwänken, Possen u. ä., wird das Stück unter den Verfasser gelegt und vom Komponisten verwiesen.

Beispiel 293

Vorlage

Einen Jux will er sich machen. || Posse mit Gesang in vier Aufzügen. || Von || JOHANN NESTROY || Musik von Kapellmeister Herrn Adolph Müller. || Wien, 1875. || Druck und Verlag von J. B. Wallishausser. ||

18 cm; S. 2—46; nur Text.

Hauptaufnahme

Nestroy, Johann
Einen *Jux* will er sich machen. Posse mit Gesang in 4 Aufz. Von Johann Nestroy. Musik von Adolph Müller.
Wien: Wallishausser 1875. 46 S. 8^0

Verweisung vom Komponisten

Mueller, Adolf
[Komp.]
s. *Nestroy*, Johann: Einen Jux will er sich machen. 1875.

Aufgabe 47

1. DREI EULEN KUNSTBÜCHER || HERAUSGEBER DR. P. BREUER || BAND III || FRANZ VON STUCK || EINGELEITET VON DR. EUGEN DIEM || DREI EULEN VERLAG Haas & Co. || MÜNCHEN ||

   27 cm; 5 ungezählte Blätter u. 19 ungezählte Tafeln; der Vorname von Breuer ist bibliogr. erm.: Peter, desgl. d. Erscheinungsjahr: 1927; Inh.: Wiedergaben von Gemälden, auf d. Blättern d. Text.

2. Die Ballette des Deutschen Theaters || Zwölf Originallithographien || von || Ernst Stern || Text von Oscar Bie || Im Verlage von Erich Reiß, Berlin || 1918 ||

   35 × 48 cm; S. 1—8 u. 16 ungezählte Blätter mit Abbildungen.

3. GOETHES || GÖTZ VON BERLICHINGEN || IN ZEICHNUNGEN VON || FRANZ PFORR || HERAUSGEGEBEN VON || RICHARD BENZ || WEIMAR || VERLAG DER GOETHE-GESELLSCHAFT · 1941 ||

   24,5 cm; S. 5—38, Tafel I—XXIV, S. 41—42; auf d. Vortitelbl.: „SCHRIFTEN DER GOETHE-GESELLSCHAFT || Im Auftrage des Vorstandes herausgegeben von || Anton Kippenberg und Hans Wahl || 52. Band ||".

4. Farbiges PARIS || Mit einem einführenden Text || von Jacques Prévert || und 112 Farbenphotographien || von Peter Cornelius ||

   31,5 cm; S. VII—XIII u. 2—99; auf d. Rücks. d. Titelbl.: „Copyright 1961"; auf d. Rücks. d. Vortitelbl.: „Deutsche Buchgemeinschaft Berlin · Darmstadt · Wien".

5. Graphik der holländischen Künstlerin || RIA EXEL || Einführung von Max Haller || VEB Verlag der Kunst Dresden ||

19 cm; S. 5—13 u. 1—38; auf d. Rücks. d. Titelbl.: „Zwinger-Bücher"; am Schluß: „Veröffentlicht 1962".

6. BRUEGEL || THE DRAWINGS || COMPLETE EDITION || BY LUDWIG MÜNZ || LONDON · PHAIDON PRESS ||

30 cm; S. 5—247, 85 Tafeln im Text verteilt; auf d. Rücks. d. Titelbl.: „C 1961"; der Vorname Bruegels ist aus d. Vorw. ersichtl.: „Pieter"; die maßgebliche Namensform ist bibliogr. erm.: Brueghel der Ältere.

7. Honoré Daumier || als Gesellschaftskritiker || 80 Nachbildungen seiner Holzschnitte || Ausgewählt und herausgegeben von Richard Zürcher || WERNER CLASSEN VERLAG ZÜRICH ||

19 cm; S. 5—92; auf d. Rücks. d. Titelbl.: „Copyright 1947"; auf d. Vortitelbl.: „VOM DAUERNDEN IN DER ZEIT. Eine Sammlung von Kostbarkeiten alter und neuer Dichtung herausgegeben von Werner Classen. XXX." Laut Bilderverz. am Schluß stammen die Abbildungen aus verschiedenen Zyklen.

8. IM TAL DES TODES || Zeichnungen von Leah Grundig und Text von Kurt Liebmann || SACHSENVERLAG DRESDEN ||

16,5 × 24,5 cm; S. 6—44; auf d. Rücks. d. Titelbl.: „Copyright 1947"; auf d. Rücks. d. Vortitelbl.: „Kleine ›Zeit im Bild‹ Bücherei. Heft 1." Jeder Textseite links entspricht eine Bildseite rechts.

2.13.4 *Der Bearbeiter als Verfasser, der Verfasser als Bearbeiter*

Bearbeitungen, die vom Urtext so stark abweichen, daß sie als selbständige Werke anzusehen sind, werden unter den Bearbeiter gestellt; vom ursprünglichen OW wird erforderlichenfalls verwiesen (44).

Beispiel 294

Vorlage

WOLFRAM VON ESCHENBACH || PARZIFAL || NACHERZÄHLT VON || GOTTFRIED BAUMECKER || DELPHINVERLAG 1950 ||

20 cm; S. 2—179; der Verlagsort ist bibliogr. erm.: Überlingen/Bodensee.

Hauptaufnahme

Baumecker, Gottfried
Wolfram von Eschenbach. *Parzifal.* Nacherzählt von Gottfried Baumecker. [Überlingen/Bodensee:] Delphinverl. 1950. 179 S. 8⁰

Verweisung vom ursprünglichen Verfasser

Wolfram von Eschenbach
Parzifal [nhdt.] Nacherzählt. 1950
s. *Baumecker,* Gottfried.

Beispiel 295

Vorlage

EHM WELK || Geschichte || einer || armen || Liebe || VEB HINSTORFF VERLAG ROSTOCK ||

22 cm; S. 5—125; auf d. Rücks. d. Titelbl.: „. . . eine freie hochdeusche Nachgestaltung der Verserzählung ‚Kein Hüsung' von Fritz Reuter; 1. Auflage 1960".

Aufnahme

Welk, Ehm
Geschichte einer armen Liebe. (Freie hdt. Nachgestaltung d. Verserzählung „Kein Hüsung" von Fritz Reuter.)
Rostock: Hinstorff (1960). 125 S. 8⁰

ohne Vw. von Reuter, da die Bemerkung nicht auf dem Titelbl. steht.

Taschenbücher, Fachkalender, Adreßbücher, Jahresberichte von Anstalten und Vereinen und andere zeitschriftenartige Reihen werden, auch wenn jeder Band das Werk *eines* (bleibenden oder wechselnden) Verfassers ist, nach ihrem Sachtitel eingeordnet; vom Verfasser wird verwiesen (61).

Beispiel 296

ALMANACH || des Musikverlages || ED. BOTE & G. BOCK || BERLIN W 8 || verfaßt von || Oswald Schrenk || 1939 ||

21 cm; aus d. Vorw.: „Zum ersten Male treten wir mit einem Jahrbuch des Hauses an die Öffentlichkeit . . ."

Hauptaufnahme

Int. Z.

Almanach Bote
Almanach des Musikverlages Ed. Bote & G. Bock, Berlin W 8, verf. von Oswald Schrenk. (1.) Berlin 1939. 8⁰
(1.) 1939.

Verweisung vom Verfasser

Schrenk, Oswald
[Bearb.]
s. *Almanach* d. Musikverlages Ed. Bote & G. Bock. 1. 1939.

Verweisung vom Personennamen (Firmennamen) im anonymen Titel

Bote, Ed., Musikverl., Berlin
s. *Almanach* d. Musikverlages Ed. Bote & G. Bock. 1939ff.

2.13.5 *Kataloge und Firmenschriften*

Kataloge von Privatsammlungen werden unter den Namen des Sammlers (Person oder Familie) gestellt. Ist jedoch daneben auch der Verfasser genannt, so wird dessen Name OW mit Vw. von dem des Sammlers (59).

Bei Auktionskatalogen wird der Titel nur in den wichtigsten Angaben übernommen und im übrigen der Charakter der Veröffentlichung durch die Formel „[Auktionskatalog, Ort, Datum d. Auktion]“ gekennzeichnet.

Beispiel 297

Vorlage

KATALOG || der von F. C. DAHLMANN, || Professor an der Kgl. Universität zu Bonn, || nachgelassenen Büchersammlung, || welche || Mittwoch den 1. Mai 1861 und an den folgenden Tagen || Abends 5 Uhr || bei || Matth. Lemperts in Bonn || öffentlich gegen baare Zahlung versteigert wird. ||

21 cm; S. 2—96; die vollst. Vornamen von Dahlmann sind bibliogr. erm.: Friedrich Christoph.

Aufnahme

Dahlmann, Friedrich Christoph
Katalog der von F[riedrich] C[hristoph] Dahlmann . . . nachgelassenen Büchersammlung. [Auktionskatalog, Bonn, 1. Mai 1861.]
Bonn 1861. 96 S. 8^0

Erscheinen die Kataloge in einer gezählten Reihe, werden sie unter den Firmennamen gelegt. Stücktitel sind nur anzufertigen, wenn das betreffende Stück unter einen Verfasser oder Sammler kommt.

Bei der Ansetzung von Firmennamen im Kopf ist folgendes zu beachten:

1. Vornamen werden nicht ergänzt (144).
2. Branche und Ort sind zusätzlich anzugeben.
3. Eigennamen in adjektivischer Form werden substantiviert (142).
4. Besteht die Firma aus mehreren Familiennamen, so wird der erste OW, ohne Vw. von den anderen (143).
5. Die aus mehreren bloßen Familiennamen bestehenden Firmen sind wie Doppelnamen zu ordnen (144).
6. Firmenbezeichnungen ohne Familiennamen werden nach den Regeln, die für Sachtitel gelten, ausgeworfen (145). Sie müssen stets im *Text* der Aufnahme wiederholt werden, da sie in der vollständigen Vorlageform ersichtlich sein sollen. Sie gelten als Verfasser, daher ist wie bei Familiennamen ein OW im Text zu unterstreichen.
7. Im Erscheinungsvermerk wird der Verlag weggelassen, wenn er mit der Firma identisch und schon im Text genannt ist.

Beispiel 298

Vorlage

KATALOG 16 || von || Siegfried Seemann || Buchhandlung und Antiquariat. || Berlin NW 6, Karlstr. 18 || [Signet] || Alte Drucke || Astronomie/Geschichte || Kulturgeschichte/Kunst/Literatur || Mémoires et Lettres ||

21 cm; S. 2—38; die letzte zitierte Jahreszahl in d. Bücheranzeigen: 1923; bei den Lieferungsbedingungen ist von Goldmarkpreisen die Rede, der Katalog ist also offenbar in der Inflationszeit erschienen; nur Umschlagtitel vorhanden.

Aufnahme

Int. Z.

Seemann, Siegfried, Buchh. u. Antiquar, Berlin
Katalog 16.
(Berlin [um 1923].) 8⁰ [Umschlagt.]

16. Alte Drucke, Astronomie, Geschichte, Kulturgesch., Kunst, Literatur, Mémoires et Lettres. [Um 1923.]

(ohne Stückzettel)

Beispiel 299

Vorlage

MUSIKBÜCHER || FAKSIMILE-DRUCKE || MUSIK-ZEITSCHRIFTEN || MUSIKER-BILDNISSE || BÄRENREITER || KASSEL · BASEL · LONDON · NEW YORK || [Signet] ||

20,5 cm; S. 4—48; auf d. Rücks. d. Titelbl.: „Stand vom 1. Juni 1958".

Aufnahme

Baerenreiter, Musikverl., Kassel
Musikbücher, Faksimile-Drucke, Musik-Zeitschriften, Musiker-Bildnisse. (Nach d. Stand vom 1. Juni 1958.)
Kassel [usw.]: Bärenreiter (1958). 48 S. 8^0

Beispiel 300

Vorlage

Vollständiges Verzeichnis || der im Verlage von || ED. BOTE & G. BOCK || Königliche Hof-Musikalienhändler || BERLIN || während des 75jährigen || Bestehens erschienenen || MUSIKALIEN || Haupt-Katalog || Gegründet 1838 || [Signet] || 1. Januar 1914 ||

24 cm; S. 1—649.

Aufnahme

Bote, Ed., & G. Bock, Musikalienhändler, Berlin
Vollständiges *Verzeichnis* der im Verlage von Ed. Bote & G. Bock, Königliche Hof-Musikalienhändler, Berlin, während des 75jährigen Bestehens erschienenen Musikalien. Haupt-Katalog. Gegr. 1838. 1. Jan. 1914.
(Berlin 1914.) 649 S. 8^0

Aufgabe 48

1. CATALOG || DES || MUSIKALIEN-VERLAGES || VON || BARTHOLF SENFF || IN || LEIPZIG. || 1890 ||

   21 cm; S. 2—144.

[Dazu:] CATALOG || DES || MUSIKALIEN-VERLAGES || VON || BARTHOLF SENFF || IN || LEIPZIG. || NACHTRAG. || 1898. ||

21 cm; S. 2—17.

2. ILLUSTRIERTE BÜCHER || PRESSEN- UND PRIVATDRUCKE || EINMALIGE AUSGABEN UND || VORZUGSDRUCKE || SELTENE UND KOSTBARE EINBÄNDE || ANTIQUARIATS-KATALOG 51 || A. HILMAR HUBER · LEIPZIG || DRESDENER STRASSE 33 ||

23,5 cm; S. 2—25; nur Umschlag; auf d. Innenseite d. Umschlags: „A. Hilmar Huber, Antiquariat"; das letzte zitierte Jahr im Katalog: „1925".

3. BIBLIOTHECA || GODOFREDI STALLBAUMII || LIPSIAE || PER || HERM. HARTUNGUM || INDE A DIE XXVI. MENSIS IUNII MDCCCLXI || PUBLICA AUCTIONE DISTRAHENDA. || LIPSIAE. || TYPIS EXSCRIPSIT CAROLUS PHILIPPUS MELZER. ||

20,5 cm; S. 2—282.

4. CATALOG || der reichhaltigen Sammlung von Münzen, Medaillen und Nothmünzen, sowie der numismatischen Bibliothek || des Herrn || J. J. R. Whaites, || aus Norwich (England), derzeit in Bonn a. Rh., deren öffentliche Versteigerung in Frankfurt am Main || am 7. August 1871 durch Herrn Joseph Baer, Buchhändler u. Antiquar, stattfinden wird. || Frankfurt a. M. 1871. Verlag von Joseph Baer. ||

20 cm; S. VI—XV u. 2—118.

5. VERLAGSKATALOG || DER || K. K. HOF- UND || STAATSDRUCKEREI || IN || WIEN || I. SINGERSTRASZE 26 || WIEN 1904 || DRUCK UND VERLAG DER K. K. HOF- UND STAATSDRUCKEREI ||

22 cm; S. 2—214.

6. KATALOG || Gemälde älterer und neuzeitiger Meister || aus verschiedenem Besitze. || Versteigerung zu Köln a. Rh.: || Montag den 17. und Dienstag den 18. Februar 1908, || nachmittags $3^1/_2$ Uhr || bei || J. M. HEBERLE || gegründet 1807 || in deren Auktionshause Friesenplatz 15, Ecke Limburger Straße. || Eingang zu den Ausstellungssälen: Limburger Straße. || Fernruf 1071. || Köln 1908. || M.DuMont Schauberg ||

19 cm; S. 2—27.

2.14 Quellenschriften und Kommentare

Sofern man es nur mit einer Quellenschrift oder nur mit einem Kommentar zu tun hat, sind die Verhältnisse für die Titelaufnahme klar. Die Quellenschrift kommt unter ihren Urheber bzw. Sachtitel, der Kommentar unter den Kommentator als Verfasser. Problematisch wird es, wenn beide Formen in *einer* Veröffentlichung kombiniert sind. Es erhebt sich die Frage: Was liegt vor? Die Quelle mit dem Kommentar als Zutat oder der Kommentar mit der Quelle als Zutat? Diese Alternative besteht insbesondere bei juristischer, gelegentlich auch bei philologischer und historischer Literatur, wenn Text und Kommentar in einer Ausgabe vereinigt sind.

Zunächst zu den reinen Textausgaben von Einzelgesetzen: Sie sind nach § 217 unter ihren amtlichen Originaltitel zu legen, weil sie ja keinen persönlichen Urheber aufweisen (vgl. § 58). Da der amtliche Originaltitel infolge der abstrakten Formulierung sehr oft umständlich und lang ist, hat sich der Brauch herausgebildet, ihn aus praktischen Gründen in einer schlagwortartigen Kurzfassung zu zitieren. Ein solcher „Zitiertitel“ taucht daher ziemlich oft auf den Titelblättern der einschlägigen Literatur auf. Entweder steht er allein auf dem Titelblatt oder neben dem Originaltitel. Er kann neben dem Originaltitel durch das Druckbild als scheinbarer Haupttitel hervorgehoben sein oder er ist als scheinbarer Untertitel aufgeführt; in Wirklichkeit ist er ein Nebentitel.
Der amtliche Originaltitel ist immer im Buchinnern als Kopftitel über dem Gesetzestext zu finden; die Datierung gehört zu ihm und ist gegebenenfalls im Text der Aufnahme zu ergänzen (vgl. auch § 202,4). Vom Zitiertitel verweist man, wenn er an irgendeiner Stelle – sei es auch nur im Innern des Buches – vorkommt.

Beispiel 301

Vorlage

Gesetz || über das Vertragssystem || in der || sozialistischen Wirtschaft || (Vertragsgesetz) || und Bestimmungen über das Verfahrensrecht || Textausgabe mit Sachregister || VEB DEUTSCHER ZENTRALVERLAG || BERLIN 1959 ||

15 cm; S. 8—176; am Textanfang: „Gesetz über ... vom 11. Dezember 1957“; auf d. Umschlag: „Vertragsgesetz“.

Hauptaufnahme

Gesetz Vertragssystem Wirtschaft
Gesetz über das Vertragssystem in der sozialistischen Wirtschaft ⟨Vertragsgesetz⟩ (vom 11. Dezember 1957) und Bestimmungen über das Verfahrensrecht. Textausg. mit Sachreg.
Berlin: Dt. Zentralverl. 1959. 176 S. 8⁰
[Umschlagt.:] Vertragsgesetz.

Verweisung vom Zitiertitel

Vertragsgesetz
Vertragsgesetz. Textausg. 1959
s. *Gesetz* über d. Vertragssystem in d. sozialistischen Wirtschaft vom 11. Dezember 1957.

Beide Titel stehen auf dem Titelblatt; der Zitiertitel ist durch den Druck hervorgehoben, während der amtliche Originaltitel als scheinbarer Untertitel aufgeführt ist:

Beispiel 302

Vorlage

VERSICHERUNGSAUFSICHTSGESETZ || Gesetz über die Beaufsichtigung der privaten || Versicherungsunternehmungen und || Bausparkassen || mit ergänzenden

Bestimmungen, || auch den Zonen- und Landesvorschriften || der Westzonen und Berlins || Textausgabe mit Sachverzeichnis || Dritte, neubearbeitete Auflage || Biederstein Verlag München und Berlin || 1948 ||

14,5 cm; S. VI—VII u. 2—160; aus d. Buch: „Gesetz über . . . Vom 6. Juni 1931".

Hauptaufnahme

Gesetz Beaufsichtigung
Versicherungsaufsichtsgesetz. Gesetz über die Beaufsichtigung der privaten Versicherungsunternehmungen und Bausparkassen. (Vom 6. Juni 1931.) Mit erg. Bestimmungen, auch d. Zonen- u. Landesvorschr. d. Westzonen u. Berlins. Textausg. mit Sachverz. 3., neubearb. Aufl.
München, Berlin: Biederstein 1948. VII, 160 S. 8⁰

Verweisung vom Zitiertitel

Versicherungsaufsichtsgesetz
Versicherungsaufsichtsgesetz. Textausg. 3. Aufl. 1948
s. *Gesetz* über d. Beaufsichtigung d. privaten Versicherungsunternehmungen u. Bausparkassen. Vom 6. Juni 1931.

Nur der Zitiertitel steht auf dem Titelblatt:

Beispiel 303

Vorlage

Personen- || beförderungs- || gesetz || und damit im Zusammenhang stehende || weitere gesetzliche Bestimmungen || Textausgabe || mit Anmerkungen und Sachregister || VEB DEUTSCHER ZENTRALVERLAG || BERLIN 1959 ||

14 cm; S. 6—220; auf d. Rücks. d. Titelbl.: „2., überarbeitete Auflage"; aus d. Buch: „Gesetz über die Beförderung von Personen zu Lande. Vom 4. Dezember 1934".

Hauptaufnahme

Gesetz Befoerderung Personen
Personenbeförderungsgesetz (Gesetz über die Beförderung von Personen zu Lande. Vom 4. Dezember 1934) und damit im Zusammenhang stehende weitere gesetzliche Bestimmungen. Textausg. mit Anm. u. Sachreg. (2., überarb. Aufl.)
Berlin: Dt. Zentralverl. 1959. 220 S. 8⁰

Verweisung vom Zitiertitel

Personenbefoerderungsgesetz
Personenbeförderungsgesetz. Textausg. 2. Aufl. 1959
s. *Gesetz* über d. Beförderung von Personen zu Lande. Vom 4. Dezember 1934.

Da alle als *Textausgaben* bezeichneten Einzelgesetze unter ihren Sachtitel (= amtlichen Originaltitel) geordnet werden, erhält der auf dem Titelblatt genannte Name eines Herausgebers, Bearbeiters, Kommentators etc. nur eine entsprechende Verweisung:

Beispiel 304

Vorlage

Gesetz zur Milderung von || Härten der Währungsreform || (Altsparergesetz) || Textausgabe || mit Einführung, kurzen Verweisungen || und Stichwortverzeichnis || bearbeitet von || Erich Waldeck || Oberregierungsrat, Bonn || 1953 || Kommunalschriftenverlag J. Jehle · München ||

16 cm; S. 3—56; aus d. Buch: „Gesetz zur ... vom 14. Juli 1953"; auf d. Umschlag: „Waldeck || Altsparergesetz".

Hauptaufnahme

Gesetz Milderung Haerten
Gesetz zur Milderung von Härten der Währungsreform ⟨Altsparergesetz⟩ (vom 14. Juli 1953). Textausg. mit Einf., kurzen Verweisungen u. Stichwortverz. bearb. von Erich Waldeck.
München: Jehle 1953. 56 S. 8⁰
[Umschlagt.:] Waldeck: Altsparergesetz.

Verweisung vom Zitiertitel

Altsparergesetz.
Altsparergesetz. Textausg. 1953
s. *Gesetz* zur Milderung von Härten d. Währungsreform vom 14. Juli 1953.

Verweisung vom Bearbeiter

Waldeck, Erich
[Bearb.]
s. *Gesetz* zur Milderung von Härten d. Währungsreform vom 14. Juli 1953.

Verweisung vom abweichenden Umschlagtitel

Waldeck, Erich
Altsparergesetz. 1953
s. *Gesetz* zur Milderung von Härten d. Währungsreform vom 14. Juli 1953.

Beispiel 305

Vorlage

GESETZ || ÜBER DEN FÜNFJAHRPLAN || zur Entwicklung der Volkswirtschaft || der Deutschen Demokratischen Republik || 1951—1955 || mit einem Brief des Stellvertreters des Ministerpräsidenten || WALTER ULBRICHT || Herausgegeben vom Amt für Information || der Regierung der Deutschen Demokratischen Republik ||

20 cm; S. 2—79; aus d. Buch: „Gesetz über ... vom 1. November 1951"; am Schluß d. Textes: „Vertrieb: Deutscher Zentralverlag, Berlin O 17"; auf d. Umschlag: „Unser Fünfjahrplan des friedlichen Aufbaus"; das Erscheinungsjahr ergibt sich aus d. Datierung.

Hauptaufnahme

Gesetz Fuenfjahrplan Entwicklung
Gesetz über den Fünfjahrplan zur Entwicklung der Volkswirtschaft der Deutschen Demokratischen Republik 1951—1955 (vom 1. November 1951) mit e. Brief d. Stellvertr. d. Ministerpräsid. Walter Ulbricht. Hrsg. vom Amt für Information.
(Berlin: Dt. Zentralverl. [in Komm.] 1951.) 79 S. 8⁰
[Umschlagt.:] Unser Fünfjahrplan des friedlichen Aufbaus.

Verweisung vom Vorredner

Ulbricht, Walter

[Vorr.]

s. *Gesetz* über d. Fünfjahrplan zur Entwicklung d. Volkswirtschaft d. DDR 1951—1955 vom 1. November 1951. 1951.

Verweisung vom abweichenden Umschlagtitel

Fuenfjahrplan unser Aufbau
Unser Fünfjahrplan des friedlichen Aufbaus. 1951
s. *Gesetz* über d. Fünfjahrplan zur Entwicklung d. Volkswirtschaft d. DDR 1951—1955 vom 1. November 1951.

Als Textausgaben von Einzelgesetzen werden auch vom *Gesetzgeber* zusammengestellte Gesetze, die unter *einem* Originaltitel erschienen sind, behandelt, z. B. „Bürgerliches Gesetzbuch", „Konkursordnung" u. ä. Sie dürfen nicht verwechselt werden mit einer Sammlung von Einzelgesetzen, die ein Kompilator unter bestimmten Gesichtspunkten ausgewählt und mit einem von ihm stammenden Titel veröffentlicht hat (vgl. § 40 u. Beisp. 267).

Beispiel 306

Vorlage

Zivilprozeßordnung || und andere || prozeßrechtliche Bestimmungen || Textausgabe mit Anmerkungen || und Sachregister || VEB DEUTSCHER ZENTRALVERLAG || BERLIN 1960 ||

15 cm; S. 8—762; auf d. Rücks. d. Titelbl.: „5., überarbeitete Auflage".

Aufnahme

Zivilprozessordnung
Zivilprozeßordnung und andere prozeßrechtliche Bestimmungen. Textausg. mit Anm. u. Sachreg. (5., überarb. Aufl.)
Berlin: Dt. Zentralverl. 1960. 762 S. 8⁰

Aber:

Beispiel 307

Vorlage

Jagdrecht || Textausgabe || mit Verweisungen und Sachregister || von || Winfried Müller || VEB DEUTSCHER ZENTRALVERLAG || BERLIN 1959 ||

15 cm; S. 8—344; aus d. Vorrede: „Mit dieser Textausgabe werden Ihnen die wichtigsten gesetzlichen Bestimmungen zur Regelung des Jagdwesens in der Deutschen Demokratischen Republik . . . in die Hände gegeben".

Aufnahme

Mueller, Winfried
Jagdrecht. Textausg. mit Verweisungen u. Sachreg. Von Winfried Müller.
Berlin: Dt. Zentralverl. 1959. 344 S. 8⁰

Stehen mehrere Gesetzestitel auf der Vorlage, wird die Schrift unter den ersten gestellt, von den anderen wird *nicht* verwiesen. (Vgl. Fuchs: Kommentar. 1955, § 93,1 f, S. 200.)

Beispiel 308

Vorlage

Verordnung über den Betrieb || von Kraftfahrunternehmen || im Personenverkehr || Bau- und Betriebsordnung || für Straßenbahnen || VEB DEUTSCHER ZENTRAL-VERLAG || BERLIN 1961 ||

14 cm; S. 6—239; aus d. Buch: „Verordnung über ... vom 13. Februar 1939 i. d. F. der AO vom 2. Januar 1952“.

Aufnahme

Verordnung Betrieb Kraftfahrunternehmen
Verordnung über den Betrieb von Kraftfahrunternehmen im Personenverkehr (vom 13. Februar 1939 i. d. F. der AO vom 2. Januar 1952). Bau- und Betriebsordnung für Straßenbahnen.
Berlin: Dt. Zentralverl. 1961. 239 S. 8⁰

Für die schwierige Frage der Abgrenzung von Quellenschrift (Textausgabe) und Kommentar empfiehlt sich folgende Regelung:
Liegt ein Gesetz (Verordnung) mit Original- oder Zitiertitel in Verbindung mit einem Namen auf dem Titelblatt vor, gilt die Schrift immer dann als Textausgabe, wenn sie nicht ausdrücklich auf dem Titelblatt oder im Vorwort als „Kommentar“, „Erläuterungsbuch“, u. ä. bezeichnet ist.
Bei Wendungen, wie „herausgegeben“, „bearbeitet“, „erläutert“, „mit einem Kommentar“, „kommentiert“ usw. oder bei der einfachen Verbindung „von“ zwischen Gesetzestitel und Namen, behandelt man die Schrift als Textausgabe, es sei denn, sie erscheint in einer Serie, die durch ihren Titel, wie „Taschen-Texte“ oder „Steuer-Kommentare“, die Schrift der einen oder anderen Kategorie einwandfrei zuordnet. In Zweifelsfällen ist die Einordnung unter dem Sachtitel vorzuziehen.

Beispiel 309

Vorlage

Kommentar || zum || Jugendgerichtsgesetz || mit || ergänzenden Gesetzen, Verordnungen und || Verwaltungsvorschriften auf dem Gebiete || des Jugendstrafrechts, der Jugendhilfe || und des strafrechtlichen Jugendschutzes || von Dr. Gerhard Potrykus || Amtsgerichtsdirektor || in Schweinfurt || 3. vollständig neubearbeitete und vermehrte Auflage || FACHVERLAG DR. N. STOYTSCHEFF – DARMSTADT || Nürnberg-Düsseldorf-Berlin-Frankfurt ||

17 cm; S. 5—912; auf d. Rücks. d. Titelbl.: „1954“.

Aufnahme

Potrykus, Gerhard
Kommentar zum Jugendgerichtsgesetz. Mit erg. Gesetzen, Verordn. u. Verwaltungsvorschr. auf d. Geb. d. Jugendstrafrechts, d. Jugendhilfe u. d. strafrechtl. Jugendschutzes. 3. vollst. neubearb. u. verm. Aufl.
Darmstadt, Nürnberg, Düsseldorf, Berlin, Frankfurt [am M.]: Stoytscheff (1954). 912 S. 8⁰

Beispiel 310

Vorlage

REICHSABGABENORDNUNG || STEUERANPASSUNGSGESETZ/NEBENGESETZE || ERLÄUTERT VON || DR. ROLF KÜHN || FRANKFURT/MAIN || Dritte neu bearbeitete Auflage || 1954 || FACHVERLAG FÜR WIRTSCHAFTS- UND STEUERRECHT || SCHÄFFER & CO GMBH · STUTTGART ||

21 cm; S. VI—XX u. 1—778; aus d. Buch: „Reichsabgabenordnung ... vom 22. Mai 1931".

Hauptaufnahme

Reichsabgabenordnung
Reichsabgabenordnung (vom 22. Mai 1931), Steueranpassungsgesetz, Nebengesetze. Erl. von Rolf Kühn. 3. neu bearb. Aufl.
Stuttgart: Schäffer 1954. XX, 778 S. 8⁰

Verweisung vom Kommentator

Kuehn, Rolf

[Komm.]

s. *Reichsabgabenordnung* vom 22. Mai 1931, Steueranpassungsgesetz, Nebengesetze. 3. Aufl. 1954.

Aber:

Beispiel 311

Vorlage

Kohlhammer Kommentare || ABZAHLUNGSGESCHÄFTE || Gesetz betreffend die Abzahlungsgeschäfte || vom 16. Mai 1894 || Die Abzahlungsgeschäfte im Zivilprozeß- und Zwangsvollstreckungsrecht || im Gewerbe- und Steuerrecht, Finanzierungsgeschäfte || Formulare für Abzahlungsverträge || erläutert von || DR. HERBERT KLAUSS || Rechtsanwalt || in Ludwigshafen a. Rh. || 1950 || W. KOHLHAMMER VERLAG STUTTGART UND KÖLN ||

23,5 cm; S. 1—170; Norm: „Klauß, Abzahlungsgeschäfte".

Aufnahme

Klauss, Herbert
Abzahlungsgeschäfte. Gesetz betr. d. Abzahlungsgeschäfte vom 16. Mai 1894. Die Abzahlungsgeschäfte im Zivilprozeß- u. Zwangsvollstreckungsrecht, im Gewerbe- u. Steuerrecht, Finanzierungsgeschäfte, Formulare für Abzahlungsverträge. Erl. von Herbert Klauß.
Stuttgart, Köln: Kohlhammer 1950. 170 S. 8⁰
(Kohlhammer-Kommentare.)

Eine Textausgabe mit fingiertem Sachtitel:

Beispiel 312

Vorlage

Recht fürs Volk || Gemeinverständliche Führer durch neue Rechtsgebiete || DIE || ARBEITSLOSENHILFE || TEXTAUSGABE || des Gesetzes über Arbeitsvermittlung und || Arbeitslosenversicherung mit || den Unterstützungstabellen, der Verord- || nung über Kurzarbeiterunterstützung, der || Verordnung über Arbeitslosenfürsorge, den || Vorschriften über die werteschaffende Ar- || beitslosenfürsorge und einer Einführung || von || Dr. ERICH STRAUSS || Oberregierungsrat || 2. Auflage || Gültig für das Gebiet der || Bundesrepublik Deutschland || Fachverlag für Wirtschafts- und Steuerrecht || Schäffer & Co. Stuttgart || 1950 ||

19 cm; S. 1—294; aus d. Buch: „Gesetz über ... vom 16. Juli 1927"; Norm: „Strauß, Arbeitslosenhilfe".

Hauptaufnahme

Gesetz Arbeitsvermittlung Arbeitslosenversicherung
Die Arbeitslosenhilfe. Textausg. d. Gesetzes über Arbeitsvermittlung und Arbeitslosenversicherung (vom 16. Juli 1927) mit d. Unterstützungstab., d. Verordn. über Kurzarbeiterunterstützung, d. Verordn. über Arbeitslosenfürsorge, d. Vorschr. über d. werteschaffende Arbeitslosenfürsorge u. e. Einf. von Erich Strauß. 2. Aufl. Gültig für d. Geb. d. Bundesrepublik Deutschland.
Stuttgart: Schäffer 1950. 294 S. 8⁰
(Recht fürs Volk.)

Verweisung vom Herausgeber

Strauss, Erich
[Hrsg.]
s. *Arbeitslosenhilfe*, Die, [Gesetz über Arbeitsvermittlung u. Arbeitslosenversicherung vom 16. Juli 1927]. 2. Aufl. 1950.

Vgl. auch Bd II, S. 285, Beisp. 221, Erläuterung.

Verweisung vom scheinbaren Sachtitel

Arbeitslosenhilfe
Die Arbeitslosenhilfe. 2. Aufl. 1950
s. *Gesetz* über Arbeitsvermittlung u. Arbeitslosenversicherung vom 16. Juli 1927.

Beispiel 313

Vorlage

Genossenschaftsgesetz || Erläuterungsbuch || mit || einer Gesamtübersicht der Registerverordnung, || dem Kreditgesetz, der Gemeinnützigkeitsverordnung und anderen Nebengesetzen sowie Anschauungsmitteln || Im Auftrage || der || Hans-Soldan-Stiftung || herausgegeben || von W. Ellinghaus || Rechtsanwalt und Notar || 1950 || Juristischer Verlag W. Ellinghaus & Co., GmbH || Bad Harzburg ||

21 cm; S. 9—288; der vollst. Vorname von Ellinghaus ist bibliogr. erm.: Wilhelm.

Aufnahme

Ellinghaus, Wilhelm
Genossenschaftsgesetz. Erläuterungsbuch mit e. Gesamtübersicht d. Registerverordn., d. Kreditgesetz, d. Gemeinnützigkeitsverordn. u. anderen Nebengesetzen sowie Anschauungsmitteln. Im Auftr. d. Hans-Soldan-Stiftung hrsg. von W[ilhelm] Ellinghaus.
Bad Harzburg: Ellinghaus 1950. 288 S. 8⁰

Aus dem Vorwort geht hervor, daß es sich um einen Kommentar handelt:

Beispiel 314

Vorlage

Reichspreßgesetz || und die übrigen || preßrechtlichen Vorschriften || des Reiches und der Länder || Von Dr. jur. Kurt Häntzschel || Ministerialrat || im Reichsministerium des Innern || Berlin/Carl Heymanns Verlag || 1927 ||

19 cm; S. IV—XXIII u. 2—313; aus d. Vorw.: „Der vorliegende Kommentar ...“

Aufnahme

Haentzschel, Kurt
Reichspreßgesetz und die übrigen preßrechtlichen Vorschriften des Reiches und der Länder. Von Kurt Häntzschel.
Berlin: Heymann 1927. XXIII, 313 S. 8°

Der folgende Titel gibt zu echten Zweifeln Anlaß. Auf dem Titelblatt steht als Untertitel: „Handausgabe mit eingehenden Erläuterungen von ...“ und auf dem Umschlag „Erläuterungsbuch“. In solchen Fällen ist es am besten, die Schrift als Textausgabe zu behandeln, also unter den Sachtitel (= amtlicher Originaltitel) mit Vw. vom Namen zu stellen. Diese Regelung bietet dann die Möglichkeit, vom Sachtitel *und* vom Namen her den Titel im AK zu erfassen.

Beispiel 315

Vorlage

Versammlungsgesetz || Handausgabe || mit eingehenden Erläuterungen || von || Dr. Rudolf Werner Füßlein || unter Mitarbeit von || Hans Karl Geeb || 1954 || Verlag Franz Vahlen GmbH. || Berlin und Frankfurt a. M. ||

15,5 cm; S. VIII—XI u. 2—123; auf d. Umschlag: „Füßlein || Versammlungsgesetz || Erläuterungsbuch“; aus d. Buch: „Gesetz über Versammlungen und Aufzüge (Versammlungsgesetz) vom 24. Juli 1953“.

Hauptaufnahme

Gesetz Versammlungen Aufzuege
Versammlungsgesetz (Gesetz über Versammlungen und Aufzüge ⟨Versammlungsgesetz⟩ vom 24. Juli 1953). Handausg. mit eingehenden Erl. von Rudolf Werner Füßlein unter Mitarb. von Hans Karl Geeb.
Berlin, Frankfurt: Vahlen 1954. XI, 123 S. 8°
[Umschlagt.:] Füßlein: Versammlungsgesetz.

Verweisung vom Zitiertitel

Versammlungsgesetz
Versammlungsgesetz. 1954
s. *Gesetz* über Versammlungen u. Aufzüge vom 24. Juli 1953.

Verweisung vom scheinbaren Verfasser

Fuesslein, Rudolf Werner
Versammlungsgesetz. 1954
s. *Gesetz* über Versammlungen u. Aufzüge vom 24. Juli 1953.

Die Kommentator-Vw. von Füßlein erübrigt sich, da sie in bezug auf die Ordnung mit der Vw. vom scheinbaren Verfasser zusammenfällt.

Verweisung vom Mitarbeiter

Geeb, Hans Karl
[Mitarb.]
s. *Versammlungsgesetz* [Gesetze über Versammlungen u. Aufzüge vom 24. Juli 1953]. 1954.

Vgl. auch Bd II, S. 285, Beisp. 221, Erläuterung.

Beispiel 316

Vorlage

Der Brief des Jakobus || ausgelegt für die Gemeinde || von || Eduard Thurneysen || Druck und Verlag von Friedrich Reinhardt in Basel ||

19 cm; S. 5—231; das Vorw. ist dat.: „im November 1941"; der Inh. besteht aus d. Exegese Thurneysens; den einzelnen Kapiteln ist jeweils ein kurzer Textabschnitt des Jakobusbriefes vorangestellt, so daß der Kommentar den eigentlichen Inhalt der Veröffentlichung darstellt.

Aufnahme

Thurneysen, Eduard
Der *Brief* des Jakobus, ausgelegt für die Gemeinde.
Basel: Reinhardt (1941). 231 S. 8⁰

Aufgabe 49

1. Taschenausgaben zum Arbeitsrecht || Herausgeber Ministerialdirektor Richard Oechsle || HEFT 4 || Gesetz || über die Kinderarbeit und die || Arbeitszeit der Jugendlichen || (Jugendschutzgesetz) || MIT AUSFÜHRUNGSVERORDNUNG, || ERLÄUTERUNGEN, AUSZÜGEN AUS || WICHTIGEN ERLASSEN UND DGL. || Bearbeitet von Dr. WALTHER THUMSER || INNGAU-VERLAG IN ROSENHEIM ||

   14 cm; S. 3—119; Datierung d. Einleitung: „im August 1949"; aus d. Buch: „Gesetz über ... vom 30. April 1938".

2. SAATGUTGESETZ || mit || Durchführungsvorschriften || TEXTAUSGABE || mit Sachregister || Stand vom 1. März 1955 || 1955 || CARL HEYMANNS VERLAG || KG || KÖLN-BERLIN ||

   17 cm; S. 5—191; aus d. Buch: „Gesetz über Sortenschutz und Saatgut von Kulturpflanzen (Saatgutgesetz) vom 27. Juni 1953".

3. Vierte Verordnung || über den Betriebsprämienfonds || sowie || den Kultur- und Sozialfonds || vom 11. Februar 1960 || mit der Ersten Durchführungsbestimmung || und den Sonderbestimmungen für die || staatlichen Organe und Einrichtungen, Banken, || Sparkassen, Versicherungen, VVB, VVEAB, || Projektionsbetriebe, Forschungs- und || Entwicklungsstellen sowie Konstruktionsbüros || Textausgabe || mit Erläuterungen und Empfehlungen || VEB DEUTSCHER ZENTRALVERLAG || BERLIN 1960 ||

14 cm; S. 8—118; aus d. Buch: „Vierte Verordnung ... Sozialfonds in den volkseigenen und ihnen gleichgestellten Betrieben vom 11. Februar 1960"; auf d. Umschlag: „Betriebsprämienfonds || Kultur- || und Sozialfonds ||".

4. Befreiungsgesetz || vom 5. März 1946 || nebst || Aus- und Durchführungs-VO || und || Schlagwortverzeichnis || Justizamtmann Karl Trill ||

19,5 cm; S. 3—77; auf d. Rücks. d. Titelbl.: „Druck: Malsch & Vogel, Karlsruhe 15. 10. 1946"; aus d. Buch: „Gesetz zur Befreiung von Nationalsozialismus und Militarismus vom 5. März 1946"

5. Gesetz zum Schutze der Jugend || in der Öffentlichkeit || vom 4. Dezember 1951 || mit Vollzugsbestimmungen und Erläuterungen des || BStM. d. Innern v. 3. 11. 1952 und Anmerkungen || von || Dr. Friedrich Harrer || Regierungsrat im Bayr. Staatsministerium des Innern || Stand der Gesetzgebung 1. Februar 1953 || Verlag für Verwaltungspraxis Franz Rehm · München 5 ||

20,5 cm; S. 5—56.

6. Lebensmittelgesetz || und damit im Zusammenhang stehende || weitere gesetzliche Bestimmungen || nach dem Stande vom März 1959 || Textausgabe || mit Erläuterungen und Anmerkungen || zusammengestellt und bearbeitet || von || Prof. Dr. G. FARCHMIN || Direktor des Instituts für Lebensmittelhygiene || der Humboldt-Universität zu Berlin || VEB DEUTSCHER ZENTRALVERLAG || BERLIN 1959 ||

13,5 cm; S. 8—136; aus d. Buch: „Gesetz über den Verkehr mit Lebensmitteln und Bedarfsgegenständen (Lebensmittelgesetz). Vom 5. Juli 1927"; auf d. Rücks. d. Titelbl.: „5., überarbeitete Auflage"; der vollst. Vorname Farchmins ist bibliogr. erm.: Günter.

7. GmbH-Gesetz || Kommentar || von || Dr. Hermann Vogel || 1950 || Verlag für Rechtswissenschaft || vorm. Franz Vahlen G. m. b. H. || Berlin und Frankfurt a. M. ||

21 cm; S. VI—XXVIII u. 2—364.

8. Guttentagsche Sammlung von Textausgaben || Strafprozeßordnung || und || Gerichtsverfassungsgesetz || in der Fassung des Gesetzes zur Wiederherstellung || der Rechtseinheit auf dem Gebiete der Gerichtsverfassung, || der bürgerlichen Rechtspflege, des Strafverfahrens und des Kostenrechts || vom 12. September 1950 (BGBl. S. 455) || Textausgabe || mit Einleitung und Nebengesetzen || von || Dr. Richard Lange || Berlin 1950 || WALTER DE GRUYTER & Co. ||

20,5 cm; S. IV—XI u. 2—215; aus d. Buch: „Strafprozeßordnung. Vom 1. Februar 1877 in der neuen Fassung".

9. Das Eherecht || der || Deutschen Demokratischen Republik || Gesetzliche Bestimmungen || und Richtlinien des Obersten Gerichts || Zusammengestellt || von || M. JASCHIK, H. NAGLER, H.-J. VOIGT || VEB DEUTSCHER ZENTRALVERLAG || BERLIN 1958 ||

15 cm; S. 10—112; die vollst. Vornamen sind bibliogr. erm.: Jaschik: Manfred, Nagler: Heinz, Voigt: Hans-Jürgen.

10. GRUNDBUCH- || ORDNUNG || KOMMENTAR || Von || Dr. Paul Thieme || Senatspräsident a. D. || unter Mitwirkung von || Ernst Riggers || Justizinspektor || Vierte, neubearbeitete Auflage || C. H. BECK'SCHE VERLAGSBUCHHANDLUNG || MÜNCHEN UND BERLIN ||

24,5 cm; S. V—XVI u. 1—515; auf d. Rücks. d. Titelbl.: „1955".

11. Handelsgesetzbuch || einschließlich Seehandelsrecht || Gesellschaftsrecht · Wechsel- und Scheckrecht || Gütertransportrecht · Wettbewerbsrecht || Textausgabe || mit Verweisungen und Sachverzeichnis || 48., neugestaltete Auflage || Stand vom 10. Mai 1960 || C. H. BECK'SCHE VERLAGSBUCHHANDLUNG || MÜNCHEN UND BERLIN 1960 ||

16 cm; S. V—XVIII u. 1—1107; aus d. Buch: „Handelsgesetzbuch vom 10. Mai 1897".

12. Straßenverkehrs-Ordnung || (StVO) || Autobahnordnung || mit allen Anlagen || zur Straßenverkehrs-Ordnung und Autobahnordnung || Erläuterte Ausgabe || für die Verkehrspraxis || von || Georg Schneider || Verkehrsrichter || Helmut Schubert || Oberleutnant bei der Volkspolizei || Ernst Witt || Syndikus des ADMV || VEB DEUTSCHER ZENTRALVERLAG || BERLIN 1959 ||

16,5 cm; S. 6—400; aus d. Buch: „Verordnung über das Verhalten im Straßenverkehr (Straßenverkehrs-Ordnung - StVO -). Vom 4. Oktober 1956"; auf d. Umschlag: „StVO || Erläuterte Ausgabe".

13. STRAFGESETZBUCH || KOMMENTAR || begründet von || DR. ADOLF SCHÖNKE || weiland Professor || an der Universität Freiburg i. Br. || fortgeführt von || DR. HORST SCHRÖDER || Professor an der Universität Tübingen || 9., neubearbeitete Auflage || C. H. BECK'SCHE VERLAGSBUCHHANDLUNG || MÜNCHEN UND BERLIN 1959 ||

24,5 cm; S. VII—XV u. 1—1319.

14. GESETZ || ÜBER DEN AUFBAU || der Städte und Dörfer || des Landes Hessen || (Aufbaugesetz) || vom 25. Oktober 1948 || Kommentiert von || OB. MAG. RAT DR. KARL MAURY || DRUCK- UND VERLAGSHAUS FRANKFURT A. M. GMBH. ||

20,5 cm; S. 5—155; das Vorw. ist datiert: „den 1. April 1949".

15. KOMMENTAR || ZU NEIDHARTS LIEDERN || VON || EDMUND WIESSNER || S. HIRZEL VERLAG LEIPZIG || 1954 ||

23,5 cm; S. VI—IX u. 2—260; das Vorw. ist unterz.: „Edmund Wießner".

16. Die Musik || Wilhelms von Hirschau. || Wiederherstellung, Uebersetzung und Erklärung || seines musik-theoretischen Werkes || von || Hans Müller. || Frankfurt a. M. 1883. || Commisionsverlag von B. G. Teubner in Leipzig. ||

29.5 cm; S. I—XXIV u. 4—85, dahinter 4 Tafeln; Inh. Verz.: Einleitung S. I, Erklärung der Tafeln S. XXII, Lesarten S. XXIII, Musica Willehelmi S. 1 (-85) Zwischentitel vor S. 1: „Musica Willehelmi"; die maßgebl. Namensform ist aus d. Einl. ersichtl. „Wilhelm Abt von Hirschau"; die lat. Namensformen „Wilhelmus Hirsaugiensis" u. „Willehelmus" sind dort ebensfalls zitiert; der lat. Originaltext und die dt. Übers. d. mittelalterlichen Traktates stehen sich im Buch gegenüber.

2.15 Angebundene Schriften

Sind mehrere bibliographisch selbständige Schriften – nicht Einheiten *derselben* Schrift – nach der Absicht eines zufälligen Besitzers in *einem* Buchbinderband vereinigt, so bezeichnet man die zweite und die folgenden als „angebunden". Enthält ein solcher Band mehr als drei Schriften, spricht man von einem „Sammelband".

Angebundene Schriften sind gewöhnlich in den älteren Beständen der Bibliotheken zu finden oder sie gelangen durch Erwerbung von Antiquaria dorthin. Die Gründe für die buchbinderische Vereinigung solcher meist im Inhalt gleichartigen Stücke sind verschieden. Einmal mag die Kostenfrage für den Einband eine Rolle gespielt haben, zum anderen können auch sachliche Gesichtspunkte ausschlaggebend gewesen sein, mehrere Publikationen ähnlichen Inhalts in einem Bande zur Hand zu haben.

Wie wird nun diese Literatur bei der Titelaufnahme behandelt? Bei der Beurteilung der Sachlage muß man von der Tatsache ausgehen, daß jeder einzelne Titel als bibliographisch selbständige Veröffentlichung vorliegt. Daraus folgt, daß auch jeder Titel eine reguläre Aufnahme erhält. Es kommt dann nur noch darauf an, den *Platz* der betreffenden Schrift im Buchbinderband in der Titelaufnahme zusätzlich zu fixieren. Dies geschieht einmal in der Signaturenangabe und ferner durch einen Vermerk unter dem Text, der aber auch wegfallen kann. Maßgeblich für den Standort des Buchbinderbandes ist die Signatur der ersten Schrift. Die angebundene wird signaturenmäßig bezeichnet mit „an [*folgt Sign. der ersten Schrift*]", bei mehreren erhält die zweite die Signatur „1 an [Sign.]", die dritte „2 an [*Sign.*]" usf. (ohne Doppelpunkt hinter „an").

Unter der Aufnahme der ersten Schrift wird die angebundene kurz aufgeführt, wobei der Vermerk „Angeb.:" *ohne* Klammerung vorangestellt wird. Bei Verfasserschriften wird dabei der Name in Kopfform und Inversion mit Doppelpunkt dem Sachtitel vorausgeschickt. Erscheinungsort und -jahr beschließen die Eintragung. Der einzelne Titel ist soweit aufzuführen, daß die Auffindung des betreffenden Hauptzettels gewährleistet ist. Bei mehreren angebundenen Schriften setzt man die Formel „Angeb.:" *über* die Aufzählung (vgl. Anl. I, 55 u. 18,1).

Jede angebundene Schrift wird, wie oben schon gesagt, außerdem auf einem eigenen Zettel aufgenommen mit dem Zusatz unter der Aufnahme: „an:" und dem gekürzten Titel der ersten Schrift, bei mehreren „1 an:" usf.; statt dieses Titels genügt auch die Angabe der Standnummer der ersten Schrift mit dem Zusatz „an" bzw. „1 an" usf. im Kopf.

Zu beachten ist, daß *keine* Verweisungsstriche gemacht werden, da jede Schrift unter einer Hauptaufnahme liegt.

Beispiel 317

Vorlage

Wörter-Buch, || worinnen || derer Kräuter Nahmen, || Beyworte, || und sonst || gewöhnliche Redensarten || aus dem Lateinischen ins Teutsche || übertragen sind; || Nebst || einer kurtzen Beschreibung || von denen || Geschlechtern und Ordnungen deren Kräuter, ||

herausgegeben durch || Johann Ernst Probsten, || des Groß-Bosischen Gartens in Leipzig derzeit Gärtnern. || Leipzig, || gedruckt bey August Samuel Crucigern, 1747. ||

17,5 cm; 8 ungezählte Blätter, S. 2—160.

[dahinter im selben Buchbinderband:] Verzeichnis || derer inn- und ausländischen || Bäume, Stauden || und || Sommer-Gewächse || des Caspar Bosischen || Gartens || in vier Ordnungen || wie solche sich im Jahre 1747 befunden || durch || Johann Ernst Probsten || der Zeit Gärtnern. || Leipzig, || gedruckt bey August Samuel Crucigern, 1747 ||

17,5 cm; 2 ungezählte Blätter, 1 gefaltete Tafel, S. 1—140.

Aufnahme des ersten Titels

Probst, Johann Ernst
Wörter-Buch, worinnen derer Kräuter Nahmen, Beyworte und sonst gewöhnliche Redensarten aus d. Lat. ins Teutsche übertr. sind. Nebst e. kurtzen Beschr. von denen Geschlechtern u. Ordnungen deren Kräuter, hrsg. durch Johann Ernst Probsten.
Leipzig 1747: Cruciger. 160 S. 8^0
Angeb.: Probst: Verzeichnis derer inn- u. ausländischen Bäume, Stauden u. Sommer-Gewächse d. Caspar Bosischen Gartens. Leipzig 1747.

Vgl. auch § 161.

Aufnahme des angebundenen Titels

Probst, Johann Ernst an [*Signatur d. ersten Schrift*]
Verzeichnis derer inn- und ausländischen Bäume, Stauden und Sommer-Gewächse des Caspar Bosischen Gartens in vier Ordnungen, wie solche sich im Jahre 1747 befunden. Durch Johann Ernst Probsten.
Leipzig 1747:Cruciger. 140 S., 1 gef. Taf. 8^0
*an: Probst: Wörter–Buch, worinnen derer Kräuter Nahmen, Beyworte u. Redensarten aus d. Lat. ins Teutsche übertr. sind. Leipzig 1747.

* Diese Angabe kann auch entfallen.

Beispiel 318

Vorlage

Praktischer Lehrgang || für den || Gesangunterricht in Volksschulen. || Bearbeitet und herausgegeben || von Friedrich Wilhelm Schütze, || Lehrer am Schullehrer-Seminar zu Dresden. || Dresden und Leipzig, || in der Arnold'schen Buch- und Kunsthandlung. || 1843. ||

21 cm; S. VI u. 2—136.

[dahinter:] Die Pestalozzische || Gesangbildungslehre || nach Pfeiffers Erfindung || kunstwissenschaftlich dargestellt || im Namen || Pestalozzis, Pfeiffers und ihrer Freunde || von || Hans Georg Nägeli. || Zürich, bey H. G. Nägeli. ||

S. 1—76; Erscheinungsjahr bibliogr. erm: 1809.

[dahinter:] Leitfaden || zum praktisch-methodischen || Unterricht im Gesange || vornehmlich || in || Volksschulen, || von || C. Karow. || Zweite, berichtigte und vermehrte Auflage. || Bunzlau, 1843. || Appun's Buchhandlung. ||

21 cm; S. 3—168; der vollst. Vorname d. Autors ist bibliogr. erm.: Karl.

Aufnahme des ersten Titels

Schuetze, Friedrich Wilhelm
Praktischer *Lehrgang* für den Gesangunterricht in Volksschulen. Bearb. u. hrsg. von Friedrich Wilhelm Schütze.
Dresden, Leipzig: Arnold 1843. VI, 136 S. 8⁰
Angeb.:

1. Naegeli, Hans Georg: Die Pestalozzische Gesangbildungslehre. Zürich [1809].
2. Karow, K[arl]: Leitfaden zum prakt.-method. Unterr. im Gesange. 2. Aufl. Bunzlau 1843.

Aufnahme des ersten angebundenen Titels

Naegeli, Hans Georg — 1 an *Sign.*
Die Pestalozzische *Gesangbildungslehre.* Nach Pfeiffers Erfindung kunstwiss. dargest. von Hans Georg Nägeli.
Zürich: Nägeli [1809]. 76 S. 8⁰

1 an: Schuetze, Friedrich Wilhelm: Prakt. Lehrgang für d. Gesangunterr. in Volksschulen. Dresden, Leipzig 1844.

Aufnahme des zweiten angebundenen Titels

Karow, Karl — 2 an *Sign.*
Leitfaden zum praktisch-methodischen Unterricht im Gesang vornehmlich in Volksschulen, von C[arl] Karow. 2., bericht. u. verm. Aufl.
Bunzlau: Appun 1843. 168 S. 8⁰

2 an: Schuetze, Friedrich Wilhelm: Prakt. Lehrgang für den Gesangunterr. in Volksschulen. Dresden, Leipzig 1843.

Beispiel 319

Vorlage

Frage: || ob wohl || Joseph II. || bey seinen Lebzeiten || an die || Erwählung || eines || römischen Königs || gedenken dürfe? || Berlin, 1786. ||

17,5 cm; S. 4—224.

[dahinter im Band:] Geheime || bisher noch nie gedruckte || Aufschlüsse || über || den im Jar 1785 negotiirten || Länder-Tausch || und dessen || sonderbare Schwürigkeiten. || Leipzig 1786. ||

17,5 cm; S. 2—76.

Aufnahme des ersten Titels

Frage ob wohl
Frage: ob wohl Joseph II. [Römisch-deutscher Kaiser] bey seinen Lebzeiten an die Erwählung eines römischen Königs gedenken dürfe?
Berlin 1786. 224 S. 8⁰
Angeb.: Geheime bisher noch nie gedruckte Aufschlüsse über d. im Jar 1785. negotiirten Länder-Tausch u. dessen sonderbare Schwürigkeiten. Leipzig 1786.

Verweisung vom Personennamen im anonymen Titel

Josef II. Roemisch-deutscher Kaiser
s. *Frage:* ob wohl Joseph II. bey seinen Lebzeiten an die Erwählung e. römischen Königs gedenken dürfe? 1786.

Aufnahme der angebundenen Schrift

Aufschluesse geheime gedruckte an *Sign.*
Geheime bisher noch nie gedruckte Aufschlüsse über den im Jar 1785 negotiirten Länder-Tausch und dessen sonderbare Schwürigkeiten.
Leipzig 1786. 76 S. 8⁰
* an: Frage: ob wohl Joseph II. bey seinen Lebzeiten an d. Erwählung e. römischen Königs gedenken dürfe? Berlin 1786.

2.16 Beigefügte Schriften

Eine beigefügte Schrift ist eine Veröffentlichung, die nach der Absicht des Verfassers, Herausgebers oder Verlegers einer anderen hinzugefügt ist. Im Innern des Buches ist sie an die Hauptschrift durch einen Kopf- oder Zwischen- oder Sondertitel angeschlossen. In der Regel ist die beigefügte Schrift mit Verfasser und Sachtitel auf dem Titelblatt der Hauptschrift zitiert (vgl. Faks. 2). Allgemeine Wendungen *ohne* Sachtitel, wie „Mit einem Beitrag von Karl Suter", sind nur Benennungen von Mitarbeitern.
Die beigefügte Schrift ist zwar inhaltlich, aber nicht bibliographisch selbständig. Daher erhält sie auch keine Haupteintragung, sondern wird im AK durch eine In-Vw. erfaßt (vgl. 1.7.2 unter Ziffer 3, Bd I, S. 68 u. § 20, 3d).
Die In-Vw. ähnelt in ihrem ersten Teil einer verkürzten Hauptaufnahme. Vor das Erscheinungsjahr tritt regelmäßig auch der Erscheinungsort; im Kopf gibt man die Signatur der Hauptschrift an. Der zweite Teil wird auf neuer Zeile mit „in:" eingeleitet. Er enthält gegebenenfalls auch die Ausgabebezeichnung der Hauptschrift und, wenn das Erscheinungsjahr von dem der beigefügten Schrift auf einem Sondertitel abweicht, auch dieses.
In der Hauptaufnahme ist bei einbändigen Werken immer der gesamte Umfang der Seitenzählung, auch bei mehreren Paginierungen (vgl. aber § 11,3), anzugeben, da die Hauptschrift mit der beigefügten eine bibliographische Einheit bildet, z. B. „XX, 217, 57 S.".

Beispiel 320

Vorlage

Geschichte des Violinspiels || von || Andreas Moser || Mit einer Einleitung: || Das Streichinstrumentenspiel im Mittelalter || von || Hans Joachim Moser || 1923 || Max Hesses Verlag || Berlin W 15 ||

24 cm; S. VI—VII u. 2—586; Anschluß durch Kopftitel.

---

*Diese Angabe kann auch entfallen.

Hauptaufnahme

Moser, Andreas
Geschichte des Violinspiels. Mit e. Einl.: Das Streichinstrumentenspiel im Mittelalter. Von Hans Joachim Moser.
Berlin: Hesse 1923. VII, 586 S. 8⁰

Verweisung von der beigefügten Schrift

Moser, Hans Joachim *Sign.*
Das *Streichinstrumentenspiel* im Mittelalter. Berlin 1923
in: *Moser*, Andreas: Geschichte d. Violinspiels.

Ist die beigefügte Schrift durch einen Sondertitel an die Hauptschrift angeschlossen, muß der Sondertitel unter der Hauptaufnahme angeführt werden. Dies geschieht in folgender Weise: „[Sondert.:]..."
Maßgeblich für den Wortlaut der In-Vw. ist immer der Sondertitel.

Beispiel 321

Vorlage

Historische || Beschreibung || von dem ehemals berühmten || Benedictiner-Kloster || zu St. Georgen || vor der Stadt Naumburg an der Saale || Aus unterschiedenen Schrifften zusammen getra- || gen || mit nöthigen Diplomatibus, beygefügten Anmer- || ckungen und verschiedenen Kupffern versehen || welche zum Voraus der || Historie einiger Thüring. u. a. Klöster || darlegen wollen || JOH. MARTINVS SCHAMELIVS, || Pastor Prim. Numb. || Am Ende erscheinet Gregorii Groitzschii libellus con- || tinens Salae fluvii descriptionem || mit verschiedenen Verbesserungen. || Naumburg || Verlegts Johann Christian Martini || 1728. ||

20,5 cm; S. 2—104; Bogensign.: S. (1): A, S. 9: B usf.

[hinter S. 104:] Libellus Continens || SALAE FLVVII || descriptionem, || eidemque adacentium || OPPIDORVM, || ARCIVM, || COENOBIORVM, || ET || EPISCOPALIVM || sedium, situs, fundationes, || & antiquitates. || a || GREGORIO GROITZSCHIO, || Grimmensi collectus. || LIPSIAE, || Typis haeredum Iacobi Beruualdi. || Anno M. D. LXXXIIII. || Recudi fecit & notis quibusdam auxit: || Jo. Mart. Schamelius. || Anno 1728. ||

S. 4—55; die Vorrede der beigefügten Schrift ist unterz. mit: „Gregorius Groitzsch".

Hauptaufnahme

Schamelius, Johann Martin
Historische *Beschreibung* von dem ehemals berühmten Benedictiner-Kloster zu St. Georgen vor der Stadt Naumburg an der Saale. Aus unterschiedenen Schrifften zs. getr., mit Diplomatibus, Anm. u. Kupffern vers., welche . . . darlegen wollen Joh[ann] Martinus Schamelius. Am Ende erscheinet Gregorii Groitzschii libellus continens Salae fluvii descriptionem. Mit versch. Verbesserungen.
Naumburg: Martini 1728. 104, 55 S. 8⁰ (4⁰)
[Sondert.:] Groitzsch, Gregor: Libellus continens Salae fluvii descriptionem. Lipsiae 1584: Berwald. Recudi fecit & notis quibusdam auxit: Joh. Martinus Schamelius. o.O. 1728.

Erläuterung

Wie aus dem Sondertitel hervorgeht, hat der Verfasser der Hauptschrift eine Ausgabe der Groitzschen Schrift von 1584 bearbeitet („Recudi fecit & notis quibusdam auxit") und seinem eigenen Werk beigefügt. Die Angabe „Lipsiae, Typis haeredum Iacobi Beruualdi Anno M. D. LXXXIIII" ist in diesem Zusammenhang als Ausgabebezeichnung und nicht als Erscheinungsvermerk zu betrachten.

Verweisung von der beigefügten Schrift

Groitzsch, Gregor Sign.
Libellus continens Salae fluvii *descriptionem*. Lipsiae 1584: Berwald. Recudi fecit & notis quibusdam auxit: Johannes Martinus Schamelius. o. O. 1728
in: *Schamelius:* Historische Beschreibung von dem ehemaligen berühmten Benedictiner-Kloster zu St. Georgen vor der Stadt Naumburg an der Saale.

Erläuterungen zur Verweisung

1. Für die Einordnung kommt nur der Titel selbst in Betracht (184). Nicht berücksichtigt werden Sätze und Wörter, die den Titel nur ankündigen oder einleiten („Libellus continens") (185,1).
2. Die Vornamen von Schamelius werden im zweiten Teil der Vw. weggelassen, da sie bereits im ersten Teil beim Herausgebervermerk erwähnt sind.
3. Typographische Eigentümlichkeiten, wie die Verwendung von „i" für „j", von „u" für „v" und umgekehrt, von „uu" für „w", „ſz" für „ß", werden nicht übernommen, sondern durch die übliche Schreibung ersetzt (5,1 a).

Verweisung vom Herausgeber der beigefügten Schrift

Schamelius, Johann Martin
[Hrsg.]
s. *Groitzsch*, Gregor: Libellus continens Salae fluvii descriptionem. 1728.

Zu den beigefügten Schriften rechnet man auch Sammlungen von Einzelschriften, d. h. Schriften, deren verschiedene Verfasser mit ihren Sachtiteln aufeinanderfolgend auf dem Titelblatt stehen. Die Schrift kommt unter den ersten Titel (66). Soweit nicht Sondertitel vorliegen, werden in der Regel nur die drei ersten aufgenommen, die übrigen werden durch drei Punkte angedeutet.

Beispiel 322

Vorlage

FRAGEN DER MATERIALWIRTSCHAFT || HEFT 3 || CARL-JÜRGEN STRAUSS || Die Einführung von Vorratsnormen || in den volkseigenen Industriebetrieben || JOHANNES RICHTER || Methoden zur Ermittlung von Vorratsnormen || in den volkseigenen Webereibetrieben || 1955 || VERLAG DIE WIRTSCHAFT BERLIN ||

20 cm; S. 3—74; Anschluß durch Kopftitel; auf d. Umschlag: „Strauß - Richter || Zur Normung der Materialvorräte in den volkseigenen Industriebetrieben".

Hauptaufnahme

Strauss, Karl Juergen
Carl-Jürgen Strauß. Die *Einführung* von Vorratsnormen in den volkseigenen Industriebetrieben. Johannes Richter. Methoden zur Ermittlung von Vorratsnormen in den volkseigenen Webereibetrieben.
Berlin: Die Wirtschaft 1955. 74 S. 8°
[Umschlagt.:] Strauß – Richter: Zur Normung der Materialvorräte in den volkseigenen Industriebetrieben.
(Fragen der Materialwirtschaft. H. 3.)

Verweisung von der beigefügten Schrift

Richter, Johannes *Sign.*
Methoden zur Ermittlung von Vorratsnormen in den volkseigenen Webereibetrieben. Berlin 1955
in: *Strauss,* Karl Juergen: Einführung von Vorratsnormen in den volkseigenen Industriebetrieben.

Verweisung vom scheinbaren Doppelnamen des Umschlagtitels

Strauss-Richter
s. *Strauss,* Karl Juergen u. Johannes Richter.

Verweisungen vom abweichenden Umschlagtitel

Strauss, Karl Juergen
Zur *Normung* d. Materialvorräte in d. volkseigenen Industriebetrieben. 1955
s. *Strauss:* Die Einführung von Vorratsnormen in d. volkseigenen Industriebetrieben.

Richter, Johannes
Zur *Normung* d. Materialvorräte in d. volkseigenen Industriebetrieben. 1955
s. *Strauss,* Karl Juergen.

Interimsaufnahme für die Serie

Int. Z.
Fragen Materialwirtschaft
Fragen der Materialwirtschaft. H. 3.
Berlin: Die Wirtschaft 1955. 8°

3. Strauß, Carl-Jürgen: Die Einführung von Vorratsnormen in d. volkseigenen Industriebetrieben. Johannes Richter. Methoden zur Ermittlung von Vorratsnormen in d. volkseigenen Webereibetrieben. 1955.

Häufig haben Sammlungen von Einzelschriften einen zusammenfassenden Gesamttitel, der auf dem Titelblatt über den einzelnen Titeln steht. In diesem Fall wird die Schrift unter den Gesamttitel gestellt. Sind die aufgeführten Einzelschriften besonders zahlreich, so werden in der Regel nur die drei ersten aufgenommen – soweit nicht Sondertitel vorliegen (66). Die übrigen deutet man durch drei Punkte an.

Beispiel 323

Vorlage [*vgl. Faks. 17*]

MOZART, SEINE WELT UND || SEINE WIRKUNG || Norbert Lieb || AUGSBURGER ROKOKO || Friedrich Heer || TOD UND SCHÖNHEIT || DES 18. JAHRHUNDERTS || Albrecht Goes || MOZART DER GAST || Trasybulos Georgiades || MOZART UND DAS THEATER || Hermann Reutter || DIE SPUR MOZARTS IN || DER GEGENWART || VERLAG DIE BRIGG AUGSBURG ||

19,5 cm; S. 5—142; aus d. Buch: „1956" u. „Wolfgang Amadeus Mozart"; im Buchinnern nur Kopftitel; Nachwort unterz. von Werner Uhde.

Hauptaufnahme

Mozart Welt seine
(Wolfgang Amadeus) Mozart, seine Welt und seine Wirkung. Norbert Lieb: Augsburger Rokoko. Friedrich Heer: Tod und Schönheit des 18. Jahrhunderts. Albrecht Goes: Mozart, der Gast . . . (Nachw.: Werner Uhde.)
Augsburg: Die Brigg (1956). 142 S. 8⁰

Verweisung von der ersten Schrift

Lieb, Norbert *Sign.*
Augsburger *Rokoko*. Augsburg 1956
in: *Mozart*, seine Welt u. seine Wirkung.

Verweisungen von den anderen beiden Schriften desgl.

Verweisung vom Personennamen im anonymen Titel

Mozart, Wolfgang Amadeus
s. *Mozart*, seine Welt u. seine Wirkung. 1956.

Bei dem folgenden Beispiel steht auf dem Titelblatt zwar ein zusammenfassender Gesamttitel, die Einzelschriften erscheinen aber nur im Innern des Buches mit Sondertiteln. Die Schrift legt man wiederum unter den Gesamttitel. Um In-Vw. von den Einzelschriften machen zu können, müssen die Sondertitel unter der Aufnahme angeführt werden. Dies geschieht bei mehreren Sondertiteln mit Angabe einer Zählung in folgender Weise: „[Sondert.: 1.]", „[Sondert.: 2.]" usf.

Beispiel 324

Vorlage

BEETHOVEN ALS FREUND || DER FAMILIE WEGELER- v. BREUNING || NACH DEN FAMILIEN-SAMMLUNGEN || UND -ERINNERUNGEN || HERAUSGEGEBEN || VON || STEPHAN LEY || 1927 || VERLAG VON FRIEDRICH COHEN BONN ||

25,5 cm; S. 7—261.

[S. 15:] BIOGRAPHISCHE NOTIZEN || ÜBER || LUDWIG VAN BEETHOVEN || VON DR. F. G. WEGELER || [UND || FERDINAND RIES] || COBLENZ, || BEI K. BÄDEKER. || 1838. ||

[S. 75:] NACHTRAG || ZU DEN BIOGRAPHISCHEN NOTIZEN || ÜBER || LUDWIG VAN BEETHOVEN. || Bei Gelegenheit der Errichtung seines || DENKMALS || in seiner Vaterstadt Bonn || herausgegeben || von || DR. F. G. WEGELER || COBLENZ, 1845. || IN COMMISSION BEI K. BÄDEKER. ||

[S. 107:] AUS DEM || SCHWARZSPANIERHAUSE. || ERINNERUNGEN || AN || L. VAN BEETHOVEN AUS MEINER JUGENDZEIT. || VON || DR. GERHARD VON BREUNING. || Mit einem bisher unveröffentlichten Portrait-Medaillon Beethovens nach Hornemann || vom Jahre 1802 und einer Ansicht des Schwarzspanierhauses. || WIEN 1874. || VERLAG VON L. ROSNER. ||

Hauptaufnahme

Beethoven Freund Wegeler
(Ludwig van) Beethoven als Freund der Familie Wegeler- v. Breuning. Nach d. Familien-Samml. u. -Erinnerungen hrsg. von Stephan Ley.
Bonn: Cohen 1927. 261 S. 4⁰

[Sondert.: 1.] Wegeler, F(ranz) G(erhard), ⟨u. Ferdinand Ries⟩: Biographische Notizen über Ludwig van Beethoven. Coblenz 1838.

[Sondert.: 2.] Wegeler: Nachtrag zu den biographischen Notizen über Ludwig van Beethoven. Coblenz 1845.

[Sondert.: 3.] Breuning, Gerhard von: Aus dem Schwarzspanierhause. Wien 1874.

Verweisung vom Herausgeber der gesamten Schrift

Ley, Stephan
[Hrsg.]
s. *Beethoven* als Freund d. Familie Wegeler- v. Breuning. 1927.

Verweisung vom Personennamen im anonymen Titel

Beethoven, Ludwig van
s. *Beethoven* als Freund d. Familie Wegeler- v. Breuning. 1927.

Verweisungen von den Sondertiteln

Sign.

Wegeler, Franz Gerhard
Biographische *Notizen* über Ludwig van Beethoven. Von F(ranz) G(erhard) Wegeler ⟨u. Ferdinand Ries⟩. [Nebst] Nachtr. Coblenz 1838—45. Hrsg. von Stephan Ley. Bonn 1927

in: *Beethoven* als Freund d. Familie Wegeler- v. Breuning.

Sign.

Breuning, Gerhard von
Aus dem *Schwarzspanierhause.* Wien 1874. Hrsg. von Stephan Ley. Bonn 1927
in: *Beethoven* als Freund d. Familie Wegeler- v. Breuning.

Verweisung vom zweiten Verfasser des ersten Sondertitels

Ries, Ferdinand
Biographische *Notizen* über Ludwig van Beethoven. 1838 u. ö.
s. *Wegeler*, Franz Gerhard.

Verweisungen vom Herausgeber der Sondertitel

Ley, Stephan
[Hrsg.]
s. *Wegeler,* Franz Gerhard: Biogr. Notizen über Ludwig van Beethoven. 1927.

Ley, Stephan
[Hrsg.]
s. *Breuning,* Gerhard von: Aus d. Schwarzspanierhause. 1927.

Gelegentlich begegnet man Titelfassungen, die den Eindruck erwecken, als ob es sich um eine gemeinsame Arbeit von zwei oder drei Autoren handele. In Wirklichkeit liegt weder ein Einzelwerk noch eine Anthologie (Chrestomathie) vor – hier müssen es ja mehr als drei Autoren sein –, sondern eine Zusammenfassung verschiedener Schriften (meist Teilsammlungen oder Auszüge aus Werken) von zwei oder drei Verfassern, die ein Herausgeber oder Verleger unter einem gemeinsamen Sachtitel zusammengestellt hat. Die scheinbaren Mitverfasser erhalten keine Mitverfasser-, sondern eine In-Vw.

Beispiel 325

Vorlage

KARL MARX || FRIEDRICH ENGELS || ÜBER KUNST UND LITERATUR || EINE SAMMLUNG AUS IHREN SCHRIFTEN || HERAUSGEGEBEN VON || MICHAIL LIFSCHITZ || MIT EINEM VORWORT VON || FRITZ ERPENBECK || VERLAG BRUNO HENSCHEL UND SOHN · BERLIN 1950 ||

24 cm; S. V—XV u. 3—610; auf d. Rücks. d. Titelbl.: „30.—34. Tausend"; Inh.: Auszüge aus d. Gesamtwerk von Marx u. Engels; die originale Namensform d. sowjet. Herausgebers ist bibliogr. erm.: Михаил Александрович Лифшиц.

Hauptaufnahme

Marx, Karl
Karl Marx, Friedrich Engels. Über Kunst und Literatur [Werke, Ausz.] Eine Samml.- aus ihren Schriften. Hrsg. von Michail Lifschitz [Michail Aleksandrovič Lifšic]. Mit e. Vorw. von Fritz Erpenbeck. (30.—34. Taus.)
Berlin: Henschel 1950. XV, 610 S. 8°

Verweisungen

Engels, Friedrich *Sign.*
Über Kunst und Literatur [Werke, Ausz.] Berlin 1950
in: *Marx,* Karl: Über Kunst u. Literatur [Werke, Ausz.]

Marx, Karl
Über *Kunst* und Literatur. 1950
s. *Marx:* Werke, Ausz.

Engels, Friedrich
Über *Kunst* und Literatur. 1950
s. *Engels:* Werke, Ausz.

Lifschitz, Michail
[dt. Namensform]
s. *Lifšic,* Michail Aleksandrovič.

Vgl. auch § 163.

Lifšic, Michail Aleksandrovič
[Hrsg.]
s. *Marx,* Karl: Über Kunst u. Literatur [Werke, Ausz.] 1950.

Verwiesen wird in der Regel nur von Schriften mit Verfasserangabe (66).

Beispiel 326

Vorlage

GEGEN || DEN || ENTWURF DES GESETZES || ZUR BEWAHRUNG DER JUGEND VOR || SCHMUTZ UND SCHUND || INHALT: Der Gesetzesentwurf und der Buchhandel von Hanns Horst Aris || Ist ein Gesetz zur Bewahrung der Jugend vor Schund- und || Schmutzschriften notwendig? Von Dr. Paul Posener || Die Urteile bedeutender Gelehrter, Schriftsteller und Buch- || händler || Das Gesetz zur Bewahrung der Jugend vor Schmutz und || Schund kritisch beleuchtet || Nachdruck nur mit ausdrücklicher Genehmigung || der Gemeinschaft kultureller Buchhändler gestattet || Diese Schrift ist zu beziehen von: || VERLAGSBUCHHÄNDLER BRUNO PUKAS || Berlin-Steglitz, Peschkestraße 7 ||

21 cm; S. 3—19; auf d. Umschlag: „1926“, „Herausgegeben . . . von Bruno Pukas und Hanns Horst Aris“.

Hauptaufnahme

Entwurf Gesetz Bewahrung
Gegen den Entwurf des Gesetzes zur Bewahrung der Jugend vor Schmutz und Schund. (Hrsg. von Bruno Pukas u. Hanns Horst Aris.) Inh.: Der Gesetzesentwurf und der Buchhandel. Von Hanns Horst Aris. Ist ein Gesetz zur Bewahrung der Jugend vor Schund- und Schmutzschriften notwendig? Von Paul Posener. Die Urteile bedeutender Gelehrter, Schriftsteller und Buchhändler. Das Gesetz zur Bewahrung der Jugend vor Schmutz und Schund kritisch beleuchtet.
Berlin-Steglitz: Pukas [in Komm.] (1926). 19 S. 8⁰

In-Verweisungen von den ersten beiden Verfasserschriften

Aris, Hans Horst *Sign.*
Der *Gesetzesentwurf* und der Buchhandel. Berlin 1926
in: ***Entwurf,*** Gegen den, des Gesetzes zur Bewahrung der Jugend vor Schmutz und Schund.

Posener, Paul *Sign.*
Ist ein Gesetz zur Bewahrung der Jugend vor Schund- und Schmutzschriften notwendig? Berlin 1926
in: ***Entwurf,*** Gegen den, des Gesetzes zur Bewahrung der Jugend vor Schmutz und Schund.

Pukas, Bruno

[Hrsg.]

s. *Entwurf*, Gegen den, des Gesetzes zur Bewahrung der Jugend vor Schmutz u. Schund. 1926.

Vw. von Aris desgl.

Ebenso wie beigefügte Schriften werden grundsätzlich die bibliographisch unselbständigen Beilagen von Zeitschriften behandelt. Diese Beilagen sind gewöhnlich in die Seitenzählung und das Inhaltsverzeichnis der Zeitschrift mit einbezogen. Haben sie ein eigenes Titelblatt und steht ihr Titel nicht auf dem Haupttitelblatt, werden sie mit dem Vermerk „[Sondert.:]“ unter der Hauptaufnahme angeführt. Stehen sie nur auf dem Haupttitelblatt, werden sie durch die Hauptaufnahme direkt erfaßt. In allen diesen Fällen wird eine In-Vw. von ihnen gemacht und dabei der früheste vorhandene Jahrgang, falls sie eine *besondere* Zählung aufweisen, mit dem Zusatz „ff.“ angegeben. Haben sie *nur* einen Kopftitel, bleiben sie in der Regel unberücksichtigt.

Beispiel 327

Vorlage

Deutsche Zahn-, Mund- || und Kieferheilkunde || mit || Zentralblatt für die gesamte || Zahn-, Mund- und Kieferheilkunde || Organ der || Deutschen Gesellschaft für Zahn-, Mund- und Kieferheilkunde || Unter Mitwirkung von || [es folgen 9 Namen] || Herausgegeben von || Prof. Dr. Rudolf Kleeberg || Leipzig || und || Prof. Dr. Dr. Erwin Reichenbach || Halle/S. || Band 19 || Mit 2 Bildnissen und 231 Abbildungen || 1953/54 || JOHANN AMBROSIUS BARTH || VERLAG || LEIPZIG ||

24,5 cm; die Beilage selbst hat einen Kopftitel u. ist in Seitenzählung u. Register mit einbezogen. Die Bandzählung verläuft parallel.

Hauptaufnahme

Int. Z.

Zahnheilkunde deutsche Mundheilkunde

Deutsche Zahn-, Mund- und Kieferheilkunde mit Zentralblatt für die gesamte Zahn-, Mund- und Kieferheilkunde. Organ d. Dt. Ges. für Zahn-, Mund- u. Kieferheilkunde. Hrsg. von Rudolf Kleeberg u. Erwin Reichenbach. Bd 19.

Leipzig: Barth 1953/54. 8⁰

19. 1953/54.

Vgl. auch §§ 196, 201.

Verweisung von der Beilage

Zentralblatt Zahnheilkunde gesamte *Sign.*

Zentralblatt für die gesamte Zahn-, Mund- und Kieferheilkunde. Bd 19. 1953/54ff.

in: *Zahnheilkunde.* – Deutsche Zahn-, Mund- u. Kieferheilkunde.

Bei paralleler Bandzählung braucht im zweiten Teil der Vw. nur der Titel der Hauptzeitschrift aufgeführt zu werden; andernfalls ist selbstverständlich der erste *entsprechende* Band oder Jahrgang der Hauptzeitschrift anzugeben.

Verweisung vom Herausgeber

Kleeberg, Rudolf

[Hrsg.]

s. *Zahnheilkunde.* – Deutsche Zahn-, Mund- u. Kieferheilkunde. Bd 19. 1953/54ff.

Vw. vom zweiten Herausgeber desgl.

Sind zwei Schriften *eines* Verfassers auf dem Titelblatt aufgeführt, wird keine In-Vw. vom zweiten Titel gemacht, sofern nicht ein Sondertitel für die zweite Schrift vorliegt.

Ebenso wird verfahren, wenn mehrere Schriften, die *nicht* auf dem Haupttitelblatt stehen, lediglich durch Zwischentitel angeschlossen sind. Dies mag nicht immer zweckmäßig sein, wenn es sich um Schriften handelt, deren Nachweis im AK für den Benutzer wertvoll sein könnte. Hier dürfte man wohl über die Vorschriften hinausgehen und in solchen Ausnahmefällen einen entsprechenden Vermerk unter der Hauptaufnahme machen, bei einer Schrift, die einer anderen durch Zwischentitel angeschlossen ist, etwa mit dem Wortlaut: „Darin außerdem: ... ", um eine In-Vw. von der Hauptaufnahme her zu ermöglichen.[1]

Beispiel 328

Vorlage [vgl. Faks. 5]

DAS MOZARTBUCH || von || PAUL FALK || MERKUR-VERLAG · DÜSSELDORF||

18 cm; S. 9—152; auf d. Rücks. d. Titelbl.: „Printed 1947"; S. (75) Zwischentitel: EDUARD MÖRIKE || Mozart || auf der Reise || nach Prag || EINE NOVELLE ||".

Hauptaufnahme

Falk, Paul
Das *Mozartbuch.*
Düsseldorf: Merkur-Verl. (1947). 152 S. 8⁰
Darin außerdem: Mörike, Eduard: Mozart auf der Reise nach Prag.

Verweisung

Moerike, Eduard *Sign.*
Mozart auf der Reise nach Prag. Eine Novelle. Düsselorf 1947
in: *Falk,* Paul: Das Mozartbuch.

Bei mehreren Zwischentiteln, die durch einen Haupttitel zusammengefaßt sind, lautet der Vermerk: „Darin: ... ". In diesem Fall stellt man ihn *über* die numerierten Zwischentitel.

Beispiel 329

Vorlage

Die beiden || Hundertjährigen || Aus der Geschichte des || Bürgergesangvereins || und des || Bogenschützenvereins || in || Stolberg im Harz || 1832—1932 || Druck und Verlag Fritz Buresch, Stolberg i. Harz ||

21 cm; 14 ungezählte bedruckte Blätter; obiger Titel nur auf d. Umschlag; auf Bl. 1: „Hundert Jahre || Bürgergesangverein || in || Stolberg im Harz || Von || Carl Einnatz || Ehrenvorsitzender des Bürgergesangvereins ||"; auf Bl. 11: „Hundert Jahre || Bogenschützenverein || in || Stolberg im Harz || Von || Carl Polte || Deputierter des Bogenschützenvereins".

---

[1] Vgl. Fuchs: Kommentar. 1955, § 41,1.2, S. 91 ff.

Hauptaufnahme

Hundertjaehrigen beiden
Die beiden Hundertjährigen. Aus d. Gesch. d. Bürgergesangvereins und d. Bogenschützenvereins in Stolberg im Harz. 1832—1932.
Stolberg i. Harz: Buresch (1932). 14 Bl. 8⁰ [Umschlagt.]
Darin:

1. Einnatz, Carl: Hundert Jahre Bürgergesangverein in Stolberg im Harz.
2. Polte, Carl: Hundert Jahre Bogenschützenverein in Stolberg im Harz.

Verweisungen

Einnatz, Karl *Sign.*
Hundert Jahre *Bürgergesangverein* in Stolberg im Harz. Stolberg 1932
in: *Hundertjaehrigen,* Die beiden.

Polte, Karl *Sign.*
Hundert Jahre *Bogenschützenverein* in Stolberg im Harz. Stolberg 1932
in: *Hundertjaehrigen,* Die beiden.

Vgl. auch § 193.

2.17 Beigedruckte Schriften

Als beigedruckt bezeichnet man eine Schrift, die – ähnlich wie eine beigefügte Schrift – einer anderen nach der Absicht des Verfassers, Herausgebers oder Verlegers angeschlossen ist.
Sie unterscheidet sich von der beigefügten dadurch, daß sie auf dem Titelblatt der Hauptschrift nicht erwähnt ist, daß nur ein Sondertitel vorliegt und daß der Sachtitel der Hauptschrift den Inhalt des gesamten Bandes in keinem Falle mitumfaßt, wie es gelegentlich bei beigefügten Schriften, die auch nur Sondertitel haben, vorkommt (vgl. Beisp. 324).
Die beigedruckte Schrift ist einer Hauptschrift, die einen lediglich auf sich selbst bezüglichen Sachtitel trägt, von zuständiger Seite beigegeben. Ihr Vorhandensein stellt man nur fest, wenn man den Buchbinderband sorgfältig durchblättert.
Die beigedruckte Schrift kann – besonders bei älterer Literatur – leicht verwechselt werden mit einer angebundenen. Da die angebundene Schrift von einem zufälligen Besitzer nachträglich angehängt worden ist, fehlen ihr in diesem Falle die objektiven Merkmale des bibliographischen Zusammenhanges mit der Hauptschrift. Diese Merkmale können sein: ein gemeinsamer Verlegereinband, ein gemeinsames Inhaltsverzeichnis, durchgehende Seiten- bzw. Blatt- und Bogenzählung und bei älterem Schrifttum durchlaufende Kustoden[1]. Ist eines oder sind gar mehrere dieser Kennzeichen vorhanden, handelt es sich um eine beigedruckte Schrift.
Mit dieser wird in der Aufnahme grundsätzlich ebenso verfahren wie mit einer beigefügten Schrift. Die Aufnahme liegt unter dem Titel der Hauptschrift. Der

[1] Kustode (lat. custos = Wächter): das am Ende einer Buchseite rechts unten außerhalb des Textes zur Kennzeichnung des Anschlusses gesetzte Anfangswort oder die Anfangssilbe der nächsten Seite.

Sondertitel ist unter dem Text aufzuführen; statt der Bezeichnung „[Sondert.:]" wird jedoch seinem Wortlaut der Vermerk „[Beigedr.:]", bei mehreren Schriften „[Beigedr.: 1.]", „[Beigedr.: 2.]" usf. vorangestellt.
Von der beigedruckten Schrift selbst macht man eine In-Vw.

Beispiel 330

Vorlage

HERMANN BUDDENSIEG/HYMNEN || AN DIE GÖTTER GRIECHENLANDS || HEIDELBERG || VERLAG LAMBERT SCHNEIDER ||

18,5 cm; S. 11—396; auf d. Rücks. d. Titelbl.: „November 1947 || Erstes bis drittes Tausend".

[dahinter:] HERMANN BUDDENSIEG || DIE GÖTTER UND DER || DICHTER || Ein Brief an die Freunde zu den || Hymnen an die Götter || Griechenlands || HEIDELBERG || VERLAG LAMBERT SCHNEIDER ||

S. 9—96; auf d. Rücks. d. Titelbl.: „Erstes bis drittes Tausend || Januar 1948"; beide Schriften sind in einem Verlegereinband gebunden.

Hauptaufnahme

Buddensieg, Hermann
Hymnen an die Götter Griechenlands.
Heidelberg: L. Schneider (1947). 396 S. 8⁰
[Beigedr.:] Buddensieg: Die Götter und der Dichter. (1948.)

Verweisung von der beigedruckten Schrift

Buddensieg, Hermann *Sign.*
Die *Götter* und der Dichter. Heidelberg 1948
in: *Buddensieg:* Hymnen an die Götter Griechenlands. 1947.

Ebenso wie die beigefügte Schrift kann auch die beigedruckte der Hauptschrift vorangestellt sein.

Beispiel 331

Vorlage

FRANCO ABBIATI || PREFAZIONE || E PROFILO BIOGRAFICO || CARISCH S. A. || MILANO 1937-XV ||

21 cm; S. 6—26; auf d. Umschlag: „Gaetano Cesari || SCRITTI || INEDITI || A CURA DI || FRANCO ABBIATI || CARISCH S. A. || MILANO 1937 XV ||"; „A cura di" = herausgegeben; „Scritti inediti" = unveröffentlichte Schriften.

[S. 29:] GAETANO CESARI || SCRITTI INEDITI || A CURA DI || FRANCO ABBIATI || CARISCH S. A. || MILANO 1937-XV ||

S. 34—264; gemeinsamer Verlegereinband.

Hauptaufnahme

Cesari, Gaetano
Scritti inediti [Teils.] A cura di Franco Abbiati.
Milano: Carisch 1937. 264 S. 8⁰
[Beigedr.:] Abbiati: Prefazione e profilo biografico.

Verweisung von der beigedruckten Schrift

Abbiati, Franco *Sign.*
Prefazione e profilo biografico. Milano 1937
in: *Cesari*, Gaetano: Scritti inediti [Teils.]

Verweisung vom Herausgeber der Hauptschrift

Abbiati, Franco
[Hrsg.]
s. *Cesari*, Gaetano: Scritti inediti [Teils.] 1937.

Aufgabe 50

1. HAUSTIERGEBURTSKUNDE || Veterinärgeburtshilfliches Praktikum || Von || Prof. Dr. med. vet. habil. FRITZ DRAHN || Bad Freienwalde || Mit einem Beitrag „Die Schnittentbindung" von || Dr. med. vet. HEINZ KLIEMANN || Eberswalde || Mit 210 Abbildungen im Text || und 5 Tafeln || VEB GUSTAV FISCHER VERLAG JENA || 1958 ||

   24,5 cm; S. V—VIII u. 1—226; der Beitrag Kliemanns ist mit Kopftitel angeschlossen.

2. METALLKUNDLICHE BERICHTE · BAND 38 || HERAUSGEBER: W. KÖHLER || I. || Über die Bestimmung der Fehler- || Erkennbarkeit in der Röntgenmikroskopie || Von || Dr. G. Becherer und Helmut Hülle, Halle || II. || Änderung der Festigkeit von Metallen und || Nichtmetallen durch eine benetzende || Flüssigkeit (Flüssigkeitseffekt) || Von || Prof. Dr. Carl Benedicks, Stockholm || VERLAG TECHNIK BERLIN || 1952 ||

   21 cm; S. 7—36; die zweite Schrift ist mit e. Zwischentitel angeschlossen; der vollst. Vorname von Becherer ist bibliogr. erm.: Gerhard, ebenso d. vollst. Vorname d. Herausgebers: Walter Köhler.

3. Johann Jacob Bodmer || Schweizerische Schauspiele || 1775 ||

   17 cm; S. 2—15, 2—14, 2—18.

   [dahinter:] Wilhelm Tell, || oder || Der gefährliche Schuß || von || Bodmer || 1775 ||

   S. 2—15.

   [dahinter:] Geßlers Tod, || oder || Das erlegte Raubtier || von || Bodmer || 1775 ||

   S. 2—14.

   [dahinter:] Der alte || Heinrich von Melchthal || im || Land Unterwalden, || oder || Die ausgetretenen Augen || 1775 ||

   S. 2—18.

4. VON HIMMLISCHER || UND IRDISCHER LIEBE || MIT EINER AUSWAHL AUS DEM WERK VON || KLOPSTOCK UND WIELAND || HERAUSGEGEBEN VON IGNAZ LEONHARD KONRAD FLIES || SAFARI-VERLAG BERLIN ||

17,5 cm; S. 5—490; auf d. Rücks. d. Titelbl.: „Copyright 1948"; Inhalt lt. Verz.: Friedrich Gottlieb Klopstock: Aus dem Messias u. den Oden – Christoph Martin Wieland: Ausschnitte aus versch. Werken.

5. BURG BREUBERG || IM ODENWALD || HANS H. WEBER || DER BREUBERG UND SEINE BESITZER || EIN GESCHICHTLICHER ÜBERBLICK || ALEXANDER RÖDER || BURG BREUBERG || EIN BAUGESCHICHTLICHER RUNDGANG || 1951 || SELBSTVERLAG DES BREUBERG-BUNDES, NEUSTADT/ODW. ||

20 cm; S. 7—110.

[dahinter:] DER BREUBERG || UND SEINE BESITZER || EIN GESCHICHTLICHER ÜBERBLICK || VON || DR. HANS H. WEBER || 1951 || SELBSTVERLAG DES BREUBERG-BUNDES, NEUSTADT/ODW. ||

[S. 61:] BURG BREUBERG || EIN BAUGESCHICHTLICHER RUNGDANG || VON || DR. ALEXANDER RÖDER || 1951 || SELBSTVERLAG DES BREUBERG-BUNDES, NEUSTADT/ODW. ||

6. Beethoven's Symphonien || erläutert mit Notenbeispielen || von || G. Erlanger, Prof. Dr. Helm [es folgen weitere Namen] || nebst einer Einleitung: || Ludwig van Beethoven's Leben und Wirken || mit besonderer Berücksichtigung || seines Schaffens als Symphoniker || von || A. Pochhammer. || Zweite Auflage. || Stuttgart. || J. Schmitt Verlag. ||

18 cm; S. 6—222; das Erscheinungsjahr ist bibliogr. erm.: 1900; der vollst. Vorname von Erlanger ist aus d. Buch ersichtl.: „Gustav", desgl. von Pochhammer: „Adolph"; auf d. Umschlag: „Musiker und ihre Werke || Verlag || Hermann Seemann, Nachfolger || Leipzig.||"

7. Hasenscharten und Wolfsrachen || (Entstehung und Behandlung) || von || Priv.-Doz. Dr. med. dent. JOACHIM GABKA || Anhang: || Gesetz über die Fürsorge für Körperbehinderte || und von einer Körperbehinderung bedrohte Personen || Vom 27. Februar 1957 || Mit 61 Abbildungen und 25 Tabellen || WALTER DE GRUYTER || BERLIN 1962 ||

24,5 cm; S. 2—140; auf d. Umschlag: „H.-J. Gabka"; der Autor schrieb bisher unter den Vornamen: Hans-Joachim; Anschluß d. Anhangs mit Kopftitel: „. . . (Körperbehinderungsgesetz)".

8. ALFRED MEUSEL || THOMAS MÜNTZER UND SEINE ZEIT || Mit einer Auswahl der || DOKUMENTE || DES GROSSEN DEUTSCHEN BAUERNKRIEGES || herausgegeben || von || Heinz Kamnitzer || AUFBAU-VERLAG BERLIN || 1952 ||

23 cm; S. 9—336; Zwischentitel S. 181: „Dokumente . . . besorgt von Heinz Kamnitzer"; auf d. Rücks. d. Vortitelbl.: „Klassisches Erbe aus Philosophie und Geschichte".

9. DR. CARL LOEWE'S || SELBSTBIOGRAPHIE. || FÜR DIE ÖFFENTLICHKEIT BEARBEITET || VON || C. H. BITTER. || MIT DEM PORTRAIT LOEWE'S UND MEHREREN MUSIKBEILAGEN. || BERLIN, 1870. || VERLAG VON WILH. MÜLLER. || ORANIEN-STRASSE 165a. ||

20 cm; S. IV—XXIII u. 2—458; die vollst. Vornamen Bitters sind bibliogr. erm.: Carl Hermann.

[dahinter:] VERZEICHNISS || SÄMMTLICHER WERKE || Dr. Carl Loewe's. || Von || Franz Espagne. || Berlin 1870. ||

S. 2—31.

10. HARMONOLOGIA || MUSICA || ODER || Kurtze Anleitung || Zur Musicalischen || COMPOSITION || Wie man vermittels der Regeln und Anmer- || ckungen bey den General-Baß einen Contrapunctum simpli- || cem mit sonderbahrem Vortheil durch drey Sätze oder Griffe || Componiren/und extempore spielen: auch dadurch im Cla- || vier und Composition weiter zu schreiten und zu variiren || Gelegenheit nehmen könne: || Benebst einem Unterricht || wie man einen gedoppelten Contrapunct und man- || cherley Canones oder Fugas Ligatas, durch sonderbahre Griffe und Vortheile || setzen und einrichten möge/aus denen Mathematischen und Musicalischen || Gründen aufgesetzet und zum Drucke heraus gegeben || Durch || ANDREAM Werckmeistern/|| Organisten in der Haupt-Pfarr- || Kirche zu St. Martini in Halberstadt. || Franckfurth und Leipzig/ || In Verlegung THEODORI PHIL. CALVISII, Buchhändl. in Quedlinburg ANNO 1702.

19,5 cm; 12 ungez. bedr. Blätter, S. 2—142; Bogensign. S. 1: A, S. 9: B usf.

[dahinter:] ANDREAE Werckmeisters/ || Musici und || Organ. zu S. Martini || in Halberstadt || CRIBRVM || MVSICVM || Oder || Musicalisches || Sieb/ || Darinnen einige Mängel eines halb Gelehrten || Componisten vorgestellet/ und das Böse von dem || Guten gleichsam ausgesiebet und abgesondert || worden/ || In einem Sendschreiben || An einen guten Freund dargestellet/ || Dann denen unzeitigen Componisten zur Nachricht und || fleißigern Nachsinnen zum Druck befördert || Durch || Johann Georg Carln/ || bestalten Stadt-Musicum in Halberstadt. || Quedlinburg und Leipzig/ || Verlegts Theodor. Philipp Calvisius. 1700. ||

19,5 cm; 4 unbedruckte ungezählte Blätter, S. 2—60, Bogensign. S. (1): A, S. 9: B usf.

2.18 Kleinere Schriftengruppen

Neben dem üblichen Schrifttum, das für die Benutzung durch die verschiedenen Kataloge erschlossen wird, gibt es eine Literatur, die von vornherein wegen ihrer inhaltlichen Begrenztheit in den Bibliotheken eine sekundäre Rolle spielt. Ihr wissenschaftlicher Wert ist unterschiedlich. Bei der anschwellenden Flut von Druckerzeugnissen ist es nicht immer zu rechtfertigen, alle Veröffentlichungen mit gleichem Maß zu messen und ihnen dieselbe Behandlung zukommen zu lassen.
Deshalb vereinfacht und vereinheitlicht man die bibliothekarische Bearbeitung gewisser Schriftengruppen, besonders wenn gleiche äußere Merkmale dies nahelegen.
Das geschieht sowohl beim Geschäftsgang wie bei der Erschließung. Auf dem Gebiet der Katalogisierung wirkt es sich so aus, daß diese Literatur nur in *einem* Katalog (AK) in vereinfachter Form verzeichnet wird.
Unter diesem Gesichtspunkt ist die Behandlung der nun folgenden Literaturgruppen zu verstehen.

2.18.1 *Schulschriften*

Die sogenannten Schulprogramme der früheren höheren Schulen erschienen bis etwa zur Mitte des ersten Weltkrieges und gelangen in die Bibliotheken jetzt nur

noch als Antiquaria. Sie bestehen aus einem Verwaltungsbericht der betreffenden Anstalt, und oft ist ihnen eine wissenschaftliche Abhandlung einer Lehrkraft beigegeben. Die Verwaltungsberichte selbst behandelt man, wenn sie überhaupt aufgenommen werden, als laufende Veröffentlichungen.
Es geht hier um die Erfassung der wissenschaftlichen Beilagen. Sie werden gleichsam aus ihrer bibliographischen Bindung an den Verwaltungsbericht herausgelöst und für sich in verkürzter Form aufgenommen. Dabei wird ihre Herkunft durch eine Formel unter der Aufnahme vermerkt; diese Formel lautet: *Ort*, *Schule*, *Progr. Jahr*. Eine auf dem Titelblatt unten stehende Nummer bezieht sich auf das vom Verlag Teubner jährlich herausgegebene „Verzeichnis der Programm-Abhandlungen“ (1876—1916) und ist dem Vermerk in runden Klammern hinzuzufügen.
Müssen Verfassernamen wiederholt werden, geschieht dies, wie immer bei vereinfachten Aufnahmen, durch Voranstellung und Inversion mit Doppelpunkt. Die Seitenzählung wird im Ausschnitt angegeben, z. B. „S. 1—17.“ bzw. „S. 39—56.“

Beispiel 332

Vorlage

Wissenschaftliche Beilage zum Jahresbericht der Luisenschule || in Berlin. Ostern 1901. || Die Bedeutung der Ätherhypothese || für die magnetisch-elektrischen Erscheinungen. || Von || Dr. Karl Friedr. Jordan. || Mit 17 Abbildungen. || BERLIN 1901. || R. Gaertners Verlagsbuchhandlung || Hermann Heyfelder. ||

24,5 cm; S. 4—22.

Aufnahme

Jordan, Karl Friedrich
Jordan, Karl Friedr[ich]: Die *Bedeutung* der Ätherhypothese für die magnetisch-elektrischen Erscheinungen. Mit 17 Abb.
Berlin: Gaertner 1901. S. 4—22. 8⁰
Berlin, Luisenschule, Progr. Ostern 1901.

Herausgeber, Bearbeiter, Kommentatoren und Übersetzer werden in diesem Zusammenhang als Verfasser angesehen. Vom eigentlichen Verfasser wird verwiesen (24,1a, vgl. Anl. I, 71 u. Fuchs: Kommentar. 1955, § 60,6, S. 123).

Beispiel 333

Vorlage

C. SALLVSTI CRISPI || LIBRI QVI EST DE BELLO JVGVRTHINO || PARTEM EXTREMAM || (103/112) || AD OPTIMOS CODICES DENVO COLLATOS || RECENSVIT EMENDAVIT || JOANNES WIRZ. || Mit Prolegomena über die handschriftliche Grundlage und Epilegomena zur Textkritik. || ZÜRICH || IN KOMMISSION BEI FÄSI & BEER. || 1897. ||

26 cm; S. 2—38; auf d. Rücks. d. Titelbl. u. Umschl.: „Beilage zum Programm der Kantonsschule Zürich 1897“; der vollst. Vorname d. Sallustius: Caius.

Hauptaufnahme

Wirz, Johannes
C[aii] Sallusti Crispi libri qui est de *bello* Jugurthino partem extremam⟨103/112⟩ ad optimos cod. denuo collatos rec. em. Joannes Wirz. Mit Prolegomena über d. hs. Grundl. u. Epilegomena zur Textkritik.
Zürich: Fäsi & Beer in Komm. 1897. S. 2—38. 8⁰
Zürich, Kantonsschule, Prog. 1897.

Erläuterung

Wegen des Satzzusammenhanges kann hier der Name des als Verfasser geltenden Herausgebers im Text nicht weggelassen werden und ist daher nach der Vorlage zu übernehmen.

Verweisung vom wirklichen Verfasser

Sallustius Crispus, Caius
Libri qui est de *bello* Jugurthino partem extremam ⟨103/112⟩ rec. Joannes Wirz. Progr. Zürich, Kantonsschule 1897
s. *Wirz*, Johannes.

2.18.2 *Hochschulschriften*

Als wichtigste Gruppe sind hier alle Abhandlungen zu nennen, die von einem Autor verfaßt und auf Veranlassung einer Hochschule gedruckt (vervielfältigt) werden. Dazu rechnen: Dissertationen, Habilitationsschriften, Rektoratsreden über ein wissenschaftliches Thema und Abhandlungen, die älteren Vorlesungsverzeichnissen (Index lectionum) beigegeben sind. Nicht als Hochschulschriften gelten alle Veröffentlichungen, die für die Verwaltung herausgegeben werden, wie Statuten, Vorlesungsverzeichnisse, Promotionsordnungen u. ä., ebenso Antrittsvorlesungen, schließlich alles Schrifttum, das zwar von einer Universität veröffentlicht, aber vom Buchhandel vertrieben wird. Als Hochschulen bezeichnet man Einrichtungen, die der Forschung *und* Lehre dienen, z. B. Universitäten, technische und landwirtschaftliche Hochschulen, Berg- und Forstakademien sowie alle sonstigen Hochschulen, die das Promotionsrecht besitzen, d. h. die berechtigt sind, eine akademische Würde zu verleihen. Nicht dazu gehören Kunsthochschulen, Akademien der Wissenschaften und sonstige Vereinigungen von Gelehrten.
Die Aufnahme übernimmt vom Titelblatt nur die sachlichen Angaben; alle sonstigen Wendungen werden durch eine Formel unter der Aufnahme ersetzt.
Bei Universitäten lautet die Formel: Ort, Dissertation mit Fakultät, Datum; bei anderen Instituten muß die Art der Hochschule angegeben werden,

z. B. Hannover TeH, Diss. vom 12. Juni 61.

Berg-Akademie → BA, Tierärztliche Hochschule → TiH, Landwirtschaftliche Hochschule → LaH, Handelshochschule → HaH.
Auch bei ausländischen Dissertationen bleibt in der Formel die Bezeichnung „Diss." erhalten, also nicht „Thèse", „Proefschrift".

In der Formel gibt man gewöhnlich als Datum den Tag der Promotion an. Wenn dieser in der Arbeit nicht genannt ist, genügt statt dessen auch der Tag der mündlichen Prüfung (Rigorosum). Ist überhaupt kein Datum zu finden, wird nur das Erscheinungsjahr aufgeführt.

Beispiel 334

Vorlage

ERHARD BODENSCHATZ UND || SEIN FLORILEGIUM PORTENSE || INAUGURAL-DISSERTATION || zur Erlangung der Doktorwürde einer Hohen Philosophischen || Fakultät der Vereinigten Friedrichs-Universität Halle-Wittenberg || Vorgelegt von || OTTO RIEMER || aus Badeleben. || Buch- und Kunstdruckerei Jul. Kaminsky, Schöningen. ||

21 cm; S. I—II u. 3—117; vor d. Einl.: „Tag der mündlichen Prüfung: 27. VII. 1927."

Aufnahme

Riemer, Otto
Erhard *Bodenschatz* und sein Florilegium Portense.
Schöningen (1927): Kaminsky. II, 117 S. 8⁰
Halle, Phil. Diss. vom 27. 7. 1927.

Beispiel 335

Vorlage

Die strategische Bedeutung || der Schlacht bei Dresden. || Inaugural-Dissertation || zur || Erlangung der Doktorwürde || genehmigt || von der Philosophischen Fakultät || der Friedrich-Wilhelms-Universität zu Berlin. || Von || Franz Lüdtke || Tag der Promotion: 13. Februar 1904. ||

20,5 cm; S. 4—58; auf d. Rücks. d. Titelbl.: „Druck: Alfred Unger".

Aufnahme

Luedtke, Franz
Lüdtke, Franz: Die strategische *Bedeutung* der Schlacht bei Dresden.
(Berlin 1904: Unger.) 58 S. 8⁰
Berlin, Phil. Diss. vom 13. Febr. 1904.

Geht aus der Dissertation hervor, daß es sich nur um einen teilweisen Abdruck einer größeren Arbeit handelt, wird dies als Ausgabebezeichnung durch den Vermerk „[Teildr.]" angegeben.

Beispiel 336

Vorlage

MICHAEL PRAETORIUS || (CREUZBERGENSIS) || SEIN LEBEN UND SEINE WERKE || INAUGURAL-DISSERTATION || ZUR ERLANGUNG DER DOKTORWÜRDE || DER PHILOSOPHISCHEN FAKULTÄT || DER UNIVERSITÄT LEIP-

ZIG || VORGELEGT VON || WILIBALD GURLITT || AUS DRESDEN || LEIPZIG || DRUCK VON BREITKOPF & HÄRTEL ||

23 cm; S. 4—138; auf d. Rücks. d. Titelbl.: „Copyright 1915; ... nur die ersten Kapitel zum Abdruck gekommen ... Angenommen ... Leipzig, den 5. Mai 1914".

Aufnahme

Gurlitt, Willibald
Gurlitt, Wilibald: Michael *Praetorius* ⟨Creuzbergensis⟩. Sein Leben u. s. Werke [Teildr.]
Leipzig (1915): Breitkopf & Härtel. 138 S. 8⁰
Leipzig, Phil. Diss. vom 5. Mai 1914.

Bei Schriften, die sowohl im Buchhandel wie auch als Universitätsveröffentlichung erschienen sind, wird unter der Aufnahme eine bibliographische Notiz gemacht: „Ersch. zugl. als ...", „Erschien zuerst als ...", „Ersch. teilw. auch als ...", „Ersch. u. d. T. auch als ..." u. ä.

Beispiel 337

Vorlage

Untersuchungen zu den Melodien || Walthers von der Vogelweide || Inaugural-Dissertation || zur || Erlangung des Doktorgrades || der || Philosophischen Fakultät || der Universität Köln || vorgelegt von || Carl Bützler || aus Köln-Kalk || Eugen Diederichs Verlag Jena ||

2 cm; S. 4—112; auf d. Rücks. d. Titelbl.: „Tag der mündlichen Prüfung: 26. Juni 1937 || Diese Arbeit erschien als Nr. 12 der Reihe || ‚Deutsche Arbeiten der Universität Köln' im Eugen Diederichs Verlag in Jena 1940".

Aufnahme

Buetzler, Karl
Bützler, Carl: *Untersuchungen* zu den Melodien Walthers von der Vogelweide.
Jena: Diederichs (1940). 112 S. 8⁰
Köln, Phil. Diss. vom 26. Juni 1937.

Ersch. auch als „Deutsche Arbeiten d. Universität Köln. Nr. 12."

Beispiel 338

Aufnahme

Rieder, Albert
Die Handelsbeziehungen *Schweiz*-Commonwealth seit dem Zweiten Weltkrieg.
Basel; Winterthur: Keller 1960. VIII, 136 S. 8⁰
Basel, Phil. Diss. vom 26. Mai 1959.

Ersch. auch im Buchhandel.

Vgl. auch § 193, Aber-Beispiele 2—4 u. Bd I, S. 201.

Entsprechend wird bei der Ausgabe, die im Buchhandel erscheint, verfahren:

Beispiel 339

Aufnahme

Knipping, Franz
Pressemonopole, Monopolpresse. Der Konzentrationsprozeß in d. westdt. Tagespresse, seine Voraussetzungen u. seine Ergebnisse.
Leipzig: Verl. für Buch- u. Bibliothekswesen 1963. 333 S. 8^0

Ersch. auch als Diss. u. d. T.: „Knipping: Voraussetzungen und Ergebnisse des Konzentrationsprozesses in der westdeutschen und der Westberliner Tagespresse ⟨1949 bis 1960⟩".

Beispiel 340

Aufnahme

Horn, Johannes Heinz
J(ohannes) H(einz) Horn. *Widerspiegelung* und Begriff. Eine logisch-erkenntnistheor. Unters. Hrsg. von Annemarie Horn.
Berlin: Dt. Verl. d. Wiss. 1958. XV, 246 S. 8^0
Zugl. Leipzig, Phil. Hab. Schr.

Beispiele für andere Arten von Hochschulschriften:

Beispiel 341

Vorlage

Über Potentialsprünge || an der Grenzfläche zwischen || Flüssigkeit und Gas || Von der || Großherzoglich Technischen Hochschule „Fridericiana" || zu Karlsruhe || genehmigte Dissertation || zur Erlangung der Würde eines Doktor-Ingenieurs || vorgelegt von || Dipl.-Ing. Ladislaus von Putnoky || Referent: Prof. Dr. G. Bredig || Korreferent: Wirkl. Geh. Rat Prof. Dr. C. Engler || Tag der mündlichen Prüfung: 7. Mai 1913 || Karlsruhe || Druck der G. Braunschen Hofbuchdruckerei || 1913 ||

22 cm; S. 8—66.

Aufnahme

Putnoky, Ladislaus von
Über *Potentialsprünge* an der Grenzfläche zwischen Flüssigkeit und Gas.
Karlsruhe 1913: G. Braun. 66 S. 8^0
Karlsruhe TeH, Diss. vom 7. Mai 1913.

Beispiel 342

Vorlage

Das Meer || und die Kunde vom Meer. || Rede || zur || Gedächtnisfeier || des Stifters der Berliner Universität || König Friedrich Wilhelms III || in der Aula || am 3. August 1904 || gehalten von || Ferdinand Freiherr von Richthofen || z. Z. Rektor. || Berlin 1904. || Universitäts-Buchdruckerei von Gustav Schade (Otto Francke). ||

26 cm; S. 4—45.

Aufnahme

Richthofen, Ferdinand Frh. von
Das *Meer* und die Kunde vom Meer.
Berlin 1904: Schade. 45 S. 4°
Berlin, Rektoratsrede vom 3. Aug. 1904.

Bei älteren und lateinisch abgefaßten Dissertationen ist es öfter erforderlich, einen Promotionstag *römischer* Datierung umzurechnen. Dazu sei folgendes gesagt:

Die Römer gaben die Monatstage immer im Bezug auf eines der drei feststehenden Grunddaten an:

Kalenden = 1. des Monats
Nonen = 5. des Monats (im März, Oktober, Mai, Juli [Merkwort: Momjul] = 7.)
Iden = 13. des Monats (im März, Oktober, Mai, Juli [Merkwort: Momjul] = 15.)

Die römische Datierung besagt dann, um wieviel Tage das Datum jeweils *vor* den Kalenden, Nonen oder Iden liegt, z. B.

den achten Tag vor den Iden des März
ante diem octavum Idus Martii

abgekürzt.: a. d. VIII. Id. Mart.

Um das richtige Datum zu erhalten, muß man bei den Kalenden 2 Tage zur Tageszahl des *Vormonats* addieren, bei den Nonen und Iden jeweils 1 Tag zu diesen Daten hinzuzählen und dann von der Summe die im römischen Datum angegebenen Tage abziehen. Es versteht sich von selbst, daß bei Kalenden das errechnete Ergebnis in den Vormonat fällt.

Beispiele

Vorlage: a. d. XII. Kal. Febr.

Lösungsweg: Bei Kalenden 2 Tage zur Tageszahl des Vormonats
(Januar) addieren: 31 + 2 = 33
abziehen XII — 12
ergibt: 21

Lösung: 21. Januar

Vorlage: a. d. V. Id. Mart.

Iden im März (Momjul) = 15. März
dazu 1 Tag addieren = 16
abziehen V — 5
ergibt: 11

Lösung: 11. März

Vorlage: a. d. III. Non. Jun.

Nonen im Juni	= 5. Juni
dazu 1 Tag addieren	= 6
abziehen III	— 3
ergibt:	3

Lösung: 3. Juni

Vorlage: a. d. XIV. Kal. Sept.

Tageszahl des Vormonats	= 31
dazu 2 Tage addieren	= 33
abziehen XIV	— 14
ergibt:	19

Lösung: 19. August

Vorlage: a. d. VI. Non. Oct.

Nonen im Oktober (Momjul)	= 7. Oktober
dazu 1 Tag addieren	= 8
abziehen VI	— 6
ergibt:	2

Lösung: 2. Oktober

Aufgabe 51

Übertrage folgende römische Kalenderdaten:

1) a. d. II. Non. Jun.
2) a. d. XIII. Kal. Febr.
3) a. d. X. Id. Jul.
4) a. d. III. Kal. Mart.
5) a. d. II. Non. Mai
6) a. d. VIII. Id. Oct.
7) a. d. VI. Kal. Dec.
8) a. d. IV. Non. Jan.
9) a. d. IX. Id. Apr.
10) a. d. II. Non. Aug.
11) a. d. VII. Kal. Sept.
12) a. d. VIII. Id. Nov.

Beispiel 343

Vorlage

De CICERONIS CATONE MAIORE || DISSERTATIO INAVGVRALIS MONACENSIS || QVAM AD SVMMOS IN PHILOSOPHIA HONORES || RITE IMPETRANDOS || SCRIPSIT || CAROLVS SIMBECK || VNTERAVERBACHENSIS || LIPSIAE TYPIS B. G. TEVBNERI MCMXI ||

22 cm; S. 2—28; auf d. Rücks. d. Titelbl.: „a. d. V. Id. Dec. MCMIX".

Aufnahme

Simbeck, Karl
De Ciceronis *Catone* maiore.
Lipsiae 1911 : Teubner. 28 S. 8⁰
München, Phil. Diss. vom 9. Dez. 1909.

Da bei den Dissertationen, die vor 1800 erschienen sind, der Text selbst größtenteils oder völlig die Arbeit des „Doktorvaters" (Praeses) war und der Doktorand (Respondent, Auctor, Disserent) eigentlich nur die angehängten Thesen zu verteidigen hatte, gilt als geistiger Urheber der Praeses. Dissertationen aus dieser Zeit werden also unter den Praeses gestellt mit Vw. vom Respondenten (52). Für einige Universitäten geht die Grenze über 1800 hinaus. In solchen Fällen ist die Fassung des Titelblattes sorgfältig zu beachten (54).

Beispiel 344

Vorlage

DISSERTATIO || DE || VENENIS, || Quam || GRATIOSAE FACULTATIS MEDICAE || CONSENSU || IN ILLUSTRI VIADRINA || SUB PRAESIDIO || DN. BERNHARDI ALBINI, || MED. DOCTORIS ET PROFESSORIS || ORDINARII, || PATRONI, FAUTORIS AC PRAECEPTORIS SUI || PERPETIM SUSCIPIENDI, || Publico Eruditorum Examini || AD XII. JAN. A. CHR. M. DC. LXXXII. || exponet || AUCTOR || JOH. CHRISTIANUS MENTZELIUS || Berolino-Marchicus. || Francofurti ad Viadrum || Typis CHRISTOPHORI ZEITLERI. ||

19,5 cm; S. 4—18; Bogensign.: S. (1) : A, S. 9: B usf.

Hauptaufnahme

Albinus, Bernhard
De *venenis*. [Resp.:] Joh[annes] Christianus Mentzelius.
Francofurti ad Viadr. (1682): Zeitler. 8^0 (4^0)
Frankfurt a. O., Med. Diss. vom 12. Jan. 1682.

Erläuterung

Das einleitende „Dissertatio" wird übergangen, da es sonst unter dem Namen desselben Praeses zu Anhäufungen gleicher OW kommen würde (vgl. 2.5.1 unter Ziffer 5, Bd I, S. 184).

Verweisung vom Respondenten

Mentzel, Johann Christian
De *venenis*. Med. Diss. Frankfurt a. O. 1682
s. *Albinus*, Bernhard [Praes.]

2.18.3 *Sonderabdrucke* (§ 26)

Sonderabdrucke (Separatdruck, Tirage à part, Reprint from . . ., Offprint) sind ursprünglich bibliographisch unselbständige Beiträge in Zeitschriften oder Vielverfasserschriften.

Für größere Bibliotheken sind sie von geringerem Wert, da die Quelle des Sonderabdruckes ohnehin vorhanden sein dürfte. Immerhin stellen sie in Spezial- und Institutsbüchereien öfter einen nicht unerheblichen Prozentsatz des Gesamtbestandes dar.
Echte Sonderabdrucke sind ein originaler Ausschnitt aus der Quelle; sie sind vom selben Drucksatz abgezogen; dies kann man an der ursprünglichen Seitenzählung erkennen, z. B. „S. 231—276". Daneben gibt es Sonderabdrucke, die eigentlich nur im übertragenen Sinne Abdrucke sind. Ihr Text ist neu gesetzt, mit eigenem Titelblatt und eigener Seitenzählung versehen, und nur die Quellenangabe verrät, daß sie ursprünglich unselbständig waren. Mitunter ist auch der Text erweitert oder teilweie geändert.
Man unterscheidet Sonderabdrucke *mit* eigenem Titelblatt und *ohne* eigenes Titelblatt. Diese Tatsache ist für die Form der Aufnahme entscheidend. Als eigenes Titelblatt ist jedes Blatt anzusehen, das dem Text vorausgeht und einen Titel mit oder ohne Erscheinungsvermerk trägt, also auch ein Umschlagtitel.
In beiden Fällen wird unter der Aufnahme die Herkunft kurz, aber möglichst genau mit der einleitenden Formel „Aus:" angegeben. Dabei kann der Vermerk je nach dem Sachverhalt auch geändert werden, z. B. „Erw. aus:", „Ersch. zuerst in:" u. ä. Klammerungen unterbleiben in der Herkunftsbezeichnung, da es sich um eine bibliographische Notiz handelt. Fehlt eine Quellenangabe, kann manchmal eine Norm den Hinweis geben.
Sonderabdrucke mit eigenem Titelblatt werden in üblicher Weise aufgenommen. Liegt die Umfangsangabe in ursprünglicher *und* in eigener Seitenzählung vor, z. B. „S. 1 (137) — 10 (146)", so gibt man nur die eigene an, also „10 S.". Ist *nur* die ursprüngliche Seitenzählung vorhanden, wird sie im Ausschnitt übernommen.

Beispiel 345

Aufnahme

Schneider, Marius
Zur *Trommelsprache* der Duala.
Freiburg in d. Schw.: Paulusdr. in Komm. 1952. S. 235—243. 4⁰
Aus: Anthropos. Bd 47. 1952.

Beispiel 346

Aufnahme

Baumann, Hans
Aus d. Inst. für Kulturtechnik d. Friedrich-Wilhelms-Univ. zu Berlin. *Witterungsverlauf* und Ernteertrag in der Kurmark bei den Hauptgetreidearten und Kartoffeln. Ein Beitr. zu wiss. Unters. mit d. Feldberegnung.
Berlin: Parey 1938. S. 824—927. 4⁰ [Umschlagt.]
Berlin, Landwirtsch. Hab. Schr. von 1938.
Aus: Landwirtschaftliche Jahrbücher. Bd 86. 1938.

Sonderabdrucke *ohne* eigenes Titelblatt werden in verkürzter Form aufgenommen. Der Text besteht nur aus Sachtitel und Formatangabe, dann folgt auf neuer Zeile die Herkunftsangabe (vgl. Anl. I, 77. 78). Sofern Verfassernamen im Text wiederholt werden müssen, stehen sie mit Inversion und Doppelpunkt vor dem Sachtitel. Ist ein Autor am Schluß des Abdrucks genannt, wird er ebenfalls - in runden Klammern - dem Sachtitel vorangestellt; vom Sachtitel (scheinbar anonyme Schrift) wird jedoch in solchem Falle nicht verwiesen.

Beispiel 347

Aufnahme

Weinhold, Karl
Weinhold, Carl: Ueber das deutsche *Volkslied* in der Steiermark. 8^0
Aus: Mittheilungen d. historischen Vereins für Steiermark. H. 9. 1859.

2.18.4 *Personalschriften*

Personalschriften sind Veröffentlichungen, deren Abfassung auf irgendein denkwürdiges Ereignis im Lebensablauf einer Person zurückzuführen ist. Sie enthalten *keine* Abhandlung, sondern ihr Inhalt besteht lediglich aus einem Gedicht, einem Glückwunsch oder einer Predigt. Der private Charakter dieser Literatur, die vornehmlich im 17. und 18. Jahrhundert häufig erschien, steht außer Frage. Dennoch muß ihr eine gewisse Daseinsberechtigung im Rahmen der Bibliotheken zugestanden werden, da sie als Quelle für biographische und genealogische Forschungen auch heute noch benutzt wird. Ihre Herkunft aus dem Zeitalter des literarischen „Schwulstes" mit sehr ausführlichen, redseligen Titelblättern macht es dem Katalogbearbeiter unmöglich, ihr mit der üblichen Form der Titelaufnahme beizukommen.
Daher wird dieses ältere Schrifttum in verkürzter Weise aufgenommen. Wörtlich übernommen wird nur der Anfang des Sachtitels, den Rest ersetzt man durch drei Punkte. Die weiteren Angaben werden in ihren wichtigsten Bestandteilen formelhaft zusammengefaßt. Ihre Zusammenfassung erfolgt unabhängig von dem Wortlaut je nach dem Sachverhalt durch eine Bezeichnung, wie „[Hochzeits gedicht auf . . .]", „[Leichenpredigt auf . . .]", „[Trauergedicht auf . . .]" u. ä. Dabei werden der Stand der Person, auf die sich die Schrift bezieht, und das Datum der betreffenden Feier angegeben oder erforderlichenfalls sogar ergänzt (25,2).
Die Wiederholung eines Verfassernamens geschieht durch Voranstellung und Inversion, bei Ermittlung aus dem Buch in runden Klammern ohne Vw. vom Sachtitel (vgl. auch Sonderabdrucke). Der Sachtitel ist nur mit den ersten Worten anzudeuten. Befindet sich darunter ein brauchbares Substantivum regens, wird es unterstrichen, andernfalls wird das erste Wort benutzt.

Beispiel 348

Vorlage

Gwiß ists/wer liebet seinen Gott/|| Dem graicht zum besten / all sein Noht. || Oder || Christliche Leichpredigt/|| Auß der Epistel an die Römer am 8. Cap. v. 28. || Wir wissen/daß denen die Gott lieben/alle Ding zum besten || dienen/die nach dem Fürsatz beruffen sind. || Bey der Volckreichen vnd ansehlichen Leichbegängnus/|| der vil Ehren- vnd Tugendsamen Frawen || CAtharinae | Gebornen Weidnerin/deß || weyland

Ehrenvesten/Wolachtba- || ren vnd Kunstreichen/Herrn Michael Stellwagen || Apoteckers/deß Gerichts vnd Eusseren Rahts Sel. || Ehelicher hinderlassenen Wittiben: || Welche Sambstags den 13. Decembris, im Jahr Christi 1645: früh || Vormittag/zwischen 4. vnd 5. Vhr/in wahrer Erkanntnus vnnd Bekanntnus || jhres Erlösers/ihr Leben sanfft vnd selig beschlossen: vnd den 15. hernach bei S. Nico- || lai zu Schw. Hall/nach Christlichem Gebrauch/ist zur Erden bestattet worden. || Gehalten vnd auff Begehren publicirt, || Durch || M. Johann Christoph Grätern/in gedach- || tem Schwäbischen Hall/bey S. Michael /Pfarrern. || Zu S. Hall getruckt bey Johann Lentzen/1646. ||

19 cm; S. 3—31; Bogensign.: S. 9: B, S. 17: C usf.

Hauptaufnahme

Graeter, Johann Christoph
Gräter, Johann Christoph: *Gwiß* ists, wer liebet seinen Gott . . . [Leichenpredigt auf Catharina Stellwagen geb. Weidner, + 13. Dez. 1645].
S(chwäbisch) Hall 1646: Lentz. 31 S. 8⁰ (4⁰)

Verweisungen

Stellwagen, Katharina
Leichenpredigt auf Catharina Stellwagen geb. Weidner, + 13. Dez. 1645. 1646
s. *Graeter*, Johann Christoph: Gwiß ists, wer liebet seinen Gott . . .

Weidner, Katharina
[Mädchenname]
s. *Stellwagen*, Katharina.

Personalschriften ohne Angabe des Verfassers werden unter den Namen der Person gestellt, auf die sie sich beziehen. Handelt es sich um mehrere Personen, so werden sie unter den Namen der ersten gestellt, mit Vw. von den übrigen (ausgenommen Braut und Gattin bei Hochzeitsgedichten u. dgl.). Ist jedoch der Verfasser genannt, so werden sie unter diesen gestellt, mit Vw. von dem Namen der gefeierten Person, soweit dies nicht eine bekannte fürstliche Persönlichkeit ist. Wie anonyme Personalschriften werden auch Sammelwerke [Vielverfasserschriften] behandelt, die sich auf *eine* Person beziehen. Von etwa genannten Verfassern ist dann zu verweisen (57; vgl. auch Anl. I, 74—76).

2.18.5 *Gelegenheitsschriften*

Gelegenheitsschriften verdanken ihre Entstehung einem bestimmten Ereignis, das sich auf eine Person oder Sache bezieht. Im Gegensatz zu Personalschriften enthalten sie eine oder mehrere wissenschaftliche Abhandlungen. Der besondere Anlaß der Veröffentlichung kommt in der Regel durch einen Präsentationstitel zum Ausdruck (vgl. 1.2.2, Ziffer 6, Bd I, S. 24 u. 27). Soweit diese Schriften einen solchen Titel („Festschrift“, „Festgabe“, „Festgruß“ u. ä.) als Haupttitelblatt besitzen und mehr als eine Abhandlung enthalten, bieten sie keine Schwierigkeiten. Sie werden in diesem Falle unter den Sach- (Präsentations-) Titel gelegt. Bei zwei und drei Abhandlungen gilt der Präsentationstitel als zusammenfassender Gesamttitel. Stehen die Titel dieser Beiträge mit auf dem Titelblatt, werden sie als beigefügte Schriften angesehen. Sind überhaupt mehr als drei Abhandlungen vorhanden, liegt eine Vielverfasserschrift vor und die Veröffentlichung kommt schon *deshalb* unter den Sachtitel. Von einer Person, welche die Veranlassung für die Gelegenheitsschrift gegeben hat, wird in der Regel verwiesen.

Die „Regeln“ machen für die Einordnung einen grundsätzlichen Unterschied zwischen Gelegenheitsschriften mit *einer* Abhandlung und mit *zwei und mehr* Beiträgen. Diese kommen, wie oben schon gesagt, unter ihren Sachtitel, jene aber unter den Titel der einzelnen Abhandlung (Verfasser: Sachtitel) (§§ 25,1 u. 56). Hierbei können folgende Konstellationen zwischen Präsentationstitel und Titel der Abhandlung auftreten:

1. Der Präsentationstitel ist als Haupttitelblatt ausgeführt. Der Titel der Abhandlung bildet nur einen Zwischen- oder Kopftitel. Behandlung: Als Haupttitel gilt der Titel der Einzelabhandlung. Die Titelart ist hinter der Formatangabe aufzuführen, z. B. „[Zwischent.]“, „[Kopft.]“ u. ä. Der Präsentationstitel muß unter dem Text auf neuer Zeile in knapper, aber wesentlicher Form – Weglassungen sind durch drei Punkte anzudeuten – angegeben werden. Man verweist von ihm und der gefeierten Person (Anl. I, 73).

Beispiel 349

Vorlage

FESTSCHRIFT || ZUR || GUTENBERGFEIER || HERAUSGEGEBEN || VON DER || KOENIGLICHEN BIBLIOTHEK || ZU BERLIN || AM 24. JUNI 1900 ||

27 cm; S. VI—IX u. 2—90; auf d. Rücks. d. Titelbl.: „Druck von A. Hopfer in Burg b. M.“; Bogensign.: S. (1): 1, S. (17): 2, S. 33: 3 usf.

[dahinter auf besonderem Blatt:] UNTERSUCHUNGEN || ZUR GESCHICHTE DES || ERSTEN BUCHDRUCKS || VON || DR. PAUL SCHWENKE || ABTEILUNGS-DIREKTOR ||

Hauptaufnahme

Schwenke, Paul
Untersuchungen zur Geschichte des ersten Buchdrucks.
(Burg b. M[agdeburg] 1900: Hopfer.) IX, 90 S. 4⁰ (8⁰) [Zwischent.]
Festschrift zur Gutenbergfeier. Hrsg. von d. Koeniglichen Bibliothek zu Berlin am 24. Juni 1900.

Verweisung vom Präsentationstitel

Festschrift Gutenbergfeier
Festschrift zur Gutenbergfeier (Johannes Gutenberg). Hrsg. von d. Koenigl. Bibliothek zu Berlin am 24. Juni. 1900
s. *Schwenke*, Paul: Untersuchungen zur Geschichte d. ersten Buchdrucks.

Verweisung von der gefeierten Person

Gutenberg, Johannes
Festschrift zur Gutenbergfeier. 1900
s. *Schwenke*, Paul: Untersuchungen zur Geschichte d. ersten Buchdrucks.

Hat der Präsentationstitel die Form eines Satzes, wird er in einen Titel in gewöhnlicher Form umgewandelt, wenn man ihn unter der Aufnahme anführt. In diesem Fall verweist man *nur* von der gefeierten Person.

Beispiel 350

Vorlage [*vgl. Faks. 8*]

DIE || KÖNIGLICH SÄCHSISCHE || GESELLSCHAFT DER WISSENSCHAFTEN || ZU LEIPZIG || BRINGT IHREM MITGLIEDE || HERRN || DR. GUSTAV HÄNEL || IN ANERKENNUNG || SEINER GROSSEN UND BLEIBENDEN VERDIENSTE UM DIE WISSENSCHAFT || ALS FORSCHER UND LEHRER || ZUR FEIER || SEINES FÜNFZIGJÄHRIGEN DOCTORJUBILÄUMS || IHRE INNIGSTEN GLÜCKWÜNSCHE DAR. || 18. April 1866. ||

23,5 cm; S. 2—63; am Schluß: „Druck von Breitkopf & Härtel in Leipzig".

[dahinter auf besonderem Blatt:] ÜBER || DIE VOLKSWIRTSCHAFTLICHEN ANSICHTEN FRIEDRICH II. VON PREUSSEN. || VON || WILHELM ROSCHER ||

Hauptaufnahme

Roscher, Wilhelm
Über die volkswirtschaftlichen *Ansichten* Friedrichs II. von Preußen.
(Leipzig 1866: Breitkopf & Härtel.) 63 S. 8^0 [Zwischent.]
Glückwünsche d. Königl. Sächs. Ges. d. Wiss. zu Leipzig für Gustav Hänel zum 50jähr. Doctorjubiläum.

Verweisung von der gefeierten Person

Haenel, Gustav
Glückwünsche d. Königl. Sächs. Ges. d. Wiss. zu Leipzig für Gustav Hänel zum 50jähr. Doctorjubiläum. 1866
s. *Roscher*, Wilhelm: Über die volkswirtschaftlichen Ansichten Friedrich II. von Preußen.

2. Der Präsentationstitel steht auf einem Vortitelblatt. Die Schrift wird wie unter 1) behandelt.
3. Der Präsentationstitel befindet sich *hinter* dem Haupttitelblatt, das vom Titel der einzelnen Abhandlung gebildet wird. In diesem Fall hat er nur den Charakter einer Widmung und wird überhaupt nicht berücksichtigt.
4. Der Präsentationstitel steht mit dem Titel der einzelnen Abhandlung auf einem Blatt:
   a) vorausgehend und getrennt: wie unter 1) zu behandeln;
   b) mit dem Titel der Abhandlung verbunden oder nach ihm stehend: er wird zum Anlaß und entsprechend behandelt, d. h. nach der Vorlage (ohne Vw.) übernommen (7,5) oder, wenn er den Charakter einer Widmung trägt, weggelassen.

Beispiel 351 zu 4a:

Vorlage

Festschrift || zur Feier des sechsundfünfzigsten Geburtstages || Seiner Königlichen Hoheit des Großherzogs || FRIEDRICH II. || herausgegeben von der Großherzoglichen Technischen || Hochschule FRIDERICIANA unter dem Rektorate von || Dr. Otto Zwiedinek Edler von Südenhorst || INHALT: || Die Geschichte des Waldeigentums || im Pfälzer Odenwald || von Dr. HANS HAUSRATH || KARLSRUHE 1913 || C. F. Müllersche Hofbuchdruckerei ||

26,5 cm; S. 2—65, 1 gefaltete Karte in Tasche am Schluß.

Hauptaufnahme

Hausrath, Hans
Die *Geschichte* des Waldeigentums im Pfälzer Odenwald.
Karlsruhe 1913: C. F. Müller. 65 S., 1 gef. Kt. 4°
Festschrift zur Feier d. 56. Geburtstages S. Königl.Hoheit d. Großherz. Friedrich II. [von Baden] hrsg. von d. TeH.

Verweisung vom Präsentationstitel

Festschrift Feier Geburtstag sechsundfuenfzigsten
Festschrift zur Feier d. 56. Geburtstages S. Königl. Hoheit d. Großherz. Friedrich II. 1913
s. *Hausrath,* Hans: Die Geschichte d. Waldeigentums im Pfälzer Odenwald.

Verweisung von der gefeierten Person

Friedrich II. Großherz. von Baden
Festschrift zur Feier d. 56. Geb. S. Königl. Hoheit d. Großherz. Friedrich II. 1913
s. *Hausrath,* Hans: Die Geschichte d. Waldeigentums im Pfälzer Odenwald.

Beispiel 352 zu 4b:

Vorlage

Die || Beschränkung der Eigenthumsverfolgung bei Fahrhabe || und || ihr Motiv im deutschen Rechte. || Von || Andreas Heusler, || ord. Professor der Rechte an der Universität Basel. || DEM HOCHVERDIENTEN RECHTSLEHRER || HERRN PROFESSOR Dr. CARL GUSTAV HOMEYER || ZUR FEIER || SEINES FÜNFZIGJÄHRIGEN DOCTORJUBILÄUMS || AM XXVIII JULI MDCCCLXXI. || Basel 1871. || Carl Schultze's Universitätsbuchdruckerei. ||

27 cm; S. 6—31.

Aufnahme

Heusler, Andreas
Die *Beschränkung* der Eigenthumsverfolgung bei Fahrhabe und ihr Motiv im deutschen Rechte.
Basel 1871: C. Schultze. 31 S. 4°

Festschriften als Vielverfasserschriften:

Beispiel 353

Vorlage

FESTSCHRIFT || FÜR || ERWIN JACOBI || VEB DEUTSCHER ZENTRALVERLAG || BERLIN 1957 ||

24 cm; S. 11—486; Inh.: 15 Abhandlungen versch. Autoren; das Geleitwort ist unterz.: ,,Karl Bönninger, Heinz Such, Rudolf Arzinger".

Hauptaufnahme

Festschrift Jacobi Erwin
Festschrift für Erwin Jacobi. (Geleitw.: Karl Bönninger, Heinz Such, Rudolf Arzinger.)
Berlin: Dt. Zentralverl. 1957. 486 S. 8⁰

Verweisung von der gefeierten Person

Jacobi, Erwin
s. *Festschrift* für Erwin Jacobi. 1957.

Verweisung vom ersten Vorredner

Boenninger, Karl
[Vorr.]
s. *Festschrift* für Erwin Jacobi. 1957.

Beispiel 354

Vorlage

BIBLIOTHEK BIBLIOTHEKAR || BIBLIOTHEKSWISSENSCHAFT || FESTSCHRIFT JORIS VORSTIUS || zum 60. Geburtstag dargebracht || 1954 || OTTO HARRASSOWITZ LEIPZIG ||

24 cm; S. 2—440; auf d. Rücks. d. Titelbl.: ,,Unter Mitarbeit von Willi Göber, Horst Kunze und Eugen Paunel herausgegeben von Heinrich Roloff. Mit 11 Abbildungen"; auf d. Umschlag: ,,Festschrift Joris Vorstius".

Hauptaufnahme

Bibliothek Bibliothekar
Bibliothek, Bibliothekar, Bibliothekswissenschaft. Festschr. Joris Vorstius zum 60. Geb. dargebr. (Unter Mitarb. von . . . hrsg. von Heinrich Roloff.) (Mit 11 Abb.)
Leipzig: Harrassowitz 1954. 440 S. 8⁰
[Umschlagt.:] Festschrift Joris Vorstius.

Verweisung von der gefeierten Person

Vorstius, Joris
s. *Bibliothek,* Bibliothekar, Bibliothekswissenschaft. Festschr. Joris Vorstius dargebr. 1954.

Erläuterung

Um den Grund der Verweisung kenntlich zu machen, ist hier der erklärende Untertitel noch hinzugefügt.

Verweisung vom Herausgeber

Roloff, Heinrich
[Hrsg.]
s. *Bibliothek*, Bibliothekar, Bibliothekswissenschaft. 1954.

Verweisung vom abweichenden Umschlagtitel

Vorstius Festschrift
Festschrift Joris Vorstius. 1954
s. *Bibliothek*, Bibliothekar, Bibliothekswissenschaft.

2.18.6 *Minderwichtige Schriften*

Die Frage der vereinfachten Bearbeitung gewisser Schriftengruppen ist schon in der Einleitung zu diesem Kapitel kurz erörtert worden. Dabei handelte es sich bisher um Schriften, die durch die Gleichartigkeit ihrer äußeren Gestaltung bei unterschiedlichem wissenschaftlichen Wert ein solches Verfahren anbieten.
Darüber hinaus gibt es aber noch ein Schrifttum, das ausschließlich von seinem Inhalt her für die betreffende Bibliothek eine sekundäre Bedeutung haben kann und deshalb auch verkürzt aufgenommen wird. Da der Wert von der allgemeinen oder besonderen Aufgabenstellung des einzelnen Instituts bestimmt ist, ergibt sich in der Praxis eine durchaus unterschiedliche Einschätzung dieser Literatur. Was für *eine* Bücherei „minderwichtig" ist, kann für eine *andere* infolge einer speziellen Sammelaufgabe zum Grundbestand gehören.
In einer Landes- oder Universitätsbibliothek beispielsweise sind die eingehenden Jugend-, Kinder- oder Bilderbücher ohne wissenschaftliche Bedeutung; trotzdem müssen sie – etwa als Pflichtexemplare der dort ansässigen Verlage – vereinnahmt, bearbeitet und magaziniert werden. In der Deutschen Staatsbibliothek dagegen, die nach 1945 eine Kinder- und Jugendbuchabteilung für wissenschaftliche Zwecke aufgebaut hat und ständig weiterentwickelt, gewann diese Schriftenklasse eine zentrale Bedeutung. Jedes derartige Stück, sei es geschenkt, getauscht, gekauft oder als Pflichtexemplar eingegangen, ist – besonders wenn es sich um ältere Werke handelt – hochwillkommen und wird in den Katalogen sorgfältig verzeichnet, ja sogar noch durch Spezialkarteien unter besonderen Gesichtspunkten erschlossen.
An diesem Beispiel, das für manches andere steht, soll gezeigt werden, wie relativ der Begriff „minderwichtig" – nicht minderwertig! – ist; die Entscheidung über die Zugehörigkeit zu dieser Gruppe fällt nicht immer leicht und hängt eben von der Zielsetzung der Bibliothek ab.
Dieses alles vorausgesetzt, kann man den Paragraphen 23 des Regelwerkes auch heutzutage noch mit Nutzen anwenden. Er gibt unter Absatz 1 zunächst eine Aufzählung der betreffenden Schriftenklassen und legt in Absatz 2ff. das Verfahren für die vereinfachte Aufnahme fest.

Das Regelwerk rechnet zu den minderwichtigen Schriftenklassen:

a) Lehrmittel für Schulen und andere Anstalten mit schulmäßigem Betrieb oder für den Selbstunterricht;
b) Handbücher und Leitfäden zur Erwerbung elementarer Kenntnisse und Fertigkeiten;
c) hauswirtschaftliche Literatur;
d) populärwissenschaftliche Schriften aus allen Gebieten;
e) elementare militärische Unterrichtsliteratur;
f) Schriften abergläubischen und okkulten Inhalts;
g) minderwertige Unterhaltungsliteratur, Gelegenheitsdichtungen, Lieder für gesellige Zwecke u. ä.;
h) Jugendschriften und Bilderbücher;
i) Gebet- und Erbauungsbücher, Traktate geistlichen und moralischen Inhalts, Einzeldrucke von Predigten;
j) kleine Schriften von rein örtlichem Interesse ohne historisch-topographischen Wert, wie Schriften von Vereinen, Gesellschaften usw., Berichte über Festlichkeiten, Ausstellungskataloge u. dgl.

Ein Teil der hier angeführten Literatur erscheint kaum noch als Novität auf dem Büchermarkt, da sich die gesellschaftlichen Verhältnisse in den letzten Jahrzehnten völlig geändert haben.

Für die Aufnahme gelten folgende Bestimmungen:

a) bei Wiederholung des Verfassers: Voranstellung mit Inversion;
b) Zusätze zum Sachtitel werden nach Möglichkeit fortgelassen;
c) Beigabenvermerke bleiben weg;
d) Druckfehler werden stillschweigend verbessert;
e) Nebentitel sind nicht zu berücksichtigen;
f) die Zahl der Verweisungen wird möglichst beschränkt;
g) verschiedene Auflagen einer Schrift können auf einem Zettel vereinigt werden.

Beispiel 355

Aufnahme

Sering, Friedrich Wilhelm
Sering, Friedr[ich] Wilh[elm]: *Vorstufe* zur Harmonielehre für Seminar-Aspiranten. 2. verb. Aufl.
Magdeburg: Heinrichshofen 1872. X, 126 S. 8⁰

... 5., verb. Aufl. 1896. V, 82 S.
... 6., verb. Aufl. Hrsg. von Johannes Emilius. 1908. V, 82 S.

Aufgabe 52

1. XXXV. Jahresbericht || des || GYMNASIUMS || zu || Neuhaldensleben. || Von || Prof. Dr. v. Hagen. Direktor. || Inhalt: || 1. Wissenschaftliche Abhandlung:

Staatsbürgerliche Gesinnung und Selbst- || verwaltung im Wirken des Freiherrn vom Stein. Von Oberlehrer || Walther Schneider. || 2. Schulnachrichten. Vom Direktor. || Neuhaldensleben. || Druck von C. A. Eyraud. || 1910. || [links unten:] 1910. Prog.-No. 340. ||

25 cm; S. 2—16 = Abhandlung, S. 17—29 = Jahresbericht; vgl. Faks. 18.

2. Dritter Jahresbericht || über die || Luisenstädtische Gewerbeschule || in || Berlin, || womit zu der || am 3. April Statt findenden öffentlichen Prüfung || ergebenst einladet || der Director Dr. Kern. || Vorausgeschickt ist eine Abhandlung des ordentlichen Lehrers Wilhelm Gerberding: || Ueber die orthographischen Reformversuche der ältesten französischen Grammatiker. || Berlin, 1868. || A. W. Schade's Buchdruckerei (L. Schade) in Berlin, Stallschreiberstr. 47. ||

25 cm; S. 2—41 = Abhandlung, S. 42—60 = Schulnachrichten.

3. AD || GYMNASII VITEBERGENSIS || EXAMEN || PER DIES XI. XII. MENSIS APRILIS A. MDCCCXXXII || PUBLICE INSTITUENDUM || ET || AD AUDIENDAS IUVENUM QUI SCHOLAE VALEDICUNT || ORATIONES || OMNES LITERARUM BONARUM GYMNASIIQUE FAUTORES || EA QUA DECET OBSERVANTIA || INVITAT || IOANNES GOERLITZ || GYMNASII PRORECTOR. || INEST: 1. DIONIS CHRYSOSTOMI DE ELOQUENTIAE STUDIO ORATIO. EMENDATIUS EDIDIT BREVIBUSQUE || NOTIS INSTRUXIT IOANNES GOERLITZ. P. 1—11. || 2. ANNALES SCHOLAE. SCRIPSIT FRANCISC. SPITZNER. P. 12—25. || VITEBERGAE A. 1832. || Excud. C. H. RUEBENER. ||

23 cm; S. 2—11 = Abhandlung, S. 12—25 = Schulnachrichten; Kopftitel: „Dionis Chrysostomi De eloquentiae studio Disputatio"; im Verwaltungsbericht: „Prorektor Görlitz."

4. REINHARD KEISER IN SEINEN OPERN. || EIN BEITRAG ZUR GESCHICHTE || DER || FRÜHEN DEUTSCHEN OPER. || INAUGURAL-DISSERTATION || ZUR || ERLANGUNG DER DOCTORWÜRDE || VON DER || PHILOSOPHISCHEN FAKULTÄT DER FRIEDRICH-WILHELMS-UNIVERSITÄT || IN BERLIN || GENEHMIGT UND || NEBST DEN BEIGEFÜGTEN THESEN || ÖFFENTLICH ZU VERTEIDIGEN || AM 12. AUGUST 1901 || VON || HUGO LEICHTENTRITT || AUS BERLIN. || OPPONENTEN: || Herr cand. phil. KURT BURCHARD. || Herr cand. phil. WALTER PAULI. || Herr cand. phil. GERHARD TISCHER. || BERLIN 1901. || DRUCK DER TESSAROTYPIE-ACTIEN-GESELLSCHAFT. ||

22,5 cm; S. 6—37.

5. DE SCRIPTORUM HISTORIAE || AUGUSTAE COPIA VERBORUM || ET FACULTATE DICENDI. || DISSERTATIO INAUGURALIS || QUAM AD SUMMOS IN PHILOSOPHIA || HONORES AB AMPLISSIMO PHILO- || SOPHORUM ORDINE GRYPHISWAL || DENSI RITE IMPETRANDOS || SCRIPSIT || ALFREDUS WOLDT || POMERANUS. || GRYPHIAE || TYPIS JULII ABEL || MCMXIV. ||

22 cm; S. 6—102; auf d. Rücks. d. Titelbl.: „Examen rigorosum habitum est a. d. V Kal. Mart. MCMXIV."

6. DE COMOEDIAE ATTICAE PRIMORDIIS || PARTICULAE DUAE. || DISSERTATIO INAUGURALIS PHILOLOGICA || QUAM || CONSENSU ET AUCTORITATE || AMPLISSIMI PHILOSOPHORUM ORDINIS || IN || ALMA LITTERARUM UNIVERSITATE || FRIDERICA GUILELMA BEROLINENSI || AD ||

SUMMOS IN PHILOSOPHIA HONORES RITE CAPESSENDOS || DIE XVII. M. MAJI A. MDCCCLXXXXIII || UNA CUM SENTENTIIS CONTROVERSIS || PUBLICE DEFENDET || AUCTOR || JOSEPHUS POPPELREUTER || RHENANUS. || ADVERSARII ERUNT: || F. WELLMANN, CAND. PHIL. || H. BUNGERS, CAND. PHIL. || W. EBEL, CAND. MUN. SCHOL. || BEROLINI 1893. || TYPIS ULLSTEINII. ||

19,5 cm; S. 6—45; vgl. Faks. 19.

7. Ritter Peter Anton || von Verschaffelt || als Architekt. || Von der || Sächsischen Technischen Hochschule zu Dresden || zur Erlangung der Würde eines Doktor-Ingenieurs || genehmigte Dissertation. || Vorgelegt von || Dipl.-Ing. Edmund Beisel || Regierungsbaumeister || aus Sexau, Amtsbezirk Emmendingen (Baden). || Referent: Geh. Hofrat Dr. phil. Dr. Ing. h. c. Cornelius Gurlitt. || Korreferent: Geh. Hofrat Prof. Dr. Ing. h. c. Martin Dülfer. || 1920. || Der Zirkel · Architektur-Verlag G.m.b.H. || Berlin W 66, Wilhelmstraße 48. ||

28 cm; S. 5—84.

8. DISSERTATIO INAVGVRALIS MEDICA, || DE || FEBRIBVS MALIGNIS. || QVAM || RECTORE VNIVERSITATIS MAGNIFICENTISSIMO, || SERENISSIMO PRINCIPE AC DOMINO || DOMINO || IO. CAROLO LVDOVICO, || COMITE PALATINO RHENI, || VTRIVSQVE BAVARIAE DVCE, rel. rel. || PRAESIDE || VIRO EXCELLENTISSIMO AC EXPERIENTISSIMO || DOMINO || PHILIPPO FRIDERICO GMELIN, || MED. DOCT. BOT. ET CHEM. PROF. PVBL. ORD. || AD CONSEQVENDOS SVMMOS IN MEDICINA HONORES || D. XX. IVNII A. MDCCLIX. || IN AVLA NOVA HORIS CONSVETIS || DEFENDET AVCTOR || IOANNES FRIDERICVS CONSBRVCH, Stuttgardianus. || TVBINGAE, LITTERIS ERHARDIANIS. ||

17 cm; S. 4—44; Bogensig.: S. 9: B, S. 17: C usf; vgl. Faks. 20.

9. DE || DEBILI || FEBRIVM ACVTARVM || PVLSV || PRAESIDE || RECTORE ACADEMIAE MAGNIFICO || PETRO IMMANVELE HARTMANNO, || PHIL. ET MED. DOC. MED. THEOR. CHEM. ANAT. ET BOTAN. PROF. || PVBL. ORDIN. [usw.] || AD DIEM VII. IANVARII MDCCLXXIIII. || IN REGIA VIADRINA || PRO GRADV DOCTORIS || SVMMISQVE MEDICIS HONORIBVS || LEGITIME CAPESSENDIS || PVBLICE DISSERET || AVCTOR || IOSEPHVS BIEHLER || HALBENDORFIO-SILESIVS. || TRAIECTI AD VIADRVM, || E TYPOGRAPHEO WINTERIANO. ||

20 cm; S. 6—28; Bogensign.: S. 9: B, S. 17: C usf.

10. Die Landschaftsschilderung in Briefen || der italienischen Frührenaissance. || Inaugural-Dissertation || zur || Erlangung der Doktorwürde || der hohen || philosophischen Fakultät der Albert-Ludwigs-Universität || zu || Freiburg im Breisgau || vorgelegt von || Anna Mühlhäusser. || Verlagsbuchhandlung Dr. Walther Rothschild || Berlin 1914 Leipzig ||

22 cm; S. 2—80; auf d. Rücks. d. Titelbl.: „Tag der mündlichen Prüfung: 23. November 1912.“

11. Volkstum und Sprache || Rektoratsrede || Gehalten bei der Stiftungsfeier || der Universität Heidelberg || am 22. November 1926 || von || Friedrich Panzer || Verlag Moritz Diesterweg, Frankfurt a. M. ||

23,5 cm; S. 3—22.

12. RECTORATSWECHSEL || AN DER || UNIVERSITÄT LEIPZIG || AM 31. OCTOBER 1882. || I. || REDE DES ABTRETENDEN RECTORS || DR. FRIEDRICH ZARNCKE. || BERICHT ÜBER DAS STUDIENJAHR 1881/82. || II. || REDE DES ANTRETENDEN RECTORS || DR. WILHELM HIS. || ÜBER ENTWICKLUNGSVERHÄLTNISSE DES ACADEMISCHEN UNTERRICHTS. || LEIPZIG. || DRUCK VON ALEXANDER EDELMANN, || UNIVERSITÄTS-BUCHDRUCKEREI. ||

27 cm; 44 S.; bis S. 16 geht die Rede Zarnckes, S. 17 beginnt die Rede von His.

13. Ludwig Erk. || Ein Lebensbild || von || H. Schmeel, || Stadtschulinspektor zu Worms. || Gießen. || Verlag von Emil Roth. || 1908. ||

16 cm; S. 3—116; hinter d. Titelbl.: „Sonderabdruck aus dem Hessischen Lehrer-Kalender für das Jahr 1908"; der vollst. Vorname d. Autors ist bibliogr. erm.: Heinrich.

14. [Kopft.:] Der Volksgesang der Großrussen. || Von || Emmy Haertel. ||

23 cm; S. 71—90; auf d. Umschlag: „Sonderdruck || Jahresberichte || für || Kultur und Geschichte || der Slaven || Herausgegeben || von || Erdmann Hanisch || 1. Jahrgang || Breslau 1924 || Priebatsch's Buchhandlung ||."

15. Johann Sebastian Bachs || geistliche Sologesänge || Ein Führer für den praktischen Gebrauch von || Walther Engelhardt || Im Bärenreiter-Verlag zu Kassel ||

23,5 cm; S. 3—26; auf d. Rücks. d. Titelbl.: „Erweiterter Sonderdruck aus der Zeitschrift ‚Musik und Kirche' 1. Jahrgang, Heft 5 und 6"; lt. bibliogr. Erm. ist der erste Jahrgang 1929 erschienen; die Vorrede ist dat.' „im Februar 1930".

16. FESTSCHRIFT || ARTHUR || BAUMGARTEN || VEB DEUTSCHER ZENTRALVERLAG || BERLIN 1960 ||

22 cm; S. 1—279; Inh.: 6 Abhandlungen versch. Autoren; hinter d. Titelblatt: „... aus Anlaß seines 75. Geburtstages überreicht".

17. Blick in die Zeit || Festschrift || für || Alfred Ehrentreich || 1962 || Hirschgraben-Verlag · Frankfurt am Main ||

20,5 cm; S. 3—83; Inhalt: 45 Beiträge versch. Mitarbeiter.

18. IHREM EHRENMITGLIEDE || DEM || SENIOR DER MEDICINISCHEN FAKULTÄT || HERRN PROFESSOR || DR. CHRISTIAN FRIEDRICH SCHWAEGRICHEN || AM 16. SEPTEMBER 1848|| DEM TAGE SEINER VOR FÜNFZIG JAHREN ERFOLGTEN MAGISTERPROMOTION || DIE MEDICINISCHE GESELLSCHAFT || ZU || LEIPZIG. ||

27 cm; 2 Blätter; Inhalt: Glückwunschgedicht von 7 Strophen ohne Anrede u. Unterschrift; am Schluß: „Druck von I. F. Fischer in Leipzig".

19. FESTSCHRIFT ZUR ERINNERUNG || AN DIE || VON DER MEDICINISCHEN GESELLSCHAFT || ZU LEIPZIG || IHREM HOCHVEREHRTEN ORDENTLICHEN MITGLIEDE UND EHRENVORSITZENDEN || HERRN || JUSTUS RADIUS || DER PHILOSOPHIE, MEDICIN UND CHIRURGIE DOCTOR, || ORDENTLICHEM PROFESSOR DER HYGIENE UND PHARMAKOLOGIE, DIRECTOR DES PHARMAKOGNOSTISCHEN MUSEUMS, || KÖNIGL. SÄCHS. GEHEIMEN RATHE UND COMTHUR II. CL. DES KÖNIGL. SÄCHS. VERDIENSTORDENS U. S. W. || AM 2. APRIL 1882 || BEI DER || FEIER SEINES SECHZIGSTEN JAHRESTAGES || SEINER ERLANGUNG || DER

MEDICINISCHEN DOCTORWÜRDE || DARGEBRACHTEN GLÜCKWÜNSCHE. || INHALT: || PROF. BENNO SCHMIDT: ÜBER DIE AXENDREHUNG DER WIRBELSÄULE || BEI HABITUELLER SKOLIOSE UND DEREN BEHANDLUNG. ||

28 cm; S. 3—17 u. 1 Tafel; am Schluß: „Druck von I. B. Hirschfeld in Leipzig".

20. Ihrem hochverehrten ordentlichen Mitgliede || Herrn || Georg Christian Gotthilf Voigt || der Medicin und Chirurgie Doctor und praktischem Arzt || bringen || am Tage der von Ihm vor 50 Jahren erlangten medicinischen || und chirurgischen Doctorwürde || die innigsten und ehrerbietigsten Glückwünsche || dar || die Mitglieder der medicinischen Gesellschaft || zu Leipzig. || Inhalt: Dr. C. W. Streubel, über den Mechanismus der Verrenkungen der Kniescheibe. || Leipzig am 12. Januar 1866. ||

27 cm; S. 2—36; am Schluß: „Druck von Otto Wiegand in Leipzig"; die vollst. Vornamen von Streubel sind bibliogr. erm.: Carl Wilhelm.

2.19 Zehn Grundfragen zu jeder Titelaufnahme

Um die folgenden Fragen – mit allen Konsequenzen für die einzelne Titelaufnahme – beantworten zu können, ist eine ziemlich gründliche Kenntnis des Regelwerkes erforderlich. Das Frageschema soll denen eine Hilfe sein, die die „Regeln" durchgearbeitet haben und sich nun der Praxis zuwenden. Es gibt den vielfachen Überlegungen, die man *vor* der Aufnahme anstellen muß, die notwendige Richtung und lenkt die Aufmerksamkeit auf die wesentlichen Punkte des Arbeitsvorganges. Alle wichtigen Einzelheiten lassen sich diesen Fragen unterordnen.

1. **Liegen die Voraussetzungen für eine regelmäßige Form der Aufnahme oder für eine besonders zu behandelnde Schriftenklasse vor?**

2. **Welche Titel sind für die Aufnahme zu berücksichtigen?**

3. **Ist die Veröffentlichung unter ein persönliches oder sachliches Einordnungswort zu stellen?**

4. **Ist schon ein Vorgang im Alphabetischen Katalog vorhanden?**

5. **Sind die auf dem maßgeblichen Titelblatt stehenden Angaben für die Einordnung der Hauptaufnahme zu verwerten?**

6. **Sind Ergänzungen und Berichtigungen notwendig?**

7. **In welcher Form liegt der Sachtitel vor?**

8. **Handelt es sich um eine abgeschlossene oder noch nicht abgeschlossene Veröffentlichung?**

9. **Sind noch beigefügte, beigedruckte oder angebundene Schriften enthalten?**

10. **Sind Verweisungen zu machen?**

2.20 Rückblick und Ausblick

Mehr als ein halbes Jahrhundert ist vergangen, seitdem im Jahre 1899 die erste Fassung der „Preußischen Instruktionen" entstand[1]. Veranlaßt wurde die Herausgabe durch den Plan eines preußischen Gesamtkataloges (GK), der die Bestände der damaligen zehn preußischen Universitätsbibliotheken und der ehemaligen „Königlichen Bibliothek" zu Berlin (jetzt: Deutsche Staatsbibliothek) in einer alphabetischen Titelfolge verzeichnen sollte. Wenige Jahre später (1905) wurde das wachsende Katalogmanuskript durch die Gründung des „Auskunftsbüros der Deutschen Bibliotheken" bereits für die Allgemeinheit nutzbar gemacht.

Voraussetzung für die Schaffung dieses GK war die Anlage eines Regelwerkes, das eine einheitliche Katalogisierung gewährleistete nach Vorschriften, die für alle angeschlossenen Bibliotheken verbindlich sein mußten. Dies war die Geburtsstunde der „Preußischen Instruktionen."[2]

Entsprechend den damaligen Bildungsgrundlagen, die noch in den Überlieferungen des klassischen Humanismus wurzelten und ihre Ausprägung auch im höheren Schulwesen und in den Universitäten fanden, ging man beim Aufbau des Regelwerkes von sprachlich-philologischen Gesichtspunkten aus. Als Maßstab setzte man die Struktur der deutschen und lateinischen Sprache. Es wurde eine Ordnung festgelegt, die für die Mehrzahl der Fälle bei der Auswahl und Reihenfolge der Ordnungswörter das grammatikalische Prinzip einführte.

Unterdessen wurden auch in anderen Ländern Regelwerke erarbeitet, deren Ordnungsgrundsätze – besonders im angelsächsischen Bereich – von denen der „Instruktionen" z. T. erheblich abwichen.

In Deutschland wurde der erste Angriff auf die grammatikalische Ordnung und das „Substantivum regens" im Jahre 1908 vorgetragen[3]. Man wollte sich aber nicht zu einer Änderung bereit finden, weil das GK-Manuskript nicht mehr umgeordnet werden konnte; es war zu einem unüberwindlichen Hindernis auf dem Wege zu einer Katalogreform geworden. Erst im Jahre 1931 erfolgte ein weiterer Vorstoß[4], auch diesmal ohne Ergebnis.

Der Ausgang des Hitlerkrieges mit seinen totalen Zerstörungen hat auch hier eine „Tabula rasa" geschaffen. Das Manuskript des GK, der inzwischen zu einem deutschen Gesamtkatalog erweitert worden war, ist verlorengegangen; nur 14 bereits vor dem Krieg erschienene Bände (A—Beethordnung) sind erhalten geblieben, dazu der vorfristig im Jubiläumsjahr 1932 herausgegebene Band „Goethe", der die Titel aller Ausgaben enthält, die sich seinerzeit in den angeschlossenen Bibliotheken befanden; ferner einige kleinere Vorabdrucke. Das sind die Überreste jenes Mammutunternehmens. Der Weg für eine grundlegende Änderung der Katalogregeln steht nunmehr offen.

In den ersten Jahren nach dem Kriege glaubte man noch, mit einer sogenannten

---

[1] Vgl. H. Roloff: Sexagenarios de ponte? Betrachtungen zum 60. Geb. der Preußischen Instruktion, in: ZfB 73 (1959), S. 183—187.

[2] Vgl. W. Frels: Die bibliothekarische Titelaufnahme in Deutschland. Leipzig 1919. (ZfB Beih. 47.)

[3] R. Gradmann in: ZfB 25 (1908), S. 289—302.

[4] W. Weinreich in: ZfB 48 (1931), S. 495—507.

,,Reform" der Instruktionen auskommen zu können[1]. Es zeigte sich aber im Laufe der Diskussionen, daß nur eine radikale Abkehr von den grammatikalischen Ordnungsgrundsätzen den Anschluß an eine internationale Regelung ermöglichen kann.[2]
Vor uns liegt die Aufgabe, wie sie auf der Internationalen Katalogkonferenz in Paris 1961 umrissen wurde, nämlich ein nationales Regelwerk zu schaffen, das

1) nach dem Grundsatz der im Titel gegebenen Wortfolge ordnet (sogenannte ,,Mechanische Ordnung"),
2) neben dem bisherigen persönlichen Verfasser auch den Begriff des körperschaftlichen (korporativen) Urhebers einführt,
3) den internationalen Richtlinien auch sonst weitgehend angeglichen ist.

Trotz aller Einwände, die man vom heutigen Standpunkt gegen die ,,Instruktionen" erheben kann, muß doch festgestellt werden, daß sie auf lange Zeit noch ihre Bedeutung bewahren werden, und zwar nicht nur in geschichtlicher, sondern auch in praktischer Hinsicht für die Fortführung und Benutzung älterer Kataloge und Bibliographien. Aus dieser Überzeugung wurde die vorliegende Einführung in unser Regelwerk geschrieben.

---

[1] Vgl. H. Fuchs: Für und wider die Preußischen Instruktionen. In: Zeitschrift für Bibliothekswesen und Bibliographie. 1 (1954), S. 173—185.
[2] Vgl. die folgende Arbeit mit annotierenden Literaturangaben:
,,Deutsche Bücherei und internationale Reform der alphabetischen Katalogisierung. Auf Grund von Beratungen e. Arbeitsgruppe ausgearb. von Heinz Höhne. Mit e. bibliogr. Übersicht von Werner Bergmann u. e. Anh. Leipzig 1964."

3.1 Zehn Aufgaben für eine abschließende Selbstkontrolle

1. ELSE LASKER-SCHÜLER || DICHTUNGEN || UND DOKUMENTE || Gedichte. Prosa · Schauspiele · Briefe || Zeugnis und Erinnerung || IM KÖSEL-VERLAG ZU MÜNCHEN ||

   22,5 cm; S. 11—630; am Schluß d. Textes: „Erste Auflage 1951"; auf d. Rücks. d. Titelbl.: „Ausgewählt und herausgegeben von Ernst Ginsberg".

2. Die Berliner S-Bahn || Autorenkollektiv || [Signet] || TRANSPRESS VEB VERLAG FÜR VERKEHRSWESEN BERLIN ||

   20,5 cm; S. 5—312 u. 3 gefaltete Tafeln; auf d. Rücks. d. Titelbl.: „Dem Autorenkollektiv gehören an: Günter Götz, Heinz Borghardt, Günter Driebe, Heinz Kahle, Wilhelm Stegemann || Veröffentlicht 1963".

3. Auf launischem Pegasus || rund um die Erde! || Lieder von einer Weltreise || von C. H. || Wien und Leipzig || Wilh. Braumüller || 1913 ||

   18 cm; S. II—XIII u. 2—154; die vollst. Namen d. Autors sind bibliogr. erm.: Camillo Holy.

4. Jesus meine Liebe || Oder das || Geistreiche Braut-Lied || Wie schön leuchtet der || Morgenstern || Erkläret || und Anno Christi 1657 von Ostern || biß auff Johannis der Gemeine Gottes || in der Filial-Kirche S. Gertruden || vorgetragen || Jtzt aber auff inständiges Begehren Christliebenden Hertzen herauß gegeben || von M. Vincentio Krullen || der Haupt-Kirchen von S. Jacobi in Ham- || burg Predigern || Christum lieb haben ist viel besser || denn alles wissen/Eph. 3. v. 19. || Hamburg || GEDRUCKT BEY MICHAEL PFEIFFERN || In Verlegung Johann Naumans || Im Jahre 1659. ||

   13 cm; 12 ungezählte Blätter (= Titelbl. u. Vorrede), S. 2—672 (= Text) u. 24 ungezählte Blätter (= Anmerkungen); Bogensignaturen: S. 25: B, S. 49: C usf.

5. Dr. Hellmuth Barthel || Braunkohlenbergbau || und Landschaftsdynamik || Ein Beitrag zum Problem der Beeinflussung || der Kulturlandschaft in den Braunkohlenrevieren, || dargestellt am Beispiel des Zeitz-Weißenfelser Reviers || [Signet] || VEB Hermann Haack || Geographisch-Kartographische Anstalt Gotha ||

   24,5 cm; S. 3—300, am Schluß: 3 Blätter mit Abbildungen u. 17 z. T. gefalteten Karten; auf d. Rücks. d. Titelbl.: „Mit 22 Figuren im Text, 16 Abbildungen und 17 Anlagen || 1. Auflage 1962"; auf d. Vortitelbl.: „Ergänzungsheft Nr. 270 zu Petermanns Geographischen Mitteilungen".

6. [Links:] Kryptogamenflora || für Anfänger || Eine Einführung || in das Studium der blütenlosen Gewächse || für Studierende und Liebhaber. || Herausgegeben von || Prof. Dr. Gustav Lindau || Privatdozent der Botanik an der Universität Berlin. || Kustos am Kgl. Botan. Museum zu Dahlem. || Sechster Band. || Die Torf- und Lebermoose und Farnpflanzen || Berlin. || Verlag von Julius Springer. || 1914 ||

   [Rechts:] Die || Torf- und Lebermoose. || Von || Dr. Wilhelm Lorch. || Mit 296 Figuren im Text. || Die Farnpflanzen || (Pteridophyta). || Von || Guido Brause || Oberstleutnant a. D. || Mit 73 Figuren im Text. || Berlin || Verlag von Julius Springer || 1914 ||

   21 cm; S. VI—VIII u. 2—184; Zwischentitel u. S. 4—108.

7. ZEHN JAHRE || TECHNISCHE HOCHSCHULE || OTTO VON GUERICKE || Festschrift || [Vignette] || MAGDEBURG 1953—1963 ||

30 cm; S. 9—254; auf d. Rücks. d. Titelbl.: „Herausgegeben vom Rektor und Senat || der Technischen Hochschule Otto von Guericke Magdeburg; Redaktionsausschuß: Dr.-Ing. Johannes Altenbach, Dr.-Ing. Egon Becker [es folgen weitere Namen]"; am Schluß: „Veröffentlicht im Verlag der Technischen Hochschule Otto von Guericke Magdeburg".

8. СЕРИЯ ДЛЯ НАЧАЛЬНОГО ЧТЕНИЯ || АЛЬФОНС ДОДЕ || РАССКАЗЫ || ИЗДАТЕЛЬСТВО || ЛИТЕРАТУРЫ НА ИНОСТРАННЫХ ЯЗЫКАХ || Москва 1955 ||

19,5 cm; S. 3—84; auf d. Umschlag: „Alphonse Daudet || RÉCITS" ||; aus d. Vorw.: „В настоящий выпуск . . . включены десять рассказов Доде из сборника" „Lettres de mon moulin" и „Contes du Lundi"; der Text ist französisch; nach d. Text: „Обработка текста, комментарий и словарь Е. ЯКОВЛЕВОЙ"; vgl. Faks. 3.

9. DE BARBARISMO ET METAPLASMO || QUID ROMANI DOCUERINT || DISSERTATIO INAUGURALIS || QUAM AD SUMMOS IN PHILOSOPHIA HONORES || AB AMPLISSIMO PHILOSOPHORUM ORDINE || IN || UNIVERSITATE FRIDERICIANA HALENSI || CUM VITEBERGENSI CONSOCIATA || RITE IMPETRANDOS || SCRIPSIT || WILLY OTTO NEUMANN || BEROLINENSIS || HALIS SAXONUM. || EX OFFICINA FEICHTIANA || BEROLINI. || MCMXVII ||

21 cm; S. 6—112; am Schluß der „Vita": „Examen, quod vocant rigorosum a. d. XI. Kal. Junias h. a. absolvi".

10. Proceedings of the || FOURTEENTH || BRITISH ELECTRICAL || POWER CONVENTION || BRIGHTON || 4 th to 7 th June, 1962 || Under the Presidency of || SIR WILLIAM Mc FADZEAN || NORTHAMPTON || Belmont Press Limited || Duke Street || 1962 ||

22 cm; S. 11—343.

3.2. Literaturangaben

Ackerknecht, Erwin: Deutsche Büchereihandschrift. 2. Aufl. Berlin 1925.

Bernhardi, L.: Lehr- und Handbuch der Titelaufnahme. Berlin 1923. (Schriften d. Zentrale für Volksbücherei. Stück 3.)

Fleischhack, Curt, Ernst Rückert u. Günther Reichardt: Grundriß der Bibliographie. Leipzig 1957. (Lehrbücher für d. Nachwuchs an wiss. Bibliotheken. Bd 2.)

Frels, Wilhelm: Die bibliothekarische Titelaufnahme in Deutschland. Leipzig 1919. (ZfB Beih. 47.)

Fuchs, Hermann: Kommentar zu den Instruktionen für die alphabetischen Kataloge der Preußischen Bibliotheken. Wiesbaden 1955.

Funke, Fritz: Buchkunde. Leipzig 1959. (Lehrbücher für d. Nachwuchs an wiss. Bibliotheken. Bd 3.)

Höhne, Herbert: Zur Standardisierung bibliographischer Angaben, in ZfB 77 (1963), S. 209—210.

Instruktionen für die alphabetischen Kataloge der preußischen Bibliotheken und für den Preußischen Gesamtkatalog. Vom 10. Mai 1899. Berlin 1899.

Instruktionen für die alphabetischen Kataloge der preußischen Bibliotheken vom 10. Mai 1899. 2. Ausg. in d. Fassung vom 10. August 1908. Manuldr. 1923.

Kaiser, Rudolf: Die Katalogisierung, in: Handbuch der Bibliothekswissenschaft. Bd 2. 1933, S. 237—318.

Kirchner, Hilbert: Loseblattsammlungen, in: Zeitschr. für Bibliothekswesen und. Bibliographie 3 (1956), S. 30—36.

Krabbe, Wilhelm, u. Wilhelm Martin Luther: Lehrbuch der Bibliotheksverwaltung Stuttgart 1953.

Kunze, Horst: Bibliotheksverwaltungslehre. Leipzig 1956. (Lehrbücher für d. Nach wuchs an wiss. Bibliotheken. Bd 1.)

Lexikon des gesamten Buchwesens. Hrsg. von Karl Löffler u. Joachim Kirchner. Bd 1—3. Leipzig 1935—37.

Löffler, Karl: Einführung in die Katalogkunde. 2. Aufl., neubearb. von Norbert Fischer. Stuttgart 1956.

Matthies, Arthur: Zur Titelaufnahme chinesischer Werke, in: ZfB 76 (1962), S. 481—487.

Milkau, Fritz: Centralkataloge und Titeldrucke. Leipzig 1898. (ZfB Beih. 20.)

Müllejans, F.: Das englische Kompositum und die Instruktionen, in: Zeitschr. für Bibliothekswesen und Bibliographie 3 (1956), S. 114—118.

Regeln für den Alphabetischen Katalog. Entwurf, vorgelegt vom Katalogausschuß d. Verbandes der Bibliotheken d. Landes Nordrhein-Westfalen. Diskussionsentwurf. Köln 1958. [Maschinenschr. reprogr.]

Regeln für den Alphabetischen Katalog an wissenschaftlichen Bibliotheken. Entwurf d. Berliner Instruktionsausschusses. § 1—56. Berlin, im April 1956. [Maschinenschr. autogr.]

Regeln für die alphabetische Katalogisierung in wissenschaftlichen Bibliotheken. Unveränd. Nachdr. der Instruktionen für die alphabetischen Kataloge der preußischen Bibliotheken. Leipzig 1952.

Roloff, Heinrich: Lehrbuch der Sachkatalogisierung. 2., überarb. u. verm. Aufl. Leipzig 1954.

Roloff, Heinrich: Die Katalogisierung, in: Handbuch der Bibliothekswissenschaft. 2., verm. u. verb. Aufl. hrsg. von Georg Leyh. Bd 2. 1961, S. 242—336.

Rusch, Gerhard: Zur Frage einer bibliographischen Normung, in: ZfB 76 (1962), S. 253—259.

Saß, Dale: Erläuterungen zu den Instruktionen für die alphabetischen Kataloge der preußischen Bibliotheken. Leipzig 1927.

Schauer, Georg Kurt: Wege der Buchgestaltung. Stuttgart 1958.

Vorstius, Joris: Übungsbeispiele zu den Preußischen Katalogisierungsvorschriften. T. [1.] 2. Stettin 1927—29. (Veröffentlichungen d. Bibliothekskurse d. Berliner Stadtbibliothek. 4. 4a.)

3.3 Liste von Abkürzungen für die Titelaufnahme

a) Bibliographisch-technische Ausdrücke in deutscher, englischer, französischer, lateinischer und russischer Sprache

(Auszug aus Anl. III der „Regeln“. Vgl. auch § 5, 1 g der „Regeln“ und die Präambel zu Anl. III)

Abbildung	Abb.
Abdruck	Abdr.
abgeändert	abgeänd.
abgedruckt	abgedr.
Abhandlung	Abh.
Abschnitt	Abschn.
Abteilung	Abt.
Abtheilung	Abth.
accedit	acc.
accompagné	accomp.
addidit	add.
Akademie	Akad.
Aktiengesellschaft	A. G.
allgemein	allg.
alphabetisch	alph.
amplifié	ampl.
anastatischer Neudruck	anast. Neudr.
angebunden	angeb.
Anhang	Anh.
Anlage	Anl.
Anmerkungen	Anm.
Anno Domini	a. D. (*lat.*) A. D. (*nichtlat.*)
annotavit	ann.
Anstalt	Anst.
Antiqua	Ant.
Appendix	App.
Artikel	Art.
association	assoc.
aufgeklebt	aufgekl.
aufgestempelt	aufgest.
Auflage	Aufl.
Auftrag	Auftr.
augmenté	augm.
Ausgabe	Ausg.
ausgewählt	ausgew.
Auswahl	Ausw.
Auszug	Ausz.
authentisch	auth.
autographiert	autogr.
autorisiert	autor.

Bändchen	Bdch.
Band	Bd
Bearbeiter	Bearb.
bedeutend vermehrt	bed. verm.
begründet	begr.
Beiblatt	Beibl.
Beigabe	Beig.
beigedruckt	beigedr.
Beiheft	Beih.
Beilage	Beil.
Beitrag	Beitr.
berechtigt	berecht.
besondere Berücksichtigung	bes. Berücks.
betreffend	betr.
beziehungsweise	bzw.
Bibliographie	Bibliogr.
Bildnis	Bildn.
biographisch	biogr.
Blatt	Bl.
brothers	br.
Buchdruckerei	Buchdr.
Buchhandlung	Buchh.

cahier	cah.
carte	ct.
čast’	č.
čislo	čis.

collaboration	collab.
collection	coll.
coloriert	col.
compagnie	co.
compiled	comp.
componiert	comp.
composuit	comp.
contenant	cont.
correction	corr.
curavit	cur.
dargebracht	dargebr.
dargestellt	dargest.
datiert	dat.
department	dep.
Diagramm	Diagr.
Dissertation	Diss.
division	div.
dobavlenie	dob.
dopolnenie	dop.
Doppelseite	Doppels.
Druck	Dr.
durchgesehen	durchges.
editio	ed.
Einführung	Einf.
eingeleitet	eingel.
Einleitung	Einl.
emendavit	em.
enlarged	enl.
enthaltend	enth.
Ergänzung	Erg.
Ergänzungsheft	Erg.H.
Erklärung	Erkl.
Erläuterung	Erl.
Erläuterungsblatt	Erl.Bl.
erschienen	ersch.
erweitert	erw.
ex recensione	ex rec.
Exemplar	Ex.
Facs.	Facs.
Faks.	Faks.
farbig	farb.
fasciculus	fasc.
Figur	Fig.
fortgeführt	fortgef.
fortgesetzt	fortges.
Fortsetzung	Forts.
Fragment	Fragm.
Fraktur	F.
frères	fr.
gänzlich umgearbeitet	gänzl. umgearb.
Gebrüder	Gebr.
gedruckt	gedr.
gegründet	gegr.
gekrönte Preisschrift	gekr. Preisschr.
Geleitwort	Geleitw.
Gesellschaft	Ges.
gestochen	gest.
getrennte Paginierung	getr. Pag.
gezählte Blätter	gez. Bl.
gezeichnet	gez.
god	g.
Government Printing Office	Gov. Print. Off.
Gravure	Grav.
Habilitationsschrift	Hab.Schr.
halbjährlich	halbj.
Handschrift	Hs.
Heft	H.
Heliogravure	Heliogr.
Herausgeber	Hrsg.
Holzschnitt	Holzschn.
Jahr (für das Jahr)	J. (f. d. J.)
Jahrgang	Jg.
Jahrhundert	Jh.
Illustration	Ill. oder Illustr.
impressit	impr.

including	incl.
Index	Ind.
Inhaltsverzeichnis	Inh.Verz.
Institut	Inst.
Interimszettel	Int. Z.
introduction	introd.
ispolnennyj	ispoln.
ispravlennyj	ispr.
junior	jr
izbrannyj	izbr.
izdanie	izd.

Kapitel	Kap.
Karte	Kt.
kniga	kn.
koloriert	kol.
Kommentar	Komm.
Kommissions-verlag von X. Y.	X. Y. in Komm.
komponiert	komp.
Kopftitel	Kopft.
Kupferstich	Kupferst.
Kupfertitel	Kupfert.
kurzgefaßt	kurzgef.

librairie	libr.
Lieferung	Lfg
Lithographie	Lithogr.
livraison	livr.
Loseblattausgabe	Losebl.Ausg.

Manuskript	Ms.
mémoire	mém.
Mitarbeiter	Mitarb.
mitgeteilt	mitget.
Mitwirkung	Mitw.
mutmaßlich	mutmaßl.

Nachfolger	Nachf.
Nachtrag	Nachtr.
Nachwort	Nachw.
Nebentitel	Nebent.
Neue Folge	N.F.
Neue Reihe	N.R.
Neue Serie	N.S.
nova series	N.S.
novaja serija	N.S.
nouvelle série	N.S.
nouvelle édition	nouv. éd.
number	nr
numeriert	num.
numéro	no
Nummer	Nr

obrabotannyj	obrabot.
obščestvo	obšč.
officina	off.
ohne Ort	o. O.
Original	Orig.
otdel	otd.
ouvrage couronné	ouvr. cour.

pars	p.
pererabotannyj	pererabot.
peresmotrennyj	peresmotr.
perevod	perev.
pečatnyj	peč.
Photographie	Photogr.
Plan	Pl.
planche	pl.
plate	pl.
podgotovlennyj	podgot.
Porträt	Portr.
posleslovie	poslesl.
praefatio	praef.
Präsentationstitel	Präsentationst.
Praeses	Praes.
précédé	préc.
predislovie	predisl.
press	pr.
priloženie	pril.
primečanie	primeč.
printer	print.
Programm	Progr.
Pseudonym	Pseud.
publication	publ.

rasširennyj	rasšir.
recensuit	rec.
recognovit	recogn.
Redakteur	Red.
redigiert	red.
Register	Reg.
Respondens	Resp.
revidiert	rev.
risunok	ris.

Sammlung	Samml.
sbornik	sb.
Schallplatte	Schallpl.
Schlußtitel	Schlußt.
Schriftleiter	Schriftl.
Seite	S.
Selbstverlag	Selbstverl.
senior	sr
Serie (*nur im Titelzusammenhang*)	Ser.
sobral	sobr.
societé	soc.
soderžanie	soderž.
Sondertitel	Sondert.
sostavil	sost.
sotrudnik	sotr.
Spalte	Sp.
Stahlstich	Stahlst.
Stereotypauflage	Ster.Aufl.
Supplement	Suppl.

Tabelle	Tab.
tablica	tabl.
Tafel	Taf.
Tausend	Taus.
Teil	T.
Teilsammlung	Teils.
Theil	Th.
tom	t.
traduction	trad.
translation	transl.

übergeklebt	übergekl.
Übersetzer	Übers.
übertragen	übertr.
umgearbeitet	umgearb.
Umschlag	Umschl.
Umschlagtitel	Umschlagt.
und andere	u. a.
und so weiter	usw.
unter dem Titel	u. d. T.
Untersuchung	Unters.
unverändert	unveränd.

verändert	veränd.
verbessert	verb.
Verfasser	Verf.
Verlag	Verl.
Verlagsanstalt	Verl.Anst.
vermehrt	verm.
Veröffentlichung	Veröff.
versehen	vers.
vervollständigt	vervollst.
Verzeichnis	Verz.
vielmehr	vielm.
vollständig umgearbeitet	vollst. umgearb.
volume	vol.
Vorrede	Vorr.
Vortitel	Vort.
Vorwort	Vorw.
vstupitel'nyj	vstupit.
vydal	vyd.
vypusk	vyp.

wirklich	wirkl.
wissenschaftlich	wiss.

zahlreich	zahlr.
Zeichnung	Zeichn.
Zeitschrift	Zeitschr.
zugleich	zugl.
zum Teil	z. T.
zusammengefaßt	zsgef.
zusammengestellt	zsgest.
Zwischentitel	Zwischent.

b) Sprachbezeichnungen

albanisch	alban.
altfranzösisch	altfranz.
althochdeutsch	althdt.
amerikanisch	amerikan.
angelsächsisch	angelsächs.
armenisch	armen.
aserbaidshanisch	aserbaidshan.
baschkirisch	baschkir.
baskisch	bask.
belorussisch	beloruss.
bretonisch	breton.
bulgarisch	bulg.
chinesisch	chines.
dänisch	dän.
deutsch	dt.
englisch	engl.
estnisch	estn.
finnisch	finn.
flämisch	fläm.
fanzösisch	franz.
gotisch	got.
griechisch	griech.
grusinisch	grusin.
hebräisch	hebr.
holländisch	holländ.
japanisch	jap.
jiddisch	jidd.
isländisch	isländ.
italienisch	ital.
kalmückisch	kalmück.
kasachisch	kasach.
katalanisch	katalan.
kirchenslavisch	kirchenslav.
kirgisisch	kirgis.
koptisch	kopt.
koreanisch	korean.
kroatisch	kroat.
lateinisch	lat.
lettisch	lett.
litauisch	lit.
mittelhochdeutsch	mhdt.
moldauisch	mold.
mongolisch	mongol.
neuhochdeutsch	nhdt.
niedersorbisch	niedersorb.
norwegisch	norweg.
obersorbisch	obersorb.
polnisch	poln.
polyglott	polygl.
portugiesisch	portug.
provenzalisch	provenz.
rätoromanisch	rätorom.
rumänisch	rumän.
russisch	russ.
sardisch	sard.
schwedisch	schwed.
serbisch	serb.
slowakisch	slowak.
slowenisch	slowen.
spanisch	span.
tadshikisch	tadshik.
tatarisch	tatar.
tschechisch	tschech.
türkisch	türk.
turkmenisch	turkmen.
ukrainisch	ukrain.
ungarisch	ungar.
usbekisch	usbek.
weißrussisch	weißruss.

Sachregister nach Schlagwörtern

1. Die Wörter weisen auf Textstellen, Beispiele und Erläuterungen hin, wobei Band und Seite zitiert werden.

2. Die Begriffe sind nach Möglichkeit eng gefaßt. Wo es zweckmäßig erschien, sind sie auch unter einem Oberbegriff als Unterschlagwort angeführt. Die Folge der Unterschlagwörter richtet sich nach dem Hauptsinnwort (Adjektiv oder Substantiv).

3. Die römischen Zahlen beziehen sich auf den Band, die arabischen auf die Seitenzahl; erstreckt sich die Ausdehnung auf mehr als zwei folgende Seiten, ist nur die erste mit dem Zusatz „ff." zitiert.

C

D

L

M

Q

R

S

T

MARLOWE'S FAUSTUS

GOETHE'S FAUST

From the German

BY

JOHN ANSTER, LL.D.

WITH AN INTRODUCTION BY HENRY MORLEY

LL.D., PROFESSOR OF ENGLISH LITERATURE AT
UNIVERSITY COLLEGE, LONDON

THIRD EDITION

LONDON
GEORGE ROUTLEDGE AND SONS
BROADWAY, LUDGATE HILL
NEW YORK: 9 LAFAYETTE PLACE
1884

Sammlung von Einzelschriften

**Die Handschriften
des Benediktinerklosters S. Petri
zu Erfurt**

Ein bibliotheksgeschichtlicher Rekonstruktionsversuch

von

Dr. Joseph Theele

Mit einem Beitrag
Die Buchbinderei des Petersklosters
von
Dr. Paul Schwenke

Mit 2 Tafeln

XLVIII. Beiheft zum Zentralblatt für Bibliothekswesen

Leipzig
Otto Harrassowitz
1920

Beigefügte Schrift

I

Alphonse Daudet

RÉCITS

СЕРИЯ ДЛЯ НАЧАЛЬНОГО ЧТЕНИЯ

АЛЬФОНС ДОДЕ

РАССКАЗЫ

ИЗДАТЕЛЬСТВО
ЛИТЕРАТУРЫ НА ИНОСТРАННЫХ ЯЗЫКАХ
Москва 1955

ОТ СОСТАВИТЕЛЯ

В настоящий выпуск учебной серии для начального чтения включены десять рассказов Доде из сборника « Lettres de mon moulin » и « Contes du Lundi ».

В 60-х годах Альфонс Доде совершает поездку на юг Франции, на свою родину — в Прованс. В долине реки Роны он покупает старую ветряную мельницу, которая понравилась ему своим местоположением и живописными окрестностями. Писатель поселяется на мельнице, где пишет целую серию новелл, которые были сначала напечатаны в *Evénements* (1866), под названием «Письма с моей мельницы», а затем изданы в виде сборника. Эти новеллы показывают природу, быт и легенды Прованса и написаны с большим юмором, вообще свойственным Доде. В настоящем выпуске помещены следующие новеллы из этого сборника: «Тайна дяди Корниля», «Арлезианка», «Папский мул», «Гибель Резвого», «Бумажник Биксиу», «Два постоялых двора», «Элексир преподобного отца Гоше».

Рассказы: «Дом продается», «Пирожки», «Награжденный 15-го августа» взяты из сборника «Рассказы по понедельникам» (1873).

Рассказы даются в том порядке, в котором они помещены в сборниках автором; они значительно сокращены и подверглись некоторой лексической и грамматической обработке.

Сборник рассчитан на второй год обучения в неязыковых вузах.

Текст снабжен постраничными грамматическими и лексическими пояснениями и подробным словарем.

c) Vorwort

LE SECRET DE MAITRE CORNILLE

Francet Mamaï, un vieux joueur de fifre, qui vient de temps en temps chez moi, m'a raconté l'autre soir (1) un petit drame de village dont mon moulin a été témoin (2) il y a quelque vingt ans (3). Le récit du bonhomme m'a touché, et je vais essayer de vous le redire tel que je l'ai entendu.

Imaginez-vous pour un moment, chers lecteurs, que c'est un vieux joueur de fifre qui vous parle.

« Notre pays, mon bon monsieur, n'a pas toujours été un endroit mort comme il est aujourd'hui. Autour du village, les collines étaient couvertes de moulins à vent. De droite et de gauche on ne voyait que des ailes qui viraient au mistral (4). Toute la semaine, c'était plaisir d'entendre, sur la hauteur, le bruit des fouets, le craquement de la toile et le *Dia hue* (5) des aide-meuniers. Le dimanche nous allions aux moulins, par bandes (6). Là-haut, les meuniers payaient le muscat (7). Les meunières étaient belles comme des reines avec leurs fichus de dentelles et leurs croix d'or. Moi, j'apportais mon fifre, et jusqu'à la nuit noire (8) on dansait des farandoles. Ces moulins-là, voyez-vous, faisaient la joie et la richesse de notre pays.

---

(1) **l'autre soir** — как-то вечером, однажды вечером
(2) **dont mon moulin a été témoin** — свидетелем которой была моя мельница
(3) **il y a quelque vingt ans** — около двадцати лет назад
(4) **mistral** *m* — северный ветер на юго-востоке Франции
(5) **Dia hue** — междометия, которыми подгоняют рабочий скот в Провансе
(6) **par bandes** — гурьбой, группами
(7) **les meuniers payaient le muscat** — мельники угощали мускатом (мускатным вином)
(8) **jusqu'à la nuit noire** — до поздней ночи

d) Textanfang

Faks. 4 zu I, 23

Bildertitel

DAS MOZARTBUCH

von

PAUL FALK

MERKUR-VERLAG · DÜSSELDORF

a) Haupttitelblatt

E D U A R D M Ö R I K E

Mozart auf der Reise nach Prag

EINE NOVELLE

b) Zwischentitel

Faks. 6 zu I, 23 u. II, 268

Die neuere Entwickelung der pharmaceutischen Chemie

mit besonderer Berücksichtigung der synthetisch gewonnenen Heilmittel.

Von Dr. **Hugo Erdmann**,
Privatdozent in Halle.

(Vortrag, gehalten am 24. Juni 1893 auf der General-Versammlung des Naturwissenschaftlichen Vereins für Sachsen und Thüringen in Weissenfels*).

Meine Herren! Im Anschluss an die interessanten Mittheilungen, welche uns Herr Sanitätsrath Hachtmann soeben über das neue organische Wismutpräparat „Dermatol" gemacht hat, gestatten Sie auch dem Chemiker das Wort zu einigen allgemeineren Betrachtungen über die Heilwirkung unserer Arzneimittel.

Die Brauchbarkeit eines chemischen Körpers zur pharmaceutischen Anwendung ist von einer grossen Reihe von Bedingungen abhängig. Er soll physiologische Wirkungen ausüben, aber diese Wirkungen sollen sich auf ganz bestimmte Functionen des Organismus oder gar nur auf gewisse Theile des Gesammtorganismus beschränken. Man wünscht von dem Medicament, dass es die kranken Organe heile, die gesunden aber möglichst wenig alterire; man verlangt, dass es prompt und energisch wirke und doch das Leben nicht gefährde. Man stellt endlich die Forde-

---

*) Dieser Vortrag giebt die von mir bereits in der „Pharmaceutischen Zeitung", Jahrgang 1893, No. 45 nnd 46 (Seite 353 und 359 über denselben Gegenstand publicirten Betrachtungen in theilweise verkürzter, theilweise auch erweiterter und durch die neueste Litteratur ergänzter Fassung wieder.

Kopftitel

MANUELS PUBLIES
PAR L'INSTITUT SLAVE DE PRAHA
TOME I

LUBOR NIEDERLE

MANUEL
DE L'ARCHÉOLOGIE SLAVE

PRAHA 1931
PUBLIÉ PAR L'INSTITUT SLAVE – COMMISSIONNAIRE: »ORBIS«
IMPRIMERIE DE L'ÉTAT À PRAHA

a) **Nebentitel**

RUKOVĚTI SLOVANSKÉHO ÚSTAVU V PRAZE
SVAZEK I

LUBOR NIEDERLE

RUKOVĚŤ
SLOVANSKÉ ARCHEOLOGIE

c

V PRAZE 1931
NÁKLADEM SLOVANSKÉHO ÚSTAVU – V KOMISI NAKLADATELSTVÍ
ORBIS
TISKEM STÁTNÍ TISKÁRNY V PRAZE

b) **Haupttitel**

Faks. 8 zu I, 24 u. II, 389

DIE

KÖNIGLICH SÄCHSISCHE

GESELLSCHAFT DER WISSENSCHAFTEN

ZU LEIPZIG

BRINGT IHREM MITGLIEDE

HERRN

DR. GUSTAV HÄNEL

CAPITULAR DES HOCHSTIFTS MERSEBURG, KÖNIGL. SÄCHSISCHEM HOFRATH, ORDENTLICHEM PROFESSOR DER JURISTISCHEN LITERATUR UND QUELLENKUNDE AN DER UNIVERSITÄT LEIPZIG ETC.

IN ANERKENNUNG

SEINER GROSSEN UND BLEIBENDEN VERDIENSTE UM DIE WISSENSCHAFT ALS FORSCHER UND LEHRER

ZUR FEIER

SEINES FÜNFZIGJÄHRIGEN DOCTORJUBILÄUMS

IHRE INNIGEN GLÜCKWÜNSCHE DAR.

18. APRIL 1866.

Faks. 9 zu I, 51 u. 103

GUSTAV MAHLER

VON

RICHARD SPECHT

FÜNFTE BIS ACHTE AUFLAGE

SCHUSTER & LOEFFLER IN BELRIN

Faks. 10 zu I, 31 u. 125

IACOBI BRVCKERI

ACADEMIAE SCIENTIARVM BEROLINENS. ET
BONON. MEMBRI

INSTITVTIONES HISTORIAE PHILOSOPHICAE

VSVI
ACADEMICAE IVVENTVTIS
A D O R N A T A E.

DENVO PERLVSTRAVIT ET AD NOSTRA
TEMPORA CONTINVAVIT

FRIDERICVS GOTTLOB BORN

DOCTOR ET PROF. PVBL. PHILOS. IN VNIVERS.
LITERAR. LIPSICA.

EDITIO TERTIA AVCTIOR ET EMENDATIOR.

L I P S I A E
IMPENSIS IOH. GOTTLOB IMMANVEL. BREITKOPFII
MDCCXC.

Titel mit typographischen Eigentümlichkeiten

Faks. 11 zu I, 168

COSMOGRAPHIA NOVISSIMA,

Oder

Allerneueste und accurate

Beschreibung

Der gantzen wunderbaren Welt,

Samt denen merckwürdigsten, curieusen und auserlesensten Sachen aus der ASTRONOMIA, GEOGRAPHIA, PHYSICA, POLITICA, und HISTORIA.

Darinnen

Erstlich von der höchst wunderbahren und unbegreifflichen Erschaffung dieses gantzen Welt-Gebäudes, von denen Globis oder natür- und künstlichen Himmels- und Erd-Kugeln, sowohl mit einer richtigen und leichten Anweisung und Unterricht, zu dererselben nützlichen Gebrauch, als auch ausführlichen Erklärung aller daran befindlichen Circkel, insonderheit auch von allen Planeten, Stern-Bildern, Cometen und deren Bedeutung, von der Zeit, Lufft, Feuer, Wasser, Bergen und der Erd-Beschreibung insgemein;

Zum Andern

Von denen vier Theilen der Welt, als EUROPA, ASIA, AFRICA, AMERICA, samt deren Eintheilung in ihre vornehmste Reiche und Länder, als Käyserthümer, Königreiche, Staaten, Republiquen, Herrschafften, und dergleichen, wie auch von allen und jeden Fatis, Aufnahme und Zerrüttungen, von denen Müntzen und Flüssen ausführlich gehandelt und in schönster Ordnung vorgestellet wird.

Auch mit einer Vorrede und dreyfachen Registern versehen, und ausgefertiget

Von

MELISSANTES.

Mit Königlichen und Chur-Sächsischen Allergnädigsten PRIVILEGIO.

FRANCKFURT und LEIPZIG,
In Verlegung Johann Christoph Stössels seel. Erben in Erffurt, 1715.

Titelblatt des 18. Jahrhunderts

Neujahrsblätter.

Herausgegeben von der

Gesellschaft für Fränkische Geschichte.

VIII

Das Großherzogtum Würzburg (1806–1814).

Ein Vortrag

von

Anton Chroust

Würzburg.

Druck und Verlag der Königl. Universitätsdruckerei H. Stürtz A. G.

1913.

a) Serientitel

Das Großherzogtum Würzburg (1806–1814).

Ein Vortrag

von

Anton Chroust.

Würzburg.

Druck und Verlag der Königl. Universitätsdruckerei H. Stürtz A. G.

1913.

b) Stücktitel

Faks. 13 zu II, 249

Friedrich Mann's
Pädagogisches Magazin.
Abhandlungen vom Gebiete der Pädagogik
und ihrer Hilfswissenschaften.

Heft 727.

Die Deutsche Volkshochschule.
Sammlung von Beiträgen herausgegeben von
Prof. Dr. W. Rein in Jena.
Heft 12.

Volkshochschule
und
Volkswirtschaft.

Von
Dr. Karl Muhs,
Assistent am Staatswissensch. Seminar der Universität Jena.

Langensalza
Hermann Beyer & Söhne
(Beyer & Mann)
Herzogl. Sächs. Hofbuchhändler
1919

Preis 2 M.

a) Umschlagtitel mit

Die Deutsche
Volkshochschule.
Sammlung von Beiträgen
herausgegeben
von
Professor Dr. **W. Rein.**

Heft 12.

Volkshochschule
und
Volkswirtschaft.

Von
Dr. Karl Muhs,
Assistent am Staatswissensch. Seminar der Universität Jena

Langensalza
Hermann Beyer & Söhne
(Beyer & Mann)
Herzogl. Sächs. Hofbuchhändler
1919

b) Serientitel

Volkshochschule
und
Volkswirtschaft.

Von
Dr. Karl Muhs,
Assistent am Staatswissensch. Seminar der Universität Jena.

Pädagogisches Magazin Heft 727.

Langensalza
Hermann Beyer & Söhne
(Beyer & Mann)
Herzogl. Sächs. Hofbuchhändler
1919

c) Stücktitel

Die Fabeln des Äsopus
Erster Band.

FABLES D'ESOPE
Tome premier.

FAVOLE DI ESOPO
Tomo primo.

FABULÆ AESOPI
Tomus primus.

WIEN.
1806.

Die Fabeln des Äsopus
Zweyter Band

FABLES D'ESOPE
Tome seconde.

FAVOLE DI ESOPO
Tomo secondo.

FABULÆ AESOPI
Tomus secundus.

WIEN.
1807.

Titelblätter einer polyglotten Ausgabe
mit Nebentiteln

Faks. 15 zu II, 295

Treulicher
Unterricht
im
General-Baß,
worinne
alle Weitläufftigkeit vermieden, und dennoch
gantz deutlich und umständlich allerhand sothane neu-erfundene Vortheile an die Hand gegeben werden, vermöge welcher einer in kurtzer Zeit alles, was zu dieser Wissenschafft gehöret, sattsam begreiffen kan.
Zum Nutzen,
Nicht allein derer, so sich im General-Bass üben, sondern auch aller andern Instrumentisten und Vocalisten, welche einen rechten Grund in der Music zu legen sich befleißigen, herausgegeben
von
D. K.

Zweyte und vermehrte Auflage.
Nebst einer Vorrede Hn. G. P. Telemanns.

HAMBURG,
Zu finden bey Christian Herold. 1737.

Titelblatt einer anonymen Schrift

Faks. 16 zu II, 296

Die
Kunst
das Clavier zu spielen,
Durch
den Verfasser
des critischen Musicus an der Spree.

BERLIN,
Bey Haude und Spener, Königl. und der Academie der Wissenschafft privilegirten Buchhändlern.
1751

Titelblatt einer anonymen Schrift

Faks. 17 zu I, 22 u. II, 366

MOZART, SEINE WELT UND SEINE WIRKUNG

Norbert Lieb

AUGSBURGER ROKOKO

Friedrich Heer

TOD UND SCHÖNHEIT
DES 18. JAHRHUNDERTS

Albrecht Goes

MOZART DER GAST

Thrasybulos Georgiades

MOZART UND DAS THEATER

Hermann Reutter

DIE SPUR MOZARTS IN DER MUSIK
DER GEGENWART

VERLAG DIE BRIGG AUGSBURG

Sammlung von Einzelschriften
mit zusammenfassendem Gesamttitel

Faks. 18 zu II, 393

XXXV. Jahresbericht

des

GYMNASIUMS

zu

Neuhaldensleben.

Von

Prof. Dr. v. Hagen.
Direktor.

Inhalt:

1. Wissenschaftliche Abhandlung: Staatsbürgerliche Gesinnung und Selbstverwaltung im Wirken des Freiherrn vom Stein. Von Oberlehrer Walther Schneider.
2. Schulnachrichten. Vom Direktor.

1910. Prog.-No. 340.

Neuhaldensleben.
Druck von C. A. Eyraud.
1910.

Schulprogramm mit einer Abhandlung

Faks. 19 zu II, 394

DE COMOEDIAE ATTICAE PRIMORDIIS
PARTICULAE DUAE.

DISSERTATIO INAUGURALIS PHILOLOGICA
QUAM
CONSENSU ET AUCTORITATE
AMPLISSIMI PHILOSOPHORUM ORDINIS
IN
ALMA LITTERARUM UNIVERSITATE
FRIDERICA GUILELMA BEROLINENSI
AD
SUMMOS IN PHILOSOPHIA HONORES RITE CAPESSENDOS
DIE XVII. M. MAJI A. MDCCCLXXXXIII
UNA CUM SENTENTIIS CONTROVERSIS
PUBLICE DEFENDET
AUCTOR
JOSEPHUS POPPELREUTER
RHENANUS.

ADVERSARII ERUNT:
F WELLMANN, CAND. PHIL.
H. BUNGERS, CAND. PHIL.
W EBEL, CAND. MUN. SCHOL.

BEROLINI 1893.
TYPIS ULLSTEINII.

Faks. 20 zu II, 395

DISSERTATIO INAVGVRALIS MEDICA,
DE
FEBRIBVS MALIGNIS.

QVAM
RECTORE VNIVERSITATIS MAGNIFICENTISSIMO,
SERENISSIMO PRINCIPE AC DOMINO
DOMINO
IO.CAROLO LVDOVICO,
COMITE PALATINO RHENI,
VTRIVSQVE BAVARIAE DVCE, rel. rel.
PRAESIDE
VIRO EXCELLENTISSIMO AC EXPERIENTISSIMO
DOMINO
PHILIPPO FRIDERICO GMELIN,
MED. DOCT. BOT. ET CHEM. PROF. PVBL. ORD.
SOCC. REG. SCIENT. LOND. ET GOETT. SODALI,
PRAECEPTORE SVO AETERNVM COLENDO,
AD CONSEQVENDOS SVMMOS IN MEDICINA HONORES
D. XX. IVNII A. MDCCLIX.
IN AVLA NOVA HORIS CONSVETIS
DEFENDET AVCTOR
IOANNES FRIDERICVS CONSBRVCH, *Stuttgardianus.*

TVBINGAE, LITTERIS ERHARDIANIS.